始兴年鉴

SHI XING NIAN JIAN

2015

始兴年鉴编纂委员会 编

方志出版社
Publishing House of Local Records

图书在版编目（CIP）数据

始兴年鉴. 2015 /《始兴年鉴》编纂委员会编. --
北京：方志出版社，2015.10
ISBN 978-7-5144-1738-8

Ⅰ. ①始… Ⅱ. ①始… Ⅲ. ①始兴县—2015—年鉴
Ⅳ. ①Z526.54

中国版本图书馆CIP数据核字（2015）第245683号

始兴年鉴（2015）

编　　者：《始兴年鉴》编纂委员会
责任编辑：刘方圆

出 版 人：冀祥德
出 版 者：方志出版社
　　地址　北京市朝阳区潘家园东里9号（国家方志馆4层）
　　邮编　100021
　　网址　http：//www.fzph.org
发　　行：方志出版社发行中心
　　电话（010）67110500
经　　销：各地新华书店
印　　刷：韶关市文星彩色印务有限公司

开　　本：889×1194　　1/16
印　　张：22
字　　数：636 千字
版　　次：2015 年 10 月第 1 版　　2015 年 10 月第 1 次印刷
印　　数：001~600册

ISBN　978-7-5144-1738-8　　定价：200.00 元

《始兴年鉴（2015）》编纂委员会

名誉主任：范秀燎（县委书记、县人大常委会主任）

主　　任：黄令遥（县委副书记、代县长）

副 主 任：杨　军（县委常委）

温　鑫（县委常委、县委办主任）

成　　员：（排名不分先后）

饶刚卫　李大兴　戴礼文　孔祥奎　张祥令　罗祥山　钟茂柱
刘春明　张国华　苏　斌　陈春银　王志军　邓伟华　郑树生
唐代勇　黄德斌　卢海燕　王　宁　官治彬　饶邦偿　张智光
杨少波　易维英　陈晓君　肖　欣　张朝东　黄月文　聂金明
谭聪礼　朱宝兴　李桃清　胡长江　张卫明　李士杰　林德航
段　琪　何武强　朱光东　邓国柱　阳　锐　刘丰文　李子生
单小红　张朝明　梁仁建　褚燕生

《始兴年鉴（2015）》编辑部

主　　编：单小红

执行主编：陈永亮

副 主 编：陈安贵　张忠信

编　　辑：邓汝良　卢秋羽

打字编辑：谭　婕

编辑说明

一、《始兴年鉴》是由中共始兴县委领导、县人民政府主持、县史志办公室组织实施、各承修单位共同参与编纂的综合年鉴，《始兴年鉴》以马克思列宁主义、毛泽东思想、邓小平理论、“三个代表”重要思想和科学发展观为指导，全面、系统地载录本行政区域年度内自然、政治、经济、文化、社会等方面基本面貌和发展情况，为全县年度资料性文献，每年编纂出版一卷。

二、《始兴年鉴（2015）》收集2014年始兴县各项事业发展的基本情况。年鉴分正文和彩页两大部分，彩页主要反映年内全县政务活动、行业成就、城乡新貌；正文内容由特载、大事记、行业专文及社会经济统计资料、附录、索引等组成。全书共29个类目、156个分目、1031个条目；合计636千字。

三、《始兴年鉴（2015）》采用分类编辑法。主体内容设类目、分目、条目三级结构层次，以条目为基本记载单元。全书条目标题以黑体字加【】表示，少数包含多方面内容的条目则在文内用楷体标题示各段资料的主题。

四、由于机构的变更以及新机构的产生，本年鉴编目设计在上一年的基础上，对个别栏目的编排进行适当调整，并增加少量分目和条目，使编目更加科学完整。

五、本卷年鉴收录了县四套班子及其工作部门（部、委、办、局）、乡镇等正、副级领导班子成员名单。

六、本年鉴记载获得的奖励及荣誉内容，均以县级以上评定的为收录范围。

七、本年鉴所录用资料，分别由全县各承修单位负责提供，并经各承修单位领导审核；统计数据采用法定计量单位（农田土地面积计量单位仍用“亩”），以始兴县统计局提供的数据为依据，县统计局无此数据则使用承修单位统计数据。

八、本卷年鉴撰稿人名在文末标出，部分特殊内容的作者在标题下方标出。

九、本卷年鉴的编辑出版，得到全县各级领导和撰稿人员的大力支持，在此谨表谢意。书中如有疏漏和差错之处，敬请各界人士批评指正。

始兴县地图

韶关市国土资源局　始兴县国土资源局　监制　广东省地图院　编制

审图号：粤S（2014）035号　2015年6月

数字始兴·2014

经济发展加快

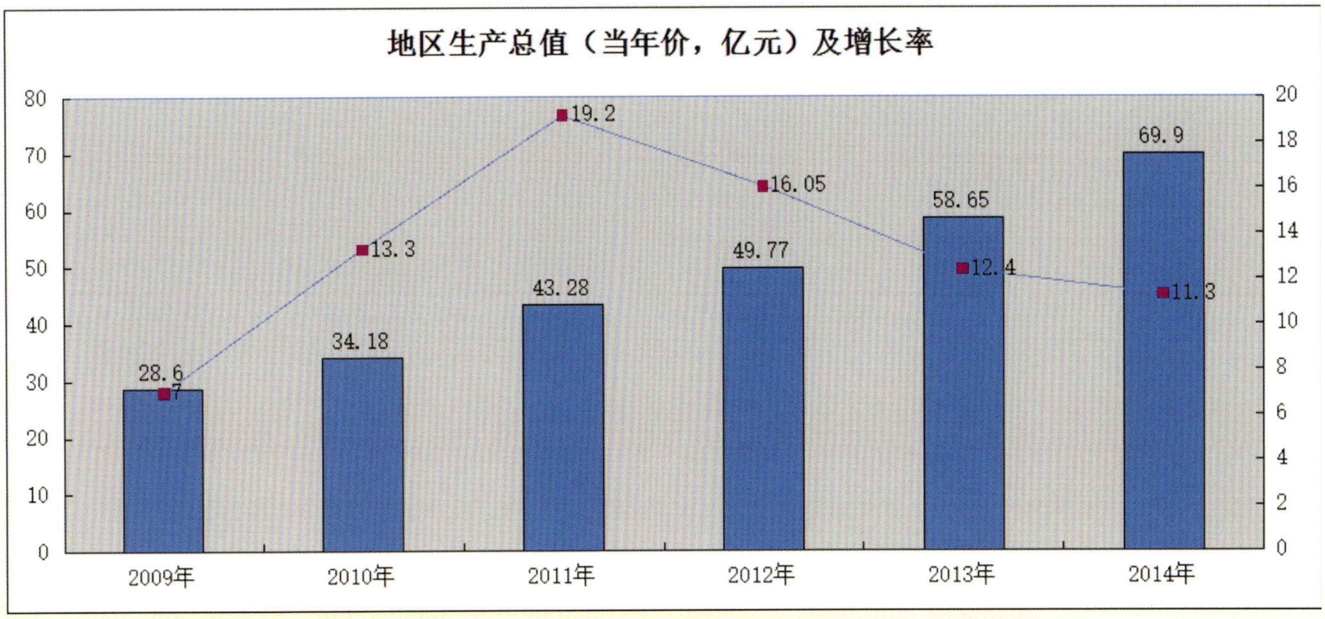

经济结构明显优化

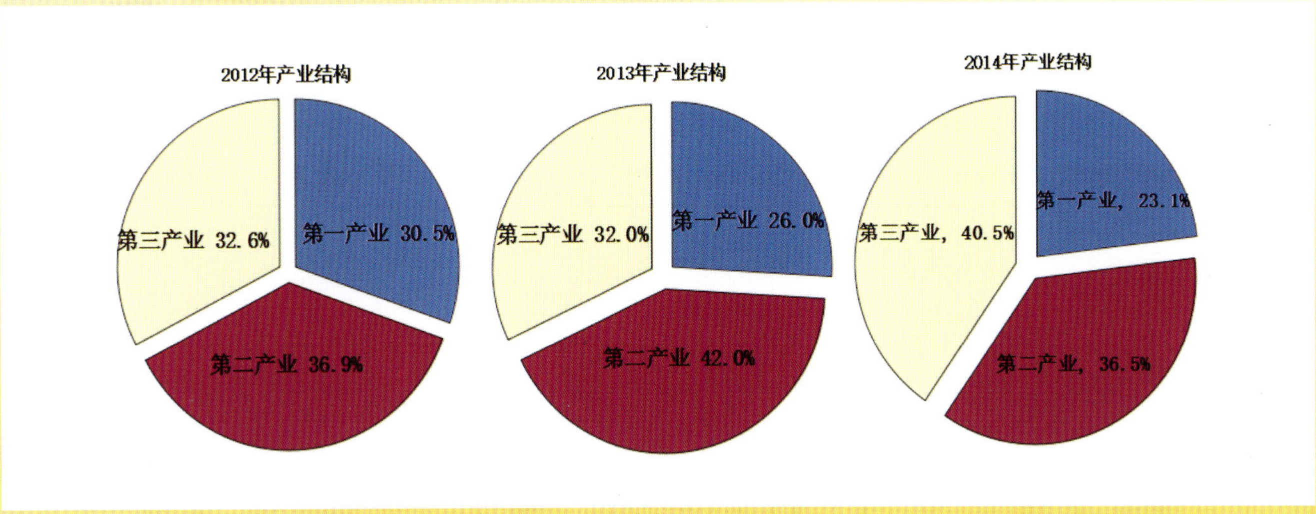

经 济 发 展 后 劲 强 劲

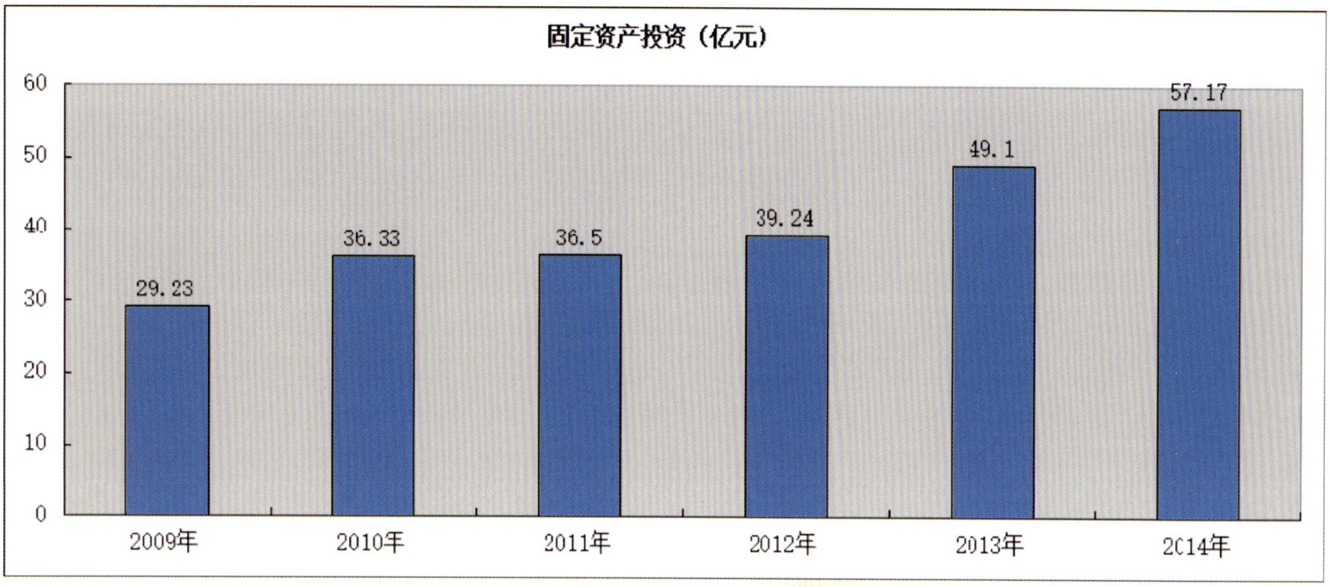

民 众 生 活 质 量 提 高

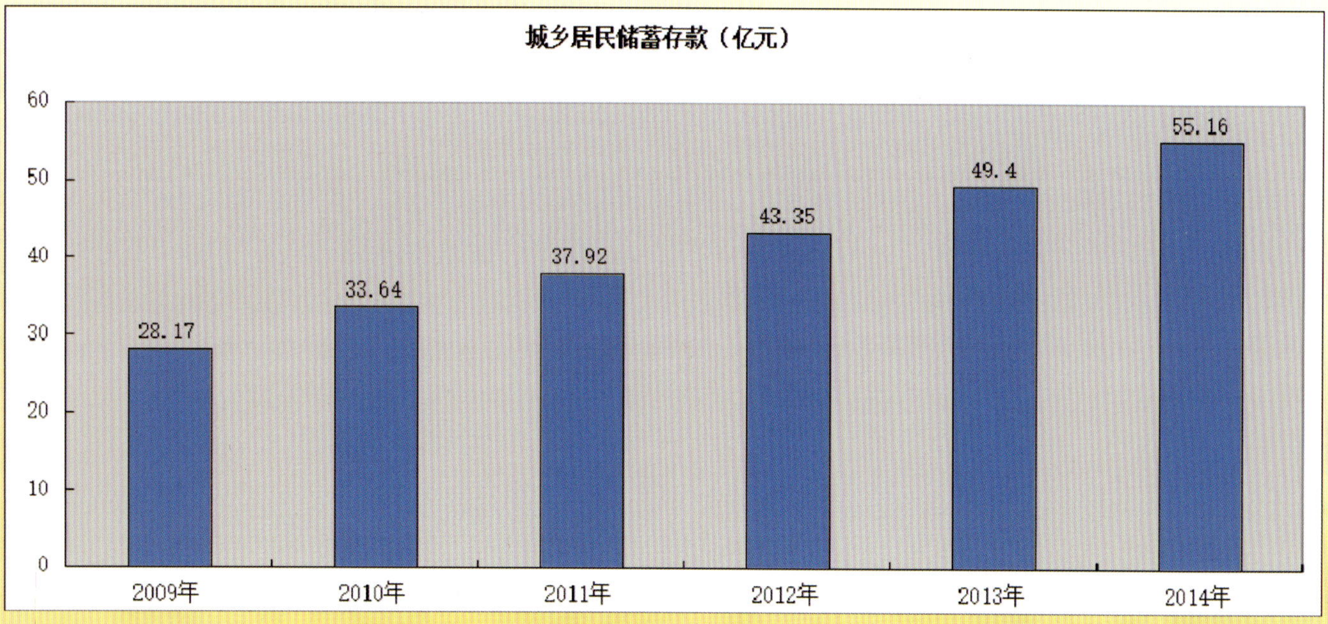

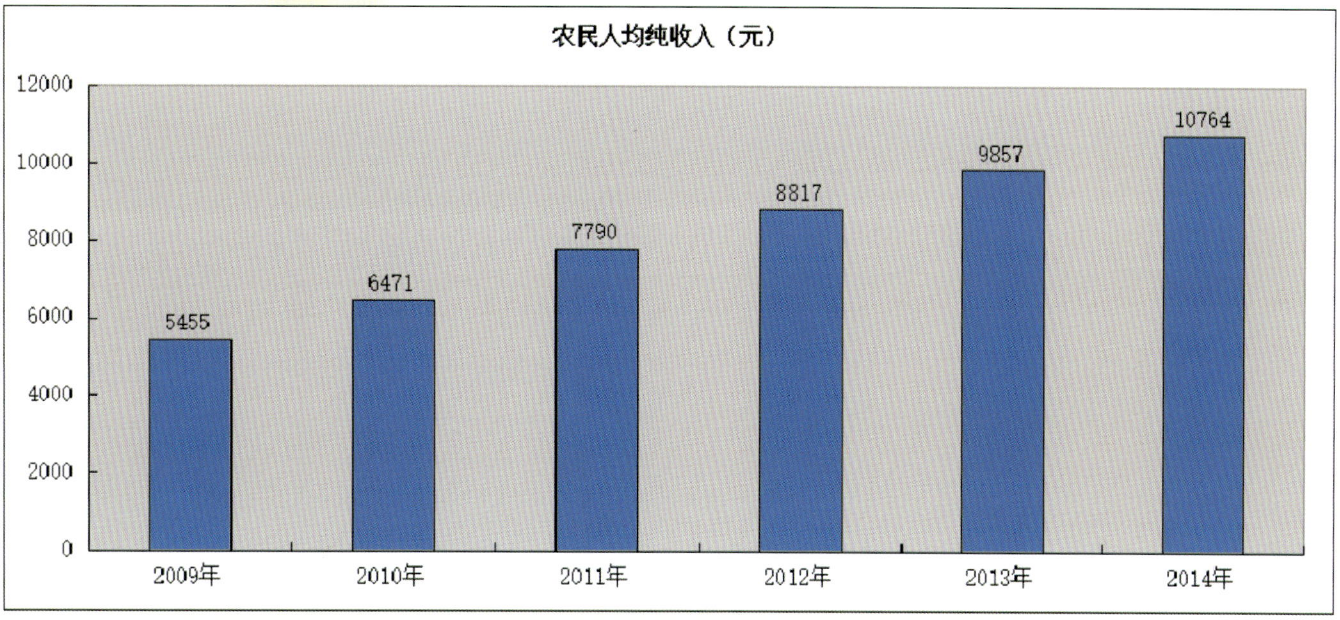
农民人均纯收入（元）
12000
10000
8000
6000
4000
2000
0
5455
6471
7790
8817
9857
10764
2009年
2010年
2011年
2012年
2013年
2014年

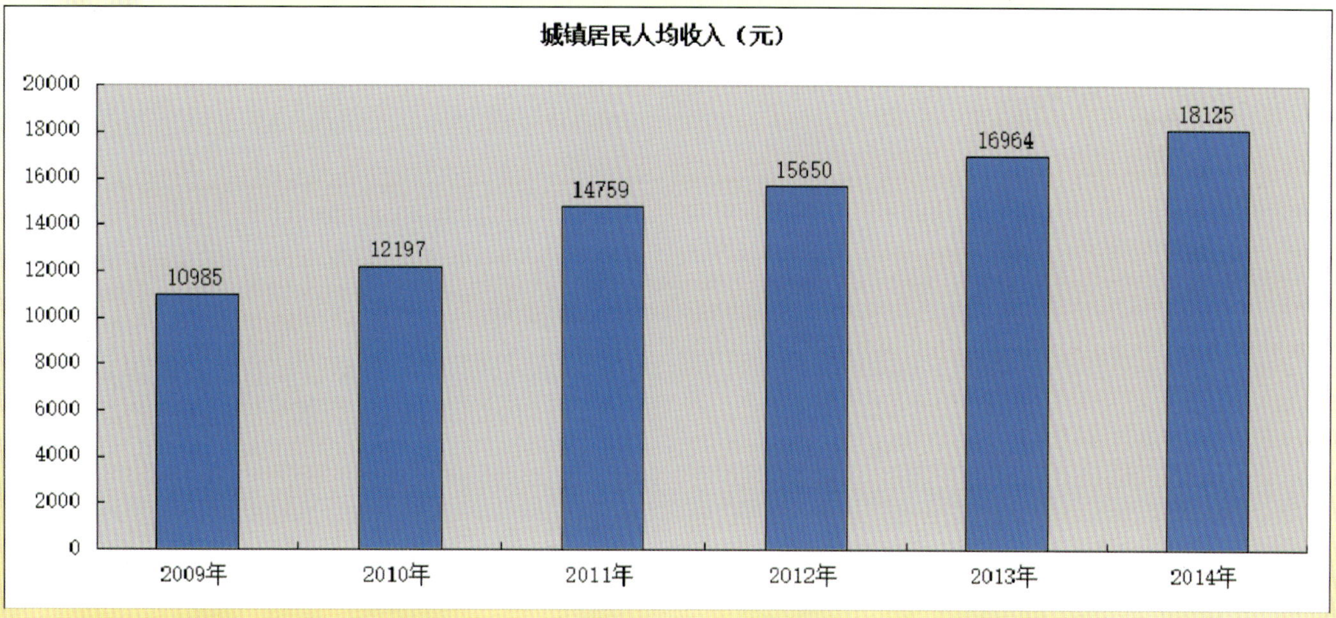
城镇居民人均收入（元）
20000
18000
16000
14000
12000
10000
8000
6000
4000
2000
0
10985
12197
14759
15650
16964
18125
2009年
2010年
2011年
2012年
2013年
2014年

（李慧萍）

▲2月至10月，始兴全县上下开展了群众路线教育实践活动。图为10月14日总结大会现场

（邓　斌　摄）

◀4月15日，塘兴实业投资开发有限公司揭牌仪式（左为中共始兴县委书记范秀燎，右为东莞对口帮扶韶关指挥部总指挥王检养）

（邓　斌　摄）

▲4月25日，东莞塘厦镇领导到始兴考察交流。图为始兴县委书记范秀燎（右三）向东莞塘夏镇党委书记管敏政（左三）一行介绍始兴的风土人情、投资环境、投资优惠政策等

（温汉良　镇）

▲5月8日，韶关市委常委、市委秘书长孔云龙（左五）到始兴县调研计生工作

(赖金艳　摄)

▲5月9日，韶关市委、市政府在始兴县召开全市扶贫开发“双到”工作现场会。图为市委书记郑振涛（中）在会上作重要讲话

（赖金艳　摄）

▲5月9日，韶关市委常委张志才（左六）等一行参观太平镇总甫城镇化建设示范新村

（赖金艳　摄）

▲5月13日，省卫计委主任陈元胜（右四）到始兴督导调研人口计生工作　　（温汉良　摄）

▲6月17日，中共中央政治局委员、省委书记胡春华（左三）在始兴县比美高调研
（邓　斌　摄）

◀7月23日，县四套班子主要领导现场办公调研重点项目。图为现场办公调研推进火车站站前广场和周边项目建设

（赖金艳　摄）

▶7月24日，始兴县委书记范秀燎（左二）在马市调研烟叶收购工作

（赖金艳　摄）

◀8月19日，始兴县委书记范秀燎（右二）在产业转移园区调研建设情况

（温汉良　摄）

▶8月19日，始兴县委书记范秀燎（右三）在日本电产调研企业生产运行情况
（温汉良　摄）

◀9月30日，赣韶铁路正式开通运营。图为等待乘车的旅客
（温汉良　摄）

▶9月30日，广东省常务副省长徐少华（左六）在始兴县考察赣韶铁路的开通运营
（温汉良　摄）

◀11月13日，韶关市高标准基本农田建设工作现场会在始兴县召开

（温汉良　摄）

▶11月20日，始兴县委书记范秀燎（中）调研顿岗镇宝溪村红线李产业扶贫项目

（赖金艳　摄）

◀12月1日，始兴县委书记范秀燎（右四）到凉口灌区改造工程进行调研

（温汉良　摄）

始兴县公安局 SHIXINGXIAN GONG'ANJU

市委常委、政法委书记张志才（右一）到始兴县调研平安建设

县委书记范秀燎（主席台左二）调研指导“六大专项”打击整治行动

2014年，始兴县公安机关以提升群众安全感和满意度为根本，以“六大专项”打击整治行动为抓手，推进平安始兴建设。全年破获刑事案件269宗，查结治安案件308起，同比分别上升83%、43.9%；治安拘留514人、刑事拘留223人、批捕190人，同比分别上升53.4%、53%、34.7%。快侦快破命案5宗，实现了现行命案必破。成功侦破广东省2014年开展打击整治传销集中行动的第一宗网络传销案件——“智富商城”网络传销案、“瑶村非法制造枪支案”、“粤北一号”非法经营烟草案等一批大案要案。推进重点地区和治安突出问题整治，共侦破“两抢两盗”案件136宗，同比上升103%;侦破“黄赌”案件58宗，同比上升107%。在全市率先完成视频监控建设三年规划，全县共建成一类点359个、二类点1850个、治安卡口12个。狠抓民爆物品、道路交通、消防安全监管，推进公安行政服务，为始兴县经济社会发展提供良好环境。深入开展党的群众路线教育实践活动，改进工作作风，提升执法质量，执法质量考评连续四年名列全市第一。始兴县群众安全感调查名列全市第二。

践行群众路线——公安局长余志强（左二）当一天基层民警

严查重拳治“乱”力保辖区平安

伏身接地气，上街听民声

突出主业勇攀新高 倾力构筑平安始兴

始兴县人民检察院

SHIXINGXIANRENMINJIANCHAYUAN

2014年11月13日，市委常委、政法委书记张志才（左五）一行到县人民检察院顿岗检察室开展调研活动，该院检察长陈伟东陪同调研

2014年5月27日，省检察院督察组一行到该院视察指导工作

始兴县人民检察院成立于1955年7月，“文化大革命”期间被迫撤销，1978年10月恢复重建，定编25 人，内设办公室、刑事检察、经济检察、法纪检察等4个股室。截至2014年年底，始兴县人民检察院实有在编干警37人，工勤人员9人，内设办公室、政工科、侦查监督科、公诉科、反渎职侵权局、监所检察科、控告申诉科、侦查一科、侦查二科、民事行政检察科、职务犯罪预防科、司法警察大队、案件管理中心、派驻顿岗检察室14个机构。

2014年，贯彻落实中共十八大、十八届三中和四中全会会议精神，紧扣“强化法律监督，维护公平正义”的检察工作主题，以强化法律监督、强化自身监督、强化高素质检察队伍建设为总体要求，以执法办案为中心，深入开展党的群众路线教育实践活动，全面忠实履行法律监督职责，各项检察工作均取得了显著成效。经市院考核，2014年该院综合考核成绩位列全市首位，业务考核成绩位列全市第一，其中有七个业务部门的成绩均位列全市前三名。为此，市院授予该院“先进检察院”的称号，对在检察业务考核成绩突出的该院反渎职侵权局和民事行政检察科予以表彰奖励，为该院检察长陈伟东授予“优秀基层检察院检察长”荣誉称号，为副检察长朱勇军、官治彬授予“优秀基层检察院副检察长”荣誉称号。

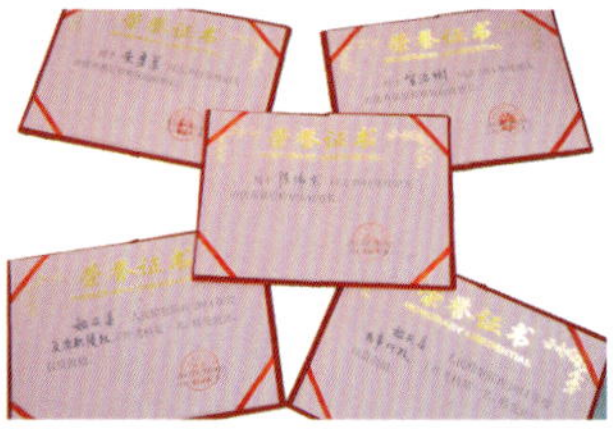

2014年8月26日，启动“检察官进警营”活动。图为始兴县人民检察院检察长陈伟东带领武警中队战士参观该院办案区

2014年10月22日，始兴县人民检察院与县电视台合作拍摄民事行政检察宣传节目

2014年8月29日上午，始兴县人民检察院首次召开刑事案件公开审查听证会，邀请了县人大、县政协、县公安局以及案发单位代表共11人参与听证

2014年10月17日，始兴县人民检察院将原太平镇乌石村党支部书记、村委会主任徐某文贪污的公款50090元依法返还给乌石村委会

始兴县司法局

SHIXINGXIANSIFAJU

始兴县司法局成立于1981年2月，是主管全县司法行政工作的政府组成部门，管理全县的律师、公证、基层司法行政工作，负责全县法制宣传、法律服务、法律援助、人民调解、刑释解教人员帮教安置、社区矫正等工作。2014年，内设6个机构（政工科、秘书股、基层股、宣教股、公律股、社区矫正股），直属正股级事业单位2个（广东省始兴县公证处、广东墨江律师事务所），下属正股级参公管理事业单位2个（始兴县法律援助处、始兴县公职律师事务所），派出机构10个（太平司法所、马市司法所、顿岗司法所、城南司法所、沈所司法所、澄江司法所、罗坝司法所、深渡水司法所、司前司法所、隘子司法所）。

2014年12月，始兴县司法局荣获“广东省法治文化建设示范点”称号，图为挂牌仪式上司法局班子成员和县领导合影留念

2014年，县司法局贯彻落实十八大、十八届三中和四中全会精神，以科学发展观统领司法行政工作全局，以推进社会矛盾化解、社会管理创新、公正廉洁行政三项工作为重点，不断夯实工作基础、创新工作方法、强化队伍建设，全面履行法治宣传、法律服务、法治保障等职能，推进始兴县县域科学发展建设，全面落实始兴发展定位，为建设幸福美丽始兴，实现幸福民生做出了积极的贡献。

2014年，始兴县司法局荣获“广东省法治文化建设示范点”称号，始兴县普法办被评为全国“六五”普法中期先进普法办。

创新工作方法

2014年12月4日，韶关市依法治市办、司法局、普法办与始兴县依法治县办、司法局、普法办在始兴体育馆广场联合举办“国家宪法日”、“12·4”全国法制宣传日大型宣传咨询活动

2014年9月25日，始兴县司法局、法律援助处在墨江中学门前广场开展《法律援助条例》宣传月暨“9·25”律师宣传日法制宣传活动

2014年7月25日，始兴县司法局举办全县社区矫正人员法制教育和心理矫正专题讲座，特邀国家二级心理咨询师曾丽华主讲

2014年3月7日，始兴县司法局全体妇女到金亿利实业有限公司开展“三进三促三服务”暨志愿者服务活动。图为全体妇女合影留念

强化队伍建设

始兴县车八岭茶业有限责任公司

SHIXINGXIANCHEBALINGCHAYEYOUXIANZERENGONGSI

始兴县车八岭茶业有限责任公司是一家集茶业生产、加工、销售、科研、旅游为一体的综合性茶业公司，成立时间为2007年，注册资本为1000万元。法人代表李步超。

公司已获得“车八岭”第5、21、29、30、39、43类注册商标，2014年获得全国工业产品生产许可证及有机产品认证证书，公司拥有生态茶园面积170公顷，2014年公司实施“公司+基地+农户”发展策略，已带动农户种植茶园面积40公顷，2013年与华南农业大学茶叶科学研究所签订技术合作协议，聘请华南农业大学茶学系王登良教授为技术顾问，为公司茶叶的种植加工技术提供良好保障。

有机茶作为一种“安全卫生、味道纯正、营养丰富”的有机饮品而得到人们的青睐，有机茶市场空间极为广阔，而始兴县有机茶开发项目具备优越的气候生态因子、丰富的农业自然资源、充满激情与活力的精英人才、雄厚的技术力量等优势。公司本着“做中国最美的有机茶园”为目标，结合公司茶园地处车八岭国家级自然保护区的优势，实施企业绿色经营，开展科技兴茶策略,对茶园进行有机化管理,走生态旅游茶园之路。

车八岭有机茶产于无污染、天然原始森林地区，山区地质肥沃，空气、水质清新，昼夜温差大且终年受云雾妖娆与滋养的车八岭国家级自然保护区、世界级生物圈保护区，车八岭有机茶外形秀美，香气高雅，滋味甘醇，是有机茶中又一极佳产品，得到社会各界人士的一致好评。

韶关石人嶂矿业有限责任公司

SHAOGUANSHISHIRENZHANGKUANGYEYOUXIANZERENGONGSI

2014年，矿业公司因配合上级公司非公开发行工作，自主停产10个月进行安全整改。一年来，矿业公司继续坚持“夯实基础，规范管理，稳中求进，争创效益”的经营理念，狠抓“三基”工作，通过制度建设、安全培训、现场整改和技术改造，提高全员素质和改善安全生产作业环境，及时调整生产计划，抓好各项措施的有效落实，全年生产钨精矿66吨，实现营业收入792万元，工业总产值558万元。

主要工作：

加强党建工作，开展党的群众路线教育实践活动回头看工作，提高认识，增强党性意识；开展全面素质教育，提高全员素质，促进安全生产；加强安全整改，开展技术革新，营造安全环境；加强环保工作，改造废水治理工艺，保证废水达标排放；落实尾矿库闭库治理工作，完成关破前三个尾矿库闭库竣工验收，石人嶂尾矿库闭库工作于2014年11月正式开始现场施工；发挥工会组织作用，关照员工利益，稳定员工队伍；加强与周边村民沟通，营造和谐共处氛围；加强护矿工作，保持矿区稳定。

开展应急预案演练

为配合上级公司非公开发行，公司停产10个月。图为2014年10月矿业公司召开复产动员大会

开展2014年度义务献血活动

矿业公司开展2014年度“一报告两评议”工作（从左至右分别为：工会主席周作标、副总经理钟文、总经理梁仁建、党委书记温李水、副总经理何运兵、副总经理刘宁生）

矿业公司召开年度工作会议，图为参会代表合影

韶关梅子窝矿业有限责任公司

SHAOGUANMEIZIWOKUANGYEYOUXIANZERENYOUXIANGONGSI

韶关梅子窝矿业有限责任公司概况：韶关梅子窝矿业有限责任公司坐落于风景如画的粤北生态县——始兴县境内，矿区内竹木茂盛，空气清新，风景宜人。矿区中心地理坐标：北纬24° 46′ 40″，东经114° 11′ 45″。矿区距离始兴县城34公里，有始梅公路相通，始兴县城沿国道323西行65公里可达京广线上的韶关东站和武广高铁的韶关站。

2002年“石人嶂钨矿”关闭破产，2006年11月8日，韶关石人嶂矿业有限责任公司梅子窝分公司分离出来，成立“韶关梅子窝矿业有限责任公司”，属省属国有控股企业，隶属于广晟有色金属股份有限公司。

韶关梅子窝矿业有限责任公司，经过近八年的投入，形成了较完善的井下生产系统，实施了国家资源危机矿山接替资源找矿项目，新建了精选系统，形成了日处理合格矿375吨的选矿厂，年生产钨精矿400吨左右。2014年，公司有员工341人，设有采矿、选矿两个分公司，机关设综合、财务审计、生产技术、安全环保、贸易、机械技术、保安七个部门。

上级公司领导来矿业公司安全培训授课

20

第一次股东、员工代表大会合影

矿业公司与始兴县党校篮球友谊赛合影

2014年6月，安全月应急救援演练

东湖坪民俗文化村

宋代大成殿遗址

太平镇建制于宋朝淳熙四年（公元1177年），是始兴县城所在地，全县政治、经济、文化中心镇，地处墨江河下游，浈江河纵贯其中，水力资源丰富。全镇总面积283.3平方公里，森林覆盖率达72.3%。韶赣高速、韶赣铁路、国道323线、省道S244线贯穿全境，交通十分便利，全镇辖18个村委会，6个居委会，总人口近6.5万人。

太平镇气候温和，雨水充足，盛产枇杷、杨梅，且辖区旅游资源丰富。素有“广东省古村落”东湖坪民俗文化村、罗围汉代古城堡、位于始兴中学内的大成殿、墨江艺苑古迹、天子地石书房、丹凤山公园等大量的人文景观、有北山毛竹长廊等自然景观及杨梅山庄等10多家可供生态休闲旅游的生态农庄。

太平镇党委书记、人大主席陈尚福（左三）在庆祝第三十个教师节暨奖教助学大会上讲话

太平
TAIPING

太平镇位于县城中心，太平镇承接了全县95%以上的重点建设项目。近几年来，太平镇坚持以党建工作统领带动全局的思路不变，坚持以“项目推进、维护稳定、廉政建设、打击违法行为”为“四轮驱动”的工作机制，坚持举全镇之力配合县域经济发展，努力抓好社会管理促稳定，上好项目促发展，凸显特色形产业，不断保障和改善民生，经济社会呈现出持续高速发展的趋势，2014年，太平镇完成生产总值27.96亿元。

在镇党委政府的正确领导下，太平镇相继获得“国家级生态乡镇”、“全国文明村镇”、“全国优秀人民调解委员会”、“广东省教育强镇”“广东省文明镇”、“广东省生态示范镇”、“广东省卫生镇”等一大批省级以上荣誉称号。

如今，太平的发展正站在一个新的起点上，新一轮的发展号角已经吹响。新希望，新起点，太平镇党委政府必将团结和带领全镇人民，凝聚全社会力量，大力实施品牌强镇战略，为谱写“生态产业宜居文化古镇”新篇章，加快建设美丽幸福太平而奋斗。

奇心洞革命生态古村落景区示意图

北山竹林烧烤区

《墨江两岸》

城南

CHENGNAN

7月9日，省民政厅厅长刘洪（右二）调研社会救助工作

城南镇位于始兴县中部，在县城墨江河之南，东邻顿岗镇，西临沈所镇，北与太平镇隔河相望，南与深渡水接壤。区域面积53平方公里，下辖周前、皇沙、东南、东一、新村、石桥头、胆源、河南、杨公岭、罗所10个村委会和1个居委会，89个村民小组。总户籍人口20367人，居住人口主要为汉、瑶两族人民，以汉族居多，瑶族主要分布于胆源村。

城南镇素有粤北“粮仓”之称。坚持以“农业稳镇、科技兴镇、平安立镇”的发展思路，紧扣全县“立足生态发展，主攻‘三区’建设，实现富民强县”的总体要求，不断优化农业产业结构，完善基础设施建设，改善人居环境，全镇经济社会各项事业稳步发展。2014年，全镇工农业总产值实现22928万元，其中农业总产值17793万元，同比增长6.1%；工业总产值5135万元，同比增长6.0%；农村人均收入10449元，同比增长16.0%，群众生活水平显著提高。

城南镇是广东省蔬菜专业镇。充分发挥专业镇及区位优势，以美青菜场、天玉菜场两大龙头企业为依托，重点发展蔬菜、黄烟、蚕桑、柑果四大特色农业产业，全面推广“公司+基地+农户”的订单农业模式，镇域经济实力得到了大幅度提升。2014年11月，城南镇重点培育的品牌企业——始兴县古塘实业开发有限公司的“古塘板鸭”产品荣获“广东十大名鸭”荣誉称号。同年，该镇石伟茹发展了2000多亩（133公顷）的规模优质水稻种植被国家评为种粮大户荣誉称号。

城南镇作为始兴县实施“南延”城建发展战略的重点镇，推进城镇化建设。主要领导亲自带队，每周督促，依法全力推进征地拆迁工作。完成生态湿地公园征地任务9.6万多平方米及相应的青苗清点清除工作；基本建成宽42米的沿江南路景观路，完成路灯安装和滨江公园绿化工作；全面完成江景苑一期1.5万多平方米的征地任务，首期工程可交付使用；生态智慧新城一期已完成征地任务7.7万多平方米；金润大桥已全面完成征地任务2.6万多平方米，主体工程已完成；山水名城顺利进入二期建设，山水大桥顺利开工。

各项社会事业蓬勃发展，城南镇先后获得“广东省科普示范基地”“广东省生态示范镇”“广东省教育强镇”“广东农民专业合作社省级示范社单位”“省特级档案综合管理单位”等一批荣誉称号。

12月25日，省妇联副主席许红（右三）调研妇女工作

建设中的“三旧改造”项目

蔬菜生产基地

城南镇农民体育健身广场

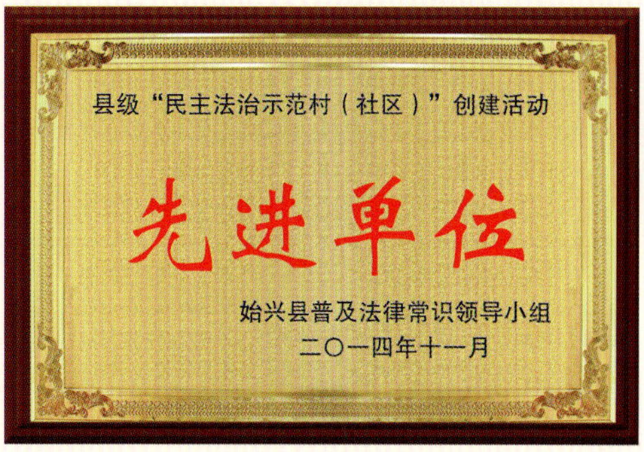

沈所

SHENSUO

沈所镇位于始兴县城的西南部，距县城3.5公里,是广东省委、粤北省委机关办公旧址（红围）、地下联络交通站（日新小学）所在地。镇辖11个行政村和1个社区居委会，1.97万人，总面积168平方公里。始花公路、沈江公路贯通于境内，并与韶赣高速、国道323线相连，形成便利的交通网络。沈所三面环山，气候温和湿润，花山水库南北灌区环绕全镇，水稻、黄烟、蚕桑、蔬菜四大重点产业蓬勃发展，素有“粤北粮仓”之称。

绿化后的广东省委、粤北省委机关办公旧址——红围

始兴县首个AAA级旅游景点——铜钟寨

花山平湖风景区

始花公路——绿道景观建设

沈所镇做好“特色旅游、重点项目、农业产业、扶贫开发”四篇亮点文章。推进石下古村落保护和开发，构建以红围为核心，石下古棋盘围屋、铜钟寨、阿公岩景区、花山平湖为发展轴的“一核四轴”沈所旅游发展布局，铜钟寨景区成为我县首个国家AAA级旅游景区。推进沈江公路建设和花山水资源保护工程，提高居民生活质量。多方招商引资，引进了客园项目、阿公岩影视基地项目等。推进“茶、烟、桑、蔬菜”的产业发展思路，以合作社为龙头打造产业基地，带动农户增收致富。以贫困村、薄弱村为重点，以点带面，筹措帮扶资金改善村级办公环境，打开了村级经济、村民收入全面增长的良好局面。2012年，沈所镇被住建部、国家旅游局授予“国家特色景观旅游名镇”称号；2013年，被环境和保护部评为“国家级生态乡镇”。

发展水稻种植产业

广东省最具规模、多项领域、全原生态的农产品综合型深加工基地——“中汇农业科技生态产业园”

顿岗镇2014年“12·4”法制宣传日活动

①顿岗镇开心农庄——户外草坪一角
②顿岗镇广源休闲农庄
③2014年广东“十大孝女”——华妃嫦
④西瓜收购，农户乐开怀
⑤顿岗镇居委会2015年春节文艺会演

隘子镇开展争做“三心三实 ”干部活动

通过招商引资引进东莞恒富农产品有限公司，带动发展仙草种植近40公顷

全新打造的隘子镇法治宣传长廊

隘子镇位于广东省始兴县南部，距韶关67公里，距县城65公里，东靠司前镇，南与翁源县毗邻，西与曲江县接壤，北与深渡水交界。隘子在历史上称为清化，地处律水、石下两条溪流的汇集处，因此处南北有奇峰对峙而形成一处隘口，故取名“隘子”。1949年前属隘子乡人民政府，1949年隘子乡人民政府归清化区管辖，1958年10月隘子人民公社成立，归始兴人民公社管辖，1983年改为隘子人民政府，1993年改为隘子镇人民政府。

隘子镇下辖13个村委会，1个社区居委会，有4687户，总人口2.12万人。总面积323.28平方公里，林地面积为30000公顷，耕地面积为733公顷，是典型的“九山半水半分田”山区镇。土地肥沃，气候温和，雨量充沛，适合各种林木、果树和反季节蔬菜的生长，宰相粉、田菇、灵芝远近闻名。

2014年，隘子镇围绕镇党委政府提出的“一、二、三、四”战略，即“理清一条思路”（打造生态旅游镇和宜居历史文化名镇），“营造两个环境”（宽松的干事创业人文环境、和谐美丽的宜居生活环境），“加强三个建设”（基层组织建设、基础设施建设、社会事业建设），“实施四大战略”（生态立镇、农业稳镇、林业强镇、旅游旺镇）。以打造“生态旅游镇和宜居历史文化名镇”为目标，聚精会神抓发展，凝心聚力抓落实。以党的群众路线教育实践活动为契机，创新性地开展隘子镇争做“三心三实”干部活动，并向群众发放“干群连心卡”和“便民服务卡”；2014年8月13日，隘子镇代表全县接受并顺利通过了省计生“飞行”半年检查;河边街全民健身路径项目全面建成投入使用；扎实推进融体育广场、文化广场、农家乐于一体的森林公园建设项目，建成后将为全镇人民提供了理想的文化娱乐和休闲健身场所；分两期完成了近533公顷的高标准农田建设，受惠农田面积超过了全镇三分之二;坚持走传统农业和现代农业相结合的路子，旺满堂清化粉在第十一届中国国际农博会荣获金奖，“旺满堂”被认定为全县唯一的广东省著名商标，成功引进东莞恒富农产品公司，仅2014年度，以隘子为基地，辐射带动周边乡镇发展仙草种植40公顷，逐步成为我镇群众增收致富的一项主导产业；继续巩固和深化“教育创强”成果，隘子中学在乡镇中学率先铺设了塑胶跑道；顺利创建为“省级生态镇”。

建设中的隘子镇森林公园

新规划建设的全民健身路径

全年农村经济总收入29286万元，同比增长4.5%，人均纯收入9811元，同比增长16%。2014年已成为隘子平安和谐稳定的一年、为民办事较多的一年、经济社会向前发展的一年。

始兴县公安消防大队
SHIXINGXIANGONG'ANXIAOFANGDADUI

副县长余志强（右三）出席2014年度“119消防安全宣传月”启动仪式

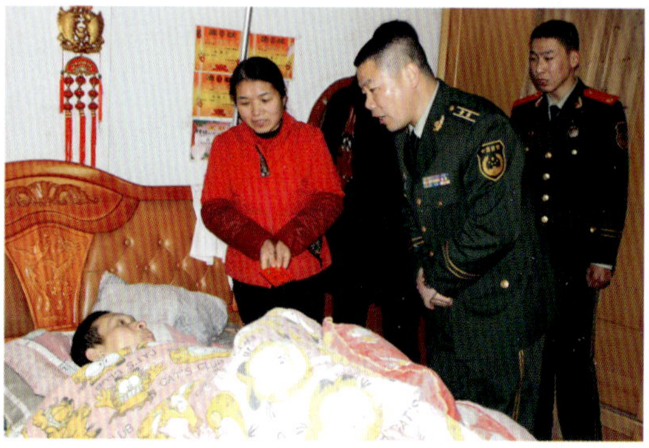
大队长朱志勇（右二）看望慰问扶贫对象

始兴县公安消防大队成立于1993年，位于始兴县太平镇城北路88号，下辖1个公安现役消防中队，主要担负全县火灾防控和灭火应急救援任务，同火灾作斗争的一支实行军事化管理的部队，执行解放军的三大条令和兵役制度，纳入武警序列。

大队为正营级建制单位（军政主官高配为副团职），现役编制35人，设有灭火救援和抢险救援2个攻坚组、4个战斗班，配备执勤消防车辆6台，各类灭火和抢险救援器材3000余件套。2014年，大队共接警出动警力178次，出动消防车辆305辆次，消防官兵1626人次，抢救被困人员23人，疏散人员84人， 抢救财产价值240多万元，在保卫人民生命财产安全中发挥了拳头和尖刀作用。

2014年，大队贯彻中共十八大和十八届三中、四中全会精神，以党在新形势下的强军目标思想为统揽，以警务实战化、执法规范化、队伍正规化“三项建设”为主线，以岗位练兵、火灾隐患整治、消防宣传教育为重点，聚焦深化改革，聚力提质增效，顺利完成了以防火、灭火和应急救援为中心的各项工作任务，城乡消防公共服务能力提升，队伍良好形象树立，消防工作和部队建设呈现出了良好发展势头。

2014年，在服务保障“平安始兴”“幸福始兴”建设的过程中，大队全体官兵齐心协力，团结奋进，取得了累累硕果：大队、中队连续六年被省公安消防总队评为“基层建设先进大队”“基层建设先进中队”；连续三年被总队评为“执勤岗位练兵先进大队”，连续两年被支队评为“党委建设好班子”；支队2014年度成建制中队日常实战化会操暨体能大比武竞赛第二名；1人荣立个人三等功，2人被总队、支队评为“优秀警官”，4人被支队评为“优秀士兵”、8人荣记嘉奖。

勇战火魔

始兴县首个消防主题公园落成启用

指导社会单位开展消防安全培训

“小红帽”们观看消防业务展示

参观廉政教育基地

参加始兴县城区防洪预案演练

始兴县国家税务局

提升站位谋发展　文化兴税谱新篇

2014年11月20日，国税局主要领导完成新老交接，刘文健（左一）任县国税局局长

团结、和谐、奋进的新一届领导班子

2014年，始兴县国家税务局围绕组织税收收入中心工作，不断提升站位、砥砺奋进、攻坚克难，服务经济社会发展，开创了始兴国税事业的又一新好局面。

税收收入创新高

全年共组织税收收入24135万元，同比增收3547万元，增长17.2%；县级库收入5662万元，同比增收1116万元，增长24.5%，税收收入再创历史新高。

征管质效再提升

2013年12月推行征管改革，司前税务分局职能转变为重点税源管理，顿岗税务分局职能转变为纳税评估，实现管评分离；扩大零散税源的社会化管理，完善协税护税机制；开展“金税三期”工程，征管信息化水平提升；加强依法治税能力，发挥稽查作用。

纳税服务再优化

乘便民办税的春风，贯彻落实纳税服务规范，通过加强窗口建设、简化办税流程、创新服务方式、让纳税人享受到更为优质便利的纳税服务，切实解决服务纳税人“最后一公里”问题，提升了纳税人满意度和税法遵从度，在纳税人满意度调查中，群众满意率达99.2%；办税服务厅先后荣获省、市“巾帼文明岗”称号。

文化兴税促发展

从精神文化、制度文化、行为文化、物态文化四个层面开展国税文化建设，通过打造“谨终如始、笃实力行”等始兴国税精神文化体系、建设国税文化展厅、完善制度建设等一系列举措，充分发挥国税文化的凝聚、激励、规范、引导功能，提升国税良好形象。

局领导指导纳税服务规范工作

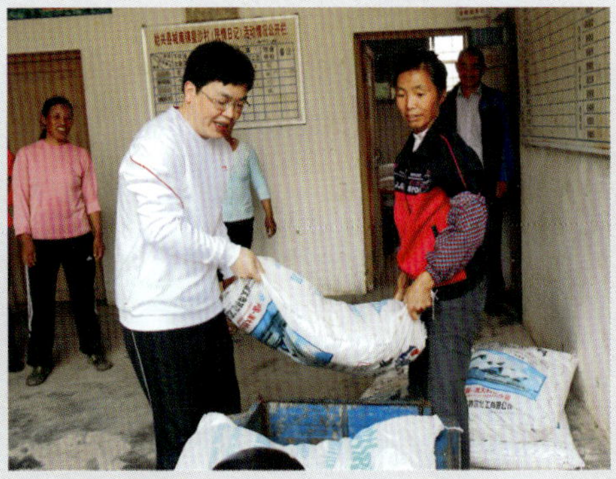

县国税局党组书记、局长刘文健（左一）为扶贫点发放春耕物质

着力开展国税文化建设

始兴县地方税务局

SHIXINGXIANDIFANGSHUIWUJU

“金税三期”征管系统成功上线

开展房屋租赁税收清理工作

青年志愿者走上街头进行税法宣传

始兴县地方税务局成立于1994年10月，是韶关市地方税务局领导下的正科级直属机构，主要负责地方各税、社会保险费、教育费附加、文化事业建设费和省人民政府规定的其他规费的征收管理工作。

县地税局始终坚持以组织收入为中心，以依法治税为主题，创新工作机制，优化纳税服务，挖掘税源潜力，推行税收科学化、规范化、精细化管理。2014年，共组织税费收入52918万元，突破5亿元大关，同比增长12.48%，增收5875万元。其中，税收收入30091万元，突破3亿元大关，同比增长12.51%，增收3346万元。共组织规费收入22827万元，同比增收2529万元，增长12.46%，其中社保费收入完成20371万元，同比增长13.84%，增收2476万元。

始兴地税本着“为国聚财，为民收税”的宗旨，不断优化纳税服务，开展税法宣传，“便民办税春风行动”，升级改造办税服务厅，在城区分局设立全市地税系统首个预受理服务区，完善7×24小时自助办税厅，简化办税流程，缩减办税时间，提高办税效率，减轻办税负担。

在保障税收收入工作的同时，加强队伍建设、文化建设和党风廉政建设，各项工作取得显著成效。2014年，县地税局城区税务分局被韶关市妇联授予“韶关市三八红旗集体”荣誉称号。

2014年4月举办“地税杯”地方税收知识竞赛

城区税务分局设立全市地税系统首个预受理服务区

城区分局办税大厅

始兴县质量技术监督局

SHIXINGXIANZHILIANGJISHUJIANDUJU

始兴县质量技术监督局为韶关市质量技术监督局领导的直属机构，正科级单位，主管始兴县内的质量、计量、标准化、特种设备监察、食品相关产品监管和打假的行政职能部门。2014年，有编制19人，其中公务员编制18人，后勤编制1人。下辖直属事业单位始兴县质量技术监督检测所，事业编制5人。

2014年，始兴县质量技术监督局以“为民务实清廉”为主线，践行党的群众路线，通过“树主人翁意识，立人民质监形象”主题活动为载体，实现工作和学习教育“两不误，两促进”，初显“人民质监”新形象。全年以质量强县为抓手，推动质量竞争力快速增长，年度质量竞争力指数考核中，排名全市第3名；通过监督检查、应急演练、培训、专项宣传等方式切实做好特种设备安全监管工作，全年特种设备安全无事故，连续5年荣获全县安全生产考核先进单位称号；推动始兴石斛地理标志产品通过省质监局现场初审；开展始兴香菇农业标准化示范区建设工作，建成2个国家级和3个省级农业标准化示范区的好成绩，获始兴县委督办的通报表扬；推进诚信计量建设，扩大计量器具免检范围，全年免费为160多家单位的2000多件（台）计量设备免费体检，免征检定费8.2万元；发挥打假办的联动优势，通过联合执法与专项执法相结合，全年共出动执法人员752人次，共检查企业203家次，立案查处案件3宗，结案3宗，罚没款6万元，打假工作位列全市质监系统前列。

县质监局分别获得广东省组织机构代码工作先进集体称号、韶关市科技进步三等奖、全市质监系统年度综合考核第一名、全市质监系统政务信息宣传工作第一名以及始兴县委督办的通报表扬、始兴县安全生产履职先进单位二等奖、始兴县“六五”普法先进单位、始兴县科技进步二等奖等，局长李新兵荣获全市质监系统年度考核优秀、副局长朱伟获广东省组织机构代码工作先进个人称号、蒋叶峰获始兴县新闻信息工作先进个人二等奖。

始兴县质监局全体干部职工合影

局长李新兵在韶关市2014年度科技进工作会议上领奖

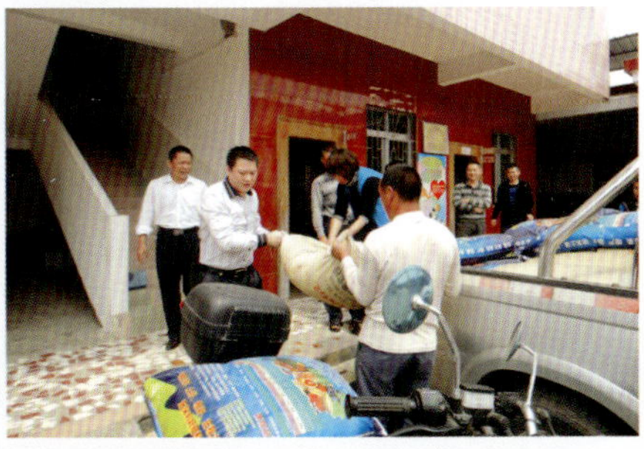

质监局向对口帮扶贫困户送农资化肥

执法人员开展土特产销售专项执法活动

始兴县正龙杨梅园向质监局赠送锦旗

始兴供电局召开2015年工作会议暨二届五次职工代表大会

2014年，始兴供电局全体干部员工坚持以南方电网中长期发展战略为统领，把握“稳中求进”总基调，勤奋务实工作，持续深化创先，较好地完成了年度既定任务和目标，在推动企业科学发展的同时，为始兴地方经济腾飞注入了强劲动力。

圆满完成春节、“五一”、高考等重要时期保供电工作，成功应对霜冻、雷暴等自然灾害的袭击；兑现了电力供应万无一失的承诺。全年用户平均停电时间2.35小时，同比减少2.21小时，供电可靠性位列八县第二。

科学谋划电网发展，妥善推进110千伏和平输变电前期工作。严把工程质量，全力打造样板工程，“顿岗供电所新建寨下公变台区工程”荣获广东电网公司“安全、优质、文明”样板工程称号。

推进农网改造，解决客户用电困难，立新杆、铺新线，顺利完成马市烟农，隘子石斛种植户用电报装，全力服务地方特色产业发展。

2014年，先后获得“南方电网公司县级供电企业安全生产先进集体”“始兴县纳税大户”“市直机关绩效考评二等奖”等多项荣誉；先后收到客户送来的“情系老百姓 光明进万家”“情系百姓，为民解忧”等多面锦旗；由始兴供电局员工自编自导自演的微电影《父亲》作为广东电网公司唯一入围参赛作品在国资委“中国梦 劳动美 幸福路”微电影展播大赛中荣获最佳人气奖和优秀作品奖2个奖项。

太平配电运维班开展夜巡

村民送锦旗表感谢

样板工程——顿岗新建寨下台区

开展电力设施保护宣传活动

电力知识宣讲进瑶乡民族学校——孩子们认真观看宣传资料

抗击澄江洪涝灾害抢修复电

万家灯火　南网情深

杉木林

杉木中幼林

优美、舒适的生活小区

韶关市国有河口林场

SHAOGUANSHIGUOYOUHEKOULINCHANG

韶关市国有河口林场创办于1962年，为正科级事业单位，隶属韶关市林业局。林场位于广东省始兴县司前镇清化河畔，总经营面积5374.9公顷，其中：国营部分面积4161.1公顷，联营部分面积1213.8公顷。森林覆盖率92%，蓄积量为46.3万立方米。以承担保护和发展森林资源，绿化祖国，发展林业经济，保护生态为宗旨。主要以经营商品林、经济林为主，商品林以松、杉杂为主，生态林以阔叶林为主。是韶关市六大国有林场之一。场部地理坐标为北纬24°50′51″，东经114°02′22″，海拔高200米，年均温度19～22℃，年平均降水量约1600～2000毫米，平均相对湿度80%。林场西临“岭南第一大围”隘子满堂大围，东南与“南岭明珠”车八岭国家级自然保护区相连，北距深渡水瑶乡，（省道）S244线贯穿南北，距离县城和韶赣高速公路38公里，交通十分便利。场区附近有一水库，周长1800余米，水域面积近30000平方米，水库水面宽阔，水质良好。林区森林植被保护较好，生态平衡，常有白腹锦鸡、小灵猫、野猪、果子狸、花面狸、松鼠、野兔等动物出没；还有各种森林菌类、中草药、野菜，其分布广泛，生长繁茂，具有较好的生态旅游发展前景。

林场内设5个股室，分别为办公室、计划财务股、营林生产股、经营管理股和管护股。林场编制总数为62人，至2014年年底，林场共有干部职工145人，其中在职57人，退休88人。

林场党政领导班子坚持以人为本，学习贯彻落实科学发展观，紧紧围绕市林业局、林场管理处下达的任务目标，以加强森林资源管护和生态环境建设为主线，以建设和谐、幸福满意林场为目标，加强生态环境建设和基础设施建设，促进林场经济发展和民生状况持续改善。

招待所

食堂

林场篮球场

班子成员

鲤鱼墩水电站

省委书记胡春华（左一）调研始兴城镇规划

始兴县住房和城乡规划建设局

SHIXINGXIANZHUFANGHECHENGXIANGGUIHUAJU

始兴县住房和城乡规划建设局在县委、县政府和上级主管部门的正确引领下，坚持围绕“拉大框架、完善功能、扩容提质、培育产业、整体推进”的城镇化建设思路，坚定不移地推动始兴新型城镇化进程。

一、精心做好规划编制工作，推动始兴城市建设

全面推进《始兴县城市总体规划》（2013—2030）修编工作，新一轮城市总体规划明确要联合周边城南、沈所、江口镇区一体化发展，打造“太平-城南-沈所-江口”连片的“大始兴”，推动中心城区沿墨江向西北、东向扩展，形成多中心、带状组团式城市；进一步完善城乡规划体系，着力解决城市景观风貌、历史文脉、生态文明建设等问题，塑造城市亮点、特色和魅力。

二、加快项目建设，扎实推进房地产开发

全年报建项目21项，报建面积45.7万平方米，工程造价5.3亿元，核发建筑施工许可33宗，竣工验收备案54项。

2014年，办理商品房预售许可证的房地产开发企业有15家，预售面积38.3万平方米，3552套（其中住宅2943套、商铺512套、其他97套）。实际销售面积19.72万平方米；商品房(含商铺)销售数量1682套，在全市各县市区排名第3位。2014年我县新开工建设保障性住房、棚户区改造住房共334套，基本建成84套，全面完成市政府下达住房保障工作任务。

三、加强基础设施建设，提升城市建设品位

加快推进火车站站前道路、沿江南路、丹凤路西路、规划建设兴隆大桥北段道路，构建城区“三纵五横”道路网络。已完成东门北路排污管道铺设、莲新路莲北一街道路硬化及排污管道铺设，改善了城区排污管网格局。五里山垃圾无害化处理场已投入使用，完成了10个乡镇垃圾中转站建设，建成垃圾收集点1384个，完成了“一县一场、一镇一站、一村一点”的建设任务，初步了实现城乡垃圾无害化处理。

6月17日，省委书记胡春华（左一）到始兴调研城区建设

市长艾学峰（右三）到始兴调研城区建设

局长谭聪礼组织干部职工学习《土地利用总体规划调整工作方案》

局班子成员践行群众路线，在顿岗镇召开座谈会征求意见建议

始兴县国土资源局

SHIXINGXIANGUOTUZIYUANJU

国土局联合县气象局、司前镇人民政府在司前庚靖学校开展2014年地质气象灾害联合应急演练活动

始兴县国土资源局成立于2001年11月，是主管土地、矿产资源和测绘管理的职能机构和行政执法部门。2014年，县国土资源局以“保发展、保资源、保稳定”为目标，认真开展征地、土地出让、土地清理等工作，为“三区”建设提供用地保障；大力推进高标准基本农田建设，全面落实耕地保护责任；强化矿政管理和地灾防治，确保人民群众生命、财产安全；强化执法监察和信访维稳，营造和谐国土环境。2014年，办理集体建设用地审批1029宗，协助缴纳耕地占用税约140万元；启动了韶冶、生态湿地公园等27个征地项目，完成征地2762.5亩，共拨付补偿款6402.75万元；公开出让土地30宗共495.30亩，土地出让金2.3785亿元；开展土地清理，已协议收回江口永捷东侧地块、牡丹房地产地块、沙水原锐鑫锂能地块3宗闲置用地，面积219.2亩，另外有5宗涉嫌闲置土地正进行处置。制止土地违法违规行为96宗，拆除“两违”用地18宗，清理整治非法开采18宗，立案查土地、矿产违法行为处47宗，责令限期整改172宗，罚款33.19万元。在县委、县政府的正确领导下，2012年度全县高标准基本农田建设圆满完成任务，获省政府通报表扬，并奖励我县2014年新增建设用地指标150亩；在S343线改造工程征地拆迁工作中，县国土资源局因表现突出获得县政府通报表扬。

全市高标准基本农田建设现场会在我县召开，与会人员参观沈所高标建设片区

县委书记、县人大常委会主任范秀燎（右五）检查凉口灌区改造工程

副县长何晓域（左三）检查水利工程建设情况

县水务局局长张卫明（中）检查农田水利工程并接受县电视台记者采访

始兴县水务局

SHIXINGXIANSHUIWUJU

2014年，始兴县水务局贯彻落实加快水利改革发展的决策部署，围绕省五项民生水利工作方案和县委县政府的中心工作，抓好民生水利工程建设管理、三防、水资源保护、水库移民后期扶持、水政监察、城乡供水等工作。被县人大、县政协评为“2014年度代表建议办理工作先进单位”“2014年度政协提案承办先进单位”。

2014年，始兴县水务局完成了2013年度省级小农水重点县项目、田间工程建设，推进凉口灌区改造工程；启动清化河（深渡水瑶族乡段）治理工程，清化河上游段治理工程列为广东省山区五市中小河流治理试点项目；完成了花山水库入库河口生态修复工程，推进墨江流域水质保护工作。在市政府对各县（市、区）最严格水资源管理制度中期考核中得分排名全市第一；成功举办始兴县城区防洪预案演练，取得了抗击“5·15”洪灾的胜利；加强河道采砂监管，全年查处违法采砂案件5宗，办案总量和处罚金额全市排名第一；通过改造水厂、兴建蓄水池和科学调度等应急措施，有效缓解县城高峰期用水紧张状况，启动城西片区管网改扩建工程，切实保障县城居民用水安全。

清化河（深渡水瑶族乡段）治理工程施工现场

省级小农水重点县项目施工现场

田间工程施工现场

水法宣传

2014年9月，省国土局领导到始兴县视察农业高标项目

2014年11月13日，常务副市长陈波(前)视察始兴农业综合开发项目

始兴县农业局

SHIXINGXIANNONGYEJU

2014年10月13日，副县长何晓域视察澄江高标项目

1949年10月成立农林科，1950年1月与建设科合并为农建科，1952年4月改农业科，1958年12月始兴并入南雄时撤销，1960年10月成立农业局，1962年1月与水利局合并为农水局，1963年1月分设农业局和水电局，1966年5月受文化大革命的冲击干扰，不能行使工作职能，1968年8月并入农业系统革委会，1970年3月始兴县农业局撤销，成立始兴县农村工作站，办公地址设在太平镇河南路256号（今水务局处），1972年1月始兴县农村工作站撤销，恢复始兴县农业局，办公地址由河南路256号迁至河南路10号，1991年办公地址由河南路10号迁至太平镇红旗西路50号。2001年，农业局、农委、乡镇企业局合并组建新的农业局。

始兴县农业局是主管全县农业和农村经济工作，承担农业技术推广运用和农业行政执法的县人民政府工作部门。内设机构有：办公室、人事股、政策法规股（县渔政大队）、农村经济体制与经营管理股（县农村集体资产管理办公室）、市场与经济信息股、科技教育股、种植业管理股、农产品质量安全监管股、财务与审计股（发展计划股）、农业综合开发股。在职干部职工60人，其中中级以上职称的有20人，包括高级以上职称3人。

2014年，以加快农业结构调整，优化农业产业布局，不断夯实农业基础，推进农业产业化经营，发展现代农业、特色农业，取得了可喜业绩。2014年全县农业增加值102168万元、农村人均纯收入10359元，分别比上年增长5%、18.01%。

2014年3月21日，市农业局执法人民联合县农业局执法人员依法到韶关市植保有限公司始兴县城南门市部检查农产品

科技下乡活动

2014年10月17日，教育实践活动

始兴县卫生和计划生育局

SHIXINGXIANWEISHENGHEJIHUASHENGYUJU

2014年4月10日，省卫计委主任陈元胜（右一）在县委书记范秀燎（右三）陪同下到始兴调研。图为在马市镇堂阁村视察计生工作

始兴县卫生和计划生育局是县人民政府的工作部门，担负着全县医疗卫生、预防保健、计划生育、卫生行政执法、卫生应急、健康宣传教育等工作。内设10个股室：秘书股、人事监察股、规划财务股、政策法规股、信息统计与考核评价股、流动人口服务管理和基层指导股、疾病预防控制股、医政股、计生家庭发展和妇幼健康股、科技宣教股。

2014年，按照省、市卫生计生工作的总体部署，以打好“计生翻生仗”，继续深化医药卫生体制改革为重点，深化城乡协调发展，推进镇村卫生服务一体化工作，促进基本公共卫生服务均等化，提高正确处理重大疫情和突发公共卫生事件的应急处理能力，构建和谐医患关系。通过一年的努力，各项工作进展顺利，卫生事业平稳发展，计生各项工作指标进步明显，省对始兴县人口与计划生育目标管理责任考核达标。

召开卫计系统民主评议政风行风暨医疗行业作风专项治理工作会议。副县长刘胜春、县纪委副书记胡长江出席会议

县卫计局组织开展计生宣传送戏下乡活动

始兴县环境保护局

SHIXINGXIANHUANJINGBAOHUJU

监测人员正在测定地表水样的高锰酸盐指数

原子吸收室

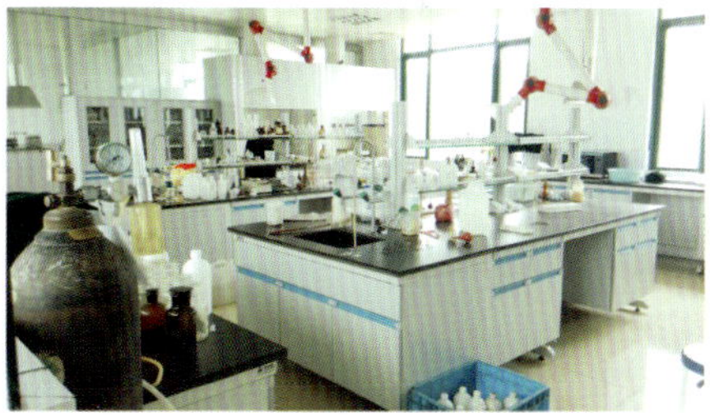

实验分析室

始兴县环境保护局前身为始兴县环境保护办公室，成立于1981年10月27日，办公地址设在红旗路71号县委县政府大院内。1988年11月25日更名为始兴县环境保护局。1988年12月2日建立县环境监测站。1993年6月19日建立县环保局环境监理所，2003年9月12日更名为始兴县环境监察大队。根据县委、县政府关于《始兴县人民政府机构改革方案》，2010年5月县环境保护局由原与县建设局合署办公调整为单独设置，为县人民政府工作部门。内设机构有：秘书股、环境监测站、环境监察股、环境规划与污染控制股、环境保护宣传教育中心、环境信息中心。

始兴县食品药品监督管理局

SHIXINGXIANSHIPINYAOPINJIANDUGUANLIJU

酒类监管工作职能交接仪式

始兴县食品药品监督管理局于2001年成立，隶属于韶关市药品监督管理局垂直管理下的正科级行政单位，2004年8月成为广东省韶关市食品药品监督管理局直属机构，2010年10月调整为县人民政府工作部门，2013年年底，根据食品药品机构改革的要求，县食品药品监督管理局主要职能调整为集食品、药品、餐饮、保健食品、化妆品、酒类监管为一体的行政机关。2014年，局机关内设8个股室：人秘股、政策法规股（行政审批股）、综合协调股（应急管理办公室）、食品生产流通安全监管股、食品餐饮安全监管股、药品医疗器械安全监管股、保健食品化妆品监管股、稽查局。派出机构行政基层食品药品监管所5个。

食药监局开展餐饮服务单位食品安全管理员培训

县食品药品监督管理局始终坚持以保障公众饮食用药安全为己任，履行食品药品安全监管工作职能，加强食品、药品、保健食品、化妆品、医疗器械日常监管，抓好食品药品市场规范化管理，开展食品药品安全示范区创建工作，2014年，始兴县县城墨江中学食堂、始兴县明日之星幼儿园食堂、乡镇的马市中学，共3家学校、幼儿园被评为省级示范学校食堂。始兴中学食堂、风度中学食堂、香樟园酒店等7家餐饮服务单位的“阳光厨房”建设已通过验收并投入使用。

始兴县2014年农村药品“两网”培训

2014年6月20日获得2012—2013年度始兴县精神文明建设先进单位；2014年11月26日获得“六五”普法先进集体；2015年1月21日,获得2014年度无偿献血工作先进单位。

始兴县举办以“尚德守法　提升食品安全治理能力”为主题的食品安全宣传周活动

开展药品“两打两建”专项行动

化妆品安全专项整治行动工作

对食品保质期开展大规模整顿工作

开展超过保质期食品监管工作

手握手的承诺　心贴心的服务

广东农信 GDRC | 始兴农村信用社

SHIXING RURAL CREDIT COOPERATIVES

始兴联社理事长张寿清（左一）深入隘子龙头企业调研

始兴县农村信用合作联社（以下简称“始兴联社”）最初成立于上世纪50年代，已走过了60多年的光辉历程，是始兴县域机构网点最多、辐射面最广、资金实力最雄厚的金融机构。始兴联社一直秉承服务农业、农村、农民和支持中小微企业、县域经济发展的宗旨，恪守“手握手的承诺，心贴心的服务”的经营理念，为县域经济、民生服务、工业园区、基础设施建设等方面做出了突出的贡献。截至2014年末，始兴联社各项存款余额27.21亿元，贷款余额19.86亿元，存贷款市场份额稳居全县金融机构首位，当年实现纳税总额2785万元。连续多年被县委、县政府评为“纳税大户”“金融机构支持地方经济发展先进单位”。

始兴联社拥有成熟、稳定、先进的数据大集中业务系统和灵活的业务优待政策，服务功能齐全，服务品种丰富。开办了小额信用、抵质押、林权抵押、妇女创业、下岗工人再就业、银行卡自助循环贷、住房按揭、代收代付、代理非税等业务。配备了ATM、CRS、BST、叫号机、POS机等，开通了网上银行、手机银行、银行卡网上支付等功能，为广大客户提供了安全、快捷、方便的金融服务。始兴联社将随着改革发展的不断深入，以推动县域经济发展和满足广大客户需求为目标，逐步建设成为符合地方经济发展且具规模大、功能齐、形象好、效益高、竞争力强的现代金融企业。

始兴联社规范服务礼仪标准形象

始兴联社荣获2013年度模范纳税户荣誉称号

始兴联社召开第三届社员代表大会第四次会议

始兴联社团支部参与“品味绿色　种植希望”活动

始兴联社深入工业园区开展小微企业调研活动

联系地址：始兴县太平镇北门路126号　邮政编码：512500　联系电话：0751-3332607　E-mail：sxlsbgs@163.com

始兴中学

SHIXINGZHONGXUE

始兴中学由宋朝嘉定年间的黉学宫发展而来，1915年始办新学，时称“始兴县立中学”。1948年更名为“始兴中学”，沿用至今。为始兴县重点中学、广东省一级学校、广东省国家级示范性普通高中。

学校占地面积13.86万平方米，建筑面积5.3万平方米。校园规划科学，布局合理，是读书治学的理想之地。学校因办学成绩突出，先后获得“全国消防安全教育示范学校”“广东省普通高中教学水平优秀学校”“广东省德育示范学校”“广东省安全文明校园”等荣誉称号。2014年，学校有52个教学班，学生2600多人，专任教师232人。学校师资力量雄厚，其中：研究生学历21人，特级教师1人，中学高级教师82人，中学一级教师92人，省级以上优秀教师7人。

2014年，学校高考取得优异成绩，实现了“低进中出、中进高出、高进优出”的目标。各批次上线人数均比上一年大幅增加。重点本科上线人数46人，本科上线人数403人，专科以上上线率为94.44%。学校因成绩突出，被评为“韶关市2014年普通高中教学质量优秀学校”荣誉称号。此外，学校承办了韶关市中小学校“弘扬雷锋精神，践行社会主义核心价值观”、韶关市“校园文化建设”等多场现场会，学校德育工作经验被《广东教育》《德育报》《中小学校长》《韶关日报》等报刊广为推介，校园文化建设成果日趋完善，学校影响力不断扩大。

梁广榕（前排右五）与励志班学生合影

"全国义务教育发展基本均衡县"省级督导评估组领导到校视察

承办韶关市中小学校"弘扬雷锋精神，践行社会主义核心价值观"现场会

武江区教育系统领导到校参观

①	②	③
④		⑤
⑥		

①县委书记范秀燎（右一）到校调研
②市教育局领导到校指导高考备考工作
③广州大学附属中学校长邓云洲到校讲学
④2014年学校体育艺术节
⑤群众路线教育实践活动民主生活会
⑥消防安全演练

始兴县墨江中学

SHIXINGXIANMOJIANGZHONGXUE

高效课堂

学校概况

2014年，墨江中学现有在校学生46个班2259人，专任教师156人，其中高级教师63人，本科学历以上127人。教师队伍师德高尚、教风严谨、业务精湛，一大批教师常年活跃在省、市、县专业学术团体中，成为颇具影响的名师、专家。

校园文化

学校进行基于信心教育的校园班级文化建设的德育改革，形成“墨水长流，厚德载物”德育特色。从物质文化、制度文化、精神文化三方面搞好班级文化建设，把班级建设成为学生成长的乐园、学生向往的地方。每月评选校园新星，发挥榜样示范作用。在班级文化的熏陶和《墨中一日常规三字经》的指引下，墨中学子自强自立，遵纪守法，学会学习、学会生活、学会做人。

校园之星颁奖

艺术节

精细管理　激情课堂

实行导学案教学改革，引领学生科学合理的自主学习，打造高效课堂，实现从高分数低能力到高能力高分数的转变。把激情教育，精细管理贯穿在整个教育教学管理教程中，营造激情的校园和课堂环境，培养激情的教师和学生，最大限度的调动了老师和学生的积极性，实现激情学习、激情工作和激情人生。

体艺特色　多彩校园

学校每年举办体育节、文化艺术节、讲故事（演讲）比赛、十大歌手大赛、元旦文艺演出等，给学生提供展示才艺的平台和空间，提升了学生的综合素质。

体育节

学校荣誉

学校教学质量稳步提升，参加各类竞赛及考试，该校成绩均居韶关市前列，成为粤北大地上一所名牌初中。学校先后被评为韶关市德育示范校、韶关市五四红旗团委、韶关市安全文明校园、广东省义务教育规范化学校、广东省校本培训示范学校、广东省体育特色学校、全国百家书香校园、全国优秀家长学校实验基地等。

教育视导

专家报告

参政议政

始兴县风度中学

SHIXINGXIANFENGDUZHONGXUE

风度中学创办于1992年，为纪念一千三百多年前在始兴出生的唐朝名相、杰出诗人张九龄以及在始兴县抗战历史上著名的风度大队而命名。

校园占地面积9.45万平方米，建筑面积3.5万平方米，绿化面积6.3万平方米。校园按省一级学校标准完善教学设施设备。2014年有教学班42个，在校生2135人。专任教师186人。其中：研究生学历11人，本科学历149人，中学高级教师76人。

学校坚持“以德治校，质量立校，科研兴校，特色强校”的办学宗旨，凭着优质高效的管理模式，秉承“笨鸟先飞”的校训 和“铭记革命源流，培育后代精英”的教风、“立志、崇德、勤学、创新”的学风。

风度中学先后被评为广东省绿色学校、广东省一级学校、广东省军民共建先进单位、广东省教学水平优秀学校、广东省交通安全文明示范学校、韶关市首批中小学生行为规范示范学校、韶关市教育教研先进单位、韶关市德育示范学校、心理健康教育示范学校。

祭扫先烈

始兴县人民医院

SHIXINGXIANRENMINYIYUAN

始兴县人民医院1949年成立，位于公园前路75号，医院建筑面积23000平方米，业务用房17320平方米。经过多年的建设和发展，医院发展壮大为始兴县规模最大、设备最先进、技术力量最强的集医疗、教学、科研、保健于一体的综合性医院，也是始兴唯一一家二级甲等医院，担负着始兴县25多万人口的诊疗、急救、预防等工作和韶关市多所高等医学院校的实习教学任务。

医院技术力量雄厚，专业科室设备齐全。2014年，有干部、职工350人，其中副高职称39人，中级职称70人。开放床位300张，设临床科室 20多个，有“120”急救中心、传染科、皮肤科、小儿内科、新生儿科、五官科、口腔科、内一科、内二科、内三科、中医科、妇产科、外一科、外二科、ICU、麻醉科、手术室、体检中心、心电B超室、CT室、胃镜室、检验科、放射科血透室。年门诊病人183035人次。住院病人14393人次，平均住院日6.31日，病床使用率87.14%。病房危重人抢救成功率83.9%，入院诊断与出院诊断符合率99.99%，手术前后诊断符合率100%。全年业务收入8828万元。

医院现代化医疗设备有：螺旋CT、DR机、C臂机、电子胃肠镜、电子内窥胃镜、肠镜、输尿管镜、膀胱镜、膀胱碎石机、体外碎石机、德国进口血液透析机、美国彩色B超、心脏B超、心电图、动态心电图、多功能心电监护仪、德国进口呼吸机、麻醉呼吸机、激光治疗仪、综合牙科治疗仪、母婴胎儿监护仪、宫腔镜、电子阴道镜、全自动生化分析仪、电解质分析仪、自动血球分析仪、血气分析仪等先进的医疗设备。

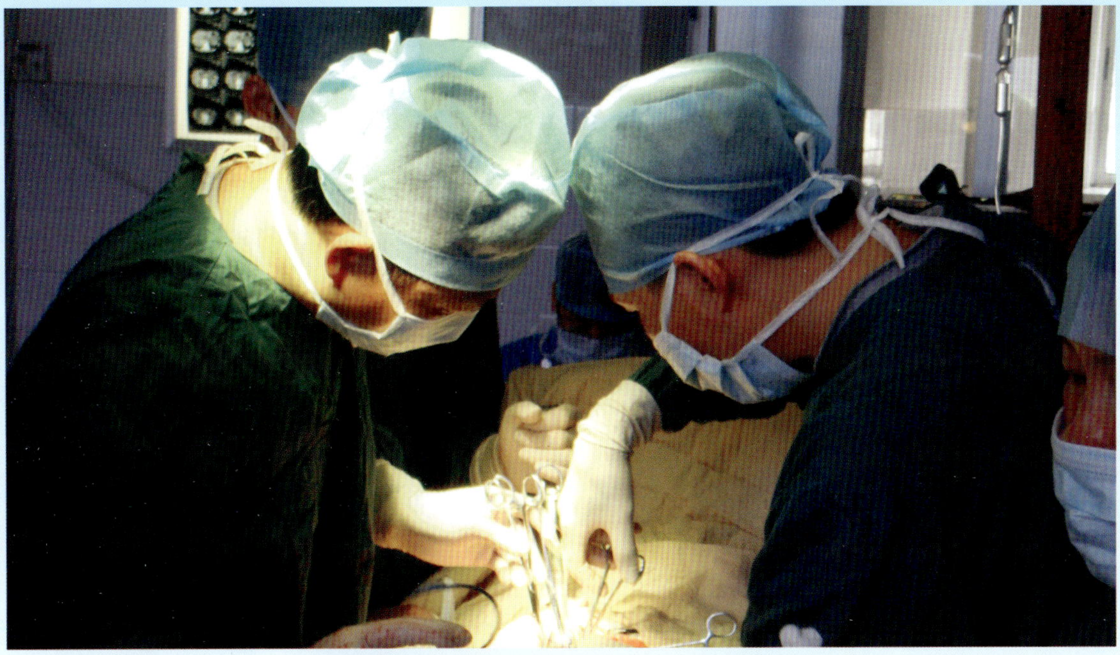

①手术中
②聘请社会监督员
③职工冬季运动会
④义诊
⑤ICU病区
⑥康复理疗中心

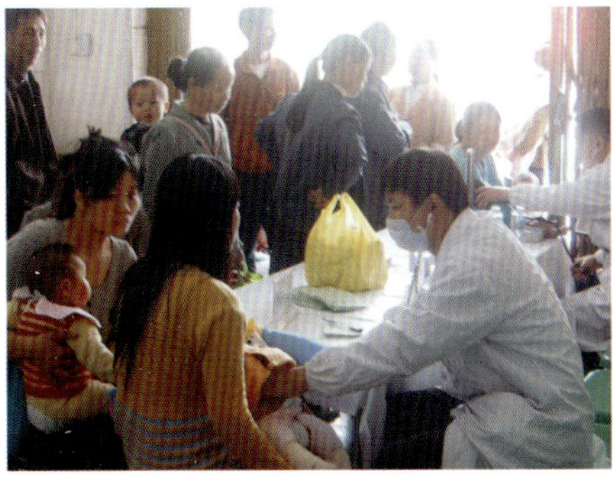

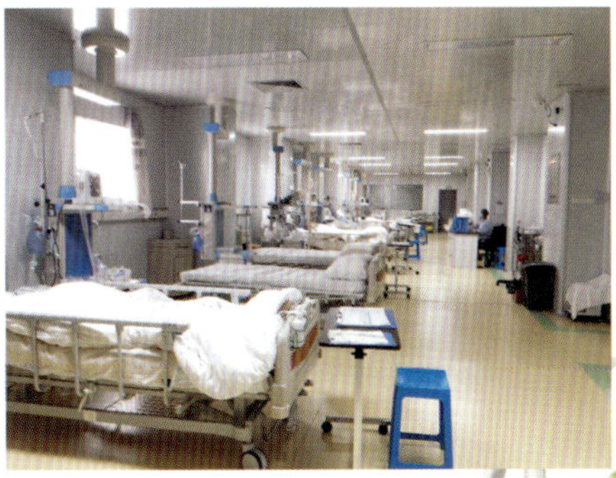

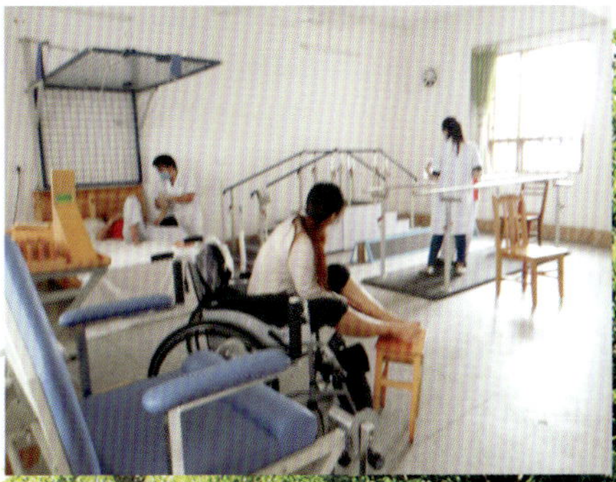

厚德　精医　仁心　济世

始兴县中医院

SHIXINGXIANZHONGYIYUAN

省中医药局局长徐庆锋（左三）来院视察

始兴县中医院成立于1988年。原院址位于始兴县太平镇兴平路66号，2013年11月新建中医院整体搬迁后院址位于始兴县太平镇兴安路001号。始兴县中医院是一所集医疗、教学、科研、康复、预防保健为一体的二级中医医院。是韶关学院医学院的教学医院；是韶关市医疗保险定点医院。骨伤科是始兴县中医院的“品牌”科室，被授予“韶关市青年文明号”科室；是“韶关市市级中医医院重点特色专科”，2006年被国家中医药管理局确定为“第二批农村医疗机构中医特色专科建设项目单位”。针灸科是中医院的另一个市级中医医院重点特色专科。

新建中医院占地2公顷，建筑面积约1万平方米，是旧中医院的3倍多；2014年，医院在职职工133人，卫生技术人员112人，高级职称11人。编制床位160张。医院科室设置、人员配备和设备、设施、每床建筑面积均符合二级中医医院基本标准。设有门急诊科、内科、骨伤科、外科、妇科、肛肠痔疮科、针灸科、体外震波碎石等临床科室和检验、影像、药剂等科室。医院目前拥有层流手术室及手术配套设备、CR-X线成像系统、彩色B超、数字化超声诊断仪、电子胃镜、全自动生化分析仪、血球计数仪、电解质分析仪等先进的大中型医疗设备。继承和发扬中医传统正骨手法配合自制伤科膏剂、洗剂、酒剂多种疗法，使创伤骨折病人能因病施治，较大范围地满足患者的治疗需求，创出了自己的治疗特色和优势，同时充分运用现代医疗技术，扩展骨伤患者治疗的广度和深度。通过学习提高，人才培养，技术水平不断得到提升。开展了各种各样钢板，髓内针内固定术、髓核摘除术，全髋置换术，椎弓根针棒内固定术组合或骨外固定术等骨科手术。医院环境不断优化，功能不断完善，中医专科特色突出，综合实力增强，医德医风良好，已成为广大群众就医的新亮点。

按照二级甲等中医医院的建设标准和要求，医院基础设施和科室配置建设完善，就医环境大为改观。医院以二级甲等中医医院评审工作为抓手，坚持以中医为主的办院方向，加强人才与学科建设，弘扬中医药文化，提升医院核心竞争力，努力把医院建设成为中医特色浓厚、学科优势明显、专科特色鲜明的现代化二级甲等中医医院。

化验室

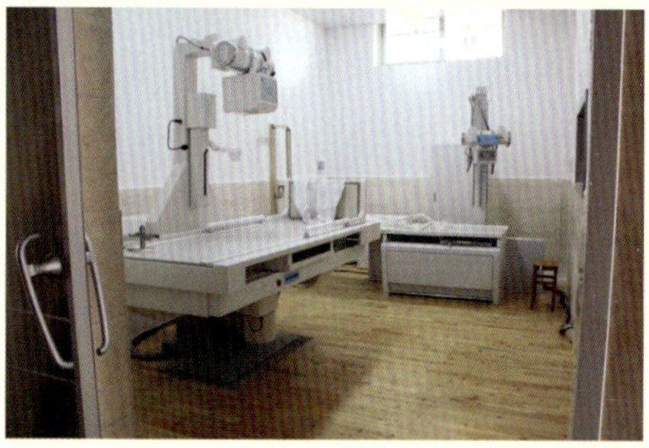

X光放射室

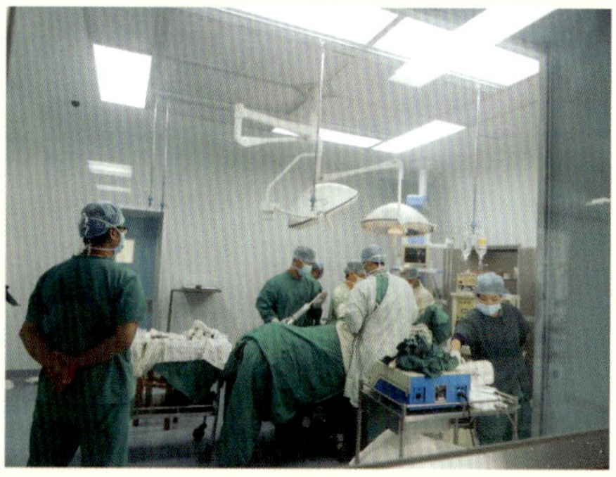

手术中

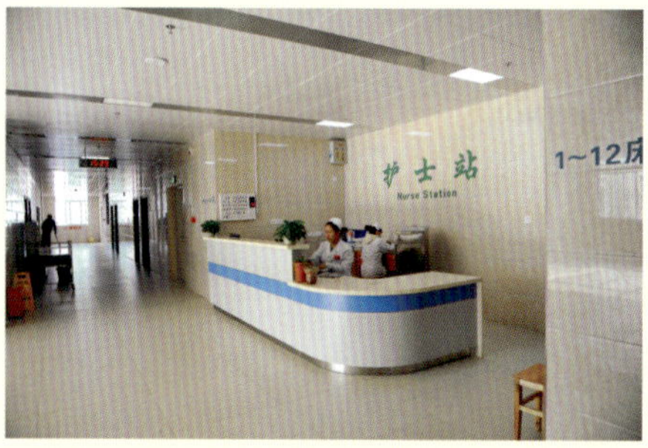

护士站

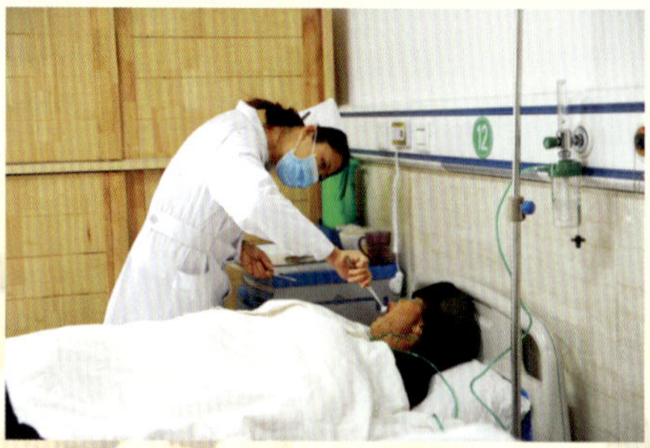

病人护理

院　址：始兴县太平镇兴安路001号（实验小学上行20米）

咨询电话：0751-3322600（急诊科）　3322100（骨外科）　3322101（内科）　3321747（针灸科）

始兴县疾病预防控制中心

SHIXINGXIANJIBINGYUFANGKONGZHIZHONGXIN

始兴县疾病预防控制中心、卫生检验中心2002年8月9日成立，是始兴县疾病控制、预防保健、公共卫生事业管理的专门机构。负责全县急性传染病、慢性非传染性疾病的流行病学调查监测和预防控制；免疫规划和预防用生物制品管理；实施艾滋病预防控制计划；承担对全县寄生虫病、地方病、病媒生物疾病防治和控制，负责消毒杀虫及相关的技术服务；承担健康相关产品卫生、环境卫生、学校卫生监测、检验和县卫生行政部门及有关单位委托的检验工作任务；负责食品、公共场所、职业病等行业各类从业人员的健康检查。

2014年11月11日，始兴县通过市级消除疟疾考核验收，图为省疾控中心寄生虫病预防控制所副所长潘波向始兴县人民政府副县长刘胜春（右一）颁发消除疟疾考核评估报告

中心坚持以科研为依托、以人才为根本、以疾病预防控制为中心，开展疾病预防控制与公共卫生技术管理和服务领域的应用性研究，做好公共卫生信息监测与服务，加强紧急疫情应急反应处理与突发公共卫生事件应对工作，强化公共卫生技术管理和服务，计划免疫工作不断得到加强。检验中心拥有气相色谱仪、原子吸收分光光度计、原子荧光分光光度计、全自动生化分析仪等一批检验仪器，能满足突发公共卫生事件以及疾病控制有关项目的检验。实验室通过了省质量技术监督局的计量认证和省卫生厅卫生监督检验检测机构认定，通过食品检验、产品质量检验机构计量认证评审。中心还获得市HIV（艾滋病）抗体初筛实验室的认证。

始兴县疾病预防控制中心、卫生检验中心贯彻执行“预防为主”的工作方针，健全始兴县公共卫生体系建设，完善公共卫生运行管理体制，扩展公共卫生服务功能，提高应对突发公共卫生事件的能力，努力构筑保障人民健康的“防疫大堤”，推进始兴县疾病预防事业更上一层楼而努力奋斗。

①

②

③

④

①2014年11月11日，始兴县通过市级消除疟疾考核验收图为考核现场汇报会
②省疾控中心寄生虫病预防控制所副所长潘波在始兴县疾控中心主任谢伦庚陪同到沈所镇合水村了解疟疾防控工作
③省消除疟疾考核组专家在查阅相关资料
④检验人员现场镜检疟原虫考核

始兴县赛洁无纺布科技有限公司
始兴县赛宇塑料制品有限公司

始兴县赛洁无纺布科技有限公司，成立于2010年，占地6.8公顷，位于始兴县沙水产业转移工业园管委会办公楼下对面。公司主要生产用于个人的高档护理产品，包括亲水无纺布、拒水无纺布、超柔无纺布等。

公司注重于产品的品质提升和创新，在不断拓展业务的同时，不断地加强企业内部的管理和吸纳行业人才。注重建设富有特色的“以人为本”的企业文化，关注社会、回馈社会。

地　址：始兴县东莞石龙（始兴）产业转移园区　联系人：陈先生　手　机：13500208736
电　话：0751-3327176（赛洁）　0751-3327196（赛宇）　传　真：0751-3327186（赛洁、赛宇）
E-mail：saijie_2010@163.com（赛洁）　saiyu_2010@163.com（赛宇）

美在幸福里

【幸福里】是亿隆地产在始兴打造的高品质商住小区，荣获韶关市“双优工程”称号。项目地处始兴县零公里，太平镇新镇政府西侧。总用地面积38668平米，商住楼11栋，总建筑面积逾13万平方米。项目整体规划、空间细节、建材配置、工艺技术，均以豪宅标准筑造。皇家园林、人车分流、双拼泳池、酒店式大堂、星级物管，构筑起始兴都市品质生活的标杆。入户花园、空中露台、落地飘窗、宽景阳台，多重空间超值赠送。超高得房率，方正大气，通透采光，引领始兴居住典范。

幸福里一期成长记

2013年1月29日，项目奠基
2013年4月19日，土方开挖
2013年10月22日，3、4号楼（18层）主体封顶
2014年3月17日，9、10号楼（30层）主体封顶
2014年4月20日，3、4号楼装饰装修完成
2014年6月25日，9、10号楼装饰装修完成
2014年9月13日，工程竣工
2014年11月1日，启动业主入伙，提前收楼
2015年4月28日，首批房产证办理到位

幸福里
亿隆地产 HAPPY TOWN

韶关市始兴县永安大道东9号幸福里 0751-3166 188

目　录

始兴县人民代表大会及常务委员会

始兴县人民政府

政协始兴县委员会

纪检·监察

民主党派·工商联

群 团 组 织

军　　事

法　　治

经 济 管 理

工　业

农·林·水·气象·生态

交　通

邮政·电信

城乡建设·环保

商业·贸易

财税·金融·保险

旅　游

教育·科技

文　　化

卫生 · 体育

社 会 生 活

重 点 企 业

乡 镇 概 况

统 计 资 料

索 引

特　载

深化改革　加快发展
努力开创生态文明建设新局面

——在中共始兴县委十二届五次全会上的讲话

（2014 年 1 月 23 日）

范秀燎

同志们：

这次全会的主题是：深入学习贯彻中共十八大、十八届三中全会和中央经济工作会议、省委十一届三次全会、市委十一届五次全会精神，总结去年工作，研究深化改革工作，部署今年任务。下面，我受县委常委会的委托，向大会作工作报告。

关于 2013 年工作回顾

2013 年，我们在省委、市委的正确领导下，深入贯彻落实科学发展观，始终坚持生态发展战略，团结带领全县干部群众，奋力拼搏，真抓实干，经济社会保持良好发展态势。2013 年，完成地方生产总值 58.6 亿元，增长 12.4%；社会固定资产投资 49.1 亿元，增长 25.2%；地方公共财政预算收入 3.01 亿元，增长 20.5%。

一、注重制度设计，科学决策上新水平

我们始终坚持科学决策、民主决策，积极探索深化改革、加快发展的新路子，紧紧围绕“坚持生态发展，主攻三区建设，建设幸福美丽始兴”的发展思路，着力创新制度机制，通过充分调查研究、广泛征求意见，紧密结合我县的发展基础、发展实际、发展前景，出台实施了加快工业园区、宜居城区、旅游景区建设的三个指导性意见，进一步明确了“三区”建设的目标定位、思路举措，为集中力量、重点突破、强化加快发展的“三轮”驱动力提供了政策支撑和实践抓手。出台实施了《关于加快乡镇发展的若干意见》，完善了乡镇主体功能区绩效考核制度，简政放权，充分调动乡镇加快发展、错位发展、特色发展的主动性、积极性和创造性。健全完善民主科学议事决策制度，保证了各项决策的民主、科学、正确。经过一年来的探索实践，全县加快发展的思路更加清晰、目标更加明确、措施更加有力，形成了思想统一、干劲十足、共促发展的良好局面。

二、主攻“三区”建设，县域经济平稳发展

我们紧紧围绕生态发展、富民强县这个主题，以加快发展为主线，以“三区建设”为抓手，突出重点、实干攻坚，县域经济实现平稳发展。

（一）突出园区建设，工业集聚有效提升。按照新型产业聚集区、集约发展核心区的要求，加快工业平台建设，积极开展产业转移工业园扩园工作，完成征地 2169 亩，引入社会资金启动园区二期开发，园区承接产业的能力进一步增强，顺利通过省级产业园考核，被认定为“第二批广东省循环经济工业园”。深入开展“招商引资月”活动，探索开展协会招商，与广东省商业联合会确立了招商战略合作伙伴关系，全年新签引进项目 28 宗，引进金额 15 亿元。积极扶持传统工业发展，促进现有企业提质增效，万达工业成为全国首家获得“国家免验出口产品”资格的港资企业，也是全国玩具行业首家获此殊荣的企业。着力培育特色产业，制笔基地不断发展壮大，制笔研发水平不断提高，盛怡实业研制出我国第一支太空笔；着力发展新型材料产业，粤北（始兴）塑料再生资源产业基地现已登记注册企业25家。全年全县实现工业增加值20.9亿元，同比增长17.2%。

（二）突出三旧改造，城乡面貌明显改善。重视规划的引领作用，围绕打造“中国最美小城”目标，大力推进以人为核心的新型城镇化，启动了新一轮县城总体规划修编，完成城市景观风貌、风情街片区整治等规划的初步方案。以“三旧改造”为突破口，着力推进城区扩容提质，加快墨江南岸、城东新区和城西新区的开发建设，天元帝景、美景园、山水名城、金润大酒店等69个城镇建设项目稳步推进，全年城镇报建面积100万平方米，城市空间不断拉大，城市品质不断提升。加强城市基础设施建设，完成县城污水处理厂二期和垃圾中转站工程建设，顺利推进金润大桥建设。文化中心、体育公园等一批群众休闲健身场所建成启用，为市民休闲、健身、娱乐搭建更多平台。不断强化城市综合管理，扎实推进创建“省文明县城”工作，城乡文明程度和总体面貌明显改善。

（三）突出重点景区，旅游发展稳步推进。围绕建设“生态旅游休闲目的地”目标，编制了《始兴县南片区生态文化旅游创意产业园总体规划》，制定了《始兴县农家乐发展规划》及《农家乐实施意见》，旅游发展实现“有规可依”。积极推进“省级农家乐旅游基地示范县”建设，深入实施旅游重点项目建设，稳步推进深渡水樱花谷、车八岭等旅游项目建设。加大旅游招商力度，依托中古坑、刘张家山林场、阿公岩等旅游资源，策划包装了一批优质项目，与棕榈园林、香港茂名商会、新豪畔集团等达成了投资意向。加大旅游宣传力度，组编了《始兴县旅游资源普查汇编》，制作了旅游形象宣传片，在韶关高铁站、韶关东站等重要地段、重点场所加大了宣传推介，始兴旅游的吸引力和竞争力得到有效提升。

三、发展特色乡镇，农业稳定农村繁荣

注重农业基础设施建设，大力推进农业综合开发、高标准基本农田建设、省级小型农田水利重点县等项目建设，凉口灌区改造工程进展顺利。着力推进中国气象局“百县千乡”防灾减灾标准化建设项目，农业综合生产和防灾减灾能力得到进一步提升。大力发展现代特色农业，建立黄烟、蚕桑、水果、蔬菜、石斛、中草药等现代农业示范园区和产业基地，建立了澄江镇有机蔬菜标准示范园，基本形成了“一镇一业”产业格局。大力扶持农业龙头企业发展，引进培育了中汇农业、绿之源生物、万兴现代农业等农产品加工（流通）企业。加快农民专业合作社和家庭农场发展，一批专业合作组织被评为省、市级示范社，古塘板鸭被评为广东省名牌产品。积极推进“广东省农村环境连片整治示范县”“省级生态示范镇”“名镇名村示范村”建设工作，深入实施乡村“清洁美”工程，城南镇、沈所镇创建为“国家级生态镇”，罗坝镇淋头村和深渡水乡横岭村创建“岭南名村”顺利通过省级验收，隘子镇满堂村等11个行政村被评为“韶关市生态示范村”。继续推进南岭生态发展试点县示范项目，在全省率先编制实施《林地保护利用规划》，县域生态环境考核名列全省国家级重点生态功能区第三名。全年完成农业增加值15.2亿元，同比增长4.5%；农民人均纯收入10140元，同比增长15%。

四、保障改善民生，社会事业持续进步

我们始终把保障和改善民生作为加快发展的出发点和落脚点，加快社会各项事业发展。优先发展科教、文化事业，成功创建为“广东省教育强县”，被评为全省山区县首个“全国社会主义新农村档案工作示范县”，罗坝长围被列入全国第七批重点文物保护单位。扎实推进医药卫生体制改革，实施了镇村卫生服务一体化管理，启动了县级公立医院改革，开展了平价医疗服务，新中医院、城郊医院综合楼竣工启用。人口计生优质服务水平不断提升，沈所镇被评为“全国人口和计划生育依法行政示范乡镇”，罗坝镇淋头村被评为“全国人口计生基层群众自治示范村”。高度重视妇女儿童事业，被定为“实施广东妇女儿童发展规划省级示范县”。深入实施积极的就业创业政策，面向城乡的公共就业服务体系进一步完善。不断扩大社会保险覆盖面，加快推进保障性安居工程建设，覆盖城乡居民的社会保障体系不断完善。积极推进新一轮扶贫开发

“双到”工作，扶贫开发综合水平有新的提高。支持重视人大、政协依法履职，全县人大代表、政协委员谋政、议政、参政的意识和能力不断增强。落实党管武装工作制度，实现连续59年“无责任退兵”。健全完善突发公共事件预警和应急处置机制，安全生产、食品药品安全监管工作水平不断提高。扎实做好综治信访工作，深入开展“平安始兴”创建工作，深入推进“按法治框架解决基层矛盾”试点工作，太平镇人民调解委员会被评为“全国模范人民调解委员会”，全县社会大局保持和谐稳定。

五、加强改进作风，党建水平不断提高

我们深入推进学习型党组织建设，认真组织开展中共十八大、十八届三中全会精神学习贯彻活动，继续开展大规模干部教育培训工作。积极开展第二、三批党政领导干部驻点“补课”活动，党员领导干部的能力素质不断增强。坚持“以项目论英雄、凭实绩用干部”的选人用人导向，公开遴选和提拔使用了30名科级领导干部。切实加强农村基层组织建设，全面开展村（居）“两委”换届选举工作，推广实施基层组织“五大工程”“2＋N”书记项目。认真落实党风廉政建设责任制，积极探索领导干部重大事项报告核查公示、县委权力公开透明运行等工作。组织开展了“纪律教育学习月”“一把手”电视访谈、农村“三资清理”监管等活动。认真贯彻落实中央八项规定，不折不扣地按照省委第六巡视组的巡视反馈意见，制定实施整改方案，扎实开展专项整改，严肃查处违纪违法案件，着力整顿工作作风，党的先进性和纯洁性建设得到进一步加强。

关于全面深化改革工作

随着经济社会的发展，国内外环境都在发生极为广泛而深刻的变化，我县加快发展也面临一系列矛盾和挑战。在新的历史起点，我县要顺势而为，跨越发展，就必须全面深化改革。

一、充分认识全面深化改革的重要性和紧迫性

全面深化改革是顺应时代要求的重大抉择，新一轮改革浪潮的开启，必将为我县生态发展、富民强县提供更加广阔的发展前景。

*（一）全面深化改革是贯彻落实中央和省委、市委决策部署的政治要求。*中共十八届三中全会是在我国进入全面建成小康社会决定性阶段召开的一次十分重要的会议，会议通过的《中共中央关于全面深化改革若干重大问题的决定》，明确了全面深化改革的总目标，指明了全面深化改革的任务，指出了全面深化改革的目的，部署了全面深化改革的重点，提出了全面深化改革的出发点和落脚点，阐释了全面深化改革的根本保证，是指导改革发展里程碑式的纲领性文件。省委十一届三次全会、市委十一届五次全会也研究部署了全面深化改革工作。学习贯彻三中全会和省委、市委全会精神，是今年及今后的一项重大政治任务，我们要把思想和行动统一到中央和省委、市委的决策部署上来，齐心协力把全面深化改革的各项部署落到实处。

*（二）全面深化改革是增创生态发展新优势的必由之路。*我县历届党委政府一以贯之的坚持生态发展战略，大胆创新生态建设制度机制，广泛传播生态知识，积极培育生态文化，切实抓好生态保护，着力优化生态环境，大力发展生态产业，营造了浓郁的生态发展氛围，取得了丰硕的生态建设成果，这些都是我县加快发展的最大优势、最大财富、最大潜力。当前，世界各国纷纷实施“绿色新政”，走保护环境、绿色发展新路。中共十八届三中全会明确提出要深化生态文明体制改革，加快建立生态文明制度，建设美丽中国。我省也努力探索建立生态文明制度体系，期望实现在保护生态环境中加快发展。我县坚持生态发展、建设生态文明是顺应发展潮流的战略选择，只要我们把握机遇，持之以恒，改革发展，就完全有条件在新的历史起点上，推动生态文明建设再上新台阶。

*（三）全面深化改革是破解难题、加快发展的迫切需要。*去年，省委、省政府出台了《关于进一步促进粤东西北地区振兴发展的决定》，提出了一系列促进粤东西北地区振兴发展的政策举措，并且安排了经济实力雄厚的东莞塘厦镇对口帮扶我县，这是我县加快发展的难得机遇。我们在看到有利条件的同时，也要清醒地看到，按照省里的要求，我县在坚守生态底线的基础上，必须在2017年实现人均GDP达到全国平均水平，这就要求我们每年必须要以13.6%的速度跨越发展。而当前，我县城乡

一体化发展相对滞后，新型工业化、新型城镇化的推进力度还不够大；社会保障和基本公共服务水平还不够均衡，改善民生工作任务还很艰巨，维护社会稳定的任务仍然繁重；等等。面对发展压力、发展困难，我们必须树立强烈的机遇意识和忧患意识，善于借东风、开快船，全面深化改革，切实推动经济社会加快发展、全面发展。

二、牢牢把握全面深化改革的几个问题

全面深化改革是一项复杂的系统工程，是始兴破浪前行的动力引擎，只有准确把握我县全面深化改革的重大问题，才能确保深化改革工作交出一份优异的答卷。

（一）必须牢固树立强烈的发展意识。加快发展是解决我县所有问题的关键。当前，发展不足是我县最大的不足。我们既要全面查找问题，善于提出问题，敢于反映问题，深刻分析发展不足的现状和成因；更要坚定信心，振奋精神，科学解决问题，找准发展路径和发展措施。要坚持把强县富民作为发展导向，引导全县人民坚持一切从基本县情出发，从实际出发，从群众利益出发，既大胆探索又脚踏实地，以更宽广的视野思考改革、思考发展，达成一心一意搞改革、谋发展的共识，使推动加快发展成为全县上下的自觉行动。

（二）必须牢固树立强烈的改革意识。我县现阶段的发展障碍，虽然有些是来自于外在制约因素，但最根本的还是自身思想观念和体制机制不适应形势发展的要求。改革是利益格局的重新调整，我们必须树立改革意识，强化改革愿望，使各行各业、各级各部门在统筹把握的前提下，突出重点，摒弃小团体利益的观念，突破条块分割的局限，打破利益固化的藩篱，共同参与到推动始兴加快发展的改革中来，力争在重点领域上实现“牵一发而动全身”、关键环节上实现“一子落而满盘活”的改革成效。

（三）必须牢固树立强烈的开放意识。扩大开放领域，走合作共赢道路，已经是全球共识。我县发展相对滞后的一个重要原因，是经济体系开放不足，既缺乏强大的投资发展，又缺乏有力的市场竞争。形势倒逼我们必须根据阶段性特征设计开放措施，探索具有始兴特点的开放发展之路，既要重视引进来，营造大开放投资环境，吸引重大投资项目，又要重视走出去，参与国内国际市场竞争，打造内外联动、充满活力的开放型经济体系。

三、突出全面深化改革的重点和难点

我县要在新一轮发展中抢占先机、赢得主动、争取更大的发展，就必须坚决破除各方面体制机制弊端，打造符合进一步深化改革和加快发展新要求的体制机制新优势。

（一）推进经济体制改革。我县经济体制改革的主要任务是，激活市场主体，激活民营经济。必须充分认识到，民营经济发展滞后是我县最大短板的实际，把深化改革的着力点放到破除制约非公有制经济发展的体制机制弊端上，充分释放民间资本活力，引导非公有制企业向园区、城区、景区集中，投资县域特色产业、基础产业及公用事业，推动非公有制经济规模化、特色化、专业化发展。

（二）推进开放合作体制改革。要紧紧抓住东莞塘厦镇对口帮扶我县的机遇，加强与塘厦在产业园区、城市建设、招商引资、基础设施、民生事业等领域的合作。健全两地互为配套的产业协作机制和交流平台，把塘厦在技术、管理、资本、机制方面的优势，与我县在资源、生态、劳动力方面的优势有机结合，建立合作共建的政策保障体系和高效便捷的政务服务平台，提升县域经济开放水平。

（三）推进行政体制改革。要按照省、市的部署，推进新一轮政府机构改革和行政审批制度改革，不断提高行政效率，增强全社会创新、创业、创造活力。要改革完善县、镇管理体制，推进扩权强镇改革，将更多权限下放给镇级政府，提高乡镇的履职能力和效率。进一步完善适应主体功能区制度的考核评价体系，促进乡镇严格按照主体功能区定位分区发展、错位发展。

（四）推进社会体制改革。加快推进县域治理体系和治理能力现代化，深化县级公立医院改革，加强养老保险改革，完善住房保障制度，健全社会救济体系，促进基本公共服务均等化。积极探索社会治理新路子，激发和培育社会组织活力，健全公共安全体系，实现政府治理和社会自我调节、居民自治良性互动。要改革信访工作制度，建立信访依法终结制度，把涉法涉诉问题纳入法治轨道，按照正常司法程序解决，促进社会和谐。

（五）推进生态体制改革。要以制度创新、体制机制改革为动力，大力实施生态立县战略。要建立归属清晰、权责明确、监管有效的自然资源资产产权制度，对各类自然生态空间实行统一的用途管制。健全集体林场经营管理体制，深化集体林权制度改革，鼓励发展林业专业合作社、股份林场、家庭林场等新型经营主体，激发生态环境保护的积极性。

（六）推进党的建设制度改革。要坚持和完善人民代表大会制度，推进协商民主广泛多层制度化发展，落实司法体制改革任务，健全基层民主机制和群众自治机制，保障人民群众参与管理和监督的民主权利。要深化干部人事制度改革，健全反腐倡廉和作风建设体制机制，营造良好的改革氛围和发展环境。

关于 2014 年工作意见

2014 年工作的总体要求是：以科学发展观为指导，全面贯彻落实中共十八届三中全会精神，解放思想，深化改革，以加快乡镇发展和“三区建设”为抓手，加快新型工业化、新型城镇化和农业现代化进程，切实保障和改善民生，全面加强党的建设，打造广东省生态文明示范县，建设幸福美丽始兴，开创生态文明建设新局面。

2014 年工作的总体目标是：GDP 增长 12%；全社会固定资产投资增长 16% 以上；地方公共财政预算收入增长 13%。

实现以上工作目标，要着重做好以下几个方面的工作：

一、构建现代工业产业体系，夯实建设生态文明的经济基础

走新型工业化道路、加快工业发展，是创造物质财富最有效的实现途径，是生态文明建设最强大的推动力量。

（一）围绕产业定位，培育特色产业。要按照“产业发展特色化、特色产业规模化”的发展思路，研究把握“文具制笔、有色金属、新型材料、家具生产”等产业发展趋势、产业发展政策，推动产业集群发展。认真研究东莞塘厦镇的产业特色，找准对接方向。高度重视有色金属项目的研究储备，做好承接韶冶搬迁的各项准备工作，发挥韶冶企业的集聚带动效应，逐步衍生和吸引更多相关企业集聚始兴。认真实施我省《关于促进再生资源产业健康发展的意见》，引导土地、资金等生产要素向再生资源基地集中，建设全省再生资源回收利用示范县。大力实施企业品牌战略，加大企业品牌的推介力度，提升企业、产品的国内外知名度、美誉度和竞争力。

（二）加快园区建设，完善工业平台。园区是实施“工业强县”战略的主战场、主阵地。要创新园区征地拆迁、供地用地模式，鼓励企业以出租、收购、合并、转让等方式取得存量用地和存量厂房，节约集约高效用地。要牢固树立“园区经营”理念，坚持把园区当作项目、当作实体来运作，善于运用金融工具和资本运作手段，吸引社会资本参与园区基础设施建设，解决园区发展资金短缺问题，增强园区自我发展的能力。科学规划园区路网与 S343 线、仁深高速、韶赣高速等交通结点的衔接和贯通，打造特色鲜明、功能齐全、配套完善的工业发展平台。大力推行工业企业清洁生产，开展工业生产经营的减量化、再利用、资源化活动，创建行业性清洁生产示范基地。严格执行国家在节能减排等环保方面的法律法规，加强节能监测和执法监督，建立环境污染事故预防和应急处置制度，防止重大环境污染事故的发生，提高园区绿色发展水平。

（三）创新体制机制，激活发展活力。要深入贯彻落实“全省调整加强对口帮扶暨推进产业园区建设工作会议”精神，成立塘厦始兴对口帮扶指挥部，健全定期召开对口帮扶联席会议制度，建立全方位对口帮扶合作共建机制。进一步探索灵活的园区管理体制，研究制定将项目审批、土地利用、工商登记、规划建设、环评审批等权限下放到园区的实施办法，逐步扩大园区的管理权限。要创新招商方式，定期开展塘厦、始兴联合招商引资活动，建立完善政府、园区、行业协会（地方商会）三结合的招商工作机制。研究制定扶持加快民营企业发展的政策措施，消除民营经济加快发展的政策体制障碍，放手放活民营经济发展，鼓励吸纳民营企业入园发展，扶持培育县内民营龙头企业。

二、推进新型城镇化发展，打造建设生态文明的示范载体

按照新型城镇化的内在要求，集中有效资源，调动有利因素，全面提升城镇化发展的质量和水平。

（一）完善功能齐全的城镇设施。要科学编制县城和中心镇总体规划、产业规划、各功能区的详细规划，明确城镇化发展的路线图。要加快推进墨江南岸、城市综合体、林业局地块等的改造建设，规划启动县城新区建设，拉大县城框架，扩大县城规模，做大做强县城这个核心。充分利用全省推进交通基础设施建设的机遇，加快推进S343线、仁深高速及其连接线等重大交通项目建设，改善城镇的对外交通条件。加快火车站站前道路、金润大桥、山水大桥等主要路桥建设，构建纵横交织、畅通快速的城市道路网络。加强城乡公共基础设施建设，抓好专业市场、停车场建设，完善无害化生活垃圾填埋场、乡镇生活污水处理、农村简易人工湿地等环境卫生设施体系，实现城镇公共设施基本配套。

（二）打造各具特色的城镇风貌。城镇风貌是一个地方的特色所在、活力所在。要深入挖掘城乡自然景观要素，大力推进丹凤山公园、生态湿地公园、石湖公园等工程建设，依托山形水势、田园风光，彰显县城“环山依水”的特色与魅力。要突出始兴文化的传承与展现，坚持将特色文化植入城市景观建设、街道立面整治和公园绿道建设，营造与城乡历史、文化、环境相适应的建筑风格和风貌。要深入开展名镇名村示范村、岭南民居风貌名村创建，加强解放路、水云楼等历史街区、名胜古迹、文化遗产的整治改造，精心打造各具特色的名街、名村、名镇，成就群众望得见山、看得见水、记得住乡愁的美丽诗意。

（三）提高以人为本的管理水平。积极开展城镇管理体制改革，理清管理责任边界，明确部门、乡镇、社区职能职责，建立责任明确、分工合理、运转高效、监管有力的城镇管理新格局。着力推进城镇住宅小区化，推广居民小区物业管理服务，探索老城居民区、城中村、城乡接合部社区化管理。注重发挥社区居委会、业委会、物管公司、社工机构在社区治理中的积极作用，增强社区自治和服务功能。严格城镇综合执法，严厉打击违法用地和违规建筑行为，着力整治群众反映强烈的突出问题，营造和谐的宜居环境。

三、发展生态休闲旅游，提升建设生态文明的发展内涵

坚持把加快旅游发展作为建设生态文明的重要内容，努力建设特色重点突出、配套设施完备的“生态休闲旅游目的地”。

（一）加快重点景区的优化建设。旅游资源是旅游业的生存之本、发展之基。我们必须坚持严格保护、有序开发的原则，建立严格的旅游开发准入和监管制度，加强重点景区、文物古迹、历史街区、山貌水体等旅游资源的综合保护。要坚持优势优先、项目带动原则，加速推进车八岭景区、深渡水樱花谷等重点旅游项目建设，切实以重点项目建设带动旅游框架的构建和旅游产品的优化升级，以重点景区建设推动旅游业的全面发展。要科学规划，高起点、高标准启动中古坑、刘张家山森林公园、刘张家山温泉等旅游资源开发建设，打造融合休闲旅游、农业观光、历史文化于一体的文化生态旅游景区。

（二）完善旅游服务的配套建设。要突出抓好旅游接待能力建设，加快推进金润大酒店、华粤太阳能酒店等项目建设，建成一批高品质、有特色的旅游接待酒店。鼓励县内有条件的酒店企业改造升级，提升接待能力和服务水平。大力推进农业观光型、餐饮品尝型、温泉养生型、休闲度假型农家乐建设，优化全县旅游餐饮服务水平。鼓励古塘实业、山水旅游公司等企业，开发制造具有始兴特色的旅游商品，谋划推进旅游特产“一条街”建设，培育旅游商品市场，完善旅游配套服务体系。

（三）加强旅游宣传的互动合作。围绕“生态休闲、温泉度假、文化体验”的形象定位，切实加大旅游市场宣传营销力度。进一步创新旅游宣传营销模式，培育始兴旅游微博、微信群体，加强与主流媒体、网站的合作，扩大旅游宣传的受众面。加强与“环丹霞”地区、大型旅游企业的沟通协作，鼓励企业、乡镇、部门和干部群众开展旅游宣传营销活动，全方位提升始兴旅游的知名度、美誉度。

四、着力发展生态有机农业，实现建设生态文明的综合效益

农业是生态文明建设的重要领域，要转变农业增长方式，构建农业生产与生态环境和谐发展的新模式，促进农业提质增效、农民持续增收。

（一）*注重要素支撑，建好基础设施*。进一步加快农业产业结构调整，促进农业资源向优势产业集聚，促进优势产业向优势乡镇集聚。加快现代标准农田建设，大力开展农业综合开发和基本农田整治，增加高产稳产农田比重。要着重补强农田水利薄弱环节，继续深化“十亿水利工程”、高标准基本农田建设，加快推进清化河治理工程、凉口灌区和花山灌区改造，加强农田水利基本建设。全面推进新一轮绿化广东大行动，深入实施南岭生态试点县项目，着力优化森林生态体系建设。注重做好农业气象防灾减灾工作，实施“平安山区”气象保障工程。强化农业科技应用，注重推广良种良法，推广新的农业技术成果。完善农产品市场流通与信息服务体系，健全农产品市场预警监测系统，构建农产品的大市场、大流通格局。

（二）*注重示范带动，培育龙头企业*。按照“扶优、扶强、扶大”的原则，加大农业招商力度，集中力量引进一批带动农户能力强、加工增值能力强、市场开拓能力强的农业龙头企业，引领传统农业产业转型升级。要构建新型农业经营体系，鼓励土地承包经营权向专业大户、家庭农场、农民合作社和农业企业流转，支持中汇科技、盛丰有机农业等农业龙头企业，发展“公司＋基地＋农户”的模式，兴办或建设连片的一体化种养基地。要大力发展农民专业合作组织，促进种养大户、农业大户、合作社等经营服务组织不断发展壮大，提高农业的组织化、专业化程度。

（三）*注重品牌效应，增强竞争能力*。继续提升“一乡一品、一镇一业”发展水平，在巩固优化黄烟、蚕桑、水果等传统农业的同时，加快“百草园”中草药种植基地、石斛生产基地、仿原生态灵芝种植示范基地和有机蔬菜标准示范园建设，壮大一批特色鲜明、竞争力强的特色产业。加快培育生态有机农业，围绕已有的农业基础和自然禀赋，选取有条件的乡镇打造广东生态有机农业特色镇。突出发展农产品精深加工，鼓励和支持中汇、金饡、绿之源等农产品加工企业，强化品牌意识、搞好深度开发，提高产品附加值。鼓励企业申报生态农产品注册商标，完成始兴石斛地理标志产品认证工作，培育一批有机农产品、绿色食品、无公害农产品，创建广东“绿色食品强县”。

五、不断加强民主法治建设，凝聚建设生态文明的智慧力量

加快生态文明建设的发展，需要凝聚各方力量的有序参与。要支持人大进行制度创新和实践创新，支持人大及其常委会依法行使好重大事项决定权、监督权和任免权，加强和改进法律监督和依法治县工作，探索和改进代表闭会期间活动方式方法，建设“有为人大、活力人大、和谐人大”。支持人民政协推进履职制度化建设，完善政治协商的内容和程序，健全委员联络机构和工作制度，完善政协委员履职的量化考核和激励机制，发挥人民政协“人才库”和“智囊团”的功能。牢固树立法治观念，贯彻落实《法治广东建设五年规划（2011—2015年）》，深入开展“六五”普法宣传教育，加快法治政府建设，深化司法体制和工作机制改革，支持法院和检察院依法独立行使审判权和检察权，强化司法监督和司法公正。注重基层民主自治建设，建立健全基层民主自治和民主监督机制。重视加强爱国统一战线工作，加强与港澳台侨胞、民主党派、无党派人士和工商界人士的沟通联系。支持工会、共青团、妇联和残联等人民团体依法开展工作。落实党管武装各项制度，深入开展“双拥”创建活动。

六、推进社会事业改革创新，共享建设生态文明的发展成果

坚持以人为本的工作导向，实现发展成果更多更公平惠及全体人民。要大力实施教育优先战略，巩固教育强县成果，推动教育均衡发展。深入实施全民健身计划，促进群众体育和竞技体育全面发展。广泛开展科技服务和科技普及活动，促进创新成果转化和应用。深入推进岭南生态文化名县建设，构建覆盖城乡的公共文化服务体系。积极推进医疗计生体制改革，稳步推进镇村卫生服务一体化、县级公立医院综合改革，促进公共卫生服务均等化，提升阳光计生、依法计生、廉洁计生工作水平。稳步推进“实施广东妇女儿童发展规划省级示范县”工作，促进妇女儿童事业全面发展。实施更加积极的就业再就业优惠政策，妥善解决高校毕业生、农民工和城镇困难群体的就业问题。健全完善城乡最低生活保障、医疗保障与救助、基本养老保障制度，扩大社会保障覆盖面，提高社会保障水平。积极推进保障性住房建设，缓解困难群体住房难问题。深入开展新一轮扶贫开发“双到”工作，巩固扶贫“双到”成果。全面开展“平安始兴”建设，严厉打击各类违法犯罪行为。高度重视安全生产工作，加强食品药品安全监管，坚决防止重特大事故发生，保障人民群众的生命财产安全。改进社会治理方式，创新有效预防和化解社会矛盾机制，最大限度增加和谐因素，增强社会发展活力，提高社会治理水平。

七、全面加强党的建设，强化建设生态文明的组织保障

我们要紧紧围绕提高党的领导水平和执政能力，加强党的建设，保持党的先进性和纯洁性，为建设生态文明提供坚强政治保证。

（一）*深入学习贯彻党建新理论*。深入开展创建学习型党组织和学习型领导班子活动，以加强中共十八大、十八届三中全会精神等学习为首要任务，学习贯彻习近平总书记系列重要讲话精神，准确把握中央治国理政的新思想、新观点、新论断、新要求，全面推进理论武装、党性教育、能力培训和知识更新，使广大干部理想信念更加坚定、理论素养不断提高。要深入开展社会主义核心价值体系教育，引导干部自觉做社会主义道德的示范者、诚信风尚的引领者和公平正义的维护者。加强党的路线方针的正面宣传，巩固壮大主流思想舆论，着力凝聚改革发展、维护社会稳定的正能量，打牢全县人民团结奋斗的共同思想基础。

（二）*着力增强基层组织凝聚力*。创新基层党建工作方式方法，突出抓好新一届村（居）“两委”换届选举后续工作，巩固扩大换届选举成果。切实加强基层组织建设，发挥好村党支部、社区党支部的作用，保持基层治理基本框架的稳定，保证党对农村、社区工作的领导。着力抓好农村干部队伍建设，加大对农村、社区干部的培养选拔力度，加强大学生村官的培养管理。拓宽党代表发挥作用的渠道和形式，加强党代表工作室（站）建设，巩固“两新”组织党建工作成果。大力推行“四议两公开”工作法，实施村务公开、党务公开。切实加强新形势下发展党员和党员管理工作，重视在各领域优秀青年中发展党员，建立一支信念坚定、素质优良、结构合理、纪律严明、作用突出的党员队伍。

（三）*切实构筑拒腐防变防火墙*。牢牢把握中央改进工作作风的要求，深入开展党的群众路线教育实践活动，大力解决形式主义、官僚主义、享乐主义和奢靡之风“四风”问题，抓好领导干部作风建设和机关作风建设。深入推进反腐倡廉教育和廉政文化建设，教育引导广大党员干部增强宗旨意识、执政意识、大局意识，筑牢拒腐防变思想防线。健全规范和制约权力运行的制度体系，深入推进领导干部重大事项报告核查公示、县委权力公开透明运行工作，切实把权力关进制度的“笼子”。加强农村党风廉政建设，扎实推进“廉洁镇村”创建工作，加强对农村重点领域和关键环节的监督检查。加大违纪违法案件查处力度，始终保持惩治腐败的高压态势，努力做到干部清正、政府清廉、政治清明。

同志们，新形势孕育新希望，新挑战激发新动力。让我们深入贯彻落实科学发展观，以改革创新的勇气，敢于担当的作风，解放思想、攻坚克难，为打造广东省生态文明示范县，开创生态文明建设新局面做出更大贡献！

政府工作报告

——2014年2月12日在始兴县第十四届人民代表大会第四次会议上

县长　杨思远

各位代表：

现在，我代表县人民政府，向大会作政府工作报告，请予审议，并请政协委员和列席人员提出意见。

2013年工作回顾

2013年，在县委的正确领导下，在县人大及其常委会和县政协的监督支持下，我们团结带领全县人民，开拓进取、攻坚克难，较好地完成了县十四届人大三次会议确定的各项目标任务。

一年来，我们主要做了以下工作：

一、坚持经济建设不动摇，综合实力稳中有升

经济保持平稳较快增长。全县完成生产总值58.6亿元，同比增长12.4%（快报数，下同）；其中，一、二、三产业分别为15.2亿元、24.6亿元、18.8亿元，分别增长4.5%、17.3%、12.6%；三次产业比例为26∶42∶32，产业结构进一步优化。固定资产投资完成49.1亿元，增长25.2%。地方公共财政预算收入3.01亿元，增长20.5%；税收收入2.1亿元，占公共财政预算收入的72%。

工业经济稳步发展。新增9家规上工业企业，实现规模以上工业增加值17.8亿元，增长20.5%，对GDP增长贡献率达44.1%。实际利用外资1376万美元，外贸出口总值（海关数）1.68亿美元，在全市各县（市、区）中排名第一。盛怡实业成功研发出我国第一支太空笔，万达工业成为全国首家获得国家商品出口免验资格的港资企业，旭粤光电成为我县首家集团企业。

农业产业化进程加快。烟、桑、菜、果和中草药等传统绿色产业巩固发展，现代特色农业园区和示范基地建设蓬勃发展，建成农业园区5个，东魁杨梅标准化示范区通过省级验收，洪源水果基地和美青蔬菜基地被认定为省级“菜篮子”基地。农业组织化程度明显提升，新增市、县级农业龙头企业7家、农民专业合作社125家、家庭农场7家。新增“三品”认证农产品2个，古塘板鸭被评为省级名牌产品。农业基础不断夯实，完成高标准基本农田建设2.92万亩，整治中低产田1.87万亩，凉口灌区和胆源灌区等11宗中小型灌区改造工程有序推进。预计农民人均纯收入10140元，增长15%，城乡居民收入差距进一步缩小。

第三产业发展提速。新增个体私营企业252家，新培育限额商贸企业10家，实现社会消费品零售总额12.9亿元，增长12.5%。接待游客人次和旅游总收入分别增长21.9%、21.7%。金融机构存款余额65亿元，贷款余额26.5亿元，分别增长16.9%、21.2%。

二、坚持项目建设不动摇，“三区”建设成效初显

园区建设取得新成效。投入16.4亿元，完善园区基础设施，启动了园区二期开发建设，污水处理厂投入使用。开展土地专项清理，盘活存量土地近1000亩，完成征地2169亩。园区被认定为广东省第二批循环经济工业园，扩园获省初审同意。与省商业联合会开展战略合作，推动“百家商会山区行”试点县项目计划，引进项目28宗。韶冶环保搬迁项目前期工作已启动，塑料再生资源产业基地建设取得进展，已有9家企业投产。

城区建设呈现新面貌。完成新一轮城市总规修编和32个重点地块的控规编制工作。启动“三旧”改造项目21个，已开工建设项目16个。新墨江农贸市场、九龄广场和文化交流中心建成启用，丹凤东路和沿江南路已完工，丹凤西路和站前路加快建设，金润大桥已完成桥墩建设。幸福里、墨江豪庭、天元帝景、盛世家园、山水名城等住宅小区建设项目进展顺利。

景区建设实现新突破。旅游重点项目建设取得新进展，深渡水樱花谷旅游综合开发首期项目基本完成，车八岭颐心园生态旅游养生人文基地动工建设。旅游招商实现新突破，签订了阿公岩影视基地和棕榈园林环丹霞山文化生态产业等重大项目。省级农家乐旅游基地示范县建设有序开展，评定星级农家乐20家，金润大酒店和华粤太阳能生态旅游度假村已经动工建设。

三、坚持生态建设不动摇，发展环境不断优化

生态基础不断夯实。在全省率先编制实施县级林地保护利用规划，继续推进南岭生态发展试点县示范项目，加强森林资源培育和管护，完成春季造林2.6万亩，封山育林151万亩，生态景观林带建设16.9公里，活立木总蓄积量1249万立方米，森林覆盖率达75.98%，在全省国家级重点生态功能区县域生态环境考核中排名第三。大力推进节能减排，主要污染物排放得到有效控制。深入开展生态镇村创建活动，城南镇创建国家级生态乡镇通过省级验收，隘子镇满堂村等11个行政村被评为韶关市生态示范村。

农村宜居环境不断改善。通过PK，以得分第一的成绩成为广东省农村环境连片整治示范县。持续推进乡村“清洁美”工程，全面建成乡镇垃圾中转站，“一县一场、一镇一站、一村一点”的城乡生活垃圾收运处置体系初步形成。完成省道244线陆源至马市段改造和34公里农村公路建设，完成6宗农村饮水安全工程和7宗水库移民后期扶持项目建设，农村生产生活条件不断改善。稳步推进名镇名村示范村创建工作，顿岗镇被评为韶关市宜居示范城镇，顿岗镇高留村、七北村和太平镇总甫村被评为韶关市宜居示范村庄，新增8个省、市级卫生村。

四、坚持民生建设不动摇，民生福祉不断改善

民生投入不断加大。全年民生支出5.9亿元，占公共财政预算支出的72.9%。社会保险覆盖面不断扩大，困难群众最低生活保障实现应保尽保。第一轮扶贫开发“双到”工作在全省考核中获优秀等次，新一轮扶贫开发“双到”工作开局良好。完成农村低收入住房困难户住房改建145户，“两不具备”贫困村搬迁安置工程286户，各类保障房竣工246套、总面积2.04万平方米。新增就业岗位2504个，城镇失业人员再就业2003人，城镇登记失业率控制在2.9%以内。

社会事业全面发展。成功创建广东省教育强县，九龄中学开始招生，风度中学复办初中部。在全市率先完成镇村卫生服务一体化管理，启动县级公立医院综合改革试点和平价医疗服务工作，新中医院建成启用。基本实现人口计生群众自治全覆盖，沈所镇被国家卫计委评为全国人口和计划生育依法行政示范乡镇。公共文体设施不断完善，文化馆、图书馆、档案馆、全民健身广场投入使用，新影剧院和博物馆基本建成，3D多厅数字影院、农村蚕桑文化展示馆对外开放。全民健身运动广泛开展，被国家体育总局评为全国群众体育先进单位；竞技运动水平再攀新高，在市锦标赛获团体总分和金牌数第二名。罗坝长围村围楼列入全国第七批重点文物保护单位，完成全省山区首个全国社会主义新农村档案工作示范县创建任务。认真抓好征兵工作，实现连续59年无责任退兵。切实抓好妇儿工作，被评为“实施广东妇女儿童发展规划省级示范县”。气象现代化建设稳步推进，残疾人事业加快发展，科技、统计、审计、物价、粮食、供销、民族宗教、侨务、工商、电力、邮政、通讯等工作也取得新进步。

社会保持和谐稳定。扎实开展“两建”工作，启动农村信用服务体系建设。加强安全生产和食品药品安全监管，安全生产形势总体良好。深入开展“平安始兴”创建活动，城乡社会治安视频监控系统不断完善。切实抓好突发事件风险隐患排查工作，应急处置能力不断提高。加强社会管理创新，开展按法治框架解决基层矛盾工作，积极排查化解信访积案，太平镇调委会被司法部授予“全国模范人民调解委员会”称号。

五、坚持自身建设不动摇，政府效能不断提高

政府职能转变不断加快。推进简政放权，深化农村综合改革，继续开展乡镇综合执法改革试点。深化行政审批制度改革，取消或转移行政审批事项

82 项，下放和委托乡镇管理的事权 106 项。落实便民服务措施，新行政服务中心政务大厅建成启用，10 个乡镇全面建成便民服务中心，127 个村（居）建成便民服务站，完成网上办事分厅建设，县镇村三级政务服务体系日臻完善，城乡居民办事更加便利。

*法治政府建设扎实推进。*启动依法行政考评，积极推进政府信息公开，行政决策民主化、透明化程度不断提升。深入开展“六五”普法，首次实行无纸化学法考法。自觉接受县人大、县政协和社会各界的监督，人大建议、政协提案办复率达 100%。

*政府机关效能不断提升。*认真贯彻落实中央八项规定和六项禁令，扎实开展行风评议评价，切实改进工作作风，政风行风不断改善。实行政府工程代建制，成立公共资源交易中心和土地储备中心，推动公共资源公开交易、阳光交易，接受社会监督。大力推进电子政务建设，政务办公 OA 系统实现与省网、市网对接，并覆盖各乡镇、各部门，无纸化办公取得新进展。

各位代表！过去的一年，成绩来之不易。这是县委科学决策、正确领导的结果，是县人大、县政协及社会各界有力监督和大力支持的结果，是全县广大人民团结拼搏的结果。在此，我谨代表县人民政府，向全县人民，向所有关心支持始兴发展的各界人士，致以崇高的敬意和衷心的感谢！

同时，我们也清醒地认识到，我们仍面临着不少问题和困难：经济总量偏小，现有支柱产业弱小，新增龙头项目较少，承接产业能力不足，发展基础仍较薄弱；新增税源不多，财政收支矛盾突出；改善民生任务艰巨，社会维稳压力较大；承诺为民办的六件实事进展不平衡，“县污水处理厂二期建设工程”和“偏远山区数字电视安装工程”已经完成，“实施花山水库水资源保护工程”“兴建县体育广场”“启动生态湿地公园建设”和“兴建石湖公园”四件实事没有按期全面完成年度计划。对此，我们将高度重视，采取有力措施，认真加以解决。

2014 年工作意见

2014 年，政府工作的指导思想是：以科学发展观为指导，全面贯彻落实中共十八届三中全会和县委十二届五次全会精神，坚持生态发展，坚持深化改革，加快新型工业化、新型城镇化和农业现代化进程，全力夯实发展基础，切实保障和改善民生，推动经济持续健康发展，保持社会和谐稳定，为全面实现“十二五”规划目标打下坚实基础。

经济社会发展的主要预期目标是：全县生产总值增长 12%；地方公共财政预算收入增长 13%；全社会固定资产投资增长 16% 以上；农民人均纯收入增长 15%。

为实现上述目标，必须抓好以下重点工作：

一、突出抓好生态保护，切实巩固生态屏障

*加强森林资源管护。*编制实施《始兴县新一轮绿化广东大行动工作方案》，继续实施南岭生态试点县项目，扎实推进生态景观林、碳汇林、森林进城围城和乡村绿化美化等林业生态工程。加强生态公益林管护，切实抓好封山育林和森林防火工作，继续狠抓林区秩序整治，严厉打击涉林违法行为。

*加强水土资源管理。*切实加强水源涵养区保护，完成花山水库和河角水库等饮用水源保护工程，规划县城第二饮用水源工程建设。开展生态控制线划定工作，切实保护耕地和基本农田，大力推进城乡建设用地增减挂钩工作，严厉打击城乡违规违法用地、建房，全面清理闲置土地，促进集约节约用地。

*加强环境综合治理。*积极开展生态文明示范县创建活动，切实抓好农村环境连片整治工作，改善农村环境卫生面貌。继续实施乡村“清洁美”工程，完善生活垃圾收运处置体系。加快县城排污管网、顿岗镇污水处理厂和园区污水处理厂（二期）建设，完善城乡污水处理系统。积极防治农业面源污染，重点抓好畜禽养殖污染治理。落实节能减排目标责任制，加强对重点行业和重点排污企业的有效监管。

二、突出抓好产业集聚，加快园区扩能增效

*提升园区承载能力。*按照产城一体化的要求，落实园区扩园规划，拓展项目落地空间。加大与东莞塘厦镇合作交流力度，创新园区建设投融资机制，通过合作共建等方式，解决园区投入不足难题。抓好循环经济工业园区建设，落实淘汰落后产能政策，引导企业加快节能降耗技术改造。启动仁

深高速公路始兴段征地工作，加快推进国道323线连接线公路改建工程，改善园区对外交通条件。进一步完善园区配套设施，夯实园区发展基础。深入实施“三个一”制度，切实加大企业和项目帮扶力度。

推进产业集聚。按照“有税、环保”的原则，围绕文具制笔、新型材料、家具生产、有色金属等四大产业开展质量招商。积极参与“百家商会山区行”活动，着力引进一批产业关联度高的优质企业，打造特色产业集群。稳步推进塑料再生资源产业基地建设，打造高端、环保的新型材料产业基地。做好韶冶环保搬迁项目跟踪服务，着力打造铅锌冶炼产业及有色金属加工基地，做大有色金属产业集群。引导木材加工企业入园集聚发展，着力打造始兴家具产业基地。支持日本电产增资扩产，带动电子机械产业壮大发展。推动加工贸易传统产业升级，鼓励支持现有电子机械、制笔、玩具、人造板、无纺布等行业企业设立研发机构，创建自主品牌，提升产业竞争力。探索推行企业梯队培育计划，培育一批能耗低、效益高的规上企业，壮大一批素质优良、成长性好的民营骨干企业，扶持一批特色鲜明、就业带动力强的中小微企业。

三、突出统筹城乡发展，力促城区扩容提质

抓好城区规划建设。严格执行新修编的城市总体规划，按功能配套要求，注重以人为本、产城融合、特色彰显，精心编制分区规划和控规。启动城东新区和城西新区规划建设，拉大城区框架，拓展城市发展空间。加大“三旧”改造力度，启动城市综合体和林业局地块等项目建设，加快幸福里、雅和苑、红旗豪庭、天元帝景、煌宫花园等商住小区建设，提升城市品位。

推动镇区集聚发展。加强墟镇建设规划编制，完善墟镇服务功能。利用“三旧”改造政策，有序推进乡镇房地产开发和墟镇建设，提升乡镇承载能力，以小城镇建设带动产业集聚、商业集聚和人口集聚。加快中心镇建设，打造特色鲜明、主业突出、生态良好的宜居乡镇。

完善城镇基础设施。着重加快城镇路网建设，抓好五条路、三座桥和三个停车场建设，即确保完成站前路、墨江南岸道路、兴隆大道北段、东门北路、丹凤西路等五条道路建设，力争完成金润大桥、山水大桥、罗坝大桥等三座大桥建设，规划建设三个城区公共停车场。完善城区公共服务配套设施，抓好一院、一馆、三公园建设，建成启用新影剧院、博物馆，加快体育公园、石湖公园和湿地公园建设。积极推进天然气管网建设，加快天然气进城入户。

提高城市管理水平。积极推进城市综合执法改革，规范执法行为，加强市容市貌、环境卫生、市场秩序、违章建筑等专项整治，提高城市管理实效。增强城市经营理念和市民参与意识，努力构建“政府主导、市场运作、社会参与”的城市管理格局。扩大政府购买公共服务范围，提高城区公共服务场所和商住小区管理、服务水平。加强绿化、净化、美化、亮化，推进宜居城区建设。加强城市文明建设，提高市民文明素质。

四、突出打造龙头景区，带动发展第三产业

着力推进景区景点建设。以打造“生态环境良好和充满浓郁客家文化的区域性旅游目的地”为目标，整合优势资源，打造龙头景区。重点加快推进深渡水樱花谷和车八岭颐心园等在建旅游项目，争取早日建成、对外开放。加强旅游招商项目跟踪服务，力促阿公岩影视基地、棕榈园林环丹霞山文化生态产业、刘张家山温泉小镇等项目尽快签约、落地建设。高标准规划建设旅游服务中心，规划建设南片区生态文化旅游绿道。加快天元万华酒店、美景酒店等酒店建设，扶持一批特色鲜明的农家乐，提升旅游接待能力和档次。

促进商贸流通和金融发展。加大扶持力度，鼓励和引导商户进驻旅游土特产一条街，新增一批限额商贸企业。对接“广货网上行”活动，加快电子商务平台建设，鼓励特色商贸企业上网“触电”。大力发展现代物流业，提升货运物流发展水平。加快发展金融业，推动农村信用社向农商行改制，完善银行服务网点，支持发展村镇银行、小额贷款公司、融资性担保公司。加强金融服务创新，加大“助保贷”“政银保”“妇女创业贷款”等金融产品推广力度。

五、突出发展生态农业，提升农业产业水平

加快特色高效农业发展。坚持“抓龙头、壮基

地、建园区”，积极发展家庭农场、专业合作社、龙头企业等规模经营主体，建设壮大一批特色农业产业基地和有机生态农业标准示范园。大力发展石斛、灵芝、养蜂等林下经济产业，培育1～2个连片规模200亩以上的林下经济示范基地。进一步优化农业产业布局，着力打造精品黄烟，稳定稻、桑、菜、果等传统特色产业发展，稳步推进中草药种植，做强特色农业产业。出台发展名优农产品的扶持措施，培育一批“三品”认证农产品，积极打造广东生态有机农业特色镇，力争成功申报石斛国家地理标志产品和始兴香菇农业标准化示范区。积极推进农产品加工业发展，重点扶持中汇、金饡、古塘、“车八岭”“八两红”等深加工企业加快发展。

加快农田水利设施建设。大力推进农业综合开发项目，完成2.5万亩高标准基本农田建设，增加一批高产稳产基本农田。加快推进十亿水利工程建设，抓好省级小农水重点项目，完善田间林网。加快凉口灌区、胆源灌区等11宗中小型灌区改造工程建设，做好花山灌区、斜潭灌区等11宗中小型灌区改造工程前期工作。积极推进病险水库除险加固，加快清化河（深渡水瑶族乡段）治理工程。稳步推进罗坝水利枢纽工程前期工作，力争项目早日启动。

提高新农村建设水平。加强农村建房规划管理，编制推广符合始兴特色的新农村民居规划图集，引导农民依图建房、依规建村，大力推进空心村和农村危旧土坯房改造。积极开展名镇名村示范村和幸福村居建设，规划建设特色鲜明的美丽乡村。抓好“村村通自来水”和农村水电扩容增效改造工程，完善农村饮水安全、道路设施、农民健身广场等基础设施建设。

推动乡镇特色发展。深入实施乡镇主体功能分区规划，扶持壮大乡镇特色产业，促进优势资源向优势产业集聚，培育特色明显的专业镇。加强政策引导，整合资源，统筹使用各项涉农资金，提高资金使用效益。进一步深化农村综合改革，加强镇村财力保障，推进强镇扩权，加快推进行政、事业站所下放，理顺责权利，增强乡镇发展活力。

六、突出保障改善民生，提高群众幸福指数

优先保障底线民生。健全社会救助体系，落实城乡低保、五保政策，实现应保尽保。扎实推进新一轮扶贫开发“双到”工作，完成保障性住房建设、农村低收入住房困难户住房改建和“两不具备”贫困村搬迁安置工程任务，改善困难群众居住条件。完善残疾人服务设施，建成启用广东省残疾人粤北就业培训中心。大力推进社会养老保险扩面征缴，继续抓好城乡居民社会养老保险和医疗保险全覆盖工作。大力实施就业创业工程，加强职业技能培训和劳动力转移就业，城镇登记失业率控制在3%以内。

大力发展社会事业。完成太平镇省教育强镇创建工作，巩固省教育强县水平，优化配置教育资源，促进教育均衡发展。稳步推进县级公立医院改革，完善镇村卫生服务一体化管理，继续推进平价医疗服务工作，促进公共卫生服务均等化。全面完成县、镇、村人口计生网络化建设，提高人口计生服务水平。抓好公共文化设施建设，深入实施文化惠民工程，继续开展“送戏、送书、送电影”下乡活动，启动全国第一次可移动文物普查和满堂围下围修缮工作。不断完善城乡体育设施，大力推广全民健身运动。重视发挥工、青、妇的桥梁纽带作用，保护妇女儿童合法权益。高质量完成第三次全国经济普查任务。积极推进慈善救助等社会公益事业，扎实推进审计、物价、粮油、科技、气象、供销、电力、邮电通信、广播电视、民族宗教、外事侨务、对台、地方志、档案、保密等各项工作。

切实维护社会稳定大局。扎实推进“平安始兴”创建活动，完善社会治安视频监控系统，健全社会治安防控体系，严厉打击违法犯罪行为。完善化解社会矛盾的排查、疏导、调处机制，扎实抓好信访维稳工作，切实维护社会稳定。强化食品药品监管，严厉打击制假售假违法行为。严格落实安全生产“一岗双责”，有效防范各类重特大安全生产事故。健全公共安全事件预防预警机制，提高突发事件应急处置能力。加强全民国防教育与国防后备力量建设。

七、突出抓好政府建设，提升执政为民能力

提高理财治税水平。积极落实关于完善省级财政一般性转移支付相关措施，加大省财政激励性转移支付争取力度。努力巩固壮大优势财源，积极培育新兴财源。切实加强财税征管，健全协税护税机制。加强财政绩效管理，构建财政资金引导经济发展和服务社会民生的长效机制。坚持民生优先，加大基本公共服务支出。

切实改进工作作风。严格落实中央八项规定和六项禁令。扎实开展群众路线教育活动，深入基层，深入群众，切实解决群众关心的热点、难点问题。持之以恒反对“四风”，加大力度整治“庸懒散奢”，提高执行力和行政效率。进一步优化政府工作流程，精简会议文件，改进文风会风。

坚持依法廉洁行政。深入推进“六五”普法，积极开展“民主法治示范村”创建活动，深化“法治始兴”建设。坚持依法决策、民主决策，强化行政执法监督，规范行政执法行为。自觉接受人大的法律监督、政协的民主监督、人民群众的社会监督和新闻媒体的舆论监督，认真办理人大建议和政协提案，广泛听取各方意见建议。落实党风廉政建设责任制和廉洁从政各项规定，加强对重点行业、关键岗位的行政监察和审计监督，坚决制止、纠正部门和行业不正之风，严肃查处违法违纪案件。加强对政府采购、招投标、土地出让等重点领域的监督检查，严格控制“三公”经费支出，树立务实、清廉的良好形象。

积极稳妥推进改革。加大简政放权力度，进一步深化行政审批制度改革，继续清理全县行政审批事项，切实承接好上级下放的行政审批事项，加大取消、转移、下放县级职权力度；完善网上办事分厅建设，优化办事流程，健全行政审批和便民服务工作体系。规范公共资源交易，加强交易市场监管，大力推进市场监管体系建设和社会信用体系建设，营造透明高效、诚信法治、公平互惠的营商环境。加快转变政府职能，建设法治政府和服务型政府。积极稳妥推进事业单位分类改革，促进政府部分社会管理和事务性职能向社会转移。

各位代表！始兴的发展已经进入关键时期，让我们在县委的坚强领导和县人大、县政协的监督支持下，以更加扎实高效的作风，以更多的智慧和汗水，同心协力，迎难而上，认真落实好今年的各项工作，为建设广东省生态文明示范县和幸福美丽始兴而努力奋斗！

附件：

名 词 解 释

（以在报告中出现的先后排序）

1. 规上工业企业：指年主营业务收入在2000万元以上的工业企业。

2. “菜篮子”基地：菜篮子即盛菜的篮子，借指城市居民蔬菜及其他副食的供应。建设300家省级“菜篮子”基地，是2013年省政府承诺为民办好民生实事之一，我县有两家基地入选。

3. “三品”：指无公害农产品、绿色食品、有机农产品。

4. 限额商贸企业：指达到一定规模的商贸企业，具体为：年主营业务收入2000万元以上的批发企业；年主营业务收入500万元以上的零售企业；年主营业务收入200万元以上的住宿和餐饮企业。

5. 再生资源：指在人类生产、生活中被开发利用一次并报废后，还可反复回收加工再利用的物质资源，包括以矿物质为原料生产并报废的钢铁、有色金属、稀有金属、合金、无机非金属、塑料、橡胶、纤维、纸张等都称为再生资源。

6. 控规：控制性详细规划的简称。

7. “三旧”改造：指“旧城镇、旧厂房、旧村庄”改造。

8. 活立木总蓄积量：指一定范围内土地上全部树木蓄积的总量。

9. “两不具备”贫困村：指不具备生产条件和不具备生活条件的贫困村。

10. 镇村卫生服务一体化：在县级卫生行政部门统一规定和组织实施下，以乡镇为范围，对乡镇卫生院和村卫生室的行政、业务、药械、财务和绩效考核等方面予以规范和管理，以达到合理配置和充分利用农村卫生资源的目的。

11. 平价医疗：包括设立平价医院、平价诊室和提供平价药包。

12. “两建”：指建设社会信用体系和建设市场监管体系。

13. 代建制：指政府通过招标的方式，选择专业化的项目管理单位，负责项目的投资管理和建设组织实施工作，项目建成后交付使用单位的制度。

14. 生态控制线：为保障城市基本生态安全，维护生态系统的科学性、完整性和连续性，防止城市建设无序蔓延，在尊重城市自然生态系统和合理环境承载力的前提下，根据有关法律、法规，结合城市实际情况划定的生态保护范围界线。

15. 城乡建设用地增减挂钩：即城镇建设用地增加和农村建设用地减少相挂钩，指依据土地利用总体规划，将若干拟整理复垦为耕地的农村建设用地地块（即拆旧地块）和拟用于城镇建设的地块（即建新地块）等面积共同组成建新拆旧项目区（简称项目区），通过建新拆旧和土地整理复垦等措施，在保证项目区内各类土地面积平衡的基础上，最终实现建设用地总量不增加，耕地面积不减少、质量不降低，城乡用地布局更合理的目标。

16. “三个一”制度：2013 年县委县政府制定的招商引资、服务重点项目和企业的制度，即每位县领导负责独立引进一个项目，每位县领导负责联系一家规上（限上）企业，每位县领导负责跟踪一个重点项目。

17. 政府购买公共服务：指将原来由政府直接提供的、为社会公共服务的事项交给有资质的社会组织或市场机构来完成，并根据社会组织或市场机构提供服务的数量和质量，按照一定的标准进行评估后支付服务费用，即“政府承担、定项委托、合同管理、评估兑现”，是一种新型的政府提供公共服务方式。

18. “广货网上行”：是广东省以建设优质品牌和电商厂商协同发展信息化平台，以“促消费、扩内需、调结构、稳增长”为目标，依托广货品牌和服务优势，通过统一组织、统一标识、统一宣传、统一行动，致力于打造电子商务强省的活动。

19. “助保贷”：企业通过地方政府或者助保金管理机构设置的助保资金池贷款。企业在贷款的时候向助保金管理机构提出申请，然后缴纳一定比例的助保金，从而与助保金管理机构合作的银行获得贷款。

20. “政银保”：是一种以政府财政投入的基金做担保、银行为符合贷款条件的担保对象提供贷款、保险公司对上述贷款本金提供保证保险的贷款模式。

21. 地理标志产品：指产自特定地域，所具有的质量、声誉或其他特性本质上取决于该产地的自然因素和人文因素，经审核批准以地理名称进行命名的产品。

22. 底线民生：指依靠自身能力难以维持生存、需要依靠政府提供基本救助才能摆脱生存危机的社会特殊贫困群体的生活状态。

23. 安全生产“一岗双责”：指地方各级人民政府及其有关部门的主要负责人分别对本行政区域、本行业安全生产工作负全面领导责任；分管安全生产的负责人是安全生产工作综合监督管理的责任人，对安全生产工作负组织领导和综合监督管理领导责任；其他负责人对各自分管工作范围内的安全生产工作负直接领导责任。

24. “三公”经费：公务出国经费、公务用车购置及运行费、公务接待费用的简称。

大　事　记

1　月

1月6日上午，县长杨思远到省粤北残疾人就业培训基地调研，了解基地建设进展情况。副县长何晓域等人陪同调研。

1月6日下午，省人社厅副厅长谢树兴一行到始兴县督查调研农民工工资支付情况。副县长刘胜春参加检查。

1月7日上午，召开全县人大信息宣传工作暨“醉美始兴·活力人大”摄影大赛表彰大会，对在人大信息宣传工作方面获奖的单位及个人进行表彰。县人大常委会常务副主任雷雨明、副主任何兴昌参加会议。

1月7日上午，开通省人大代表在线交流平台。县人大常委会常务副主任雷雨明参加开通仪式。

1月14—15日，召开县党政机关领导干部集体述职述德述廉会议，由县四套班子领导、纪委委员、党代表、人大代表、政协委员代表、工商企业界代表、老干部代表、群众代表组成的百人民主测评团对乡镇党政正职、县直正科级部门和部分垂直管理单位正职的述职述德述廉情况进行民主评议。

1月15日下午，召开2014年春运工作动员会议，全面动员和部署始兴县2014年春运工作。县委常委、县委办主任温鑫参加会议。

1月16日上午，县委常委、县委办主任温鑫先后到江口稽查站、县汽车站检查指导春运工作。

1月16日上午，市委常委、组织部部长肖怀跃率市民政局、妇女联合会、残疾人联合会等有关单位负责人到始兴慰问困难党员、困难道德模范及贫困户等。县委常委、组织部部长卢建成参加慰问。

1月16日上午，召开科学技术进步奖暨专利资助表彰大会，通报表彰了9个县级科学技术进步奖项目、9个市级科技进步奖项目和资助了218件国家授权专利。县领导杨军、何兴昌、刘胜春、蔡军参加会议。

1月16日下午，市委常委、组织部部长肖怀跃到始兴县沈所石内村，调研新一轮扶贫开发“双到”工作。县委常委、组织部部长卢建成，县委常委杨军参加调研。

1月16日下午，召开2014年全县卫生工作会议。县人大常委会副主任何兴昌、副县长刘胜春、县政协副主席蔡军参加会议。

1月17日上午，召开教育工作会议，回顾总结2013年教育工作完成情况，部署2014年教育工作任务。县领导何兴昌、刘胜春、蔡军等出席会议。

1月17日上午，副县长何晓域率领慰问组对始兴县驻军部队开展春节慰问活动。

1月20日上午，召开2013年全县安全生产工作总结表彰暨2014年第一季度防范重特大安全事故工作会议。县领导高忠、刘胜春、何晓域、汤爱亮、余志强参加会议。

1月21日上午，市政协副主席邓建华代表韶关市委、市政府到始兴县澄江镇慰问困难群众。县政协主席赖根陪同慰问。

1月，始兴县被广东省人民政府新型农村和城镇居民社会养老保险试点工作领导小组评为“广东省城乡居民社会养老保险示范县区”。

1月23日上午，召开中共始兴县第十二届委员会第五次全体会议，县委书记范秀燎主持会议。十二届委员、县委候补委员出席会议。

1月23日下午，召开2013年度政情通报会。县领导范秀燎、赖根、雷雨明、卢建成、温鑫，全县副科级以上离退休老干部参加会议。

1月23日下午，召开2014年度老干部迎春座谈会。县领导范秀燎、赖根、雷雨明、卢建成、温鑫参加座谈。

1月24日，由车八岭保护区管理局和广东省农业科学院作物研究所联合建立的“石斛野生资源保护与研究基地”在车八岭保护区举行挂牌仪式，推进珍稀濒危植物保护事业，为合理开发利用药用植物和促进区域生态经济发展提供科学依据。

1 月 24 日上午，县委书记范秀燎、县长杨思远、县政协主席赖根等县四套班子领导分别率领慰问组，深入到始兴县各乡镇慰问困难党员、困难群众、优抚对象及计生困难户。

1 月 27 日上午，县委书记范秀燎、县长杨思远率队前往医院、公安局、环卫所、城管大队等地，看望慰问春节期间坚守岗位的一线人员。

1 月 27 日下午，召开 2013 年度总结表彰座谈会。范秀燎、杨思远、赖根等四套班子领导，县法、检“两长”，县人武部政委，县直及省市垂直管理各单位负责人和各乡镇党政领导参加座谈。

1 月 28 日下午，召开 2014 年金融工作座谈会。中国人民银行韶关市中心支行行长万里滨，县领导范秀燎、杨思远、高忠、汤爱亮参加会议。

1 月 29 日，广东省教育厅下发《广东省教育厅关于授予韶关市始兴县隘子镇等 29 个镇（乡、街道）广东省教育强镇称号的决定》，授予隘子镇“广东省教育强镇”称号。

2 月

2 月 7 日上午，召开县四套班子工作协调会。县四套班子领导以及各部门负责人参加了会议。

2 月 8 日上午，县委书记范秀燎一行到太平镇调研基层党建工作。县委常委温鑫陪同调研。

2 月 8 日下午，县委书记、县人大常委会主任范秀燎先后前往住建局、卫计局等地，就住建、计生、卫生等部门 2014 年重点工作进行调研。县委常委温鑫陪同调研。

2 月 10—12 日，召开政协第九届始兴县委员会第四次会议。

2 月 11—13 日，召开始兴县第十四届人民代表大会第四次会议，县长杨思远代表县政府作政府工作报告。

2 月 17 日上午，召开党的群众路线教育实践活动动员部署会议，全面启动群众路线教育实践活动。市委第三督导组组长，市人大常委会原副秘书长刘雪庚，县四套班子领导参加会议。

2 月 18 日下午，县领导黄勤昌、夏娟、何兴昌及相关部门负责人员在始兴分会场收听收看全国未成年人思想道德建设工作电视电话会议。

2 月 21 日，县长杨思远在县委常委会议室会见日本电产株式会社社长永守重信，就日本电产公司在始兴县增资扩产事宜进行探讨和交流。

2 月 21 日下午，始兴县举办了党的群众路线教育实践活动专题讲座，邀请市委党校教授刘意作题为《党的群众路线专题学习——公款姓公公权为民》的专题辅导。县四套班子成员、法检“两长”，人武部政委，县直正科单位班子成员，乡镇党政班子成员，县直副科单位一把手及纳入始兴县督导范围的省市垂直管理单位负责人参加学习。

2 月 24 日下午，县长杨思远对始兴县沿江南岸综合开发建设进行调研，察看沿江南岸综合开发建设施工现场了解项目进展情况，并听取项目建设进展情况的汇报。县委常委温鑫，县住建局、代建局、城南镇等部门主要负责人参加调研。

2 月 26 日，市委常委、组织部部长肖怀跃到始兴县太平镇党代表工作室开展接访党员群众活动。县委书记范秀燎，县委常委、组织部部长卢建成参加活动。

2 月 27 日上午，召开 2014 年党建工作会议。会议由县委副书记、县长杨思远主持，县领导赖根、黄勤昌、雷雨明、高忠、卢建成、杨军、卢保新、夏娟、温鑫等参加会议。

2 月 27 日下午，召开中国共产党始兴县第十二届纪律检查委员会第二次全体会议。县领导范秀燎、杨思远、赖根等以及县纪委委员、各镇党委书记、镇长、纪委书记，县直副科以上单位、省市垂直单位负责人等参加了会议。

2 月 27 日下午，召开政法暨信访维稳工作会议。县领导范秀燎、杨思远、赖根、黄勤昌、雷雨明、卢保新、温鑫、何晓域、余志强参加了会议。

2 月 28 日下午，召开 2014 年度全县武装工作会议。县领导高忠、黄良勇以及各基层武装部主要领导等参加了会议。

3 月

3 月 4 日下午， 举办党的群众路线教育实践活动第二期专题讲座，由中共韶关市委党校教授廖显辉作专题讲座。县四套班子成员、法检“两长”，县武装部政委，县直正科单位班子成员，乡镇党政班子成员，县直副科单位一把手及纳入始兴县督导范围的省市垂直管理单位一把手参加学习。

3 月 5 日下午， 县长杨思远与广东始兴星源金属有限公司负责人举行项目签约仪式。

3 月 6 日上午， 举行韶关市“三八”妇女维权周活动暨“妇女之家”电视专栏启动仪式，隆重纪念“三八”国际劳动妇女节 104 周年。市妇联主席邢丽，市委宣传部副部长、市广播电视台台长巫育明，副县长刘胜春出席活动。

3 月 6 日下午， 召开 2014 年春季动物防疫暨水稻保险工作会议。各乡镇分管畜牧水产工作的领导及畜牧兽医水产站站长参加会议。

3 月 8 日， 在东莞塘厦镇召开塘厦始兴对口帮扶第一次联席会议，签订《塘厦始兴全面合作交流框架协议（草案）》。县领导范秀燎、杨思远、赖根、黄勤昌、雷雨明、汤爱亮等参加会议。

3 月 11 日下午， 县长杨思远与阿公岩影业基地项目方正式签约，标志着阿公岩影业基地及旅游综合开发项目正式落户始兴。

3 月 11 日下午， 市委党的群众路线教育实践活动第三督导组对始兴县四套班子党员领导集中学习讨论开展情况进行督导。县长杨思远主持，县四套班子领导、县法检“两长”等共 20 多位领导参加集中学习讨论。

3 月 12 日上午， 县四套班子领导及县直有关单位、省市垂直管理有关单位干部职工在太平镇九江坑开展全民义务植树活动。部分外资企业代表、驻军代表、民营企业代表、青年志愿者、人大代表和政协委员代表等参加活动。

3 月 12 日， 省委教育实践活动第六督导组常务副组长陈文杰率队到始兴县，就开展党的群众路线教育实践活动进行督导调研。市委常委、组织部部长肖怀跃，市人大常委会副主任徐紫玲，县领导范秀燎、卢建成等陪同调研。

3 月 19 日上午， 举行党的群众路线教育实践活动先进事迹报告会，广泛宣传全县各行各业涌现出来的践行群众路线的优秀代表和先进事迹，发挥先进、典型的示范引领作用。县四套班子成员，各乡镇、各单位党员领导干部聆听报告会。

3 月 19 日， 始兴县人民政府与广东省教育研究院举行合作共建始兴县“广东省教育研究院教育科学发展实验区”签约仪式，副县长刘胜春代表县政府与广东省教育研究院副院长黄崴签订了教育科学发展实验区协议。省教育研究院院长、党委书记汤贞敏，副院长黄崴、朱仲庆、李文郁等该院领导，以及县委书记范秀燎、副县长刘胜春，市教育局副局长曾楚清，始兴教育局负责人参加签约仪式。

3 月 21 日上午， 县委书记、县人大常委会主任范秀燎到园区调研，走访泰昊新材料、凤阁铝业、佳山佳星科技等企业。县委副书记黄勤昌、县委常委李智波及园区管委会、国土、顿岗镇等单位领导陪同调研。

3 月 25 日上午， 召开重点项目建设和固定资产投资工作部署会。会议由副县长汤爱亮主持，各乡镇乡镇长和重点项目责任单位的主要负责人及业务员参加会议。

3 月 25 日下午， 县委书记范秀燎主持召开党的群众路线教育实践活动督导工作座谈会，对下一阶段的督导工作进行部署。县委副书记黄勤昌，县委常委、组织部部长卢建成参加会议。

3 月 26 日上午， 韶关学院曾峥教授一行先后来到马市镇都塘村黄烟育苗基地、都塘村中心岗黄烟种植基地以及沈所镇油菜基地进行考察。县政协主席赖根、县委副书记黄勤昌陪同考察。

3 月 26 日上午， 召开加强村级基层组织建设座谈会。县委常委、组织部部长卢建成，县委常委温鑫参加座谈。

3 月 27 日上午， 召开民营企业家座谈会。县领导范秀燎、杨思远、高忠、温鑫、汤爱亮及部分民营企业负责人参加会议。

3 月 27 日下午， 县领导范秀燎、杨思远、黄勤昌、何兴昌、刘胜春、邓海清及各乡镇、各部门负责人在始兴分会场收听收看广东省人口和计划生育工作电视电话会议。

3月27日下午，开展党的群众路线教育实践活动集体学习讨论。县政协主席赖根主持，县四套班子领导、县法检“两长”等约20位领导参加集中学习讨论。

3月27日，县委常委、县政法委书记卢保新，副县长、县公安局局长余志强深入隘子镇党代表工作室开展接待党员群众活动，与党员群众面对面沟通交流，倾听群众呼声，用实际行动问政于民、问需于民、问计于民。

3月28日上午，《香港商报》韶关站站长程功名，记者李芳、盛芳龄对始兴县“三区”建设进行采访报道。县旅游局、住建局、经信局有关领导先后接受访问。

3月28日上午，举行食品药品监管体制改革交接仪式，由工商部门承担的流通环节食品安全监管职责、质监部门承接的食品生产加工环节的质量安全监管职责、经信部门承担的酒类流通监管职责正式划转食品药品监管部门。县委常委杨军出席交接仪式。

3月28日上午，县国土、公安、环保、工商、安监、水务以及顿岗镇政府等多部门联合重拳出击，对顿岗镇境内的三个盗洗矿产资源点进行拆除清理。

3月28日下午，召开县卫生和计划生育局成立大会，标志着县卫生局和人口计生局正式合并，县领导黄勤昌、刘胜春出席会议。

4　月

4月2日，县整治非法盗采矿产资源整治组到梅子窝、石人嶂等地非法盗采矿产资源点实施联合整治。

4月3日上午，举办党的群众路线教育实践活动第三期专题讲座，韶关学院党委书记曾峥教授应邀作专题辅导。范秀燎、赖根等县四套班子成员，法检“两长”，县武装部政委，县直正科单位班子成员，乡镇党政班子成员，县直副科单位和纳入始兴县督导范围的省市垂直管理单位负责人，县委各督导组正副组长聆听讲座。

4月3日下午，县委书记、县人大常委会主任范秀燎到县委党校给参加全县村（居）书记、主任培训的学员上题为《如何赢得群众的拥护和支持》的专题课。

4月4日上午，县四套班子领导、机关干部职工、法检干警、武警官兵等到丹凤山革命烈士纪念碑前开展祭扫活动，缅怀先烈，祭奠英灵，向革命烈士致以崇高敬意和无限哀思。

4月8日下午，召开人口和计划生育工作会议。县四套班子领导成员，县法、检“两长”，县人武部政委，县纪委副书记，县直及省市垂直管理各单位党政主要负责人，各乡镇党委书记、乡镇长，分管计生工作的负责人，计生办主任，各村（居）委会书记、主任、县卫计局股级以上干部，县计生政策法规工作室正、副主任，县计生督查队全体成员近500人参加会议。

4月8日下午，召开全县农村工作会议，强调将采取切实有效措施，推动始兴县农业转型升级，推进农业现代化，建设美丽新农村。范秀燎、杨思远等县领导出席会议并作讲话。

4月8日，县长杨思远一行深入深渡水樱花谷景点内调研，详细听取景区情况介绍，实地调研了景区建设进展。副县长何晓域参加调研。

4月9日上午，县委书记范秀燎深入太平镇水南村和东升居委会，重点调研计生工作。县委常委温鑫陪同调研。

4月9日下午，范秀燎、杨思远、赖根、雷雨明等县四套班子主要领导率发改、经信、园区、国土、住建、统计、人社等部门和太平、顿岗等乡镇负责人先后到产业转移园区、制笔基地等地实地调研，现场办公推进工业项目建设，部署具体对策措施。

4月11日，香港观塘工商业联合会一行到始兴县考察投资环境，并对始兴县良好的投资置业环境给予肯定。香港观塘工商业联合会先后考察了黄花园工业区，东莞石龙（始兴）产业转移工业园和东湖坪制笔基地。县领导赖根、杨军等陪同考察。

4月14日上午，召开非公有制经济组织和社会组织（简称“两新”组织）党的群众路线教育实践活动工作会议，正式启动和全面铺开“两新”组织党的群众路线教育实践活动。县委常委、组织部部长卢建成参加会议。

4 月 14 日下午，县委实践办、县委宣传部、团县委联合举办“做群众友·不做青年官”主题演讲比赛。县领导卢建成、杨军、夏娟观看比赛。

4 月 15 日，市委常委、市委秘书长孔云龙在市人大常委会副主任、第三督导组组长徐紫玲等人的陪同下到始兴县，就如何做好党的群众路线教育实践活动、凸显亮点以及改进“四风”方面开展专题调研。县领导范秀燎、杨思远、黄勤昌、高忠、杨军、夏娟参加座谈会。

4 月 15 日下午，市委常委、副市长、东莞韶关对口帮扶指挥部总指挥王检养一行到始兴县考察，先后考察始兴产业转移园、制笔基地、塘厦始兴共建园区等地。县领导范秀燎、杨思远、黄勤昌、李智波陪同考察。

4 月 16 日下午，东莞塘厦镇镇委委员、人大主席团副主席崔伟奇带领塘厦六大商会成员到始兴县参观交流。县领导范秀燎、杨思远等参加座谈。

4 月 17 日上午，开展党的群众路线教育实践活动集中学习讨论。范秀燎、杨思远、赖根等四套班子领导参加了会议。

4 月 17 日下午，范秀燎、杨思远、赖根等县四套班子主要领导到“三旧”改造项目建设用地进行现场办公，解决项目规划建设中遇到的实际问题，推进重点项目建设。

4 月 21 日下午，县四套班子领导召开座谈会，充分听取村（居）委书记、主任代表，老干部代表及部分单位部门领导代表对始兴县发展及塑料再生资源产业的意见和建议。

4 月 22 日下午，杨思远、赖根等县四套班子领导按照党的群众路线教育实践活动的部署，分赴各自联系点，与群众面对面交流，广泛征求意见和建议，查找问题。同时，高度重视群众反映的生产生活方面的困难和问题，研究办法和措施，切实为群众解难题、谋利益。

4 月 24 日下午，开展党的群众路线教育实践活动集中学习讨论。范秀燎、杨思远、赖根等县四套班子领导参加学习。

4 月 25 日，东莞塘厦镇党委书记管敏政一行到始兴县，就两地区域进行交流探讨。县领导范秀燎、杨思远等参加交流座谈。

4 月 25 日下午，新丰县委书记、县人大常委会主任陈俊林率领县领导班子成员及相关部门负责人一行到始兴县考察交流学习机关效能建设和城市规划建设工作。县领导范秀燎等领导陪同，并与新丰县客人进行交流。

4 月 28 日下午，召开县委中心组学习（扩大）会议，会议由原市人口和计划生育局法规科科长，现市卫生监督所副所长（挂职）冯珍素作计划生育政策相关知识专题辅导报告。范秀燎、杨思远、赖根等县四套班子领导成员，县法检“两长”，人武部政委，县纪委副书记，各乡镇党委书记、乡镇长、分管计生工作的领导，县直及省市垂直管理有关单位领导以及县卫计局班子成员参加学习。

4 月 28 日下午，召开庆祝“五一”国际劳动节暨表彰大会，表彰一批在“服务科学发展，服务职工群众，共建和谐始兴”的实践中建功立业，深受广大职工群众信赖和拥护的先进集体和先进个人。县领导范秀燎、卢建成、肖强运等参加大会。

4 月 29 日下午，县委书记、县人大常委会主任范秀燎率县农业局、县扶贫办有关负责人到深渡水瑶族乡调研扶贫开发工作。

4 月 29 日晚，始兴县与广东皓文投资有限公司签署《始兴县生态智慧新城合同书》补充协议。县长杨思远代表县政府与广东皓文投资有限公司进行了签约，县领导高忠、刘胜春、余志强、廖晋雄和相关部门负责人出席签约仪式。

5　月

5 月 5—6 日，县委书记范秀燎率领县领导赖根、黄勤昌、温鑫、李智波、汤爱亮和相关部门领导前往珠三角学习考察经济建设先进经验。

5 月 8 日，市委常委、市委秘书长孔云龙到始兴县调研计生工作，强调要打牢工作基础，规范工作制度，采取有效措施，打好计生翻身仗，坚决摘掉“黄牌警告”的帽子。县委副书记黄勤昌参加调研。

汕头市政协副主席方展伟率领文化和文史学习考察组一行 12 人到始兴县调研参观。市政协副秘书长张衡，县政协副主席廖晋雄领导陪同。

5 月 9 日，韶关市委、市政府在始兴县召开全市扶贫开发“双到”工作现场会，各县（市、区）党政负责同志、扶贫办主任，市直各单位有关领导，帮扶单位相关负责人以及各相关单位驻村工作组组长参加会议。始兴县、乳源县、新丰县、市文广新局、东莞市常平镇领导作大会发言。

5月9日，始兴县政协召开宣传工作会议，安排部署始兴县政协宣传工作，为新荐选的12位政协信息通讯员及11位特约通讯员颁发了聘书。县政协赖根主席主持会议，政协班子、政协各专委会主任、政协各科室及政协通讯员参加会议。县委常委、宣传部长夏娟出席会议并作讲话。

5月12日上午，召开2014年第二季度防范重特大安全事故工作会议，通报始兴县1—4月全县安全生产工作情况和部署第二季度安全生产工作。县委常委、常务副县长高忠，各乡镇、单位分管安全生产的领导、企业负责人参加会议。

5月12日上午，市委副书记陈向新到始兴县调研计生和卫生工作。县委副书记黄勤昌、副县长刘胜春陪同调研。

5月13日上午，省卫计委主任陈元胜一行到始兴县督导调研人口计生工作，副市长兰茵、市卫计局局长刘文程及县领导范秀燎、杨思远、黄勤昌、刘胜春等陪同调研。

5月14日下午，县委全面深化改革领导小组召开第一次会议，审议县委全面深化改革领导小组工作制度、专项小组工作制度和小组办公室工作制度等相关配套工作制度，范秀燎、杨思远等县委全面深化改革领导小组成员及各专项小组副组长、联络员参加会议。

5月14日下午，召开第一季度经济工作分析会，分析第一季度经济运行情况。县领导范秀燎、杨思远、赖根等参加会议。

5月15日上午，召开党的群众路线教育实践活动第一环节总结暨第二环节工作部署会议。县委书记范秀燎在会上作重要讲话，县委常委、组织部部长卢建成总结全县教育实践活动前一阶段的情况，对第二环节工作作出具体部署。

5月15日上午，召开党的群众路线教育实践活动征求意见“专题会诊”会议，县四套班子领导参加会议。

5月15日，县领导卢建成、谢石生赶赴罗坝镇受灾现场察看灾情，指导防汛救灾工作。

5月15日，县委书记、县人大常委会主任范秀燎到澄江镇察看灾情，指导抗洪救灾工作。

5月16日上午，召开县委中心组学习（扩大）会议，县委常委、组织部部长卢建成和省委宣传部讲师团原团长曾凡光教授先后作了学习贯彻干部选拔任用工作条例专题辅导报告、培育和践行社会主义核心价值观专题报告。县四套班子领导成员，县法检“两长”，县人武部政委，县纪委副书记，各乡镇党委书记、组织委员、宣传委员，县直机关党（工）委书记，县直及省市垂直管理有关单位领导，县委组织部有关领导干部参加学习。

5月19日上午，市长艾学峰到始兴县调研社会经济发展情况，县领导杨思远、汤爱亮等参加调研。

5月20日，在人行始兴支行举行“韶关市精神文明建设先进单位”授牌仪式，县委常委、宣传部部长夏娟为县公安局交通警察大队等七个“韶关市精神文明建设先进集体”授牌。

5月20日，举行“元韶杯”张九龄少年故事擂台赛总决赛。县领导雷雨明、夏娟、刘胜春等出席观看决赛并为获奖选手颁奖。

5月21日，始兴县政务微博发布平台——“始兴发布”（http：//t. qq. com/shixingfabu）正式上线运行。

5月21日，县政协主席赖根、副主席邓炳光、市政协委员官锦雄等到沈所镇对“沈所老墟”旅游开发事项进行专题调研。

5月22日，经省经济和信息化委批准，由市经济和信息化局组织的多名农业和信息化领域的专家对始兴县信息中心与广东省农科院彩田农业科技信息中心承担的“粤北山区生态蜜蜂产业公共服务平台”项目进行验收。

5月23日上午，召开征地工作会议，县长杨思远参加会议。会后，组织各乡镇党委书记、乡镇长、纪委书记和分管国土工作的领导，县国土资源局、县住建局主要领导和分管拆迁工作领导及拆迁办人员，县“三旧办”，部分村（居）委主任，县纪委、县检察院相关负责人开展了预防征地补偿违纪违法问题警示教育学习。

5月23日，举办全县办公室人员业务培训班。

各乡镇办公室分管负责人、办公室主任，县直及省市垂直管理有关单位办公室主任，县委办、县人大办、县府办、县政协办各股（室）相关工作人员，各单位业务骨干参加培训。

5月27日上午，县委副书记、县长杨思远到马市镇调研市政建设情况。

5月27日下午，省委农办总经济师蔡宏裕一行到始兴县开展农村产权流转交易市场调研，县领导何晓域、邓炳光参加调研。

5月27日下午，县长杨思远率队深入城南镇就“生态湿地公园工程、沿江南路工程、金润大桥项目、金润国际酒店项目以及河南村多个‘三旧改造’工程”等重点城区建设项目的建设进展情况进行专题调研。县府办、县住建局、代建局、水务局、城南镇等部门有关领导参加调研。

5月27日，市委书记郑振涛，市委常委、市委秘书长孔云龙到始兴县，深入“5·15”洪灾受灾区——澄江镇视察灾后复产等工作。县领导范秀燎、杨思远、温鑫、何晓域参加调研。

5月27日，全市依法治市办公室主任会议在始兴县召开，市人大常委会副主任、市依法治市办主任张平以及各县（市、区）人大常委会分管副主任参加会议。

5月28日上午，召开干部大会，宣布市委对始兴县部分领导干部任免的决定。市委决定，曹胜文同志任中共始兴县委委员、常委、纪委书记；免去高忠同志纪委书记职务。县四套班子领导成员，法、检“两长”，县人武部部长，县纪委班子成员，四大办主任参加会议。

5月28日，共青团始兴县第十八次代表大会在县行政服务中心2号会议室举行。县领导范秀燎、赖根、雷雨明、卢建成、杨军、曹胜文、肖强运和团市委副书记凌雪峰出席会议。

5月29日，县委常委杨军到县工商局调研指导工作，详细了解“先照后证”制度的改革情况，听取该局执行《广东省工商登记前置审批事项目录》和《广东省工商登记前置改后置审批事项目录》的情况。

5月29日，由县人大常委会副主任陈庚来和肖强运带队，县人大组织部分县人大代表就墨江河流域水质保护工作进行视察。

5月30日上午，召开2014年打假工作联席会议，总结过去一年打假工作取得的成绩、存在的问题，分析当前打假工作的形势，研究部署今天的打假工作。县委常委、打假领导小组组长杨军，各乡镇打假工作主要领导以及各成员单位分管领导参加会议。

6 月

6月1日，始兴县启动医疗救助“一站式”结算服务。

6月3日，韶关地区第一个核准的风电项目——始兴县羊角山风电场项目获得了《广东省发展改革委关于国电韶关羊角山风电场项目核准的批复》。

6月4日，县长杨思远率县公安局、住建局、环保局、食品药品监督管理局到韶关市人民广播电台参加《民声热线》直播节目，与听众在线互动交流，倾听群众的呼声和建议，解答群众提出的问题。

6月5日下午，市委常委、宣传部部长许红一行到始兴县调研市重点建设项目工作建设情况。县领导黄勤昌、夏娟以及县发改局、县旅游局及县水务局等相关部门领导参加调研。

6月11日下午，召开宣讲《广东省信访条例》动员大会。范秀燎、赖根等县四套班子领导和直各单位主要负责人和分管信访工作领导参加宣讲报告会。

6月10—11日，塘厦镇农业企业一行15人到始兴县参观考察，先后参观始兴县盛丰生态农业科技有限公司、始兴县绿之源生物科技有限公司等6家农业龙头企业，并进行座谈。县领导杨思远、黄勤昌、李智波、何晓域参加座谈。

6月11日上午，开展档案、村史业务培训班。各乡镇档案、村史工作分管领导、档案员、村史具体责任人，县直及省市垂直管理有关单位档案员，县村史编写领导小组成员和档案局、史志办全体人员参加培训。

6月11日下午，召开2014年依法治县工作领导小组会议。县领导范秀燎、赖根、黄勤昌、雷雨明、高忠、卢保新、林应均、余志强以及县依法治县领导小组成员单位负责人参加会议。

6月14日上午，市旅游局、县旅游局、县广播电视台、深渡水瑶族乡联合在坪田养蜂基地举行始兴县深渡水“甜蜜之旅”启动仪式。县委常委、宣传部部长夏娟，副县长何晓域及市、县相关部门领导参加启动仪式。

6月16日，由省人大选联任工委副主任李茂停带队的省人大调研组到始兴调研县乡人大工作和人大建设情况，市人大常委会副秘书长陈早霞、市人大选联任工委主任伍福县、县人大常委会常务副主任雷雨明、副主任何兴昌等陪同调研。

6月16日，市人大常委会副主任、总工会主席杨小明深入市人口计生工作挂钩联系帮扶点隘子镇调研人口计生工作。县人大常委会副主任肖强运参加调研。

6月20日，召开2014年“广东扶贫济困日”活动筹备工作会议，动员部署全县扶贫济困日活动各项工作。副县长何晓域、各乡镇负责扶贫工作的分管领导、各县直有关单位负责扶贫工作的分管领导参加会议。

6月22日上午，“广东省2014年粤东西北地区乡镇事业单位专项公开招聘考试”始兴县分点笔试在始兴中学考点举行。

6月23日下午，市委常委、常务副市长陈波率领国企代表一行18人到始兴县调研“广东省扶贫济困日”活动及扶贫开发“双到”工作。县领导范秀燎、高忠、何晓域等参加调研。

6月25日，著名的早期教育培训师杨翾教授在始兴县举办育儿专题讲座。省卫生和计划生育委员会党组成员、巡视员、省人口文化促进会常务副会长云斌、省人口文化促进会副会长兼秘书长杨道本、省人口文化促进会联络部主任覃春英，范秀燎、黄勤昌、刘胜春、蔡军等县四套班子相关领导聆听授课。

6月25日上午，省专家组到始兴县督导评估全国义务教育发展基本均衡县工作，分别考察始兴县学校布局、校园建设、教育管理等方面的情况。县领导何兴昌、刘胜春陪同督导。

花山水库水资源保护整村搬迁工程在沈所镇黄所村大阳坝正式启动。

6月26日下午，省扶贫基金会理事长黄柏青率队到始兴县调研扶贫开发工作，市政府党组成员许俊杰，副县长何晓域，市、县“双到”领导陪同调研。

7 月

7月1日晚，在市民生态文化休闲广场举办“始兴县党的群众路线教育实践活动文艺晚会暨下乡巡回演出启动仪式”。范秀燎、杨思远、赖根等县四套班子成员与广大群众一起观看演出。

7月3—4日，举办行政执法人员培训班。全县各单位、各乡镇分管行政执法的领导和行政执法业务骨干参加培训。县委常委、常务副县长高忠出席会议并作讲话。

7月4日上午，副市长兰茵率领市民宗局、县计生、县扶贫办等部门负责人到深渡水瑶族乡，对计生、扶贫“双到”等工作进行调研。

7月8日上午，召开创建平安始兴工作推进会议。县领导黄勤昌、卢保新、林应均、何晓域、余志强参加会议。

7月8日下午，始兴县分别对“永捷电子（始兴）有限公司”和“永光实业（韶关）有限公司”进行“平安企业”项目揭牌，县委常委、政法委书记卢保新、副县长汤爱亮出席项目揭牌仪式。

7月9日下午，全省培育和践行社会主义核心价值观基层宣讲报告会在始兴县举行。各乡镇宣传委员、县直各单位分管精神文明建设工作领导、企业管理人员、职工代表、学校师生代表、农村社区干部群众代表聆听宣讲报告。县委常委、宣传部部长夏娟主持报告会。

7月16日下午，副市长许志新率市经信局、市环保局、市商务局、市统计局、市国土资源局等部门负责人到始兴县调研工业发展情况，参观指导沙水产业转移工业园二期基础设施建设。副县长汤爱亮参加调研。

7月19日，由粤、赣、鄂三省作家组成的韶赣作家采风团，在著名诗人、韶关五月诗社社长桂汉标的带领下，到始兴县进行文学采风活动。

7月21日下午，县长杨思远、县委常委温鑫、副县长何晓域率有关部门负责人调研县城自来水供水状况。杨思远强调要切实采取有效措施，解决县城供水不足问题。

7月22日上午，始兴县老龄委成员单位在始兴分会场收听收看全国老龄委召开的老年人优待工作视频会议。

7月23日上午，范秀燎、杨思远、赖根等县四套班子主要领导先后到火车站站前广场、墨江南岸沿江路改造现场、城南镇河南村“三旧”改造现场和产业转移园区基础设施建设现场调研，现场办公解决相关问题，落实工作任务，推进重点项目建设。

7月23日下午，召开2014年夏秋征兵工作会议。县委常委、常务副县长高忠，县委常委、人武部部长黄良勇参加会议。

7月23日下午，东莞市大岭山家具协会一行到始兴县考察投资环境，县委书记范秀燎、县委常委李智波、副县长汤爱亮陪同考察。

7月24日上午，县委书记范秀燎奔赴马市镇视察灾情，指导抗旱工作。

7月24日上午，召开例行新闻发布会，通报今年上半年全县安全生产情况。

7月24日下午，始兴县委、县政府召开2014年全县计划生育工作推进会。县四套班子领导参加会议。

7月28日上午，开展“八一”慰问活动，组织慰问组慰问驻地部队官兵、复员退伍军人、烈军属。

7月29日，市政协副主席何伟青、林嘉率视察团到始兴视察部分港澳委员企业。县政协主席赖根、副主席田毅参加视察。

7月30日下午，召开上半年经济形势分析暨招商引资动员会，分析总结始兴县当前经济运行情况，部署下一阶段经济工作和招商引资工作。县四套班子领导参加会议。

8　月

8月1日，召开2014年纪律教育学习月活动动员会暨领导干部党纪政纪法纪教育培训班。县四套班子领导成员、县法检“两长”、人武部政委、纪委副书记，各乡镇党委书记、乡镇长、纪委书记，县直和省市垂直管理单位领导、各机关党（工）委纪委书记参加培训。

8月1日下午，举办领导干部党纪政纪法纪教育培训班，由市检察院副检察长傅泽熙进行党纪政纪法纪教育课专题辅导。四套班子领导，法检“两长”、人武部政委、纪委副书记，各乡镇党委书记、乡镇长、纪委书记，县直和省市垂直管理单位领导、各机关党（工）委纪委书记参加培训。

8月4—5日，县委书记、县人大常委会主任范秀燎率队到湖南省长沙县果园镇双河村学习考察浔龙河发展模式。

8月6日，广东浙江商会代表一行到始兴县洽谈华南（始兴）家具产业基地项目，实地考察了始兴县马市工业园，双方就始兴县家具产业的发展交换意见。

8月7日下午，举办2014年全县新闻发言人及舆情信息员培训班。各乡镇、各单位分管舆情工作、政务微博管理员、舆情信息员参加培训。县委常委、宣传部部长夏娟出席会议。

8月7日，省依法治省办胡文辉处长，市人大常委会副主任、依法治市办主任张平一行率领南方日报、羊城晚报、广东电视台等多家新闻媒体单位，到始兴县采访报道该县“按法治框架解决基层矛盾”试点工作。

8月7—8日，市督查组到始兴县检查督促上半年扶贫开发“双到”工作。督查组一行经过听取汇报、实地调查、走访农户、查阅资料等方式，深入了解始兴县扶贫开发“双到”工作进展情况。

8月8日上午8点30分，县长杨思远、政协主席赖根率队参与始兴县组织的第六个全民健身日活动——全民健身日环城跑活动。

8月14日上午，市委常委、市委秘书长孔云龙到始兴县太平镇总甫村参加该村党支部专题组织生活会。市委第三督导组有关人员，县委书记范秀燎，县委常委、组织部部长卢建成出席会议。

8月14日下午，召开第三季度防范重特大安全事故工作会议，总结了2014年1—7月全县安全生产工作，研究部署下一步工作。县委常委、常务副县长高忠参加会议。

8月15日，国家文物局下发专门通知，正式公布100处全国重点文物保护单位开展文物消防安全百项工程实施名单，始兴县长围村围屋消防安全工程成功入选，成为韶关市唯一一处进入文物消防安全百项工程的全国重点文物保护单位。

8月18日下午，县委书记范秀燎，县委常委、组织部部长卢建成深入罗坝镇，就“三旧”改造、新村建设、新罗坝大桥、旅游开发等工作进行实地调研。

8月19日上午，县纪检监察干部开展上街宣传接访活动，县委常委、纪委书记曹胜文参加活动，与群众零距离，面对面受理群众信访问题。

8月19日上午，县委书记、县人大常委会主任范秀燎一行先后来到东湖坪制笔基地、日本电产、沙水工业园区进行调研。

8月20日，始兴县在县教育局举行2014年度梁广榕高考奖评选暨鲍思高奖学金颁发仪式。

8月26日，省委第六督导组副组长夏青一行到始兴县督导党的群众路线教育实践活动。县委书记、县人大常委会主任范秀燎、县委常委、县委组织部部长卢建成陪同参加活动。

8月26日下午，县领导范秀燎、温鑫和有关部门负责人调研县城自来水供水状况。

8月27日上午，县委书记、县人大常委会主任范秀燎调研始兴县公安工作。强调，公安部门要以打树威，推进“六大专项”行动，确保始兴的稳定与安全。县委常委、县委办主任温鑫陪同调研。

8月27日，始兴县组织召开全县森林防火工作会议暨森林防火业务知识培训班。副县长、县公安局局长余志强为获奖单位颁奖，代表县政府与各乡镇政府签订森林防火责任书，市森林公安分局副政委、市森林消防大队副大队长楼庆华作森林防火业务知识培训授课。

8月27日，召开城西新区生态智慧新城规划方案调整座谈会，县委书记范秀燎，县人大常委会常务副主任雷雨明，县委常委、县委办主任温鑫，以及县直有关部门和乡镇负责人参加会议。

9　月

9月1日，始兴县召开村小组“三资”专项整治工作推进会，县委常委、纪委书记曹胜文参加会议。

9月2日，召开2014年新录用的15名公务员（含参公人员）报到会。

9月2日上午，召开该道路的改造准备工作协调会，商讨建设方案，县领导范秀燎、杨思远、汤爱亮参加协调会。

9月3日，市委常委、组织部部长肖怀跃携市委组织部农村组织科有关人员一行3人，深入始兴县隘子镇和司前镇调研基层党建工作。县委书记、县人大常委会主任范秀燎，县委常委、组织部部长卢建成以及隘子镇、司前镇主要负责人陪同调研。

9月3日上午，县人大常委会常务副主任雷雨明率队到城南镇就生态智慧新城项目的征地工作进展情况进行专题调研。县人大常委会副主任何兴昌、谢石生，太平镇、城南镇、沈所镇等部门领导参加调研。

9月10日上午，始兴县委、县政府召开2014年全县计划生育工作会，总结前11个月计生工作情况，分析面临的形势和问题，研究部署下一阶段全县人口计生工作任务。县领导范秀燎、杨思远、黄勤昌、刘胜春参加会议。

9月10日上午，召开全县教育工作会议，表彰一大批优秀教师、优秀教育工作者、优秀班主任。范秀燎、杨思远、赖根等四套班子领导参加会议。

9—10月，全县开展第四届“读廉洁书籍，扬清风正气”廉洁读书月活动，引导全县党员领导干部阅读廉洁图书，撰写读书心得体会。

9月11日上午，县委书记、县人大常委会主任范秀燎，县长杨思远深入始兴县部分重点项目建设现场，实地察看项目进展，协调解决项目建设中遇到的困难和问题，加快推进项目建设进度。赖根、黄勤昌、雷雨明、高忠、温鑫、汤爱亮等县领导参加调研。

9月11日下午，广东省工业园区协会副秘书长唐民杰一行到东莞石龙（始兴）产业转移工业园进行调研，并与县发改局、县经信局（园区管委会）、县财政局、县国土局、县环保局、县住建局等部门领导，及广东泰昊新材料科技有限公司、广东凤阁铝业有限公司等企业代表进行座谈交流。

9月11日下午，由县委书记范秀燎率领的考察团赴江西赣州考察，就物流园区规划建设、产业发展、经营运行以及项目建设、城市规划、招商引资等工作进行考察学习。县领导赖根、黄勤昌、高忠、温鑫、汤爱亮等参加考察。

9月16日下午，县委书记范秀燎来到始兴县韶关冶炼厂整体搬迁项目服务小组办公室对韶冶整体搬迁进展情况进行了调研。县政协主席赖根、县委常委、县委办主任温鑫及太平镇、园区、国土等相关负责人参加汇报会。

9月18日上午，召开县委中心组学习（扩大）会议，邀请韶关市委党校校委、副教授赵倩倩作学习贯彻《习近平总书记系列重要讲话读本》专题报告。县四套班子领导成员，县法检“两长”，县人武部政委，县纪委副书记，各乡镇党委书记、宣传委员，县直机关党（工）委书记和县直及省市垂直管理有关单位领导参加学习。

9月18日上午，县人大常委会组织部分人大代对始兴县中汇农业科技生态产业园、骏汇汽车零部件项目、韶赣铁路始兴火车站、墨江南路沿江道路及配套设施建设工程等重点项目进行视察。县人大常委会副主任谢石生参加本次视察，副县长汤爱亮及有关部门负责人陪同视察。

9月18日下午，始兴县文明办邀请了2013年度上半年“广东好人”吴秀兰，第四届“感动韶关十佳道德模范”吴火生和2013“韶关好人”龙增德等三位“宣讲团”成员在始兴中学举办“2014年韶关市道德模范和身边好人”基层巡讲活动。

9月18日下午，国家教育部基础教育司领导一行在省教育厅基础教育处和市教育局等相关部门领导陪同下，到始兴县专项督导全县农村义务教育基本办学条件落实情况。县委常委杨军参加督导活动。

9月18日下午，由省发改委、省安监局等单位组成的“八打八治”打非治违专项行动督查组到始兴县督查。县委常委、常务副县长高忠及市、县发改、安监等负责人陪同督查。

9月19日上午，县人大常委会组织部分人大代表对始兴县城区全民建设场所及基础设施建设工作进行视察。视察组先后一行视察了万达公司健身场所、全民健身广场、体育馆和国民体质监测站。县委常委杨军陪同视察。

9月19日，始兴县事业单位引进人才党支部在县委党校正式揭牌成立。县委常委、组织部部长卢建成出席揭牌仪式并作讲话。

9月19日，始兴县举办“始兴县鱼类资源增殖放流活动”。

9月23日上午，县领导杨思远、雷雨明、何兴昌、谢石生率领相关部门实地调研智慧新城项目进展情况。

9月24日下午，召开中共始兴县委十二届六次全体会议，对部分乡镇党委书记、乡镇长等重要领导岗位的人选进行初始提名。十二届县委委员，十二届县委候补委员，非县委委员的党员县领导，非中共党员的县领导，县人武部政委，县纪委副书记等参加会议。

9月24日，召开经济社会科学发展考核专题会，县领导高忠、卢建成、汤爱亮以及相关单位负责人参加会议。

9月24日，召开“2014年秋季动物防疫工作会议”。副县长何晓域参加会议。

9月26日上午，召开社会保险工作会议。副县长刘胜春参加会议并与各乡镇及社会养老保险扩面征缴牵头单位主要负责人签订目标任务责任书。

9月26日，县委书记、县人大常委主任范秀燎到县财政局调研财政预算收支执行情况，县领导高忠、温鑫陪同调研。

9月26日下午，召开第四季度防范重特大安全事故工作会议。县委常委、副县长高忠参加会议。

9月26日，市人大常委会常务副主任李石保、秘书长高振忠、选联任工委主任伍福县等一行到深渡水瑶族乡开展少数民族地区经济发展情况调研活动，县人大常委会常务副主任雷雨明、副主任何兴昌陪同调研。

9月28日下午，召开县委中心组学习（扩大）会议，分别邀请了AECOM开发投资咨询负责人、中国旅游演艺联盟专家廖建宁作《文化旅游的国际趋势与地区实践》专题报告和棕榈园林股份有限公司负责人作《PALM文旅绿地系统模式及PPP模式运作》介绍。县四套班子领导成员，县法检“两长”，县人武部政委，县纪委副书记，各乡镇党委书记、乡镇长，县直及省市垂直管理有关单位领导参加会议。

9月30日上午，县长杨思远及有关部门在始兴分会场收听收看市委、市政府召开的全市主干道绿化暨森林防火工作电视电话会议。

9月30日，赣韶铁路正式开通运营。范秀燎、杨思远等县四套班子领导到现场见证开入始兴的第一列火车。

10　月

10月8日，县四套班子领导成员，法院、检察院主要负责人，各乡镇党委主要负责人，县直有关单位党员主要负责人，县委督导组组长，县委实践办副主任及各组组长在始兴分会场收听收看在京召开的党的群众路线教育实践活动总结大会。

10月9日上午，县委常委杨军带队率县食品药品监督管理局一行赴乐昌市学习“阳光厨房”创建工作先进经验。

10月9日下午，副市长兰茵率市地税局、市旅游局到马市镇调研指导计生工作，县领导黄勤昌陪同调研。

10月9日下午，县委书记、县人大常委会主任范秀燎调研始兴县教育创强及学校建设情况，副县长刘胜春参加调研。

10月10日，省老促会会长陈开枝、副会长刘文炎在县委书记范秀燎、副县长何晓域等的陪同下，就始兴县加快革命老区发展情况进行调研。

10月11日上午，县领导范秀燎、杨思远、黄勤昌、温鑫、汤爱亮到县粮食直属储备库项目现场办公，解决项目建设过程中遇到的问题。

10月11日，（省道）S244线始兴县贤丰至周所段及S343县贤丰至始兴县城段改建工程举行开工仪式。市公路局副局长谭宝龙、县委书记范秀燎、县长杨思远等有关领导及相关单位负责人出席开工仪式。

10月14日上午，召开党的群众路线教育实践活动总结大会，对始兴县党的群众路线教育实践活动进行全面总结。省委第六督导组常务副组长陈文杰、市委第三督导组组长徐紫玲到会作重要讲话。

10月15日，县领导杨思远、黄勤昌、何晓域率有关部门负责人到深渡水樱花谷景区现场办公，分析景区建设中遇到的问题，推进景区各项目建设。

10月15日，县人大常委会召开全县乡镇人大工作座谈会，县人大常委会副主任陈庚来主持会议，县人大常委会常务副主任雷雨明，副主任肖强运，何兴昌，谢石生，县人大各委办主任，各乡镇现任人大副主席及拟任人大副主席的宣传委员参加座谈。

10月16日上午，举办农村财会人员财政支农政策培训班。邀请韶关电大教授王萍和县检察院林玉姝为培训班讲课。县委常委、常务副县长高忠出席会议。

10月21日，市政协副主席王伟阳、林嘉率市政协人口资源环境委员会到始兴县视察农村生活垃圾处理及生态环境建设情况，县领导赖根、何晓域、邓炳光等陪同视察。

10月21日，省水利厅副厅长刘敏到始兴县隘子镇调研清化河隘子流域综合治理项目，县领导杨思远、何晓域、市县水务局领导参加调研。

10月22日上午，县长杨思远到顿岗镇调研市政规划建设情况，县住建局、国土局、交运局、顿岗镇等相关单位负责人陪同调研。

10月22日上午，始兴县与广东水电二局股份有限公司举行观音栋、老殿顶风电开发项目签约仪式。县领导杨思远、黄勤昌、汤爱亮和广东水电二局相关领导出席仪式。

10月24日，省妇联主席阎静萍到始兴县调研“妇女之家”创建工作，县领导卢建成参加调研。

10月27日上午，广东省召开电视电话会议传达贯彻中共十八届四中全会精神。中共中央政治局委员、广东省委书记胡春华主持会议并做了讲话。省长朱小丹在会上传达了中共十八届四中全会精神。县长杨思远及县四套班子成员在始兴分会场集中收听收看会议。

10月30日下午，县委书记范秀燎深入始兴县外资企业走访调研，了解各企业目前生产发展情况。县委常委、县委办主任温鑫，副县长汤爱亮及园区负责人陪同调研。

11　月

11月2日，县人大常委会常务副主任雷雨明、县人大常委会副主任谢石生等率调研组到地税局对始兴县 2014 年财税工作进行调研。

11 月 4—19 日，举办 2014 年科级干部培训班，来自县直机关、事业单位 82 名副科级以上领导干部参加培训。

11 月 5 日下午，召开第三季度经济形势分析会。县四套班子领导出席会议。

11 月 5 日，县委书记、县人大常委会主任范秀燎到县林业局、县人力资源社会保障局调研，县领导刘胜春、余志强陪同调研。

11 月 6 日，召开 2014 年计划生育迎检专题分析会，总结市、县计生年终检查情况，分析面临的形势和问题，研究部署迎接省计生年终考核工作。范秀燎、杨思远、黄勤昌、刘胜春参加会议。

11 月 6 日下午，范秀燎、杨思远、赖根等县四套班子现场办公推进重点项目，就重点项目进程中存在的问题做进一步的协调解决。

11 月 6—7 日，市委常委、组织部部长肖怀跃率市委组织部农村组织科和市国土局、市人社局、市住建局、市农业局等单位负责人一行 8 人，深入始兴县澄江镇、顿岗镇，调研基层党建工作。县委常委、组织部部长卢建成参加调研。

11 月 11 日下午，召开县城亮化工程评审会，就方案的实用性、可行性、美观度进行分析评审。县委书记范秀燎，县长杨思远，以及高忠、杨军、温鑫、陈庚来、汤爱亮、蔡军等县领导，住建、环保、供电等相关单位参加评审。

11 月 13 日上午，市委常委、常务副市长陈波率市经信、财政、旅游、国土等部门到始兴县开展调研。范秀燎、杨思远、黄勤昌、温鑫等县领导以及相关部门负责人陪同调研。

11 月 13 日下午，全市高标准基本农田建设工作现场会在始兴县召开。市委常委、常务副市长陈波，县委常委、县委办主任温鑫以及各县（市、区）财政、国土、农业等部门负责人参加会议。

11 月 20 日上午，县领导范秀燎、杨思远、温鑫等检查始兴县推进新型城镇化进程情况，研究部署加快推进新型城镇化建设。

11 月 20 日下午，县委书记范秀燎调研始兴县扶贫开发“双到”工作落实进展情况。县领导黄勤昌、温鑫、何晓域参加调研。

11 月 20 日，始兴县在“第二届中国热点旅游胜地宣传推广盛会”获评“中国最具魅力自驾游目的地”荣誉称号。

11 月 21 日，广东省委组织部远程中心主任庞廉一行来到始兴县，就始兴县开展从严治党主题教育活动暨远程教育工作情况进行检查调研，并与来自基层的 8 位党员干部代表进行座谈、听取工作汇报。市委组织部副部长、市“两新”工委书记钟曦，县委常委、组织部部长卢建成参加座谈。

11 月 25 日，省农业厅农经组织处处长伍洪波率领由省纪委党风政风监督室、省住建厅规划院、省社科联、省委基层办等人员组成的省纯农村基层治理专题调研组，到始兴县开展专题调研。县领导卢建成、何晓域参加调研。

11 月 27 日上午，召开全县培育和践行社会主义核心价值观暨推进创建广东省文明县城工作会议。范秀燎、黄勤昌、夏娟、何兴昌、刘胜春、邓海清参加会议。

11 月 27 日上午，召开创建第十届广东省“双拥模范县”动员大会。县委副书记、县长杨思远，县委常委、副县长高忠，县委常委、县人武部部长黄良勇，副县长何晓域出席会议。

12　月

12 月 1 日下午，县委书记范秀燎、县委常委温鑫到凉口灌区改造工程、2013 年度田间工程及 2013 年度省级小型农田水利重点县项目施工现场进行调研。

12 月 3 日上午，全市推进新型城镇化进程现场会在始兴县召开。市领导艾学锋、王青西，县领导范秀燎、杨思远及各县（区）主要领导参加现场会。

12 月 4 日上午，始兴县在体育广场举行“六五”普法中期表彰活动暨“12·4”全国法制宣传日活动，现场表彰了一批在“六五”普法中期表现突出的先进集体代表和先进个人代表。市人大常委会副主任张平，县领导杨思远、黄勤昌、雷雨明、卢保新、林应均、邓海清等参加活动。

12 月 5 日，由市委常委、组织部部长肖怀跃率领的市委第四考核组到始兴县考核2014年落实党风廉政建设责任制情况，召开了2014年落实党风廉政建设责任制情况汇报会，听取县委书记、县人大常委会主任范秀燎关于县委班子落实党风廉政建设主体责任和个人履行第一责任人职责的情况汇报。县四套班子领导成员、县法检“两长”、人武部政委、县纪委副书记、各乡镇党委书记、乡镇长，县直单位党政领导、省市垂直管理单位领导、县委办、县府办、纪委机关中层（副科）以上干部和特邀监察员参加汇报会。

12月5日下午，召开2014年度依法行政考评工作会议，县委常委、常务副县长高忠参加会议。

12月16日上午，召开县委中心组学习（扩大）会议，邀请韶关学院法学院院长、教授韩登池作中共十八届四中全会精神专题学习报告。县四套班子领导成员，县法检“两长”，县人武部政委，县纪委副书记，各乡镇党委书记、乡镇长、宣传委员，县直机关党（工）委书记，县直及省市垂直管理有关单位主要负责人参加学习。

12月24日上午，召开各乡镇和县直党（工）委书记抓基层党建工作述职评议会，邀请部分省市党代表、市人大代表、市政协委员、基层党员干部、群众代表对10个乡镇党委书记，县直属机关工委、县经信局党委、县林业局党委、县农业局党委、县发改局党委、县住建局党委、县教育局党委、县卫计局党委、县公安局党委书记共19名党（工）委书记抓基层党建工作履职情况进行评议。

12月24日上午，国家教育督导评估组一行到始兴县评估义务教育基本均衡发展工作。副县长刘胜春参加评估检查。

12月24日上午，全国义务教育发展基本均衡县国家督导组一行4人在广东省、市有关领导的陪同下对始兴县申报全国义务教育发展基本均衡县进行国家督导验收。

12月25日，省妇联副主席许红率调研组一行到始兴县调研基层妇女发展工作，通过实地走访的形式深入了解基层妇女工作情况。县委常委、组织部部长卢建成，市县妇联等相关部门负责人陪同调研。

12月25日，省妇联副主席许红率慰问组到始兴县开展慰问活动，把妇联的温暖带到贫困户家中。

12月26日下午，召开全县经济社会科学发展考核专题会。县领导范秀燎、杨思远、汤爱亮出席会议。

12月29日上午，塘厦始兴农副产品专营店在东莞市塘厦镇正式开业。东莞市驻韶扶贫“双到”工作组领导，东莞市塘厦镇有关领导，以及范秀燎、黄勤昌、李智波、何晓域、汤爱亮、田毅等始兴县领导参加开业庆典活动。

12月29日下午，塘厦始兴对口帮扶工作在塘厦镇召开。塘厦镇领导管敏政、郭锦河、黄国文、李智波、张敏莉，始兴县领导范秀燎、黄勤昌、何晓域、汤爱亮等参加会议。

全县概况

历史 地理 人文

【建置沿革】 始兴历史悠久，是粤北第一古郡，置县于三国吴永安六年（公元263），治所在今始兴县西北，距今有1752年的历史。南朝梁为安远郡治，移治今始兴县西七里，隋开皇九年（589）平陈后移今始兴县。大业初属南海郡。唐属韶州。北宋开宝四年（971）属南雄州。元明清分属南雄路、府州。1912年中华民国成立，地方政权为省县两级建置，始兴县隶属广东省。民国3年（1914），省县之间设道，始兴属岭南道。民国25年（1936）属第二区行政督察专员公署。民国37年（1948）为省直辖。1949年9月25日，始兴全境解放，县人民政府成立。1958年12月，始兴与南雄合并为南雄县。1960年10月，始兴、南雄分县恢复始兴县建置。1983年6月，韶关地区与韶关市合并为韶关市，以市辖县，始兴属韶关市。

【自然·地理】 始兴县位于广东省北部，韶关市东部。南岭山脉南麓，居北江上游的浈江中游地带，地跨北纬24°31′~25°60′，东经113°54′~114°22′。东与江西省全南县相连，南与翁源县毗邻，西与仁化县交界，北与南雄市接壤。距韶关市60公里，韶赣高速、国道323线、省道244线及赣韶铁路贯穿全境。全县总面积2174.12平方公里。境内山地丘陵交错，溪谷纵横，山地丘陵占全县土地总面积75%以上，其次为河谷盆地和山间谷地。县城有"小平原"之称。始兴县属亚热带季风型气候区，有较明显的湿热季和干冷季，既有气温较高，热量足，雨量丰富的海洋气候特征，又有入秋后，天气干燥，气温低的中亚热带大陆性的气候特点。土壤主要是高山草甸土、山地黄壤、红壤、紫色土、潮砂土、水稻土等。主要矿产资源有钨、锡、铋、铝、铜、铅、锌、黄金等8种有色金属；有石英、萤石、绿柱石、钾长石、瓷土、石灰石等6种非金属。主要土特产有：香菇、木耳、灵芝、冬笋、蜂蜜、西瓜、马蹄、莲藕、柑橘、枇杷、杨梅、三华李、茶油、茶叶、澄江娘酒、旺满堂清化粉、古塘腊肉、古塘板鸭、腊肠、鱼干、花生饼、老朋友辣酱、生姜、火龙果等。植物资源主要有：松、杉、樟、枫、竹、酸枣、苦楝等，单是车八岭世界生物圈国家级自然保护区就有1928种，南山保护区（省级）有1039种。主要种植业有：水稻、花生、蚕桑、黄烟、蔬菜、芋头、番薯、辣椒、金银花、石斛等。主要养殖业有：猪、牛、鱼、瑶乡土鸡、鸭、龟、黑山羊、竹鼠、兔等。水资源主要有大小河流220多条，其中，集雨面积100平方公里以上的有浈江、墨江、清化河、罗坝河、澄江河、沈所河6条；集雨面积50~100平方公里的有8条；集雨面积50平方公里以下的有206条。

2014年，始兴县有耕地面积2.18万公顷，粮食播种面积1.42万公顷，粮食产量8.8万吨。林地面积17.29万公顷，森林覆盖率76.5%，活立木蓄积量1312.5万立方米。

【人口】 2014年，全县年末户籍总人口为251296人，比上年增长了0.6%。年内出生人口3020人，出生率为14.19‰，死亡人口1556人，死亡率为6.02‰，人口自然增长率为6.18‰；在户籍人口中，按性别分：女性124930人，占49.71%，男性126366人，占50.29%，按地域分，乡村人口203906人，占总人口的81.14%，非农业人口47390人，占18.86%。

【宗教】 始兴县是多民族聚居地区，除汉族外，主要有瑶族、畲族、侗族、满族、蒙古族等13个民族。2014年，有少数民族2289户、8682人，占全县总人口的3.47%。辖区内少数民族人口主要分布在10个乡镇，19个行政村，68个自然村以及车八岭自然保护区、石人嶂矿等地。其中，深渡水瑶族乡是全省七个民族建制乡之一。

始兴县有佛教、道教、基督教、天主教各1处宗教活动场所。2014年，全县有宗教教职人员10人，其中，僧3人、乾道2人，传道5人。教徒1310人，其中，佛教450人、道教380人、基督教430人、天主教50人。

【人文】 始兴县是盛唐名相张九龄、明朝户部尚书谭大初、抗日名将张发奎和破解庞加莱猜想的著名数学家朱熹平等的故乡。始兴县是全国征兵工作先进单位、全国森林资源林政管理先进单位、全国林业综合发展示范县、全国体育先进县、全国造林绿化百佳县（第五批）、全国林业生态建设先进县、全国生态示范区建设试点地区、全国第五次人口普查先进集体、争创全国三绿工程示范县、国家级生态示范区建设优秀组织、全国商品粮基地县（有“粤北粮仓”之称）、全国创建无公害蔬菜生产示范基地县、全国残疾人工作先进单位、车八岭是世界生物圈国家级自然保护区、中国最美小城、全国婚姻登记规范单位、中国绿色名县、中国制笔研发制造基地、中国地名文化遗产——千年古县、中国魅力文化生态旅游目的地、全国计划生育优质服务先进单位、全国社会主义新农村建设档案工作示范县、全国群众体育先进单位；是恐龙之乡、枇杷之乡、杨梅之乡、围楼文化之乡、温泉之乡等。

2014年11月20日始兴县被评为“中国最具魅力自驾游目的地”，县普法办评为“全国‘六五’普法中期先进单位”，沈所镇铜钟寨成功创建为全县首个国家AAA级旅游景区，隘子成功创建为省级生态示范镇，始兴县被评为省第二批城乡居民社会养老保险示范县，澄江敬老院被评为“全国农村五保供养工作先进单位”，东湖坪等6个村被评为广东省首批传统村落，长围村围屋消防安全工程被列入全国百项文物消防安全工程试点，沈所镇被认定为国家级标准化气象灾害防御镇，深渡水瑶族乡被评为省民族团结进步模范集体，罗坝镇淋头村成功创建为优秀省级“妇女之家”示范点等。

文化特色有美术、书法、摄影、根雕、石艺、文艺创作、吹打乐、舞狮、龟蚌舞、清化《亚妹舞》、瑶族舞、舞火龙、划龙舟、民间民俗、谚语、传说等。

始兴县有围楼249座。县博物馆馆藏文物5006件，其中二级23件，三级182件。有各级文物保护单位47处，其中，国家级2处，省级5处，县级4处。

【旅游资源】 始兴县主要旅游景点有：车八岭世界生物圈国家级自然保护区，全国重点文物保护单位岭南第一围——满堂客家大围，粤北民俗第一村——东湖坪客家民俗文化村，中共广东省委旧址——红围，沈所铜钟寨国家AAA级旅游景区，深渡水瑶乡景区，刘张家山温泉度假村及深渡水樱花谷景区等。

【交通设施】 始兴县境内主要有韶赣高速公路、国道323线、省道343线、省道344线四条横向干线和省道244线一条纵向干线，公路通车里程1500公里，公路密度达到每百平方公里66.50公里，并以此形成“四横一纵”国省干线为主骨架和县、乡、农村公路为经络的城乡一体化公路网络。

2014年9月30日，赣韶铁路始兴段开通运营。途径沈所、太平、马市3个镇，全长36公里。始兴到广州全程3小时23分，到赣州2小时16分。赣韶铁路开通，结束了始兴没有铁路的历史。

【行政区划】 1987年1月15日，始兴县撤区建乡（镇），设7个镇9个乡，即太平镇、马市镇、顿岗镇、澄江镇、罗坝镇、司前镇、隘子镇等7个镇；城郊乡、城南乡、北山乡、沈所乡、都亨乡、刘张家山乡、深渡水瑶族乡、花山乡、江口乡等9个乡。1989年2月12日撤销城郊乡建制，归太平镇管辖。1993年8月17日，经省人民政府批准，城南、沈所、江口3个乡改为镇建制，分别管辖原乡的行政区域。2001年10月25日，撤并北山乡、花山乡、刘张家山乡，分别并入太平镇、沈所镇、罗坝镇。2005年3月，江口镇并入太平镇，都亨乡并入罗坝镇。2014年，辖太平、马市、顿岗、沈所、城南、澄江、罗坝、司前、隘子9个镇和深渡水瑶族乡，共10个乡级政区；设立14个居民委员会，146个居民小组；113个村民委员会，1353个村民小组。

经济社会发展

【经济保持平稳增长】 2014 年，全县生产总值 69.90 亿元，比上年增长 11%。其中：第一产业增加值 16.13 亿元，增长 4.4%；第二产业增加值 25.50 亿元，增长 16.3%；工业增加值 23.57 亿元，增长 17.9%；第三产业增加值 28.28 亿元，增长 10.1%；人均地区生产总值 30800 元，增长 9.7%。规模以上工业总产值 20.31 亿元，增长 19.8%；农林牧渔业总产值 25.79 亿元，增长 4.2%。固定资产投资 57.17 亿元，增长 22.5%。社会消费品零售总额 14.51 亿元，增长 12.2%。外贸出口总额 1.49 亿美元；实际利用外贸 1149 万美元，增长 3.6%。地方公共财政预算收入 3.59 亿元，增长 18.9%。城镇居民人均可支配收入 1.81 万元，增长 9.6%；农村居民人均收入 1.08 万元，增长 10.6%。

【重点项目建设】 固定资产投资完成 57.17 亿元，增长 22.5%。项目征地拆迁，完成征地 140 公顷，拆迁 6 万平方米。37 个重点项目建设，完成投资 36.5 亿元。产业园区完成二期征地 86.7 公顷，平整土地 60 公顷。新动工建设项目 9 个，新投产企业 7 家。韶冶环保搬迁项目正式落户始兴并已完成征地 61 公顷。有色金属深加工配套园区前期工作已启动。东莞塘夏始兴帮扶合作全面铺开，成立注册资本 1 亿元的“塘兴公司”，启动共建园区建设。

【交通能源建设】 赣韶铁路始兴段于 2014 年 9 月 30 日顺利通车，结束始兴县没有铁路的历史。连接珠三角的最近通道——武深高速始兴段已完成测详勘工作，始兴南连接线前期工作进展顺利。省道 244 线贤丰至周所段、343 线贤丰至县城段改建工程开工建设。始兴县首个风电项目——羊角山风力发电项目已获省批复。

【农业基础设施】 省级小型农田水利重点县项目、田间工程和凉口灌区等 11 宗中小型灌区进展顺利。农业综合开发项目通过省级验收，治理农田面积 666.7 公顷。完成高标准基本农田建设 3733 公顷，工程质量和进度在全市各县（市、区）排名第一。

【旅游项目建设】 环丹霞山文化生态产业项目前期工作有序推进，生态湿地公园一期工程已动工建设，幸福里土特产一条街建成试业，深渡水樱花谷景区基本完成一期工程。出台实施星级农家乐发展的扶持政策，新增星级农家乐 7 家。旅游再添新名片，被评为中国最具魅力自驾游目的地，铜钟寨成功创建为始兴县首个国家 AAA 级旅游景区。

【城乡建设】 城区道路继续延伸，火车站站前路和沿江南路基本完成，金润大桥完成桥体建设，山水大桥已动工建设。城区“三旧”改造、天元二期、美景园、幸福里等商住小区建设步伐加快。新农村建设加快，第二批 8 个示范村已通过市级验收。农村路网基本完善，新的罗坝大桥建设进展顺利，完成 30 公里自然村公路硬底化，建成 41.6 公里乡镇生态示范路等。

【生态环境建设】 完成碳汇造林 1733 公顷，生态景观林带抚育 16.2 公里，新增生态公益林面积 7940 公顷，建成县镇级森林公园 3 个，乡村绿化美化建设示范点 6 个。隘子成功创建为省级生态示范镇，新增省级卫生村 4 个。继续实施乡村清洁美工程，城南镇和沈所镇农村环境连片整治有序推进，澄江镇和隘子镇农村环境整治工程基本完成。重点加强畜禽养殖污染治理，完成 32 家规模养殖场减排任务。

【民生保障】 全县民生投入 7.58 亿元，占公共财政预算支出的 66%。城乡社保、医保实现并轨和全覆盖，被评为省第二批城乡居民社会养老保险示范县。新一轮扶贫开发“双到”工作落实帮扶资金 1.6 亿元，完成“两不具备”（不具备生产条件和生活条件）贫困村搬迁户 747 户、农村低收入困难户住房改造 313 户。新增就业岗位 2504 个，城镇失业人员再就业 1903 人，城镇登记失业率控制在 2.31% 以内。城镇居民人均可支配收入 1.81 万元，增长 9.6%；农村居民人均纯收入 1.08 万元，增长 10.6%。澄江敬老院被评为全国农村五保供养工作先进单位。建成粤北残疾人就业培训中心，提高贫困残疾人生活津贴和重度残疾人护理标准。建成廉租房24套，城市棚户区改造住房60套。启动县城供水管网改扩建工程，初步缓解供水压力不足问题。

【社会事业】 推进公立医院改革，推广平价医疗服务。义务教育成为全市首个通过国家督导验收的县。高考成绩有提升，在全市综合排名第二名。在全省率先开展村史编修工作，35个村基本完成村史编修。东湖坪等6个村被评为省首批传统村落，长围村围屋消防安全工程被列入“全国百项文物消防安全工程试点”。沈所被认定为“国家级标准化气象灾害防御镇”，深渡水瑶族乡被评为“省民族团结进步模范集体”，罗坝淋头村成功创建为优秀省级“妇女之家”示范点。启动省“双拥模范县”创建工作，实现连续60年无责任退兵。

【社会治理】 落实安全生产“一岗双责”（一个岗位，岗位外两个责任），开展“打非治违”（打击非法违法生产经营活动行为）专项治理，安全生产保持稳定。严厉打击制假售假违法行为，食品药品安全监管得到加强。扩大社会治安视频监控覆盖面，推进“六大专项”（涉毒、涉黄赌、涉食药假、涉电信诈骗和银行卡犯罪、涉车、涉枪）打击活动。开展“社会矛盾化解年”活动，抓好综治维稳工作。

【政府职能转变】 推进行政审批制度改革，保留审批事项287项，行政审批事项对比上年压降36.2%。县政府工作部门精减至20个。成立公共资源交易“一委一办一中心”（公共资源交易管理委员会、办公室、交易中心），规范公共资源交易活动。

【政风行风改进】 落实政府系统党风廉政建设责任制，严格执行中央“八项规定”和“六项禁令”。开展党的群众路线教育实践活动，开展18项专项整治、建章立制，反对“四风”［形式主义、官僚主义、享乐主义、奢靡之风］，“三公”［因公出国（境）、公务车购置及运行、公务接待费］经费实现只减不增，精简文山会海、清理办公用房取得成效。继续推进电子政务网络、无纸化办公和网上办事分厅建设，推行网上审批和上网办事，完成县镇村三级政务服务体系建设。

【法治建设】 普及无纸化学法考试，县普法办被评为“全国‘六五普法中期先进单位”。接受人大监督和政协民主监督，办理人大代表建议46件、政协委员提案18件、办复率100%。加强工程招标、政府采购、国有资产处置、土地招拍挂等重点领域的监管、强化行政监察和审计监督，加强财政资金绩效评估，严肃查处违规行为。 （张忠信）

中共始兴县委员会

综　述

【概况】　2014 年，全县完成地方生产总值 68 亿元，与去年同期相比增长 11%；社会固定资产投资 58.32 亿元，增长 25%；地方公共财政预算收入 3.59 亿元，增长 18.9%。

县委机构设置：县委办（含机要、保密局、信访局、生态办）、县纪委监察局、县委组织部、县委宣传部（县委讲师团、精神文明建设委员会办公室、社会科学联合会、文学艺术界联合会）、县委政法委（含维护稳定及社会治安综合治理委员会办公室、禁毒委员会办公室、处理和防范邪教问题领导小组办公室）、县委统战部（含县委台湾工作办公室、县政府台湾事务办公室）、县委直属机关工作委员会、县委老干局、依法治县办（县委工作部门，由人大代管）等 9 个工作部门。县委下属 22 个基层党（工）委。

【解决突出问题，加强党的建设】　2014 年，中共始兴县委贯彻落实中央和省委、市委的要求，牢牢把握加强党的执政能力建设、先进性和纯洁性建设这条主线，狠抓作风建设，开展党的群众路线教育实践活动，推动党的建设不断取得新成绩。

精心组织开展了党的群众路线教育实践活动。县委领导班子坚持以认真的态度、严格的标准、务实的举措，带头学习、带头查摆问题、带头整改落实。召开了县委常委班子专题民主生活会，以整风精神开展批评和自我批评，查摆“四风”方面存在的突出问题，并认真加以整改落实。

加强组织和宣传思想工作。坚持以基层党建“五大工程”为重要抓手，加强以党支部为核心的基层组织建设。精心谋划村（居）“两委”换届选举工作，“一肩挑”和“两委”交叉比例圆满实现市委目标。抓好全县 39 个软弱涣散基层党组织整顿和转化升级工作，加强“五强”书记及后备干部队伍建设。探索“民情日记”的拓展延伸，始兴县“民情日记工作法”“组团式”联系服务群众工作被省委组织部列入“全省十个基层党支部工作法”，在全省推广。全面落实党建工作责任制，开展县、镇党组织书记抓基层党建述职评议考核工作。调整提拔了一批对事业负责敢担当、有本事能干事、在第一线工作过的干部，树立正确的用人导向。推进学习型党组织建设，开展以学习中共十八大和十八届三中、四中全会精神，以及总书记习近平系列重要讲话为主要内容的学习贯彻活动，开展社会主义核心价值观教育实践活动，切实加强党员干部的理想信念教育。

推进党风廉政建设和反腐败工作。县委始终以高度的政治自觉、党性自觉、行动自觉，把管党治党主体责任扛在肩上、抓在手上。制定《关于落实党委（党组）主体责任和纪委监督责任的意见》，明确了党委（党组）一把手、领导班子成员和纪委的相关责任。指导和推动全县领导干部重大事项报告机制改革创新工作，建立了内网申报、公示和随机抽选核查等常态化工作机制。组织推行了领导干部集体“三述”、现场质询活动。在全县 1390 个村小组启动了“三资”问题专项整治工作。支持县纪委落实“三转”、聚焦主业，确保纪委有效履行监督执纪问责职能。严肃查处始兴县部分领域的腐败案件，查办了一批违纪违法案件。

社会主义民主政治建设是县委一项十分重要的工作。县委加强了对人大、政协工作的领导，支持人大、政协依法履行好职责。县人大紧贴全县工作大局，把依法履行职责、加大监督力度、充分发扬民主、推进民主法制建设作为主要任务，提升人大工作的整体水平。县政协加强民主协商等制度，完善专题协商、对口协商、界别协商、提案办理协商制度，组织开展一系列调研活动，充分发挥了参政议政的作用。统一战线加强了在协商民主和凝聚共识、汇集力量方面的重要作用，广泛调动了各方面的积极因素。

【做好经济工作，县域经济平稳发展】 推进了产业园区扩能增效。开展产业园区扩园工作，推进道路、管网等基础设施建设，全面完成了韶冶环保搬迁征地工作，产业园区承载力不断增强。开展“招商引资月”活动，新签引进项目12个，签约资金9.5亿元。坚持重大项目领导挂钩联系制度，园区新增规上企业7家，金亿利、骏汇汽车零配件等一批企业建成投产。推进现有企业提质增效，万达工业获得“国家免检产品”荣誉，万达工业、德宝玩具被评为“中国质量诚信企业”。全面开展塘厦始兴对口帮扶合作，注资成立塘兴实业投资开发公司。出台实施《关于加快民营经济发展的实施意见》，激发了民营经济发展活力。

推进了城区扩容提质。围绕打造“山水园林城市”目标，完成了新一轮县城总体规划修编、城市景观风貌规划和风情街片区整治规划初步方案。坚持把“三旧”改造与加快新区建设有机结合，推进“城南新区”“城东新区”“城西新区”开发建设，一批城建项目进展明显，城市规模和品质实现“双提升”。加快城市基础设施建设，火车站站前路、沿江南路、金润大桥等市政路桥项目稳步推进，途经始兴的赣韶铁路顺利通车，城市发展的承载能力不断增强。开展创建“广东省文明县城”工作，城乡文明程度和总体面貌明显改善。

景区建设得到了拓展延伸。围绕建设“生态休闲旅游目的地”目标，编制《始兴县南片区生态文化旅游创意产业园总体规划》，确保旅游发展科学合理。推进深渡水樱花谷景区建设，铜钟寨成功创建为国家AAA级景区。推进“省级农家乐旅游基地示范县”建设，全年新增星级农家乐7家。加快了大型酒店等旅游配套设施建设，旅游接待能力提升。加大旅游招商引资力度，引进了环丹霞山文化生态产业项目。加大旅游宣传力度，始兴县被评为“中国最具魅力自驾游目的地”。

【统筹城乡发展，农业农村工作稳步推进】 县委把加快乡镇发展作为关系全县发展大局的重要战略来抓，坚持县委常委会听取乡镇工作制度，把脉研究解决影响乡镇发展的实际问题，全力支持乡镇加快发展。

推进事关乡镇发展的基础性工程建设。主动向上争取涉农项目、资金，先后组织实施了农业综合开发、省级小型农田水利重点县建设、凉口灌区改造，高标准基本农田建设项目获得了省级奖励，农村土地承包经营权确权登记等一批农村深化改革工作扎实推进。实施“产业兴镇”战略，不断优化黄烟、蚕桑、水稻、水果等传统产业，培育发展了石斛、仿生态灵芝、有机蔬菜等特色产业，澄江镇有机蔬菜标准示范园被认定为“广东省农业科学院蔬菜研究所科技转化基地”。扶持农业龙头企业、家庭农场等新型农业经营主体发展，中汇科技等一批重点项目稳步推进。加快实施农产品“走出去”战略，塘厦始兴农副产品专营店正式营业。

开展生态创建各项工作。围绕建设美丽乡村，坚决把治理农村环境脏乱差作为首要任务，推进“国家生态镇”“名镇名村示范村”创建工程，实施“广东省农村环境连片整治示范县”建设，隘子镇创建为“省级生态示范镇”，太平镇东湖坪等6个村被列入广东省首批传统村落，第二批8个名镇名村示范村已通过市级验收。按照《关于全面推进新一轮绿化广东大行动的决定》的总体部署，推进农村森林生态保护，“森林碳汇、生态景观林带、森林进城围城、乡村绿化美化”四大重点工程建设取得新的成效，农村生态建设得到进一步加强。

【发展社会各项事业，社会大局平安稳定】 按照“守住底线、突出重点、完善制度”的要求，从始兴实际出发，保持对教育、就业、社会保障、医疗卫生、扶贫“双到”等社会事业的较大投入，推进基本公共服务均等化，促进社会各项事业全面发展。

在抓好底线民生的基础上，推动社会各项事业发展。始终把保障和改善民生作为深化改革的出发点和落脚点，成立了全面深化改革领导小组，出台实施3个规范性文件，设立了6个专项小组和县委改革办，全面深化改革工作起步有力、推进有序。切实抓好底线民生各项工作，实施就业政策，城镇登记失业率控制在2.36%以内。统筹推进城乡社会保障体系建设，城乡养老保险、城乡医疗保险实现全覆盖，城乡低保标准分别提高71.4%、35.1%。开展扶贫“双到”工作，实施扶贫项目403个，投入帮扶资金1.6亿多元。抓好廉租住房、城市棚户区改造，顺利完成了市里下达的目标任务。推进教育、文化、卫生等各项事业发展，创建“全国义务教育发展基本均衡县”工作通过国家督导验收。村史编修工作深入推进，10个乡镇文化站达到三级站标准。推进医药卫生体制改革，县级公立医院改革试点工作成效明显。坚决打好“计生翻身仗”，计生工作基础不断夯实。

坚持把推进平安始兴建设摆在突出位置。加强维稳和社会治安形势研判，开展“社会矛盾化解年”工作，注重在法治的基础上，加大力量化解社会矛盾。推进“平安细胞”工程，集中开展“六大专项”打击整治行动，保持对各类违法犯罪的严打高压态势。开展法治县、镇、村创建工作，始兴县被授予“广东省法治文化建设示范点”。严格落实安全生产“一岗双责”，安全生产形势总体稳定。高度重视党管武装工作，创建第十届“广东省双拥模范县”工作扎实推进。

重　要　会　议

【县委十二届五次全会】 1月23日，中共始兴县第十二届委员会第五次全体会议召开。全会由县委常委会主持，全会贯彻学习中共十八届三中全会和中央经济工作会议、省委十一届三次全会、市委十一届五次全会精神，总结2013年工作，研究深化改革工作，部署2014年任务。全会听取了县委书记范秀燎代表县委常委会所作的题为《深化改革，加快发展，努力开创生态文明建设新局面》的主题报告，县长杨思远关于全县经济工作的讲话，审议通过了《中共始兴县委关于全面深化改革的工作要点》。

全会肯定了县委常委会2013年工作。一致认为，县委贯彻落实科学发展观，始终坚持生态发展战略，团结带领全县干部群众，奋力拼搏，真抓实干，经济社会保持良好发展态势，科学决策上新水平，县域经济平稳发展，农业稳定农村繁荣，社会事业持续进步，党建水平不断提高。

全会强调，要充分认识深化改革的重要性和紧迫性，把思想和行动统一到中央、省委、市委的决策部署上来，牢固树立强烈的发展意识、改革意识、开放意识。要突出深化改革的重点和难点，推进经济体制改革、开放合作体制改革、行政体制改革、生态体制改革、党的建设制度改革，确保在新一轮发展中抢占先机、赢得主动、争取更大发展。

全会指出，2014年工作的总体要求是：以科学发展观为指导，全面贯彻落实中共十八届三中全会精神，解放思想，深化改革，以加快乡镇发展和“三区建设”为抓手，加快新型工业化、新型城镇化和农业现代化进程，切实保障和改善民生，全面加强党的建设，打造广东省生态文明示范县，建设幸福美丽始兴，开创生态文明建设新局面。按照这一要求，2014年全县实现GDP增长12%；全社会固定资产投资增长16%以上；地方公共财政预算收入增长13%的目标。

全会提出，实现2014年总体目标，要构建现代工业产业体系，夯实建设生态文明的经济基础；推进新型城镇化发展，打造建设生态文明的示范载体；发展生态休闲旅游，提升建设生态文明的发展内涵；发展生态有机农业，实现建设生态文明的综合效益；加强民主法治建设，凝聚建设生态文明的智慧力量；推进社会事业改革创新，共享建设生态文明的发展成果；全面加强党的建设，强化建设生态文明的组织保障。

全会号召，全县各级党组织和广大共产党员，要贯彻落实科学发展观，以改革创新的勇气，敢于担当的作风，解放思想、攻坚克难，为打造广东省生态文明示范县，开创生态文明建设新局面做出更大贡献。

【县十四届人代会四次会议】 2月12—13日，始兴县举行十四届人大四次会议，县长杨思远作政府工作报告。大会通过无记名投票方式，选举高忠为始兴县人民政府副县长，戴礼文、朱伟军为始兴县第十四届人大常委会委员。

【党的群众路线教育实践活动动员部署会议】 2月17日，始兴县召开党的群众路线教育实践活动动员部署会议，全面启动群众路线教育实践活动。

【塘厦始兴对口帮扶联席会议】 3月8日，在东莞塘厦镇召开塘厦始兴对口帮扶第一次联席会议，签订《塘厦始兴全面合作交流框架协议（草案）》。

【县委全面深化改革领导小组召开第一次会议】 5月14日，县委全面深化改革领导小组召开第一次会议，审议县委全面深化改革领导小组工作制度、专项小组工作制度和小组办公室工作制度等相关配套工作制度。

【党的群众路线教育实践活动总结大会】 10月14日召开党的群众路线教育实践活动总结大会，对始兴县党的群众路线教育实践活动进行全面总结。

【创建第十届广东省“双拥模范县”动员大会】 11月27日，召开创建第十届广东省“双拥模范县”动员大会。

【乡镇和县直党（工）委书记抓基层党建工作述职评议会】 12月24日召开各乡镇和县直党（工）委书记抓基层党建工作述职评议会，邀请部分省市党代表、市人大代表、市政协委员、基层党员干部、群众代表对10个乡镇党委书记，县直属机关工委、县经信局党委、县林业局党委、县农业局党委、县发改局党委、县住建局党委、县教育局党委、县卫计局党委、县公安局党委书记共19名党（工）委书记抓基层党建工作履职情况进行评议。

重大决策及重要活动

【食品药品监管体制改革交接仪式】 3月28日举行食品药品监管体制改革交接仪式，由工商部门承担的流通环节食品安全监管职责、质监部门承接的食品生产加工环节的质量安全监管职责、经信部门承担的酒类流通监管职责正式划转食品药品监管部门。

【县卫生和计划生育局成立大会】 3月28日召开县卫生和计划生育局成立大会，标志着县卫生局和人口计生局正式合并。

【韶关塘兴实业投资开发有限公司挂牌运行】 4月15日由塘厦始兴两地共同注资成立的韶关塘兴实业投资开发有限公司挂牌运行。

【省卫计委主任陈元胜到始兴县督导调研】 5月13日，省卫计委主任陈元胜一行到始兴县督导调研人口计生工作。

【市委书记郑振涛视察灾后复产工作】 5月27日，市委书记郑振涛，市委常委、市委秘书长孔云龙到我县，深入“5·15”洪灾受灾区澄江镇视察灾后复产等工作。

【中央政治局委员、省委书记胡春华到始兴调研】 6月17日，中央政治局委员、省委书记胡春华到始兴调研。

【省扶贫基金会理事长黄柏青到始兴县调研】 6月26日，省扶贫基金会理事长黄柏青率队到始兴县调研扶贫开发工作。

【赣韶铁路正式开通运营】 9月30日，赣韶铁路正式开通运营。

【S244、S343线改建开工】 10月11日，省道S244线始兴县贤丰至周所段及S343县贤丰至始兴县城段改建工程举行开工仪式。

【省妇联主席阎静萍到始兴县调研】 10月24日，省妇联主席阎静萍到始兴县调研“妇女之家”创建工作。

【全国义务教育发展基本均衡县督导验收】 12月24日，全国义务教育发展基本均衡县国家督导组一行4人在广东省、市有关领导的陪同下对始兴县申报全国义务教育发展基本均衡县进行国家督导验收。

【塘厦始兴农副产品专营店正式开业】 12月29日，塘厦始兴农副产品专营店在东莞市塘厦镇正式开业。（邓 斌）

中共始兴县委员会领导成员名单

书 记：范秀燎
副书记、县长：杨思远
副书记：黄勤昌
县委常委、纪委书记：高 忠（—2014.5）
曹胜文（2014.5—）
县委常委、常务副县长：高 忠（2014.5—）
县委常委、组织部部长：卢建成
县委常委：杨 军
县委常委、政法委书记：卢保新
县委常委、宣传部部长：夏 娟
县委常委、人武部部长：黄良勇
县委常委、县委办主任：温 鑫
县委常委：李智波（挂职）

县委办工作

【概况】 1949年11月，中共始兴县委设立县委秘书室；1955年1月改称办公室；1956年2月分设为第一、第二、第三办公室；1957年1月合并为办公室，9月撤销，成立县委、县人委联合办公室，1958年5月恢复办公室，12月10日，始兴、南雄并县，始兴县委办撤销；1960年10月恢复始兴县委办。1968年2月19日，始兴县革命委员会成立，设立县革委办事组，代替原县委办职能。1973年5月成立县委、县革委办公室。1980年12月撤销县委、县革委办公室，重新设立始兴县委办公室。

县委办公室是协助县委领导处理县委日常工作的机构，承担筹划、参谋、督促检查、协调综合、提供信息、组织实施科学宏观决策的重要职能。2014年内设机构有秘书股、综合调研股、信息综合室、人事财会股、督查室等，在职公务员12名，工勤人员5名。

【队伍建设】 围绕提升服务效能、提高服务质量的目标，提升干部队伍的整体素质和综合能力。把党风廉政建设与改进机关工作作风联系起来，组织办公室人员开展了第二批党的群众路线教育实践活动和“纪律教育学习月”活动，将党风廉政建设纳入办公室领导班子和全办人员年度考核范围，提高干部职工思想政治素质和拒腐防变能力。举办了全县办公室人员业务培训班，通过学习培训提高全县党政办公室工作人员业务水平、工作质量和工作效率，推进办公室工作实现科学化、制度化和规范化。每年均制定《县委办读书活动方案》，组织办公室人员学习中央、省、市会议和文件精神，提升办公室人员政策水平。组织办公室人员参加市委办对口科室举办的业务培训，定期召开办文办会、调查研究辅导和读书活动例会，提升办公室队伍的综合素质。坚持跟班学习交流制度，形成了良好的学习锻炼机制，打造了一支综合素质高、业务能力强、朝气蓬勃的干部队伍。

【参谋服务】 当好县委领导的“耳目”和“外脑”，全方位、深层次、宽领域地开展调查研究，提高为领导决策服务的水平。先后组织开展了农村综合改革、扶贫开发“双到”“三区建设”、加快乡镇发展、民营经济发展等专题调研活动，形成了一批重要调研成果，其中《凝聚党员智慧力量，建设生态富民强县》《密切联系群众，改进工作作风》等调研文章在《广东调研》和《韶关调研》杂志发表。出台关于加快工业园区、宜居城区、旅游景区发展的实施意见和加快乡镇发展的实施意见，为推进“三区建设”和加快乡镇发展提供有力支撑；编发《决策参考》18期，为县委科学决策提供了可靠依据。在公文起草中，坚持一切从县情实际出发，提高针对性和实效性，使文稿能正确传达上级精神、准确体现领导意图、如实反映基层情况。

【督查工作】 按照“中心工作重点查、领导批示认真查、社会热点普遍查”的要求，开展督促检查工作，督查工作取得新成效。针对全县重点项目建设、固定资产投资以及领导关注、群众反映强烈的问题，采取现场督查、电话督查、听取汇报等形式，定期组织开展决策督查和专项督查，推动各项决策部署和工作事项落实到位。做好网络问政工作，每年均制定《始兴县网络问政工作考核方案》，将网络问政工作纳入县直各单位、省市垂直管理各单位及各乡镇绩效考核。严格按照工作程序，规范办理韶关市网络问政平台、人民网、奥一网网络问政事项，提高网络问政事项的办理效率和办理质量。

【综合协调】 按照“严谨、高效、规范”的要求，做好办文办会工作，精简文风会风，确保县委机关高效有序运转。按照机关公文处理条例和办法的要求，把好公文的起草、校核、签发关，规范公文核发、登记、印制、分发等程序，确保公文格式规范、用词准确、逻辑严谨，提高办公室公文的规范性和权威性。坚持精简节约、务实高效的办会原则，做好会前、会中、会后各个环节的衔接，做好上级领导视察调研和县委重要会议等重大活动的组织协调工作。

【对外宣传】 以实事求是、准确及时为原则，紧贴县委中心工作和民生热点，及时采编上报县域新闻信息，挖掘新闻信息的思想性、针对性和可读性，既为县委决策提供丰富的信息服务，又扩大了始兴宣传面、提高了始兴知名度。在中新社及《人民日报（海外版）》《南方日报》《韶关日报》等中央、省、市主流媒体发表各类新闻245篇，编辑了《南方日报》《韶关日报》共15版宣传专版。组织编辑《今日始兴》杂志6期。（邓　斌）

附：县委办公室领导成员名单

县委常委、主任：温　鑫

副主任：黄阶彬

周文华（—2014.11）

刘过源（—2014.11）

邓文东

李大兴

组　织　工　作

【概况】 中共始兴县委组织部于1950年2月设立，1958年12月始兴县并入南雄县时撤销，1960年10月恢复始兴县委组织部。1966年5月受“文化大革命”的冲击和干扰，不能行使工作职能，1968年3月县革委政工组成立，县委组织部自行撤销，1973年5月恢复设立始兴县委组织部。2009年12月，由原红旗路71号搬迁至永安大道中77号县行政大楼5楼办公。中共始兴县委组织部是中共始兴县委的重要职能部门，主要负责党的组织建设、干部队伍建设和人才队伍建设等方面的工作。

2014年，县委组织部内设机构有：秘书组、调研组、干部组、组织组、人才工作组、干部监督组、干部培训组、党员电教及信息管理组。下设始兴县公开选拔领导干部工作领导小组办公室（简称“县公选办”），2012年起增设中共始兴县非公有制经济组织和社会组织工作委员会办公室。县委组织部（含县公选办）行政编制15名，其中县委常委、兼部长1名（不计组织部编制），副部长3名（含“两新”组织党工委书记1名，不含兼职），县公选办主任1名，县“两新”组织党工委办公室主任1名。后勤服务人员数3名。

2014年始兴县基层党（工）委22个、党总支21个、党支部405个、党员12826人。党员中预备党员198人，女性3121人，少数民族319人。年龄35岁及以下2543人，60岁以上4215人。学历研究生及以上45人，大学本科1479人，大学专科2748人，中专1227人，高中及以下7327人。

2014年，始兴县委组织部学习贯彻中共十八大、十八届三中全会和四中全会、总书记习近平系列重要讲话精神及省委十一届三次全会、市委十一届五次全会精神，按照全国、全省组织部长会议和全市组织工作会议要求，坚持围绕中心、服务大局，坚持问题导向、狠抓落实，开展党的群众路线教育实践活动，做好“选干部、配班子，建队伍、聚人才，抓基层、打基础”工作，为打造广东省生态文明示范县、建设幸福美丽始兴、开创生态文明建设新局面提供组织保证。

【党的群众路线教育实践活动】 始兴县党的群众路线教育实践活动于2014年2月正式启动，到2014年9月基本结束。县4套班子、69个县直和省市垂直管理有关单位、10个乡镇、127个村（居）

委会、22 个党（工）委、424 个党（总）支部，共 12667 名党员参加了活动。全县各级党组织举办专题讲座、报告会和观看影片 15 次，开展体验式学习 481 次，集中学习讨论 574 次，并集中轮训了 127 名村（社区）党组织书记和 74 名“两新”组织党组织书记。全县压缩和精简了各类会议 27%、文件 16%、评比表彰 50%，减少各类领导小组和议事协调机构 30 个，整治侵害群众利益行为 52 宗，查处“三乱”问题 27 万元、拖欠群众钱款问题 73 万元，清理“吃空饷”问题 50 人，清理办公用房 5495 平方米，整治收“红包”及购物卡问题近 8 万元，精减“三公”消费 475 万元。2014 年全县共严肃查处违反中央“八项规定”案件 10 宗、15 人，违反作风纪律和影响经济发展环境案件 40 宗、48 人。全县各乡镇各单位共修改完善规章制度 230 项，新建出台制度 100 项，正在研究制定制度 300 多项。

开展了“六必访六必问”活动。做到先进模范人物必访、老干部老党员必访、“两代表一委员”必访、弱势群体必访、反映问题较多和信访诉求多的群众必访、挂钩联系企业必访，干部作风问题尤其是“四风”问题必问、惠民政策落实情况必问、群众生产生活存在困难必问、群众有何诉求必问、对教育实践活动开展的意见建议必问、对始兴发展的良策必问。全县共收集意见建议 3000 多条，经梳理汇总 1051 条，其中，“四风”问题 531 条，关系群众切身利益问题意见 360 条，联系服务群众“最后一公里”问题意见 160 条。

建立了立行立改“三套账”。建立立行立改“问题账”“责任账”和“整改账”“三套账”，推进问题边查边改、立行立改。全县按期完成 78 项立行立改问题，“三难”“两侵”“两车”“改提”等 4 个专项整治及上级规定的 18 项专项整治行动，一些执法监管部门和窗口服务单位“门难进、脸难看、事难办”等突出问题得到有效整治，一批涉农、劳资纠纷、涉环境、医疗纠纷等信访积案得到切实解决，全县 39 个软弱涣散基层党组织全部得到转化。

先行先试推进了乡镇党员干部直接联系服务群众试点县工作。选取顿岗镇、罗坝镇和隘子镇为试点乡镇，先后出台《始兴县四套领导班子驻镇村联系服务群众工作机制》和《始兴县镇村党员干部直接联系服务群众实施意见》文件，在全县实施“四个固定、五项服务、六个平台”做法，推进乡镇党员干部直接联系服务群众试点工作。2014 年，始兴县“民情日记工作法”“组团式”联系服务群众工作多次被《南方日报》《广东组织人事报》宣传报道，并被省委组织部列入全省十个基层党支部工作法之一，在全省推广。

探索了一批联系服务群众的新机制新载体。探索和建立“三走三看三促进”“组团驻点”“2 + N”“三个一”“双联双进”“五解五促”“三联三促”“包村联户”“双向约谈”等一批联系服务群众的新机制新载体，搭建联系服务群众的新平台。《韶关日报》4 月 10 日在“重点”栏目中推出《转变作风促发展，一心为民办实事——始兴教育实践活动纪实》专版。2014 年，全县共记录“民情日记”27699 篇，收集群众反映问题 25121 条，解决群众困难，为群众办好事、实事 22216 件，赢得广大群众好评。

【干部工作】 超职数配备干部整改消化工作有序进行：始兴县确定的整改消化基数是 106 名，其中正科实职 6 名，副科实职 15 名，正科非实职 53 名，副科非实职 32 名。截至 2014 年年底，已经整改消化 34 名，其中副科实职 5 名，正科非实职 17 名，副科非实职 12 名。始兴县 2014 年批准了 41 名符合条件的公务员办理提前退休，消化了其中属于超配的干部 14 名。设置乡镇非领导职数：贯彻落实《关于加强乡镇干部队伍建设的若干意见》文件精神，核定始兴县 10 个乡镇非领导职数，其中主任科员职数 10 名，每个乡镇分配 1 名；副主任科员职数 47 名，太平镇、马市镇、顿岗镇各分配 4 名，其他 7 个乡镇各分配 3 名，县委统筹调配 14 名，消化始兴县乡镇超出的非领导职数。

从严加强干部监督管理工作。会同纪委从严干部监督管理工作，健全完善与纪委同步的干部监督管理工作机制，防范干部“带病上岗”“带病提拔”。2014 年，会同县纪委对 5 名新提任领导干部开展重大事项报告核查工作：组织拟提拔对象进行任前廉政考试和任前法律知识考试。会同纪委同步开展“三述”工作：县委常委会对测评结果“基本称职”和“不称职”票总数达1/3以上，进行诫勉谈话。配合纪委严肃查处违纪违法干部：2013年11月份起，对30名违纪违法干部进行立案（含市纪委立案），对其中17名作出党纪政纪处分，其余13名尚未结案。注重对考察对象德的测评：做好领导干部出国（境）政审，不定期召开干部监督联席会议，开展干部任用条例自查自纠工作，严格执行请示报告制度，健全电话、信访、网络“三位一体”涉干举报体系，实行考察公示、任前公示“双公示”制度，拟定全县党政机关和企事业单位主要负责人离任责任交接制度，开展整治选人用人上不正之风活动，按要求废止干部管理方面的“土政策”，严防干部任职年龄层层递减和违规提高干部职级待遇。开展“一报告两评议”工作。加强干部其他日常管理。开展党政领导干部在企业兼职（任职）和离退休干部在社团兼职清理整顿工作、领导干部参加社会化培训清理规范工作。做好全县国家公职人员配偶、子女移居国（境）外情况调查摸底工作。认真执行领导干部“三书”预警告诫制度。依法依规抓好涉干信访工作，受理和答复干部待遇诉求和反映干部问题的信访件9宗。做好公务员招录、科级干部退休工作，2014年发出科级干部退休通知书24份。严格执行公务员调任转任规定。按时完成全县1500卷干部人事档案改版升级工作，严格按规定审核干部“三龄二历”和办理档案查阅、转接手续。

全面开展干部谈心谈话活动。结合教育实践活动中落实谈心谈话制度：落实省委《关于印发〈关于结合开展第二批党的群众路线教育实践活动进一步加强市、县领导班子建设的指导意见〉的通知》文件精神，让身边的领导干部“相互提”，领导干部帮助找准相互间的问题。结合届中调整落实谈心谈话：把落实谈心谈话制度有机融入届中考察中，考察组全体成员考察单位的全体或部分干部进行谈心谈话共计400余人次，全面掌握了解对班子、本人、班子其他成员各方面表现的评价，为考准考实考全干部收集各方面意见建议。突出党组织的领导和把关作用：届中考察阶段，由考察组组长分别征求分管县领导、教育实践活动督导组组长的意见建议，适当增加主要领导、分管领导和组织部门在推荐干部中的权重，突出党管干部的领导和把关作用，整理收集领导干部近三年来获得县级以上评优评先情况。开展班子分析研判工作：对全县100多个被考察单位班子进行分析研判。2014年1—10月，全县调整科级干部69名，其中提拔6名，调整优化了全县各级领导班子。

加大干部培训力度。学习宣传《党政领导干部选拔任用工作条例》：县委主要领导和分管领导分别参加省委组织部、中组部举办的《党政领导干部选拔任用工作条例》业务培训班；召开由县四套班子成员和各乡镇党委书记、组织委员，以及县直单位主要负责人参加的县委理论学习中心组扩大会议，集中学习《党政领导干部选拔任用工作条例》；组织全县组织人事干部参加省委组织部举办的全省学习《党政领导干部选拔任用工作条例》视频会议；县委组织部专门举办1次《党政领导干部选拔任用工作条例》专题学习会议；向全县各单位各部门发放《党政领导干部选拔任用工作条例》学习资料1000多份；开辟县远程教育网《党政领导干部选拔任用工作条例》学用专栏1个，在县广电台播放相关新闻不少于8条。贯彻《党政领导干部选拔任用工作条例》：探索制定完善以动议、民主推荐、组织考察、讨论决定、任职等五个基本流程为主干的科学规范工作流程和配套制度。分期分批分类开展干部培训。制订和落实始兴县2014—2018年和2014年度干部教育培训计划，截至2014年10月底，全县举办各级干部培训班10期，培训干部2565人次；选派干部参加市级以上培训64人次，其中处级干部47人次，科级干部14人次，一般干部3人次。

【基层党组织工作】 落实党建工作责任制。县委定期召开常委会研究基层党建重大问题，围绕贯彻落实有关部署，以县委名义出台《始兴县党的建设制度改革工作要点及分工方案》《始兴县加强村级基层组织建设五年行动计划实施细则》《始兴县领导干部谈话交心制度》《中共始兴县委常委班子深入贯彻党的群众路线制度建设计划》等制度机制。加强党建工作责任考核，修订完善了始兴县经济社会科学发展评价体系、乡镇主体功能分区考核体系和县直机关单位绩效考评指标体系，做好机关党建工作目标管理责任制考核，加大对各级党组织抓基层党建的比重。落实市县乡党组织书记抓基层党建述职评议考核工作，县委书记带头向上级党组织述职和自评，组织各基层党（工）委书记开展基层党建述职评议考核工作。开展“一乡一品”特色镇创建工作。

【软弱涣散基层党组织整顿】 抓好全县39个软弱涣散基层党组织整顿和转化升级工作。2014年，各级累计投入整顿帮扶资金70.8万多元，完善加强活动阵地3个，开展专项整治40项，为基层党组织解决困难和问题52件，化解基层矛盾纠纷52宗，为群众办好事实事难事320多件。深渡水瑶族乡坪田村通过实施“五抓五提升”工作法，发展养蜂产业，提高了村级收入和村民收入，被市检查组在年度考核中推荐为“省、市薄弱村整顿由后进变先进”的典型。

【党员队伍建设】 从严加强和改进党员工作，纯洁党员队伍。坚持学习贯彻《中国共产党发展党员工作细则》，开展县、镇、村三级学习培训班。健全发展党员工作机制，推行“一评二推三审四关”做法，要求各级党组织重视在各领域优秀青年中发展党员，从严把好党员“进口关”。强化对党员的教育管理。对2014年民主评议认定的28名不合格党员，全部要求限期改正。建立了党员“出口”机制，在太平镇探索不合格党员处置管理办法，出台《关于加强新形势下党员教育管理的实施办法》，开除不合格党员党籍18人，妥善解决不合格党员的“出口”问题。严肃处理违法违纪的党员。2014年共查处违反中央八项规定案件10宗、15人，违反作风纪律和影响经济发展环境案件40宗、48人，有46名党员受到党纪或政纪处分。督导做好远程教育工作，2014年全县站点开机率达100%，远程网上参学党员干部群众25330人次。完善党代表工作室和“党代表网络工作室”管理，全面推行“一站双联三代”工作机制，全县党代表工作室开展活动共571次，到接待室开展活动的县党代表共有250名，乡镇党代表678名，共接待党员群众1152人次，收集意见建议357件，已帮助解决的问题293件。在太平镇和罗坝镇试点推动乡镇党代表大会年会制试点工作，初步形成了一套内容全面、程序严格、操作规范的制度机制，为下一步推广党代会年会制积累了一些经验。

【村、社区“两委”换届选举】 顺利完成村、社区“两委”换届选举工作。全县127个村（居）选出新一届“两委”成员487人，书记主任“一肩挑”“两委”交叉比例分别达92.91%、89.24%，所有村（居）均配有1名妇女干部。其中，顿岗镇和深渡水乡“一肩挑”和“两委”交叉任职率均达到100%，城南、澄江、沈所、罗坝等4个乡镇“一肩挑”和“两委”交叉任职率均达到90%以上。

【村级干部队伍建设】 推动“五强书记”建设。抓任职培训：2014年4月上旬举办了新一届村居书记、主任及“两新”组织党组织书记培训班，县委书记亲自讲了一堂题为《如何赢得群众的信任和支持》的培训课，强化村干部“四种意识”、提升“六种能力”。抓业务培训：2014年4月中旬采取“送教下乡”的方式，组织县委党校等11个单位的业务骨干到全县各乡镇对新一届村居“两委”干部进行轮流授课辅导。抓学历教育：开展了“五强书记”学历培训工作，制定《始兴县开展村（社区）党组织书记学历教育工作实施方案》。抓后备干部队伍培训：探索利用“五步推优法”，选拔村级后备干部，聘任后备干部到村担任主任助理参与村级重要事务，加强对村级后备干部队伍的锻炼和培训，出台《始兴县大学生村干部管理办法（试行）》，加强了大学生村干部队伍教育培养、日常管理、考核评价等工作。抓激励保障：落实工资待遇保障，村干部每月补贴1620元，大学生村干部每月收入2370元，村办公经费4万元，并建立了逐年增长机制；落实村干部养老保险，出台《始兴县村（居）“两委”干部参加企业职工基本养老保险实施方案》文件，把现任村干部纳入基本养老保险范畴，列入县财政预算。

【“两新”组织党建】 抓好“两新”组织及机关、国有企事业单位、社区等领域党建工作。全面推行“两新”组织党建工作规范，加大指导“两新”组织党组织建立健全“三会一课”、教育培训、党务公开等规章制度，提升“两新”组织党建工作规范化水平。打造个私协会等5个“两新”组织党建示范点创建活动。开展全县“两新”组织党组织书记培训班，提升了“两新”组织党组织书记党建工作水平。依托“民情日记”活动载体，落实机关党员干部结对联系服务群众工作，探索机关党员到社区报到服务居民工作，引导党员在联系服务群众、带领群众致富奔康上发挥先锋模范作用。

【党建带团建、带妇建】 与韶关学院等高等院校党建、团建资源联合，发挥党员团员在帮助和引领农民增收致富上的先进模范作用，在沈所镇花山村试点建立了一个集农业研究、农业开发、农业实践、农业观光于一体的现代生态农业产业示范基地（党员创业致富带富示范基地、大学生劳动实践示范基地）。在沈所镇花山村种（养）殖基地、沈所镇南方村生姜基地和澄江镇洋洞村水果专业合作社建立了3个党员创业致富带富示范基地，提高了党员带头致富、带领致富的能力和水平。

坚持党建带妇建，支持和鼓励县妇联在农村搭建“妇女之家”平台，发挥“妇女之家”在农村综合维权、创业就业、教育培训、家庭教育、村级文化、家政信息、婚姻家庭、帮扶救助、调解纠纷、化解矛盾等领域上的积极作用，促进农村和谐稳定，巩固和夯实了村级基层组织建设。始兴县深渡水瑶族乡坪田村、太平镇总甫村、城中居委会、城南镇杨公岭村、司前镇温下村5个村（居）被定为省级第二期“妇女之家”创建示范点。

【人才建设】 抓好“扬帆计划”项目。落实2013年省扬帆计划项目《始兴——中国制笔研发制造基地人才计划》，加紧与制笔基地对接，及时跟进项目实施进展情况，目前项目已经在经费投入、硬件建设、人才待遇等方面取得阶段性成效。立足始兴生态资源优势，精心打造“始兴县澄江镇有机农业标准示范园人才项目”，作为县级项目向省申报。

推动人才引进和创新项目。实施第四期“百名英才”引进工程，分2批引进人才34名，全县累计引进各类高层次人才86名，其中博士1名，硕士14名。参加全省公务员和事业单位人员招录，2014年新招录公务员55名、事业单位人员40名；组织实施始兴人才创新系列工程，制订党政人才、基础教育人才、农业人才、林业人才等赋有特色亮点的人才发展子计划，已经完成初稿征求意见建议工作。

成立始兴县事业单位引进人才党支部。9月19日，始兴县委组织部指导成立“始兴县事业单位引进人才党支部”。建立人才党支部结对联系1个企业、1个基地、1个贫困村机制，引导人才在发挥专业所长、凝聚智慧力量、联系服务群众、引领致富带富、服务“三区”建设上发挥作用。

统筹推进人才工作。统筹协调，建立健全人才培养、关爱、考核评比机制。强化人才工作责任落实，层层分解考核要点，层层落实考核任务，不定期召开全县人才工作协调小组成员单位联席会议，不定期到单位检查人才工作，确保工作进度和成效，对工作中的薄弱环节，采取重点突破的方式加以强化。

【自身建设】 加强组工干部学习教育和培养关怀。学习读本、原著、视频和领导讲话，学习新修订的《党政领导干部选拔任用工作条例》和《关于加强干部选拔任用工作监督的意见》。开展领导讲学、集中培训、专题辅导、集中研讨、个人自学、网络学习等活动，先后组织开展了16次集中学习，县委常委、部长带头给组工干部上1节培训课，其他部务会成员每周各自定1个学习课题。注重关怀培养组工干部，通过谈心谈话，关心组工干部身心健康；注重轮岗锻炼、“传帮带”，多层次多形式培养锻炼干部；注重关心干部家庭，对3名组工干部进行了生育慰问；开展徒步登山、调查研究、劳动实践等活动，丰富和活跃部门文化。

加强部门作风建设。带头开展“六必访六必问”活动，深入基层调查研究、征求意见建议，共征求到对本部班子意见建议41条，部领导每个人查找自身四风问题合计至少15条以上，部其他组工干部查找10条以上。带头立行立改，建立问题整改“三套账”，明确整改目标、时限和责任组室。坚决带头狠刹“四风”，对本部办公用房进行了清理腾退、调整，严格控制“三公”经费、公务用车制度，厉行节约，防止铺张浪费。2014年除会议费因村居两委换届与2013年同期持平外，公务接待、公车运行维护分别对比 2013 年同期下降了 58% 和 29%。

抓好制度建设。结合整改落实、建章立制要求，抓好作风制度方面的废、改、立工作。建立组织部门“两方案一计划一清单”，废除了 12 项过时的制度，对 9 项制度进行了修改，新制定了 10 项制度。完善健全机关办事程序，明确和健全岗位责任制、传文办文制度、组室分工协作制度、财务管理制度等。

加强部门党风廉政建设。按照县委党风廉政建设要求，逐项抓好分解任务的落实，开展了一系列活动，如开展纪律教育月活动、廉洁读书活动、撰写廉政心得体会、开展廉政教育课、召开廉政工作会议、开展廉政课题调研活动、新提拔领导干部任前廉政集体谈话，加强了部门党风廉政建设。

精心做好办公室其他工作。统筹抓好了组工调研、组工信息、办文办会、扶贫“双到”、计划生育、综治维稳、创平创文、保密、“双拥”、安全管理、后勤保障等日常事务工作，为各项中心工作提供了服务和保障。（赵　贤）

附：领导班子成员名单

县委常委、组织部长：卢建成

副部长兼老干局局长：张　涛

副部长：黄德斌

副部长兼直属机关工委书记：陈万化（2014.9—）

副部长兼“两新”工委书记：张福兴（2014.9—）

宣　传　工　作

【概况】　中共始兴县委宣传部设立于 1950 年 2 月，是中共始兴县委员会的常设办事机构。1958 年 12 月，始兴县并入南雄县时撤销，1960 年 10 月恢复始兴县建制，中共始兴县委宣传部亦随之恢复。1966 年 5 月受“文化大革命”的冲击和干扰，不能行使工作职能，1968 年 3 月起，宣传工作划归县革命委员会政工组管理，1973 年 5 月恢复成立中共始兴县委宣传部。中共始兴县委宣传部内设人秘股、理论股、宣传股、新闻文艺股 4 个股室。县委讲师团、县文明办、县文联、县社科联属挂靠单位，不设内设机构。中共始兴县委宣传部机关总编制 10 名，其中行政编制 8 名。2014 年人员状况：县委常委、部长 1 名（不计入县委宣传部编制），副部长 3 名分别兼任社科联主席、讲师团团长、文明办主任；文联主席 1 名，副主席 1 名；讲师团副团长 1 名；文明办副主任 1 名；社科联副主席 1 名；工勤服务人员 3 名。

【理论学习】　2014 年完善《中共始兴县委理论学习中心组学习制度》，创新常态化学习机制，强化理论学习服务，切实解决学习流于形式、学用脱节等问题；结合全县实际，精心选取主题，邀请省、市专家举办以“计划生育政策解读暨基层计生工作要求”“文化旅游的国际趋势与地区实践”等县委中心组学习 11 次，召开县委务虚会议 2 次，开展“培育和践行社会主义核心价值观”“习近平总书记系列重要讲话精神”“十八届四中全会”等各类主题宣讲活动 113 场次；深化学习型党组织建设，推动树立主动学习、创新学习、务实学习、终身学习理念，构建科学规范、覆盖面广、形式多样的学习体系；将重要时事政治读物纳入各级领导干部理论学习计划，为全县领导干部购发《习近平总书记系列重要讲话读本》《习近平谈治国理政》《改革热点面对面》等书籍，组织征订理论学习相关辅导材料 3200 多本，为党员干部理论学习提供了便利。

【重大主题宣传】　2014 年围绕县委、县政府中心工作和群众关心的热点、难点问题，开展党的群众路线教育实践活动、计生翻身仗、村居换届选举、平安始兴、扶贫“双到”“社会主义核心价值观”“我们的中国梦”“南岭红沙漠”等重大主题系列活动宣传报道，仅“党的群众路线教育实践活动”宣传一项，便发布新闻 670 篇（条），其中中、省、市主流媒体发稿 100 篇（条）。

【对外宣传】　2014 年配合中央电视台《远方的家》《致富经》等栏目拍摄了“江河万里行”“始兴清化米粉”等主题宣传纪录片，在中、省、市三级主流平面新闻媒体发表新闻稿件 235 篇，在省电台、省电视台发稿 41 条，在市电台、市电视台发稿 907 条，县电视台发稿 1663 条，始兴在韶关 10

个县（市、区）电台用稿量和电视用稿量均排名第二。县政府门户网站共发布各类图文信息13029条，视频信息2769条。

【政务微博】 5月，制定《始兴县加强政务微博“始兴发布”建设工作实施方案》，建立“始兴发布”政务微博发布平台，2014年共发布政务微博112篇。

【舆情监控】 2014年，成立始兴县舆情监控中心，制定了突发舆情应对方案，健全网络舆情监控体系，8月7日召开全县新闻发言人及舆情信息员培训班，提升各级领导干部的网络舆情意识和危机应对水平。全年成功快捷地处理了全县各类突发舆情，及时消除了新闻负面影响，没有发生大宗网络舆情扩散影响事件。加强网络宣传和管理引导，规范网络新闻宣传秩序，集中参与开展了网络虚假新闻清理整治及网络谣言专项“净网”行动，营造健康清朗的网络环境。

【文明县城创建】 2014年，继续推进“广东省文明县城”创建工作，印发《2014—2015年度始兴县创建广东省文明县城工作实施方案》和《始兴县创建广东省文明县城工作责任分解表》，细化工作责任、工作措施，11月27日召开了全县推进创建省文明县城工作会议，部署2014—2015年度创建广东省文明县城工作。

【社会主义核心价值观】 2014年，将培育和践行社会主义核心价值观作为精神文明建设的重中之重，制定了实施方案和宣传方案，确立了1个市级示范点和3个县级示范点。围绕核心价值观“三个倡导”、24字内容，精心设计活动载体，拓展传播阵地，充分运用电视、电子显示屏、天气信息发布平台、户外广告牌等多种载体开展公益广告宣传，全市“弘扬雷锋精神、培育和践行社会主义核心价值观”经验交流会议在始兴县顺利召开。

【公民道德建设】 2014年，开展“道德讲堂”“修身学堂”“我们的节日”、全民读书、学雷锋志愿服务、道德模范和身边好人评选表彰活动，评选命名了2012—2013年度27个县级精神文明创建先进单位，组织106个单位开展2014—2015年度省、市、县级精神文明创建申报工作，其中太平镇被省文明委推荐参评全国文明镇；加强青少年思想道德建设，开辟电视栏目《新说弟子规》，成功举办“安全、法律知识进校园”“美德少年”评选、“张九龄少年故事擂台赛”“弟子规朗诵比赛”等活动。

【公共文化事业】 2014年，继续完善公共文化服务体系，推进文化惠民工程，基层文化基础设施建设得到改善，乡镇文化站和村级文化室设备配置实现升级，县、镇、村三级公共文化服务网络初步构建；加大扶持力度，激活民间协会团体活力，《隘子历史文化丛书·走进将相故里》采编工程、“吟诗歌舞庆中秋”、新春送春联、书法进校园、迎春摄影展、画展等活动精彩纷呈，小品《选女婿》、小戏《计生帮扶》、音乐《枇杷飘香迎客来》等7件作品获市级奖；擦亮“中国围楼之乡”品牌，开展围楼认养与修缮。

【菜单式服务】 开展“菜单式服务”，引导扶持民间协会团体参与广场文化活动和群众文化活动，全年共举办舞蹈、书法培训班24期，培训人数5000多人次，开展“开心广场·百姓舞台”广场演出28场次，为各社区、企业、乡镇送戏下乡20多场次，送书下乡5000册，电影放映1356场次，受益群众达8万人次。

【文化产业】 2014年，与广东省丝绸纺织集团携手打造“始兴县丝绸文化产业创意园暨客家历史博物馆”，建成始兴丝绸客家风情街；组织盛怡制笔、金亿利等文化企业申报2014年广东省文化产业发展专项资金；推荐选送始兴八两红茶参加“第十届中国（深圳）国际文化产业博览交易会”和“第七届东莞国际茶业博览会”，宣传推介始兴产业形象及文化品牌。

【宣传人才建设】 2014年，继续推进干部作风建设，引导宣传思想文化系统广大党员干部坚持问题导向，深挖自身“四风”方面存在的突出问题，纠正“庸、懒、散、奢”等不良习气，强化党员干部的政治意识、大局意识、责任意识、宗旨意识和阵地意识；制订文化体育人才发展计划，对全县宣传思想文化人才进行了摸底排查，确定2014—2018年五年期间始兴县宣传思想文化人才培育和引进计划；选派部领导干部和乡镇宣传骨干赴省、市参加业务培训30人次。（黄升鸿）

附：领导班子成员名单

常委、部长：夏　娟

副部长：杨隆柱

　　　　李岳优

　　　　卢海燕

讲　师　团

【概况】 中共始兴县委讲师团成立于1990年2月，为正科级行政单位（挂靠宣传部），与县委宣传部合署办公。主要职责是：根据上级和同级党委主管部门制定的干部理论教育规划和工作部署，结合本地实际，负责制订教学计划、编写教学大纲和教学辅导材料；在组织干部自学的基础上，对马克思主义基本理论观点和学习中的疑难问题进行讲授和辅导；根据同级党委和宣传部的安排，培训基层理论骨干，举办在职干部读书班和专题讲座等；具体实施在职干部理论学习的考试考核和成绩登记工作；贯彻执行党的“双百”方针，围绕教学积极开展理论研究活动。编制2名，设团长和副团长各1名。

【理论学习】 2014年，县委中心组实行“沉下去调研、坐下来讨论、走出去考察、请进来辅导”的学习形式，分别于2月21日下午邀请市委党校刘意教授作《党的群众路线专题学习——公款姓公，公权为民》专题辅导；3月4日下午，邀请市委党校廖显辉教授作专题讲座，详解“新形势下群众工作遇到的新情况、新特点、新问题”和“如何在新形势下践行群众路线的新要求、新方法、新途径”；4月3日上午，邀请韶关学院党委书记曾峥教授作专题辅导，深入解读“党的群众路线”；4月28日下午，邀请原韶关市人口和计划生育局法规科科长，现挂职任韶关市卫生监督所副所长冯珍素作《计划生育政策解读暨基层计生工作要求》专题辅导报告；5月16日上午，县委常委、组织部部长卢建成作“学习贯彻干部任用条例”专题辅导报告，同时邀请原省委宣传部讲师团团长曾凡光教授作《培育和践行社会主义核心价值观》专题讲座；6月11日下午，邀请韶关学院法学院党委书记张小平副教授作《广东信访条例》宣讲报告，以提高全县领导干部运用法治思维和法治方式化解矛盾的能力；9月18日上午，邀请市委党校校委赵倩倩副教授作学习贯彻《习近平总书记系列重要讲话读本》专题报告；9月28日上午，邀请AECOM开发投资咨询负责人、中国旅游演艺联盟廖建宁专家作《文化旅游的国际趋势与地区实践》专题报告和棕榈园林股份有限公司负责人朴龙虎作《PALM文旅绿地系统模式及PPP模式运作》介绍；12月16日上午，邀请韶关学院院长韩登池教授进行以《弘扬依法治国精神、共筑伟大中国梦》为题，解读“改革开放以来中国依法治国历程，《中共中央关于全面推进依法治国若干重大问题的决定》文件起草过程、总体框架、主要内容”等。全年共举行大型中心组理论学习活动11场/次。4月17日上午，县四套班子领导在观看电教片《生命线》后，围绕“习近平总书记在兰考考察调研时一系列重要讲话精神及结合各自思想和工作实际，对开展好党的群众路线教育实践活动，发挥好领导干部模范带头作用，更好为人民服务”展开了务虚讨论；11月5日下午，县四套班子领导就“县域经济形势分析”召开了县委中心组务虚会议，通报了始兴县县域经济状况，县长杨思远从经济增长动力分析了始兴县投资增长、消费、外经外贸进度，税源，收支等情况，县委书记、县人大常委会主任范秀燎强调各级领导干部要增强责任意识，细化举措，抓好经济投资、重点项目和招商引资工作，其他县领导轮流作了发言等中心组理论学习活动。

为引导好党员干部的理论学习，为全县干部征订《之江新语》《习近平总书记系列重要讲话读本》《改革热点面对面（2014理论热点面对面）》《社会主义核心价值观学习读本》《习近平谈治国理政》《学习活页文选》及其他理论学习参考资料；组织干部职工踊跃征订理论学习相关辅导材料3200本，为党员干部的理论学习提供了便利。

【理论宣讲】 7月，组建“培育和践行社会主义核心价值观”基层宣讲团，到社区、乡镇、学校、企业开展宣讲；9月，组建“学习贯彻《习近平总书记系列重要讲话读本》”县委宣讲团，分赴各乡镇、各单位进行宣讲；12月，组建“十八届四中全会精神”县委宣讲团，到各乡镇各单位开展宣讲。 （温家胜）

附：领导班子成员名单

团　长：李岳优

副团长：陈相开（—2014.11）

精神文明建设

【概况】 始兴县精神文明建设委员会办公室，简称县文明办。成立于1990年8月，为县正科级行政单位。办公室设在县委宣传部，与宣传部合署办公。主要职责：掌握全县精神文明建设的情况和动态，组织、协调、指导有关部门开展精神文明建设活动，检查督促精神文明建设有关工作的落实；总结推广各地精神文明建设的典型经验，制定精神文明建设的有关规章、规定；调查研究有关精神文明建设的重大方针、政策，努力当好县委在加强精神文明建设中的助手。定编2名。

【培育和践行社会主义核心价值观】 县委办、县府办印发《始兴县组织推进培育和践行社会主义核心价值观实施方案》，县文明委制定《培育和践行社会主义核心价值观宣传方案》，县委、县政府召开全县培育和践行社会主义核心价值观暨推进创建省文明县城工作会议，对培育和践行社会主义核心价值观进行具体部署，使创建省文明县城与培育和践行社会主义核心价值观有机结合、相辅相成，彰显于城市建设、社会管理、个人生活的全过程。县委宣传部专门制定《培育和践行社会主义核心价值观宣传工作任务分解表》，制作了一批公益宣传广告，订制了一批环保购物袋等宣传用品。县文明办推荐县中医院为市级示范点，确定县行政服务中心、始兴中学、太平镇总甫村为县级示范点，制定了示范点建设标准，以示范点建设探索推动培育和践行社会主义核心价值观。

【公民思想道德建设】 开展主题鲜明的道德实践活动。以公共场所道德、文明出行和社会公德为重点，倡导培养文明行为。开展“道德讲堂”“修身学堂”“共筑中国梦”百姓宣讲、“公民道德宣传日”等宣传活动，以及文明餐桌、文明交通、文明旅游、“百城万店无假货”等实践活动，把公民道德建设融入职业行业中。开展“我们的节日”主题活动。春节组织民间艺术表演队集中到县城进行巡演，组织书法家开展“迎新春送春联”；清明节组织全县机关党员干部和部分学生、社会各界人士代表祭奠革命先烈活动，同时还组织全县各中小学开展“网上祭奠英烈、网上献花、寄语留言”活动；在重阳节，组织各单位开展“敬老爱老志愿服务”系列活动等等，在公民道德宣传日开展“好家训进家庭”活动，在节庆、纪念日等重要时间节点宣传发动“讲文明树新风”。开展群众性广场文化活动。优化九龄广场“开心广场·百姓舞台”演出，引导扶持民间艺术团队开展文化活动，使之成为市民群众展示才干、陶冶情操的特色平台。

【未成年人思想道德建设】 坚持开展“做一个有道德的人”主题实践活动，通过主题班会、国旗下讲话、板报、手抄报等形式，在小学重点开展养成教育，在中学重点开展品行教育，引导学生加深对思想教育内容的理解和对道德规范的认同，使社会主义核心价值观真正融入未成年人的思想和心灵中。开展形式多样的志愿服务行动。倡导全县各中小学成立志愿服务队、雷锋小组、雷锋社团、雷锋班级，开展“学雷锋、讲奉献、讲文明、讲诚信、树新风”系列活动，定期不定期组织教师、学生深入到社区、家庭、敬老院、福利院，开展“后进生帮教”“关爱留守儿童护航行动”等活动，为空巢老人、留守儿童、孤寡老人提供有效的帮助。以始兴中学等示范点引领学雷锋活动常态化，3月，在始兴中学召开全市中小学开展“弘扬雷锋精神践行社会主义核心价值观”活动经验交流会。坚持开展中华经典诵读活动。在县城中小学校举办5期新说《弟子规》知识讲座，并录制成电视节目在县电视台播放，同时作为道德讲堂、修身学堂的教材。举办全县小学生《弟子规》朗诵比赛，选出3名选手参加全市县区组决赛，1人获得一等奖，另两名分别获二、三等奖。组织开展“安全、法律知识进校园”中小学生科普图书捐赠活动。社会认捐《生命之光—中小学生安全自救手册》《青春堡垒—中小学生预防犯罪手册》8500册。

【群众性精神文明创建活动】 以创建“广东省文明县城”工作为龙头，推进群众性精神文明创建活动。11月下旬，召开全县推进创建省文明县城工作会议，部署2014—2015年度创建广东省文明县城工作。评选命名了2012—2013年度县级精神文明创建先进，县食品药品监督管理局、县体育局、县环境保护局、县机关幼儿园、县实验小学、沈所中学、澄江学校、司前赓靖学校、太平镇中心小学、县疾控中心、马市镇卫生院、顿岗镇卫生院、深渡水乡卫生院、隘子镇卫生院、县烟草专卖局、县供销社、县财政局等17个单位获授县级文明单位，深渡水瑶族乡长梅村委会一组、马市镇涝洲水村委会丰山村、城南镇新村村委会龙口新村、澄江镇潭坑村委会鹅干下村、罗坝镇上岗村委会背坪组、司前镇温下村委会中洞新村、顿岗镇贤丰村委会岭三村、隘子镇湖湾村委会湖湾新村、沈所镇花山村委会卢伍屋新村等9个村获授县级文明村，县公安局交通警察大队车辆管理所获授县级文明示范窗口，李艳优、许秋红、刘木生、刘秀萍、夏秀莲、钟斌、刘晓红、邱青光、王瑞波、邓立芬、唐广莲、刘茂珍、李金华、陈如桥、李宏勋等15户家庭被命名为“五好文明家庭”。组织开展2014—2015年度精神文明创建申报工作，省级、市级、县级创建申报单位分别为11个、35个、60个。（朱兆荣）

附：领导班子成员名单

主　任：卢海燕

副主任：朱兆荣

统　一　战　线

【概况】 1956年3月成立县委统战部，工作对象是以团结进步民主人士和做好私营工商业者改造为主。1958年4月，县委统战部并入县委宣传部，1958年12月，始兴县并入南雄县，1960年10月恢复始兴县建制后，县委统战部仍与宣传部合并。“文化大革命”期间，统战工作陷于瘫痪，1981年，县委重新成立统战部。县委统战部的职责是执行中央提出的“长期共存、互相监督、肝胆相照、荣辱与共”的方针，开展与各民主党派的多党合作、政治协商工作；在“和平统一”“一国两制”方针下开展对台、港澳工作以及海外统战工作。

2002年3月，始兴县编委关于统战部机构设置和人员编制中，统战部兼管县委台湾工作办公室（政府台湾事务办公室），设干部秘书职能股。县委统战部人员编制5名，其中行政编制4名，设部长1名（不占行政编制），副部长2名，台办主任1名，科（办）员1名；机关工勤人员1名。

2014年，始兴县委统战部贯彻落实全国省市统战工作会议精神，学习贯彻十八届三中、四中全会精神，贯彻落实科学发展观，坚持以党的群众路线教育实践活动为主线，围绕县委中心工作，为社会稳定，人民团结，促进经济和社会各项事业的发展服务，抓好“多党合作、政治协商”制度的落实，开展对外联谊活动，依法管理宗教事务，推动非公有制经济的健康发展。

【多党合作、政治协商制度】 做好县政协委员的调整增补推荐工作，2014年调整和增补了政协委员19名，县九届政协委员安排154名，23个届别。做好党外干部的选拔推荐工作，支持中国民主建国会韶关市委派选的干部林开华挂任太平镇副镇长的考察。协助县民进总支部搞好总支工作，推荐了1名优秀民进会员走上了领导岗位。

【港澳台统战工作】 做好海外联谊工作，3月在香港组织香港始兴同乡会春茗联谊活动；6月“扶贫济困日”动员港澳同胞及香港始兴同乡会踊跃捐资3万元；9月，市委统战部组织各县（市、区）统战部长赴港举行韶关海外联谊会国庆中秋联谊活动。全年引进捐资助学奖学资金30余万元。

【民族宗教工作】 加强对宗教场所的管理，完善了宗教场所制度建设，引进资金1.5亿元加快佛教上奉寺的寺院建设，道教玄妙观自筹资金150万元扩大寺庙建设，建好了寺庙大门。对新录入大学的少数民族学生每年每人1万元的奖学金。培训了2批6名少数民族干部。

【工商联工作】 贯彻市委、市政府《关于促进民营经济跨越发展的意见》和中共中央《关于加强和改进新形势下工商联工作意见》精神，就始兴县民营企业的发展和建设召开了各种形式的座谈会和调研会。组织部分民营企业家到广东梅县、东莞等地参观考察民营经济；在“扶贫济困日”捐资活动中民营企业家共捐资6万元。（刘景春）

附：领导班子成员名单

始兴县政协副主席、统战部长：田　毅

统战部副部长：陈景棠（—2014.11）

　　　　　　　王茂阳（2014.12—）

统战部副部长、台办主任：刘超发（—2014.11）

统战部副部长、工商联党组书记、工商联副主席：

　王梅春

统战部副部长、民族宗教局局长：邓扬柱

县直属机关工作委员会

【概况】 中国共产党始兴县直属机关工作委员会，是县委领导县直机关党的工作的派出机构，前身是县直属机关党委，2007年改为中国共产党始兴县直属机关工作委员会（简称县直属机关工委）。其主要职能是：贯彻执行党的路线、方针和政策，指导县直有关党委及所属单位党的建设工作，审批所属各部门党总支、党支部的设置、领导班子的组成及书记、副书记的职务任免和发展新党员、预备党员的转正，审议党员违纪处分，领导县直机关武装工作，抓好县直各单位民兵预备役和征兵宣传工作。县直属机关工委行政编制4名。其中：工委书记1名，工委副书记1名（兼任纪工委书记），武装部长1名（副科级），办公室主任1名（科员）。2014年，县直属机关工委管辖宣传部、水务局、交通运输局、工商局、财政局、人社局、国土资源局、国税局、地税局、法院、电信局、公路局工商联等13个党总支，104个党支部，1811名党员。

【思想政治建设】 抓思想教育学习：坚持把学习、宣传、贯彻中共十八大，十八届三中、四中全会和习近平总书记系列重要讲话精神，把学习弘扬焦裕禄精神、践行“三严三实”要求，作为教育实践活动的重要内容，作为一项重大政治任务，贯穿到教育实践活动全过程。组织专题学习会9场次，先进事迹报告会2场次，党组织负责人专题学习会3次，县直机关各级党组织、广大党员的理想信念、价值观念普遍得到加强。抓思想作风整改：按照群众路线教育实践活动的要求，各党组织通过恢复和弘扬党内批评与自我批评的优良传统，以整风精神认真组织召开了专题组织生活会、党员大会及民主评议党员活动，查摆“四风”方面存在的突出问题，广大党员干部红了脸、出了汗、鼓了劲，思想灵魂普遍受到了震撼洗礼。

【基层组织建设】 抓好后进党支部晋位升级工作：把整顿软弱涣党组织作为开展党的群众路线教育实践活动的一项基础工作，切实抓紧抓好抓实；重点抓好了6个软弱涣散党组织整治，筹措资金2万多元，修整党员活动室，充实班子，完善制度，解决基层党组织建设中存在的突出问题。做好党建目标管理工作：完善机关党建目标管理责任制考核方案；开展党费收缴、党员发展、党员教育、党组织关系接转等工作，收缴党费10万多元，党员互助金6.0万元，发展党员29名，接转党组织关系105人次；举办了1期入党积极分子培训班，培训积极分子56名；督促和指导5个党总支、22个党支部进行了换届、改选，批准新成立2个支部、撤销1个支部，选好配强了党（总）支部班子。推进基层服务型党组织创建：在机关党组织和党员中，开展“三进三促三服务”的“为民服务零距离”活动；在窗口服务行业党组织和党员中，开展“两优化两提高”及“四亮”工作机制活动；在两代表一委员中，推行党代表工作室“一站双联三代”工作机制，2014年工委驻室党代表开展“双联”共联系党员群众255人次，推行“三代”为民代办事项54件。抓好“两新”组织党建工作：推进“两新”组织党建工作规范化建设，完善了4个单独组建的“两新”组织党组织党建阵地建设，指导其建立健全了“三会一课”、教育培训、党务公开等规章制度，提升了“两新”组织党建工作规范化水平。

【党风廉政建设】 严抓纪律教育学习月活动：通过开展党员干部上党课、观看警示电教片、观摩法院审判违法违纪案件等活动，用身边的事教育身边的人，夯实了党员干部和公职人员廉洁从政的思想基础。严抓中央“八项规定”的贯彻落实：清理各类会议、文件、节庆和评比表彰活动，整治庸懒散拖、办事效率低下损害群众利益问题，全面清理了超标办公用房、多占住房，狠刹了公款送月饼、贺卡、节礼和红包等行为，坚决制止了用公款大吃大喝、以各种名义用公款互相宴请和安排高消费娱乐活动等铺张浪费行为，广大党员干部贯彻执行中央八项规定的意识和能力普遍提高，反对“四风”、树“清风”的自觉性得到明显增强。

【机关文化建设】 巩固和发展好“创文”成果：参与做好韶关好人推荐活动和精神文明建设先进集体的推荐申报工作，做好2012—2013年度市精神文明建设先进集体的推荐申报工作，有2个单位被评为市文明单位、5个单位被评为县精神文明建设先进集体。继续推进公民道德建设工程：组织机关青年参加了团县委举办的“做群众友，不做青年官”主题演讲比赛，开展文明餐桌行动，深化“我们的节日”主题活动，参加“缅怀革命先烈、继承革命传统”纪念活动，开展了走访、慰问老党员、特困党员活动，为21位50年党龄老党员颁发了“南粤七一”纪念奖章，对三位因病致贫的特困党员送去了6000元慰问金。开展廉政文化进机关活动：牵头组织全县县直机关开展以“以廉为荣、以贪为耻”为主题的廉政文化进机关活动，营造了浓厚的廉政文化氛围。

【机关武装建设】 做好了县直机关民兵预备役组织整顿和调整工作，开展征兵宣传活动。（杨　云）

附：领导班子成员名单

县委组织部副部长、工委书记：陈万化

工委副书记、纪工委书记：蓝师陆

工委武装部部长：邓晓卫

老干部工作

【概况】 始兴县委老干部局是由县委领导、组织部主管的正科级行政单位。成立于1983年12月19日，局址位于太平镇解放路318号。设办公室1个，公务员5人，工勤人员1人，下属事业单位（正股级）老干部活动中心1个，管理人员3人。2014年，老干部局直接管理的有离休干部57人和处级退休干部47人。

【落实老干部政治待遇】 抓好老干部政治理论学习：坚持形势政策学习，为让老干部及时了解国际国内政治经济形势，及时了解党和国家的大政方针，县老干局根据老干部实际情况，采取座谈会、发放有关文件资料等多种形式，向老同志老干部传达中央、省、市、县的重要文件和会议精神，使离退休老同志在政治上与上级党委政府保持一致，凝聚了促进加快发展的正能量。为老干部提供精神食粮：全年为老干部订阅《秋光》杂志450份，《老人报》450份，《中国老年报》60份，健全老干部活动中心阅览室，根据离退休老干部的学习阅读需要征订了种类丰富的报纸杂志供老干部学习，基本满足老干部的学习需要，使老干部能跟上形势的发展，思想上和党中央保持一致，成为改革、发展、稳定的重要因素。

【坚持政情通报和视察制度】 全年共召开春节、教育实践活动、“八一”建军节、中秋节与重阳节四次离退休老干部座谈会，向老干部通报了全县经济社会发展的情况，老干部也积极谏言献策，为始兴县经济社会发展提出了中肯的意见建议。在老干部视察工作上，由于离休干部正处于“双高期”（高龄期和高发病期），活动组织难，县老干局改变传统的大规模视察方式，转变为选择身体条件好、议政能力强的离退休干部参加到县人大代表的视察活动中，全年选择组织老干部参加县人大代表视察活动3次，使老干部的视察工作真正做到有效果有意义。始兴县科级单位一把手的“述职述德述廉”报告会都安排有离退休老干部作为评委，保障了离退休老干部对各职能部门工作的民主评议权。

【健全规范的关怀关爱制度】 每逢重大节日都组织走访慰问，并看望患病住院的离退休干部，同时建立了包片负责的日常走访探望制度，要求每季度对离退休老同志进行探访。通过走访慰问体现了党和政府对老干部的关怀和尊重，加深了相互的了解与理解，同时也解决了部分老干部存在的实际困难，收到了良好的效果。

【落实生活待遇】 全面落实离退休干部护理费新标准，贯彻广东省委组织部《关于提高离休干部护理费标准的通知》以及韶关市委组织部《关于转发省委组织部、省委老干局、省财政厅、省人力资源和社会保障厅〈关于提高离休干部护理费和标准的通知〉通知》精神，全面落实离休干部护理费新标准。2014 年 1 月起，按在职干部同等标准提高了离休干部生活补贴。建立了离休干部医药费财政统筹机制，在实行离休干部医药费按规定实报实销的基础上，加强离休干部医药费管理，运用管奖结合的机制，在确保“老有所医”的前提下实现了老干部医药费合理有效利用。

【老干部活动阵地建设】 老干活动中心是为全县离退休干部服务管理的活动场所，为改善活动环境，提升服务管理人员质量，以热爱老干工作服务为宗旨，主要抓好：提高管理人员道德素质和服务管理水平，及时提供茶水以及各种活动设施、报刊知识等；创造条件改变活动环境，争取县领导资金上的支持，对老干活动中心场所进行了必要的修缮维护，为全县离退休干部提供了更安全舒适的活动环境；全面修订了老干活动中心各功能室的管理制度和工作人员职责，使活动更加有序、服务更加细致；对待老干部的来信来信来访，要求进行登记并限时答复，尽力将矛盾问题解决在萌芽之中。2014 年，共接待来信来访 15 件，来访 25 人，对来信来访县老干局以认真负责的工作态度对待，以政策为依据去解答，并主动协调有关部门解决老干部提出的问题，热心为老干部排忧解难，处理率达 100%。

2014 年，老干活动中心除了日常的棋牌室、阅览室、健身室、乒乓球室的正常开放外，还组织开展了多项活动：春节期间举办了中老年优秀作品书法画展，联展 9 天，各界人士 700 多人前来参观，深受广大群众的好评；协助老干部金秋演唱团的文艺演出活动，协助下乡演出 5 场并参与了重阳节的广场文艺演出；开展元宵节老干部游园活动；组织离退休干部休干部“八一”建军节、“重阳节”座谈会。通过开展各式各样的老干部活动，较好地丰富了老同志的晚年生活，有效地增强了老同志的身心健康。

【加强离退休干部医药费管理】 落实《关于进一步加强始兴县离退休干部医疗管理意见》的通知精神，充分发挥县医监督领导小组、县医疗评审小组、老干部代表的医疗监督小组等三个组织的作用，在加强医疗管理检查监督方面主要抓好：实行月报分析制度，坚持每月核报后，召开一次医疗汇报会议，做到医疗评审小组与局领导及时协商沟通，具体问题具体分析，发现异常现象找出问题的原因和解决办法，既保证老干部病有所医，又阻止了不必要的医疗费用开支；做好与有关部门保持联系沟通，重点加强对定点医院的联系沟通，及时进行不合理的收费或乱开药方的检查，发现问题及时加强教育；强化监督公开透明，注重公开老干部当月医疗费用情况，加强老干部的自我约束。评审小组在办公室门口张贴当月老干部报销医疗费情况，让老干部们知晓、监督和评议离退休干部医药费使用情况，县老战士联谊会、关工委、老促会等老干部团体在会议上也经常议议老干部的医疗问题，批评不正行为，弘扬了正气；实行管奖结合的激励机制，对医疗费用没超过规定限额的离退休干部进行奖励，鼓励离退休干部以身体健康为荣，以节约医药费为荣，努力在离退休老干部中营造健康向上的氛围，凝聚清正的正能量。5 月，县老干局对上一年度个人医疗费用没有超过规定限额的 29 名离退休干部进行了奖励，共发放奖励金额 6.95 万元。始兴县离退休干部虽然正处“双高期”（高龄期和高发病期），但医药费对比 2013 年仍然有一定程度的下降，同期对比，下降了 8 个百分点。

【大事记】 1 月 18—24 日，全县开展春节前走访慰问，共发放慰问金 24.6 万元。县领导慰问原四套班子退下来的老领导 20 人；组织部、老干局领导走访抗日离休和看望有病住院的离休干部及处级退休干部40人；各单位领导慰问本单位离退休干部650人。

1月30日上午，召开全县副科以上离退休干部情况通报会议和原四套班子退下来的老领导座谈会。县领导通报了2013年始兴经济工作情况及2014年工作计划。座谈会上征求了老领导为始兴经济发展和城市环境建设提出的建议。

2月6—15日，老年书法协会在文化广场举办春节市县中老年和生态杯优秀作品书法联展，各界人士500多人次前来参观。

2月22日上午，组织110人离休干部和处级退休干部在老干局活动中心大厅开展游园有奖活动。

9月27日，老干局组织离休干部和处级退休干部在老干活动中心举办座谈会。（陈　敏）

附：领导班子成员名单

局　长：张　涛

副局长：刘　婕

对　台　工　作

【概况】 1964年，始兴县配备一名对台工作专职干部，编制属县委宣传部，由县武装部管理。1981年2月，中共始兴县委对台工作办公室成立，挂靠县委统战部，归口县委领导。1989年，县政府台湾事务办公室成立，与县委对台工作办公室合署办公，一套人马二块牌子，定编2人，其中设主任（正科级）1人。1997年机构改革，编制2人，设主任1人，副主任1人。2003年机构改革，编制与县委统战部共4人，工勤编1人。中共始兴县委台湾工作办公室主要职责是贯彻执行党中央国务院对台方针、政策。

【服务台商台胞台属】 4月，结合党的群众路线教育实践活动，邀请十余名台胞台属台商代表开展群众路线教育实践活动征求意见座谈会，帮助县台办查找“四风”方面存在的问题、征求对加强和改进服务台资台属企业工作的意见和建议。5月，协助台商吴上本办理厂址变卖手续有关事宜，与国土部门进行协调，由中山市振杰国际有限公司、台商协会副会长蔡飞雄购买经营。7月，协助始兴县隘子镇隘子街曾办理回台湾定居及户口事宜。7月8日，始兴县刘臻同学在上海复旦大学毕业到台湾交通大学读书，咨询如何办理赴台读书的有关情况。8月29日，看望年老体弱、多病的台商刘启均，并送去2000元慰问金。10月15日，台湾始兴同乡联谊会原会长欧济澜的后代来台办咨询在县城的房产继承问题。10月22日，去台人员的儿子王建华到县台办咨询上世纪80年代台胞房产落实政策问题，王建华认为农村的老房屋没有落实，经查实，这部分房产是根据土改政策分给了贫下中农，向王建华解释清楚有关的对台政策。2014年，共接待台商、台胞、台属共70多人次。走访台资企业、台胞、台属家里30多人次。

【对台宣传】 县台办注重把对台宣传与干部能力素质提升结合起来，坚持“内提素质，外树形象”的理念。4月，通过采取重点走访与全面摸排的方式，深入台资企业，宣传党和政府惠台政策，了解台资企业生产生活情况，帮助解决面临的困难和问题。兴马木业有限公司参加“6·30”扶贫济困日活动并捐赠了10000元。11月是台湾地区“九合一”选举时期，是县对台工作的专项工作，县台办按照上级统一的工作部署，完成对台专项工作的任务。2014年，县台办向市《粤台讯》投稿5篇。结合实际，举办了春节台胞台属座谈会，参会台胞台属代表共30余人。

【对台交流】 台胞到始兴县探亲、旅游、考察的有4起、11人（次）；因私赴台、旅游的人员20多人（次）。在交往中，加强交往交流中的政策管理，严格按照规定处理涉台事务和人员交往交流中的具体事宜，坚持将联络、交友和经贸等工作寓于接待服务之中。对来始兴县探亲、旅游、考察的台胞，做好登记和服务工作，严格接待纪律，建立方便、高效、快捷的台事体系，以“优秀素质、优质服务、优质环境”为核心，保证接待工作不偏不离党的对台方针政策原则，尽量为台胞排忧、解难、办实事。加强对赴台人员行前返后教育工作，避免了负面影响，真正达到了“来着影响我方，去着影响对方”的目的。9月，刘超发主任赴台交往交流，与始兴县台湾同乡会会长张枢臣进行了亲切地交谈。

【对台招商引资】 由于始兴县对台商营造了良好的投资环境，用政策优惠台资企业，政府关爱台资企业，部门服务台资企业。4月，台办对全县的台资企业作了全面的调查研究，发现了不少问题。佳星、佳山科技有限公司虽然发展势头良好，但土地还有200多亩（13.3公顷）未审批，其原因是始兴县的土地指标有限，县对台办向县领导反映，初定为一边审批一边建厂，逐年完善，2014年投资800万元人民币，主要建厂办公室、职工宿舍大楼和食堂等。金赞食品有限公司，占地面积2.67公顷，已投资800万元，由于董事内部产生矛盾，厂房已闲置一年，县领导和县对台办都进行过调解。金冠商务旅游公司董事长吴上本因生意环境不好和年老回台湾养老，打算变卖厂房。宇辰竹艺香品有限公司老板刘启均因年老病重，公司像一个家庭作坊。在始兴县投资的6家台商对始兴县的投资环境普遍感到满意，台资企业发展势头平稳。（李宏明）

附：领导班子成员名单

台办主任：刘超发（—2014.11）
　　　　　卢德海（2014.12—）

社　会　工　作

【概况】 始兴县社会工作委员会于2011年12月30日正式挂牌成立，为正科级单位，办公室设在县委政法委，编制、经费等与政法委相对独立。其主要职责是：贯彻执行中央和省、市有关法律、法规和政策；牵头研究拟订并组织实施全县社会工作规划和重大政策，协调相关部门起草社会工作方面的规范性文件，研究社会工作重大问题并提出政策建议；统筹指导和综合协调全县开展社会工作，督促检查社会工作规划、政策和重点任务落实情况，建立健全社会建设和管理绩效评估体系；参与拟订教育、民政、司法、劳动就业、社会保障、住房和城乡建房设、文化、卫生、人口和计划生育、体育等政策；统筹推进扩大公共服务、保障和改善民生，协调构建综合性社会救助体系；负责推进和创建群众工作，推动建立健全群众利益协调、诉求表达、矛盾调处、权益保障机制；配合推进社会领域党建工作，推动建立健全共同价值体系和社会规范，统筹加强社会公德和社会诚信建设；研究推动社会建设和管理体制改革创新，参与拟订社区治理、社会组织培育和发展、社会工作队伍建设等政策并协调实施；协调构建社会治安防控、流动人口和特殊人群管理服务、虚拟社会管理等体系；承办县委、县政府和省、市社会工作委员会交办的其他事项。

县社工委设社会社区建设指导股（社会组织工作股）和公共服务促进股（群众工作股）2个内设机构。行政编制3名，其中：主任1名（由县委领导兼任）；副主任5名（3名由县领导兼任，另外2名为专职副主任，其中1名主持日常工作，为正科级领导职数；1名为副科级领导职数）；正股级职数1名。

【社会体制改革】 成立以县委副书记为组长，相关责任单位主要领导为成员的社会体制改革专项小组，先后召开专题会议，研究部署改革工作，研究制定全县深化社会体制改革的工作方案，掌握有关单位推进改革工作的进展情况，及时解决在改革中遇到的难题，推动了改革工作顺利开展。以提高社会诚信为出发点，推进了社会诚信体系建设；以创建社会平安为目的，创新了社会综合管理；以化解社会矛盾为目标，加强了信访维稳机制建设；以构建多元共治格局为抓手，改革了基层社会治理模式；以弘扬社会互助为导向，完善了社会志愿服务管理机制。

【社会组织培育和发展】 始兴县实行“宽进严管”规范管理机制和创新管理模式，促进社会组织规范和健康发展。2014年，共登记社会组织65个，其中社团41个，民办非企业24个。继续抓好降低社会组织登记准入门槛工作，在注册资金和会员人数方面降低门槛；简化登记程序，缩短办理时间，方便有需要登记的社会组织；挖掘发展培育热点，如行业协会、社区民间组织、公益性社会组织，还大力发展教育科技、文化体育等领域的民办非企业单位；以深化社会体制改革为契机，协调相关部门，制定完善相关制度，加大政府职能转移力度，推动政府购买服务，扶持社会组织健康发展；抓好对社会组织的管理和监督，对应参加年检的社会组织开展了年检，同时做好社会组织中的领导干部兼职情况排查、小金库专项治理等工作，确保社会组织团体规范运行。

【南粤幸福活动周活动】 按照省市社工委的要求，成立始兴县“南粤幸福活动周”组委会，制定《2014年始兴县“南粤幸福活动周”工作方案》。在组委会和相关单位的共同推动下，各项活动均取得了良好的效果。如始兴县的“幸福睦邻情”系列活动，依托妇女之家、儿童友好社区，以社工手法开展了家庭亲子阅读、留守儿童小组活动等，将社工模式的小组活动带到了农村基层，取得了很好的反响。通过开展“南粤幸福活动周”志愿服务主题的“手拉手”系列活动，给困难群体、青少年、孤寡老人送去了健康和关爱，让社会普遍感受到平等和温暖，从而提升了群众的幸福感。此外“幸福我健身，幸福大家谈”等版块也得到了广大群众的支持和积极参与。各乡镇也结合实际，在国庆期间开展以“和谐、文化、健康、幸福”为主题，内容丰富、形式多样，符合群众精神生活需求的文化体育活动。

【社会工作人才建设】 继续加大对社会工作人才的培育力度，通过加强宣传、组织培训，发动群众参加社工职业水平考试，社会工作人才队伍得到进一步发展。2014年，134人参加社工职业水平考试，通过26人，至2014年年底，全县社工人才共有57人，社工队伍进一步壮大。（饶粤丽）

附：始兴县社会工作委员会组成人员名单

主　任：黄勤昌（县委副书记）
副主任：卢保新（县委常委、政法委书记）
　　　　温　鑫（县委常委、县委办主任）
　　　　何晓域（副县长）
　　　　余志强（副县长、县公安局局长）
　　　　叶雨林（县社工委专职副主任）
委　员：莫冲海（县人大办）
　　　　彭继红（县政协办）
　　　　张福兴（县委组织部）
　　　　杨隆柱（县委宣传部、县社科联）
　　　　陈景棠（县委统战部）
　　　　李英华（县委政法委）
　　　　曾令强（县编办）
　　　　罗丽华（县信访局）
　　　　王　宁（县法院）
　　　　魏　浩（县检察院）
　　　　朱定雄（县发展改革局）
　　　　卢献华（县经信局）
　　　　黄礼明（县教育局）
　　　　饶国华（县公安局）
　　　　聂　楠（县民政局）
　　　　刘兴宁（县司法局）
　　　　陈社好（县财政局）
　　　　王衍林（县人社局）
　　　　钟碧优（县文广新局）
　　　　朱宝兴（县环保局）
　　　　刘运涛（县住建局）
　　　　张献伟（县农业局）
　　　　李海英（县卫生局）
　　　　梁　青（县统计局）
　　　　彭志华（县法制局）
　　　　卢凤群（县体育局）
　　　　李红生（县外事侨务局）
　　　　陈美娟（县总工会）
　　　　朱伟军（团县委）
　　　　戴月玲（县妇联）
　　　　胡信省（县残联）
　　　　罗正发（县工商联）
　　　　邓　斌（县工商局）
　　　　邓春燕（县红十字会）

党校工作

【概况】 中共始兴县委党校的前身是：1949年9月设立党员训练班，简称“党训班”。1957年1月更名为中共始兴县委党校，原校址设在县城太平镇河南路339号。1958年12月，始兴并入南雄县，称始兴人民公社，党校由此称中共南雄县委始兴人民公社党校；1959 年 11 月，学校迁并南雄统称中共南雄县委党校。1960 年 10 月，始兴、南雄两县恢复原建制，党校回迁始兴县城太平镇河南路 339 号，再次正式命名为中共始兴县委党校。1994 年 11 月成立始兴县行政干部管理学校，2000 年 11 月更名为始兴县行政学校，与党校合署办公。2001 年为充分整合教学资源，县委、县政府决定，党校（行政学校）先后与县电大、县教师进修学校合并，形成了“四块牌子、一套人员”的办学体制。2012 年 9 月，党校新校区落成使用，校址搬迁至新校区县城沿江南路墨江闸坝东侧。

县委党校的工作职能：承担对全县党员领导干部、公务员、初任公务员、专业技术人员、村（居）两委书记主任的培训轮训，开展党的路线、方针、政策的宣传，提升全县党员干部的文化素质；围绕党的中心任务和县委、县政府的工作重点，承担县委和县政府下达的调研任务，为县委、县政府的决策服务；承办县委和县政府举办的专题研讨班；协助县委组织部门搞好党建研究工作。

2014 年上半年，学校领导有 3 人，直至 12 月，学校领导增至 5 人，按要求配齐了学校领导职数。2014 年内设机构有办公室、教务室、培训室、科研办、电教室、总务处等 6 个处室。在职教职工 32 人。

2014 年，学校的中心工作是按照县委、县政府的要求，努力搞好党员干部培训；配合县委完成党的群众路线教育实践活动的宣讲任务；配合县委搞好中共十八届四中全会的宣讲。

2014 年，张朝荣被评为始兴县优秀教师。

【培训工作】 党校充分发挥自身的政治优势，认真落实《2011—2015 年始兴县干部教育培训规划》，规范培训工作管理，明确培训工作职责，充分发挥潜力，拓宽培训渠道，提高培训质量，已逐步形成多层次、多形式的培训格局。4 月 3—14 日，与县委组织部联合举办村（居）两委、“两新”组织书记主任培训班，共培训 657 人次；6 月 9—24 日，与县人社局联合举办 7 期始兴县非教育专业技术人员《新型城镇化的实践与发展》培训班，共培训 1169 人次；6 月 10—11 日，与县直属机关工委联合举办始兴县直属机关入党积极分子培训班，共培训 56 人；10 月 18—25 日，与县人社局联合举办始兴县教育专业技术人员《新型城镇化的实践与发展》培训班，共培训 2145 人次；11 月 4—18 日，与市委党校、县委组织部联合举办始兴县科级干部培训班，共培训县直单位副科干部 82 人次；12 月 11—19 日，与县人社局联合举办 7 期始兴县公务员全员培训《公务员新时期职业道德建设》培训班，共培训 1552 人次。2014 年，共培训党员干部 5661 人次。党校重视理论宣传。中共十八届四中全会召开后，学校领导和部分教师积极参加县委组织的宣讲团，到全县各乡镇及县直机关宣讲十八届四中全会精神，帮助基层党员干部全面把握十八届四中全会全面推进依法治国的精神实质。

【教研科研工作】 为了促进教研科研工作的顺利开展，提升县委党校的整体形象，党校强化教研科研管理，形成了在学校党支部领导下的教研科研管理体制，为确保教研科研工作的完成，提供了组织保障。2014 年，县党校建立健全了一系列科研管理制度，完善了科研成果激励机制，实现科研工作的有序管理。全校大兴教研、科研之风：为了使教师们取长补短，促进教研活动的开展，组织开展了主体班听课评课活动，全校 18 名专职教师参加了活动，使 2014 年科级干部培训班 17 个专题中有 11 个专题由县党校教师承担，这在全市党校系统中县级党校教师承担授课专题是最多的、唯一的；鼓励教师多写文章，奖励论文发表者，其中赖勤老师的《让阶段性学习拓展人生的价值》在国家级刊物《中国电大报》2014 年 3 月 3 日第四版公开发表、邓欣老师的《中小学美术教师继续教育的思考》在国家级刊物《课程教育研究》2014 年 7 月 9 日第 7 期公开发表；2014 年，全校教师在始兴县人民政府网发布信息 17 篇，在始兴县党的群众路线教育实践活动简报刊发 2 篇专稿；强化教师培训，选派教师参加上级党校组织的师资班培训，7 月选派 2 位年轻教师参加中共中央党校组织的中青年教师师资培训班，选派 4 位教师参加中共中央党校组织的十八届四中全会师资培训班，选派 1 位教师参加广东省委党校组织的十八届四中全会师资培训班，选派 3 位教师参加韶关市委宣传部组织的十八届四中全会师资培训班，为配合县委搞好始兴县的十八届四中全会精神宣讲提供了强有力的师资保障。

【党的群众路线教育实践活动】 根据县委部署，县党校以“八个注重”抓好党的群众路线教育实践活动，取得了可喜的成绩，并得到县委督导组的一致好评。注重创新活动形式：充分发挥党校的政治优势和理论优势，配合县委搞好理论宣讲，成立骨干教师志愿服务队，配合县委理论宣讲 83 场次；注重加强理论学习：县党校共举办 5 期教育实践活动专题讲座，3 次选派教师参加县委组织的教育实践活动专题讲座的学习；注重教育活动宣传：在整个教育实践活动中，县党校共编印活动简报 22 期，其中有 2 篇在县实践办简报刊发、有 16 篇在县人民政府网公开刊载、县电视台播放县党校教师理论宣讲视频新闻 16 条；注重加强走访调研：注重“接地气”、察民情、听民意、解民忧工作，3 次到挂钩扶贫点征求意见、走访调研，组织党员到罗坝镇调研“民情日记”，到太平镇总甫村调研基层党组织建设及新农村建设情况；注重学习经验总结：县党校 23 名在职党员共撰写观后感 191 篇、学习心得 103 篇、读书笔记 454 篇；注重找准找实存在问题：县党校聚焦“四风”，开展“六查”，学校班子征求意见经梳理汇总后合并为 14 条，班子成员征求意见经梳理汇总后合并为 31 条；注重开展批评与自我批评：在专题组织生活会上，学校党支部支委成员对自身存在问题往细里查，对问题产生的原因往深处挖，达到了“团结—批评—团结”的目的；注重分类整改和建章立制：县党校结合实际，制订班子整改方案、专项整治方案、制度建设计划，提出 23 项整改落实、专项整治和制度建设任务，确保整改落实“不空”“不偏”“不虚”。

【理论研讨】 坚持政治思想理论学习制度，2014 年，学校充分发挥党校的资源优势，采用多种学习形式，组织教师学习党的路线、方针、政策，组织教职工开展学习中共十八届三中、四中全会精神，学习总书记习近平的系列重要讲话精神，理解全面建成小康社会、全面深化改革、全面推进依法治国、全面从严治党的精神实质，为县委、县政府培训各级党员干部奠定了坚实的理论基础。

【队伍建设】 学校有在职在编人员 32 名，其中专职教师 23 名，包括高级讲师 1 名，讲师 4 名，助理讲师 4 名，中学一级教师 8 名，中学二级教师 4 名，小学高级教师 2 名。学校严格按照“努力建设一支政治强、业务精、作风正的高素质教师和干部队伍”的要求，采取多种形式加强学校教师和干部队伍建设。重视对现职教师特别是中青年骨干教师的培训，鼓励学历进修和职称晋升，至 2014 年，有 5 人取得了研究生学历、有 20 人取得了大学本科学历、有教育硕士 1 名、法学学士 2 名、理学士 3 名、文学士 1 名。派遣教师参加省、市党校、电大、进修学校组织的各种备课、学术研讨会议。激活人才流动渠道，增强教师队伍活力，有计划地调入一些优秀大学毕业生和在职优秀教师到学校任教，选聘一些优秀党政干部参与党校的干部教育培训工作。加强中层干部队伍建设，选聘年富力强的中青年干部负责学校部门工作，增强学校干部队伍活力。

【信息化与校园软硬件建设】 党校进行教学现代化建设，改进教学手段，改善教学设施，加快教学信息化建设步伐，组建了校园网、配置了多媒体教学设备，开通宽带网络，建有干部教育网络的级站。2014 年，有教学电脑 56 台、办公电脑 32 台、手提电脑 3 台，多媒体课室 1 间，电脑室 1 间，报告厅一座，普通课室 10 间，大屏幕电化教学投影 3 套。拥有 5 万多册图书资料，报纸杂志 100 多种，学生桌椅近 560 多套。

【学历教育】 党校在学历教育工作中继续坚持党校教育的办学宗旨，把提高教学质量作为办学的指导思想，继续按照“从严治校，从严施教”和“质量第一，严进严出”的要求，严把学历教育的入学关、教学管理关、毕业关，开拓学历教育新局面。根据中共中央党校的有关文件精神，2008 年开始全国县级党校停止招生，党校学历教育画上圆满句号。电大学历教育照常招生，学校严格按照教学计划的要求开设课程，安排教学活动，按照教学的五个常规环节进行管理，对备课、上课、作业的布置和批改、课外的辅导和考试提出了严格的要求，结合成人教育的特点和规律，探索能提高学员学习积极性和主动性的教育方法。学校采取切实可行措施，遏制了考试中许多不良的作弊现象，维护了学校的形象，促使了良好教风、学风的形成。2014年，学校强化教学质量的课程管理，通过“公开课”和相互评教评课活动，扬长避短，适时发现教师教学中存在的不足，及时纠正教师教学中存在的错误，使教学工作在整体上有了很大提高，促进了年轻教师的成长，从而适应新形势下大规模干部教育培训的需求，切实解决教师授课的断层问题。学校拓宽渠道、扩大规模，开拓招生工作的新领域。2014年，电大专科、本科开设有行政管理、法学、会计、公共事业管理、汉语言文学、学前教育、物业管理等专业。学校搞好招生宣传，制定招生工作管理办法，采取激励机制狠抓招生工作。2014年，学校共招生252人，超额完成了上级下达的招生指标。 （刘石明）

附：领导班子成员名单

县委常委、组织部部长、党校校长：卢建成

县委党校常务副校长、行政学校、电大、教师进修学校校长：李志华

行政学校、电大、教师进修学校副校长：李细梅

县委党校、行政学校、电大、教师进修学校副校长：

冯华斌（2014.12—）

张朝荣（2014.12—）

信　访　工　作

【概况】 始兴县信访局前身为始兴县委办信访科，成立于1980年3月。1986年9月，县委办成立了始兴县信访办公室。2001年，更名为始兴县信访局，并入县委办公室，对外挂信访局牌子。2010年1月搬迁至永安大道新行政办公楼1楼办公。

县信访局主要职能是：负责处理群众来信，接待群众来访；承办上级交办和县委、县政府领导阅批的信访事项，督促检查领导有关批示和重要信访事项的处理和落实情况；开展信访维稳调查研究，分析、研判信访信息，向县委、县政府提出完善政策和改进工作的建议；检查、指导、协调本县党、政、军等部门及驻始省市垂直管理单位的信访工作和乡镇党政机关的信访工作等。2014年，县信访局内设机构有督查股、接访股。行政编制4名。

2014年，县镇两级信访综治部门共受理群众来信来访来电704宗，同比下降15.4%。其中，来访546批1312人次，同比分别下降17.8%、20.2%；来信来电158宗，同比下降5.9%；集体访25批604人次，同比分别下降39.3%、30.5%。群众进京上访11批13人次，同比分别下降21.4%、38.1%；到省上访26批71人次，同比分别上升20.3%、75%；到市上访22批98人次，同比批次上升37.5%、人次下降1%。

【宣传信访条例等法律法规】 为贯彻执行好2014年5月1日实施的《国家信访局关于进一步规范信访事项受理办理程序引导来访人依法逐级走访的办法》和2014年7月1日起实施的《广东省信访条例》，始兴县采取多种途径广泛宣传相关的法律法规，提高了全县各级领导干部和业务骨干的知识面。6月11日，组织县镇两级四套班子成员、单位主要负责人及信访干部等510多人参加省市组织的《广东省信访条例》宣讲团学习；6月13日，组织各乡镇、各单位分管信访工作的领导和信访骨干300多人参加始兴县举办的信访工作业务知识培训班；6月15日，在县城步行街开展“集中宣传日”活动，现场接待群众咨询并派发了3000多份宣传资料；6月10—30日，利用电视媒体、手机短信等平台向全县6万多名干部群众发送《广东省信访条例》相关法规知识短信，使得信访相关法律法规逐步深入人心。

【畅通信访渠道】 加强领导接待群众来访工作。2014年年初，制定下发《关于印发〈2014年始兴县四套班子领导成员定期接待群众来访安排表〉的通知》。县领导班子成员利用下乡时间到各乡镇、各单位开展定点接访、重点对象约访、带案下访和基层大接访等活动，推动信访问题解决。2014年，全县共有495人次领导干部（其中县级领导104人次，乡镇、县直有关单位领导391人次）参与接访，接待群众来访389批1067人次，受理信访事项215宗，解决了208宗。完善县镇两级信访综治以及群众来访平台建设。2014年，各乡镇、各单位

完善综治信访维稳中心和群众来访平台建设，加大人力、物力、财力投入，对原有综治信访维稳中心和群众来访平台进行改造完善，配备完善办公设施，充实信访工作人员，建立健全信访工作机制，为加强基层综治信访维稳工作提供了保障。及时全面运作网上信访平台。始兴县全面运作全国网上信访系统和全省网上信访信息平台，每天及时接收和录入信访事项，对于交办的信访事项都落实专人负责，及时受理、限期交办和全程跟踪办结，严把办理质量关、结案审查关，确保上级交办的信访事项按期保效办结。

【化解矛盾纠纷】 加强矛盾纠纷排查工作：本着早发现、早介入、早化解的原则，继续坚持关口前移，将矛盾纠纷排查工作纳入信访工作考核重要指标，纳入各单位重要议事日程。实行半月排查与特护期排查相结合工作机制，及时掌握各单位矛盾纠纷情况。做好矛盾纠纷化解工作：为全面推进始兴县“社会矛盾化解年”活动工作，县委书记范秀燎及时作出了重要批示，要求全力做好这项工作。始兴县成立了县委副书记黄勤昌任组长的活动领导小组，召开四套班子会议确定信访积案的包案领导、责任单位和化解期限等。通过努力，社会矛盾化解年取得了成效，市委维稳办交办始兴县19宗案件，全部按期化解，化解率100%；始兴县自行确定的51宗需要化解的案件，化解47宗，化解率达92.2%。加强领导干部阅批信访事项：为提高办结率，县协调办根据分类把信访案件呈送县委主要领导和县分管领导阅批，促使一批疑难、复杂信访问题得到妥善解决。2014年，县级领导共阅批群众来信来访件97宗，阅批率76.9%，办结率96.2%；其中县党政主要负责人共阅批群众来信来访69宗，阅批率达71.1%。

【信访事项督查督办】 加大督查督办力度，特别是在全国“两会”“六四”“八一”、国庆和十八届四中全会等特护期，深入各乡镇、各单位听取各单位信访工作开展情况汇报和交办信访案件化解情况以及存在的问题等，促进了各项工作的落实。

【健全信访工作制度】 完善信访通报制度：为及时给各级领导干部提供工作决策依据，化解社会矛盾，在《始兴每月信访动态》的基础上，从5月起增加印发《始兴每旬信访动态》，让各级领导干部更加及时掌握群众反映的各类信访案件，把握好信访工作的主动性，及时化解各类案件。健全信访工作机制：针对当前始兴县信访工作存在的实际问题，6月制定《始兴县关于做好“三初”信访事项办理工作的实施意见》，9月5日下发《关于解决和化解“三跨三分离”信访问题的实施方案》，为今后做好全县信访工作提供了依据。完善信访事项复查机制：1月完善了始兴县复查复核委员会，信访工作部门按照《广东省信访事项复查复核办法》和《广东省信访条例》等规定，受理群众的信访事项复查申请，通过到相关单位走访、实地勘查和查阅文档等方式做好复查调研工作，反复斟酌形成复查意见后经过司法、法制等部门的审核才作出复查意见书，确保复查意见的准确性。2014年，全县共受理群众复查信访事项20宗，全部按期办结，化解了一大批信访问题。

（郭越琼）

附：领导班子成员名单

局　长：刘过源

副局长：王和平

机　构　编　制

【概况】 始兴县机构编制委员会办公室是县机构编制委员会常设办事机构，负责全县行政管理体制改革、事业单位管理体制改革和机构编制日常管理工作。始兴县机构编制委员会1984年初设立，称编制委员会，1988年改称为机构编制委员会，下设办事机构办公室，挂靠在县人事局。2001年12月，县机构编制委员会办公室调整为与县人事局合署办公。2010年5月，始兴县机构编制委员会办公室调整为单独设置，既是县委的工作部门，又是县政府的工作部门，列县委机构序列。内设3个股：综合业务股、行政机构编制股、事业机构编制股；下属副科级行政机构：事业单位登记管理局。2014年1月2日，重新下发“三定”规定，增设一个内设机构：行政审批股（加挂监督检察股牌子）。

2014年，开展党的群众路线教育实践活动，全面贯彻落实科学发展观，加强机构编制管理，加强部门自身建设，不断提高机构编制工作水平，为促进全县经济社会又好又快发展提供坚实的体制机制保障。

【政府机构改革】 根据省委、省政府《关于市县政府职能转变和机构改革的意见》，始兴县于8月底印发《始兴县政府职能转变和机构改革方案》。按照“职能整合、上下对应，因地制宜、分类指导，统筹平衡、整体推进”的原则，加快政府职能转变和政府组织结构优化。规范机构设置：通过整合调整，设置政府工作部门20个，与党委部门合署办公3个。优化组织结构：撤销县物价局，职能并入县发改局；将县科技局（县知识产权局、县地震局）由原在县教育局挂牌，调整为在县经信局挂牌；工商、质监划归地方管辖后，与食药监、安监组建县市场监督管理局；将11个挂牌机构调整设置为内设机构。调整人员编制：收回行政编制4名，严格控制领导职数，减少核定副科以上领导职数16名，其中，一般部门按1正2副配备，综合部门增设1名副职。调整部门职责：对县发改、经信、食药监、农业等部门共4项职责进行了划转。

【行政审批制度改革】 开展第二批行政审批事项清理：继2013年完成公布始兴县第一批清理行政审批制度改革目录后，于2014年6月10日以县政府文件公布始兴县第二批清理行政审批事项目录，取消事项13项、转移事项2项。全面清理保留行政审批事项：结合开展梳理网上办理行政审批事项，全面梳理出始兴县保留行政审批事项，8月18日提交县政府第十四届11次常务会议审议通过后，县政府在9月初公布了《始兴县人民政府2014年决定保留的行政审批项目目录》，始兴县保留行政审批事项共286项。

【事业单位分类改革】 根据《广东省事业单位分类改革的意见》精神，按照政事分开、事企分开、管办分离的原则，严格把握政策标准，对事业单位履行职能进行认真梳理，明确职能定位，切实抓好行政类、生产经营类、公益类事业单位的划分。至2014年年底，始兴县基本完成事业单位分类改革任务，其中划分为行政类事业单位3个、公益一类事业单位167个、公益二类事业单位56个、公益三类事业单位33个。

【机构编制监督检查】 按照“严控总量、盘活存量、有保有压、增减平衡”的原则，严控机构编制总量，制定并组织实施《始兴县控编减编工作方案》，严格控制机构编制规模，确保行政编制、各类专项编制不突破中央和省、市核定的总额；事业编制总量、财政补助事业编制数额以2012年底统计数为基数，只减不增。开展机构编制核查工作：根据《韶关市机构和人员编制核查工作实施方案》要求，结合县实际，制定《始兴县机构和人员编制核查工作实施方案》，印发《关于开展机构和人员编制核查工作有关问题的通知》；全面核查统计全县各类编制数，包括行政编制数、行政执法专项编制数、政法专项编制数，实有在编人员；事业单位编制数、后勤服务人员数以及实有在编人员等。全面核查统计领导职数情况，核定部门领导职数593名。核查各单位、乡镇借出人员情况。核查编外用人情况。稳步推进全县党政群机关、事业单位和乡镇机构编制核查工作。

【机构编制实名制管理】 按照省、市加快推进机构编制实名制管理工作要求，以机构编制核查工作为切入点，在省、市实名制系统建立了全县10个乡镇、县直96个行政机关1275名实有在编人员，以及全县287个事业单位3957名专业技术人员信息库，建立“一人一编”的管理机制，将编制落实到人。控制人员增长，逐步解决超编进人、超职数配备领导干部、混编混岗问题，促进机构编制工作的规范化、法制化建设。完善编制和实有人员的动态管理工作，及时办理编制变动手续，以维护编制的严肃性和时效性。确保在编在岗实有人员与财政供养人员相一致，杜绝“吃空饷”行为。

（黄　燕）

附：领导班子成员名单

主　任：林发平

副主任：曾令强

　　　　陈伟宏

保 密 工 作

【概况】 1990年4月，县委机要局保密科分设为县委机要科和县保密局两个单位。1997年4月，县委机要局、县保密局（保密办）为一个机构两块牌子，归县委办管理。2014年，内设股室：机要通信股、保密股、宣传督查股。机要（保密）局行政编制6名，其中局长1名、副局长2名，科（办）员4名。2014年，全县共有90个县直机关单位、乡镇保密组织。

2014年，贯彻落实科学发展观，紧紧围绕坚决打赢信息化时代的保密战，以推进保密工作标准化管理为抓手，以积极防范、突出重点、依法管理的保密工作方针，加大宣传培训力度，增强技术防范能力，提升检查督查水平，努力实现保密工作的“全领域覆盖、全过程监管、全方位服务”，增强反窃密、防泄密能力，切实筑牢保密政治、思想、责任、技术防线，为建设和谐始兴创造良好的舆论环境和稳定的社会局面提供坚强有力的保障。

【保密会议】 5月29日，在县委五楼会议室召开县委保密委员会全体成员会议。县委常委、县委办主任、县委保密委员会副主任温鑫主持会议、会议传达了全市保密工作会议精神、总结2013年全县保密工作情况、研究部署2014全县保密工作任务、结合全县实际讨论县委保密委员会2014年工作要点、通报了《广东省泄密情况通报》。县委副书记、县委保密委员会主任黄勤昌到会并作讲话。

【保密培训】 8月1日上午，县委副书记、县委保密委主任黄勤昌在全县纪律教育学习月活动动员大会暨领导干部党纪政纪法纪教育培训班上主讲保密专题党课。党课以PPT的形式向参会人员讲述了保密工作的地位和作用、面临的严峻形势、优良传统和保密工作领导责任制等四个方面的内容。保密局局长钟良建于8月13日在县交通运输局、8月28日在中国人民银行始兴县支行分别作了题为“增强保密意识，加强保密管理”讲座，讲座以开展落实保密责任工作制，学习贯彻国务院保密法实施条例作为主要宣讲内容。12月31日，全县保密干部全员培训班在县委行政会议中心开班。县保密局局长钟良建讲解定密授权及定密管理、信息公开保密审查、保密绩效考核“一票否决”等内容，并邀请了市国家保密局总工程师郑小侠讲解计算机网络及终端保密管理、保密严重违法行为和泄密事件查处等内容。

【宣传教育】 根据县委保密委员会制定的《中共始兴县保密委员会2014年工作要点》，多形式开展保密宣传教育：在始兴县政府公众信息网上的保密宣传栏中更新保密宣传资料6篇。做好《保密工作》杂志征订工作，完成征订任务92份；7月，组织各单位征订保密宣传教育挂图及图书，营造良好的宣传教育氛围。全县共订购《保密法实施条例宣传挂图》《国家秘密及其具体范围的规定汇编（2014年版，秘密级）》《保密提醒即时贴》等250多套（张），广泛宣传保密知识和保密技术防范措施。7—9月，结合纪律教育学习月开展“保密宣传教育月活动”，做到同部署，同检查、同落实。

【保密管理】 继续巩固和完善保密普法成果，履行《保密要害部门、部位管理规定》《始兴县各级保密组织工作规范（试行）》《计算机涉密管理制度》《秘密载体保密管理制度》《国家统一考试管理规定》等。突出抓好高考、中考等试卷试室的保密管理工作。完善试卷保密室的硬件建设，做好防盗、防火、防潮、防鼠“四防”，加固铁门、铁窗、铁柜“三铁”，安装摄像头等监控设备。考试前，制定《始兴县各类考试保密安全突发事件应急处置预案（试行）》，从组织指挥到应急处置等各方面做好保障。考试中，加强保密安全监督指导工作，并到试卷保密室、考场进行巡查。考试前、考试后，协助有关部门运送试题和答卷，确保高考、中考试卷万无一失。配合始兴县人力资源和社会保障局做好公开招聘事业单位工作人员考试试卷（笔试、面试）安全保密工作。

为检查考核2014年度始兴县保密工作要点贯彻落实情况，制定百分制绩效考评方案对全县38个考评单位、10个乡镇的保密工作进行量化打分。

【队伍建设】 始兴县及时调整充实各级保密组织，健全和完善组织机构和各项规章制度，强化保密工作队伍建设，加强涉密人员管理。按照《关于做好2013年采用特殊考试方式录用我省机要保密机关公务员工作的通知》精神，首次采用特殊考试方式录用了1名机要保密机关公务员，增强了保密队伍活力。 （胡爱兰）

附：领导班子成员名单

局　长：钟良建

始兴县人民代表大会及常务委员会

综　　述

依照宪法、组织法规定，县人民代表大会是地方国家权力机关，县人大常委会是县级人民代表大会的常设机构，对同级人民代表大会负责并报告工作。县人大常委会实行民主集中制的原则，由民主选举产生，对人民负责，受人民监督。根据地方组织法规定，从县第十届人大常委会开始，以后每届任期由原来的3年改为5年。县人大常委会设主任1人，副主任、委员若干人。常委会机构：第九届、第十届常委会设常委会办公室、组织联络科、议案信访科、法制科，即“一办三科”，常委会由主任、副主任、委员等14人组成。第十届常委会由主任、副主任、委员等15人组成。

1997年，根据韶市委办《批转市人大常委会党组〈关于各县（市、区）人大常委会机关机构改革的报告〉的通知》精神，对县人大常委会内设机构进行了调整，第十一届常委会内设常委会办公室、内务司法工作委员会、经济工作委员会、教科文卫工作委员会、选举联络人事任免工作委员会，即“一办四委”。从十一届开始，县人大常委会由主任、副主任、委员组成。2014年，县人大常委会有主任1名（县委书记兼任），副主任6名，委员16人；“一办四委”共有干部职工16人。

2014年，县人大常委会贯彻落实中共十八大和十八届三中、四中全会精神，认真贯彻落实县委重大决策部署，围绕“有为人大、活力人大、和谐人大”目标，严格依法履职，较好地发挥了地方国家权力机关的作用。

全年共召开常委会会议10次，主任会议16次，听取和审议“一府两院”及其组成部门工作报告21项，组织人大代表开展视察活动9次、调研25次，依法做出重大事项决议、决定8项，任免“一府两院”国家机关工作人员47人次，接受辞职5人次，向县政府及有关部门印发审议、视察意见15件，共提出意见建议80多条，圆满完成了县十四届人大四次会议确定的各项工作任务。

重　要　会　议

【第二十次常委会会议】　1月2日举行，会议表决通过了张卫明、赖雄、杨锐、钟运柱、邓扬柱、李大兴等六人的辞职请求事项，同意其辞去始兴县第十四届人民代表大会代表职务。

【第二十一次常委会会议】　1月8日举行，会议免去刘婕同志的县人大教科文卫工委副主任职务；决定免去严石磊的始兴县公安局局长职务；同意接受伍文、温鑫、严石磊等三人辞去始兴县人民政府副县长职务。会议决定任命汤爱亮为始兴县人民政府副县长，余志强为始兴县人民政府副县长、始兴县公安局局长。

【第二十二次常委会会议】　1月21日举行，会议听取和审议县政府关于《始兴县2013年预算执行情况和2014年预算草案报告》和县人大常委会预算委员会《关于我县2013年预算执行情况和2014年预算（草案）的审查报告》；听取了县人大常委会代表资格审查委员会关于补选县第十四届人民代表大会代表资格审查报告。听取和审议了《始兴县人大常委会工作报告（审议稿）》，决定县十四届人大四次会议有关事项；通过县人大常委会个别组成人员的辞职事项。会议决定，县十四届人大四次会议于2014年2月11—13日在县城召开。

【县十四届人大四次会议】　2月11—13日在县城举行，会议听取和审议始兴县人民政府工作报告；

审查和批准始兴县2013年国民经济和社会发展计划执行情况与2014年计划草案报告、始兴县2013年预算执行情况和2014年预算草案报告；听取和审议始兴县人大常委会工作报告、始兴县人民法院工作报告、始兴县人民检察院工作报告；对县政府组成部门，部分直属部门、垂直管理单位进行测评；会议补选高忠为始兴县人民政府副县长，补选戴礼文、朱伟军为始兴县第十四届人民代表大会常务委员会委员。

【第二十三次常委会会议】 2月28日举行，会议授予县公安局、县财政局和县住建局“始兴县2013年度代表建议办理工作先进单位”称号；审议通过始兴县人大常委会2014年工作要点；组织学习《党政领导干部选拔任用工作条例》。

【第二十四次常委会会议】 4月18日举行，会议决定免去汤爱亮的县财政局局长职务、黄月文县发展和改革局局长职务；决定任命黄月文为县财政局局长、张智光为县发展和改革局局长、何武强为县卫生和计划生育局局长。授予县政府办公室和县体育局为2012—2013年度“人民代表满意单位”称号。听取县卫计局代表政府作的关于始兴县“平安医院”创建工作情况汇报和林业局评议整改工作情况汇报，并对县林业局评议整改工作情况进行满意度测评。

【第二十五次常委会会议】 5月22日举行，会议表决通过陈尚根的辞职请求事项，同意其辞去始兴县第十四届人民代表大会代表职务。

【第二十六次常委会会议】 6月25日举行，会议审议通过《关于对“一府两院”及其部门进行工作评议和测评的办法（第二次修订稿）》。听取审议了财政局、审计局和民政局分别作的始兴县2013年财政决算报告和2013年财政预算超收收入安排使用情况报告、始兴县2013年度财政预算执行和其他财政收支的审计报告、2014年村级“两委”换届选举工作情况汇报。会议接受刘永东的辞职请求事项，同意其辞去韶关市第十三届人民代表大会代表职务。会议免去刘达旗县人民法院马市人民法庭副庭长职务、张新华县人民法院立案庭副庭长职务、刘晓虹县人民法院审判员职务；任命刘达旗为县人民法院立案庭副庭长，罗晶、陈正道、邝苏华、张伟英、黄丽明等五人为始兴县人民检察院检察员。

【第二十七次常委会会议】 8月29日举行，会议听取了县国土资源局近三年来的工作情况汇报，并进行了评议测评，国土资源局被评为“满意单位”。

【第二十八次常委会会议】 11月21日举行，会议审议通过《关于加强县政府全口径预算审查和监督工作的意见（草案）》《始兴县人大常委会加强全口径预算决算审查和监督工作方案（草案）》；听取审议了县政府关于县第十四届人大四次会议代表建议办理情况汇报、“三区”建设工作情况汇报、始兴县2014年1—9月国民经济和社会发展计划执行情况汇报和始兴县2014年预算执行情况汇报，听取了县人大调查组作的关于县十四届人大四次会议代表建议办理情况的调查报告和关于始兴县2014年1—9月计划和预算执行情况的调查报告。会议决定免去吴卫东始兴县住房和城乡规划建设局局长职务；聘请沈润声、刘达然、邓思恒、徐樱子为始兴县第十四届人大常委会全口径预算决算审查和监督评审专家。

【第二十九次常委会会议】 12月30日举行，会议听取了县政府关于农田基础设施建设及粮食生产工作情况汇报。听取了县第十四届人大五次会议筹备工作情况汇报；补选柳琛子、刘大立为韶关市第十三届人大代表。审议了陈庚来、谭晓健、何武强、陈颂明、吕胜涛、朱祖厚、李扬柱、吴瑞军、林永亮、卢富强、邓国龙、曾俊、陈万化、刘义梅等14名县人大代表的辞职请求事项和补选县人大代表的候选人名单。决定免去周顺明的始兴县人民政府副县长职务、王迁亮的始兴县交通运输局局长职务、胡长江的始兴县监察局局长职务。决定任命谭晓健为始兴县人民政府副县长、胡长江为始兴县交通运输局局长。任命邓旭日为始兴县人大常委会经济工作委员会副主任。

重要活动和主要工作

【监督工作】 加强对经济的监督：听取和审议了县政府关于2013年财政预算执行情况和2014年预算草案报告、2013年财政预算超收收入安排使用情况报告、2014年1—9月计划和预算执行情况报告，审查和批准了县政府2013年财政决算报告和2013年1—9月县财政临时追加支出报告；制定《关于加强县政府全口径预算审查和监督工作的意见》《始兴县人大常委会加强全口径预算决算审查和监督工作方案》，聘请了四位全口径预算审查和监督评审专家。加强对项目建设情况的监督：听取和审议了县政府关于公共资源交易市场建设、“三区”建设、全民健身场所及基础设施建设、农田基础设施建设等项目建设情况汇报，组织人大代表对全县的重点项目和为民办实事项目进行跟踪视察调研。加强对生态环境建设的监督：听取和审议了县政府关于工业污染源和花山水库饮用水安全监管、城区市容市貌管理等工作情况汇报，组织人大代表对墨江河流域水质保护工作进行视察，督促县政府及有关部门对墨江河流域的养猪场、非法采矿等污染水质行为进行专项整治。加强对民生事业的监督：听取和审议了县政府关于粮食生产、平安医院建设、为民办实事、2014年村级“两委”换届选举等工作情况汇报，组织人大代表对创建和谐劳动关系示范区工作和县行政服务中心工作进行视察。加强对司法工作的监督：听取和审议了县政府关于文物保护法贯彻实施情况汇报、司法行政工作情况汇报，组织部分人大代表对县法院、检察院工作及看守所、拘留所工作进行了视察。创新监督方式：采取县乡（镇）两级人大联动方式开展对国土部门进行工作评议；在常委会会议、主任会议中增加询问环节；通过在人大网站、《始兴人大》刊物上设立监督栏目，刊登“一府两院”及其部门的专项工作情况汇报；在县人大四次会议上对县政府组成部门，部分直属部门和省市垂直管理单位进行民主测评。

【信访工作】 始终把接待好代表和群众来信来访作为畅通民情、维护稳定、构建和谐的一项重要工作常抓不懈。组织召开《广东省信访条例》宣讲报告会，加强与信访工作部门的衔接沟通，落实领导联系信访工作制度，确保每一项信访案件得到及时处理和答复。全年共受理代表、群众来信170多件，接待代表、群众来访400多人次，常委会领导下基层成功化解信访案件20余件。

【代表工作】 加强代表履职能力提升：分期分批组织人大代表参加各级人大举办的履职培训班10余场，培训代表200多人次；坚持为省、市、县人大代表赠阅《中国人大》《人民之声》《始兴人大》等刊物，共计4000多份。坚持以会代训的方式，邀请代表列席常委会会议、主任会议40多人次。搭建代表履职平台：全县11个代表联络室共组织代表开展小组活动200余次，代表自发开展联系群众300多人次，收集代表意见建议300多件，反映民情民意384条，推动了澄江自来水厂建设、深渡水乡天菊大桥等一批民生问题的解决。激发代表履职活力：全年常委会组成人员共走访联系各级人大代表128人次，收集代表意见建议200多条，帮助代表解决履职和生产生活问题60多个；精心组织代表开展了持证视察、执法检查、专题调研、座谈评议等活动31次，提出意见建议120余条；争取财政支持，为代表履职提供经费保障。提高代表建议办理质量：将县第十四届人大四次会议提出的46件代表建议通过交办会议和OA系统及时交由县政府及16个相关单位办理，选出6件代表建议作为重点建议进行重点督办；专题听取县政府关于代表建议办理工作的情况汇报，组织代表进行办理情况调查和满意度测评，并召开代表建议办理工作表彰会，对认真办理代表建议工作满意的单位和个人进行表彰；46件代表建议中，办结的25件，正在办理的16件，因政策或财力、物力等客观因素一时难以解决的5件，代表满意率（含基本满意）达100%。

【自身建设】 加强素质能力提升：常委会机关干部参加全国、省、市和县人大组织的各种培训60余人次，组织学习《党政领导干部选拔任用工作条例》《广东省信访条例》等法律法规10余部。加强机关作风改进：在党的群众路线教育实践活动中，围绕树立宗旨意识、群众观点，开展理想信念、党性党风和道德品行教育，围绕世界观、人生观、价值观这个“总开关”，紧扣作风建设，聚焦反对“四风”，通过群众提、自己找、上级点、互相帮、集体议，认真查摆和整改“四风”方面存在的突出问题。加强人大信息宣传：以《人民之声》《韶关人大》《始兴人大》及始兴人大网等省市县各级媒体为主要阵地，及时报道始兴县常委会及人大代表工作动态；采取开展《我为人大献一策》征文活动、将人大信息宣传工作纳入乡镇人大工作考核内容、召开全县人大信息宣传总结表彰大会等措施，提高全县人大信息员宣传的积极性。2014 年，在省市以上各类媒体报道人大新闻信息 30 多条。常委会办公室被评为“韶关市 2014 年度宣传人大制度先进单位”。

【业务联系】 制定出台《始兴县 2014 年乡镇人大工作指导意见》和《2014 年乡镇人大考核办法》，加强对乡镇人大依法召开人民代表大会、开展各项代表活动等工作业务的督查与指导，促进乡镇人大工作制度化、规范化建设。坚持邀请乡镇人大干部列席常委会会议，参加执法检查、调研和视察活动，加强对乡镇人大干部的业务知识培训，乡镇人大干部的业务能力不断提高。加强与周边县（市、区）及省内外人大的学习交流，协助做好上级人大在始兴县开展的工作调研、执法检查、代表视察及联系代表等活动，完成上级人大交办的各项工作任务。

常委会在依法履行法定职责的同时，还贯彻落实县委工作部署，紧紧围绕全县经济社会和民生事业的发展，跟踪服务好重点项目、规上企业，抓好招商引资、蚕桑产业指导和“扶贫双到”等工作。

始兴县人大常委会领导班子成员名单

常委会主任、党组书记：范秀燎
常委会副主任、党组副书记：雷雨明
常委会副主任、党组成员：
林应均
陈庚来（—2014. 12）
肖强运
何兴昌
常委会副主任：谢石生（—2014. 12）
常委会办公室：主　任：戴礼文（党组成员）
副主任：陈乙明
莫冲海
内务司法工委：主　任：黄辉光
副主任：邝珊英
经工委：主　任：王志强
副主任：植明群
邓旭日（2014. 12—）
教科文卫工委：主　任：张志光
选联任工委：主　任：钟俊波（党组成员）
副主任：罗鹏燕

（莫冲海、邓旭日）

依　法　治　县

【概况】 始兴县依法治县工作领导小组办公室（以下简称依法治县办）成立于 1996 年，是始兴县委议事协调机构的常设正科级办事机构，委托始兴县人大常委会党组代管。主要职责是贯彻执行依法治国、依法治省、依法治市、依法治县的方针、政策和法律、法规，保证依法治国的基本方略在本县内的贯彻落实。2014 年，县依法治县办编制 2 人，在职 2 人。2014 年是贯彻落实中共十八届三中全会精神、全面深化改革的第一年，也是贯彻落实《法治广东建设五年规划（2011—2015 年）》和开展按法治框架解决基层矛盾试点工作的攻坚之年。县依法治县办从建设法治始兴的根本出发，运用法治思维和法治方式的能力和水平，着力在整合法治资源、宣扬法治文化、引导群众依法表达诉求等方面上创新谋划、整合提升、抓好落实，取得了较好实效，全面推进了依法治县工作。

【组织领导】 结合始兴县工作实际，制定《始兴县 2014 年依法治县工作要点》。要点主要是始兴县 2014 年依法治县和按法治框架解决基层矛盾（试点）工作的 16 项重点工作作出明确规划部署。及时调整充实了两个工作领导小组成员。

【谋划部署】 6月11日，县委书记、县人大常委会主任、县依法治县工作领导小组组长范秀燎主持召开了2014年依法治县工作领导小组会议。会议重点传达了2014年省、市依法治理工作有关会议精神，审议通过了《始兴县2013年依法治县工作总结》《始兴县2014年依法治县工作要点》《2014年依法治县工作检查考评实施方案》及相关各项工作。根据工作安排，县依法治县办每季度向县人大常委会汇报依法治县工作进展情况。

【落实任务】 5月26—27日，全市按法治框架解决基层矛盾（试点）工作现场会和全市依法治县（市、区）办公室主任会议在始兴县召开。县依法治县办根据会议要求，做好会议资料和会务相关各项工作，圆满完成了上级交办的工作任务。

【检查督促】 根据2014年始兴县依法治县工作要点的部署和要求，紧密结合省委副书记马兴瑞在法治广东宣传教育第8次联席会议暨深入开展法治镇（乡）创建工作会议上的讲话精神，8月中旬，对各乡镇开展法治镇（乡）创建工作进行了检查和督导。

【调研引导】 为扎实推进“试点工作”，不断挖掘新的特色和亮点，突显“试点工作”新成效。第二、三季度，始兴县集中组织对10个乡镇和23个“试点工作”成员单位开展了新一轮的专题调研督导活动，取得了显著成效。活动共收集调研材料39篇、工作动态信息219条，通过总结提炼向省、市报送和刊登发表调研文章5篇、动态信息7条。

【宣传报道】 8月7日，省依法治省办组织南方日报、羊城晚报、南方网、广东电视台等4家媒体对始兴县开展按法治框架解决基层矛盾试点工作的经验和做法进行了联合采访报道。

【法治文化建设】 2014年，始兴县在继续抓好一系列常态化法治文化建设的基础上，将县“百米法治文化长廊”作为全县开展法治文化宣传的中心阵地，与市依法治市办、市司法局、市普法办联合举办了始兴县2014年“12·4”全国法制宣传日暨法治广东宣传教育周系列宣传活动；县法院和县广电台联合开办了《法在身边》专题电视节目，加强法治文化建设。

【法治政府建设】 2014年，为进一步推进法治政府建设的力度，始兴县在抓紧、抓实政府规范化建设的基础上，深化行政审批制度改革、推进富县强镇和简政强镇事权改革、加大对党政“一把手”依法执政、依法行政的监督力度、开展“阳光法治、法治惠民”主题实践活动等方面夯实法治基础，加大法治政府建设。

【公正司法建设】 推进司法体制改革，强化公正司法和司法为民建设。深化阳光审务、阳光检务、阳光警务、阳光所务公开，推进案件评查常态化，健全防止、发现、纠正冤假错案机制；引导信访案件向行政调解和司法诉讼两种渠道分流，切实提高司法效率。

【基层矛盾化解】 2014年，始兴县结合自身实际，切实做到“关口前移，重心下移”，将矛盾纠纷化解在萌芽状态。推进社会矛盾化解年工作，2014年，市维稳办交给始兴县的19宗案件中已化解案件16宗，化解率为84.2%；县委常委会确定的51宗矛盾纠纷作为2014年社会矛盾化解年必须化解的案件，到年底化解38宗，化解率为74.5%。发挥各类平台载体作用，排查调解各类社会矛盾。2014年，全县各级调解组织共排查调处各类矛盾纠纷1238宗，调解成功1232宗，调解率100%，调解成功率99.52%，防止民转刑案件48宗，防止重大矛盾纠纷引起的上访和群体性械斗18宗。在原有县镇村三级综治平台的基础上，完善“六联”工作机制。推进涉法涉诉信访改革工作。

（曾祥年、聂文明）

附：领导班子成员名单

主　任：邓良标

副主任：曾祥年

始兴县人民政府

综　述

【概况】　1949年9月，成立始兴县人民政府，属北江临时人民行政委员会，1950年1月27日，更属北江人民行政督察专员公署。1952年11月，属粤北行政公署。1956年3月，改属韶关专员公署。1958年12月，始兴、南雄两县合并为南雄县。1960年10月15日恢复始兴县建制，属韶关地区专员公署。1983年6月，以市辖县，始兴县属韶关市。

县政府机构设置：2014年始兴县完成新一轮政府机构改革，县政府工作部门减为23个，县直属（正科）单位34个，县直属（副科）单位14个。其中，县政府工作部门包括：县府办、县发展改革局、县经济和信息化局（县工业园区管委会）、县教育局、县民族宗教局、县公安局、县监察局、县民政局、县司法局、县财政局、县人力资源社会保障局、县国土资源局、县环境保护局、县住房城乡规划建设局、县交通运输局、县水务局、县农业局、县林业局、县文广新局、县卫计局、县审计局、县统计局、县食品药品监管局。县直属（正科）单位包括：县体育局、县安全监管局、县旅游局、县法制局、县行政服务中心、县机关事务局等。县直属（副科）单位包括：县扶贫办、县红十字会、县信息中心等。

【重要政务】　谢树兴到始兴调研　1月6日，省人社厅副厅长谢树兴一行到始兴县调研督查农民工工资支付情况。副县长刘胜春陪同调研。

杨思远作全县经济工作讲话　1月23日，中共始兴县第十二届委员会召开第五次全体会议，县长杨思远在会上作全县经济工作讲话。

开展春节慰问　1月24日，县四套班子领导成员组成慰问组深入挂钩乡镇慰问困难党员、困难群众、优抚对象及计生困难户。

杨思远作政府工作报告　2月12—13日，始兴县召开第十四届人民代表大会第四次会议，县长杨思远代表县政府作政府工作报告，县政府领导班子成员出席会议。

杨思远会见日本电产株式会社社长永守重信　2月21日，县长杨思远会见日本电产株式会社社长永守重信，探讨企业增资扩产事宜。

调研沿江南岸综合开发　2月24日，县长杨思远就沿江南岸综合开发建设进行调研。县委常委、县委办主任温鑫陪同。

赴东莞塘厦镇参加对口帮扶联席会议　3月7日，始兴县党政主要领导带队到东莞塘厦镇出席两地对口帮扶第一次联席会议。

阿公岩影业基地项目签约　3月11日，县长杨思远与阿公岩影业基地项目方签约，阿公岩影业基地及旅游综合开发项目正式落户始兴。

开展全民义务植树活动　3月12日，始兴县四套班子领导以及各单位干部职工在太平镇九江坑开展全民义务植树活动。

与广东省教育研究院签约合作共建实验区　3月19日，始兴县人民政府与广东省教育研究院举行合作共建始兴县“广东省教育研究院教育科学发展实验区”签约仪式，副县长刘胜春代表县政府与广东省教育研究院副院长黄崴签订协议。

召开民营企业家座谈会　3月27日，始兴县召开民营企业家座谈会。县领导杨思远、高忠、汤爱亮及部分民营企业负责人出席会议。

开展清明祭扫活动　4月4日，始兴县四套班子领导和机关干部职工、法检干警、武警官兵等到丹凤山革命烈士纪念碑前开展祭扫活动。

调研园区工业产业项目　4月9日，范秀燎、杨思远、赖根、雷雨明等县四套班子主要领导到产业转移园区、制笔基地等地实地调研，现场办公推进工业项目建设。

王检养到始兴调研　4月15日，市委常委、副市长、东莞韶关对口帮扶指挥部总指挥王检养一行到始兴县考察。县领导范秀燎、杨思远、黄勤昌、李智波陪同考察。

韶关塘兴实业投资开发有限公司挂牌成立　4月15日，塘厦始兴两地共同注资的对口帮扶投资开发公司——韶关塘兴实业投资开发有限公司在始兴县产业转移工业园挂牌成立。

崔伟奇率队到始兴参观交流　4月16日，东莞塘厦镇镇委委员、人大副主席崔伟奇带领塘厦六大商会成员到始兴县参观交流。县领导范秀燎、杨思远等出席座谈。

管敏政到始兴交流对口帮扶工作　4月25日，东莞塘厦镇党委书记管敏政一行到始兴县，就两地区域交流进行探讨。县领导范秀燎、杨思远等出席座谈。

生态智慧新城项目签约　4月29日，始兴县与广东皓文投资有限公司签署《始兴县生态智慧新城合同书》补充协议。县长杨思远代表县政府与广东皓文投资有限公司进行签约，县领导高忠、刘胜春、余志强、廖晋雄和相关部门负责人出席签约仪式。

陈向新到始兴调研　5月12日，市委副书记陈向新到始兴县调研计生和卫生工作。县领导黄勤昌、刘胜春陪同调研。

陈元胜到始兴督导调研　5月13日，省卫计委主任陈元胜一行到始兴县督导调研人口计生工作。县领导范秀燎、杨思远、黄勤昌、刘胜春等陪同调研。

第一季度经济分析会召开　5月14日，始兴县召开第一季度经济工作分析会。县领导范秀燎、杨思远、赖根等出席会议。

艾学峰到始兴调研　5月19日，市长艾学峰到始兴县调研社会经济发展情况。县领导杨思远、汤爱亮等出席调研。

郑振涛到始兴视察灾后复产情况　5月27日，市委书记郑振涛，市委常委、秘书长孔云龙到始兴县，深入“5·15”洪灾受灾区澄江镇视察灾后复产等工作。县领导范秀燎、杨思远、温鑫、何晓域陪同视察。

杨思远率队参加《民声热线》直播节目　6月4日，县长杨思远率县公安局、住建局、环保局、食品药品监督管理局负责人到韶关市人民广播电台出席《民声热线》直播节目，相关单位领导出席了始兴分会场直播。

东莞塘厦镇农业企业代表到始兴考察　6月10—11日，东莞塘厦镇农业企业代表一行15人到始兴县参观考察。县领导杨思远、黄勤昌、李智波、何晓域陪同。

陈波率队到始兴调研　6月23日，市委常委、常务副市长陈波率领市属国企代表一行18人到始兴县调研“广东省扶贫济困日”活动及扶贫开发“双到”工作。县领导范秀燎、高忠、何晓域等出席调研。

杨翾教授到始兴开展育儿专题讲座　6月25日，著名的早期教育培训师杨翾教授在始兴开展育儿专题讲座，范秀燎、黄勤昌、刘胜春、蔡军等县四套班子相关领导、家长代表共300余人聆听授课。

省专家组到始兴开展教育评估　6月25日，省专家组到始兴县督导评估全国义务教育发展基本均衡县工作，县领导何兴昌、刘胜春陪同督导。

刘洪到始兴调研　7月9日，省民政厅厅长刘洪到始兴县调研。县领导范秀燎、杨思远、何晓域等陪同调研。

许志新率队到始兴调研　7月16日，副市长许志新率市经信局、市环保局、市商务局、市统计局、市国土资源局等部门负责人到始兴县调研工业发展情况，副县长汤爱亮陪同调研。

调研县城自来水供水状况　7月21日，县领导杨思远、温鑫、何晓域率有关部门负责人调研县城自来水供水状况。

调研重点项目建设　7月23日，范秀燎、杨思远、赖根等县四套班子主要领导先后到火车站站前广场、墨江南岸沿江路改造现场、城南镇河南村“三旧”改造现场和产业转移园区基础设施建设现场调研推进重点项目建设。

半年经济形势分析暨招商引资动员会召开　7月30日，始兴县召开上半年经济形势分析暨招商引资动员会。县四套班子领导出席会议。

开展全民健身日环城跑活动　8月8日，县领导杨思远、赖根率队参加全民健身日环城跑活动。

调研重点项目建设　9月11日，县领导范秀燎、杨思远率队深入部分重点项目建设现场，实地察看项目进展，协调解决项目建设中遇到的困难和问题。县领导赖根、黄勤昌、雷雨明、高忠、温鑫、汤爱亮等陪同调研。

赴江西赣州考察物流园区规划建设　9月11日，由县委书记范秀燎率领的考察团赴江西赣州考察物流园区规划建设、产业发展、经营运行以及项目建设、城市规划、招商引资等。县领导赖根、黄勤昌、高忠、温鑫、汤爱亮等出席考察。

开展防控“登革热”清洁大行动　9月26日，县领导范秀燎、杨思远率队开展防控“登革热”清洁大行动，重点清理垃圾袋和疏通沟渠、下水道、填平洼地，清扫卫生死角。

见证赣韶铁路正式开通运营　9月30日，赣韶铁路正式开通运营。中午13点48分，火车到达始兴站，范秀燎、杨思远等县四套班子领导到现场见证了开入始兴的第一列火车。

调研乡村“清洁美”工程　10月9日，县委常委、副县长高忠深入隘子镇，对乡村“清洁美”工作和各项建设事业进行走访调研。

陈开枝、刘文炎到始兴调研　10月10日，省老促会会长陈开枝、副会长刘文炎就始兴县加快革命老区发展情况进行调研。县领导范秀燎、杨思远、何晓域等陪同调研。

调研工商登记改革　10月16日，县委常委、副县长高忠到县工商局调研工商登记改革以来市场主体发展情况。

刘敏到始兴调研　10月21日，省水利厅副厅长刘敏到始兴县隘子镇调研清化河隘子流域综合治理项目。县领导杨思远、何晓域参加了调研。

观音栋、老殿顶风电开发项目签约　10月22日，始兴县与广东水电二局股份有限公司举行了观音栋、老殿顶风电开发项目签约仪式。县领导杨思远、黄勤昌、汤爱亮和广东水电二局相关领导出席签约仪式。

第三季度经济分析会召开　11月5日，始兴县召开第三季度经济形势分析会。县领导范秀燎、杨思远、赖根等四套班子领导参会。

陈波率队到始兴调研　11月13日，市委常委、常务副市长陈波率市经信、财政、旅游、国土等部门到始兴县开展调研。县领导范秀燎、杨思远、黄勤昌、温鑫等以及相关部门负责人陪同调研。

调研新型城镇化建设　11月20日，县领导范秀燎、杨思远、温鑫等现场办公推进新型城镇化进程，研究部署加快推进新型城镇化建设。

艾学峰到始兴调研　12月3日，韶关市推进新型城镇化进程现场会在始兴县召开。市领导艾学锋、王青西，县领导范秀燎、杨思远及韶关其他县（市、区）主要领导出席现场会。

开展“12·4”全国法制宣传日活动　12月4日，始兴县在体育广场举行“六五”普法中期表彰活动暨“12·4”全国法制宣传日活动，市人大常委会副主任张平，县领导杨思远、黄勤昌、雷雨明、卢保新、林应均、邓海清等出席活动。

国家教育督导评估组到始兴开展评估工作　12月24日，国家教育督导评估组到始兴县评估义务教育基本均衡发展工作。副县长刘胜春出席评估检查。

塘厦始兴农副产品专营店正式开业　12月29日，塘厦始兴农副产品专营店在东莞塘厦镇正式开业。东莞驻韶扶贫“双到”工作组领导，东莞塘厦镇有关领导，以及县领导范秀燎、黄勤昌、李智波、何晓域、汤爱亮、田毅等出席开业庆典活动。

【重要决策】　绿色发展　2014年，先后印发《始兴县新一轮绿化广东大行动工作方案》《始兴县大气污染防治工作实施方案》《始兴县2014年主要污染物总量减排工作方案》《始兴县墨江流域水质保护工作实施方案》《始兴县开展清理整治非法侵占用林地专项行动工作方案》《始兴县开展打击非法开采稀土行为专项行动方案》《始兴县林业有害生物普查工作实施方案》。

工作规范　2014年，先后印发《2014年县政府工作要点》《始兴县2014年依法治县工作要点》《始兴县2014年依法行政工作要点》《始兴县经济体制和生态文明体制改革专项小组2014年工作要点》。

重点项目建设　2014年，先后印发《2014年度始兴县“三个一”工作任务目标分解》《始兴县2014年建设项目征地工作任务分解表》。

推动“三农”工作新举措　2014年，先后印发《关于加快始兴县现代农业发展的实施意见（试行）》《始兴县整合行业涉农资金合力扶贫实施方案》《始兴县政策性水稻种植保险工作实施方案》《始兴县农村土地承包经营权确权登记颁证实施方案》《2014年高标准基本农田建设实施方案》《始兴县2014年农机购置补贴实施方案》《始兴县现代农业生产发展项目中央和省级资金管理实施细则》。

社会建设　2014年先后印发《始兴县冬春火灾隐患整治“利剑”行动方案》《始兴县巩固完善基本药物制度和基层运行新机制实施方案》《始兴县尾矿库综合治理行动方案》《始兴县2014年度地质灾害防治方案》《始兴县清理处置闲置土地和低效用地的实施方案》《始兴县2014年地质灾害隐患点搬迁和治理工作实施方案》《始兴县协税护税工作实施方案》《始兴县村居“两委”干部参加企业职工基本养老保险实施方案》《始兴县城区老楼危楼安全排查工作方案》《始兴县围楼维修工作方案》《2014年始兴县整治违法排污企业保障群众健康环保专项行动方案》《始兴县2014年房屋租赁业税收专项清理整治工作实施方案》《始兴2014年度以企业职工基本养老保险为重点的社会保险扩面征缴工作实施方案》《始兴县建设质量强县2014—2015年行动计划》《始兴县登革热疫情防控工作方案》《始兴县开展预防登革热为重点的爱国卫生运动工作方案》《始兴县“南岭红沙漠”首期开发实施方案》《2014年始兴县电子证照系统建设工作方案》《始兴县2014年网络问政工作考核方案》《始兴县商事登记制度改革方案》。

制度与规范化建设　《始兴县扶贫济困日活动捐赠资金管理使用办法》《始兴县气象灾害防御规划（2014—2020年）》《始兴县矿产资源总体规划（2010—2015年）》《始兴县土地整治规划（2011—2015年）》《始兴县人民政府2014年决定保留的行政审批项目目录》《始兴县2014年行政审批制度改革事项目录（第二批）》《始兴县专利申请资助办法》《始兴县公共资源交易规则（暂行）》《始兴县县级公立医院财务管理暂行制度》《始兴县残疾人特殊困难救济补助办法》《始兴金融支持小微企业发展的指导意见》《始兴县星级农家乐经营户（点）服务质量等级评审及奖励暂行办法》。

督查督办和综合协调　2014年，完成重要事项督办212件，其中书记、县长批示件25件，县政府工作要点115件，县人大代表建议46件，县政协委员提案18件。

【重要会议】　县政府常务会议　2014年，共召开县政府常务会议4次（县政府十四届9～12次常务会议）。会议主要研究讨论以下事项：始兴县防台风应急预案、金融机构支持县域经济发展考核办法、始兴县机关幼儿园异地新建的规划方案、创建第十届广东省双拥模范县、星级农家乐经营户（点）服务质量等级评审及奖励暂行办法、湿地公园项目工程建设方案、调整政府采购限额标准、统一实施园区内项目用地地质灾害危险性评估工作、解决我县贫困残疾人生活津贴和重度残疾人护理补贴配套资金、始兴县公共资源交易规则（暂行）、始兴县公共资源交易目录、解决始兴县富溢锅炉制造有限公司土地置换和房屋征收补偿问题，等等。

县长办公会议　2014年，共召开县长办公会议10次（县政府十四届第30～39次县长办公会）。会议主要研究讨论以下事项：2014年第一批“三旧”改造项目、墨江南岸道路沈所段调整设计方案、拨付2013年始兴县农业龙头企业奖励资金、工业企业涉嫌低效用地和闲置土地调查报告、与广东省教育研究院共建广东省教育研究院教育科学发展实验区、政策性水稻种植保险工作实施方案、始兴县专利申请资助办法、新一轮绿化广东大行动工作方案、食品药品监督管理体制改革、生态湿地公园及其周边“三旧”改造项目建设方案、提高始兴县城乡（居）村民最低生活保障标准、解决清化河（深渡水瑶族乡段）治理工程县级配套资金、三防信息接收应急保障系统和三防责任人数据库项目建设实施方案、2014年第二批“三旧”改造项目、清理低效用地和闲置土地、始兴县村居“两委”干部参加企业职工基本养老保险实施方案、始兴县金融机构支持县域经济发展考核办法、农村环境连片整治（一期）工作实施方案、始兴县围楼维修实施工作方案、始兴县全面推开工商登记制度改革工作实施方案、始兴县LED路灯节能改造方案、始兴县夜景灯光亮化方案、始兴县烟花爆竹经营单位（零售点）布点规划方案、房屋租赁业税收专项清理整治、修订《始兴县农村义务教育学校教师岗位津贴实施办法》、调整城镇土地使用税等级税额标准、县城供水管网改扩建工程、加强企业国有资产监督管理工作的意见、始兴县农村土地承包经营权确权登记颁证实施方案，等等。

县政府工作会议　2014 年，共召开县政府工作会议 20 次。主要研究部署以下工作：县对外加工装配服务公司改革工作、全县食品药品监管体制改革工作、武深高速公路仁化至博罗段始兴南连接线规划建设工作、沈所镇瑶族村蓄引水工程建设工作、引进韶关维特素农业科技有限公司有机水溶肥料的研发与产业化项目、“8·16”交通事故善后工作、始兴县生态智慧新城项目建设工作、沿江南路拆迁安置房办证、始兴县道路交通安全工作、始兴县生态智慧新城项目征地工作、生猪定点屠宰监督管理职能移交工作、太平镇斜潭村自来水安装工程协调工作、始兴县太平镇江口村桔梗种植协调工作、S244 线始兴县贤丰至周所段及 S343 线贤丰至始兴县城段改建工程征地拆迁工作、太平镇斜潭村自来水安装工程第二次协调工作、顿岗镇污水处理厂项目建设工作、县财政专户资金保值增值管理，等等。

【重要荣誉】　被评为“广东省城乡居民社会养老保险示范县区”　1 月，始兴县被评为“广东省城乡居民社会养老保险示范县区”。

被评为全国“六五”普法中期先进普法办　3 月，始兴县普法办荣获全国“六五”普法中期先进普法办。

入选全国文物消防安全百项工程　8 月，始兴县罗坝镇长围村围屋消防安全工程成功入选全国文物消防安全百项工程。

被列入第一批广东传统村落　9 月，始兴县罗坝镇白围村、长围村、廖屋村和马市镇黄塘村、太平镇东湖坪村、隘子镇满堂围村等 6 个村被列入第一批广东传统村落。

被评为“全国农村五保供养工作先进单位”　9 月，始兴县澄江镇敬老院被民政部评为全国农村五保供养工作先进单位。

市运会团体总分第二名　9 月，韶关市第十四届运动会闭幕，始兴县获团体总分第二名。

获评“中国最具魅力自驾游目的地”称号　10 月，始兴县获评“中国最具魅力自驾游目的地”荣誉称号。

获评国家级“标准化气象灾害防御乡镇”　11 月，始兴县沈所镇被国家气象局评定为“标准化气象灾害防御乡镇”。

获评国家 AAA 旅游景区　12 月，始兴县沈所镇铜钟寨风景区获评国家 AAA 级旅游景区。

被评为“省民族团结模范集体”　12 月，始兴县深渡水瑶族乡被评为“省民族团结模范集体”。

（陈建兴）

始兴县人民政府领导成员名单

县　长：杨思远

副县长：高　忠

刘胜春

周顺明（—2014. 12）

何晓域

汤爱亮

余志强

谭晓健（2014. 12—）

县人民政府办公室

【概况】　始兴县人民政府办公室是协助县人民政府领导处理日常工作的机构，是承上启下的服务窗口，承担着综合调研、督查落实、信息调研、参谋决策等重要职能，级别为正科级。内设秘书股、综合调研股、人事计财股、督办股、县应急管理办公室、公共资源交易管理办公室、法制股、人防股、外事侨务股，挂县法制局、县外事侨务局、县人民防空办公室牌子。全办共有行政编制 18 名，工勤人员编制 9 名。

2014 年，始兴县政府办紧紧围绕县委、县政府的中心工作和重大决策部署，加强文秘队伍建设，提升以文辅政水平，高标准处理公文，高质量承办会务，高效率处理事务，做好政务信息的采编上报和全县重大工作专题调研工作，保证和促进县政府各项工作高效运行。

【处理公文】 推进电子政务系统公文办理工作，提高公文办理质量和效率，实现工作提速提效的目标。全年完成始府文件27件，始府函文件143件，始府办文件134件，始府办函文件43件，常务会议纪要、县长办公会议纪要和政府工作会议纪要34件，始府办明电140件。全年接收办理上级来文（电）1506件，各乡镇各部门报送的请示、报告227件，群众来信53件。全年审核规范性文件草案16件、通告类文件19件、政府招商引资项目合同文书15份，提供法律意见9件。

【承办会务】 全年共拟定和发出会议通知98批次，承办大小会务98场次，比上年同期减少26.8%。

【处理事务】 继续推进网上办事分厅建设，全面推行网上审批和上网办事。

【信息调研】 全年向县、市各类媒体报送政务信息120多篇，政务信息工作全年综合得分在全市各县（市、区）中位列第一名。围绕县委、县政府提出的发展思路，对事关全县的重大工作开展专题调研，完成调研报告4篇。从11月起，深入主要部门和各乡镇开展调研工作，撰写2015年政府工作报告。全年撰写领导讲话110多篇、汇报材料120多篇，审核部门材料80多份，各类会议纪要34份。

【督查工作】 全年完成重要事项督办212件，其中书记、县长批示件33件，县政府工作要点115件，县人大代表建议46件，县政协委员提案18件。

【应急工作】 严格落实节假日24小时不断档、不空岗值班制度，组织开展现场救护知识和技能讲座、消防演习和化学危险品应急救援演练，加强突发事件风险隐患排查，完成8个风险隐患源整改和处理突发事件5宗。

【作风建设】 开展党的群众路线教育实践活动，学习贯彻十八大以来系列重要会议精神和习近平系列重要讲话精神，开展集中学习讨论16批次，制定和完善办公室文件审批制度、政务信息报送制度等7项制度。严格执行中央“八项规定”和“六项禁令”，严格落实党风廉政建设责任制，作风建设取得新的进步。（陈建兴）

附：领导班子成员名单

主　任：郭万新

副主任：陈春银（—2014.10）

王志军（—2014.12）

肖家锋（—2014.12）

孔祥奎

钟祥荣

张晓华

政府法制建设

【概况】 始兴县人民政府法制局成立于1990年4月，为副科级单位，归口县政府办领导和管理。2008年3月，升格为正科级建制单位，在始兴县人民政府办公室挂牌。2014年11月，县政府机构改革后，撤销县法制局正科建制，在县人民政府办公室内设法制股并挂县法制局的牌子，法制局（股）的主要职责是：贯彻执行国家和省、市有关法制工作的方针政策，指导督促全县依法行政工作；承担县人民政府规范性文件制定的相关工作，负责县人民政府规范性文件的起草或组织起草、修改、提请审议、解释、编纂工作，承担法律、法规、规章及上级机关规范性文件向县人民政府征求意见的反馈工作；负责县人民政府规范性文件草案的法律审核，负责县人民政府各部门规范性文件合法性审查和乡镇人民政府规范性文件备案审查工作，承担县人民政府规范性文件的清理和报送备案审查工作，对全县规范性文件审查及清理工作进行指导督促，办理公民、法人和其他组织对始兴县规范性文件提出的合法性审查申请事项；负责本县行政执法监督工作。负责完善和督促实施行政执法监督各项制度，审查行政执法队伍主体和人员的执法资格，核发、监督使用行政执法证，负责行政执法投诉举报和行政执法争议协调处理工作；办理向县人民政府申请的行政复议、行政赔偿案件，代理县人民政府行政应诉事务，指导、监督全县行政复议、行政应诉、行政赔偿工作；负责县人民政府法律顾问事务，承办县人民政府重大决策和重要行政措施发布前的合法性审查及县政府领导交办的法律顾问事务，代理县人民政府民事诉讼事务；负责政府法制理论和实务研究，开展依法行政意识宣传教育工作；指导、协调仲裁工作；承办县人民政府和市法制局交办的其他事项。

2014 年，县人民政府法制局贯彻落实《国务院关于加强法治政府建设的意见》，以中共十八大，十八届三中、四中全会精神为指导，围绕县委、县政府中心工作和工作重点，按照全面推进依法行政、建设法治政府的要求，认真履行政府法制工作职责，积极作为，为建设法治始兴、幸福始兴提供了良好法制服务和保障。

【规范性文件管理】 县法制局按照《始兴县政府规范性文件制定程序规定》《始兴县规范性文件备案制度》《始兴县人民政府规范性文件定期清理与存档管理制度》等逐步把规范性文件制定纳入制度化、法制化轨道，确保规范性文件符合法律、法规和上级行政机关规范性文件的规定。2014 年，共审核规范性文件 16 件，审核通告类文件 19 件，答复上级部门征求意见 9 件，提出修改意见和建议 23 条，涉及生态保护、招商引资、公共资源交易等行政管理领域。

【行政执法监督】 按照《始兴县行政处罚案卷评查标准》《始兴县行政许可案卷评查内容和标准》《始兴县人民政府行政执法监督工作方案》的要求，定期抽查行政执法部门进行行政执法督察和执法案卷评查。2014 年，共进行了 3 次对 30 个行政执法部门进行了行政执法督察和执法案卷评查，提高了始兴县的行政执法质量。加强行政执法证的管理，严格按规定做好申领、发放、换发、补办工作，所有申领行政执法证行政执法人员必须经过行政处罚法、行政复议法、国家赔偿法、行政诉讼法和行政许可法等法律法规的培训考核通过后才能申领。为全县 390 多名行政执法人员申领和换发行政执法证。

【行政复议与应诉】 2014 年，收到当事人向县政府申请行政复议的案件 13 宗，受理上年结转案件 2 宗，办结 12 宗。审理后作出维持决定 10 宗，作出撤销决定 1 宗，申请人主动撤回申请 1 宗，正在审理 3 宗。指导和参与县政府行政应诉案件 9 宗，指导行政复议应诉案件 3 宗。在办案过程中，县法制局做到重事实，重证据，重程序，重时效，集思广益，坚持原则，公正廉洁，严格按照法律、法规作出行政复议决定，坚决纠正违法、不当的具体行政行为，切实保护公民、法人和其他组织的合法权益。通过复议纠正了违法和不当的行政执法行为，化解了行政争议，维护了社会的和谐稳定。

【政府法律事务】 2014 年，县法制局共审查政府招商引资项目合同文书 15 份、提供法律意见 9 件；审核山林权属纠纷处理决定 3 宗；审核山林权证 27 份，共 40 宗，参与处理信访复查案件 20 宗，接待来访 90 多人次，处理网络群众投诉 1 宗，作出行政督察建议书 1 宗，提出行政复议建议书 1 宗。

【依法行政考评】 组织开展始兴县 2014 年度依法行政考评工作。县法制局根据《广东省法治政府建设指标体系（试行）》（广东省人民政府第 184 号令）和《广东省依法行政考评办法》（广东省人民政府第 185 号令）的要求，以县政府办 102 号文件印发《始兴县 2014 年度依法行政考评工作方案》。12 月 5 日下午，召开 2014 年度全县依法行政考评工作会议，对全县 2014 年度依法行政考评工作进行部署。做好市依法行政评查的迎检工作。县法制局根据韶关市人民政府办公室《关于印发韶关市 2014 年度依法行政考评方案的通知》精神，以县政府办名义向有关单位下发《关于做好迎接市政府 2014 年依法行政评查准备工作的通知》，并依据市考评指标进行了责任分解和做好全县依法行政工作情况汇报材料撰写、有关材料的收集整理等准备工作。

【法制局队伍建设工作】 开展 2014 年度行政执法人员培训工作，7 月 3—4 日由县法制局的领导和邀请的韶关市法援处的律师、县检察院的检察官作为授课老师对全县从事行政执法、政府法制的430多名工作人员进行了为期两天的行政执法人员培训，培训结束后，当场进行了法律知识闭卷考试，以此来提高法制工作者的法律素质；各乡镇、县直单位按规定配备法制股（科）或法制联络员，加强各单位法制队伍建设。创建法制工作联络Q群，所有行政单位的法制联络员全都加入，形成了以县政府法制局为主体，各部门为补充的推进依法行政工作网络平台，提高工作效率。（何贵雄）

附：领导班子成员名单

局　长：王志军

副局长：彭志华

　　　　何贵雄

机关事务管理

【概况】 始兴县政府成立时设立了行政科，属行政单位。1997年4月8日，行政科、接待科合并改名为“机关后勤服务所”为正科级事业单位，2007年1月31日更名为“始兴县人民政府接待办公室”，2008年5月26日更名为“始兴县机关事务管理局”，属县人民政府正科级事业单位，办公地点设在县永安大道中（政府办公大楼中）。县机关事务局主要负责县委、县政府的机关后勤管理工作。2014年，下设秘书股、综合股、车管股3个股室，设主任（局长）1名，副主任（副局长）2名，有干部职工17人，其中：干部9人，职工8人。

2014年，坚持以中共十八精神为指导，以“内强管理、外树形象、服务为本、保障有力”为宗旨，紧紧围绕县委的中心工作，立足机关后勤管理规范化，后勤服务社会化，后勤保障法治化的工作实际，为县委、县政府各项工作开展提供了有力的后勤保障。

【公务接待】 6月，县机关事务局成功接待了中央政治局委员、省委书记胡春华一行到始兴考察调研。

【节能减排】 10月，县机关事务局圆满完成全县公共机构能源资源计量器具配备和管理统计工作。

【安全保卫管理】 县机关事务局共对安全保卫人员进行了4次教育引导和48次技能培训，新增安全保卫人员2名，加大对办公大楼周边范围内每天至少4至6次的巡逻巡查力度。

【会议会场管理】 县机关事务局顺利完成行政会议中心召开的党代会、人代会、政协会等各类大小会议，会场布置服务100余场次。根据各类接待、会议等的需求，派出工作人员参与服务，在全年的会议会场服务工作中没有出现过一次差错，保障各类会议的胜利召开。

【园林绿化管理】 县机关事务局为改善县行政办公大楼绿化环境，在县政府办公大楼东、西两侧增种植24700平方米草地和古树名树，重点培植具有地方特色的花草、乔木，对绿化养护工作实行季度考核，没有达到养护标准的作出一定处罚。

（黄　丹）

附：领导班子成员名单

局　长：张优明

副局长：曹志勇

　　　　阙艳传

接待中心

【概况】 始兴县人民政府接待中心前身为始兴县机关后勤服务所（正科级单位），于2007年5月9日更名为始兴县人民政府接待中心，为始兴县机关事务局下属股级事业单位，主要负责上级领导和兄弟县（市、区）来访客人、外来宾客的接待工作；负责县大型会议及活动的协调服务工作；协助有关部门招商引资、对外宣传始兴活动的接待工作。2014年，县接待中心人员编制5名，设主任1名、副主任1名，职工3名（含工勤人员），在编人数2名。

【主要接待工作】 2014年，县接待中心圆满完成始兴县主要接待工作：国家林业局林业考核一行、全国农村义务教育学校基本办学条件专项督导组一行、省委第六督导组一行、省环保厅领导调研塑料再生资源产业信访问题座谈会一行、省民政厅刘洪厅长、省军分区将军、广东教育研究院、省卫计委、省委农办、省宣讲团、省档案局、省残联、省交通厅、省红十字会、省信访局、省林业厅等省级部门调研一行；还接待了全市扶贫双到会议、全市党风廉政建设会议以及全市各上级部门领导调研等。此外还接待韩国荣州考察交流团等外事接待。

【接待工作管理】 2014年县接待中心贯彻落实《党政机关厉行节约反对浪费条例》，严格按照《党政机关国内公务接待管理规定》进行工作安排，紧密结合始兴县接待实际，指导当地酒店宾馆营造特色氛围、改善服务质量、提高接待能力，严格执行接待标准，实行定点就餐。菜式上根据始兴特色，秉承始兴优美生态环境，坚持生态美食、健康餐饮，实现“吃出生态、吃出健康、吃出文化”的宗旨，一律使用当地食材和当地酒水，坚持采用一材多用，一味多食，最大程度利用当地食材，杜绝浪费。厉行节约反对浪费，弘扬中华民族勤俭节约传统美德、加快推进资源节约型环境友好型社会建设，规范了接待工作。（谢继英　吴桂平）

附：领导班子成员名单

主　任：谢继英

信息化建设

【概况】 始兴县信息中心成立于2001年1月，隶属于县人民政府，为副科级事业单位。2014年，内设综合秘书股、电子政务股、信息采编股3个职能科室，人员编制20人，现有在职技术和管理人员18人。

2014年，学习贯彻中共十八届三中、四中全会精神，开展党的群众路线教育实践活动，切实贯彻执行国家及省、市有关方针政策，紧紧围绕县委、县政府的中心工作，全力推进电子政务、政府门户网络建设、信息采编等工作，圆满完成了各项工作任务。

【队伍建设】 县信息中心始终把建设一支政治过硬、业务精通、作风扎实、廉洁高效的队伍作为主要任务来抓，围绕党的群众路线教育实践活动要求，结合工作实际，通过抓教育、抓作风、抓制度等手段，从严要求，切实加强作风建设和行风建设，达到了弘扬优良作风，保持清廉本色，解决“四风”问题的目标要求。干部职工的综合素质得到了提高，工作作风得到了改进，工作更加积极主动，战斗力和凝聚力不断增强。

【推进电子政务工作】 推进电子政务网络建设，加强各项系统平台的运维管理。抓好全县电子政务外网接入和运维工作，部署网络监控设备，进行全网网络流量管控，切实有效提高了网络利用率，及时解决各接入单位政务网络问题，保障网络的通畅。抓好党风廉政、双信、重大事项报告等系统的技术支持和运维管理工作，确保各项系统正常运转，高质高效服务党委政府。拓展完善市网上办事大厅，全面推行网上审批和办事。2014年，重点完善网上办事大厅上线事项，以及构建乡镇网上办事站、村居网上办事点，依托网上办事大厅推动建立县镇村3级政务服务体系。完成了省市下达的工作任务：完善上线事项的办事指南，优化网上审批流程，提升网上办事的服务水平；根据《始兴县人民政府2014年决定保留的行政审批项目目录》，完善网上办事大厅审批事项，共取消下放审批事项285项，新增事项173项；开通全县所有乡镇办事站和村（居）委会网上办事点；举办了两期乡镇网上办事分厅系统操作使用培训班。网上办事大厅的建设推动行政审批和服务事项由到部门实地办理加快向网上办理转变，2014年，全县网上办事分厅共受理事项7965项，办结7903项，办结率99.2%。

【门户网站管理】 加强网站管理，营造健康文明新形象：树立政府网站对外宣传形象，确保网站在对外宣传、招商推介、为民服务等方面发挥应有作用，明确对网站的各类信息维护工作要求，制定政府门户网管理制度，明确信息维护分管领导、日常信息维护工作人员。加强网站建设，完善网络宣传新平台：始兴政府门户网是全县对外宣传推介的一张“名片”，为适应新的要求，县信息中心对网站栏目、版面等进行改版，重新设计了网站的banner，并对网站的结构栏目进行了部分改版，突出了各类新闻资讯、重点专题、信息公开等板块的建设，网站整体设计更美观、功能更完善、管理更科学；全新改版《走进始兴》栏目，重新设计的页面结构，加入了视频元素，更加全面、直接地展现了始兴人文地理、民俗风情；对“始兴民声论坛”相关政府网络问政功能进行整合，在政府网开通“政民互动”栏目，栏目的开通发挥联系群众、互动交流的重要作用，激发了民众对政府工作关注的热情，2014年，共受理网民的建言、咨询、投诉、举报、求助等网上信访152件，办理回复146件。

【宣传工作】 加强新闻信息采编发布，宣传始兴县经济发展和社会各项事业进步的新亮点、新举措，反映经济社会跨越发展的新成绩、新进步，2014年，政府网共发布各类图文信息13029条，视频信息2769条。围绕中心，做好“主题”宣传，结合县内重点工作，加强与各单位的沟通，开设“群众路线教育实践活动”“聚焦两会 关注民声”“贯彻落实十八届三中全会”等22个专栏，集中组织相关信息宣传，提高舆论引导水平。壮大宣传队伍，提升稿件质量，为确保网站信息内容丰富，常办常新，信息中心建立了一支覆盖全县各级部门、乡镇的网络信息员队伍，并制定相关信息考核评比办法，鼓励各类投稿。做好网上信息公开工作，利用政府网和政务信息公开平台，及时公开重大决策、地方法规、人事任免、新闻发布、工作动态等信息，丰富咨询内容，提供便民服务，方便群众办事，增加政府行政透明度，推进阳光政府的打造。

【粤北山区生态蜜蜂产业公共平台项目建设】 粤北山区生态蜜蜂产业公共服务平台项目于2011年启动，是广东省现代信息服务业发展项目之一，项目为蜂业企业、合作社、蜂农提供产业、市场、科技等信息服务，提升了蜂产品标准化和信息化水平，拓宽产品销售渠道，提升粤北蜂产品知名度，形成“资源＋平台＋服务＋市场”的蜂业创新型服务体系，为粤北山区优势特色农产品产业发展提供了创新服务模式。5月23日，经专家组严格审查和认真讨论，一致认为该项目已达到经济和技术指标，通过项目验收。 （华玉虾）

附：领导班子成员名单

主　任：凌银忠

副主任：李　涛

　　　　赖金艳

行政服务中心

【概况】 2002年3月组建始兴县行政审批服务中心，为正科级行政单位。2007年3月6日更名为“始兴县行政服务中心”，由行政管理单位转为行政事业单位。主要职责是办理县内、外商投资者申请投资生产性、非生产性、经营性项目等需要报经县各行政主管机关审批、核发的各项批文、证照；办理县内建筑工程项目规划、施工等需要报经各行政主管机关审批、核发的各项批文、证照；办理征地、供水、供电、交通等方面的手续；办理各类组织和城乡居民申报的有关证照；受理各类投资、税收政策及各种证照申领的咨询，信息发布等事项；处理服务中心工作范围内的投诉；承办建设工程项目招投标及联系有关中介服务事项；承办县委、县政府交办的其他事项。行政服务中心内设3个股室：秘书股、业务股（政务股）、督查股和1个下属事业单位：始兴县政府招标采购中心；核定事业编制6名，后勤服务人员1名，人员经费按财政补助一类拨付。

2013年10月14日，经始兴县机构编制委员会决定，撤销始兴县政府招标采购中心，收回事业编制5名。

2013年10月16日，始兴县公共资源交易中心成立，为县行政服务中心管理的副科级公益一类事业单位。内设机构有综合信息部、国土资源交易部、产权交易部、工程交易部、政府采购部；核定事业编制12名，经费按财政补助一类供给。

2014年1月7日，经始兴县机构编制委员会决定，设立始兴县征信中心，为县行政服务中心下属正股级公益一类事业单位，核定事业编制 2 名，经费按财政补助一类供给。

2014 年，行政服务中心实际在职人员 7 名，公共资源交易中心实际在职人员 5 名，征信中心实际在职人员 1 名。

县行政服务中心 2014 度的重点工作主要是：整合进驻事项，打造政务超市，完善基层服务体系；加强窗口规范化管理，打造一流的服务窗口；加强投资企业后续跟踪服务，全面落实重点项目建设；推进全县政府信息公开、政务公开工作；贯彻执行相关法律法规，规范公共资源交易中心运行；加强基层建设，做好驻村联系点各项工作；开展社会建设重点工作、依法行政、依法治理工作。

【党的群众路线教育实践活动】 学习教育、听取意见。以学习教育、凝聚共识为目的，学习中央和省委、县委有关文件和指导书目，接受党性教育；集中观看专题教育片，统一广大党员、领导干部的思想认识；通过设立征求群众意见箱、群众留言簿、向社会公开承诺等方式接受广大干部群众特别是到行政服务大楼办事的各界群众的监督。

查摆问题、开展批评。严格按照“四必谈”的要求及程序开展谈心谈话活动，谈话共计 20 余人次；开展批评与自我批评，班子成员针对“八项规定”和“四风”问题反省自身存在的不足，虚心接受党员同志们的意见建议，在加强改进工作作风，全心全意为民办事等方面有实质性的突破。民主生活会后，经民主测评，班子专题民主生活会的群众满意率高达 100%。

整改落实、建章立制。对前两个环节中查摆出来的问题和群众提、上级点的突出问题进行研究，逐项分析并确定整改方向和整改任务。在广泛征求群众意见和建议的基础上制定《始兴县行政服务中心班子党的群众路线教育实践活动整改方案》《始兴县行政服务中心深入开展“四风”突出问题专项整治方案》《始兴县行政服务中心解决“四风”突出问题制度建设计划》等制度。在此环节，共修订完善了管理制度 7 项，新增管理制度 7 项。

【服务体系建设】 设立行政服务中心综合服务窗口。以“一站式”服务为目标，开展办件登记、联办代办、咨询服务、综合协调、受理投诉等综合服务。对进入行政服务大楼的办件实行登记，加强服务事项入口和出口的管控，及时跟踪和掌握事项的办理情况。

拓展网上办事分厅向乡（镇）、村（居）延伸建设。梳理各乡镇、村居便民服务事项目录，全县 10 个乡（镇）便民服务中心开通网上办事站，每个乡（镇）均有 1 个村（居）完成网上办事点的试点建设。

印发《办事指南》，开展优质便民服务。在网上办事分厅公布并印制《办事指南》、服务小册子。《办事指南》涵盖全县 40 多个职能部门、10 个乡镇的 405 个行政许可服务事项，已分发到各乡（镇）、村（居）便民服务站（点），方便群众了解办事程序；以三级便民服务平台为依托，积极开展联办代办、综合协调服务，为群众、企业办事排忧解难。

2014 年，县行政服务大楼各窗口单位累计收件 35883 件，办结 35599 件，办结率为 99.21%。网上办事分厅累计办件 8222 件，其中网上受理数为 4249 件，占比 40.75%。

【服务事项进驻】 配合县人大对各单位及行政审批服务事项进驻行政服务大楼情况进行专题视察，推动“两集中、两到位”工作；落实《始兴县行政服务大楼窗口单位、窗口工作人员及分中心考评考核办法（试行）》，促进“两集中、两到位”工作；印发《行政服务中心简报》，强化“两集中、两到位”工作。2014 年，全县共有 41 个单位、576 个事项、80 名窗口工作人员进驻行政服务大楼为广大人民群众集中服务。办事大厅共设立了办事窗口 53 个。

【行政效能建设】 始兴县行政服务中心注重完善和规范窗口单位及窗口工作人员管理办法、考核办法等规章制度，实行上下班人脸识别考勤、日常巡岗巡查等纪律，每月及时向派驻单位反馈各窗口工作人员的工作纪律和业务办理情况；各乡镇便民服务中心统一安装监控，实行联网视频监督，形成科学管理机制，以制度管人管事。

【公共资源交易中心运行管理】 2014年，县公共资源交易中心完成了政府采购、工程交易和土地交易的整合，公共资源交易日趋规范统一：制定始兴县公共资源交易规则、公共资源交易目录；通过简化潜在投标人报名程序，取消集中勘踏、答疑环节，全面推行资格后审。通过以上措施，确保交易活动的公平、公正、公开，遏制公共资源交易过程中的违法违规行为，从源头上预防和治理腐败，保护交易双方当事人的合法权益。2014年，公共资源交易中心完成政府招标采购项目68宗，预算金额为5359.44976万元，中标金额5066.269909万元，节约率为6%；建设工程交易11宗，计划投资时11257.97万元，实际交易额是10170.18万元，节约率为10%。

【市县重点项目跟踪服务】 2014年，县行政服务中心负责港林塑胶五金制品、始兴县华粤太阳能生态旅游度假村、联丰医用卫生材料（始兴）有限公司、始兴县泰源食品饮料有限公司农产品饮料加工及绿精灵文具有限公司等5个重点项目。按照县委、县政府提出的“一切为了项目想，一切为了项目转，一切为了项目干”的要求，县行政服务中心坚持“5+2”（5个工作日，加上两个双休日）“白加黑”（24小时）为企业提供优质高效的服务，协调项目企业、县国土局、县住建局等单位，推进项目的发展，从项目资料准备，报批立项、报送报表，始终亲力亲为，且坚持每周到建设基地进行实地考察，为企业排忧解难，督查投资进度，年度内共完成固定资产投资6.5亿元。

【政府信息（政务）公开】 *部署落实工作要点。*按照省、市2014年政府信息公开工作要点，印发《2014年始兴县政府信息公开工作要点任务分解》，把《始兴县2014年政府信息公开工作要点》工作任务分解到各责任单位，就做好政府信息（政务）公开、政府信息公开报告、重点领域的信息公开、政府信息公开保密审查，进行认真部署；搭建重点领域信息公开专栏，按照市里的统一布置推进专栏建设；加强公开工作的日常管理，在开展网上督查督办的基础上，以简报的形式通报各责任主体单位工作情况。

*编制年度报告和工作简报。*编制始兴县政府信息公开2013年年度报告并在市政府信息公开平台发布；出版了4期政府信息公开工作简报，其中包括对始兴县2013年政府信息公开年度报告完成情况、2014年各公开单位上半年、第三季度在市政府信息公开平台上公开信息情况、始兴县财政全额拨款单位2013年决算及2014年预算、2014年“三公”消费公开情况等内容。

*充实完善公开栏各项公示信息。*各政府信息公开责任单位均建立对内、对外公开栏，公开发布本单位财务报表、领导班子收入、津补贴、汽车支出等信息；“始兴县网上办事分厅”提供包括办理对象、办理条件、办理依据、所需材料等办事指南的查询、表格下载、咨询和申办服务。

【驻村扶贫和计划生育】 2014年，县行政服务中心与韶关冶炼厂共同帮扶省级贫困村——太平镇江口村。行政服务中心指定一名副职领导和一名驻村干部具体负责帮扶工作，通过实施“规划到户、责任到人”“一村一策、一户一法”等措施，使贫困户收入稳步增加，村集体经济实现平稳增长。2014年，县行政服务中心全体工作人员严格遵守国家计划生育政策，年度内未发生一例违反计生法规的案例。

【基层党建工作】 加强组织领导，全面动员部署：成立党建工作领导小组，制定《始兴县行政服务中心2014年党建工作计划》。落实党建工作责任制，制定并印发《始兴县行政服务中心党建工作责任制》，严格落实党支部书记负总责，集体领导与个人分工负责相结合的制度，细化分解责任内容，做到目标明，责任清。配齐党员活动设施，丰富党员文化生活：拓展党员活动阵地，完善党员活动设施，开展各种形式的党员活动，丰富党员文化生活。落实党务公开工作、发展党员制度，严格按照党务公开、发展党员等制度规范开展活动。

【创建“平安单位”】 抓机制明责任，全面落实创建平安单位与综治工作责任：强化组织领导，明确股室责任，齐抓共管，有效推进。抓排查强防控，全力维护行政服务大楼办事大厅工作秩序，对办事中可能出现的纠纷隐患、纠纷苗头进行排查，以保安、监控、消防设施设备等手段做好各种防患工作。抓教育强素质，努力提高服务队伍法制观念：组织学习有关法律法规，严格要求干部职工从思想、作风、纪律、效率、团结、廉洁六个方面严于律己，提高政治觉悟、法律观念和思想道德水平。抓管理重落实，细化窗口管理规定，全面落实窗口人员行为规范，促进窗口能“快办事、多办事、办成事”。抓调解重解释，做深做实矛盾纠纷排查化解工作，加强办事大厅值班巡查；及时发现矛盾纠纷，最大限度地把矛盾化解在萌芽状态。

（向丽霞）

附：领导班子成员名单

主　任：肖家锋

副主任：邓建东

　　　　王茂阳（—2014.12）

　　　　钟细锋（2014.12—）

县公共资源交易中心主任：张熙恩（2014.12—）

外事侨务与港澳事务

【概况】 始兴县外事侨务局前身为始兴县人民政府侨务办公室（1985年1月成立）和始兴县人民政府外事办公室（1986年6月成立），两块牌子一套人马办公。2010年，根据《中共始兴县委、始兴县人民政府关于印发〈始兴县人民政府机构改革方案〉的通知》将原挂靠县政府办公室的县外事侨务办公室、调整为在县政府办公室挂牌，并更名为县外事侨务局；2014年，根据《中共始兴县委、始兴县人民政府关于印发〈始兴县人民政府职能转变和机构改革方案〉的通知》，将原在县政府办公室挂牌更改为内设机构外事侨务股。

主要职责是：贯彻执行国家和省、市有关外事、侨务和港澳工作的方针政策，拟订本县有关外事、侨务、港澳工作的政策和发展规划并组织实施；管理、指导、协调处理涉及港澳的事务。协同有关部门组织好重要外事活动，监督执行外事纪律，协助有关部门处理涉外事件；负责因公临时出访管理工作，承办审批、审核本县范围内的单位派遣团（组）出国、赴港澳地区和邀请外国人来始兴访问的有关事项，办理因公出国、赴港澳人员的护照、通行证的颁发和管理工作。联系华侨、华人、港澳同胞及其社团，做好海外侨务工作，依法保护华侨、归侨、侨眷、港澳同胞的合法权益，承担对外民间交流和缔结友好城市的联络、管理工作；负责华侨、华人、港澳同胞捐赠款物的受理、报批、管理以及监督，做好困难归侨、侨眷的扶贫、救济工作；协同有关部门组织接待来始兴访问的外国友好人士以及其他重要来宾，协同新闻媒体做好对外宣传工作和来始兴从事公务活动的外国记者的接待和管理；承办县人民政府以及市外事侨务局交办的其他事项。2014年，有编制3人，在职人员3人。

2014年外事侨务工作是：贯彻中共十八大精神和中央、全省外事、侨务工作会议精神，牢固树立和认真落实科学发展观，坚持以人为本、为侨服务和为国家整体外交服务的宗旨，开展外事侨务工作，为促进始兴对外开放、招商引资、开创和谐社会做了大量的工作，取得较好成绩。

【外事归口管理】 县外事侨务局继续完善各项因公证照管理工作。做好领用、收缴、保管工作，并且定期对因公证照进行清查和登记。在办证过程中，围绕“服务领导、服务基层”的职责要求，在加强规范管理的同时，不断改进服务，提高服务质量，做到急事急办，特事特办，切实做到为外向型经济部门和更多有实质性内容的团组和人员的出访提供良好的服务。全县全年办理因公出访香港、澳门团组37批58人次。全年接收港澳同胞捐资助学金额144.627万元。

【侨务扶贫工作】 始兴县有海外华侨华人150多人，散居归侨侨眷共197户，728人，贫困归侨、侨眷46户，212人。县外事侨务局始终坚持以人为本、为侨服务的宗旨，把侨务扶贫作为“凝聚侨心、稳定一方”的德政工程来抓。全年发放困难归侨、侨眷扶贫救济款5万多元，走访慰问36户贫困、下岗归侨侨眷，用真心真情温暖困难归侨侨属的心。

【侨务信访】 “全心全意为侨服务”一直是县外事侨务局的工作宗旨，维护侨胞合法权益，完善侨

务信访目标管理制度，接待来访来电咨询 3 人次，结案率 100%。（曾小艳）

附：领导班子成员名单

局　长：李红生

副局长：曾广东

投资建设项目代建管理

【概况】 始兴县政府投资建设项目代建管理局（简称"代建局"）成立于 2013 年 7 月，为县政府直属正科级公益一类事业单位，主要负责县政府投资县属非经营性项目代建管理工作。内设机构有综合股、业务股两个职能股，核定事业编制 8 名，后勤服务人员 1 名。

【做好工程项目的代建工作】 2014 年，共代建工程项目 12 个，其中竣工项目 2 个，在建项目 10 个。始兴县火车站站前广场、LED 路灯已经竣工，站前广场是始兴县实施代建管理办法起第一个竣工项目（2014 年 9 月竣工）。站前路、墨江南岸滨江景观工程、两所一队、金润大桥、国防教育训练基地靶场改造、粮食直属储备库、湿地公园、山水大桥、S343 道路改造等项目工程也正在安全、有序的施工中，并组织实施了县城的夜景亮化工程。

【创新委托招标代理方式】 严格执行招投标法情况，在委托招标代理的环节创新了工作思路。在湿地公园、粮食直属储备库项目选择招标代理过程中，筛选本地区有资质、排名比较靠前、信誉度比较高的公司参与，采取抽签的方法，确定招标代理。且邀请检察院等相关部门全程监督，推进代建管理工作规范化及项目廉政约束机制建设。

【树立大市政意识开展代建工作】 代建项目中大部分属于市政工程，在建设过程中，树立大市政意识，在设计施工中综合考虑市政配套设施，尽可能避免重复开挖、重复施工甚至重复投资。在站前路建成后，发现新老排水管道的连接井负荷较大，如遇大雨天气，有雨水外溢、水浸道路的隐患，为此，对连接井进行了加大改造，并建议城建部门对下游排水管道也进行了改造，为防止今后管线部门施工时进行二次开挖，在道路两边增加预埋了 16 条 PVC 线管；湿地公园项目因道路设计没有考虑县城未来的发展而过于简单，县代建局进行了优化设计。

【开展群众路线教育实践活动】 党的群众路线教育实践活动经过精心组织、扎实推进，通过全局广大党员干部的共同努力，干部的群众观点和党性修养明显提升，"四风"问题得到整治，贯彻群众路线的长效机制和刚性约束初步形成，党内政治生活质量和水平明显提高，影响群众切身利益的症结难点得到突破，"两手抓、两促进"取得良好成效，教育实践活动达到了预期目的，取得了较大成果。（张　颖）

附：领导班子成员名单

局　长：赖　雄

副局长：赖福昌

　　　　朱昱东

政协始兴县委员会

综　述

中国人民政治协商会议始兴县委员会于1980年12月成立，由中国共产党、各民主党派、无党派民主人士、人民团体等各界代表组成。2014年县政协领导及机构组成：主席1名，副主席6名，秘书长1名。内设办公室、组织联络科、宣传科3个科室；机关工作人员有9人，其中：办公室主任1人、副主任1人、科员1人，组织联络科科长1人、主任科员1人，宣传科科长1人，机关事业编制工勤人员3人。

2014年，政协第九届始兴县委员会坚持以中国特色社会主义理论为指导，紧紧围绕上级党委和县委的总体要求和部署，认真履行政治协商、民主监督、参政议政三大职能，为加快始兴经济和社会发展做出了应有的贡献。

重　要　会　议

【政协九届四次全体会议】　中国人民政治协商会议始兴县第九届委员会第四次会议，于2014年2月10—12日在县城举行。会议审议通过了赖根主席代表政协九届常务委员会所作的工作报告；委员们列席了始兴县第十四届人民代表大会第四次会议，听取并讨论了政府工作报告。审议通过了政协始兴县第九届委员会第四次会议决议；县委书记范秀燎在会上作了讲话。

重要活动和主要工作

【视察调研】　各专委会围绕社会经济发展热点问题，开展专题调研，撰写《关于推进澄江有机农业专业镇建设的建议》《关于始兴文化旅游建设情况的调研报告》《关于推进我县围楼保护与开发的调研报告》《关于我县平安林区建设及林政管理的调研报告》《关于促进我县宗教文化旅游协调发展的调研报告》《关于在县城部分路段实行单行线试点的调研报告》等调研考察报告，为县委、县政府决策提供了有益的参考。

【协商议政】　履行协商议政职责，2014年召开主席会议8次、常委会议4次、专题座谈会26次。政协九届四次会议召开期间，政协九届四次会议期间，围绕加快新型工业化、新型城镇化和农业现代化进程，生态发展，保障和改善民生等重大问题建言谋策，提出意见和建议48条，均得到县委、县政府及有关部门的重视。主席会议围绕县委、县政府重大决策、统一战线等重大问题和重点项目推进、招商引资、生态建设、社会保障等重要工作进行了重点协商，为始兴县经济社会建设建言谋策。常委会议围绕园区、景区、城区三区建设及法制建设等工作，听取了县经信局、县国土资源局、县旅游局、县住建局、县公安局等单位的工作汇报，并提出了意见和建议。还听取了县纪委、法院、检察院工作情况的通报。

【提案工作】　县政协九届四次全委会议，委员共提出提案33件（其中15件以委员来信形式交办）内容涉及经济发展、市政建设和管理、文教卫体、交通管理、民族宗教、社会治安、食品生产与安全、劳动社会保障和慈善事业等方面。建立委员督办提案制度，提案办复率达到100%。

【民主监督】　推荐委员担任相关部门的特邀监督员、人民监督员、行风监督员、人民陪审员和民情信息员，积极参加我县公、检、法和党政部门的行风监督与评议活动，并及时提出意见和建议，有力地推进了部门工作的提升和作风的转变。组织委员对县重点项目建设、看守所工作进行了视察。利用政协“委员之家”网络平台，反映社情民意，主动参与相关问题的讨论，履行民主监督职责。2014年，上网浏览的委员超过2.5万人次，委员以个人名义发出意见建议贴84个。县政协办认真归纳网上讨论建议，形成4期《政协委员建言专报》报送县委、县政府主要领导，并发函至相关部门，反映政协委员意见，同时，对一些群众的不良行为向新闻媒体通报，及时曝光。充分发挥了政协委员民主监督的作用，保证了政协委员意见建议的落实。

【联谊交往】 2014年，政协召开港澳同胞座谈会、参加港澳地区重要社团活动，与香港（始兴）同乡联谊会、香港青年交流促进联合会、香港观塘工商业联合会、香港海内外华商联合会、澳门融会堂鲜肉行及澳门少年飞鹰会等港澳社团开展了联谊活动。还通过政协《委员之家》民主党派和工商联专栏，加强与港澳台侨胞、民主党派、无党派人士和工商界人士的沟通联系，凝聚推进县域经济社会和谐稳定发展的力量。2014年，县政协委员在始兴县投资置业资金达1.71亿元，捐助教育、卫生、公共设施等公益事业达283万元。

【政协文史】 加强村史编修工作的指导、督办，2014年马市镇高水村和黄田村、澄江镇方洞村等3个村已经完成编写出版，太平镇总甫村、马市镇马市社区等35个村（居）委会也已基本完成修编。在政协网站“始兴文史走廊”板块，不断更新反映始兴自然风情、人文特色的优秀作品。

【队伍建设】 建立政协“委员之家”网络平台管理制度，制定和落实专委会“五个一”（每个专委会每年确定一个主题开展专题活动；围绕人民群众关心的社会热点问题在网上开展一次大讨论，让委员献计献策；组织一次县内调研或视察，了解县内情况；组织一次县外考察，学习外地先进经验；形成一份质量较高的调研报告，供县委、县政府决策参考）履职制度，推进专委会、界别组织、委员履职制度化建设，增强了委员履职能力；制定《始兴县政协委员考评办法》《关于鼓励参与政协网络平台互动的奖励办法（试行）》，通过考评，共评出优秀政协委员14名，参与政协网络平台互动积极分子10名；制定实施《关于加强政协宣传工作的奖励办法》，广泛宣传委员岗位履职情况。2014年，宣传报道的信息稿件有150篇。按政协章程和相关规定调整委员19名。

【其他工作】 认真落实县委“三个一”工作制度，联系规上企业，跟踪、服务重点项目，推进韶冶搬迁、万兴物流园等重点项目的首期征地工作顺利完成。开展扶贫“双到”工作和新农村建设，多方筹集资金15万多元帮扶马市镇坜坪村和顿岗镇宝溪村发展生产，提高了两个村的集体收入和村民的生产生活水平。（李　丹）

政协始兴县委员会领导班子成员名单

主　席：赖　根
副主席：田　毅
　　　　廖晋雄
　　　　邓海清
　　　　蔡　军
　　　　肖长安
　　　　邓炳光
秘书长、办公室主任：张祥令
办公室副主任：彭继红
组织联络科科长：谭文周
宣传科科长：李优娣

纪检·监察

综　述

1954 年 5 月，中共始兴县委纪律检查委员会成立。1956 年 3 月，县委纪律检查委员会改称中共始兴县委监察委员会。1958 年 12 月始兴并入南雄县时撤销。1961 年 2 月，恢复中共始兴县委监察委员会。1966 年 5 月，因“文化大革命”的冲击和干扰，县委监察委员会不能行使工作职能。1968 年 3 月，始兴县革命委员会政工组成立，县委监察委员会自行撤销。1979 年 11 月，重新成立中共始兴县委纪律检查委员会。1983 年 11 月，中共始兴县委纪律检查委员会改称中共始兴县纪律检查委员会，1985 年 9 月，升格为县的领导班子之一。1994 年 6 月 21 日，县纪委、县监察局正式宣布合署办公，实行一套人马两块牌子。

始兴县纪委、监察局主要职能是履行党的纪律检查和行政监察两项。

2014 年，县纪委、监察局贯彻中央纪委提出“转职能、转方式、转作风”要求，启动县级纪检监察机关内设机构及其职责调整工作。将党风廉政建设室、监察综合室、纠风室、机关效能监察室合并为党风政风监督室；将纪检监察室由 1 个增设为 3 个；新设案件监督管理室；在干部室的基础上组建了干部管理监督室。共内设 10 个职能室，分别是办公室、干部监督管理室、宣教调研室、党风政风监督室、信访室、案件监督管理室、第一、第二、第三纪检监察室、案件审理室；4 个派驻纪检监察组，分别是派驻第一纪检监察组、派驻第二纪检监察组、派驻第三纪检监察组、派驻第四纪检监察组。县纪委、监察局共有编制 45 名（委局机关行政编制 26 名，工勤编制 3 名，派驻纪检监察组行政编制 16 名），实有在编在岗人员 36 人。

2014 年，县纪委、监察局主要抓好的重点工作是：聚焦主业，开展体制机制改革，严格落实“两个责任”，全面清理参与和牵头的议事协调机构，完成县级纪检监察机关内设机构及其职责调整，推进乡镇纪委规范化建设；正风肃纪，狠抓作风建设，狠抓八项规定的落实，坚持不懈纠正“四风”，开展“三资”专项整治，构建作风建设长效机制；坚持惩治腐败，保持查办案件高压态势，拓宽信访渠道，开通“始兴纪检”微信公众平台，发挥反腐败协调领导小组作用，增强反腐败工作合力，筹建谈话室，规范案件查处办理，严查违纪违法行为；强化宣传教育和制度约束，全面推进惩防体系建设，开展廉政教育，印发《始兴县建立健全 2013—2017 年惩治和预防腐败体系实施意见》，开展党政机关领导干部“述职述德述廉”工作和领导干部重大事项报告核查试点工作，组建廉政监督志愿者队伍；加强纪检监察干部队伍建设。

主　要　工　作

【体制机制改革】　2014 年，按照中央纪委“转职能、转方式、转作风”要求，县纪委、监察局清理参与和牵头的议事协调机构，牵头或参与的议事协调机构从原来的 47 个精简至 17 个，将小汽车定编办公室、公共资源交易管理办公室、机关绩效考评工作移交给相关职能部门。全面清理纪委书记（纪检组长）兼职和分管其他业务工作，聚焦中心任务，落实监督责任。7 月，启动县级纪检监察机关内设机构及其职责调整工作，11 月 19 日印发《中共始兴县纪律检查委员会机关始兴县监察局主要职责、内设机构和人员编制方案》，在内设机构总数和人员编制总数不变的基础上，将党风廉政建设室、监察综合室、纠风室、机关效能监察室合并为党风政风监督室；将纪检监察室由1个增设为3个；新设案件监督管理室；在干部室的基础上组建了干部管理监督室。县级纪检监察机关查办案件人员超过70%，在全市第一个完成县级纪检监察机关内设机构及其职责调整。下半年，对10个乡镇同步开展纪委规范化建设年活动，推进乡镇纪委硬件、软件建设两个“六有”，提升乡镇纪委建设的规范化、科学化水平。

【落实党风廉政建设责任制】 6月12日，始兴县党风廉政建设领导小组印发《始兴县2014年党风廉政建设和反腐败工作任务分解表》，把工作任务分解成6个大项、36个小项，明确11个牵头部门及配合单位的工作目标和要求，并将党风廉政建设列入县直机关单位绩效考评和乡镇主体功能区考核。10月30日，中共始兴县委办公室印发《关于落实党委（党组）主体责任和纪委监督责任的意见》，明确党委（党组）领导班子12项责任、党委（党组）书记作为党风廉政建设第一责任人5项责任、领导班子成员5项责任和纪委监督责任，厘清责任界限，促进中央、省、市、县各项规定和要求落到实处。

【机关作风建设】 围绕“为民务实清廉”的主题，对照党章党纪，对照“三严三实”的要求，开展办公用房、党政领导干部企业兼职问题、“红包”及购物卡问题等专项整治，组织全县党员干部签订不违规出入“私人会所”承诺书。清理办公用房5495平方米，清理出6名领导干部在企业兼职行为，主动上交“红包”及购物卡3人，涉及金额7.78万元。加大明察暗访力度，对典型问题进行曝光。组织开展作风暗访14次，异地交叉暗访4次，查处12宗17人违纪情况，对违纪人员分别给予了批评教育、约谈、惩处通报、扣发奖金等处理。印发《始兴县2014年村小组“三资”问题专项整治工作方案》，对全县1390个村（居）小组启动“三资”问题专项整治工作，1026个村小组落实组账镇代理，查处案件26宗。

【违纪案件查处】 2014年，县纪委、监察局在全市率先开通“始兴纪检”微信公众平台，打造网站、微博、微信“三位一体”反腐倡廉工作平台。加强县纪检监察机关办案场所建设，筹建了150多平方米谈话室，规范案件查处办理。全年受理群众来信、来访、电话、网络举报116件（次），其中接转上级交办案件24件；查办应核信访案77件，核查率100%，转立案5件。全县纪检监察机关立案49件，同比增长188%；加大对乡镇办案工作的指导，乡镇办案率达100%。全县查处涉案人员57人，其中科级干部11人；给予党纪处分50人，政纪处分24人，刑事处罚14人，通过办案为国家挽回经济损失500多万元。

【反腐倡廉教育】 用活廉政短信平台，在节假日发送廉政短信2000多条。组织宣讲团到相关部门召开廉政专题、预防职务犯罪讲座。编印《身边事教育警醒身边人》警示教育读本，组织干部学习。组织农林水等重点部门重要岗位的党员领导干部，到县法院现场旁听职务犯罪案件的庭审过程，加大预防警示教育力度。印发《始兴县建立健全2013—2017年惩治和预防腐败体系实施意见》，全县87个单位部门和10个乡镇的职权目录、权力运行流程图和廉政风险点均已在县政府信息网予以公示，接受干部和群众监督。探索对拟提拔领导干部开展重大事项报告核查工作，印发《始兴县新提任领导干部重大事项报告核查实施方案》，重点对新提任领导干部在提任岗位履职期间一年内的廉洁从政情况特别是“三重一大”情况进行核查，防止新提任领导干部“带病”提拔、“带病”上岗。

【干部队伍建设】 制定《始兴县纪委监察局制度汇编》，从严规范纪检监察干部言行。组织各乡镇纪委书记和委局机关人员到中央和省市纪委进行纪检监察业务培训，提升业务素质。4月，面向全县各单位公开选调4名优秀年轻干部。开展“读书会”学习活动，创建学习型机关。（李　磊）

附：领导班子成员名单

县委常委、纪委书记：高　忠（—2014.5）

曹胜文（2014.5—）

纪委副书记：饶刚卫

纪委副书记、监察局局长：胡长江（—2014.12）

纪委常委：任安清

纪委常委、监察局副局长：于俊明

纪委常委、纪检监察室主任：沈润声

纪委常委、宣教调研室主任：卢海英

监察局副局长：赖玉娟

民主党派·工商联

民进始兴县总支部

【概况】 1987年春，成立中国民主促进会始兴小组，有7名知识分子参加组织，组长叶嘉元。1989年8月29日，成立中国民主促进会始兴支部，共有会员16人，其中大多数是教育界、出版界、文化界、艺术界的知识分子，张高仁任支部主任。2006年7月3日，成立中国民主促进会始兴总支部，共有会员41人，其中在职会员32人，退休会员9人，大多数是教育界、医疗界及文化艺术界的知识分子，廖晋雄任第一届支部主任。2010年10月27日，举行民进始兴总支部第二届一次大会，选举邓海清为总支部主任，肖春华、魏仁香、谢义平为总支部副主任，魏迪华、邓华传、林婷玉为总支委员。民进始兴县总支部的主要职能是参政议政，民主监督。

民进始兴总支部组织机构下设一个办公室和六个支部，分别是：始兴中学支部、风中墨中联合支部、中职小教联合支部、人民医院支部、机关支部、离退休干部支部。人员编制：无在编人员，会内工作由会员兼职完成。办公地点：始兴县永安大道县行政大楼七楼北。

【思想建设】 民进会员认真学习中共十八大及十八届三中、四中全会精神，各支部结合会员活动开展了学习讨论，提高了会员的思想政治素养。落实培训任务，李惠兰、林婷玉、李冬梅、邓庭艳、张发家参加了市委会举办的骨干会员培训，李冬梅、邓庭艳等会员参加了市社会主义学院民主党派班学习。通过学习，会员不断更新观念，提高认识，为践行“以党为师，立会为公，参政为民，服务为本”奠定了思想基础，增添了动力。

【组织建设】 2014年，民进始兴总支部共有会员44人，其中在职会员32人，退休会员12人。在职会员中，本科以上学历22人，大专8人，中专2人；高级职称21人，中级职称10人。会员主要分布为教育、医疗、文化、政府机关。

加强组织建设是参政党履行职能的重要保证，也是团结会员的迫切要求。以“五个一”活动为主要抓手，提高调研水平。6月，总支部联合县政协社会和法制委员会进行了“县城部分路段试行机动车单行道”的调研，形成了科学可行的报告，被县政协采用，编为《建言专报》，获县主要领导批示；在前主任廖晋雄带领下，始兴县率先开展了村史收编工作，民进始兴总支部分会员参与沈所塔维修保护工作专题调研；机关支部和中职小教支部赴肇庆市工程技术学校考察学习职业教育先进经验；中职小教支部参加第三届穿越铜钟寨活动，磨炼意志；总支还组织关爱留守儿童活动，与市委会机关、韶关学院支部开展联谊交流活动；各支部结合自身实际，落实五个一任务，通过调研，有的形成了报告，提交到始兴政协网，有的形成提案在两会中提交。

【参政议政】 民进始兴县总支部中有人大代表2人、政协委员10人，其中魏仁香为市人大代表，邓海清、李慧兰为市政协委员；特约检察员、人民监督员、教育督导员各1人。人大、政协“两会”是民主党派参政议政最直接和有效的方式，是促进社会主义民主政治的有效途径。会员从实际出发，紧紧围绕全县的中心工作，就群众关心的热点、难点问题进行调查研究，认真向“两会”建言献策，反映社情民意。在“两会”期间，共提交人大建议3件、政协提案5件，2014年，政协提案共有18件，在“两会”政协提案报告中还提到民进始兴总支提案立案率占总提案的28%，充分肯定了民进始兴总支部及会员参政议政的积极性，其中民进始兴总支的《关于在城市规划中做好学前教育用地规划、在城西新建一所小学的建议》和邓庭艳的《关于增设丹凤山公园运动健身等器材的建议》被评为“优秀提案”，县政协5件优秀提案中，民进始兴总支会员的提案占2件，占优秀提案的40%；平时通过“委员之家”网络平台，更好地履行参政党的职责。担任委员的会员在“委员之家”建言献策。2014年，总支部通过“委员之家”提交报告、提案、意见建议、新闻稿件、宣传报道25件，稳居县政协各界别榜首，会员们还参与了各个版块的讨论，所有网上提案的讨论发言均有来自民进的委员参与，因此在“两会”期间林婷玉、邓华传被评为“优秀政协委员”；肖春华、林婷玉、邓华传被评为“参与政协网络平台互动积极分子”。

【服务社会】 继续开展扶贫双到、济困捐赠、义务献血、捐资助学、义务导游等活动。全体会员认真践行“参政为民，服务为本”，始终把服务社会作为自己应尽的责任。廖晋雄会员常年担任始兴县各种接待活动的义务导游，不辞辛苦任劳任怨。在扶贫双到工作中，邓海清、廖晋雄、谢义平、肖春华、李惠兰等会员不但自己每年出资帮扶贫困户，还组织好单位的“双到”工作。为关爱山区留守儿童，6月，总支部在城南镇衍屏中心小学慰问留守儿童，医生会员免费为该校48名留守儿童检查身体，会员们为留守儿童赠送礼物，并和留守儿童一起玩游戏。会员在2014年中，奉献爱心不甘人后。在各种爱心捐赠活动中会员踊跃捐款累达17003元，其中慈善一日捐款捐款4283元；为“开明慈善基金会·同心筑梦专项基金会”捐款6500元，其中张发家一人就捐出3000元。向“开明慈善基金会”申请将6500元用于始兴县太平镇中心小学“阳光厨房”建设；“源头关爱青少年、安全（法律）知识进校园、我为学生捐本书”活动中民进会员也捐款700元，主任邓海清捐款1000元、民进总支部捐款2000元用于建设罗坝镇罗坝大桥；在其他爱心活动捐款2520元。在关爱白血病患者华小红和大四学生卢俊、关爱老人“千粽之爱”“爱在始兴县·情暖人间”等慈善活动中林婷玉等会员也参加义捐、义演，并穿针引线将50个“壹基金”温暖包发放到孤儿、残疾儿童等贫困学生手中，还献血给始兴县患血栓性血小板减少紫癜的邓文清老师，由于表现突出2014年林婷玉被始兴县义工会评为“优秀义工”。

【会务工作】 2014年，总支部加大宣传力度，会员们积极投稿，在韶关民进网站刊登7篇、广东民进网站刊登了3篇，暨宣传总支部活动开展情况又展现了会员的风采。2014年，民进始兴总支会务工作成绩显著，集体荣誉有3项，分别为民进韶关市委“组织建设先进集体”“参政议政先进集体”“信息宣传工作先进集体”等荣誉称号；魏仁香、肖春华、林婷玉等3人分别被评为“组织建设先进个人”“参政议政先进个人”“信息宣传先进个人”；在民进全会2013年起开展的“创先争优”活动中成绩突出，被民进中央评为“先进基层组织”，是2014年全省唯一获此殊荣的县级基层组织。2014年始兴总支部是获得荣誉最多的支部。会员们在做好会内工作的同时，本职工作也屡创佳绩：邓庭艳分别荣获市中小学鼓号操录像评比“优秀指导老师奖”、市教育工会“中国梦·育人美”演讲比赛二等奖、市教育局关工委“重家教　树立良好家风”征文比赛优秀奖、“韶关市中小学优秀青年班主任”荣誉称号、始兴县“教学优胜奖”、墨江中学2013—2014学年度“十佳班主任”，其论文《家校合作的意义和途径》获县教育局家校合作论文评比二等奖、《以学定教　以导促写》获县教学论文评比一等奖，还光荣入选省优秀班主任培养对象；陈清锋和陈方斌所在的风度中学数学科组被评为“优秀科组”；邓保华被评为高中体育学科带头人，10月带队参加韶关市第十四届运动会荣获男子组团体总分第六名，还获得县教育局表彰。（林婷玉）

附：领导班子成员名单

主　任：邓海清

副主任：肖春华

　　　　魏仁香

　　　　谢义平

工商业联合会

【概况】 始兴县商会创立于1946年。1950年11月，成立县工商联合会筹备委员会，取代了商会。1952年10月，始兴县工商联合会正式成立，下设15个同业公会，9个公会，全县经营工商业者1081

户。1965年，“大四清”运动开始，工商联名存实亡；1967年完全解体。1985年，县工商联合会恢复。县工商联的职能就是建立一种新型的政企关系，做好政府与非公有制企业之间的桥梁，把企业需要怎样的政策要求反馈给政府，同时把党和政府方针政策贯彻落实到企业中去，成为重要的执行者、监督者、影响者。通过了解企业的具体情况，参政议政，为政府部门决策提供参考依据，发挥工商联为非公有制经济人士参与社会事务主渠道作用，通过商会，把国家、企业和个人的利益关系协调好、处理好。

【组织建设】 2011年9月以换届为契机，健全了工商联领导班子建设，成立了工商联党组，设立党组书记1名，书记同时兼任县委统战部副部长。2014年有工商联主席1名；副主席22名，其中3名专职副主席、19名非公有制经济人士当选为副主席；有37名执委。加强了工商联领导班子的力量。11月，召开十届四次执委会，补选1名副主席和7名执委，调整并加强了领导班子力量，完善工商联（总商会）领导班子。

【商会建设】 县工商联本着服务会员的宗旨，注重发展新会员，2014年有商会会员200多名，并利用一年一次的执委大会，每季度一次的副主席会议，邀请政府领导和政府各级职能部门参加，做到让非公企业家与政府领导面对面地交流，更好地维护非公会员的权益，提升县工商联的执行力。3月，全面完成总商会的注册工作，规范了总商会的各项工作。

【参政议政】 2014年，县工商联新的领导班子建设加强了，县商会有27位工商界的政协委员、人大代表，参政议政，向县政协、人大提交始兴县社会热点、企业发展环境、民生等问题的提案，反映社情民意。8月，出台《始兴县关于加快民营经济发展的实施意见》，为民营企业的快步发展奠定了基础。

【主要活动】 2—10月，始兴县工商联组织开展党的群众路线教育实践活动，通过查摆问题，完善制度，推动了工商联作风建设；3—10月开展以增强对中国特色社会主义的信念，对党和政府的信任，对企业发展的信心为主题的全县非公有制经济人士理想信念教育实践活动；4月，广东省工商联副主席庄建儿、会员工作部部长齐耀文等一行到始兴县工商联调研，县委常委杨军、政协副主席、统战部部长田毅参加了座谈会，会上汇报了开展“五好”建设情况及遇到的困难，副主席庄建儿等领导提出了建议，强调要抓好薄弱环节，推进工商联“五好”建设工作，更好的发挥县级工商联的作用；4月，由始兴县工商联主席李根才、党组书记王梅春及部分副主席、执委组成的考察团，到江西南康考察学习，开阔视野，增强发展信心；5月，配合市工商联开展广东省民间投资政策落实情况第三方评估调查活动，通过召开座谈会，发放调查表，深入到企业调查了解，听取企业反映存在的困难及要求；11月，县工商联召开第十届四次执委会，县委常委杨军、县委统战部部长田毅参加了会议，听取了商会老板带来的一些建议，对始兴县民营企业给予了充分的肯定和提出了殷切的希望。

【光彩事业】 致富思源、富而思进，回报社会是非公经济和民营企业的一份责任和追求，县工商联通过多形式引导会员参与主动履行社会责任。会员参与2014年“广东扶贫济困日”活动，围绕“扶贫济困 奉献爱心”的活动主题，发动民营企业共捐款3.1万元。为捐助白血病患者华某某捐献5000元，商会副主席刘锡维帮助学校筹得资金20万元。为做好新一轮扶贫点赤谷村的扶贫工作，发动民营企业家筹集扶贫济困资金2.6万元，投入帮助赤谷村的生产建设及集体公益事业。同时，组织带领民营企业家开展扶贫济困送温暖活动，为村民排忧解难，使赤谷村农户脱贫致富。（邓婕萍）

附：领导班子成员名单

总商会主席：李根才

党组书记、第一副主席：王梅春

专职副主席：张　富

副主席（兼秘书长）：罗正发

群 团 组 织

县 总 工 会

【概况】 县总工会是中国共产党领导的职工自愿结合的工人阶级群众组织，是党联系职工群众的桥梁和纽带。中共始兴县委于1950年初成立工人运动领导小组，负责领导全县工人运动。1950年下半年，成立始兴县工会联合会筹备委员会，办公地点设在墨江南路维新茶楼。1953年正式成立始兴县总工会，会址从维新茶楼迁至公教路9号（即现在县总工会办公所在地）。1958年12月，南雄、始兴并县，始兴县总工会撤销。1960年10月，恢复始兴县建制，同时恢复始兴县总工会，会址仍设在公教路9号。1967年3月后，因“文化大革命”，县总工会受到冲击，机构瘫痪、不能正常行驶工作职能。1968年3月县总工会被撤销，由县武装部实行军事管制。1973年，恢复县总工会。县总工会的社会职能是维护职工合法权益和民主权利；动员和组织职工积极参加建设和改革，完成经济和社会发展任务；教育职工不断提高思想道德和科学文化素质。

2014年，县总工会内设办公室、组织部、保障工作部、生产保护部、女工部、财务部、宣教部及县其下属机构——职工服务中心，共有在编参公管理工作人员4名、事业编制管理人员2人，工勤编制职工1人，临时工1人。

2014年，县总工会围绕全县工作大局，认真履行工会组织的职责，积极动员和组织全县职工开展劳动竞赛和群众性经济技术创新活动，依法维护职工合法权益、强化困难职工帮扶工作，扎实抓好工会组织建设和工资集体协商工作，加强职工宣传教育、努力提高职工队伍素质，做好劳模管理服务工作、切实关心劳模的生产生活，做好职工信访工作、维护社会稳定，团结和动员广大职工在推动科学发展、促进社会和谐中发挥主力军作用，取得了显著成绩。

【劳动竞赛和群众性经济技术创新活动】 为深入贯彻落实科学发展观，激发职工当家做主、开发群体智力、调动职工积极性，把全县群众性经济技术创新活动引向深入，县总工会在全县企业中开展一企一法，参加竞赛企业127家，比2013年增长1.6%，参赛职工2.22万人，比去年增长2.3%，技术革新72项，取得经济实效560万元，开展岗位练兵单位108个，职工总数达18810人，开展技能比赛的单位48个，职工人数8466人，技能比赛的工种达25个，开展节能减排的企业104个，聘请了职工节能减排义务监督员274人。鼓励企业职工提合理化建议，万达工业（始兴）有限公司、始兴县标准马达公司、日本电产（韶关）有限公司通过合理化建议进行技术革新的项目有26项，合理化建议182条得到采用，取得效益286万元。

【关心劳模生产生活】 县总工会加大劳模先进事迹宣传力度，进一步弘扬劳模精神，树立创新理念。5月，始兴连降暴雨，造成山洪暴发，导致劳模的农作物严重受损，全国劳模李根才的林场，省劳模李世海的农场，省劳模钟祥泰的菜场，严重受灾，县总工会领导及时到劳模家了解灾情，并共给他们送去慰问金5万元。11月，一位省劳动模范去省劳动模范疗养基地疗养。劳模住院、节假日亲自去探望，关心他们的生活，共送去慰问金24.5万元，让劳模感受到工会组织的温暖。同时注重做好劳模管理服务工作，完善劳模信息化及动态管理机制，切实关心劳模的生产生活。

【工会组织建设】 围绕“扩大覆盖面、增强凝聚力”的要求，以“哪里有职工，哪里就要建立工会组织”和“最大限度地把广大职工组织到工会中来”为原则，不断加大工会组建力度，继续创新工会组织形势和方式，不断推进区域性、行业性工会组织建设。2014年，始兴县新组建基层工会委员会12个，基层工会涵盖单位数增加35个。截至2014年9月30日，全县基层工会委员会从上年的581个增加到593个，净增12个，增长率2%；基层工会涵盖单位数从上年的1387个增加到1422个；工会会员数从上年的43460人增加到43780人，净增3200人，增长率7%。

【困难职工帮扶工作】 坚持专款专用和日常帮扶的原则，2014年，县总工会共帮扶困难职工266人，共发放帮助资金37.2万元。其中金秋助学50人，帮扶金额11万元；医疗救助45人，帮扶金额9万元；生活救助171人，帮扶金额17.2万元。

【“党工共建，创先争优”活动】 在“服务科学发展，服务职工群众，共建和谐始兴”的实践中建功立业，涌现出一大批深受广大职工群众信赖和拥护的先进集体和先进个人。为弘扬先进，树立榜样，县总工会授予10个单位工会委员会“先进工会组织”荣誉称号；授予10人“优秀职工之友”荣誉称号；授予20人“优秀工会工作者”荣誉称号。

【职工信访维稳】 2014年，县总工会共接待职工群众来信来访20宗32人次，这些信访案大部分都是反映职工安置、劳动争议、工伤、工资拖欠等权益方面的问题，来信来访90%以上都得到了妥善处理，有效地维护了职工的合法权益，维护了社会大局的稳定。

【大事记】 全国“安康杯”竞赛优胜班组：根据广东省总工会、广东省安全生产监督管理局《关于2013年度全省“安康杯”竞赛活动开展情况的通报》文件，经过“安康杯”竞赛组委会审核，中华全国总工会和国家安全生产监督管理总局决定，授予始兴县广东烟草韶关市有限公司始兴县分公司物流配送中转站“全国‘安康杯’竞赛优胜班组”荣誉称号。

2014年度全国工会优秀审计项目：根据全国总工会经费审查委员会《关于表彰2014年度全国工会优秀审计项目的决定》，始兴县总工会经费审查委员会被中华全国总工会经费审查委员会授予“2014年度全国工会优秀审计项目”。

广东省模范职工之家：根据广东省总工会《关于通报表扬广东省模范职工之家等先进单位与个人的决定》文件，韶关梅子窝矿业有限责任公司工会委员会被广东省总工会授予“广东省模范职工之家”荣誉称号。

评为2014年度韶关市工会工作先进单位：县总工会以构建和谐劳动关系为主线，扎实开展各项工作，工会作用进一步发挥，为始兴县经济社会发展做出了重要贡献。始兴县总工会被韶关市总工会评为“2014年度韶关市工会工作先进单位”。

深入开展党的群众路线教育实践活动：2014年2月—9月，深入开展党的群众路线教育实践活动，严格按照“照镜子、正衣冠、洗洗澡、治治病”的总要求，做到自我净化、自我完善、自我革新、自我提高。把“为民务实清廉”作为活动主题贯穿始终，反对形式主义、官僚主义、享乐主义、奢靡之风。

举行“三八”国际妇女节游园活动：3月5日，“三八”国际劳动妇女节来临之际，县总工会组织基层工会部分女职工开展了庆祝“三八”节登山、游园活动。在江口小地电站，参观了电站的发电车间，举行登山比赛（共1000多台阶的山峰，垂直高度700多米）、投球比赛、双人三腿竞走活动。通过活动，增进了各单位的交流，也让女职工在紧张工作之余，锻炼了身体，放松了身心。

召开十四届三次全委（扩大）会议：3月17日，始兴县总工会召开了十四届三次全委（扩大）会议。县委组织部副部长黄德斌应邀参加会议，与会人员还包括十四届工会委员、经审委员、乡镇工会主席、部分企业代表等。此次会议传达了市总十六届七次全委会的精神，部署了2014年工会工作，同时学习了党的群众路线教育实践活动的相关内容。

召开“五一”国际劳动节暨表彰大会：2014年4月28日下午，始兴县总工会在县政府行政会议中心隆重召开庆祝“五一”国际劳动节暨表彰大会。来自全县各级工会组织的工会代表和先进集体、先进个人100多人参加了会议，会议表彰了各条战线上的先模人物，倡导勤奋劳动、诚实劳动、创新劳动。县委书记范秀燎、县委常委组织部部长卢建成、人大常委会副主任总工会主席肖强运参加了会议。

举办工会会计业务培训班：6月23日，为进一步加强始兴县基层工会财务管理工作，规范工会的会计核算，提高会计信息质量，始兴县总工会在县财政局会议室举办了全县基层工会会计制度培训班。市总工会副主席傅勇、副调研员赖美生出席了培训班，县总工会副主席陈美娟主持会议。来自全县100多名基层财务人员参加了培训。

开展“送清凉进企业”慰问活动：7月7日至9日，县人大常委会副主任、县总工会主席肖强运带领工作人员先后到标准、天河、万达、日本电产等7家企业给一线职工送上价值2万多元的清凉饮料。县领导百忙之中亲临一线慰问员工的举动，打动了在场所有人的心，让一线职工充满了继续坚守在工作岗位上的干劲。

举办“百万帮扶暖千家”活动启动仪式：8月29日上午始兴县总工会举行“百万帮扶暖千家”活动启动仪式，拉开了工会系统帮扶活动的序幕。县总工会副主席何衍富、陈美娟出席启动仪式，并发表讲话。“百万帮扶暖千家”活动内容主要有金秋助学、生活困难救助和医疗救助三大类。活动以金秋助学为主，帮扶对象24人，帮扶资金共计59500元。

举办基层工会干部业务培训班：9月29日上午，始兴县总工会组织基层工会干部进行了一次全面的工会业务知识培训。来自县直机关单位、省市垂直管理单位、大型企事业单位和十个乡镇的工会主席及财会人员参加了培训，培训人数达100多人。县总工会高度重视此次培训班，特别邀请了市总工会副主席傅勇及部长钟卫苏、谢云春进行授课。县人大常委会副主任、总工会主席肖强运作了开班动员讲话，会议由县总工会副主席陈美娟主持。

举办女职工劳动技能培训班：12月4日，始兴县总工会联合始兴县妇联、始兴县人社局举办的“始兴县家政服务员（月嫂技能）培训班”在县人社局三楼会议室召开。来自全县各乡镇的50多名妇女参加了培训。

开展女职工文体活动：组织全县女职工参加“‘巧手女工、绘梦南粤’2014年广东省女职工庆‘三八’手工艺作品展活动”，其中三幅作品获得省优秀奖。

组建企业职工广场舞队：在日本电产公司组建广场舞健身队，规模达100多人，在晚上下班后，带领公司的女员工锻炼身体，既丰富了枯燥的企业生活，又锻炼了她们的身体。（彭　文）

附：领导班子成员名单

主　席：肖强运

副主席：何衍富

陈美娟

共青团始兴县委员会

【概况】 共青团始兴县委员会前身为中国新民主主义青年团始兴团工委，成立于1950年5月。1957年6月，县新民主主义青年团工委更名为中国共产主义青年团始兴县委员会（简称团县委）。1958年12月，随始兴县并入南雄县撤销，1961年10月15日又随恢复始兴县建制而恢复。始兴县共青团是上级团组织和县委领导的先进青年的群众组织，主要职责是：负责团组织建设；负责团员青年的思想引领；开展创新创业、文体艺术活动；维护团员青年合法权益；组织青年开展社会实践、志愿服务等活动；完成县党委及上级团组织交办的其他工作。2014年，内设4个职能部门：办公室、组宣部、城乡部和学校部。行政编制3人，配备书记1人，副书记1人，科员1人。2014年度重点工作是：加强自身建设，筑牢拒腐防变的思想底线；切实开展基层建设工作，创建基层团建新格局；加强引导服务机制，有效帮助青年立足家乡创业就业；充分发挥共青团职能作用，丰富服务手段和健全服务体系。

【团组织换届】 2—4月，全县各级基层团组织进行了换届选举工作，新成立了8个县直机关团支部。5月，顺利召开团县委第十八次代表大会，选举产生了共青团始兴县第十八届委员会委员、常务委员、书记和副书记。

【党团共建】 始终把“党建带团建，团建促党建”作为一项重点工作来抓，对整顿落后的团组织、强化班子建设和团的制度建设等提出具体要求和强有力的措施，开展以“党建带团建”为主题的活动5场次，建立党员创业致富示范基地3个、大学生党员服务群众实践基地3个，全县各级团组织共发展新团员1200名，推优入党2名，为党组织输送了新鲜血液。

2014年，在开展乡镇实体化“大团委”建设中，坚持采取“建活并举”的方式，以镇村为重点，用社会上已经存在的青年聚集方式和载体建团，推动新建团组织开展各类丰富多彩的活动，体现出了较好的组织吸引力。共建立直属团组织231个，覆盖团员2101人，35岁以下青年4621人。

【青年创业小额贷款】 加大团银合作力度，协调始兴县农信社和农业银行，简化青年创业申贷程序，开通青年创业申贷绿色通道。针对农信社、农业银行等金融部门不同优惠条件，开展基层青年创业项目的筛选、推报，并汇总成立始兴青年创业项目库。2014年，全县累计发放青年创业小额贷款50万元，扶持创业青年10人。

【思想引导】 2014年，先后组织开展“做群众友，不做青年官”主题演讲、“青年联谊交友会”“迎新歌唱大赛”“团干培训”“粤团聚”“我为核心价值观代言”、党的群众路线教育实践活动知识竞赛、“千名团干讲团课”等一系列活动。全年共发送手机报8期26条，网络电视媒体发布信息102条，间接覆盖人数8253人次。自网络平台开通后，凭借着丰富的内容和活跃的氛围吸引近8000人（次）青年参与。

【希望工程】 2014年，先后举行“福彩夏令营”“始兴会亲”“韶城会亲”等一系列助学活动，举行助学金发放仪式3次，共计发放助学金7.85万元，救助学生184名。争取上级专项经费及社会爱心捐助3.3万元，建立两个旨在为留守儿童提供活动场所的“亲青家园”，一个为学生改善厨房条件的“幸福厨房”项目。“圆梦大学”帮助3名考入大学的贫困生各筹集5000元的助学款。对挂钩联系扶贫点沈所镇南方村开展“扶贫双到”慰问活动，全年共计发放慰问金和慰问品1.8万元。

【志愿服务】 在重大和特殊节日，开展“青春情暖”“学雷锋全民志愿服务行动月”“志愿助残阳光行动”“朝阳行动”“国际志愿者服务日”及抢险救灾、捐资助学、关爱残疾人、救助困境儿童、义诊、便民服务等方面的青年志愿服务活动32场次，参与青年志愿者人数达812人（次）。（陈敏）

附：领导班子成员名单

书　记：朱伟军

副书记：陈　欣

始兴县妇女联合会

【概况】 始兴县民主妇女联合会于1950年5月成立，选举产生了始兴县民主妇女联合会第一届执行委员会；1957年改称“始兴县妇女联合会”（简称为“县妇联”）。

2014年，县妇联设有2部1室，分别是维权部、城工宣传部和县妇女儿童工作委员会办公室，共有行政编制4名，在编人员4名。全县有乡镇妇联10个，村（居）妇代会127个，战线及单位妇委会84个。

2014年，县妇联坚持以邓小平理论、“三个代表”重要思想、科学发展观为指导，深入贯彻落实中共十八大，十八届三中、四中全会，总书记习近平系列重要讲话和中国妇女十一大、广东妇女十二大精神，紧紧围绕县委中心工作，开拓创新，奋发有为，团结带领广大妇女为建设美丽始兴作出了努力，妇女儿童工作取得了一定的成效。

2014年，县妇联荣获“2014年度全国妇女宣传舆论阵地建设先进单位”“2014年度全国‘妇女之家’标准化建设宣传工作先进集体”荣誉称号，“广东省2014年度妇女报刊宣传推广工作二等奖”。韶关市始兴县阔叶树及优质杉木巾帼林被命名为第三批广东省“巾帼林”；太平镇被评为“韶关市‘平安家庭’创建活动示范镇”，城南镇杨公岭村、深渡水瑶族乡坪田村被评为“韶关市‘平安家庭’

创建活动示范村”；罗坝镇淋头村“妇女之家”被评为“广东省优秀妇女之家”；始兴县国家税务局办税服务厅荣获“广东省巾帼文明岗”称号；始兴县机关幼儿园、始兴县立业科学研究所荣获“韶关市巾帼文明岗”称号；城南镇新村村石鼓庙养殖基地、罗坝镇和平村楠木坑种柑基地被评为“韶关市巾帼种养示范基地”；始兴县地方税务局城区税务分局被评为韶关市“三八红旗集体”。朱丽珍荣获“全国巾帼建功标兵”称号，华妃嫦被评为“广东十大孝女”；邓旺山家庭荣获“广东省十大优秀书香之家”称号；罗树海、单小红2户家庭荣获“广东百户最美家庭”称号；曾凤华等10户家庭被评为“韶关市‘平安家庭’示范户”；赖香福等4户家庭荣获“韶关市优秀书香之家”称号；黄兰英等4人被评为韶关市“三八红旗手”；邓华浩作品《窑工母女》荣获广东“最美瞬间”入围奖。

【经验交流】 2014年，省妇联主席阎静萍、副主席许红、孙小华、省妇女研究中心主任曾小瑛先后到始兴县开展工作调研。始兴县在妇联基层组织建设方面的经验做法在“全国妇联基层组织建设工作座谈会上”的作经验介绍；在开展“妇女之家”创建活动的经验做法分别在“广东省第三批‘妇女之家’示范点项目管理人员培训班”“韶关市‘妇女之家’创建工作现场会”上作经验介绍；“韶关市妇女创业小额担保财政贴息贷款项目现场会”在始兴县召开，县妇联在会上作经验介绍；县妇联开展“平安家庭”创建活动方面的经验做法在“全县创建平安始兴工作推进会”上交流。

【妇女工作会议】 5月28日，组织开展始兴县2014年实施妇女儿童发展规划省级示范县工作督查。督察组首先在县政府会议室召开工作督查座谈会，听取了全县各成员单位实施“两个规划”工作进展情况汇报及省级示范县“五大工程”（妇女卫生保健服务工程、出生缺陷干预工程、妇女创业就业服务工程、留守儿童关爱服务工程、儿童习惯养成教育工程）工作情况汇报。随后，督查组一行到县妇幼保健院免费婚检孕检中心和墨江中学对实施“出生缺陷干预工程”“儿童习惯养成教育工程”两个重点工作进行了现场督查。12月8日，召开了妇联十一届三次执委会议，会议主要选举产生出席韶关市妇女第十二次代表大会的正式代表以及推荐产生韶关市妇联第十二届执委候选人。会议确定戴月玲等21人为韶关市妇女第十二次代表大会正式代表，刘胜春为特邀代表参加会议；推荐戴月玲、朱丽珍两人作为韶关市妇联第十二届执委候选人。

【妇女创业就业】 2014年，县妇联继续做好企业招工工作，发动全县各级妇联组织通过会议、媒体、妇女之家等载体宣传转移就业政策，激励广大妇女争当创业先锋，营造良好的创业就业环境。选送“双学双比”女能手和有创业就业愿望的农村妇女参加各级各类创业培训。选送了30名农村妇女参加北京农家女创业培训，45名妇女参加始兴县家政服务员（月嫂技能）培训。开展妇女创业小额担保财政贴息贷款工作，为创业妇女提供服务。完成妇女创业小额贷款345万元。培育和扶持以农村妇女为法人的专业合作社，发挥其辐射带动作用，带领周边农村妇女共同脱贫致富。培育女性为法人的专业合作社2个，为1个专业合作社申请中央专项扶持资金20万元。

【妇女维权】 组织开展“三八”维权周、“6·26”禁毒日、“11·25”反家暴日等宣传活动，增强群众维权意识，优化了始兴县维护妇女儿童权益环境。以县、镇、村妇女儿童维权工作站为依托，公开维权热线电话，畅通妇女上访、投诉渠道，对来电投诉和到妇联投诉的妇女做到热心接待、理智分析、深入调查、针对处理，并主动与公、检、法、司等部门联系，依照相关法律法规，做好调解工作，把矛盾化解在萌芽状态。2014年，县妇联接到来信来访21宗，有效调解21宗，结案率为100%。加强人民陪审员队伍建设，全县妇联系统增补了人民陪审员3名。

【家庭文化建设】 聘请专家到学校、村（社区）举办主题为“面对青春期的孩子”的“父母学堂”家庭教育讲座和婚姻与家庭法律知识讲座4场。运用社工手法，依托妇女之家、儿童友好社区、妇女儿童活动中心等开展系列支持小组活动8次。8月，在罗坝镇淋头村“儿童友好社区”开展留守儿童快乐学习小组系列活动。为促进始兴县家庭教育工作，给农村留守妇女提供学习交流科学教子经验和方法的平台，在顿岗镇围下村“妇女之家”开展“与孩子共成长”为主题的农村留守妇女家庭教育小组系列活动，帮助更多的留守妇女提高对家庭教育的认识，更新农村留守妇女的家庭教育观念。依托家庭和社区，开展各类特色家庭创建活动，使家庭文化建设活动充满生机与活力。

【关爱困境妇女儿童】 整合社会和公共资源，推进“始兴县留守儿童心灵加油站”示范点和“韶关市困境儿童心灵加油站”示范点建设，开展关爱农村留守儿童工作，努力构建学校、家庭、社会相结合的监护网络和营造留守儿童健康成长的良好环境。开展“四援助”项目工作，为2位贫困单亲母亲家庭申请省扶贫基金会建房扶持资金共6万元，为3名患“两癌”妇女申请“粉红春天”救助金共2万元。继续开展“爱心父母”牵手困境儿童大联盟志愿行动，有400多名爱心父母与留守儿童结对帮扶。有2个集体、4个个人分别获省“爱心大联盟”金银奖。开展扶弱助困工作，为50名贫困家庭母亲送去慰问金合计1万元，为30名困境儿童送去广东（韶关）湖南商会捐款9000元，为挂扶联系村的困难家庭、计生结扎户送上慰问品、慰问金共8523.6元。开展农村贫困妇女“两癌”免费筛查工作。2014年，全县妇女病普查率达83%，有246名妇女进行了“两癌”筛查。

【妇女儿童发展规划示范县建设】 全面推进实施广东省妇女儿童发展规划省级示范县工作。加强统筹协调，明确责任分工，组织实施新生儿出生缺陷干预工程、妇女创业就业服务工程、留守儿童关爱服务工程、儿童习惯养成教育工程、妇女卫生保健服务工程等“五大工程”建设，重点实施新生儿出生缺陷干预工程。5月，开展“两个规划”监测评估和实施省级示范县工作督查，做好两个规划指标预警分析和任务分解工作，实施妇女儿童发展规划省级示范县工作成效显著。2014年，全县婚检率、孕检率分别从2013年的49.47%、95.03%上升为74.06%、95.12%；新生儿遗传代谢性疾病筛查率从2013年的92.89%上升到96.96%，提前达到95%以上的终期目标；新生儿听力筛查率从2013年的45.91%大幅度提升到77.77%；新生儿低出生体重发生率为2.41%，控制在3%以下。

【组织建设】 全面铺开“妇女之家”规范化建设。太平镇总甫村、城中社区，城南镇杨公岭村，深渡水瑶族乡坪田村，司前镇温下村被定为第二期省级“妇女之家”示范点；太平镇总甫村、城中社区，城南镇杨公岭村、顿岗镇围下村被定为市级“友好儿童社区”示范点。做好村级妇女干部包括后备干部的信息采集，建立村级妇女人才库，提交县委组织部门备案、参考，为“两委”换届做好人选储备。2014年“两委”换届新进5名村委妇女干部担任正职，比例为4.42%，比上届高出1.07个百分点。加强妇联干部能力建设，组织新当选村级女性一把手5人、村妇代会主任共31人先后到北京农家女学校分别参加了村级女干部能力建设培训班。

【典型活动】 城乡巾帼建功竞赛活动。开展“巾帼参与发展引领行动”，发挥城乡先进妇女代表示范带动作用，引领激励广大妇女群众在各自岗位建功立业。有1个岗位成功创建为省级“巾帼文明岗”，2个岗位成功创建为市级“巾帼文明岗”，1个岗位成功创建为县级“巾帼文明岗”；有2个种养基地成功创建为市级“巾帼种养示范基地”。

各类特色家庭创建活动。开展“平安家庭”创建活动及寻找最美家庭等活动，大力弘扬家庭美德建设。

纪念“三八”国际劳动妇女节104周年系列庆祝活动。承办了韶关市“三八”妇女维权周活动暨“妇女之家”电视专栏启动仪式，开展了主题为“巾帼共筑中国梦 家庭平安促和谐”的“三八”维权周宣传活动。表彰了8个“城乡妇女岗位建功”先进集体，19名“优秀女能手”、13名“城乡妇女岗位建功”先进个人，3个“巾帼文明岗”。

（张小芳）

附：领导班子成员名单

主　席：戴月玲

副主席：张小芳

始兴县科学技术协会

【概况】 始兴县科学技术协会，于1958年11月建立。始兴县科学技术协会是始兴县科学技术工作者的群众组织，是中国共产党领导下的人民团体，是党和政府联系科技工作者的纽带和发展科学技术事业的助手，是科学技术进步的重要社会力量。2014年始兴县科学技术协会内设办公室、科普部；在职人员6人（其中2人分别于2014年5月、11月退休），县属各学协会及乡镇科协17个，农村专业技术协会12个。

2014年，始兴县城南镇社区居民委员会被广东省科学技术协会、广东省财政厅、广东省文明办、广东科技厅命名为“广东省科普示范社区”，始兴县太平镇吴秀兰被中国科协、财政部评为农村科普带头人。

【科普宣传】 县科协根据新形势、新机遇，紧密结合始兴县科普工作实际，全面推动《始兴县全民科学素质行动计划刚要实施方案（2011—2015年）》的实施，开展科学知识普及活动，全年共出版科普宣传橱窗11期，宣传党和国家有关科技方针、政策，推广应用工农业科技知识及科研成果。县广播电视台继续播放“科普大篷车”栏目，始兴县政府信息网“科普宣传”栏目内容得到及时更新。全年发放科普挂图100多套，内容涉及尖端科学、高新科技，身边科学、自然之谜，工业知识、农业技术，成才之道、致富之路，健康科学、医药常识，创新发明、生活窍门等。针对农村科普工作落后的状况，加大对“三农”的科普服务力度，以提高科技素质、职业技能、经营能力为核心，开展农村实用技术培训。引导农技协参与产前、产中、产后服务，充分发挥农技协组织应用先进技术、发展现代农业的积极作用，提高农户的经济收入。2014年，各乡镇科普协会能利用新建的科普宣传栏等载体进行科普宣传活动。县属学会参与科学技术普及的积极性也得到进一步提高。（李　干）

附：领导班子成员名单

主　席：邓年古

副主席：李　干

文学艺术界联合会

【概况】 始兴县文学艺术界联合会（简称文联），成立于1988年3月，为正科级单位。办公室设在中共始兴县委宣传部，与县委宣传部合署办公：编制2名。职能：对本县所辖各个团体、协（学）会有组织、指导、联络、协调、服务的职能。宗旨：团结全县文学艺术工作者坚持党的基本路线，紧紧围绕县委、县政府中心工作，服务全县工作大局，发展和繁荣社会主义文艺事业，满足人民群众不断增长的文化生活需要，开展丰富多彩，正能量的文艺活动，繁荣全县文艺创作，为全县物质文明和精神文明建设服务。任务：组织并推动广大文艺工作者及爱好者积极开展各种创作和理论研究活动，鼓励自由竞争和自由讨论，并对各种优秀文艺作品、表演、编辑等文艺成果给予奖励和表扬，遵照“推陈出新、古为今用”的原则，组织力量积极挖掘富有始兴地域特色的文学和艺术遗产，密切围绕“出人才、出作品、出精品”这个中心工作，发展和繁荣始兴文学艺术事业。

【文学艺术创作活动】 2014年，充分发挥全县所辖的文学、音乐、舞蹈、书法、美术、摄影、民间文艺等各个协会的作用，组织和引导广大会员及文学艺术爱好者开展各项文学艺术活动。主要活动有：精心策划组织始兴县“元韶杯”张九龄少年故事擂台赛，基本完成隘子历史文化丛书“走进将相故里”的编辑修改工作，作家协会会员创作了《中秋月》《群众的公仆》《山坡上的月亮》等5个配乐诗歌在县吟诗歌舞庆中秋活动中演出，联合四会市《玉城》杂志编发了一辑始兴文学专版，参加韶关市青年文学会三十周年庆典活动，有19人30篇文学作品入选《炫彩梦之旅——韶关市青年文学会三十周年纪念诗文集》，抓好中小学生文学知识讲座，先后到墨江中学、风度中学、实验小学举办了文学知识讲座，作家协会会员在各级媒体上发表各类作品有90多篇，有多名会员获得省市级文学奖励；2014年春节期间，举办迎新春义务书写春联、摄影图片、书画展览活动，开展书法进校园活动，组织县书法家协会会员到马市、罗坝、太平镇等中、小学校举办书法培训班6次，培训人员达3000多人，协助市书法家协会成功在始兴县少年宫举办了韶关市“德诚杯”首届临帖作品巡展；围绕宣传始兴生态文化，客家民俗文化等为重点，开展了美术交流和美术创作，参加市美术家协会开展的仁化、乐昌写生活动，邀请知名画家来始兴写生和组织会员到异地写生交流12次，美术协会会员参加韶关市举办的“中国梦”“广乐梦”写生创作活动会员5幅作品受到好评，并入选韶关市庆祝65周年展览；配合上级部门，搞好节假日文化活动，推动文艺上新台阶，8月承办“计生宣传文艺晚会”，在全县各乡镇进行巡演；9月中旬，协助上演全省优秀舞台艺术作品、人偶剧《音乐城历险记》在文化休闲广场演出；10月15日，与发改局共同主办演出以“世界粮食日”为主题的专题晚会。做好少儿舞蹈培训工作，共开设了少儿舞蹈培训班2期、成人培训3期；墨江艺术团自编自演，承办始兴县及各部门的文艺演出场次13场次。

【换届选举】 12月31日，召开了始兴县文联第五次代表大会，完成了文联换届选举工作，选举产生了始兴县文联第五届委员会委员、主席、副主席。（张菊香）

附：领导班子成员名单

主　席：谢义雄（—2014.12）

谭文周（2014.12—）

副主席兼秘书长：张菊香

社会科学联合会

【概况】 始兴县社会科学学会联合会（简称社科联），成立于1988年3月，为正科级单位。办公室设在中共始兴县委宣传部，与宣传部合署办公，编制2名。2011年9月，通过选举产生了第四届委员会领导机构。至2014年，已先后成立了12个学会（协会、研究会），共有会员24000多人，形成了初具规模的社会科学学术组织网络，为开展各种学术活动，奠定了组织基础。主要职责：指导和协调各个学会、研究会、协会的工作，联络市社科联的工作；组织各种学术理论研究活动，开展学术交流；开展社会科学的宣传普查工作和各种智力开发，咨询服务工作；组织优秀社会科学著作出版基金的资助、管理工作；组织社会科学参与社会协商对话、民主监督和民主管理；维护本会所代表的社会科学工作者及其团体的合法权益；完成上级交办的其他任务。社科联会刊《始兴社会科学》，后改为《始兴社科论坛》（《始兴论坛》）。

【社科理论研究】 坚持把理论学习作为首要任务，组织社科界认真学习把握社科工作重点，广泛发动社科理论工作者结合全县实际，对始兴发展中出现的新情况新问题进行理论探索，开展深入的社会调查，撰写了一批有内容、有分析、有对策的结合实际的调研报告和文章，为领导决策提供了参考，为推动始兴县的经济建设和改革开放打造了良好的思想理论基础；组织落实韶关市社科课题工作，有1个研究课题获得立项，并顺利开展。

【社科普及工作】 组织召开社会科学普及座谈会，认真研究制定全县性的社会科学普及工作，为全县2015年度社科普及工作的全面开展做好了前期的各项准备。在努力抓好理论工作同时，注重理论与实际相结合，加强社科普及基地建设，推动始兴县社科普及。

【社科学会动态】 2014年，县社科联加强了对所属学会的管理和交流，新成立了谭大初文化研究会，为开展谭大初文化研究奠定了基础；县国税学会紧紧围绕县中心工作和学会工作出版了刊物，县文化教育研究会开展形式多样的生态文明教育和开展课程计划，县生态建设研究会围绕如何打造岭南生态文化名县和始兴南岭山地森林生态及生物多样性功能区生态发展试点县建设撰写了大量的论文，县计生协会开展优质服务活动和广泛宣传教育活动，县财政学会重新进行了换届，完善了组织网络，县会计学会、珠算学会认真抓好会计从业人员的管理培训工作，县清化教育文化促进会开展读书写作演讲竞赛活动，县地税研究会结合业务工作，开展了系列学会活动，张九龄文化研究会开展对外交流，2014 年 4 月成立了协会第一个张九龄文化研究会党支部。各学会都认真组织社会调查，开展各种研讨会、交流会、座谈会，为始兴经济发展出谋划策做出了积极的贡献。

【换届选举】 12 月 31 日，召开始兴县社科联第四届六次代表大会，选举产生了始兴县社科联副主席，钟县球当选。（黄升鸿）

附：领导班子成员名单

主　席：杨隆柱

副主席兼秘书长：刘跃平（—2014. 12）

钟县球（2014. 12—）

始兴县残疾人联合会

【概况】 始兴县残疾人联合会 1998 年单列为正科级事业单位，2007 年经县编委定编（参公管理）6 人。主要职能是：履行《中国残疾人联合会章程》和县政府赋予的职责、管理和发展残疾人事业；沟通政府、社会与残疾人之间的联系；开展残疾人康复、教育、劳动就业、扶贫、文化、体育、无障碍设施和残疾预防等工作，为残疾人创造良好的工作、学习环境和条件，扶持残疾人平等参与社会生活，代表残疾人的共同利益，维护残疾人的合法权益，为残疾人服务。2014 年，残疾人联合会机关设 3 个股（室）一个中心，分别为办公室、康复股、教育就业股和始兴县残疾人综合服务中心（正股级事业单位）。

【选举工作】 1 月，县残疾人联合会召开了第五届主席团第二次全体会议，大会补选刘芳兰为始兴县残疾人联合会第五届主席团执行理事会副理事长。

【工程竣工】 5 月，完成“广东省残疾人粤北就业培训中心”配套建设工程。8 月初，进行配套工程竣工初步验收。

【重大事记】 8 月，县委组织部、县编办、县财政局、县人社局、县民政局、县残联六部门联合发文《始兴县乡镇、村（社区）残疾人组织建设实施办法》，明确了乡镇残联的职责等，并在乡镇正式挂牌成立“＊＊乡镇残疾人联合会”和“＊＊乡镇助残志愿者工作联络站”，在各村（居）委会正式挂牌成立“＊＊村残疾人协会”。

9—11 月，组织开展《全国残疾人基本服务状况和需求专项调查》之“残疾人基础信息核查”工作，核查结果：2014 年全县有持证残疾人 4547 人。

【社会保障】 提高残疾人社会保障水平，2014 年残疾人生活津贴从之前补贴标准 100 元/年・人提高到 600 元/年・人，重度残疾人护理补贴从之前补贴标准 600 元/年・人提高到 1200 元/年・人。凡农村持证残疾人、城镇重度和精神残疾人都由政府承担城乡居民医保费用，凡重度残疾人都由政府承担城乡居民养老保险费用。

2014 年，完成适龄残疾儿童入学情况调查统计工作 191 人，上报扶残助学 13 人；推荐 2 名残疾学生到培英中专接受教育；完成阳光家园计划托养工作 60 人；向 1519 名重度残疾人发放了护理补贴 1822800 元；向 1578 名贫困残疾人发放生活津贴 946800 元；为 178 名下肢残疾的残疾人发放了燃油补贴 46280 元；对特困残疾人家庭资助了 16 户共 50000 元；为始兴县 3638 名重度、精神以及农村残疾人办理了医保，为 626 名重度残疾人免费办理了养老保险；资助了 4 名家庭贫困的脑瘫儿童进行矫形手术（每户 3000 元）；为 9 名家庭贫困脑瘫儿童免费申请了助行架；3 名家庭贫困的脑瘫儿童申请了坐姿椅；为残疾人免费发放辅助器具 32 件。

【维权和文体】 2014 年，受理残疾人来访 232 人次，交办信访案件 22 件，办理县信访督查督办 2 件。推荐 11 人参加省职业技能竞赛活动，推荐 10 人参加广东省残疾人运动会，其中聂郁全参加第九届全国特奥会。（赖小丽）

附：领导班子成员名单

理事长：赖香山

副理事长：胡信省

刘芳兰

始兴县归国华侨联合会

【概况】 始兴县归国华侨联合会（简称始兴县侨联）于1988年1月16日成立。侨联是中共始兴县委领导的团体，是党和政府联系归侨侨眷和海外侨胞的桥梁和纽带，是广大归侨侨眷和海外侨胞的家。侨联现有编制3名，其中主席1名、副主席1名、职员1名。

2014年，侨联工作紧紧围绕县委、县政府中心工作，认真学习实践科学发展观，坚持“以人为本，为侨服务”的宗旨，深入基层和侨界群众开展调查研究，明确工作定位，创新工作方法，团结广大归侨侨眷和海外侨胞致力于促进经济发展，参政议政，维护侨益和促进祖国统一等各项工作，坚持求实的工作作风，努力创造新业绩，奋力取得新收获，开创侨联工作新局面。

【“献爱心，送温暖”工作】 坚持每年开展春节送温暖慰问活动，安排资金和物资到老归侨和眷属家里走访（发放慰问金3000元），把党和政府的关怀和问候送到老归侨的心中。

【“侨心”工程引善款】 2014年，做好捐资助学工作。引进香港梁广榕中国教育基金30万余元奖励和资助始兴县考入重点大学学生；引进香港鲍思高基金16万余元奖励和资助始兴县考入重点大学学生；2014年是与梁广榕中国教育基金、鲍思高基金建立联系和交流的二十周年，二十年引进两基金善款累计达1500万元。

【助学助教受益学生情况】 助学工程。2008年，始兴县侨联发起组建了公益团体——思高广榕同学会，得到梁广榕和鲍思高奖励资助过的优秀大学生和毕业生200多人，这些得到过资助的学生和毕业生分散全国各地，或从事各行各业的工作，得到过资助的毕业生能响应号召，以各种各样的方式帮助和资助在读学生。2014年，得到过资助的毕业生和高校学生在县侨联牵头下，成立同学会班子，发动有能力的毕业生和同学进行捐款，设立同学会自己的内部公益账户，从不同层面资助需要帮助的学生。思高广榕同学会一直努力寻求拓展各种渠道团结始兴优秀青年为家乡发展贡献绵薄之力。2014年，新增会员30多人，成为始兴县较有影响力的公益团体。

助教工程。为提高始兴县教育质量，利用基金善款支持新建的九龄中学创办三个梁广榕励志班，力争梁广榕专门针对“励志班”设立奖学金进行适当的奖励，梁先生承诺每学期每年级设奖励30名学生。并发动思高广榕同学会优秀大学生和毕业生与励志班进行一对一“手拉手——伴飞”活动。活动旨在借助思高广榕同学会众多的人才资源，陪伴励志班学生一起走过青涩的初中岁月，通过学习、生活、感情、思想等各方面的沟通与交流，为励志班的学弟学妹们提供成长的帮助，达到良师益友的效果。这种帮扶形式在韶关市范围是首创，激发了励志班学生学习的积极性。

【公益英语冬令营】 组织策划2014思高广榕同学会公益英语冬令营活动，为期七天，得到县团委、教育局的支持，县属六所中小学积极响应，参加人数达500多人，其中大学生和老师志愿者有180人，是韶关市最为大型的冬令营活动。思高广榕同学会有优秀大学生和毕业生90多人参与，冬令营活动不向学生收费，主要由思高广榕同学会成员出钱出力，募捐达三万多元。

【其他工作】 做好始兴县有关侨、港、澳人士和社团的日常接待工作。做好推荐侨联界别政协委员、人大代表、广东国际华商会会员工作，2014年县侨属政协委员5人。 （曾小端）

附：领导班子成员名单

主　席：李志坚

副主席：陈相开

始兴县老区建设促进会

【概况】 1990年9月10日成立始兴县老区建设促进会（简称老促会）。县老促会宗旨是：遵守国家宪法、法律、法规和国家政策，遵守社会道德风尚，为始兴县革命老区人民服务，促进老区经济建设和社会事业的和谐发展。主要职能是：宣传老区，弘扬老区革命传统，促进各方重视、支持老区建设；对老区民生急需解决的问题开展调查研究，向各级党委和政府反映老区人民的意见和要求，提出建议；促请各级党委、政府，各有关部门与社会各界人士关心支持老区建设，为老区的经济社会发展穿针引线。

【“申苏”工作】 根据省政府、省老促会，市委、市政府、市老促会关于加快步伐、加强力度抓好“申苏”工作的要求，县老促会积极建议，主动参与始兴县“申苏”工作。县老促会领导高度重视：认真学习、深刻领会省市对这一工作的要求，是始兴又一次千载难逢的发展机遇，决不能错失良机，应有向始兴老区人民认真负责的态度开展此项工作；及时向县党政主要领导和分管领导汇报“申苏”工作：抓好此项工作的重要意义和紧迫性，并提出工作思路；将“申苏”工作摆上重要议事日程：县老促会向县委、县政府提交《贯彻省政府〈关于进一步做好我省中央苏区振兴发展工作的会议纪要〉的建议》，提出“摸准贫困家底、如实统计申报，谋划帮扶项目、及早主动”做好迎接帮扶准备；广泛搜集“申苏”资料，动员全县参与“申苏”资料搜集和提供信息；财政要给予相应的“申苏”经费保障等三方面的建议。县党政主要领导十分重视，作出具体批示，相继成立“始兴县‘申苏’工作领导小组”，对“申苏”的相关工作进行了分工，明确了责任，从而推动“申苏”工作的扎实开展。

【调研与建言】 配合县委、县政府完成省老促会会长陈开枝、副会长林华景到始兴县开展“申苏”进展情况、老区泥砖房现状等专题调研。按照上级的要求向县委、县政府领导提出迎接调研的建议方案，参与制订行程安排和相关准备工作。全程陪同并参与调研，提交调研报告，向省老促会领导汇报始兴县的相关情况和县老促会的工作，并就如何解决始兴县老区困难加快老区建设步伐提出建议。听取省老促会领导对始兴县工作的指示和对县老促会工作的要求，明确工作目标和努力方向。

根据韶关市老促会的部署，县老促会协同市老促会开展了加快旧村改造、推动新农村建设步伐、老区行政村集体经济收入情况、自来水村村通、自然村公路硬底化、农业龙头企业、农村专业合作社、革命活动遗址、革命纪念馆等基本情况的专题调研。县老促会高度重视，及时协调相关部门和各乡镇做好数据统计、收集资料等准备工作。各相关部门和乡镇的县老促会理事会成员怀着对老区人民的深厚感情，以认真负责的精神安排专人做好资料准备、数据统计等工作，县老促会收集汇总后，进行了细致的审核校对，使数据客观准确，及时上报。随后与市老促会一起，深入乡、镇、村走访查看、座谈，了解情况，听取意见建议，形成调研报告。向市委、市政府提交《关于加快旧村改造、推动新农村建设步伐的建议》和《始兴县行政村集体经济收入情况调查表》，向省上报《始兴县革命遗址统计表》《始兴县革命纪念馆统计表》，客观反映老区的社情民意，供省、市领导决策参考。

【办好实事】 实事求是申报项目，努力为老区建设争取资金。县老促会和各理事成员单位根据始兴县老区的发展需要，向上级申报项目，为老区民生工程争取资金。2014 年，共向国家、省、市为始兴县老区争取民生工程专项资金 10940 万元。县老促会在组织乡镇申报项目的基础上，进行调查摸排，根据相关要求，分别向上级老促会申报了一批老区民生工程项目资金 38 万元。12 月底前，市政府安排的 9 个老区建设项目已完成，29 万元资金到位，其中隘子镇 3.8 公里公路硬化和 2 座桥梁建设 8 万元、石井村白门楼人行桥建设 3 万元；司前镇江草、温下村道和饮水工程建设 3 万元；马市镇红梨村新村文化室配套设施 2 万元；顿岗镇周所村、千净村饮水工程建设、文化室配套设施 2 万元；澄江镇潭坑村村道建设 2 万元；太平镇总甫新村文化室配套设施 3 万元；城南镇杨公岭村村道硬化 3 万元；沈所镇石下村道路建设 3 万元；省财政厅拨给深渡水瑶族乡天菊桥建设项目 9 万元。各理事成员单位，主动向国家、省、市为始兴县老区争取民生专项资金 10902 万元，其中：县水务局向上级争取清化河深渡水段治理工程 1650 万元；农村小水电增效扩容项目 292 万元、农村水利设施维护资金 60 万元、凉口灌区改造工程 2021 万元。县交运局向上级争取35公里老区新建公路硬化工程资金、水毁工程资金、新建桥梁和桥梁维修等专项资金2500万元。县民政局向上级争取各类专项资金1823万元。县农办、扶贫双到办向上级申请老区项目扶贫资金2241万元元，低收入困难户补贴款315万元。

2014年，县老促会按照符合条件的烈士后裔学生家长申报，村委会审核公示，乡镇主管领导审批，县老促会复核的程序，核准5名就读中专、15名就读大专及本科的烈士后裔给予资助，按照大专及本科生2300元，中专生1600元的标准，12月底将42500元（其中省老促会、韶关市政府出资26500元，始兴县政府出资16000元）助学金发放到每一个受助学生家长手中。

作好两刊的发行工作。继续订阅《中国老区建设》150份、《源流》100份，分发给县四套班子领导、机关正科级部门领导、乡镇主要领导和老区村委会主任及中学和各中心小学图书馆，让老区的各级领导及时了解全国老区建设情况，了解国家、省对老区的重视、支持和关怀，了解全国各地老区发展动态和老区人民的需求。此外，始兴县在多种报刊刊登始兴老区的变化的报道有20篇。

协助香港爱心人士做好捐资助学工作。会长阳日成协助香港商人梁广榕捐资30万元、香港鲍思高基金会16万元的奖教、奖学、助学活动。副会长段吉榜协助香港爱心人士办理援建幼儿园和助教、助学捐款捐物31万元，具体落实到学校和困境家庭学生个人。常务理事维信房地产公司总经理刘锡维带头捐款，共募捐资金20多万元，修建罗坝中学广场和资助10名困难家庭的学生。

（段吉榜）

附：领导班子成员名单

会　长：阳日成

副会长：林海养

　　　　段吉榜

始兴县红十字会

【概况】 1988年3月成立“始兴县红十字会”及其理事会；2009年2月，县红十字会从县卫生局独立出来，升级为副科级单位，直属县政府管理。工作职责是：开展救灾的准备工作；普及卫生救护和防病知识，进行初级卫生救护培训，组织群众参加现场救护；参与输血献血工作，推动无偿献血；开展其他人道主义服务活动；开展红十字青少年活动；参加国际人道主义救援工作；宣传国际红十字和红新月运动的基本原则和日内瓦公约及其附加议定书；依照国际红十字和红新月运动的基本原则，完成人民政府委托事宜；依照日内瓦公约及其附加议定书的有关规定开展工作。2014年，有行政编制3名，工勤编制1名，会员单位49个，会员人数49人，注册登记志愿者124人。

【博爱送温暖】 2014年，县红十字会争取救助物资，先后到各乡镇看望慰问贫困家庭，给他们送去棉被、衣服、食用油等价值30000余元的慰问品。1月和8月，县红十字会及20多名志愿者向全县各乡镇33户困难家庭发放慰问现金和物资5.3万多元。

【助医助学】 为救助全县白血病、地中海贫血等大病患者，县红十字会通过开展多项救助活动，争取到上级红十字会救助款项5.3万元；社会募集救助款项16.6万元。救助白血病患者医疗费10多万元；救助地中海贫血患者医疗费8.5万元。救助贫困家庭27户，贫困家庭大病救助5.3万元。募集爱心助学金5000元，受助学生10名。接收上级红会下拨药品一批，价值17.18万元，由各乡镇卫生院领取后发放给有困难的群众。

【博爱光明行活动】 “始兴光明行，快乐行善，解矇助困活动”由县政协的牵头，蓝天公益基金出资捐助，县人民医院医院负责治疗，县红十字会组织的光明行活动，在始兴县人民医院联合开展了为贫困白内障患者免费手术的“博爱光明行动”。截至10月，筛查了150名申请手术的贫困患者，12月为符合手术条件的100名患者施行了白内障复明手术。

【红十字青少年活动】 为树立在校青少年学生正确的世界观、人生观，从小培养关心社会、服务他人、乐于奉献的道德观和价值观，增强自救和互救能力。11 月 4—7 日，县红十字会与团县委、教育局在城南中学、沈所中学、顿岗中学、马市中学组织开展了红十字知识讲座、造血干细胞捐献、应急救护知识培训为内容的红十字宣传教育系列活动。共有 800 余名师生参加了培训。

【灾后救助】 5 月，全县出现普降大雨到暴雨的极端天气，导致澄江、太平、马市等部分乡镇遭受严重洪涝灾害，造成房屋倒塌、大面积农作物损毁，其中澄江镇受损最为严重，洪水量为 50 年一遇。5 月 20 日，县红十字会常务副会长邓春燕带领红十字会工作人员和志愿者，前往澄江镇的澄江村、谭坑村，对房屋倒塌户进行慰问，发放家庭包 15 个，草席 11 张，价值近 6000 多元。同时，鼓励群众自救互救，恢复生产，重建生活的信心。灾情发生后，县红十字会及时向上级红十字会报告灾情，争取到国家彩票公益金项目捐赠的爱心大米 18.87 吨，价值 10 万元。当大米抵达始兴后，当即在太平镇政府大院将举行爱心大米发放仪式，将爱心大米发放给太平、顿岗、澄江、城南、马市五个乡镇，由各乡镇政府统一领取发放给受灾和有困难的群众。8 月 3 日，云南鲁甸地震，牵动了全国人民的心。为发扬“一方有难、八方支援”的人道主义精神，8 月 10 日晚上，县红十字会在步行街开展“鲁甸挺住、赈灾有我”情系灾区义演募捐活动，为支援鲁甸灾后重建募集捐款 8099.70 元。

【应急救护培训】 为提高全县人民群众防灾避险、自救互救能力，全面普及应急救护知识，县红十字会到学校、外资企业举办 9 期应急救护培训班。2 月，到天河制衣有限公司举办应急救护培训进企业活动，为天河制衣有限公司培训 100 多名企业员工。7 月，举办小区溺水救护培训，培训红十字志愿者和美景物业管理人员 80 多人次。8 月，县红十字会在培训室举行“博爱家园——红十字应急救护志愿服务进社区”活动启动仪式暨社区骨干应急救护培训活动，培训班共开展 4 期，培训太平镇 6 个居委会干部和各乡镇医务人员 120 名。通过举办红十字应急救护志愿服务活动进社区的培训，使社区居民、社区工作人员、物业公司员工、家政服务人员了解和掌握现场心肺复苏术、创伤急救基本技术（止血、包扎、骨折固定、伤员搬运四项技术）、基本的应急救护知识和技能及公共安全、防灾避险基本知识技能，达到全面提高社区居民自我保护意识和应急救护能力。帮助提高消防队员处置突发性事故的应急救援能力。9 月 13 日是第 15 个世界急救日，县红十字会在步行街开展以“急救与日常及灾难中的危险”为主题的宣传活动，活动内容有：红十字急救知识竞答、“红十字急救掌上学堂”、播放急救专题动漫片、发放应急手册，现场传授心肺复苏术、救护止血、包扎技能、烧伤、烫伤等。内容丰富，广大市民积极参与，活动现场十分活跃，30 多个急救知识竞答不到 15 分钟就抢答完毕；有 200 多群众观看急救片，30 多名群众操作心肺复苏术、止血、包扎术，现场发放应急手册 500 多本。10 月份，县红十字会到县消防大队举办应急救护培训，培训了 20 余名消防官兵。2014 年，县红十字会共举办各种应急救护培训班 9 期，培训人次达 1000 多。

【造血干细胞捐献活动】 为了动员更多的爱心人士伸出援手，加入到捐献造血干细胞志愿者的行列，以挽救更多白血病患者的生命。3 月和 5 月份，县红十字会开展造血干细胞捐献实现者事迹宣传活动。通过宣传造血干细胞捐献实现者这一爱心群体，引导广大适龄群众积极参与到造血干细胞捐献活动中来，在全县营造弘扬“人道、博爱、奉献”的红十字精神及“奉献、友爱、互助、进步”的志愿精神的良好氛围，推进社会主义核心价值体系。在“5·8”世界红十字日和“5·12”国际护士节到来之际，县红十字会在风度中学和爱心献血屋开展造血干细胞志愿者捐献唾液样本采集活动，共有 65 名捐献造血干细胞志愿者在现场进行唾液留标，采集的标本将全部送入中华骨髓库。9 月 4 日，县红十字会联合县文广新局到 96318 部队 86 分队开展造血干细胞捐献宣传表演，参与此次活动的工作人员和志愿者有 30 多名，200 多名官兵观看了节目表演；在精彩的文艺表演中，穿插了造血干细胞捐献宣讲、小品和有奖问答，丰富了官兵的精神生活，提高官兵对捐献造血干细胞的意识。12 月 14 日，县红十字会与铁马俱乐部共同开展“捐献造血干细胞，创造生命奇迹”环城骑行宣传活动，70

多名自行车爱好者、红十字志愿者参加了活动；骑行队伍从体育广场出发，途径体育东路、红旗大道、解放路、北门路，向终点市民广场进发，骑行队伍每辆车挂着宣传造血干细胞捐献的旗子，并在四个人群密集地停驻列队造型，引起市民驻足旁观，成为县城创建全省文明城市工作中的一道绿色风景线；活动发放资料 100 余份，骑行 10 公里，让参与人员认识了红十字会工作性质和主要职能，对公众更是一次造血干细胞捐献的科普宣传。2014 年，全县造血干细胞捐献志愿者已达 140 人。

【援建博爱卫生站】 为发展始兴县乡村的农村卫生事业，县红十字会向省红十字会争取资金援建马市镇侯陂村博爱卫生站人民币 20 万元。11 月 6 日，县政府与省红十字会签订了《始兴县红十字博爱卫生站援建项目协议书》。12 月 1 日动工，援建的马市镇侯陂村卫生站，占地 84 平方米，建筑总面积 127 平方米，内设诊室、候诊室、注射室、检查室、药房及医生住宿房，总投资 27 万元，建成后成为一所新型的卫生站。（林　靖）

附：领导班子成员名单

会　长：刘胜春

常务副会长：邓春燕

秘书长：李集洪

军　　事

县人武部

【概况】 中华人民共和国成立后，1952 年 6 月成立县人民武装部，隶属粤北军分区领导。县人武部下设民兵科、政工科。县属五个区，各设区人民武装部，区武装部由县人武部派出 3 名现役军人组成，其中 1 名副部长，2 名助理员。

1954 年 9 月 1 日，撤销县人民武装部，成立始兴县兵役局。县兵役局仍属粤北军分区领导，内设民兵科、动员科、征集科、统计科。1956 年 4 月 1 日，撤销粤北军分区，成立韶关军分区，始兴县兵役局隶属韶关军分区领导。1958 年 12 月，始兴、南雄两县合并，始兴县兵役局随之并入南雄兵役局，始兴除马市公社外，全境为一个大公社建置，设立公社人民武装部，配部长 1 人，副部长 1 人，干事 1 人（武装干部都属地方人员）。

1960 年 10 月 15 日，恢复始兴县建制后，1961 年 1 月，恢复始兴县人民武装部，仍属韶关军分区领导。县人武部内设民兵科、政工科，有专职秘书 1 名，后勤助理员 1 名。

1964 年，始兴县人民武装部增设作训科，专门负责管理民兵的军事训练、作战和武器装备工作。

1966 年，又增设后勤部，专门负责营房营具、后勤保障、武器装备的管理工作。

1968 年，县人民武装部的作训科、后勤部合并为军事科，保留政工科，编制为 25 名，其中部长、副部长、政治委员、副政治委员各 1 名。

1974 年，军队到地方“支左”撤回后，县人民武装部在职的部级领导 12 名、科级领导 17 名、参谋干事 19 名，共计 48 名。

1975 年，县人民武装部又设军事科、政工科、后勤科。此机构设置延续至 1986 年 5 月。

1986 年 6 月 16 日起，中国人民解放军广东省始兴县人民武装部改称始兴县人民武装部，由军队系统改为地方建制，其工作任务和职能不变。县委书记兼任县人民武装部党委书记。县人武部设军事科、政工科、办公室。人员编制 19 人。其中部长、政治委员各 1 人。

1996 年，县人民武装部由地方建制又改称中国人民解放军广东省始兴县人民武装部，编制干部 12 人，职工 14 人。其工作任务和职能不变。始兴县人民武装部隶属韶关军分区领导。下设军事科、政工科、后勤科。2005—2014 年，县人民武装部编制干部 8 人，职工 14 人。

2014 年，始兴县人民武装部坚持以中共十八大重要精神和习近平总书记系列重要讲话精神为指导，深入贯彻落实纲要和军区部队“十二五”时期抓建基层规划及省军区基层建设工作会议精神，加强部队和民兵预备役建设，圆满完成了各项工作任务，全面建设保持了协调推进、稳步发展的良好势头。

【思想政治建设】 突出抓好中共十八大精神的学习贯彻和主题教育活动落实。3 月，组织干部职工集中学习“两会”有关精神，开展十八大报告和新党章知识测试等，并利用民兵连点验和紧急出动时机，组织常驻应急分队和民兵应急连开展政治教育，下发了 4 个专题 16 课时的民兵季课教育资料。上半年，在军分区党委统一部署下，认真抓“坚定信念、铸牢军魂”主题教育，开展“三个正确对待”“厉行节约”“严守政治纪律、严防自由主义”、反“全能神”教育等。9 月，部党委按省军区、军分区统一部署，组织开展“大力弘扬艰苦奋斗精神，从严整治六个方面问题”专题教育，干部职工通过党委会、支部会及群众性大讨论，认真查摆感恩意识、政治意识、奉献意识、号令意识存在的不足，弘扬艰苦奋斗精神，切实纠治“四风”歪气，党委还作了表态承诺。通过学习贯彻有关文件精神，严密组织各类教育活动，开展日常经常性谈心交流，我部的思想政治建设不断加强。

【战备训练】 巩固和深化军事斗争准备成果，周密拟制作战方案计划，注重通过强化核心军事能力来确保多样化军事任务完成，持续兴起大抓军事训练热潮。1 月，组织仓库看管人员进行了业务学习和技能训练，迎接了军分区杨副司令员对始兴县民兵武器装备仓库的检查和对仓库看管人员的技能考核检查。4 月、5 月，集中组织职工和民兵队伍进行体能和军事技能训练，所有参训人员认真学习，训练刻苦，整体素质得到了有效提高，取得民兵应急分队总分第二名，职工队伍总分第三名，民兵应急分队点验拉动第一名，4 人被评为训练标兵、8 人评为训练尖子的好成绩。5 月、9 月下旬，县人武部以营门应急处突演练和民兵武器装备仓库应急处突演练为契机，组织民兵应急连进行了应急拉动和战备训练，6 月、9 月，接受了军分区杨副司令的检查考核，受到首长的充分肯定。

【国防动员】 以改革创新为动力，加强国防动员，建立健全了与国防安全相适应、与经济社会相协调、与突发事件应急机制相衔接的国防动员体系，坚持平战结合、军民结合、寓军于民的方针，遵循统一领导、全民参与、长期准备、重点建设、统筹兼顾、有序高效的原则，在更高起点、更大的范围、更深程度上推进了军民融合，促进了国防建设与经济建设协调发展。贯彻兵役法，针对征集高学历青年、女兵征集、退役士兵安置改革，加大兵役法的宣传力度，特别是针对 2014 年开展网上征兵的新形势下征兵工作出现的新情况、新问题加强研究，探索征集高文化素质青年的具体办法，采取有效措施，推动依法征兵、精确征兵、质量征兵、廉洁征兵的深入发展，高标准地完成了 2014 年度新兵征集任务，实现了 60 年无责任退兵的目标。

【后备力量组织整顿】 2014 年，基干民兵调整根据上级调整计划有序进行，通过精简队伍、精编精训的原则，提高了县基干民兵队伍的应急能力。

【双拥共建工作】 参加巩卫创文、植树造林、无偿献血、爱心捐款和为贫困地区儿童捐书等活动，军政军民关系密切。做好驻军部队随军家属就业安置和随军未就业家属生活困难补助申领工作，协调安置了 3 名随军未就业家属，发放了 8 名随军未就业家属生活补助。协助地方做好涉军信访维稳工作，成功处理了 6 起涉军维权问题。做好扶贫“双到”工作，定期到挂钩贫困户家中走访慰问，及时解决实际困难，全年累计为贫困村（户）解决帮扶资金 4 万余元。协调做好第十届双拥模范县创建工作，全县双拥工作氛围浓厚。

【信息化建设】 加快信息化建设步伐，在 2013 年完成的战备值班系统综合整治的基础上，完善了 2014 年信息化建设方案。做好了辖区内气象、水文、交通等社会信息迎接方案，并对军区密码电报远程递送系统和军分区文普通密码数据传输系统进行了联调联试，接合指挥所演习需要，购置了一套远程会议系统，提高部指挥作战能力和大规模作战准备水平。

【兵器室建设】 根据省军区兵器室建设通知要求，结合县人武部兵器室建设需要，于 2014 年 10 月开始先后投入 32 万元在县人武部办公楼二楼西侧新建兵器室，其使用面积 90.6 平方米，预计 2015 年 1 月 21 日竣工投入使用。主要区分技术区和值班区，技术区设武器库、弹药库两个库房以及缓冲间、维修间两个空间。

【正规化管理】 以中共十八大精神为指导，贯彻落实习主席关于依法治军从严治军和改进作风的一系列重要指示。3 月，县人武部开展了“学条令、正秩序、树形象”活动及假军车军牌清理整顿活动，组织干部职工进行了队列训练。5 月，县人武部按照动员部署、学习教育、检查整改、总结讲评四个阶段进行，采取集中教育、专题辅导、个人自学、座谈讨论等方式，组织干部职工开展了作风纪律教育整顿活动，撰写了学习心得体会和个人对照检查。6 月，结合半年工作总结开展为迎接两级军区安全工作检查，安全隐患排查整治活动。达到了纠正部队“三松”问题、提高正规化建设与管理水平的目的，为确保部队安全稳定和年度工作圆满完成打下了坚实基础。12月，迎接军分区对县人武部全面建设情况考评，取得了第三名的好成绩。

【完善国防动员各类方案】 2月份，统计上报辖区内重要目标资料，修订和完善了各类应急预案。3月25—29日，组织与分区进行战备方案对接。增强网络化战备训练水平。

【开展预备役登记统计工作】 根据《中华人民共和国兵役法》和《征兵工作条例》，从4月10日开始至6月30日，展开了2014年度兵役登记工作。

【开展年度兵役登记工作】 4月至5月底，开展了兵役登记和预备役登记统计工作。2014年兵役登记工作，兵役登记人数1563人，确定预征对象1001人。预备役登记统计工作，共统计地方与军事专业对口技术人员预备役182人。圆满完成年度兵役登记和预备役登记统计工作。

【征兵工作】 4月15日，副部长带军事科人员对始兴中学、风度中学和始兴县中等职业学校进行征兵调研，上报2014年学校征兵普查调查情况，开展征兵前期准备工作，为2014年夏秋季征兵打下了良好基础。6月4日，迎接军分区政治部主任吴楚峰带工作组到县人武部调研有关征兵改革情况。6月份开始，协调县广播电视中心并指导各乡镇展开征兵宣传工作。8月、9月，按全国征兵工作领导小组安排，组织开展2014年度征兵工作，经过县征兵领导小组研究，确定2014年入伍人员名单，达到始兴县60年无责任退兵的目标。

【营院管理】 2014年，按照军分区要求开展营院秩序整顿。针对省军区联合工作组对营院管理提出的意见建议，县人武部对营院进行了彻底整治，规范车场秩序、清理卫生死角、刷新营院树木及围栏、清洗办公楼层，加强日常人员车辆进出营院管理，并投入6万余元，新建了篮球场、羽毛球场和5盏路灯，并规范了小区停车位等。提高营院正规化管理水平。

【党委班子和干部队伍建设】 2014年，共召开部党委会共10余次40余个议题，基本做到重要工作、重大问题、大项经费开支党委集体研究，集体决策，党委民主集中制度得到有效落实，没有出现党委委员之间不和谐现象。在群众路线教育实践活动中，党委成员结合“四风”问题，认真开展批评和自我批评，分区杨副司令对会议给予了充分肯定，并对县人武部党委班子建设进行了点评，结合首长的点评，制定了整改措施，党委班子建设得到不断加强。

【主题教育】 坚持用习主席系列重要讲话统领思想、凝聚意志，学习贯彻中共十八届三中、四中全会和全军、军区政工会议精神，开展群众路线教育实践活动，抓办了7件实事，专题民主生活会、组织生活会效果明显，班子凝聚力、战斗力不断增强。组织“牢记强军目标，献身强军实践”主题教育活动，集中开展“进步观、责任观、苦乐观、得失观”教育和战斗力标准大讨论活动，干部职工知足感恩、知责知进意识进一步增强。意识形态工作抓得实，坚决肃清徐才厚案件影响，确保了部队及官兵高度集中统一和纯洁巩固。

【安全管理】 安全管理水平稳步提升县人武部坚持依法治军、从严治军，严密防范重大安全问题发生。通过监管、检查、制度约束等手段，加强干部战备值班、留营住库，正规一日生活制度，加强人员、车辆管控以及干部职工“8小时外”的管理，确保部队“四个秩序”严格正规。同时，及时召开安全保密形势分析会，定时开展安全保密工作自查，排除管理方面存在的隐患。5月，结合作风纪律教育整顿活动，开展了深入细致的安全保密工作自查；6月，参加了广州军区组织的“四反”宣传教育电视电话会议；7月3日，组织干部职工观看了《危崖》保密警示教育片，11月，开展了网络信息安全清查和教育，12月，按照省军区要求规范统一了现役军官和关键岗位保密人员手机使用管理。

【后勤保障】 2014年开展“两项普查”，按照上级要求完成了数据采集录入和整理上报工作。组织新式军车号牌清理，改善干部公寓房住宿条件，投入6万余元将篮球场、羽毛球场改为塑胶场地，满足了干部职工的业余文化生活需要。按照上级关于文印室建设的有关要求，高标准完成了集中文印室建设任务。

2014年始兴县驻军先进单位表彰情况

表1

表彰单位	授予种类	授予单位	授予时间
始兴县人武部	优胜单位—民兵应急分队评比性考核总分第二名	韶关军分区	2014. 5. 18
始兴县人武部	优胜单位—职工队伍评比性考核总分第三名	韶关军分区	2014. 5. 18
始兴县人武部	优胜单位—民兵应急分队点验拉动第一名	韶关军分区	2014. 5. 18
始兴县人武部	二〇一四年度全面建设先进单位	韶关军分区	2014. 7. 15
始兴县征兵办	2013年度征兵工作全优单位	韶关市人民政府征兵办公室	2014. 7. 15
始兴县公安消防大队	2014年连续六年被省公安消防总队评为基层建设先进大队	省公安消防总队	2014. 12
始兴县公安消防大队	2014年连续三年被省公安消防总队评为执勤岗位练兵先进大队	省公安消防总队	2014. 12
始兴县公安消防大队	2014年连续两年被韶关市消防支队评为党委建设好班子	韶关市公安消防支队	2014. 12
始兴县公安消防中队	青年文明号	省团委	2014. 12
始兴县公安消防中队	始兴县“五四红旗团支部”	县团委	2014. 12

2014年始兴县驻军先进个人表彰情况表

表2

姓名	部职别	授予种类	授予单位	授予时间
饶邦偿	县人武部副部长	2013年度韶关市征兵工作先进个人	韶关市人民政府征兵办公室	2014. 7. 15
李　勇	县人武部参谋	2013年度韶关市征兵工作先进个人	韶关市人民政府征兵办公室	2014. 7. 15
张银峰	县人武部政工科长	2014年度优秀机关干部	韶关军分区	2014. 12. 6
余胜利	县人武部后勤科长	2014年度嘉奖一次	韶关军分区	2014. 12. 6
刘荣欣	县人武部参谋	2014年度嘉奖一次	韶关军分区	2014. 12. 6
邓国俊	县人武部职工	军事训练标兵—职工队伍第二名	韶关军分区	2014. 5. 18
刘建华	县人武部职工	军事训练标兵—职工队伍训练标兵	韶关军分区	2014. 5. 18
刘伟聪	始兴县民兵	军事训练标兵—民兵应急队员训练标兵	韶关军分区	2014. 5. 18
张　剑	始兴县民兵	军事训练标兵—民兵应急队员训练标兵	韶关军分区	2014. 5. 18

续表2

姓名	部 职 别	授 予 种 类	授予单位	授予时间
沈 聪	始兴县民兵	军事训练标兵—民兵应急队员训练标兵	韶关军分区	2014.5.18
沈 聪	始兴县民兵	军事训练尖子—实弹射击民兵第二名	韶关军分区	2014.5.18
沈小强	始兴县民兵	军事训练尖子—实弹射击民兵第二名	韶关军分区	2014.5.18
张 剑	始兴县民兵	军事训练尖子—实弹射击民兵第三名	韶关军分区	2014.5.18
官利阳	始兴县民兵	军事训练尖子—实弹射击民兵第三名	韶关军分区	2014.5.18
沈振友	始兴县民兵	军事训练尖子—实弹射击民兵第三名	韶关军分区	2014.5.18
邓国俊	始兴县民兵	军事训练尖子—实弹射击职工第一名	韶关军分区	2014.5.18
刘建华	始兴县民兵	军事训练尖子—实弹射击职工第三名	韶关军分区	2014.5.18
林立龙	始兴县民兵	军事训练尖子—实3000米跑训练尖子	韶关军分区	2014.5.18
蔡明飞	始兴县消防战士	三等功	韶关市公安消防支队	2014.12
王 伟	始兴县消防大队副大队长	优秀警官	省公安消防总队	2014.12
周松思	始兴县消防大队中队长	优秀警官	省公安消防总队	2014.12
张甲庆	始兴县消防大队中队指导员	优秀团干部	省公安消防总队	2014.12
王海滨	始兴县公安消防大队中队战士	嘉奖	韶关市公安消防支队	2014.12
黎 雄	始兴县公安消防大队中队战士	嘉奖	韶关市公安消防支队	2014.12
谢苑苑	始兴县公安消防大队中队战士	嘉奖	韶关市公安消防支队	2014.12
梅 祺	始兴县公安消防大队中队战士	嘉奖	韶关市公安消防支队	2014.12
韦家谋	始兴县公安消防大队中队战士	嘉奖	韶关市公安消防支队	2014.12
陈 鹏	始兴县公安消防大队中队战士	嘉奖	韶关市公安消防支队	2014.12
王 宇	始兴县公安消防大队中队战士	嘉奖	韶关市公安消防支队	2014.12
李 波	始兴县公安消防大队中队战士	嘉奖	韶关市公安消防支队	2014.12
李兵兵	始兴县公安消防大队中队战士	优秀士兵	韶关市公安消防支队	2014.12
江 湖	始兴县公安消防大队中队战士	优秀士兵	韶关市公安消防支队	2014.12
朱上仕	始兴县公安消防大队中队战士	优秀士兵	韶关市公安消防支队	2014.12
蔡明飞	始兴县公安消防大队中队战士	优秀士兵	韶关市公安消防支队	2014.12

（刘荣欣）

附：领导班子成员名单

县委常委、部长：黄良勇

政治委员：文建勇（—2014.2）

何声岳（2014.2—）

副部长兼军事科长：饶邦偿
政工科长：梁晓明（—2014.2）
张银峰（2014.3—）
后勤科长：余胜利

始兴县公安消防大队

【概况】 始兴县公安消防大队成立于1993年，位于始兴县太平镇城北路88号，下辖1个公安现役消防中队，主要担负着全县防火监督和灭火救援任务，是同火灾作斗争的一支实行军事化管理的部队，执行解放军的三大条令和兵役制度，纳入武警序列。

大队为正营级建制单位（军政主官高配为副团职），现役编制35人，设有灭火救援和抢险救援2个攻坚组、4个战斗班，配备执勤消防车辆6台（含抢险救援消防车1台，水罐泡沫消防车3台，登高平台消防车1台，多功能城市主战消防车1台），空气呼吸器、红外热像仪、消防避火服、液压破拆工具组、洗消堵漏工具等各类灭火和抢险救援器材3000余件套。2014年，大队共接警出动警力178次，出动消防车辆305辆次，消防官兵1626人次，抢救被困人员23人，疏散人员84人，抢救财产价值240多万元，在保卫人民生命财产安全中发挥了拳头和尖刀作用。

2014年，大队贯彻中共十八大和十八届三中、四中全会精神，以党在新形势下的强军目标思想为统揽，以警务实战化、执法规范化、队伍正规化“三项建设”为主线，以岗位练兵、火灾隐患整治、消防宣传教育为重点，聚焦深化改革，聚力提质增效，顺利完成了以防火、灭火和应急救援为中心的各项工作任务，基础工作水平进一步提高，维护公共消防安全的能力进一步提升，队伍良好形象进一步树立，各项建设呈现出了良好发展态势。

2014年，在服务保障“平安始兴”“幸福始兴”建设的过程中，大队全体官兵齐心协力，团结奋进，取得了丰硕的成果和卓越的成绩：大队、中队连续六年被省公安消防总队评为“基层建设先进大队”“基层建设先进中队”；连续三年被总队评为“执勤岗位练兵先进大队”，连续两年被支队评为“党委建设好班子”；在支队2014年度成建制中队日常实战化会操暨体能大比武竞赛中荣获第二名；所属中队被团省委续评为“青年文明号”、被团县委评为“五四红旗团支部”；荣立个人三等功1人，总队级“优秀警官”“优秀团干部”及支队级“优秀警官”各1人，支队级“优秀士兵”4人，被支队荣记嘉奖8人。

【党委班子建设】 大队重视班子建设，党委一班人以提高班子综合能力为出发点，着力构建“团结、务实、高效、廉洁”型班子：坚持党委中心组学习制度，开展政治和业务理论学习，提高班子自身综合素质；坚持党委集体领导制度，班子成员坦诚相见，心往一块想、劲往一处使，紧紧抓住党委政府高度重视消防工作的良好机遇，立足始兴，放眼广东，摸清家底，找准差距，以踏石留印、抓铁有痕的精神，推动部队建设和消防工作实现新的更大发展；班子成员牢固树立正确的人生观、价值观，正确看待和运用手中的权力，不搞“一言堂”“暗箱”操作，严格落实民主集中制等党组织基本制度。

【党风廉政建设】 以“严明组织纪律，锻造优良作风”为主题的纪律教育学习月活动，对全体官兵组织开展理想信念教育、作风纪律教育、政治品质和道德品行教育，引导官兵树立群众观点，弘扬优良作风，保持清廉本色，打造一支“听党指挥、能战能胜、作风优良”的公安消防队伍，提升“廉政消防”建设水平。集中整治消防执法腐败问题，开展“正风肃纪、依法履职”教育整顿活动，组织官兵观看警示教育片，开展廉洁读书月，参观始兴县看守所、南雄市廉政教育基地等，深化警示教育，切实让党员干部“不想腐、不能腐、不敢腐”。精心打造宣传载体，让“廉政文化”无处不在，如营区内设立了“廉政文化长廊”、党风廉政建设宣传栏，张贴悬挂廉政警句漫画等。

【思想政治教育】 开展强军目标主题教育活动：在“牢记强军目标，献身强军实践，永做忠诚消防卫士”主题教育活动中，大队及时召开动员会和推进会，研究制定工作方案，并根据总队大课、支队小课辅导进行了阶段性课后讨论，形成了“问题大家摆，是非大家辨，道理大家讲”的浓厚氛围，组织官兵撰写心得体会，配合主题教育及时更新营区文化长廊、宣传栏、黑板报内容，营造了浓厚的学习氛围，推动主题教育深入开展。开展警营文化活动：大队高度重视“文化育人”工作，推动警营文化活动开展形式多样、内容丰富、档次提升；聘请专业老师指导中队文艺节目排演，新推出了原创舞蹈《青春消防兵》、流行舞蹈《小苹果》，加上已较为成熟的《队列踢踏舞》和《消防“时装”秀》，已形成了四个节目的阵容，并通过“119”消防安全宣传月、城南镇火灾隐患重点地区整治宣传及电视台栏目等平台展示出来，赢得了良好社会口碑；结合重大节日、重要会议、纪念活动，组织官兵开展“学雷锋、讲奉献”集中志愿服务活动、“强军我有责，岗位做贡献”主题演讲、“读廉洁书籍，扬清风正气”廉洁读书月等活动，组织官兵祭扫烈士墓，观看党和国家重大会议、仪式庆典现场直播等等，深化党史国史教育、人生观价值观教育，铸牢警魂，培育品格。

【日常队伍管理】 狠抓正规化建设：开展正规化建设工作，大队确立了“分阶段逐项规范、分步骤逐步推进、分类别逐件完善和软硬互补，软硬实力齐头并进”的建设思路，硬件设施逐步完善，实现基础设施“一年有变化，两年换新貌”的目标；软件形象逐步树立，朝着“灭火执勤正规化、队伍管理条令化，各项工作制度化”目标奋进。狠抓安全防事故工作：结合专项教育整顿、“五无”创建、纪律教育学习月、“百日创安”教育整顿等活动，狠抓安全事故预防、违纪问题查处、纪律作风整顿，形势预判、隐患排查、安全教育工作成体系、建常规，提高部队安全管理能力。大队成立以军政主官为组长的安全防事故工作领导小组，坚持每周安全学习教育制度，通过召开座谈会、官兵表决心、写心得、谈体会、想办法、提意见等多种形式，使安全防事故工作深入人心；每月定期召开安全形势分析会，制定完善安全防范措施，及时发现各类事故苗头，做到早预测、早预防；严格落实车辆外出审批报告制度等等。全年，大队未发生一起行政责任事故和案件，队伍保持高度稳定。

【执勤岗位练兵】 狠抓岗位练兵：大队采取全员岗位练兵与重点岗位练兵相结合、共同训练与专业训练相结合等多种形式，开展体能训练、战术训练、实战演练。大队根据不同训练阶段、训练内容，开展小型多样的竞赛，发挥训练标兵、训练能手、训练尖子作用，并适时开展表彰奖励，营造良好的练兵氛围；3 月全市体能大比武、7 月成建制中队日常实战化会操比武竞赛中，大队均获得全市第二名的好成绩。狠抓专项行动落实：开展加强内攻和紧急避险专项行动训练，破解官兵对建筑结构不了解、内攻时机把握不准、紧急避险能力不强的灭火救援难题，提高官兵内攻作战和紧急避险能力；开展“全员学装、科学用装、规范管装”活动，结合装备配备、管理、保障实际，提高装备使用科学化、维护制度化、管理规范化水平，保障了灭火救援战斗力的提升。狠抓实地、实战演练：从难从严从实战要求出发摔打部队，采取“走出去”的方式，组织官兵到辖区机关单位、工厂企业、宾馆酒店、中小学校、住宅小区等消防安全重点单位开展实地、实战演练，提高官兵灭火救援实战能力。

【后勤保障工作】 争取政府的重视与支持：主动向县委、县政府请示报告，争取地方党政和有关部门的支持，密切与地方财政部门联系，加大政府对消防经费的投入力度，经费保障水平再创新高。营造拴心留人的环境：结合正规化建设要求，大队先后投入 20 余万元对营区营房设施、中队场室库、士官公寓房进行了修缮；完成营区智能管理系统建设任务，安装了视频监控、电子岗哨门禁系统，提高部队信息化管理水平；升级改造了大队荣誉室（队史馆），解决“荣誉牌证多、摆放位置少”的矛盾，实现了荣誉室内容更新颖、布局更合理、内设更美观、功能更完备；新增警营文化宣传栏 8 块，太阳能节能路灯四座（盏），悬挂“听党指挥，能打胜仗，作风优良”大型标语；美化营区环境，为营区围墙装贴瓷砖，对围墙护栏刷漆翻新，对后勤饭堂周边下水道管网进行改造，对独木桥、障碍板、篮球架等训练设施器材进行了焊接加固、刷漆翻新，对营区绿化进行了修整等。开展土地房屋专项治理工作：8 月，县政府批复同意为大队划拨大队窗口东侧拆迁户用地（363 平方米）及原大队窗口等未划拨给大队使用的土地共计 759.1 平方米。划拨后的土地与大队原有的划拨土地合计 7013 平方米一起并证。至此，大队国有土地使用证和所有建筑房屋产权证均已办结，圆满完成了土地房屋专项治理工作任务，破解了历史遗留的瓶颈问题，为消防工作和部队建设的长远发展提供了坚实保障。开展器材装备建设：先后投入 30 余万元用于器材装备，尤其是个人基本防护装备采购，完善器材装备建设，年底，大队官兵个人基本防护装备全部配齐；按照总队城市主战车随车器材配备标准，大队在全市公安消防部队中率先配齐城市主战车所有随车器材。

【消防监督工作】 2014 年，大队以火灾隐患大排查大整治、消防安全大宣传大教育为主线，把握机遇、开拓创新、务实求进，推动全县消防工作呈现出“三个明显”：抓责任落实，消防工作社会化格局明显成型。从政府主导消防工作责任入手，推动消防工作社会化：先后提请县政府出台《“十二五”消防工作规划》《加强和改进消防工作的实施意见》等一系列重要文件，各乡镇逐级召开消防工作会议并签订目标责任书；县委书记范秀燎、县长杨思远、常务副县长高忠、县委常委夏娟等领导多次做出重要批示、听取汇报、带队检查。健全政府监督考评机制：提请县政府将各乡镇和职能部门开展消防工作情况纳入“党政领导班子和领导干部落实科学发展观考核”，实行项目量化管理和年度考评，及时总结、分析、通报排名。借力“平安始兴”建设，开展重大火灾隐患排查整治。紧盯火灾隐患重点区域、火灾高危单位、“四小”场所，加大执法力度，保持高压态势。将消防安全网格化管理纳入到综治网格管理工作一并推进，形成政府主导、综治主抓、消防助推、部门协同的消防工作新局面。充分发挥各派出所点多、线长、面广、地缘人员熟悉、贴近基层的优势，推动各派出所开展消防工作，切实发挥派出所监管作用，大幅拓展消防监管覆盖面，及时发现和督促整改火灾隐患，维护辖区消防安全稳定。推进公共消防设施建设：促进各乡镇建成和完善市政消火栓系统，共建成消火栓 30 多个，极大地提高和夯实了基层火灾防控能力。抓排查整治，火灾事故明显减少。强化县政府落实消防安全主体责任，及时向县委县政府主要领导请示汇报，县政府印发《始兴县重大火灾隐患整治工作活动方案》《始兴县委县政府关于进一步加强消防宣传工作的意见》《始兴县“119 消防宣传月”活动方案》等一系列工作方案；县政府先后两次组织召开政府常务会议，对全县消防安全“网格化”管理、重点单位“户籍化”管理、重大火灾隐患整治、火灾隐患重点地区整治、今冬明春火灾防控工作等进行专题研究部署。县政府组织召开全县消防工作会议，对上一年度消防工作成绩突出单位进行了表彰，与各乡镇逐一签订了责任书，对全年消防工作进行了动员部署。在城南镇召开了网格化管理、重大火灾隐患整治工作和火灾隐患重点地区整治推进会，部署开展火灾隐患整治活动。县长杨思远、常务副县长高忠等主要领导亲自挂帅，联合多部门对全县的公共娱乐场所，人员密集场所和四小场所进行“地毯式”消防安全检查，下乡镇指导秋冬季节防火工作，掀起了大排查大整治热潮。对排查出的火灾隐患和消防安全违法行为实行“零容忍”，列出清单，逐项整改。工作期间，全县共出动检查组 750 人次，检查场所 373 家，发现隐患 61 处，督促整改隐患 61 处，迁出违规住宿人员 56 人。推进城南镇重点地区火灾隐患整治工作：县政府及城南镇政府先后投入 20 余万元开展火灾隐患重点地区整治工作；将城南镇以街为单位，分成若干个责任片区，按照“街不漏巷、巷不漏栋、栋不漏户、户不漏项”的原则，抽调综治办、安监站、派出所等部门 10 余人，分成 3 个工作组，对城南镇辖区内的市场、网吧、宾馆饭店、公共娱乐场所等人员密集场所和建筑施工工地、小档口、小作坊、小娱乐场所、小旅店等“四小”场所，开展了“地毯式”的摸底排查工作；采取“样板先行、示范带动、全面推进”的工作方式，集中力量，高标准、严要求打造“示范街、示范户”，统一各类场所整治标准，推动整治工作有效推进。抓宣传培训，消防宣传教育成效明显提高。全面落实《全民消防安全宣传教育纲要》，打造消防安全文化。先后投入消防宣传经费 25 万元，搭建各类平台加大宣传声势，达到宣传教育培训铺天盖地、连篇累牍、入脑入心的效果，如在县电视台滚动播放消防公益广告250条，在移动公司开通消防公益短信群发平台，在住宅小区、商场、医院、公园等显著位置设置大型户外消防宣传栏15块，悬挂宣传横幅30余条，开通播放消防安全提示标语的LED电子显示屏40余块，等等。开设政务微博，开门评警，倾听民声，常态化开展消防安全常识及部队公益活动宣传。不定期举行消防知识培训班、消防知识专题讲座、消防站开放及灭火救援体验活动等。年内，分别在人民医院、移动公司、韶赣高速管理中心、城南衍屏小学、明日之星幼儿园、星马木业、万达公司等单位组织举办了大型消防培训活动，共计培训5000余人；近千名学校师生、企业员工走进红门，“零距离”接触消防、体验消防。“110宣传日”“学雷锋活动月”“119消防日”等节点期间，均组织或参与了大型消防宣传活动，细心为群众讲解消防安全知识，耐心听取群众的意见和建议，免费发放各类宣传资料近万份，接受市民咨询200余人次，受教群众近万人。以九龄公园为依托，建成全县首个消防主题公园，打造了黄花园东路消防宣传示范街。11月5日，在实验小学举办了大型“119”消防安全宣传月启动仪式，通过逃生灭火演练、文艺演出、有奖问答、器材展示等形式，宣传防火及逃生自救常识，收到了良好宣传效果。重要节日、重大活动期间，结合工作实际，发动辖区各类媒体进行跟踪报道，同时积极上报中央及省市主流媒体。全年，消防工作领域内5篇报道见诸省级媒体，11篇报道见诸市级媒体，县级媒体刊发相关新闻则多达60多条。

【拥政爱民活动】 大队组织官兵参加双拥共建，热心公益事业，树立部队良好形象。年内，组织捐款3次，为消防助学基金、遭遇意外伤害战友亲属、贫困家庭儿童、扶贫帮扶对象等捐款5万多元。大中队官兵还参与扶贫慰问、爱心献血、义务植树、清洗街道、慰问老人等活动，与太平镇城东居委会10户贫困户开展了扶贫结对，落实“扶贫双到”工作要求，开展“青年文明号”进机关、进企业、进学校、进社区、进街道“五进”志愿服务以及“消防站开放日”等活动，被各级各类媒体广为报道，树立了新时期消防部队良好形象。通过开通“96119”火灾举报投诉热线，政务微博、微信平台，设立举报投诉意见箱、群众信访接待日等，畅通群众诉求表达渠道，倾听民声，了解民意，提高为民服务水平。（张甲庆）

附：领导班子成员名单

政治教导员：范　奇
大队长：朱志勇
副大队长：王　伟
工程师：王子曦
参　谋：周祁常
政治指导员：张甲庆
中队长：周松思
副中队长：康　恒
副中队长：赵世昊

人　民　防　空

【概况】 始兴县于2003年挂牌成立县级人民防空办公室，挂靠县政府办公室开展工作。县人防办为县国防动员委员会常设办事机构，县人民政府防空工作的主管部门，正科级单位。2007年，独立设置。2014年，有编制3人，在职3人。

【人防宣传教育】 开展初级中学学生人防知识教育，实行了多媒体、图片展示、实际操作演练等多种形式的教学方法，提高了教育实效，受教育学生1028人。参与由县司法局组织的“12·4”法制宣传日大型法制文艺宣传活动，发放人防法制宣传资料2000多份，接受群众人防基本知识咨询服务100多人次。开设了人防法制宣传橱窗，在县文化广场设立了人防法制宣传橱窗，全年共出版人防知识和人防法制宣传栏4期。

【人防工程建设】 县人防办与解放军总参工程兵科研三所人防工程设计研究室合作开展《始兴县城市人防工程建设总体规划（2014—2030）》编制工作，12月顺利通过了专家评审。落实国家、省市有关人防工程建设和易地建设费收取规定，严格执行收费标准，确保人防工程应建必建，易地建设费应收尽收，全年立项审批了×个防空地下室工程建设项目，建筑面积××万平方米。有一个人防工程项目×平方米顺利通过竣工验收，有多处人防工程项目正在建设中，全年征收易地建设费250万元。

【指挥通信建设】 为修订完善《始兴县防空袭方案》进行资料收集准备工作。加强警报设施的管理，坚持每月一次检查，每季一次维护。抓好电子屏（LED）多媒体多功能防空警报系统建设，新增警报器1台，完成年度警报试鸣演练，警报鸣响率达100%，完成了县人防机动指挥信息系统项目招设标工作。

【人防行政执法】 建立健全人防行政执法工作责任制，完善各项执法工作制度和工作程序，规范人防执法行为，落实人防执法责任。加强了执法人员的学习和培训，全体工作人员参加了8月份由县法制局组织的执法人员业务学习班，在“结建”审批收费方面做到依法依规征收，未出现不按政策减免和个人及领导签字减免的现象，对2起应建未建防空地下室工程项目作出了处罚决定。（陈方锵）

附：领导班子成员名单

主　任：冯学高（—2014.12）

副主任：陈方锵

法 治

政 法 委

【概况】 始兴县委政法委员会于1961年11月成立，1966年5月因受“文化大革命”的冲击和干扰，不能行使工作职能，1968年3月，县革委保卫组成立，政法委员会自行撤销。1973年5月，恢复县委政法委员会，1979年6月，改称政法领导小组，1981年1月，复称政法委员会。1989年3月，再次撤销县委政法委员会，成立县政法领导小组，同时成立始兴县社会治安综合治理领导小组。1990年9月，第四次撤销县委政法委员会领导小组，恢复县委政法委员会。1997年5月，成立始兴县禁毒领导小组。2000年12月，成立始兴县涉军法律事务领导小组。2001年2月，成立始兴县防范和处理邪教问题领导小组，下设办公室（正科级）。上述各办设正、副主任各一名，主任一般由政法委副书记兼任。各办与县委政法委合署办公。2009年7月，撤销政法委员会办公室（正科级），成立政法委政工办和执法督查股。2011年12月，始兴县社会工作委员会成立，与政法委合署办公。2013年4月，根据中央、省、市文件精神，为全面加强和创新社会管理，县委、县政府将县社会治安综合治理委员会更名为县社会管理综合治理委员会，2014年1月，根据省、市、县文件精神，县编委领导批准，县禁毒委员会办公室由原与县委政法委合署办公，调整为在县公安局刑侦大队挂牌，具体履行禁毒工作职责。

县政法委员会（含综治办）核定机关行政编制10名，实有人员16名。县委政法委受县委领导，同时接受上级政法委员会指导。政法委员会书记由县委副书记或一名常委兼任，同级人民政府负责人中的一位副职任政法委副书记。政法委机关干部待遇按公安待遇。

县委政法委员会是党委领导和管理政法工作及政法干部队伍的职能部门，其主要职能是：贯彻执行党的路线、方针、政策以及县委的决策和部署；组织政法工作中有关法律及重大政策的调研，指导政法工作改革；研究处理政法工作中的重大问题并及时向县委提出建议，对一定时期的政法工作作出全局性部署，并检查落实；维护政法各部门依法独立行使职权，依法组织开展执法监督，指导、协调政法各部门的工作，组织研究和讨论有争议的重大、疑难案件；组织调查、协助处理抗法的重大案件，确保政法各部门正常开展工作；组织、协调或指挥处置本县的有关紧急情况和突发事件；研究和指导全县政法队伍建设，协助县委组织部考察、管理政法部门领导班子和干部队伍；组织、协调、指导全县维护社会稳定和社会管理综合治理的工作，掌握社会管理综合治理的工作，调查掌握社会管理综合治理方面的新情况、新问题，制定并检查落实社会管理综合治理的重大措施；负责全县有关防范、处理“法轮功”及其他邪教和社会有危害气功组织问题的组织、协调、指挥、督导工作；协调有关部门开展反邪教的社会宣传工作，了解、掌握“法轮功”及其邪教和对社会有危害的气功组织的活动动向，综合有关信息，反映重要情况；承办县委和上级政法委员会（综治办）交办的其他事项。

2014年县政法委重点工作是：按照省、市统一部署，开展平安始兴创建专项工作；创新社会管理方式，全面推进社会建设各项工作；启动涉法涉诉信访改革工作；抓好政法和综治维稳以及各敏感期间维护社会稳定等各项工作的落实，确保社会大局的持续稳定。

【综治维稳】 2014年，始兴县委政法委员会的工作重点是牢固树立平安是百姓之福、为政之责的理念，转变重发展轻稳定、重经济指标轻幸福指数、重眼前政绩轻长治久安的执政观念，以创建“平安始兴”工作为统揽，以人民群众对平安的需求为导向，以基层基础建设为重点，坚持问题导向、法治思维、改革创新，推进综治创平工作，为经济社会发展创造了和谐稳定的社会环境。推进“民主法治示范村”建设，以“平安细胞”为抓手，突出重点，创出亮点，成功创建一批平安村居、平安校园、平安医院、平安家庭、平安边界、平安文化市场等；以宣传工作为突破口，营造创平工作浓厚氛围，全县共发放宣传小册子29800份，制作大型宣传牌31个、固定宣传栏68个，悬挂横幅106条，开展平安文艺专场演出20余场。

出台《始兴县2014年村小组“三资”问题专项整治工作方案》《关于组织推动始兴县开展“社会矛盾化解年”工作的方案》，制定下发《始兴县关于做好“三初”信访事项办理工作的实施意见》《关于解决和化解“三跨三分离”信访问题的实施方案》《始兴县易肇事肇祸精神病患者管理办法》《始兴县司法救助管理办法》等制度性文件。

【防范“邪教”】 县反邪教办公室紧紧围绕“崇尚科学，拒绝邪教”主题，通过举行专场文艺演出、咨询服务、专题报告会、出动宣传车、刊登宣传栏、悬挂横幅、图片展览、播放专题片、印发资料等形式，开展反邪教警示教育活动，全县反邪教警示教育活动共举行专题文艺演出1场、咨询服务1次、专题报告会1场、出动宣传车4次、刊登宣传栏66版、悬挂横幅32条、图片展览4次、播放专题片10场、印发资料16000多份，受教育群众达20多万人，占全县总人口的80%以上；普及开展“家庭拒绝邪教承诺”活动，开展“无邪教”镇（村）创建活动；继续做好深化教育转化攻坚与巩固整体仗工作。开展防范办邪教“百日整治行动”，共抓获邪教“法轮功”人员6人，经法院审理判刑3人，送法制学习班转化3人，严厉打击了“法轮功”邪教违法行动。

【执法督查】 政法各部门不断强化党内监督、人大、政协监督、舆论监督、法律监督和内部监督。县委政法委加大涉法涉诉案件清理力度，开展案件评查活动，落实错案追究责任。健全完善刑事被害人救助，涉法涉诉信访救助、执行救助工作机制。县委、县政府批准建立了始兴县司法救助资金，为解决群众的实际困难，为维护社会和谐创造了有利条件。2014年比2013年减少涉法涉诉信访案件42件次，下降19.72%。

根据中央和省市要求，开展涉法涉诉信访问题改革，实行诉访分离制度、建立涉法涉诉信访问题受理、甄别和分类处理机制，完善信访事项办理机制，建立重大案件协调处置机制，健全司法救助制度，完善信访终结制度，完善教育帮扶制度，建立违法信访惩处机制。

【队伍建设】 县委政法委按照中央政法委部署，切实开展好“忠诚、为民、公正、廉洁”为主题的核心价值观教育实践活动。政法各部门通过组织干警系统学习中共十八届三中、四中全会精神和革命领袖的经典篇目，总书记习近平系列重要讲话读本、开展“三严三实”专题教育活动、观看经典革命影片、祭奠革命烈士活动、参观革命旧址等，对政法干警进行爱国主革命传统教育，帮助广大干警从思想上解决为什么入党、为什么从警、为什么奋斗和为谁掌权、为谁执法、为谁服务等问题，使政法干警始终保持忠于党、忠于国家、忠于人民、忠于法律的政治本色。政法委通过组织开展反腐倡廉和纪律教育学习月活动，增强了党性观念、宗旨意识、纪律意识及廉洁意识，形成了公正廉洁执法的长效机制。 （肖开方、陈景忠、谢建忠、戴　琴）

附：领导班子成员名单

县委常委、政法委书记：卢保新

政法委副书记、县610办主任：肖开方

政法委副书记、县综治办主任：李英华

公　　安

【概况】 1949年10月成立始兴县人民政府公安局。1958年12月，始兴与南雄并县，始兴设立公安分局，隶属南雄县公安局。1960年10月，始兴与南雄分县，恢复始兴县公安局建制。“文化大革命”期间，将“公、检、法”三个政法机构合并成立军事管制小组。1968年2月，成立始兴县革命委员会保卫组。1973年4月，撤销保卫组，恢复始兴县公安局。始兴县公安局现址位于太平镇红旗东路138号。主要职责是：以服务经济社会发展为中心，开展预防、制止和打击违法犯罪活动，维护社会治安秩序，制止危害社会治安秩序的行为；管理交通、消防、危险物品和特种行业，管理户政、出入境事务等。

2014年，始兴县公安局机构设置为：执法勤务机构5个：指挥中心、国内安全保卫大队、刑事侦查大队、交通警察大队、治安管理大队（加挂爆炸危险物品监管大队牌子）。综合管理机构设置4个：政工办公室、监督室（与纪委合署办公，加挂监察室、审计室、督察大队牌子）、法制科、警务保障科。选设机构3个：特警大队（加挂巡逻警察大队牌子）、经济犯罪侦查大队、出入境户政管理科。监管机构2个：看守所、拘留所。派出机构14个：城镇派出所、城郊派出所、城南派出所、沈所派出所、江口派出所、马市派出所、顿岗派出所、澄江派出所、罗坝派出所、都亨派出所、深渡水派出所、司前派出所、隘子派出所、石人嶂派出所。

2014年，始兴县公安局专项编制220名，实有在编在职民警225人。局领导班子成员10名，其中：局长1名、政治委员1名、副局长4名、纪委书记1名、副政治委员1名、党委委员兼政工办主任1名、党委委员兼消防大队长1名。内设机构28个，均为副科级，其中主任（所长、大队长、科长）28名、政治教导员28名，副主任（副所长、副大队长、副科长）52名。

2014年，全县公安机关以“六大专项”（涉毒、涉黄赌、涉食药假、涉电信诈骗和银行卡、涉车、涉枪）打击整治行动为抓手，依法打击违法犯罪，全力做好重要时期的安全保卫工作，推进平安始兴建设，在推动全县经济社会发展中发挥积极作用。

【社会维稳】　维护政权稳定：保持对暴恐和邪教活动的严打严防高压态势，捣毁一传播“法轮功”反宣资料邪教组织，抓获嫌疑人5名；加强情报信息收集研判，获取情报信息181条。排查化解矛盾纠纷；开展“社会矛盾化解年”活动，对涉林涉地、劳资纠纷、重点项目等重点领域滚动排查，及时掌握消除不安定因素，排查调处各类矛盾纠纷43起；落实重点人员稳控和易肇事肇祸精神病人管控措施，严防发生越级非正常上访和个人极端暴力案事件。信访维稳：推进公安信访“五个一”（一支工作队伍、一个接访场所、一套信息系统、一套制度规范、一笔工作经费）建设，推动涉法涉诉步人法制轨道，办理办结信访案件45件。应急处突：建立和完善应急预案，加强应急处突力量，强化实战演练和动中备勤，提升应急处置能力。

【严打犯罪】　破案攻坚：开展“六大专项”打击整治行动，严打各类突出违法犯罪，破获刑事案件269宗，查结治安案件308起，同比分别上升83%、43.9%；治安拘留514人、刑事拘留223人、批捕190人，同比分别上升53.4%、53%、34.7%；快侦快破命案5宗，实现现行命案必破；侦破广东省2014年开展打击整治传销集中行动以来的第一宗网络传销案件——“智富商城”网络传销案，受到公安部和省公安厅通报表扬；破获“瑶村非法制造枪支案”，抓获犯罪嫌疑人7名，缴获枪支零部件一批；破获“粤北一号”非法经营烟草案，抓获涉案人员16人，缴获烟叶45吨；严厉打击影响群众安全感的多发性侵财案件，侦破“两抢两盗”案件136宗，同比上升103%。治安重点地区整治：组织清查娱乐服务场所1829间次，停业整顿6家，取缔18家；查处“黄赌毒”案件262宗，打击处理违法犯罪嫌疑人员490名，同比分别上升115%和51%；经过持续高压整治，刘张家山涉黄问题已杜绝，司前、隘子涉赌问题得到有效遏制。林区治安秩序整治：组织开展“打击盗伐滥伐林木”“2014利剑行动”等专项行动，查破涉林案件214宗，打击处理违法犯罪嫌疑人员417人次，收缴木材2160立方米。

【治安管控】　社会面巡控：按照“警力跟着警情走”的思路，适时调整勤务模式，吸纳整合30名应急分队队员，实行派出所、巡警、交警和应急分队联勤联动，实行“网格化”巡逻和一级接处警，重点加强对城区主要街道、居民住宅区以及治安复杂场所的巡逻防控，遏制各类警情案件发生，全年刑事立案同比下降17%。视频监控系统建设：争取始兴县政府支持，投入352万元在火车站、沿江南路等公共复杂场所和居民住宅区建设高清视频监控106个、卡口4个；在全市率先完成视频监控建设三年规划，全县建成一类点359个、二类点1850个、治安卡口12个；通过视频巡查和分析研判，利用视频提供侦查破案线索25条，协破各类案件13宗。治安要素管控：抓好流动人口、出租屋和重点行业、场所清查整治，加强基础信息采集录入，实现对“人、屋、车、场、网、会”等重点治安要素的管控。全年共查处各类治安案件987起，处理违法嫌疑人625人。安全监管：推进缉枪治爆专项行动，收缴枪支92支、子弹98万发、炸药726.4公斤、雷管430发、管制刀具839把；整治道路交通秩序，全县交通事故起数和死亡人数同比分别下降41.7%、57%。全面开展“清剿火患战役”，检查各类场所373家，督促整改火灾隐患61处，下发责令整改通知书46份，行政处罚3家，临时查封1家，全县火灾事故连续5年保持“零死亡”。深入排查整治监所安全隐患，调整充实看守警力，完善技防设施，确保监所安全无事故。基础建设：完成公安局主楼二楼视频会议室改造工程。完成看守所、拘留所主体工程建设；加强装备建设，购置一批技术装备和防暴器材，提高信息技术和应急处突的保障能力。

【出入境与往来港澳及户政管理】 2014年，出入境户政管理部门加强对常住人口、流动人口、重点人口、出租屋、居民身份证、港澳通行证、护照和外国人登记住宿的管理，重点抓好户口登记管理专项清理整顿，严格审核各项签证业务，深化警务规范化建设，抓好文明窗口建设。出入境业务：共接待各类来信来访6862人次，受理业务申请15765人次，同比上升45%；往来港澳个人游14155人次，同比上升47%；受理赴港澳定居12人次，同比上升0.09%；受理因私出国护照申请1610人次，同比上升5.7%；审核处理协查函22件次，核查发现并纠正申请材料错误8人次；管理境外人员20人次。户政业务：共办理入户审批业务2472宗；办理第二代居民身份证10957张；临时身份证3306张；居住证429张。

【交通安全管理】 2014年全县发生交通事故起数、死亡人数、受伤人数、直接经济损失分别同比下降38.89%、33.33%、43.47%、24.33%，万车死亡人数为2.4，交通安全绝对指标和相对指标均未突破韶关市下达控制指标。交管工作：交管股受理各类交通事故警情1908起（接处警事故），立交通事故案632宗，结案541宗，结案率为85.6%，处理严重交通事故责任人25人，其中刑事拘留6人、逮捕6人、起诉13人、取保候审10人；行政拘留7人，全部为无证驾驶机动车人员。专项整治：开展“三超一越”、疲劳驾驶、涉牌涉证、酒驾毒驾、校车、摩托车和拖拉机等重点车辆交通违法行为整治等专项整治行动，出动警力2178人次，查处超员交通违法行为37宗、无证驾驶232宗、酒驾醉驾8宗；查处乱停乱放交通违法行为1493宗；利用科技手段，查处超速行驶5246宗、冲闯红灯13061宗、不系安全带4392宗。春运安保：以防事故、保安全、保畅通为核心，落实交通管理措施；查处各类交通违法行为2974起；开展“情暖驿站，满爱回家”等宣传活动18场次，通过广播、电视开展安全宣传27次，便民服务、救助群众12人次；春运期间，全县未发生较大以上道路交通事故，未发生因管控不到位而出现严重交通拥堵现象，交通安全形势保持平稳态势，道路畅通。

【监所管理】 以“监所无事故，管理更文明”为目标，加强监所管理工作，提升监管管理能力和水平，确保监所安全。全年共收押刑事犯罪嫌疑人247人，行政拘留及司法拘留人员410人，接转上年度余押88人，月均关押142人。羁押管理命案、重刑人员27人；羁押管理留所服刑犯51人。依法办理出所187人（其中取保候审50人，刑满释放31人，投送监狱77人，其他处理出所29人），办理出所行政拘留及司法拘留人员396人，至2014年年底仍关押刑事犯罪嫌疑人147人，行政拘留人员14人。依法办理提讯、提解1800人次，律师会见350人次，家属会见300人次。看守所、拘留所在依法羁押、收押、提审、会见、出所就医、交付等执行执法过程中，履行法定手续，严格按照程序操作，年内未发生在押人员非正常死亡、脱逃事故事件。

【规范执法】 严格案件审核：法制部门共审核办理刑事拘留 223 人，办理取保候审 74 人，办理监视居住 5 人，治安行政处罚 625 人（其中行政拘留 514 人），办理行政诉讼 8 宗，办理行政复议案件 10 宗，全年未发生因行政复议或行政诉讼导致撤销或变更的案件，未发生因执法过错引起的国家赔偿案件。典型案例点评：定期收集整理评议执法典型案例，采取一案一评、一事一议的形式，以案释法、以事析理，指导民警自觉守法、规范执法。全年共点评典型案例 30 宗。强化执法主体素质：组织 39 名民警参加广东省公安厅中级和初级执法资格考试，中级执法资格考试的通过率为 60%。2014 年，始兴县公安机关执法办案场所“四个一律”（违法犯罪嫌疑人被带至公安机关后，一律直接带入办案区，严禁违反规定带出办案区讯问询问；进入办案区后，一律先进行人身检查和信息采集；违法犯罪嫌疑人在办案区内，一律要有人负责看管；在办案区内开展执法活动，一律要有视频监控并记录）检查验收排名全市第一，广东省公安厅复查评为优秀。执法质量考评 2011—2014 年连续四年名列全市第一。

【公安科技】 推进社会治安视频监控系统建设，在火车站、沿江南路等公共复杂场所和居民住宅区新增高清视频监控 106 个、卡口 4 个。2014 年，全县有 359 个一类视频监控，12 个高清卡口，其中 8 个高清卡口接入广东省的缉查布控系统，实现对所有进入始兴县的车辆进行即时监控报警，一点布控全网响应，359 个一类视频监控已接入公安局指挥中心接警室，实现“110”报警与监控中心合一，提高打防管控的能力。利用社会资源建设二类视频监控点 1850 个，在各乡镇主要路段出入口安装视频点 100 个。2014 年，通过视频提供各类线索 150 条，协助破案 60 宗，处置各类突发事件 12 起；利用卡口报警 10 次有效报警 1 次，成功拦截涉案车辆 1 辆。

【指挥中心工作】 指挥调度：规范接处警，执行“三回复”制度，全年“110”报警服务台接报有效警情 7782 起，未发生群众投诉事件。依托“DQB”平台，强化信息搜集研判，规范信息报送，上报各类情报信息 147 条。文秘服务：规范文电办理、档案管理和机要保密等基础工作，不断提高办文、办事、办会水平，提供优质高效服务；紧扣公安中心工作，开展理论调研；组织撰写调研文章 3 篇，其中 2 篇被韶关市公安局采用。信访工作：推进“五个一”（一支工作队伍、一个接访场所、一套信息系统、一套制度规范、一笔工作经费）建设，全面推动涉法涉诉信访改革，受理群众来信来访 45 件，信访工作考核名列韶关市第二名。宣传引导：加强宣传培训教育，制定落实宣传考核奖励，充实两名宣传专干，调配一批摄影摄像器材，全年在省级以上媒体发稿 149 篇，同比上升 140%；公安宣传工作荣获韶关市一等奖，1 人被评为始兴县新闻信息工作先进个人和人大信息宣传优秀通讯员。协调督办：发挥牵头部门作用，完成“六大专项”“创文”、依法治县、协税护税、网络问政、安全生产、经济社会科学发展、人大政协提案议案办理等中心工作；始兴县公安局被评为 2014 年度政协提案办理先进单位。

【队伍建设】 践行群众路线，改进工作作风：开展党的群众路线教育实践活动，组织集中学习讨论 25 次，开设党课 40 次，受教育党员民警 2000 人次；开展走访 80 次，征集各类意见建议 24 条，梳理“四风”问题 16 个，研究确定 11 个方面共 22 项整改目标，建立健全服务基层联系群众等 19 项制度。严格贯彻执行中央“八项规定”，全年会议、发文、“三公”经费和涉警信访投诉同比分别下降 30%、25%、41%、12%。加强队伍管理，提升履职能力：全年组织各类业务及法律培训 40 次，组织 196 名民警开展依法使用武器警械专项训练，提高民警的业务素质和警务技能；抓好基层党建工作，对全局 9 个党支部进行改选，充实支委班子；对 30 名科级领导干部、202 名党员进行述职述廉和民主评议；严格贯彻落实党政领导干部选拔任用条例，对 20 名科级领导干部、37 名民警进行轮岗交流，有效激发队伍活力。狠抓党廉建设，强化纪律整顿：开展“正风肃纪、依法履职”“纪律教育学习月”等活动，组织 50 名党员领导干部到韶关市廉政教育基地参观学习，筑牢思想道德防线。开展廉政风险防控，排查风险点88个，制定落实防控措施116条，堵塞风险漏洞5个，对25名领导干部进行离任审计；加大对执行落实政令警规和纪律作风的监督检查，开展现场督察45次，暗访重点场所82次，全年未发生违反中央“八项规定”和民警违纪违法案件。创新管理服务，促进警民和谐：开展“人民满意窗口”创建活动，严格执行《韶关市户籍管理规定》，落实便民措施，提高服务水平；全年受理网络问政23起，均已办结答复；抓好提案议案办理工作，组织开展警营开放日、警风廉政监督员评议以及人大代表、政协委员视察工作；组织开展“扶贫双到”活动，全年争取扶持资金550万元，协调解决实际问题12个。

【警务保障】 注重优先保障基层一线、优先保障重点项目、优先保障警务实战的“三个优先”原则合理使用资金，确保专款专用。2014年，投入408.64万元，用于各办案部门日常办案业务经费；投入14.9万元为巡特警、交警购置10辆警用摩托车；投入52万元购买运兵车1辆；投入15.3万元购置行动技术装备（全市共享装备）；投入81.6万元为各基层所队配置一批电脑、打印机、碎纸机、复印机、过塑机等装备；投入19.5万元为全县武器警械训练班购置了枪支、弹药、盾牌等训练装备；投入74.9万元为基层一线部门购置了车载记录仪、防弹头盔、防弹背心、执法仪、特警盔甲服、录音器等警用装备一批；投入4.3万元为二楼视频会议室购置了投影机等会议设备；投入8.6万元在公安局大院安装视频监控与报警设备，投入13.68万元购买可视对讲机一批。

【森林公安】 严厉打击涉林违法犯罪，开展“打击盗伐滥伐林木”“2014利剑行动”等系列专项行动，出动警力5015人次，受理各类森林案件247起，其中：受理森林刑事案件44宗，受理林业行政案件203起；查办各类森林案件214起，其中：侦破森林刑事案件11宗，查处林业行政案件203起；处理涉林违法犯罪人员417人次，林业行政罚款146万元，收缴木材2160立方米，为国家挽回直接经济损失90万元。

【主要荣誉】 荣誉集体：1月，始兴县公安局刑侦大队立集体三等功。

1月，始兴县公安局荣获2013年度全市公安工作和队伍建设综合考核先进单位二等奖。

1月，始兴县公安局荣获2013年度全市公安机关执法质量考核评议高分达标单位第一名。

1月，始兴县公安局法制科荣获2013年度全市质量考评先进单位第二名。

1月，始兴县公安局荣获2013年度全市公安宣传工作一等奖。

2月，始兴县公安局交警大队荣获2012—2013年度韶关市文明单位。

5月，始兴县公安局团总支荣获2013—2014年度韶关市五四红旗团支部。

5月，始兴县公安局调研组荣获2013年全市公安调研“优秀成果奖”三等奖。

5月，始兴县公安局荣获广东省爱心父母大联盟金奖。

12月，始兴县公安局法制科立集体三等功。

荣誉个人：1月，林栋立个人三等功。

1月，陈景明立个人三等功。

1月，黄金桥荣获市2013年度执法质量考评先进个人。

1月，邓岭荣获韶关市公安机关第二届“韶关十佳卫士”称号。

5月，邓岭立个人三等功。

5月，张学优荣获广东省爱心父母大联盟金奖。

9月，陈县明立个人三等功。

9月，苏斌立个人三等功。

9月，邱剑锋立个人三等功。

12月，吴翼飞立个人三等功。

12月，张欣立个人三等功。 （陈雪寒）

附：领导班子成员名单

局　长：余志强

政　委：陈晓君

纪委书记：黎金桥

副局长：朱光义

　　　　钟大明

　　　　饶国华

　　　　刘春明

副政委：陈加威
党委委员、政工办主任：林荣发
党委委员、消防大队大队长：朱志勇

检　察

【概况】 始兴县人民检察院成立于1955年7月，“文革”期间被迫撤销，1978年10月恢复重建，定编25人，内设办公室、刑事检察、经济检察、法纪检察等4个股室。2014年，始兴县人民检察院内设办公室、政工科、侦查监督科、公诉科、反渎职侵权局、监所检察科、控告申诉科、侦查一科、侦查二科、民事行政检察科、职务犯罪预防科、司法警察大队、案件管理中心、派驻顿岗检察室等14个机构。有在编干警37人，工勤人员9人。2014年，始兴县人民检察院以邓小平理论、“三个代表”重要思想、科学发展观和总书记习近平系列重要讲话精神为指导，贯彻落实中共十八大、十八届三中、四中全会的决策部署，围绕全县经济社会发展大局，以执法办案为中心，开展党的群众路线教育实践活动，努力开创检察工作新局面，为推进全县民主与法治建设、社会治安的稳定和公平正义的实现做出了积极的贡献。

【刑事检察】 2014年，县检察院始终坚持法治手段和专项整治相结合，贯彻落实上级检察机关和县委、县政府部署开展的“创建平安始兴”“破坏环境资源和危害食品药品安全犯罪专项立案监督活动”等专项活动，打击各类刑事犯罪。2014年，共受理提请批准逮捕案件151件215人，与上年同比分别上升了28%（件）17.5%（人）；受理移送审查起诉案件149件201人，与上年同比上升了31.9%（件）21.1%（人）。捕、诉准确率均达百分之百，维护了全县社会治安稳定。

贯彻落实宽严相济的刑事政策，坚持该严则严，当宽则宽，最大限度地减少社会对抗，最大限度地促进社会和谐。对没有逮捕必要的，依法不予批准逮捕；对犯罪情节轻微的，依法决定不起诉。2014年，对23名犯罪嫌疑人作出不批准逮捕的决定，对11名犯罪嫌疑人作出不起诉决定。

【查办和预防职务犯罪】 2014年，县检察院认真贯彻落实中央和上级检察院关于反腐败工作的新部署，将群众反映强烈的涉农惠民案件作为查办职务犯罪工作重点，坚持有腐必反、有案必查。全年，共受理初查案件20件，立案17件17人，办案数量比上年同期上升了13.3%。其中，贪污贿赂案件12件12人，渎职侵权案件5件5人，均为大要案。为国家挽回经济损失400多万元。

扩大举报宣传，加大查办职务犯罪工作力度。注重举报宣传，特别是在“举报宣传周”期间，通过县电视台播放宣传标语、移动公司发送宣传短信、下乡镇摆摊设点、检察长接访等方式，真正做到电视有影、电台有声、手机有信、镇街有点。在市检察院侦查一体化机制下，县检察院积极参与，优化人员配置，集合办案优势资源，上下联动，提高办案效率，不仅严肃查处了一批在始兴县影响大、犯罪数额高的科级干部，还查处了一批侵害民生民利、影响恶劣的基层干部。如查办了县公路局原局长姚某林受贿案，县住建局原局长吴某东受贿案，县畜牧局原正、副局长赖某和、张某来滥用职权、贪污案，太平镇乌石村委原书记徐某文受贿、贪污案等，遏制了腐败之风，营造了风清气正的社会环境。此外，开展追逃工作，侦查人员连续奋战35天将在逃七年之久的贪污犯罪嫌疑人蔡某抓获归案，做到法网恢恢，疏而不漏。

注重犯罪预防，建立健全预防腐败机制。开展预防警示教育“五进”活动，深入全县十个乡镇以及多家企业进行法律宣传和接受法律咨询，发放宣传材料2000余册，在住建、林业、供电等机关单位开展警示教育讲座37次，受教育人数达3000多人，取得了良好的社会效果。推进职务犯罪个案预防“五个一”工作。针对县森林公安分局发生的受贿窝案，通过案例剖析、到案发单位进行预警谈话、组织到廉政教育基地参观等多种形式，有条不紊地开展“五个一”工作，促进了县森林公安分局各项工作健康有序的发展。通过向案发单位发预防检察建议，帮助其完善工作机制、消除隐患、堵塞漏洞，全年共发出预防检察建议14份。开展工程建设领域职务犯罪专项预防工作，严格执行廉洁准入制度，全年接受行贿档案查询431次，增强了工程项目建设公开透明度，推进工程建设领域诚信体系建设。

【诉讼监督】 2014年，共向公安、法院发出检察建议19份、发出纠正违法通知书12份，均得以采纳或依法纠正；监督立案6件、追捕13人、纠正漏诉6件6人，既维护犯罪嫌疑人、被告人的合法权益，又织密法网，不放纵犯罪；向法院提出刑事抗诉案件3件3人，其中2件2人已获得二审法院改判，确保了准确适用法律，维护了司法公平正义；依托“两法衔接”机制，成功督促行政执法部门移送刑事案件6件，避免了行政执法机关有案不移、有罪不究、以罚代刑和立而不侦、侦而不结等现象的发生。

*加大民事行政检察工作力度，切实维护社会稳定和经济发展。*创新工作方式，加大对执行案件的监督，全年办理执行监督案件14件，同比去年增加了75%，在一定程度上解决了群众反映的“执行难”突出问题。开展督促履职工作。针对有些行政执法机关未能正确履职的现象，及时发出检察建议予以督促。如督促县食药局及时查处始兴县市场销售注水牛肉的行为，既有力地推动了行政执法机关及时高效履职，又保护了人民群众的食品卫生安全。2014年，共办理督促相关行政执法机关履职案29件。加大民行检察宣传工作。与县电视台合作录制了以“践行民事行政检察职责，维护司法公平正义”为主题的访谈节目，将民事行政检察职能广而告之，发挥检察机关的监督职能，切实维护群众合法权益，维护经济社会稳定发展。

*加大对刑罚执行和监管活动法律监督工作力度。*坚持以巩固提高三级规范化驻所检察室为重点，开展监管执法检查活动，特别是对“三类罪犯”开展了“减刑、假释、暂予监外执行专项检察活动”；加强对看守所收押情况的监督，加大对超期羁押的监督力度，杜绝了超期羁押和侵犯人权的情况发生；严厉打击在押人员的串供行为，确保了刑事诉讼的顺利进行；强化社区矫正工作监督力度，最大限度降低重新犯罪率，使全县的社区矫正工作日趋规范。2014年，县检察院向县看守所和县司法局发出检察建议14份，羁押必要性审查建议2份，纠正违法通知书10份，均得以采纳或依法纠正。

【控告申诉检察】 2014年，县检察院推动涉法涉诉信访工作法治化，全年共接待群众来访112次，受理刑事控告申诉案件33件，均已依法办结，及时化解了社会矛盾。制定了《刑事被害人经济救助的若干规定》，推进刑事被害人救助工作。对1名符合条件的刑事被害人提供了司法救助，尽量抚慰因犯罪行为而遭到伤害的被害人。

【阳光检务】 主动接受人大监督和社会监督。推行“阳光检务”，主动向县人大及其常委会报告工作，落实县人大及其常委会的决议决定，广泛征求人大代表、政协委员对检察工作的意见和建议，组织专门力量对征集的意见和建议进行研究、办理并及时反馈。加强案件处理的透明度，以公开促公正。8月，首次召开刑事案件公开审查听证会，邀请人大代表、政协委员、相关单位代表等人对高三学生陈某辉盗窃案进行公开审查听证。9月，县检察院案件信息公开系统正式上线运行，公众可以上网查询相关案件信息和生效法律文书，顺畅了人民群众对检察工作的知情权和监督权，对检察机关公正司法、阳光司法起到了积极的作用。2014年，公开重要案件信息6份，公开生效法律文书15份。

不断强化内部监督。强化案件管理中心对案件的管理和监督职能。通过案管系统实现案件分配的规范化、透明化，避免“关系案”“人情案”的发生；开展案件评查活动，加强执法监督；抓好办案跟踪监督制度、“一案三卡”制度、办案责任制、错案过错责任追究制的落实，切实增强内部监督实效。

【队伍建设】 2014年，县检察院聚焦“四风”，开展党的群众路线教育实践活动和“增强党性、严守纪律、廉洁从政”主题教育实践活动，班子成员及全体干警都受到一次深刻的思想洗礼，群众意识进一步提高、党性修养进一步增强、纪律观念进一步深化、廉洁从检的思想深入人心。

抓好业务培训和岗位练兵，全年共组织干警参加各级各类培训达207人次，努力实现检察队伍由经验型向素质型、由学历型向能力型的转变。及时招录3名公务员充实检察队伍；做好4名中层领导干部的轮岗交流，激发了工作的活力；提拔7名政治思想文化素质好、有责任担当的年青干警担任部门领导副职；及时将符合条件的5名业务骨干向县人大提请任命为检察员，使县检察院中层干部年龄结构、知识结构得到优化，干警干事创业的热情也得到激发。

2014年在全市考核中，县检察院综合考核成绩位列全市首位，业务考核成绩位列全市第一，其中有七个业务部门的成绩均位列全市前三名。县检察院被市院授予“先进基层检察院”的称号，同时对在检察业务考核成绩突出的反渎职侵权局和民事行政检察科予以表彰奖励，对检察长陈伟东授予“优秀基层检察院检察长”荣誉称号，对副检察长朱勇军和官治彬授予了“优秀基层检察院副检察长”荣誉称号。

【综合保障】 先后投入130多万元完善各项设施，加快推进科技强检建设步伐。及时更新一批废旧电脑，并做好检察业务统一软件的安装和技术维护；落实好县检察院与县看守所“两网一线”对接工作，促进县检察院派驻监管场所检察室规范化建设；完善侦查办案服务中心的功能，便利干警工作、生活；严格落实省检察院督察组的意见，对全院视频监控系统和门禁安保系统、办案区进行了改造，加装了安检门和指纹柜，确保了办案安全；按照上级部署，推进涉密信息系统分级保护项目建设，为信息保密工作加上了一道坚实的“防火墙”。通过这一系列措施，提高县检察院办公办案自动化的水平。（罗小敏）

附：领导班子成员名单

检察长：陈伟东

副检察长：魏　浩

　　　　　朱勇军

　　　　　官治彬

政工科科长：龚良卫

法　院

【概况】 始兴县人民法院成立于1950年3月，是国家审判机关，依法独立行使审判权，接受县委的领导，对县人民代表大会及其常务委员会负责并报告工作。2014年，有12个内设机构、1个直属行政机构和3个基层人民法庭，分别是监察室、政工科、执行局、办公室、立案庭、刑事审判庭、民事审判第一庭、民事审判第二庭、行政审判庭、审判管理办公室、研究室、书记员管理办公室、司法警察大队和马市人民法庭、顿岗人民法庭、司前人民法庭。

2014年，县法院共受理各类案件1869件，办结1856件，同比分别增长20.4%和27.3%，结案率达99.3%，解决诉讼标的金额9755.1万元，同比增长11.4%。在案件数量激增的情况下办案质量仍稳步上升，在法院系统“排头兵综合监控指标”质效考核中11项指标全部达标，达标率位列全市第一。

【刑事审判】 依法惩罚犯罪、保障人权，共审结各类刑事案件142件，判处犯罪分子171人。其中判处有期徒刑十年以上4人，十年以下五年以上10人，五年以下102人，缓刑48人。通过打击盗伐、滥伐林木、非法采矿犯罪，促进生态始兴建设。依法惩治食品药品安全犯罪，维护人民群众切身利益，保障市场经济秩序。依法打击职务犯罪，惩治腐败。参与“平安始兴”创建，重视未成年人犯罪案件审理。

【民商事审判】 受理民商事案件1121件，审结1106件，结案率为98.7%，其中调撤567件，调撤率达52.2%。高度重视劳动争议、交通事故、医疗损害等民生案件的审理，切实维护群众合法权益。妥善处理“三养”、继承等婚姻家庭纠纷，有力维护社会公德及家庭和谐。注重保险、买卖、借款合同等商事案件的审理，维护诚实信用、公平竞争的市场经济秩序。妥善化解中小企业纠纷，保障县域经济健康运行。

【行政审判】 共审结行政案件26件，结案率为100%，其中调撤15件，调撤率达58%。坚持维护行政机关权威和保护行政相对人合法权益并重，将监督与支持贯穿行政审判始终，促进“法治始兴”建设。举办专题讲座，提高依法行政能力。加大社会抚养费征收执行力度，促进始兴县计生工作顺利开展。

【执行工作】 加大执行力度，破解“执行难”。共受理执行案件424件，执行到位金额1339.47万元。建立“曝光”和“悬赏”制度，发放“执行联系卡”，推行“主动反馈”机制等多项措施破解执行难题。开展涉民生专项执行活动，夯实农村稳定基础。加大对农民工工资报酬、人身损害赔偿、“三养”等民生案件执行力度。将失信的被执行人列入失信黑名单库，对有能力履行却抗拒执行的“老赖”进行司法拘留；情节严重的，根据法律规定追究其刑事责任，让老赖寸步难行。全面推行新执行系统的应用，对执行过程中的通知、财产申报、查封、扣押、交付、强制措施等各个环节进行详细记录，并向申请执行人全过程反馈执行案件进展情况，提高执行工作透明度。

【审判监督】 建立“量化管理，动态考核”的审判管理运行机制。每月以审务督察形式通报审执情况，将案件质效指标量化，并落实到具体的审判员，促进审判指标均衡发展，收结案良性循环。实行案件流程网络化管理。全程动态监控办案流程中的每个环节。开展信访案件、庭审和裁判文书“三评查”活动，减少和杜绝瑕疵案件。

【信访工作】 设立专门的涉法涉诉信访室，配齐配强专职信访工作人员。坚持院领导亲自接访，法官带案下访等做法，了解信访动态并逐步化解。学习《广东省信访条例》，与市、县相关部门对接，及时化解已经产生的信访案件。通过以法治为导向，逐步引导信访者依法表达合理诉求，让当事人由信访转变为信法，全年信访投诉率同比下降8%。

【司法为民】 深入整治“六难三案”，满足群众需求。通过加强立案窗口建设、成立导诉组、开通短信平台等措施整治“门难进、脸难看、事难办”。通过巡回立案巡回审判、开辟民生案件“绿色通道”、加大民生案件审执力度，节省群众诉讼成本，解决“立案难、诉讼难、执行难”。通过审务督察、案件评查、开通办信系统、网络问政平台、随案发放廉政监督卡等方式对审判执行活动进行全方位、全过程监督，杜绝“人情案、关系案、金钱案”。对被判处缓刑罪犯定期回访帮教，预防重新犯罪。关注青少年权益保护，为中小学生开展法制讲座，严格落实未成年人犯罪记录封存制度。在征地、拆迁矛盾比较突出的太平镇设立法官工作室，为百姓提供“零距离”司法服务，促使纠纷化解在源头。对审判中发现的社会治理突出问题，以司法建议等形式提醒相关部门健全工作机制、堵塞管理漏洞，促进平安始兴建设。2014年，共向各部门发出司法建议36份，其中1篇司法建议被省高院评为优秀。2014年，在经费紧张的情况下，共投入扶贫资金近10万元，修建村道、改善村委基础设施，引导和支持农民因地制宜发展种植业，帮助脱贫致富。扩大司法救助适用范围，加大刑事被害人、执行案件特困群体救助力度，依法为确有困难的当事人减免缓交诉讼费。2014年，共对17名当事人缓、减、免收诉讼费2.4万元，发放执行救助金22.9万元。全面落实陪审制度，确保司法民主。2014年，人民陪审员人数增至28名，实现了人民陪审员倍增，全年陪审案件达300余件。

【司法公开】 全面推进审判流程公开、裁判文书公开、执行信息公开，将审判运行流程全面呈现在公众面前。定期邀请人大代表、政协委员、检察官、律师等观摩庭审、参与审委会讨论，增强各界对法院工作的感知度。2014年，共邀请各界人士385人次参与庭审观摩、强制执行、审委会讨论案件。在互联网同步上传各类生效裁判文书，2014年该院共在中国裁判文书网上传生效法律文书1049份，上网率达100%。与县电视台联合创办《法在身边》栏目，利用身边人、身边事以案说法，让群众感同身受，受到群众好评。

【队伍建设】 狠抓领导干部“一岗双责”、述职述廉述德等责任落实。针对审判工作特点，加强审判执行工作全程跟踪和动态监督，认真总结历史教训和先进经验，防止权力寻租，努力建设一支信念坚定、执法为民、敢于担当、清正廉洁的队伍。

（曾松林）

附：领导班子成员名单

院　长：黄　明

副院长：王　宁

李聪华

李　强

政工科科长：黄　英

监察室负责人：黄志斌

司　法　行　政

【概况】　始兴县司法局成立于1981年2月，是主管全县司法行政工作的政府组成部门，管理全县的律师、公证、基层司法行政工作，负责全县法制宣传、法律服务、法律援助、人民调解、刑释解教人员帮教安置、社区矫正等工作。内设6个机构（政工科、秘书股、基层股、宣教股、公律股、社区矫正股），直属正股级事业单位2个（广东省始兴县公证处、广东墨江律师事务所），下属正股级参公管理事业单位2个（始兴县法律援助处、始兴县公职律师事务所），派出机构10个（太平司法所、马市司法所、顿岗司法所、城南司法所、沈所司法所、澄江司法所、罗坝司法所、深渡水司法所、司前司法所、隘子司法所）。根据《印发始兴县司法局主要职责内设机构和人员编制规定的通知》精神，县司法局从2012年起人员编制为政法专项编制37名，其中：行政机关16名，基层司法所21名。后勤服务人员2名。事业编制16名，其中：法律援助处5名，公职律师事务所5名，公证处3名，墨江律师事务所3名，合计55名。2014年，始兴县司法局以科学发展观统领司法行政工作全局，围绕县委、县政府的中心工作，以维护社会稳定为首任，以提高服务质量为中心，以夯实基层基础为重点，以强化队伍建设为保证，充分发挥职能作用，为全力推进平安始兴、法治始兴建设，努力开创全县司法行政工作新局面。2014年，县司法局获广东省“法治文化建设示范点”荣誉称号，县普法办被评为全国“六五”普法中期先进普法办。

【普法教育】　开展民主法治示范村（社区）创建工作。按照创建标准，推进法治创建活动，5月26日，韶关市按法治框架解决基层矛盾工作现场会在始兴县花山平湖召开；7月10日，韶关市法治文化建设现场会在县中古坑召开，县司法局还作了法治文化阵地建设经验介绍；推进县级“民主法治示范村居”的创建工作，并对以往所评定的县级民主法治示范村进行回查，2014年的县级“民主法治示范村居”检查验收于12月22日开始进行。

抓好普法重点对象的学习工作。7月10—11日，举办全县普法骨干培训班，加强骨干队伍的学习指导；8月20日，开展县普法考试无纸化升级版系统学习培训班，并于11月5日、20日组织全县干部职工参加无纸化普法考试活动；9月，组织了全县村（社区）、组干部学法考试活动，这在全韶关属首创；结合“律师进村居”活动组织人员到村居开展法律知识宣传活动，为村居群众开办法律知识讲座。

承办韶关市人大、市依法治市办、市普法办和市司法局在始兴县联合举办“12·4”全国宪法日、法制宣传日暨法治广东宣传教育周活动。12月4日，承接市司法局组织32个部门、单位在全民健身广场举行大型系列法律宣传活动，活动中累计发放各类法制宣传资料1.6万多份，发放惠民物品2000多份，解答法律咨询300多人次，在场接受法制宣传教育的干部群众达1500多人次。此外，通过与移动、联通公司的短信平台，向全县市民发送普法短信，受到了群众的广泛赞誉，也营造了浓厚的普法氛围和取得了较好的社会效果。

采取多种形式开展“法律六进”活动。充分利用法律咨询、图片展览、发放资料、LED显示屏播放标语、送法下乡等形式，立足乡村、社区群众生产、生活的实际，结合各种节庆日，纪念日协调配合各专业法主管部门集中开展法律宣传、法律咨询、学法用法座谈会、进村入户宣传、讲解法律知识等宣传活动，有针对性地对群众关心的合同法、劳动法、人民调解法、妇女儿童权益保障法等法律法规进行宣传，取得了较好的法制宣传教育效果。

加强百米法治文化长廊管理。按照长廊使用管理办法，县司法局经常检查督促入驻百米法治文化长廊的36个单位和部门及时更新宣传内容。由于管理到位，始兴县百米法治长廊多次得到上级领导的好评。

【公证】 4月，县公证处以“优秀”等次通过省年度考核暨公证文书质量检查。2014年，共办结各类公证事项541件，与2013年相比上升了24.40%。此外，县司法局还多次指派公证人员协同国土资源局、工业园区等单位进行证据保全，2014年，共为县重点工程约9000多亩（600公顷）征地进行了证据保全，为县经济建设和社会和谐提供优质公证服务。

【律师】 开展各项律师业务。2014年，除按市文件精神继续免费担任乡镇的法律顾问外，始兴县律师共担任27家机关、企事业单位的常年法律顾问；2014年，共受理刑事辩护案件5宗；办理民事代理案件34宗；办理行政诉讼案件9宗；代写各类法律文书31件；解答法律咨询369人次。

开展律师进村居活动。在全县各村居开展法律顾问、人民调解、法制宣传、法律服务、法律援助等公益法律服务，满足群众的法律服务需求。2014年，县司法局律师到村居调解案件12宗，解答法律咨询30余人次，业务指导18次，发放宣传资料300余册，密切了律师与村居群众的联系。

发挥律师专业优势，参与信访工作。2014年，律师共参与信访复查复核案件20宗，共参与处置突发性群体性事件6起；做好政府法律顾问工作，为党委、政府处理法律事务提供法律意见。

【法律援助】 调整法律援助受理标准，扩大法律援助受援群体。2014年，始兴县调整了法律援助对象经济困难标准，由原来的申请人及其家庭成员月人均可支配收入低于670元提高至1000元。

建立健全各项规章制度，提高法律援助案件质量。根据上级要求，落实法律援助案件质量，从规章制度入手，严禁以人民调解案件代替法律援助案件，提高法律服务水平。2014年，县法律援助处专职律师和各乡镇法律援助工作站工作人员共办理了160法律援助案件，其中，刑事案件45宗，民事案件112宗，代书3宗，超额完成市局年初下达的102宗法律援助案件，比上一年度增加了86%。

【基层法律服务】 全县基层法律服务工作者发挥法律服务职能，主动为党委、政府，公民及法人提供法律服务。2014年，共计担任法律顾问87家，代理诉讼事务41件，代理非诉讼事务18件，解答法律咨询12045人次，办理法律援助41件。

【人民调解】 开展以“防激化”为重点的纠纷排查调处工作。着重围绕社会热点、难点问题，按照“调防结合，以防为主”的工作方针，集中力量，重点排查和治理因各种因素引发的多发性、易激化矛盾纠纷，重点治理社会难点和热点矛盾纠纷，特别是重大矛盾纠纷的排查调处工作主动参与群体性矛盾、群体性上访纠纷的调解，坚持重大矛盾纠纷和不稳定因素报告制度和重大矛盾纠纷信息预警处置工作机制，起到了“第一道防线”的作用，减少了越级上访事件的发生。2014年，全县人民调解组织共调解各类民事纠纷1703起，调解成功1692起，调解成功率99.4%，防止民转刑案件48起59人，防止重大矛盾纠纷引起的上访和群体性械斗19件2986人，维护了始兴社会稳定。

【安置帮教】 做好新入监罪犯的基本信息核查、出监罪犯出监前一个月信息反馈及落实跟踪帮教措施，最大限度地防止脱管、漏管现象发生。2014年，全县在册共接收刑释解教人员490名（2009年11月—2014年11月），其中刑满释放人员479人，解除劳教人员11人。2014年，接收刑释解教人员85人，其中刑满释放人员85人。帮教率达到100%，就业安置率达到100%，重新犯罪7名，重新犯罪率1.42%。

【社区矫正】 推行社区矫正审前调查评估制度。2014年，共进行社会调查评估69起，100%被法院、监狱采纳。推行社区矫正审前调查评估，提高了改造质量，减少重新违法犯罪，从而为维护社会和谐稳定奠定扎实的基础。

抓好特别防护期社区矫正安全稳定工作。为贯彻落实县委、县政府有关特别防护期关于维稳工作方案的部署和要求，县司法局采取实行日报告制度等多种手段，加强对社区矫正人员的监管和帮扶，为始兴营造和谐、稳定的社会环境。

召开社区矫正工作领导小组部分成员单位联席会议。为规范社区矫正工作，解决始兴县在社区矫正工作中遇到的一些实际问题，县社区矫正工作领导小组正副组长、公安局、检察院、法院、司法局分管领导及有关科（庭、室、股）负责人参加了会议。联席会明确了公、检、法、司在社区矫正工作中的职能职责，加强了各部门之间的配合协作。

加强社区矫正人员管理工作。建立全县社区矫正人员一人一档电子信息，全面掌握乡镇司法所社区矫正人员的监督管理、教育矫治、帮困扶助情况；为加强对社区矫正人员的监管，避免漏管、脱管，落实核查假释、暂予监外执行罪犯的工作。加强利用“安保通”监控系统对社区矫正人员实施管理、监控工作，特别是对外出打工社区矫正人员，同时严格实施社区矫正人员请假连带责任制。2014年，始兴县共安装使用“安保通”定位手机122台，安装率96%以上。

聘请专业心理辅导师对社矫人员进行心理辅导，并组织社矫人员进行公益性劳动。

全县累计接收社区矫正人员接收社区矫正人员293人，在册社区矫正人员127人。全县社区矫正人员都得到了相应的思想矫正、心理矫正和行为约束，没有一例重新犯罪的情况发生。

【队伍建设】 2014年，县司法局根据上级部署，主要开展了党的群众路线教育实践活动。为推动始兴县司法行政事业又好又快发展，理顺组织管理体制，于6月9日成立司法局党组。

严格按照程序做好公务员招录工作，完成了公务员招考报名、资格审查、复审、政审等一系列工作，共招录了1名法援处科员；做好机构编制实名制系统的完善工作；鼓励在职干部参加遴选及再教育，1人通过参加公开遴选至韶关市中级人民法院。

队伍教育培训方面，制定了2014年干部教育培训工作计划，并按要求组织人员参加培训。如：县直属机关工委举办的党务培训、县委组织部举办的科级干部培训班、县人社局举办的公务员初任培训、公务员职业道德全员培训、市司法局举办的业务培训以及省法援处在广州举办的学习培训等。

【完成各项中心工作】 遵循“围绕中心，服务大局”的工作原则，完成县委、县政府各项中心工作。围绕招商引资、重点项目等全县中心工作开展工作，多次为国有土地使用权出让招投标、挂牌、征地拆迁补偿、经济适用房分配等提供公证、律师法律服务。做好人口计生、招商引资、创文、扶贫双到、依法治县、信访、保密等各项工作。

（曾桂萍）

附：领导班子成员名单

局党组书记、局长：杨少波

局党组副书记、副局长：邓术生

党组成员、副局长：刘兴宁

党组成员、政工科科长：赵熇晴（2014.11—）

党组成员：华海霞

经 济 管 理

发展和改革

【概况】 始兴县发展和改革局前身为始兴县人民政府计划统计科，成立于1954年6月，办公地址设在红旗路71号县委、县政府大院内。1954年10月成立始兴县计划委员会。1956年6月，始兴县政府计划统计科改为计划委员会的办事机构。1958年12月至1960年10月撤销，1960年10月恢复，1964年单位内设县建筑管理站。1968年3月成立始兴县革命委员会，撤销始兴县计划委员会。1973年4月，恢复始兴县计划委员会，内设办公室并成立计划战线（属计划战线的有劳动局、物资局、基建办、知青办、物价局、房管所、建筑队、自来水筹建办公室、环保办）。1997年4月，改称始兴县计划局。2001年12月，不再保留始兴县计划局、始兴县物价局、始兴县粮食管理储备局，重新组建始兴县发展计划局。2004年12月，更名为始兴县发展和改革局。2014年11月28日，印发《始兴县发展和改革局主要职责内设机构和人员编制规定》的精神，设立始兴县发展和改革局，挂县粮食局牌子，为县人民政府工作部门。原物价局职责划入始兴县发展和改革局。

主要职能是：贯彻执行国家和省有关国民经济和社会发展的方针政策和法律法规；拟订并组织实施全县国民经济和社会发展战略、中长期规划和年度计划；受县人民政府委托向县人民代表大会提交国民经济和社会发展规划、计划的报告。负责全县经济、社会总需求和总供给等重要经济总量的平衡及重大比例关系的综合协调，提出综合运用各种经济手段和政策的建议，统筹协调经济社会发展；研究分析全县和国内外经济形势及发展情况，加强全县国民经济和社会发展的监测、预测与预警分析，提出政策建议。研究分析财政、金融等方面的情况，参与财政、土地、金融体制改革及政策的制定，提出投资融资的发展战略和政策建议。

承担指导推进经济体制改革的责任，研究经济体制改革的重大问题，组织拟订综合性经济体制改革方案，协调有关专项经济体制改革方案；指导和推进经济体制改革试点工作。提出年度价格总水平调控目标及价格调控措施并组织实施，管理国家、省列名管理的商品和服务价格，监管实行市场调节价的商品和服务价格，承担行政事业性收费管理工作，负责相关价格公共服务工作，负责全县价格监督检查工作。承担规划重点建设项目和生产力布局的责任，拟订全社会固定资产投资总规模和投资结构的调控目标、政策及措施；安排县级财政性投资项目，按规定权限审批、核准、审核、备案各类建设项目；组织实施企业投资项目管理制度改革，落实引导民间投资的政策措施；指导和监督国外贷款建设资金的使用，研究提出利用外资和境外投资的战略、规划、总量平衡和结构优化的目标和政策；组织开展重点建设项目稽察，协调重点项目建设中的重大问题；指导工程咨询业发展。推进经济结构战略性调整和升级，提出重要产业的发展战略和规划，组织拟订综合性产业政策，负责协调第一、二、三产业发展的重大问题并衔接平衡相关发展规划和重大政策，做好与国民经济和社会发展规划、计划的衔接平衡；负责综合交通运输发展规划与国民经济和社会发展规划的衔接平衡；协调农业和农村经济社会发展的重大问题；组织拟订和实施服务业、现代物流业、高技术产业、产业技术进步发展战略、规划和重大政策，协调解决重大技术装备推广应用等方面的重大问题。研究能源开发和利用，提出综合能源发展战略和重大政策并组织实施，完善对能源产业的管理，推进能源结构战略性调整，拟订能源行业发展规划和年度计划，研究提出相关体制改革建议，监测和分析能源产业、能源安全的发展状况，规划重点项目布局，开展能源对外合作。组织拟订区域协调发展战略、规划和重大政策，组织编制和协调实施区域主体功能区规划并进行监测评估。承担重要商品总量平衡和宏观调控的责任，编制重要农产品、工业品和原材料总量平衡计划并监督执行，会同有关部门管理县级粮食等重要物资储备。负责社会发展与国民经济发展的政策衔接，组织拟订人口和社会发展战略、总体规划和年度计划，参与拟订计划生育、科学技术、教育、文化、卫生、民政等发展政策，研究提出促进就业、调整收入分配、完善社会保障与经济协调发展的政策建议，协调社会事业发展和改革中的重大问题及政策。推进可持续发展战略，负责综合分析经济社会与资源、环境协调发展重大问题，牵头组织拟订节能减排中长期规划及综合性工作方案，综合协调节能和应对气候变化相关工作；参与编制生态建设、环境保护规划，协调生态建设、能源资源节约和综合利用的重大问题；组织拟订应对气候变化重大战略、规划和政策。组织编制国民经济动员规划、计划，研究国民经济动员与国民经济、国防建设的关系，协调相关重大问题，组织实施国民经济动员有关工作。按规定指导和协调招标投标工作，对重点建设项目招标投标进行监督检查。贯彻执行国家和省、市粮食工作的各项方针、政策和法规，拟订全县粮食流通体制改革方案并组织实施，研究提出实施现代粮食流通产业发展战略的建议。承担粮食监测预警和应急责任，负责全县粮食宏观调控的具体工作，保障全县粮食安全和价格稳定。拟订全县粮食流通、粮食库存监督检查制度并组织实施，负责对粮食收购、储存环节的粮食质量安全和原粮卫生进行监督管理。组织和落实部队粮油供应、价格结算以及军供站的设施建设、维修和改造等工作；拟定抢险救灾、水库移民、贫困地区缺粮和国家重点建设项目等的粮油供应政策措施，并组织监督实施。组织实施粮食财务会计制度、汇编财务报表，指导、监督粮食系统财会工作；编报粮油统计工作。制订储粮保管技术规范和规章制度，并监督执行；研究提出县级储备粮的规模和总体布局，协同县财政做好粮食风险资金的落实、管理和拨付工作；监督检查代储省、市级地方储备粮的库存、质量与安全。

2014 年，始兴县发展和改革局设办公室、人事监察股、综合规划股、投资管理股、产业发展股、经济体制改革与法规股、价格与收费管理股、价格检查所、粮食调控股、粮食保管股等 10 个内设机构。

11 月起，行政编制 18 名。其中：局长 1 名，副局长 3 名，正股级领导职数 10 名。后勤服务人员 3 名。

2006—2009 年，县政府重点建设项目办公室（副科级事业单位）受县政府委托由始兴发展和改革局管理，2009—2014 年，始兴县政府重点项目建设办公室为始兴县发展和改革局管理的下属副科级事业单位。2014 年 8 月 20 日印发《始兴县发展和改革局所属事业单位分类改革方案》的精神，保留始兴县政府重点建设项目办公室，副科级，公益一类事业单位。其主要任务是：根据国家产业政策，对全县重大建设项目开展调研，提出重大项目决策建议；组织咨询论证，做好项目包装，完成立项报批，制定项目建设实施政策措施，协助落实建设条件、保障重点项目建设的顺利进行。核定事业编制 5 名［其中 2 名编制专用于招（引）人才使用］，设主任 1 名，副主任 1 名。人员经费按财政补助一类拨付。保留始兴县物价局价格认证中心，正股级，公益一类事业单位。其主要任务是：负责办理刑事、民事、经济行政案件涉案资产、物品的价格评估和价格争议的复核、仲裁工作；受委托对各类有形和无形资产、产品进行价格评估或鉴证等。核定事业编制 5 名，设主任 1 名，副主任 1 名。人员经费按财政补助一类拨付。

【国民经济和社会发展计划执行情况】 2014 年，全县国民经济和社会发展主要预期目标是：全县生产总值增长 12%，地方公共财政预算收入增长 13%，全社会固定资产投资增长 16% 以上。

2014 年，始兴县紧紧围绕加快发展的主题，主攻“三区”建设，经济社会呈现持续稳定发展的良好势头，全面完成了县十四届人大四次会议确定的目标任务。2014 年，全县实现生产总值 68.03 亿元，同比增长 11%，其中第一产业 16.81 亿元，同比增长 4.3%；第二产业 30.09 亿元，同比增长 16.1%；第三产业 21.1 亿元，同比增长 9.6%。地方公共财政预算收入 3.59 亿元，同比增长 18.9%；城乡居民可支配收入 14020 元，同比增长 11.5%。

【经济运行的特点】 产业结构优化升级，经济发展质量改善。现代农业有新发展。2014 年，全县实现粮食总产 8.9 吨，同比增产 3.7%；农林牧渔业实现总产值 26.15 亿元，同比增长 4.4%。农业产业化有新发展：全县新增农业龙头企业 7 家，其中省级龙头企业 2 家、市级龙头企业 2 家、县级龙头企业 3 家；农民专业合作社达到了 240 家，澄江镇有机镇建设积极推进。农业品牌化有新的推进：完成了国家果茶标准化生产创建项目工作，新增有机产品、绿色产品和无公害产品认证各 1 个，隘子“旺满堂”清化米粉、“古塘”腊肉被评为广东省名牌产品，“古塘板鸭”被评为省级十大名牌产品。农业基础设施进一步改善：农业综合开发项目、凉口灌区改造、高标准基本农田、田间工程等农业基础设施建设扎实推进。

工业经济有新提升。工业园区建设有新的进展：加快工业园区基础设施建设，完善园区道路、用电、绿化、污水处理等配套设施工程，园区污水处理厂投入运行；理顺工业园区管理体制和运作机制，为创新园区建设投融资机制、加快园区发展奠定了良好基础。新型工业化加快发展：2014 年，全县新增规模以上工业企业 7 户，规模以上工业企业数达到 51 家，完成工业增加值 22.56 亿元，同比增长 19.5%；重点工业项目前期工作稳步推进，韶关冶炼厂整体搬迁项目已完成征地，羊角山风力发电站已获省发改委核准。

现代服务业迈出新步伐。旅游基础设施进一步完善：编制《始兴县影视基地及旅游综合开发概念性规划》，始兴县环丹霞山文化生态产业项目、客园生态旅游项目、南片区生态旅游文化产业创意园开发项目正在加紧规划；深渡水樱花谷等旅游项目建设进展顺利，铜钟寨景区成功创建 AAA 景区、农家乐项目建设、土特产一条街建设等旅游配套设施逐步完善，旅游接待能力提高；2014 年，全县共接待游客人数 245.64 万人次，旅游总收入 15.57 亿元，同比分别增长 26.7% 和 26.2%。商贸流通企业有新发展，新增限额以上商贸企业 8 家。全县限额以上批发零售企业实现增加值 1.91 亿元，同比增长 8.5%；限额以上住宿餐饮企业实现增加值 1.47 亿元，同比增长 9%。

投资消费外贸三大需求保持增长，经济发展活力增强。投资保持较快增长。全县固定资产投资完成 58.32 亿元，同比增长 25%。重点项目建设强力推进，全县 37 个重点建设项目完成投资 36.5 亿元，支撑了投资的较快增长。

消费市场持续增长。全县新增餐饮企业 2 家，新增住宿 2 家，新增零售企业 4 家，社会消费品零售总额实现 14.3 亿元，同比增长 10.3%。商品房销售面积 25.17 万平方米，销售总额 85.9 亿元。物价总体水平保持稳定，居民消费价格指数 102.5%。

对外经济贸易较快增长。全县实际利用外资 1149 万美元，同比增长 3.6%；外贸进出口总额 2.2 亿美元，同比增长 42.9%。

社会事业稳步发展，人民生活和谐稳定。各项社会事业稳步发展。义务教育发展基本均衡县通过国家督导验收，太平镇成功创建省教育强镇，高中阶段毛入学率达 96%，职业类招生完成率达 110%。县级公立医院改革全面推进。全县累计实现城镇新增就业岗位 2504 人，城镇登记失业率控制在 2.31% 以内。城乡居民基本医疗保险工作稳步推进，全县城镇职工社会养老保险参保人数达到 3.7 万人，城乡居民基本医疗保险参保人数 1.97 万人；新建了县博物馆和影剧院，构建了县、镇、村三级公共文化服务网络。

生态建设大力推进。始兴县被列为国家主体功能区建设试点示范县，编制完成《始兴县国家主体功能建设试点示范建设方案》，优化始兴县国土空间布局，明确了各乡镇的功能划分、发展定位。推进绿色屏障建设，全县完成碳汇造林 2.6 万亩（1733 公顷），新增生态公益林面积 11.91 万亩（7940 公顷），森林覆盖率达 76.5%。名镇名村创建活动扎实推进，全县第二批名镇名村示范村通过市级验收，隘子镇成功创建省级生态镇。继续推进节能改造和减排工作，完成县城路灯节能改造，污水处理厂二期及园区污水处理厂等减排项目已正常运行。

体制改革继续深化。继续深化政府机构改革，转变政府职能，简政放权，保留行政审批事项 287 项，取消或转移行政审批事项 15 项，对比上年压降 49%。推进工商登记制度改革，全面推行“先照后证”制度。健全了公共资源交易监管体系，将工程交易、政府采购和产权交易工作整合到公共资源交易中心。建立和完善了全县10个镇（乡）、127个村（居）已经完成便民服务中心和便民服务站规范化建设，三级便民服务平台建设全面完成。

【争取上级项目资金】 2014年，组织上报了7个中央投资项目，项目估算总投资1.25亿元。争取到上级资金项目7个，资金5134万元，其中中央投资资金2677万元，省级投资资金2380万元。项目资金的投入，将提高始兴县农田水利、防灾减灾等基础设施的水平。

【重点项目】 2014年，安排了20个重点建设项目，17个跟踪服务项目，全年计划总投资36.1亿元，至12月底，共完成投资36.64亿元，占年度计划投资的101.5%，拉动了全县经济的增长。全年，全县固定资产投资完成57.17亿元，同比增长22.5%，比全市的平均水平（20.39%）高出2.11个百分点，增速排名全市第五位。

根据国家、省、市重点项目建设的需要，紧紧围绕年初制定的工作思路和投资目标，强化项目的前期工作，加强重点项目建设协调、检查和监督，努力克服各种不利因素，使全县重点项目建设取得了明显的成效。国电羊角山风电项目周密筹划、全力以赴、克服困难，先后突破了环评、接入系统、节能评估等瓶颈难题，最终于5月21日获得了省发改委的核准批复；赣韶铁路始兴段建设进展顺利，于9月30日顺利通车；在武深高速公路的前期工作上，配合项目业主协调各有关部门提供相关的文件资料，努力加快手续的办理，推动项目各项工作的开展。5月，初步完成了沿线地貌现状的证据保全工作，并协调配合勘探队完成了定测详勘工作。

【奖励情况】 1月23日，机关绩效考评工作被县委办、县府办评为2013年度机关绩效考核二等奖。

1月26日，被县委办、县府办评为2013年争取上级竞争性项目建设资金先进单位；被县委办、县府办评为2013年招商引资先进单位。

10月15日，在赣韶铁路建设工作中表现突出被县督办通报表扬。

12月31日，在国家主体功能区建设试点示范工作表现突出，被县督办通报表扬。

（张丽红、钟　涛）

附：领导班子成员名单

局　长：张智光（2014.4—）

党委书记：阳　锐（—2014.12）

副局长：郑扬奎

副局长、重点项目办主任：郑万龙

党委副书记：朱定雄

统　计

【概况】 1950年12月，县人民政府秘书室设调查统计员，负责政府统计工作，办公地址设在红旗路71号县委、县政府大院内。1954年7月成立计划统计科，1956年根据国务院《地方各级人民委员会计划委员会暂行组织通则》的规定，设计划科和统计科，作为计划委员会的工作机构。1962年下半年，成立统计局，作为县人民委员会的组成部分，主管政府统计工作，第一次从计划委员会独立出来。1968年3月，始兴县革命委员会成立生产组，统计局自行撤销。1970年年初，设计划统计办公室。1972年，计划委员会恢复成立，统计工作划入计划委员会，在计划委员会内设立统计组。1981年10月，再次成立统计局，成为政府职能部门，主管政府统计工作。2009年12月，始兴县统计局搬迁至始兴县太平镇永安大道县政府行政大楼办公。

乡镇统计工作由各乡镇人民政府直接负责，1953年3月—1954年7月各乡镇设统计干事；1954年8月—1956年6月各乡镇设统计员；1956年6月—1958年8月各乡镇设计划统计员；1958年9月—1966年7月各人民公社设统计员；1966年8月—1971年，基层统计工作名存实亡；1972年—1982年各人民公社复设统计员；1983—1987各乡镇设统计助理；1986年4月，根据韶关市人民政府韶府《关于建立区（镇）统计组的通知》精神，各乡镇成立统计组。1987年下半年，统计组更名为统计站，置于各乡镇人民政府的领导之下，成为乡镇一级的综合统计机构。

主要职能：贯彻执行国家和省市有关统计工作

方针政策、法律法规和方法制度；组织实施全县国民经济核算制度和投入产出调查；组织实施全县重大县情县力普查；统计、核算、监测和分析全县国民经济运行情况；定期发布全县国民经济和社会发展情况。

2014 年，始兴县统计局内设：秘书股、综合核算股、工业交通统计股、能源统计股、社会和投资统计股、农村和贸易统计股等 6 个内设机构。此外，1997 年 12 月，成立始兴县农村经济调查队，2008 年 12 月，转为参照公务员法管理事业单位。2011 年 6 月成立始兴县统计普查中心，为统计局下属股级事业单位。行政编制共 8 名。其中：局长 1 名、副局长 2 名、科（办）员 5 名，后勤人员 1 名。始兴县农村经济调查队事业编制 2 名。始兴县统计普查中心事业编制 4 名。

【统计四大工程】 开展企业一套表制度改革，做好使用和对接国家统一数据采集处理软件系统和联网直报系统相关工作。推进基本单位名录库建设，充分利用各相关部门的行政登记记录和各专业统计资料，及时做好名录库维护更新工作，努力做到应统尽统、不重不漏。做好“四上”企业增减变动的审核和相关审批材料的收集上报工作，确保符合条件的企业及时列入联网直报范围。2014 年，全县新增“四上”企业 20 家，其中规模以上工业企业 7 家，建筑业企业 1 家，房地产企业 3 家，重点服务业 3 家，批发零售企业 6 家。

【常规统计调查】 2014 年，组织完成城乡一体化住户调查、规上工业成本费用调查、畜禽监测调查、文化产业调查、非公企业人才资源调查、小微企业跟踪调查等 14 项专项调查工作。落实依法统计，保质保量完成农业、工业、投资、能源、建筑业、房地产、贸易等 18 个专业的月报、季报和年报工作，统计数据质量不断提高，为推进经济和社会发展提供了统计保障。

【第三次全国经济普查】 第三次全国经济普查是国务院决定开展的一项重大的国情国力调查，也是各级政府的一项中心工作。普查结果事关今后五年数据，事关始兴县经济发展战略的制定，意义重大。此次普查全面采用电子手持终端采集数据，技术要求高，普查任务重。为确保完成经普任务，注重抓好县、镇、村三级上下联动，实行分级指导、分区包干、责任到人，推动了经普工作顺利开展，为摸清始兴底子、保住前 5 年全县经济发展成果奠定了坚实基础。

【重点建设项目入库审批】 协调发改、住建等部门，推动项目建设。加强与上级部门的沟通，争取省市统计部门对县投资项目入库审批的支持。2014 年，共完成固定资产投资新入库项目 83 个，完成投资 44.2 亿元。

【统计基层建设】 抓好重点企业统计规范化和农村统计台账建设，确保统计业务工作规范开展。加强统计法律的学习和宣传，提高基层统计人员的法律意识，切实做到依法统计。加强对乡镇和调查对象统计人员的培训，组织开展统计人员从业资格考试和继续教育工作，提高统计队伍素质。争取资金，为 10 个乡镇统计机构购买了计算机，改善了乡镇统计工作条件。 （唐杏英）

附：领导班子成员名单

局　长：邓国柱

副局长：钟东明

　　　　梁　青

审　计

【概况】 始兴县审计局成立于 1984 年。1989 年 6 月曾批准成立始兴县审计师事务所，2006 年 11 月撤销。

审计局主要职能是：对本级各部门（含直属单位）和下级政府预算执行情况、预算外资金的管理和使用情况进行审计监督；对国有金融机构的资产、负债、损益进行审计监督；对国家的事业组织和使用财政资金的其他事业组织的财务收支进行审计监督；对国有企业的资产、负债、损益进行审计监督；对政府投资和以政府投资为主的建设项目的预算执行情况和决算进行审计监督；对国家机关和依法属于审计机关审计监督对象的其他单位的主要负责人，在任职期间对本地区、本部门或者本单位的财政收支、财务收支以及有关经济活动应负经济责任的履行情况进行审计监督等。2014 年，内设人秘股、经济责任审计办公室、财政金融商贸审计股、行政事业审计股、农业与资源环保审计股、基建外资审计股等 6 个股室。

行政编制 16 个，工勤编 2 个，在职干部职工 18 人，其中：公务员 16 人，工勤编 2 人；本科学历 7 人、专科学历 9 人、专科以下 2 人；党员 13 人；中级职称 6 人、初级职称 8 人。

【业务管理】 2014 年，县审计局紧紧围绕县委、县政府的中心工作，以改革创新为抓手，以党风廉政建设为重点，结合党的群众路线实践教育活动，狠抓干部队伍建设，夯实审计事业发展基础，强化审计过程管理，全面提高审计工作水平，在服务始兴县经济社会健康快速发展、促进依法行政、推进党风廉政建设等方面履行审计监督职能。全年共完成审计项目 21 个，其中预算执行审计 3 个，专项审计 6 个，经济责任审计 12 个，完成上级交办审计项目 4 个。审计专项资金总额 3369 万元，延伸审计单位 42 个，审计查出主要问题金额 1245 万元，审计发现非金额计量问题 23 个，提出审计建议 36 条，被采纳 36 条，共出具审计报告 33 篇，充分发挥了审计在党风廉政建设中的监督和服务作用。

【财政预算执行审计】 以政策为导向、以预算为中心、以资金为主线、以支出为重点、以项目为基础、以效益为目标实施审计，不断提高财政预决算审计水平，促进建立科学的预算定额和支出标准，规范预算分配行为。

【专项资金审计】 完成 2013 年城镇保障性住房跟踪审计、2012—2013 年体彩公益金审计、国有林场饮水安全工程项目审计等，审计专项资金总额 3369 万元。审计中，着重关注政府在保障和改善民生方面的投入力度，深化对关系经济社会发展、涉及人民群众切身利益的医疗、教育、社会保障等公共领域专项资金的审计。揭露和查处了铺张浪费、财政资金损失及效益低下等问题，促进勤俭节约，把钱用在刀刃上。在关注建设资金管理、使用真实性、合规性的同时，还对项目规划的科学性、投资决策的合理性和投资的效益性进行了研究分析，深化了审计监督内容，提高了审计服务层次。

【经济责任审计】 根据县委组织部委托进行领导经济责任审计，2014 年共完成经济责任审计项目 12 个，共查出管理不规范金额 479 万元，提出整改意见和建议 18 条，被采纳 18 条。通过经济责任审计明确了领导干部的主管责任和直接责任，促进了党风廉政建设，同时为干部考核、使用和提任提供了客观依据。分别选派业务骨干参加由审计署组织的全国土地出让收支和耕地保护情况审计、广东省审计厅组织的市、县经济责任审计。

【队伍建设】 参加上级审计机关、县委、县政府举办的各类培训；并不定期举行专题学习会，学习有关政策法规和审计业务知识。通过组织多形式的学习培训，提高了审计人员的政策水平和业务技能，使审计人员依法行政、依法从审、廉政意识得到增强。

【群众路线教育活动】 严格按照上级有关决策部署，紧紧围绕为民务实清廉为主题和“照镜子、正衣冠、洗洗澡、治治病”总要求，始终坚持严标准、严措施，聚焦“四风”开展活动；通过从严落实中央“八项规定”精神入手，从群众反映强烈的文山会海、“吃拿卡要”“庸懒散拖”等具体问题改起，以反面典型教育倒逼机关改作风树清风提效能，“四风”蔓延势头得到有效遏制。（姬丽萍）

附：领导班子成员名单

局　长：朱光东

副局长：刘永东

陈伍东

刘达然

工商行政管理

【概况】 1953 年，成立工商科，隶属始兴县人民政府，负责全县私营商业和城乡市场的管理工作，办公地点在县人民政府。1954年5月，工商科分为工业、商业、手工业科，工商行政管理业务由商业科负责。1956年8月，商业科改称商业局，工商行政管理业务由商业局的私改股负责。1963年10月，成立始兴县工商行政管理科，隶属县人民政府，12月改称工商局，主要管辖太平镇、城郊、城南、沈所、江口、马市、澄江、罗坝、顿岗、司前、隘子等11个公社（镇）的私营商业和市场管理工作，办公地点设在县城复兴路。1963年4月，成立始兴县市场管理委员会，后与工商局合并办公，实行两块牌子一套人马。1966年5月受“文化大革命”的冲击和干扰，工商局不能行使工作职能，1968年4月成立革命领导小组和生产指挥部，工商局自行撤销，9月并入县财经革委会，同年县成立打击投机倒把办公室，代替工商行政管理工作，1969年5月撤销打投办。由于受“左”的影响，工商行政管理工作基本瘫痪。1970年5月，恢复县市场管理委员会和打击投机倒把办公室，代替工商行政管理工作。1973年12月，恢复成立始兴县工商行政管理局，隶属财贸办，设办公室、打投组、市场组3个内设机构和附城、马市、顿岗、罗坝、澄江、司前、隘子等7个基层市管会，主要负责管辖红旗镇、城郊、城南、沈所、江口、马市、顿岗、罗坝、澄江、司前、隘子等11个公社（镇）的打击投机倒把及市场管理等工作。1976年3月，办公地点设在县城公教路。1978年，始兴县工商局设办公室、工商组、打投组3个内设机构，5月，设附城、马市、顿岗、澄江、罗坝、司前、隘子等7个工商行政管理所。1986年增设经检股和石人嶂工商所，办公地点搬至县城红旗西路49号。1988年8月，增加事业编制11名，连同原行政编制24名共核定县工商行政管理局机关人员编制35名。12月撤销人秘股，分设秘书股、人事监察股。

1991年，始兴县工商局内设秘书股、人事监察股、市场管理股、个体私营经济股、企业登记股、经济合同股、经济检查股、商标、广告股等8个股；下设附城工商所、第一市场工商所、马市工商所、顿岗工商所、石人嶂工商所、罗坝工商所、澄江工商所、司前工商所、隘子工商所等9个派出机构。1993年2月，统一基层工商所机构名称为始兴县工商行政管理局××工商所。1994年，始兴县工商局内设6股1室：秘书股、人事监察股、市场管理股、个体经济股、企业登记经济合同股、经济检查商标广告股6个股，工商检察室。下设城镇分局（5月5日经市编委批准成立，为县工商局的派出机构、副科级建制）、墨江工商所、马市工商所、顿岗工商所、石人嶂工商所、罗坝工商所、澄江工商所、司前工商所、隘子工商所9个派出机构。1995年8月，增设经济检查大队，与经济检查股合并为一套人马，两块牌子。始兴工商局机关内设5股1室1大队：人秘股、市场管理股、个体私营经济股、企业登记经济合同股、经济检查商标广告股，工商检察室，经济检查大队。下设城镇分局、墨江工商所、马市工商所、顿岗工商所、石人嶂工商所、罗坝工商所、澄江工商所、司前工商所、隘子工商所等9个派出机构。1996年，始兴县工商局内设5股1室1大队：5月撤销人秘股，分设办公室和人事监察股，设办公室、人事监察股、市场管理股、个体私营经济股、企业登记经济合同股、经济检查商标广告法制股，经济检查大队。下设城镇分局、墨江工商所、马市工商所、顿岗工商所、石人嶂工商所、罗坝工商所、澄江工商所、司前工商所、隘子工商所等9个派出机构。1999年1月，始兴县工商局按照党中央、国务院关于工商行政管理体制改革的决定，实行了省以下垂直管理的新体制，县工商行政管理局为市工商局直属机构，党组织关系实行属地化管理，1999年，始兴县工商局成立党组和纪检组，4月27日，韶关市工商局副局长周进与始兴县副县长刘达芬签订了交接协议书，县工商行政管理局的人、财、物由市工商局直管，标志着我县工商行政管理事业进入了新的里程。5月，局机关内设6股1大队：秘书股、人事监察股、市场管理股、个体私营经济管理股、企业登记经济合同股、经济检查商标广告法制股、经济检查大队。是年撤销城镇分局，改称城镇工商所，设城镇、墨江、马市、顿岗、罗坝、澄江、司前、隘子、石人嶂等9个工商所。

2000年7月，率先在全市县级工商行政管理部门成立“12315”消费者投诉举报中心，与消委会合署办公，并开通“12315”投诉举报电话。机关内设机构及基层工商所编制同上年。2001年，县工商行政管理局进行机构改革，机关内设办公室（含财务、加挂信息中心牌子）、人事监察股、法规股、登记注册股、企业监督管理股、经济检查股（加挂打击传销办公室牌子）、商标广告管理股、市场合同管理股等8个股室；同时设立直属行政单位：经济检查大队；事业单位：机关服务中心（正股级）、“12315”投诉举报中心（正股级）、始兴县消费者权益保护委员会（正股级）3个，县消委会挂靠县工商局，此外，根据经济区域设置工商所的原则，将原来的9个工商所撤并为城镇、墨江、马市、顿岗、罗坝、司前等6个。11月9日，根据国家1998年和省政府2001年的通知，实行市场整体移交，韶关市工商局委托始兴县工商局局长叶美克与受始兴县县长委托的始兴县贸易局局长李泽琼签订了始兴县市场办管脱钩交接书。将市场物业移交给县政府，共移交市场10个，建筑面积15327平方米，总资产2452万元，市场债务134万元。12月，始兴县工商局实行机构改革，并根据省编委、省工商局《关于印发韶关等市县工商行政管理职能配置、内设机构和人员编制规定的通知》的规定，始兴县工商行政管理局机关行政编制30名，后勤服务人员编制5名，行政执法专项编制15名，事业编制7名。其中局长1名，副局长3名（1名兼纪检组长），内设机构正副股长18名，直属行政单位经检大队正副队长3名，工商所行政编制52名，后勤服务人员编制7名，设工商所正副所长12名。2004年，市工商局深化机构改革，县工商行政管理局成立督察队与人监股合署办公。2005年1月5日，经市局批准成立督察队（副股级）。始兴县工商局内设8个股室：办公室（含财务、加挂信息中心牌子），人事监察股（督察队）、法规股、登记注册股、企业监督管理股、经济检查股（加挂打击传销办公室牌子）、商标广告管理股、市场合同管理股；1个直属行政单位：经济检查大队；2个事业单位：机关服务中心、“12315”投诉举报中心；5个派出机构：城镇工商所、马市工商所、顿岗工商所、罗坝工商所、司前工商所；3个社会团体：始兴县消费者权益保护委员会（挂靠县工商局）、始兴县个体劳动者协会、始兴县私营企业协会。2012年2月24日，成立始兴县工商行政管理局“三打两建”领导小组，下设综合组（办公室牵头）、“三打”工作小组（经济检查股牵头）、“两建”工作小组（市场合同管理股牵头）、督导组（人事监察股牵头）。

主要职能是：贯彻执行国家、省人民政府和上级工商行政管理机关关于工商行政管理工作的方针、政策、法律、法规和规章制度；组织管理工商企业和从事经营活动的单位、个人的登记注册，依法核定注册单位名称，审定、批准、颁发有关证照，对其登记注册事项及经营活动进行监督管理；依法组织监督管理竞争行为，查处垄断、不正当竞争、流通领域的走私贩私行为，打击传销和变相传销等经济违法行为；依法组织监督市场交易行为，组织监督流通领域商品质量，组织查处假冒伪劣商品行为，受理消费者申诉，组织查处侵犯消费者权益案件，保护经营者、消费者合法权益；组织实施各类市场经营秩序的规范管理与监督；监督管理电子网络经营行为；查处商标侵权行为，保护注册商标专用权，监督管理商标的使用和印刷，指导商标代理机构工作；组织管理广告审批发布与广告经营活动，指导广告审查机构的工作；组织实施合同行政监管，会同行业管理部门制定合同示范文本，指导办理合同鉴证，监督管理消费类合同格式条款，组织查处合同欺诈行为；监督管理经纪人、经纪机构以及有关中介服务机构；组织管理动产抵押物登记，组织管理拍卖行为；对企业名称、驰名和著名商品特有的名称、包装、装潢、商业秘密、商标等实施监督管理和综合保护；组织管理个体工商户、个人合伙、私营独资和私营企业的经营行为；指导所属事业单位和协会、学会、消费者权益保护委员会的工作；承办上级工商行政管理机关和所在县人民政府交办的其他事项。

2014年，始兴县工商行政管理局下辖城镇、马市、顿岗、罗坝、司前等5个基层工商所，县局机关内设办公室（加挂信息中心牌子）、人事监察股、法规股、登记注册股、经济检查股（加挂打击传销办公室牌子）、企业监督管理股、市场合同管理股、商标广告管理股等8个股室，经检大队1个直属行政单位，机关服务中心和消费者权益保护委员会（加挂“12315”投诉举报中心牌子）等2个事业单位，始兴县个体劳动者协会、始兴县私营企业协会等2个所属协会；有干部74人（含个私协两位干部）、职工 4 人。

2014 年，始兴工商行政管理局以中共十八届三、四中全会精神为指导，重点贯彻落实国家工商总局、省、市局关于深化商事登记制度改革的有关政策，开展党的群众路线教育实践活动，履行工商职能，为服务始兴经济发展做了大量工作。被评为县“六五”普法中期先进集体；打传工作受到了市打传办、县委督查办的通报表扬；建立了金融消费纠纷处置机制，初步构建了县、镇、村三级消费维权体系，消费纠纷解决率名列全市各县第一。荣获全市工商系统工商所规范化建设优秀示范单位、综合优秀奖；荣获省、市工商系统廉政征文二等奖 2 个，优秀奖 1 个；县个私协会被评为“韶关市社会组织党建工作示范点”；荣获县新闻信息工作个人奖项 1 人次。

【工商登记管理】 印发《始兴县商事登记制度改革方案》，自 3 月 1 日起正式启动商事制度改革，全面放宽注册资本登记条件，取消有限责任公司等最低注册资本限制；自 5 月 26 日起统一执行《广东省工商登记前置审批事项目录》和《广东省工商登记前置改后置审批事项目录》，启动“先照后证”改革，市场准入条件进一步放宽；实施《韶关市市场主体住所工商登记实施办法（暂行）》，改革住所登记条件；全县各级工商登记窗口接受群众咨询 3007 人次，同比增长 118.96%，受理、办结各项登记业务 3476 件，同比增长 73.83%；内资企业、私营企业及个体工商户均有 9.1% 以上的增长。全县有各类市场主体 6533 户，其中内资企业 370 户，注册资本（金）84504.11 万元。私营企业 648 户，注册资本 181671.08 万元。个体工商户 5172 户，资金数额 44099.99 万元，农民专业合作社 246 户，出资总额 10812.74 万元。实行商事主体年度报告制度，取代年检验照的做法：实行商事主体经营异常名录制度、除名制度，商事登记监管信息通过互联网向社会公开，并逐步引入其他行政监管等信息，实现部门间的信息共享，促进部门监管和社会监管，形成商事主体“一处失信、处处受限”的信用监管效应；全县共有 1261 户市场主体完成了 2013 年度年度报告，其中企业 744 户，占应报数的 85.81%，个体工商户 517 户，占 12%，完成比例在全市分别排名第一和第六。守合同重信用活动：公示“守合同重信用”企业 8 户，6 家企业申报取得连续公示，2 家企业成功申报取得“守合同重信用”企业。企业动产抵押物登记：办理动产抵押登记业务 59 笔，抵押物价值 27917.54 万元，为企业筹集生产改造资金 9275.43 万元。企业担保融资：办理股权出质登记 2 宗，帮助企业担保融资 835 万元。拍卖监管：现场监督拍卖会 6 期，成交金额 205.2 万元；加强了对委托拍卖合同和拍卖师资格的审查和监管。

【商标广告管理】 商标职能：2014 年向企业、农民专业合作社发放《商标注册建议书》《商标策略提示书》、新商标法、《广东省著名商标认定和保护条例》等商标知识宣传资料 1000 多份；协助企业、事业单位、农民专业合作社办理商标注册申请 13 件，商标复审 1 件，其中申报“广东省著名商标” 1 件，实现全县著名商标申报零的突破。商标印制监管：2014 年，共查处商标侵权案件 9 宗，共查处涉嫌销售商标侵权商品的市场主体 15 家，查扣商标侵权白酒 54 瓶、洗发水 346 瓶、淋浴露、香皂等一批。广告监管：全年共办理包括展示牌、灯箱、交通工具、霓虹灯等户外广告的登记证 64 份（共计 1012 幅），办理广告经营许可证变更 1 件，组织各类违法广告专项整治行动 11 次，查处违法广告案件 11 宗，清除虚假违法药品店堂（墙体）广告 7 处，其中，查处网络广告案件 2 宗，实现查处互联网重点领域违法广告案件零的突破。

【经济检查】 反不正当竞争执法：查处违反不正当竞争法规的案件 3 宗，案值 30 万元，罚没入库 3.5 万元，其中查处互联网领域违反不正当竞争法规案件 1 宗，实现了互联网领域办案零的突破。流通环节食品监管：4 月 1 日，正式将流通环节食品安全监管职责转交给县食品药品监管局；协助开展食品安全专项整治行动 6 次，检查经营户 248 户，主动协助代收食品流通许可申请资料 23 份，移交无证照经营食品案件线索 57 条。查处取缔无照经营：全年共吊销名存实亡企业 201 户、个体工商户 1836 户；发出责令改正通知书 83 份，引导办照 49 户，查办无照经营案件 51 起；配合教育、安监、公安、消防等部门开展学校及周边环境整治综合治理、“扫黄打非”、安全生产监管等专项整治行动，检查校园周边杂货店、网吧、矿山等各类市场主体1249户（次），发出整改通知书29份，捣毁9个非法采矿点，拆除简易工棚19间。打击传销：4月15日，联合县公安局成功打掉一起名为“智富商城”网络传销案，该案涉及会员170多人，涉案金额约100万元，是广东省开展打击整治传销集中行动以来成功侦破的第一宗网络传销案件。打击走私：联合公安、经信、烟草等部门开展打击应节商品走私专项行动，查获无合法来源进口香烟17100支。流通领域商品质量监管：2014年，共查获销售假冒伪劣商品案8宗，涉案货值共计14.589万元，罚没共计15.6469万元。农资市场监管：查处农资案件35宗，罚没19.3万元。案件比2013年同期增加12宗。

【消费者权益保护】 围绕“新消法、新权益、新责任”消费维权年主题，注重新消费者权益保护法的宣传；组织大型现场宣传咨询服务活动6场，现场派发新消费者权益保护法等宣传资料4万册（张），公开销毁货值15万元的假冒伪劣物品一批。与县金融消费权益保护中心建立了投诉受理、联络、宣传、信息共享等机制；在城南镇杨公岭村设立农村消费维权服务站，构建了县、镇、村三级消费维权体系。强化重点领域消费维权：运用新消法成功调解一宗个人信息丢失纠纷投诉案、一宗误加汽油纠纷投诉案；城镇分会成功调解一宗前后预算相差大消费者要求退订金纠纷投诉案；顿岗分会功成功调解一宗农药纠纷投诉案；马市分会成功调解一宗燃气纠纷投诉案。以上案件均被韶关市消委会推荐参选广东省“消费维权十大案例”。2014年，共接待来访、咨询3938人（次），受理和成功调解各类消费投诉78宗，转办举报案件4宗。收到锦旗3面（次）。为消费者挽回经济损失10.7万元。消费纠纷解决率名列全市各县第一。

【队伍建设】 窗口建设：制定《始兴县工商局优化窗口服务工作方案》《窗口工作制度汇编》，优化登记流程，提升窗口服务效能；2014年收到企业锦旗4面；司前工商所、马市工商所、城镇工商所、顿岗工商分别获得全市工商系统工商所规范化建设考核验收中第一、第二、第五、第九名的优秀成绩。业务素质建设：开展全员业务培训、新进公务员岗前培训、到省局进行公务员初任培训等业务培训活动，以此提高队伍业务水平。党风廉政建设：主要以开展党的群众路线实践活动为主，成立了领导小组，制定实施方案、宣传方案；建立网站专题专栏，制作宣传栏、宣传横幅；严格操作程序，完成规定动作。组织专题学习活动13次，组织个人自学15次，开展理论专题讲座、先进事迹报告会和观看电教片共13次，撰写观后感、对策建议、心得体会共计1665篇，交心谈话29次。列入立行立改的问题16个，已解决16个。7个党支部先后顺利召开了专题组织生活会。纪律作风建设：8月，组织开展以“严明组织纪律，锻造优良作风”为主题的纪律教育学习月活动，通过专题学习、辅导课、观看警示教育片、参观廉政教育基地等形式，促进干部职工廉洁自律；开展领导班子及工商所正副所长向市场主体和服务对象述职述廉活动，接受监管服务对象的监督，在2014年的述职述廉活动中，市场主体和服务对象对县局领导班子、各工商所长给出了全部满意的评价；10月15日，领导班子成员分别与家属签订《家庭助廉承诺书》，提高家属廉洁意识，促进班子成员之间遵守廉洁自律各项规定，将廉政文化带进家庭；坚持行政督察，抓好队伍的思想作风、工作作风、纪律作风。在2014年市局和县纪委组织的多次明察暗访中，没有发现违规违纪行为。

（邓立美）

附：领导班子成员名单

党组书记、局长：邓社强

副局长：陈伦明（兼纪检组长）

邓　斌

刘荣华（2014.1—）

质量技术监督

【概况】 广东省始兴县质量技术监督局于1977年建立，最初名称为始兴县计量所，隶属始兴县科委下属股级事业单位；1978年5月更名为始兴县标准计量所，1986年8月因机构改革，成立始兴县标准计量管理局，正科级，隶属始兴县经委，同时保留了始兴县标准计量所机构编制；1990年2月由于职能增加更名为始兴县技术监督局，下辖县标准计量所、产品质量监督检验所两个事业单位；1999年10月，再次更名为广东省始兴县质量技术监督局，实行省以下垂直管理，隶属韶关市质量技术监督局，正科级。同时，加挂“始兴县人民政府打击生产和销售假冒伪劣商品违法行为办公室”牌子。

质监局主要职能是：宣传、贯彻落实国家和省有关质量技术监督工作的方针政策和法律法规，根据有关法律法规开展行政执法工作；承担产品质量诚信体系建设工作；负责产品质量安全监督工作；承担标准化工作；负责监督管理计量工作；承担食品相关产品生产加工环节的质量监督检查工作；负责管理认证工作；承担特种设备安全监察、管理工作的责任；配合上级主管部门开展科技发展和技术机构建设工作；按权限管理辖区内质量技术监督系统人事、劳动工资、机构编制、经费等工作；承办上级质量技术监督机关和所在地人民政府交办的其他事项等。

2014年，局机关内设办公室、政策法规股、质量股、计量股、标准化股、食品安全生产监管股、特种设备安全监察股等7个职能股室以及稽查队。共有编制19人，其中公务员编制18人，后勤编制1人。下辖直属事业单位始兴县质量技术监督检测所，事业编制5人。

2014年，以“为民务实清廉”为主线，自觉践行党的群众路线；以“抓质量、保安全、促发展、强质检”为总方针，扎实推进业务工作有序开展；以“树主人翁意识，立人民质监形象”主题活动为载体，实现工作和学习教育“两不误，两促进”。

【队伍建设】 2014年，开展党的群众路线教育实践活动，推进“树主人翁意识，立人民质监形象”专题活动，坚持以制度建设、反“四风”行动以及廉政风险防控管理等工作为抓手，内强管理抓规范，外树形象转作风，多措并举促提升，取得了良好的效果，全局上下形成了风清气正、团结向上的良好氛围。开展党的群众路线教育实践活动：县质监局牢牢把握教育实践活动“三个环节”，紧紧抓住“七个重点”，稳步推进各阶段工作，活动取得了实实在在的效果，促进了县局质监系统领导班子和党员队伍建设，推动了质监事业全面发展；向韶关日报、县委实践办简报、县政府公众信息网、县电视台等报送信息57篇，发出活动专题短信6323条；通过各种途径征求领导班子及班子成员意见建议56条，对收集到的意见建议编制整改清单，制订切实可行的整改措施，已经完成整改39条，其余17条在2014年年底基本完成。开展“树主人翁意识，立人民质监形象”专题活动：为了让党的群众路线教育与日常业务工作有效结合，做到“两促进，两不误”；在启动开展党的群众路线教育实践活动的同时，一并主动开展“树主人翁意识，立人民质监形象”专题活动，通过活动，规范了党员干部个人日常工作的言行举止，提升了办事效率和业务水平；活动收集到相片283张，征集主题活动文章43篇，编印活动画册一本。

【特种设备安全监察】 开展《中华人民共和国特种设备安全法》宣传工作：以2014年1月1日特种设备安全法实施为契机，推动特种设备安全法律、法规进社区、进企业，累计发放宣传海报823张，宣传单张3265张，让特种设备安全深入人心。继续推进电梯安全监管改革工作，基本形成以保险公司为主体的社会救助体系：全县共有185台电梯购买事故责任保险，占始兴县电梯总数的80.9%，从根本上解决了电梯事故索赔难问题。强化安全监察与隐患整治，开展隐患排查工作：2014年共出动检查人员468人次，现场检查特种设备使用单位166家，检查设备667台次，发出《特种设备安全监察指令书》6份，移交稽查部门立案查处案件3宗，排查并整改隐患设备14台。组织开展应急演练活动：联合企业、小区、超市等多个单位开展液化气泄漏、电梯安全事故等应急抢险演练，提升了企业、小区等单位对安全事故的重视，加强社会责任感，也保障万一发生紧急事故时能快速、有序、科学处置。

【标准化建设】 做好始兴农业标准化示范区和地理标志产品保护宣传，在国家级、省级、市级刊物专版刊载标准化兴农文章，为始兴特色产品走出去开好局；推进“石斛”地理标志产品保护工作，经过努力，9 月底省质监局正式受理了该地标申报；加快推进“始兴香菇”农业标准示范区的申报工作，现已经全部前期准备工作，并已将申报材料上报省质监局；组织机构代码工作进展顺利，前三季度共新办证书 315 户，变更 192 户，换证 355 户，年检 646 户，废置 30 户，新办数字证书 202 户；县质监局的《始兴县蚕桑标准化生产技术研究与应用》项目喜获市科技进步三等奖；组织机构代码工作荣获省级先进集体称号。

【计量监管】 推动全县 23 家诚信计量单位开展计量诚信服务单位公开承诺工作，加大对加油站、液化石油气充装站、集贸市场、超市商场和宾馆酒楼等公共服务场所的计量监管力度，维护涉及公众利益计量检测的公正性和准确性。实现了集贸市场、民用三表、液化石油气充装站、加油站、医疗卫生机构、道路交通等六大领域计量监管的基本覆盖，防止“短斤缺量”违法行为。关注计量投诉，维护群众权益。针对群众对液化石油气计量投诉较多的情况，组织对液化石油气充装企业进行约谈，并及时开展调查处理，向群众反馈调查处理情况，有效地维护了消费者的切身利益。为了更深层次利民惠民，继续对始兴县 13 家集贸市场强检的台秤、电子秤 1767 台，乡镇医疗卫生部门 143 家、10 家计生服务所的血压计、压力表、人体秤 243 台进行免费“体检”，免检费用达 8 万余元。

【稽查打假】 立足本职，为始兴“创平”“两建”工作出力：平安始兴创建，关系到县域安定和发展；建设社会信用体系和市场监管体系，与人民群众的幸福指数息息相关，为了配合县委、县政府做好这两项工作，充分发挥部门职能作用，参与全县的统一行动，始终将“创平”“两建”工作作为局的重点工作来抓，全年累计为“创平”“两建”出动执法人员 321 人次，出动执法车辆 86 车次。落实打假责任，维护始兴“三区建设”良好市场秩序：保障春耕、服务“三农”，组织开展农资打假专项行动，组织工商、农业等多个部门对全县 32 家农资销售点进行专项检查，出动人员 183 人次，车辆 53 台次；开展了“质监利剑”食品执法打假集中行动，对食品、酒类、肉制品、食用油、调味品和食品添加剂等重点产品进行了执法检查，保证了重大节日期间食品安全；集中开展了“3·15”电器产品质量专项整治活动；组织召开全县打假联席工作会议，对全年打假工作进行部署。全年共出动执法人员 569 人次，共检查企业 170 家，立案查处案件 3 宗，结案 3 宗，罚没款 6 万元。打假工作位列全市质监系统前列。

【质量监管体系建设】 开展质量强县工作：以《始兴县质量强县活动实施方案》为工作指引，加强与相关部门沟通协调，健全质量强县工作机制；开展以“推动‘三个’转变，建立质量强县”为主题的“质量月”现场咨询活动。做好质量管理工作：开展验配眼镜企业等级评定，对辖区内大明、新广信等 4 家眼镜验配企业进行了等级评定；对生产食品相关产品的始兴县联兴造纸实业有限公司和始兴县鑫源竹制品厂进行建档管理，不断提升企业、市民的质量意识，邀请省质监系统高级工程师等专业人员为 30 家中小企业开展免费培训，通过质量月宣传活动为市民提供质量安全知识。

【技术机构能力建设】 技术检验能力得到提升。2014 年之前，县质量技术监督检测所能开展的项目有：非自行指示秤、数字指示秤、模拟指示秤、邮政秤、血压计（表）、燃油加油机、砝码、水表、机械天平、电子天平、架盘天平、弹簧管式一般压力表、定量包装净含量计量检定；省质监局无偿划拨一台先进的电能表检定装置，经标考合格后 2013 年将正式投入使用，在 2014 年的检测工作中发挥重大作用。

【质监宣传工作】 开展质量法律法规、部门规章的宣传工作，组织全局干部职工进行行政强制法的学习、参加主题为“消费与安全”的“3·15”消费者权益日现场宣传咨询活动、组织“计量日”“质量月”现场咨询等法制宣传活动，为人民群众办好事、解难事。2014 年，主动向各类媒体报送政务信息 176 条，被采用政务信息 103 条，其中，韶关日报 6 篇，县政府网选用 86 条、县电视台 21

条、市质监网、始兴信息各12条、市政府网、市局工作简报、市打击制假售假专项行动工作简报各2条。（蒋叶峰）

附：领导班子成员名单

局　长：李新兵

副局长：朱　伟

　　　　邱卫玲

物　价

【概况】 1956年10月成立物价办公室，1958年1月撤销并入计划委员会，1960年11月成立物价科。1963年7月改称物价委员会，1964年8月改称物价科，1966年5月因受“文化大革命”的冲击和干扰，不能行使工作职能。1968年6月成立革命领导小组，物价科自行撤销，9月并入财经系统革委会，1979年11月成立物价科，1984年6月改称物价局，2001年12月起挂靠始兴县发展计划局，2010年1月19日，始兴县物价局从红旗路25号迁入永安大道新县政府大楼二楼东边。县物价局2010年10月调整了主要职责：贯彻国家和省、市有关价格工作的方针政策和法律法规，拟订并组织实施有关价格方面的规范性文件和政策措施；负责价格分析、预测、预警和监控。提出年度价格总水平控制目标及价格调控措施并组织实施，负责价格调节基金的设立、运作和管理，参与粮食风险基金、储备制度的运作和监督，运用价格杠杆促进经济发展；管理国家、省、市列名管理的商品、服务价格及中介服务收费，组织价格听证会，依法承担行政事业性收费相关管理工作，管理社团收费及在政府指导价和政府定价外收取的保证金、抵押金、风险金；依法实施市场价格监管，开展反价格垄断，规范经营者价格行为，制止低价倾销、牟取暴利、价格欺诈等不正当价格行为；指导行业价格自律，维护公平竞争的价格秩序；负责市场价格异常波动和市场价格突发事件的应对处置和危机管理；组织指导价格、收费社会监督，调查和处理价格投诉举报，依法对商品和服务价格、行政事业收费、经营者和中介组织价格行为进行监督检查，对价格、收费违法违规行为实施行政处罚和行政强制措施；指导、监督县直业务主管部门及乡镇价格、收费管理工作，协调、处理部门之间及乡镇的价格、收费争议，指导价格协会工作；承办县人民政府和市物价局交办的其他事项。内设四个股室和一个下属单位：人秘股、业务股、检查所、价格监测股和县物价局价格认证中心（事业单位）。机关行政编制6名，其中：局长1名，副局长2名，后勤服务人员数1名。2014年12月，始兴县物价局并入始兴县发展和改革局，物价工作职能完全并入始兴县发展和改革局。

2014年，物价局紧紧围绕“强基础、稳价格、安民生、保改革、促发展、建和谐”的工作目标，认真履行物价管理职能，深化价格体制改革，加强价格服务和价格收费监督，提高服务效能和工作水平，始终保持始兴县价格总体水平基本稳定。

【三项建设】 加大价调金的征收力度，规范价调金的管理和使用。自2013年起，始兴县价调金由县地税局代征，增加了征收量。2014年，共征价调金546万元，入县库387万元；入市库159万元。2014年，争取省级价调金237万元；争取市级价调金55万元；使用县级价调金74万元。

加强“平价商店”管理，稳定民生价格。4—5月，组织相关人员到各乡镇及县城各平价商店进行年度考核，检查平价品种包括粮、油、肉、禽、蛋、菜等六类11种，价格是否低于市场平均价5%~15%，蔬菜类差价达15%的幅度，经查各平价商店基本能按照有关规定出售农副产品。

【价格工作基础】 加大价格法规宣传力度，营造良好的价格氛围。利用“3·15”消费日和“12·4”法制宣传日，派发价格政策宣传资料，开展价格咨询等，让更多市民知晓有关的价费政策，扩大了市民的知情权。

做好成本调查工作。开展烤烟成本调查，为领导科学决策提供科学依据。

2014 年始兴县烤烟成本调查表

表 3

项　　目	单位	始兴县	刘优福	卢德彬	卢章亮	赖祥忠	郭金森	雷雨汉	李欠源	刘志操	刘开雄
户	个	9	1	1	1	1	1	1	1	1	1
每亩											
主产品产量	公斤	143.17	160.00	157.50	134.00	115.00	135.00	130.00	160.00	149.00	148.00
产值合计	元	3531.33	3680.00	3462.50	3297.45	3036.00	3267.00	3198.00	4192.00	3755.00	3894.00
主产品产值	元	3531.33	3680.00	3462.50	3297.45	3036.00	3267.00	3198.00	4192.00	3755.00	3894.00
副产品产值	元	—	—	—	—	—	—	—	—	—	—
总成本	元	3955.37	3820.10	4185.80	3584.00	4123.10	3673.00	3834.40	4577.30	3879.00	3918.60
生产成本	元	3656.26	3500.10	3773.80	3344.00	3853.10	3413.00	3554.40	4277.30	3539.00	3648.60
物质与服务费用	元	1467.13	1480.10	1453.80	1344.00	1513.10	1253.00	1314.40	1770.30	1459.00	1616.60
人工成本	元	2189.13	2020.00	2320.00	2000.00	2340.00	2160.00	2240.00	2507.00	2080.00	2032.00
家庭用工折价	元	2124.80	1840.00	2320.00	2000.00	2240.00	2160.00	2240.00	2320.00	2080.00	1920.00
雇工费用	元	64.33	180.00	—	—	100.00	—	—	187.00	—	112.00
土地成本	元	299.11	320.00	412.00	240.00	270.00	260.00	280.00	300.00	340.00	270.00
流转地租金	元	—	250.00	412.00	240.00	190.00	—	280.00	100.00	260.00	180.00
自营地折租	元	299.11	70.00	—	—	80.00	260.00	—	200.00	80.00	90.00
净利润	元	-424.04	-140.10	-723.30	-286.55	-1087.10	-406.00	-636.40	-385.30	-124.00	-24.60
现金成本	元	1531.46	1910.10	1865.80	1584.00	1803.10	1253.00	1594.40	2057.30	1719.00	1908.60
现金收益	元	1999.87	1769.90	1596.70	1713.45	1232.90	2014.00	1603.60	2134.70	2036.00	1985.40
成本利润率	%	-10.72	-3.67	-17.28	-8.00	-26.37	-11.05	-16.60	-8.42	-3.20	-0.63
每 50 公斤主产品											
平均出售价格	元	1233.26	1150.00	1099.21	1230.39	1320.00	1210.00	1230.00	1310.00	1260.07	1315.54
总成本	元	1381.35	1193.78	1328.83	1337.31	1792.65	1360.37	1474.77	1430.41	1301.68	1323.85
生产成本	元	1276.89	1093.78	1198.04	1247.76	1675.26	1264.07	1367.08	1336.66	1187.59	1232.63
净利润	元	-148.09	-43.78	-229.62	-106.92	-472.65	-150.37	-244.77	-120.41	-41.61	-8.31
现金成本	元	534.84	596.91	592.32	591.04	783.96	464.07	613.23	642.91	576.85	644.80
现金收益	元	698.42	553.09	506.89	639.35	536.04	745.93	616.77	667.09	683.22	670.74

续表3

项　　目	单位	始兴县	刘优福	卢德彬	卢章亮	赖祥忠	郭金森	雷雨汉	李欠源	刘志操	刘开雄
附：											
每亩用工数量	日	27.31	25.00	29.00	25.00	29.50	27.00	28.00	30.87	26.00	25.40
每亩产品已出售数量	公斤	143.17	160.00	157.50	134.00	115.00	135.00	130.00	160.00	149.00	148.00
每亩产品已出售产值	元	3531.33	3680.00	3462.50	3297.45	3036.00	3267.00	3198.00	4192.00	3755.00	3894.00
商品率	%	100.00	100.00	100.00	100.00	100.00	100.00	100.00	100.00	100.00	100.00
已出售率	%	100.00	100.00	100.00	100.00	100.00	100.00	100.00	100.00	100.00	100.00
每亩补贴收入	元	459.56	460.00	460.00	460.00	480.00	439.00	369.00	493.00	495.00	480.00
每亩成本外支出	元	—	—	—	—	—	—	—	—	—	—
一、每亩物质与服务费用	元	1467.13	1480.10	1453.80	1344.00	1513.10	1253.00	1314.40	1770.30	1459.00	1616.60
（一）直接费用	元	1309.74	1290.10	1276.30	1162.00	1363.10	1123.00	1154.40	1600.30	1377.00	1441.60
1. 种子费	元	80.00	80.00	80.00	80.00	80.00	80.00	80.00	80.00	80.00	80.00
2. 化肥费	元	372.44	388.60	416.20	333.00	326.30	337.00	363.00	467.30	338.00	382.60
3. 农家肥费	元	133.54	118.00	85.00	99.00	280.00	80.00	68.90	140.00	156.00	175.00
4. 农药费	元	43.02	87.00	20.00	32.00	18.20	20.00	35.00	35.00	69.00	71.00
5. 农膜费	元	37.40	36.00	35.10	39.00	37.00	35.00	37.50	26.00	34.00	57.00
6. 租赁作业	元	120.00	120.00	120.00	120.00	120.00	120.00	120.00	120.00	120.00	120.00
机械作业费	元	120.00	120.00	120.00	120.00	120.00	120.00	120.00	120.00	120.00	120.00
排灌费	元	—	—	—	—	—	—	—	—	—	—
其中：水费	元	—	—	—	—	—	—	—	—	—	—
畜力费	元	—	—	—	—	—	—	—	—	—	—
7. 燃料动力费	元	488.84	390.00	504.00	441.00	469.60	436.00	430.00	712.00	541.00	476.00
8. 技术服务费	元	1.11	10.00	—	—	—	—	—	—	—	—
9. 工具材料费	元	19.11	23.00	16.00	18.00	19.00	15.00	20.00	20.00	21.00	20.00
10. 维护修理费	元	14.28	37.50	—	—	13.00	—	—	—	18.00	60.00
11. 其他直接费用	元	—	—	—	—	—	—	—	—	—	—
（二）间接费用	元	157.39	190.00	177.50	182.00	150.00	130.00	160.00	170.00	82.00	175.00
1. 固定资产折旧	元	120.56	130.00	140.00	130.00	120.00	100.00	130.00	130.00	82.00	123.00

续表 3

项目	单位	始兴县	刘优福	卢德彬	卢章亮	赖祥忠	郭金森	雷雨汉	李欠源	刘志操	刘开雄
2. 保险	元	—	—	—	—	—	—	—	—	—	—
3. 管理费	元	—	—	—	—	—	—	—	—	—	—
4. 财务费	元	—	—	—	—	—	—	—	—	—	—
5. 销售费	元	36.83	60.00	37.50	52.00	30.00	30.00	30.00	40.00	—	52.00
二、每亩人工成本	元	2189.13	2020.00	2320.00	2000.00	2340.00	2160.00	2240.00	2507.00	2080.00	2032.00
1. 家庭用工折价	元	2124.80	1840.00	2320.00	2000.00	2240.00	2160.00	2240.00	2320.00	2080.00	1920.00
家庭用工天数	日	26.56	23.00	29.00	25.00	28.00	27.00	28.00	29.00	26.00	24.00
劳动日工价	元	80.00	80.00	80.00	80.00	80.00	80.00	80.00	80.00	80.00	80.00
2. 雇工费用	元	64.33	180.00	—	—	100.00	—	—	187.00	—	112.00
雇工天数	日	0.75	2.00	—	—	1.50	—	—	1.87	—	1.40
雇工工价	元	85.77	90.00	80.00	80.00	66.67	80.00	80.00	100.00	80.00	80.00
三、附											
1. 每亩种子用量	公斤	—	—	—	—	—	—	—	—	—	—
2. 每亩化肥用量	公斤	30.60	31.00	31.88	22.49	29.00	46.22	25.00	41.34	24.50	24.00
3. 每亩农膜用量	公斤	4.50	5.00	5.00	5.00	4.70	4.49	5.00	3.33	4.00	4.00
一、每亩化肥金额	元	372.44	388.60	416.20	333.00	326.30	337.00	363.00	467.30	338.00	382.60
(一) 氮肥	元	—	—	—	—	—	—	—	—	—	—
1. 尿素	元	—	—	—	—	—	—	—	—	—	—
2. 碳铵	元	—	—	—	—	—	—	—	—	—	—
3. 其他氮肥	元	—	—	—	—	—	—	—	—	—	—
(二) 磷肥	元	—	—	—	—	—	—	—	—	—	—
其中：过磷酸钙	元	—	—	—	—	—	—	—	—	—	—
(三) 钾肥	元	99.16	110.60	88.10	101.50	38.30	98.00	116.00	111.30	85.00	143.60
其中：氯化钾	元	—	—	—	—	—	—	—	—	—	—
(四) 复混肥	元	174.34	160.00	215.60	134.00	207.00	159.00	138.00	276.00	153.00	126.50
1. 复合肥	元	174.34	160.00	215.60	134.00	207.00	159.00	138.00	276.00	153.00	126.50
其中：二铵	元	—	—	—	—	—	—	—	—	—	—

续表 3

项　　目	单位	始兴县	刘优福	卢德彬	卢章亮	赖祥忠	郭金森	雷雨汉	李欠源	刘志操	刘开雄
三元素复合肥	元	—	—	—	—	—	—	—	—	—	—
2. 混配肥	元	—	—	—	—	—	—	—	—	—	—
（五）其他肥料	元	98.94	118.00	112.50	97.50	81.00	80.00	109.00	80.00	100.00	112.50
二、每亩化肥折纯用量	公斤	30.60	31.00	31.88	22.49	29.00	46.22	25.00	41.34	24.50	24.00
（一）氮肥	公斤	—	—	—	—	—	—	—	—	—	—
1. 尿素	公斤	—	—	—	—	—	—	—	—	—	—
2. 碳铵	公斤	—	—	—	—	—	—	—	—	—	—
3. 其他氮肥	公斤	—	—	—	—	—	—	—	—	—	—
（二）磷肥	公斤	—	—	—	—	—	—	—	—	—	—
其中：过磷酸钙	公斤	—	—	—	—	—	—	—	—	—	—
（三）钾肥	公斤	5.53	10.00	3.75	5.00	2.00	4.82	7.00	5.34	4.40	7.50
其中：氯化钾	公斤	—	—	—	—	—	—	—	—	—	—
（四）复混肥	公斤	25.07	21.00	28.13	17.49	27.00	41.40	18.00	36.00	20.10	16.50
1. 复合肥	公斤	25.07	21.00	28.13	17.49	27.00	41.40	18.00	36.00	20.10	16.50
其中：二铵	公斤	—	—	—	—	—	—	—	—	—	—
三元素复合肥	公斤	—	—	—	—	—	—	—	—	—	—
2. 混配肥	公斤	—	—	—	—	—	—	—	—	—	—

推进价格认证工作。全年涉案物品价格鉴定 93 宗，涉案总值 106.3 万元；对 24 宗汽车、摩托车、拖拉机、物品进行了损失价格鉴定，车物损失价格鉴定总值 29.7 万。通过开展道路交通事故车物损失价格鉴定工作，保护了单位、车主的合法权益。为地税机关委托的 14 宗有计税价格争议的存量房进行了价格认定，涉税总值 370.1 万元；维护了纳税人的合法权益。

【规范收费行为】　做好收费工作。2014 年，制定始兴县公共资源交易中心收费标准；理顺始兴县公办幼儿园保教费、服务性收费和代收费的收费标准，促进始兴县学前教育的健康持续发展；做好山水名城小区、幸福里小区等备案工作，加强对始兴县物业服务企业的服务性收费的管理。

加大清费治乱力度。落实了免征 10 项涉企行政事业性收费的省级收入；明确和规范始兴县物业服务收费；明确始兴县生猪定点屠宰收费问题，规范生猪定点屠宰收费；继续执行省级产业转移园行政事业性收费优惠政策，促进始兴县沙水省级产业转移园内企业持续健康发展。

抓好收费综合年审工作。会同审计、财政部门，核查各收费单位是否存在自立收费项目、提高收费标准、扩大收费范围及强制收取经营服务性收费等违法收费进行认真审查，规范了各收费单位的收费行为。

【价格监督检查】 加强节假日的市场价格监管。在节假日监管上，确保检查力度不放松，组织开展了元旦、春节、清明、“五一”国庆、中秋节的节假日市场价格巡查，维护了节日的市场稳定。在监管形式上，热点问题采取针对性策略。春节、春运期间与客运站派发《价格政策提醒函》，并通过电视台等媒体予以宣传报道，营造和谐的节日氛围。

开展春运客运票价检查。春运期间，采取实地查看、现场询问等形式多次深入县车站、农村班车和出租小汽车等乘客上落点以及各种客运票务代售点等地对春运票价的执行情况进行检查。

开展殡葬服务收费价格检查。4 月 3 日，对始兴县殡仪馆 2014 年 1 月 1 日起发生的殡葬服务价格行为进行检查，从检查的情况看，县殡仪馆提供的基本服务收费和延伸报务收费均能按规定的收费标准执行，没发现有擅自设立收费项目、提高收费标准、扩大收费范围等乱收费行为。

开展涉农价格和收费专项检查。5 月 12 日，会同县建设、交通、环保、工商、消防等部门开展涉企收费自查工作，并要求各涉企收费单位自查时对照涉企检查重点内容逐项进行自查。从各有关单位的自查情况看，始兴县涉企收费执行情况良好，自查中没发现有违规收费行为。

开展教育收费检查。春、秋季开学时会同教育、纠风办、纪检、财政等部门组成联合检查组通过明察暗访、查看账本及有关资料等形式对本县 2014 年春、秋季各幼儿园、中小学校教育收费工作进行了检查，防止价格乱收费的反弹。

开展成品油、液化石油气价格监测、检查。根据上级的要求，县物价局经常巡查县内各个成品油加油站（点）和液化石油气充气站（点），检查其价格落实执行情况，发现违反规定突破最高零售价行为，坚决严厉查处，净化市场。

及时处理群众来信来访、价格举报。2014 年，受理价格咨询、举报 13 宗，对群众的来访、来信、来电投诉举报、咨询，都及时登记处理，使办结率达 100%，受到群众的好评。

【价格协会】 推进价格协会，发挥参谋助手作用，开展价格理论研究。着眼于服务政府决策，开展价格理论研究。组织会员参加上级价格协会举办各种业务学习及培训考察活动，定期或不定期召开经验交流及座谈会，引导和规范企业价费行为，营造良好价格秩序。同时，定期分批组织会员和价格干部业务培训，通过业务培训和相互交流学习，提高了价格干部、会员的管理服务能力和水平。（聂树兰）

附：领导班子成员名单

局　长：杜文彬（—2014. 6）

副局长：陈敬阳

李文才

国　土　资　源

【概况】 始兴县国土资源局于 2001 年 11 月由原县国土局和原县地质矿产局组建而成，是主管土地资源、矿产资源和测绘统一管理的职能机构和行政执法部门，负责办理土地征收，土地使用权出让、转让，土地交易，土地登记，土地使用证发放，土地整理与开发，查处违法用地和采矿许可证办理等工作，负责宣传和贯彻土地管理法、矿产资源管理法和测绘法。2014 年 1 月，县编委会批准成立始兴县土地储备中心，为县政府直属副科级公益三类事业单位。为保证组建期间工作的延续性和人员的平稳过渡，县政府决定县土地储备中心暂由县国土资源局代管。2 月，始兴县国土资源局机关由原 6 大职能部门调整合并成 5 个职能部门（地籍规划与耕保部、土地利用与信息服务部、执法监察部、矿产资源管理部和综合管理部）；派出机构行政基层国土资源所 10 个。8 月，始兴县国土资源局所属事业单位改革，保留始兴县国土资源局测量队、始兴县国土资源局信息中心和始兴县中古坑生态示范园，撤销始兴县土地交易所、始兴县土地整理中心和始兴县征地服务中心。

2014 年，始兴县国土资源管理各项工作扎实开展，取得了成效，特别是高标准基本农田建设和征地拆迁工作表现突出，获得通报表扬。

【规划用地】 加强土地利用总体规划修编，根据全县项目建设需要，为制笔基地、塑料再生资源产业基地、韶冶搬迁工程等相关项目调整土地规划用地2000亩（133.3公顷），较好地保障了全县基础设施、重点项目和民生工程建设用地需求。

做好用地保障工作。全年共办理国有建设用地出让手续25宗，面积617.58亩（41.2公顷），办理划拨国有建设用地手续3宗，面积11.11亩（0.74公顷）；办理集体建设用地审批1029宗，面积162.1亩（10.8公顷），协助缴纳耕地占用税约140万元；组织报批了9批次建设用地，面积1502.97亩（100.2公顷）；累计取回批次9个，面积884.63亩（59公顷）。

做好征地服务和供地工作。全年启动了韶冶、生态湿地公园等27个征地项目，完成S343线、韶冶等项目征地2762.5亩（184.2公顷），共拨付补偿款6402.75万元；公开挂牌出让土地54宗，成交30宗，面积495.30亩（33公顷），土地出让金2.3785亿元。

强化节约集约用地管理。推进城乡建设增减挂钩工作，已复垦闲置、废弃工矿用地约420亩（28公顷），完成马市镇试点项目区926亩（61.7公顷）项目施工招投标，申报城南镇项目区817亩（54.5公顷）。协助实施“三旧”改造，盘活土地120亩（8公顷）。开展土地清理工作，共协议收回江口永捷东侧地块、牡丹房地产地块、沙水原锐鑫锂能地块3宗闲置用地，面积219.2亩（14.6公顷）。对广土林化、三育文具、五福企业、联丰纤维、车八岭投资公司等5个企业按《闲置土地处置办法》进行闲置土地处置，面积共393亩（26.2公顷），其中2个项目正在行政复议，车八岭拟发决定书。

【耕地保护】 按照省市要求，推进耕地保护各项工作，确保耕地保有量和基本农田保有量超省市下达任务。共向上级申请有关耕地省级补助资金约8454.48万元，配合县财政部门做好资金的监管。推进高标准基本农田建设。2012年，高标准基本农田建设项目工程质量和工程进度得到省、市通报表扬，并奖励150亩（10公顷）新增建设用地指标。2013年度2.5万亩（1666.7公顷）已竣工，2014年度2.23万亩（1486.7公顷）建设任务拟在2015年1月底基本完成，工程质量和进度都在全市前列。市政府在始兴县召开了全市高标准基本农田建设工作现场会，充分肯定了始兴县工作措施和方法。

【矿产资源管理】 加强日常监督管理，抓实抓好矿产资源补偿费征收管理、矿山地质环境治理以及节前安全生产大检查、地灾防治等各项工作。全年共征收矿产资源补偿费43.7052万元，罗坝镇石壁坑地质环境治理项目顺利通过验收，完成7处地质灾害隐患点治理，实现了全年未发生因安全生产、地质灾害等问题引发重大人员伤亡、财产损失事故目标。

【执法监察】 开展土地矿产卫片执法检查，圆满完成各项工作，顺利通过省市卫片执法检查。为10个基层所配备巡查仪和巡查车辆，加强动态巡查监管。全年发现并制止土地违法违规行为96宗，面积71.43亩（4.8公顷）；拆除“两违”用地18宗，清理整治非法开采18宗，共立案查处47宗土地、矿产违法行为，责令限期整改172宗，罚款33.19万元。

【信访维稳】 抓好信访维稳，化解矛盾纠纷。依法及时受理上级交办信访件和人民群众来信来访。全年共受理信访41件，化解信访积案4宗，确保上级交办件和人民群众来信来访件件件有着落，事事有回音，有效缓解信访突出问题，切实维护社会和谐稳定。

【测绘、登记、宣传】 绘制集体土地宗地图319宗，国有土地宗地图107宗，完成测绘总面积超过15平方公里，共收到测绘工程产品费200多万元。办理国有土地和集体土地登记共590宗，面积805亩（53.7公顷），办理他项权利证书22宗。开展国土资源法律法规宣传教育活动。以“3·19”矿产资源法宣传日、“4·22”地球日、“6·25”土地日、“12·4”法制宣传日活动为平台，通过现场咨询、悬挂横幅和发放资料等形式，向社会广泛宣传国土资源政策法规，在全县营造珍惜地球资源，保护耕地和矿产资源的良好氛围。（官会云）

附：领导班子成员名单

局　长：谭聪礼

副局长：李东华
何建雄
华建明
执法监察大队大队长：梁庆发

食品药品监督管理

【概况】 2001年，成立始兴县药品监督管理局，属于县政府工作部门的正科级行政单位，办公地址设在振兴路4号。2001年9月，更名为“韶关市药品监督管理局始兴分局”，隶属于韶关市药品监督管理局垂直管理下的正科级行政单位。2004年8月，改为广东省始兴县食品药品监督管理局，为广东省韶关市食品药品监督管理局直属机构。2009年5月，办公地址迁至永安大道。2010年10月，始兴县食品药品监督管理局，调整为县人民政府工作部门。2011年4月1日，原县食品药品监督管理局食品安全综合监管职能划归县卫生局，原县卫生局餐饮服务食品安全监管职能划归县食品药品监督管理局，局内设人秘股、食品安全监管股、保健食品化妆品监管股、综合业务股、稽查股（挂稽查分局牌子）5个股室，核定编制23名，其中行政编制13名，执法专项编制8名，工勤编制2名。2013年12月31日，始兴县人民政府办公室下发《始兴县人民政府办公室关于印发始兴县食品药品监督管理局主要职责内设机构和人员编制规定的通知》精神，增设派出机构总编制19名，含行政编制5名，行政执法专项编制14名。2014年，实有编制21人，机关后勤服务人员2人，派出机构实有编制7人。

2014年，县食品药品监管局以保障公众饮食用药安全为己任，履行食品药品安全监管工作职能，加强食品、药品、保健食品、化妆品、医疗器械日常监管，抓好食品药品市场规范化管理，深化农村药品监督网和供应网建设，不断健全工作机制，提高食品药品安全综合监管效能，改善办公服务基建条件。全年，辖区内未发生重大食品药品安全事故。

【食品生产流通安全监管】 3月28日上午，举行县食品药品监管局与县质监局食品生产环节职能、县工商局食品流通环节职能、县经信局酒类监管工作职能交接仪式，县委常委杨军出席了交接仪式。4月至8月，对食品保质期开展大规模整顿工作，严厉打击违法违规经营及处置超过保质期食品等行为。4月底，组织开展五一、端午节前食品安全检查，重点检查生产应节食品的食品生产企业和超市、食品批发部等进行了。4月至12月，开展“三打两整治”专项检查。7月至12月，开展婴幼儿配方乳粉质量安全专项整治。7月至9月，开展米粉行业专项整治行动。9月至12月，开展农村市场食品安全“四打击四规范”专项行动。10月13日上午，联合县工商局、各乡镇政府开展的农村食品市场“四打击四规范”专项整治行动正式启动。县委常委杨军，深入到马市镇，一同拉开专项整治行动序幕。10月至12月，开展农村食品专项整治。重点针对农村食品市场存在的假冒和仿冒知名品牌，滥用食品添加剂、销售过期食品以及制售“五无”食品等突出问题进行专项检查。

【餐饮服务食品安全监管】 加大餐饮食品监管力度，强化重点问题监管、突出问题整治，严厉打击餐饮食品违法行为，全面履行餐饮服务食品安全监管职责，着力于食品餐饮消费环节监管体系建设。3月初，对辖区内中小学、幼儿园等各级各类学校食堂进行监督检查，确保教师学子们饮食安全。10月，墨江中学食堂、明日之星幼儿园食堂、马市中学食堂等三家餐饮单位通过验收检查，获得“广东省餐饮服务食品安全示范食堂”的称号，发挥学校食堂食品安全示范的带动作用。深化餐饮服务单位量化分级管理制度建设和食品安全管理员制度建设工作。2014年，全县餐饮服务量化分级A级的有6家，量化分级B级的有14家，量化分级C级的有318家。开展“文明餐桌”行动。在餐饮门店、学校（机关）食堂入口处、餐厅显要位置公示四项承诺：不提供低劣变质食品，不误导消费者超量点餐，主动提醒顾客吃多少点多少，主动提供免费打包餐盒，主动提醒顾客不要酒后驾车。为“文明礼仪进餐桌不剩饭菜讲节约”公开承诺，展示形象。

【药品、医疗器械、保健食品、化妆品、特殊药品等安全监管】 1月22日，召开始兴县2013年农村药品“两网”工作总结会议。2月至12月，开展特殊药品、疫苗、药品零售企业、医疗器械日常检查工作，未发现违法违规现象。3月至6月，开展药品流通领域专项整治工作，未发现违法违规行为。8月14日，采取多项措施，借助“四打击四规范”专项行动开展化妆品安全专项整治行动，分组分片区，进行地毯式排查化妆品非法生产、非法添加、非法标签标识等违法违规行为。8月至12月，开展保健食品经营企业分级分类监管工作，并向社会公示评定结果。

【药品、保健品、化妆品、医疗器械专项整治】 在食品药品领域全面发动专项行动整治活动。3月底，全面拉开医疗器械“五整治”专项行动，严厉打击虚假注册申报、违规生产、非法经营、夸大宣传和使用无证产品等五种行为。4月和9月，在全县范围内组织开展计生药械和终止妊娠药品专项检查活动。3月至12月，充分利用快筛快检技术、宣传与行动相结合等多种措施，在辖区内开展打击保健食品非法生产、非法经营、非法添加和非法宣传等违法违规行为专项行动。8月至12月，开展药品“两打两建”专项行动。

2014年，共出动执法人员1836人次、检查药品经营单位173家次、医疗机构221家次、保健食品经营企业242家次、化妆品经营企业256家次。全年共受理各类举报、投诉14宗，查实立案3宗；查处各类违法案件24宗，没收违法经营的食品药品等涉案物品货值46422元，罚没款合计3.7万余元，其中移送公安机关的制假售假涉刑案件5宗，没收假药货值33483元。

【食品药品培训宣传工作】 3月13日上午举行消费权益大型宣传活动，并与工商、质监、烟草等部门对假劣食品、药品、香烟等进行了现场集中销毁。5月上旬，县食品药品监督管理局举办了食品生产加工单位食品安全警示教育培训班，组织全县37家食品生产加工单位负责人、质量管理人员和检验员共42人参加培训。6月11—22日，举办以“尚德守法提升食品安全治理能力”为主题的食品安全宣传周活动，在全县范围内展览演示、实地观摩、咨询讲座、现场服务、发放资料等形式普及食品安全知识，营造人人参与监督的社会氛围。6月27日，举办农村药品协管员培训。7月10—11日，举办共两期始兴县餐饮服务单位食品安全管理员培训班。11月7日上午，对全县药品零售企业营业员、质量负责人以及各连锁门店、批发公司门店相关负责人进行培训。12月，市食品药品监管局在始兴县举办为期2天的全市流通环节食品安全监管业务培训班，各县区食品流通监管负责人及业务骨干参加了培训。

【行政许可工作】 严格按照食品生产流通许可、餐饮服务许可审查规范，进行审查审核，严把市场准入关。2014年，全年受理发放食品流通许可129宗，发证122张；受理餐饮服务许可136宗，发证80张；受理保健食品卫生经营许可26宗，发证26张；受理药品经营许可10宗，发证4张。

【群众路线教育实践活动】 2月26日下午，召开党的群众路线教育实践活动动员大会，对党的群众路线教育实践活动进行全面动员和部署，县委第九督导组进行了全程督查指导；会议还对局班子成员进行了民主评议。3月10日，举办党的群众路线教育实践活动专题辅导讲座，邀请了县委党校曾清华专题授课。3月17日上午，组织全体党员干部职工集中观看了反腐倡廉警示教育片《四风之害》。4月21日，第九督导组对党的群众路线教育实践活动第一环节开展情况进行督导。8月14日下午召开以“为民务实清廉”为主题，以“反对四风、服务群众”为重点的局领导班子专题民主生活会。县委常委杨军、县委实践办领导、县委第九督导组组全体成员参加了会议。8月25日上午，在局四楼会议室召开局领导班子教育实践活动专题民主生活会通报会暨民主评议党员活动，会议由局长刘晓梅主持并作了情况通报，县委第九督导组组长李泽琼作了讲评。10月20日上午，召开党的群众路线教育实践活动总结会议，局全体党员干部职工，县委第九督导组全体成员参加会议。

【2014年主要荣誉】 6月20日，获得“2012—2013年度始兴县精神文明建设先进单位”称号；11月26日，获得“始兴县‘六五普法先进集体”称

号；获“始兴县2014年度无偿献血工作先进单位”称号。（刘晓燕）

附：领导班子成员名单

局　长：刘晓梅

副局长：潘小梅

肖荣羽

陈庚强

安全生产监督管理

【概况】 始兴县安全生产监督管理局原属县经济贸易局内设机构。2004年，根据始兴县机构编制委员会《关于印发始兴县人民政府机构改革方案实施意见的通知》，设立始兴县安全生产监督管理局（副科级），挂始兴县安全生产委员会办公室牌子，归口经济贸易局管理，负责全县安全生产监督管理工作。2005年，单独设置始兴县安全生产监督管理局（挂始兴县安全生产委员会办公室牌子），正科级，为县人民政府主管安全生产综合监督管理的行政机构。2008年，始兴县机构编制委员会重新明确县安全生产监督管理局（挂始兴县安全生产委员会办公室牌子）的职能配置、内设机构和人员编制。县安全生产监督管理局是县人民政府主管全县安全生产综合监督管理的正科级工作部门。2010年，根据《中共始兴县委、始兴县人民政府关于印发〈始兴县人民政府机构改革方案〉的通知》，设立始兴县安全生产监督管理局，在始兴县经济和信息化局挂牌。

主要职能是：贯彻执行国家和省、市有关安全生产工作的方针政策和法律法规，组织起草有关安全生产规范性文件，拟定安全生产政策和规划，指导协调全县安全生产工作，分析和预测全县安全生产形势，发布全县安全生产信息，协调解决安全生产工作中的重大问题；承担县人民政府安全生产综合监督管理的责任。依法行使综合监督管理职权，指导协调、监督检查县人民政府有关部门和各乡镇人民政府安全生产工作，监督考核并通过安全生产控制指标执行情况，负责组织全县性重大安全生产大检查和专项督查，依法组织一般、较大生产安全事故调查处理和办理结案工作，监督事故查处和责任追究落实情况；负责监督管理职责范围内的工矿商贸企业安全生产工作、按照分级、属地原则，依法监督检查工矿商贸生产经营单位贯彻执行安全生产法律法规情况及其安全生产条件和有关设备（特种设备除外）、材料的安全生产管理工作，承担劳动防护用品和安全标志的监督工作；承担非煤矿山企业和危险化学品生产经营单位安全生产准入管理的责任。依法组织并指导监督安全生产准入的实施，负责危险化学品安全生产监督管理综合工作和烟花爆竹经营安全生产监督工作；承担工矿商贸作业场所职业卫生监督检查的责任。负责职业卫生安全许可证的办法管理工作，组织查处职业危害事故和违法违规行为；负责重大危险源监控的监督检查、应急值班和事故信息接报处置以及信息化建设；组织本县工矿商贸行业实施行业安全生产标准和规程，监督检查事故隐患排查治理工作，在职责范围内依法查处安全生产违法行为；负责组织指挥和协调安全生产应急救援工作，综合管理全县生产安全伤亡事故和安全生产行政执法统计分析工作；负责监督检查职责范围内新建、改建、扩建工程项目的安全设施与主体工程同时设计、同时施工、同时投产使用情况；组织指导并监督特种作业人员（特种设备作业人员除外）的考核工作和工矿商贸生产经营单位主要负责人、安全生产管理人员的安全资格考核工作，监督检查工矿商贸生产经营单位安全生产培训工作，开展安全生产宣传教育工作；指导协调全县安全生产检测检验工作，监督管理安全生产社会中介机构；组织指导协调和监督全县安全生产行政执法工作；组织拟定安全生产科技规划，指导协调安全生产重大科技技术研究和推广工作；组织开展安全生产方面的交流与合作等。

2014年，县安全生产监督管理局内设五个职能股：综合股、监督管理股、执法监察股（始兴县安全生产执法监察大队）、应急管理股（始兴县安全生产应急救援指挥中心）、职业安全健康监督管理股。行政编制6名，行政执法专项编制3名。其中：局长1名，副局长2名，县安全生产执法监察大队长1名（由副局长兼任），县安全生产应急救援指挥中心主任1名（由副局长兼任）。后勤服务人员数1名。

2014年，坚持“安全第一、预防为主、综合治理”的基本方针，牢固树立安全发展理念，落实安全责任，加强宣传和培训，强化安全生产综合监管，加大非法违法打击力度，促进全县安全生产形势好转。

【生产安全事故】 2014年，累计发生各类生产安全事故16宗（其中非生产经营性交通事故12宗，生产经营性交通事故3宗，消防火灾事故0宗，工矿商贸及其他事故为1宗）；死亡8人（其中非生产经营性交通事故死亡4人，生产经营性交通事故死亡3人，工矿商贸及其他事故死亡1人）。没有发生较大安全生产事故。

按行业和领域划分。道路交通事故：全县发生道路交通事故15宗（其中非生产经营性交通事故12宗、生产经营性交通事故3宗），死亡7人，受伤13人，与上年同期相比，事故宗数减少5宗，死亡人数减少2人，受伤人数减少12人，经济损失减少0.289万元；消防火灾事故：全县发生火灾事故0宗，死亡0人，受伤0人，与上年同期相比，事故宗数减少5宗，经济损失减少10.572万元。工矿商贸及其他事故：发生工矿商贸1宗，死亡1人，占全年控制指标的100%。生产安全事故：1月8日，韶关石人嶂矿业有限责任公司采矿分公司在380中段9336采场进行放矿作业时，发生一起生产安全事故，事故造成1名作业人员死亡，直接经济损失5万元。

【安全监管执法】 开展安全生产执法监察和隐患排查。2014年，在全县范围内开展了非煤矿山安全、危险化学品和烟花爆竹安全执法检查，对各类生产经营建设单位事故隐患进行彻底排查和整治，督促生产经营单位落实安全生产主体责任，对发现的一般事故隐患立即进行了整改，对发现的重大事故隐患要求企业建立隐患排查治理工作档案，严格做到整改责任、措施、资金、时间和应急预案“五落实”，把事故消灭在萌芽状态。

开展“八打八治”打非治违专项行动。在开展“八打八治”打非治违专项行动中，突出检查非煤矿山（尾矿库）、危险化学品和烟花爆竹、粉尘爆炸危险、规模以上企业等重点行业领域，督促各有关企业按照“全覆盖、零容忍、严执法、重实效”的总体要求，在开展安全生产自查自纠工作的基础上，迅速对是否存在非法违法生产经营建设行为进行全面自查自纠，建立安全隐患台账，落实整改措施、责任、资金、时限和预案。针对马市都塘加油站存在建设项目安全设施“三同时”未进行竣工验收的现象，县安监局执法人员立即对其下达了整改指令，责令其立即停业进行整改，并要求该加油站尽快做好安全设施竣工验收工作。针对韶关石人嶂矿业有限责任公司尾矿库未按时完成尾矿库闭库任务下达限期整改通知书，要求该公司严格按要求进行整改落实。2014年，专项行动共组织检查组16个，参加执法检查人员328人次，受检企业106家次，责令限期整改1起，责令停产整顿1家，采取“四不两直”方式对重点地区和单位实施明察暗访10次，从源头上消除了隐患，确保了安全。

【职业病危害防治】 按照《关于印发〈始兴县2014年职业卫生执法监察联合行动方案〉的通知》精神，由县安委办牵头，县安监、人社、工商、质监、卫计、工会等部门联合组成执法组深入各生产经营单位开展职业卫生联合执法检查行动，查处各类职业卫生违法违规行为。加强职业病防治法宣传，把职业病防治法律、文化知识送进基层、企业；开展作业场所职业危害网络申报，共有73家企业开展作业场所职业危害申报及备案工作，申报备案工作居全市前列。

【安全文化宣传教育】 开展安全文化进企业、进校园、进家庭、进农村、进社区“五进”活动，利用电视、网络、横幅等载体宣传安全生产的方针政策和法律法规。

5月7日，县安监局在始兴县委党校举办全县重点企业安全生产管理人员培训班，对职业卫生、工贸企业安全生产标准化建设等方面进行了培训，共计60余人参加了此次培训，推进始兴县安全生产工作落实完善。6月，全国第13个“安全生产月”期间，组织人社、经信、质监、公安交警大队、消防等5个部门开展主题为“强化红线意识，促进安全发展”的宣传咨询活动，共发放各类安全知识宣传资料4000余份（册），接受咨询500多人次。通过开展宣传咨询活动，全县群众得到一次安全生产法律法规、安全技术知识教育，安全素质和自我防范能力的提高，营造关注安全、关爱生命的良好氛围。11 月 13 日，由市安全生产宣教中心组织、县安监局承办的为期一天的应急管理业务知识专题培训班在县委党校开班，包括各乡镇人民政府分管领导和安监站长，负有安全生产监管职责的安委会成员单位分管领导和安全监管股（室）负责人，矿山、危化品、民爆、烟花爆竹（批发）、交通运输、冶金等规模以上行业企业的应急管理人员等共计 100 人参加了此次培训。2014 年，始兴县开展应急救援演练共 76 场次，参演单位 89 家，参演人数 16100 人。

【烟花爆竹（零售）经营许可证审批发证】 县安监局严格按照程序和规定，对 80 多户烟花爆竹经营单位的安全条件进行了审查、换证、发证工作。

【安全生产责任制考核】 始兴县安监局按照安全生产“一岗双责”的要求，制定始兴县《考核方案》，对乡镇和有关部门党政领导班子及领导干部进行了考核。2014 年，安全生产受表彰的乡镇：一等奖为顿岗镇人民政府；二等奖为罗坝镇人民政府、太平镇人民政府；三等奖为马市镇人民政府、澄江镇人民政府、隘子镇人民政府。受表彰的单位：一等奖为县公路局；二等奖为县质监局、县农业局；三等奖为县经济信息化局、县水务局、县教育局。

（徐勇生　曾　珊）

附：领导班子成员名单

局　长：刘照猜

副局长兼应急救援指挥中心主任：邵耀发

副局长兼执法大队大队长：吴惠文

国有资产管理

【概况】 始兴县兴达资产管理有限公司是一家国有独资公司，其前身为始兴县资产管理公司，于 2002 年 2 月批准成立，在 2008 年 5 月批准更名为始兴县兴达资产管理有限公司。公司代表政府履行经营国有资产职能，由县公共资产管理中心履行出资人职责。内设办公室、财务部、资产管理部、企业部、维稳办等。事业编制 3 人，在职 29 人。2014 年，围绕国有资产监管工作和国企改制后续工作两大职能，锐意改革，统筹兼顾，扎实推进，各项工作取得了较好成效：实现国有资产收入 443 万元。收回债权 246 万元，上交税费 124 万元。上缴财政 830 万元。

【国有资产管理】 规范国有资产的监管：严格按照《企业国有产权转让管理暂行办法》等法律法规监管国有资产。对国有资产的处置严格实行“三公”，进行挂牌交易和招投标，杜绝暗箱操作，防止国有资产流失，做到程序合法、责任明确、公正透明。明晰产权，保证国有资产的完整：根据 2011 年县政府《关于进一步加强国有资产管理工作的通知》精神，对尚未明晰产权的房地产产权进一步跟踪落实，保证了国有资产的完整。以市场为导向，提高国有资产价值：根据始兴县流通市场状况、流通领域对商铺需求量大的特点，适时启动价格调剂机制，制定相应的、不同区域的最低租赁价格，对租期届满的商铺按照新制定的价格进行公开招投租，且在签订租赁承包经营合同时，在承包基数的基础上，相应制定出 5% ~8% 的年递增数；通过这一举措，确保了国有资产的保值增值，2014 年，公司的租赁收入 270 万元，与上年同期对比增加 84 万元，增幅 45%。

【党建工作】 参与第二批党的群众路线教育实践活动：根据中央、省、市、县委的文件精神，公司认真贯彻习近平总书记系列重要讲话精神，按照“照镜子、正衣冠、洗洗澡、治治病”的总要求，以为民务实清廉为主题，落实中央八项规定精神，踏踏实实开展党的群众路线教育实践活动，使公司党员干部深受教育，作风转变取得明显成效，突出问题逐渐得到切实解决，员工工作积极性得到明显提高，制度建设取得显著成效。强化党风廉政建设：贯彻落实《中国共产党党员领导干部廉洁从政若干准则》，抓好廉政准则的学习培训和监督检查，坚持依法行政，自觉接受监督，推行厂务公开和党务公开；严格落实《中华人民共和国政府信息公开条例》，在县政府局域网上公开厂务和党务信息，及时更新国资监管工作信息，自觉接受社会监督。抓好党员发展工作：公司党支部按照“控制总量、优化结构、提高质量、发挥作用”的总要求，稳妥地做好党员发展工作，2014 年转为中共预备党员 1 名，转为中共党员 1 名，为党组织增添了新的血液。

【扶贫“双到”工作】 公司进驻沈所镇群丰村开展帮扶工作。在开展帮扶期间，公司领导带领驻村干部与林业局相关人员前往该村开展扶贫“双到”工作，共同商讨扶贫工作计划；开展产业扶持工作，并为贫困户免费发放化肥、大米及食用油一批，并为帮扶户提供资金支持；开展产业扶贫项目研究与实地调研，确定“育苗基地”扶贫项目。2014 年，公司共投入帮扶资金 41.3 万元。

【生猪定点屠宰工作】 强化屠宰企业监管，筑牢肉食品安全防线：公司所辖的 3 家生猪定点屠宰场，是全县广大人民群众吃上放心肉的主要渠道，公司贯彻落实国务院《生猪定点屠宰条例》精神，密切与各监管部门的沟通协调，加强对各屠宰场的日常管理，派出专人到各屠宰场进行监管，完善和落实索证索票制度、肉品检验检疫制度、无害化管理制度和台账管理制度，规范了生猪定点屠宰工作，保障了肉食品安全。推进兴民肉联厂升级改造工程进度：兴民肉联厂已列入县沿江南岸改造工程范围。2010 年 10 月，正式启动的兴民肉联厂升级改造工程经县政府批准同意在狮石下选址，征地 8000 多平方米，前期已投入 2314382.7 元，完成征地、场地回填、设计、立项、通电、挡土墙等工作，耗时三年多。因为该地域列入智慧新城建设规划与新的总体规划相冲突，屠宰场搬迁项目又回到选址、征地、谈判等一系列过程中，有待县委、县政府给力支持。

【民爆物品安全生产工作】 公司下属企业玲珑岩石灰岩矿和粤联民爆始兴分公司是高危行业，针对高危行业的特性，公司牢固树立“责任重于泰山”的意识，狠抓安全生产，严防事故的发生。注重生产安全的隐患排查与治理，切实做到安全生产无小事，确保了所属企业零事故。

【国企改革后续工作】 公司坚持以人为本，践行科学发展观，为困难企业退休职工办理医疗保险。为便于资金的管理、落实，维护社会的和谐稳定，公司协同县医保中心为列入困难企业退休职工医疗保险范围的人员（2009 年 6 月 30 日以前办理退休的已解散、关闭、破产等困难企业至今仍未一次性缴费参加职工医疗保险的退休人员）办理医疗保险。2014 年，共办理困难企业退休人员医疗保险 2264 人，其中需发放纳入困难企业退休人员门诊统筹 653 人。此外，做好国企退休人员第二代医保卡的换发工作。

【债权催收工作】 为防止国有资产的流失，确保始兴县国有资产的安全和完整，公司高度重视债权催收工作：加强领导，明确目标，专人负责；把债权催收工作作为日常性工作，常抓不懈；抓住清收重点，创新工作方法，如对有能力却不履行清偿义务的单位，通过法律途径进行清收，确保债权催收工作取得新的突破。2014 年，共收回债权 246 万元，防止了国有资产的流失，确保了国有资产保值增值。

（陈　娟）

附：领导班子成员名单

董事长、总经理：陈社好
董事、副总经理：李　波
　　　　　　　　邓红勤
董事、总经理助理：谢建林

工　业

工 业 园 区

【概况】　始兴县经济和信息化局前身是始兴县经济贸易局，为县人民政府工作部门，核定行政编制25名，后勤服务人员6名。始兴县中小企业局是始兴县经济和信息化局的直属机构，副科级行政单位，核定行政编制3名，后勤服务人员1名。始兴县节能监察中心为始兴县经济和信息化局直属的公益一类事业单位，核定事业编制5名。广东始兴工业园区管理委员会前身为始兴县林产工业开发试验区，为县人民政府的派出机构，核定行政编制5名，后勤服务人员3名。始兴县招商引资办公室是广东始兴工业园区管理委员会直属的公益一类事业单位，正股级，核定事业编制10名。2013年6月，始兴县经济和信息化局（含始兴县中小企业局、始兴县节能监察中心）、广东始兴工业园区管理委员会（含始兴县招商引资办公室）合署办公，统一在东莞石龙（始兴）产业转移工业园内办公。主要负责全县工业园区的建设、服务、招商引资、工业经济运行、节能降耗、商贸流通、安全生产、无线电管理、乡镇企业、信息产业等工作。机构内设6个股室：综合业务股、企业安全生产股、行政审批股、信息产业及无线电管理股、园区建设管理办公室、招商引资办公室。2014年，实有在编行政人员18名、后勤人员8名、事业编制9名。

【工业经济发展】　2014年，全县新增规上工业企业7家，规模以上工业增加值增长19.5%，对GDP增长贡献率达50.5%。外贸进出口总额在全市各县（市、区）继续保持前列。新培育限上商贸企业6家，社会消费品零售总额增长10.3%。顺利完成了2014年度节能降耗任务目标。2014年，转移园内新增2家投产企业，分别是广东泰昊新材料有限公司、韶关骏汇汽车零部件有限公司；19家企业实现增产。

2014年新增限额商贸企业名单

表4

序号	企 业 名 称
1	始兴县维兴科技有限公司
2	始兴县元兴科技有限公司
3	始兴县风度餐饮有限公司
4	始兴县大成餐饮有限公司
5	始兴县洲麟商贸有限公司
6	始兴县源美贸易有限公司

2014年新增规模以上工业企业名单

表5

序号	企 业 名 称
1	始兴县金亿利实业有限公司
2	广东泰昊新材料科技有限公司
3	韶关骏汇汽车零部件有限公司
4	始兴县倩琳塑料制品有限公司
5	始兴县展帆塑料制品有限公司
6	始兴县汇海塑料制品有限公司
7	始兴县广土林产化工有限公司

【基础设施建设】　起草了《关于进一步理顺工业园区管理体制和运作机制的实施意见（草稿）》

《始兴县贯彻落实〈关于加快推进新型工业化的意见〉工作方案（征求意见稿）》，为创新园区建设投融资机制、加快园区发展奠定了良好基础。组织开展产业园区扩园、更名、水保、环评等工作，园区二期环评已获省环保厅批复同意，“总甫有色金属深加工基地”获省环保厅、市环保局批复同意，基本完成产业转移园区（一、二期）水保编制工作，省直有关部门初审同意产业转移园扩园。组织申报2014年广东省产业园基础设施建设扶持资金、2014年度广东省产业园加快产业集聚发展奖励资金2个项目，争取省专项资金支持。多次召开专题协调会议，就工业园区征地、建设等相关事宜进行集中协调解决。协调配合县国土局、太平镇、顿岗镇开展园区征地工作。2014年，产业园区完成二期征地1300多亩（86.7公顷）、制笔基地完成征地400多亩（26.7公顷），韶冶项目完成征地912亩（60.8公顷），产业转移园完成土地平整900多亩（60公顷），新动工建设项目9个，新投产企业7家，韶冶环保搬迁项目全面启动。2014年，工业园完成31个固定资产投资项目的立项入库，项目总投资为21.3亿元，完成了全年投资目标，完善了园区道路、排污排水等基础设施建设，园区承载能力不断增强。

【招商引资】 制定《始兴县2014—2015年招商引资工作方案》，协助县政府于7月29日召开2014年全县招商引资动员大会，明确重点围绕“文具制笔、有色金属、家具制造、家电生产”四大主导产业，动员全县上下参与招商引资活动。带着《招商引资手册》外出，多次赴东莞、香港、深圳等地开展招商活动，宣传始兴县的投资环境。抽调精干人员长期驻塘厦招商，跟进项目。2014年，全县新签约工业项目12宗，在谈项目15宗，内引资金9.5亿元，实际利用外资1316万美元。引进物流企业并在始兴注册成立“始兴县华顺物流有限公司”。

【服务企业】 组织指导中小企业贷款风险补偿基金企业入库申报。2014年，全县共有11家有贷款需求的规上企业已加入了韶关市中小企业风险补偿基金企业库，园区所有投产企业都已加入了始兴县中小企业贷款风险补偿基金企业库，始兴县汇峰矿产有限公司等企业成功获得了风险补偿基金贷款。加强政银企合作，拓宽中小企业融资渠道。4月，县经信（园区）联合市经融工作局、市经信局、广州市股权交易中心，成功举办了40多家企业参加的始兴县中小企业融资工作座谈会，为企业提供股融通融资产品的现场咨询服务。10月，县经信（园区）又举办了始兴县政银企合作融资工作洽谈会，召集全县的金融机构和入园企业参加会议，以促进银企沟通。通过前两次的沟通协商，2014年共达成银企合作三宗，广东旭粤新能源科技有限公司、广东始兴县华洲木业有限公司、广东泰昊新材料科技有限公司等企业顺利获得银行的贷款支持。为企业争取上级专项资金，加快企业发展步伐。县经信（园区）一方面组织指导企业申报上级专项资金，及时帮助企业报送相关材料，另一方面，密切联系上级主管部门，加强沟通协调，为企业争取专项资金创造有利条件。2014年，广东旭粤新能源科技有限公司获得了440万元的省财政贴息专项资金，广东始兴县华洲木业有限公司获得了国家节能降耗专项资金1000万元的支持，广东泰昊新材料科技有限公司的技改贴息项目也通过了省专家组的现场评审。以优质服务为抓手，培育了一批管理评级高、质量诚信好的外贸企业。县经信（园区）坚持加强与韶关海关、韶关出入境检验检疫局、市外管局、市税务局等部门的沟通协调，在评级、报关、检验检疫、退（免）税等环节给予外贸企业政策指导和业务指导，培育了一批管理评级高（即A类管理）、质量诚信好的外贸企业，同时对外资企业产品出口提供全程的服务支持，帮助企业实现“通关一体化”，提高通关效率。县域外资企业中的“万达工业、建滔积层板、标准微型马达”等公司被国家海关、国家商检评为A类管理企业。2014年，始兴县标准微型马达有限公司、万达工业（始兴）有限公司被评为“中国质量诚信企业”荣誉称号（全市仅4家），提升始兴县玩具产业知名度及影响力，促进玩具产业集群发展，吸引专业技术人才到始兴县工作发挥了积极作用。稳步推进加工贸易转型升级，免抵调库税收实现大幅增长。根据《广东省推进加工贸易转型升级三年行动计划》

(2013—2015年)，在新的起点上，县经信（园区）加快推进全县外资企业加工贸易转型升级，推进加工贸易调结构、上水平，切实提高外资企业发展质量和效益，特别是在来料加工转进料加工、产品外销转内销领域，县经信（园区）创新管理机制，不断提升服务水平，为加工贸易转型升级构建了完善的“企业主体、市场主导、政府服务”的支持体系。2014年，县域“万达工业、永光实业、建滔积层板、德宝实业、联丰纤维制品、永捷电子、佳星科技、标准微型马达”等8家重点外资企业均实现了100%来料加工转进料加工，产品由初期的100%外销，逐步实现了外销比重占70%，内销比重占30%的销售格局。2014年，全县加工贸易转型升级可为县财政增加税收8000万元，为全县免抵调库税收实现大幅增长做出了积极贡献。9月起，日本电产新增2条自动化生产线，年产值同比增加12761万元，累计同比增长26.37%。

【安全生产】　加大宣传力度，创新企业安全发展科学理念，并向企业发放职业危害防护、民爆等危化品安全操作及管理等宣传资料，要求企业开展隐患排查活动，督促企业开展岗位安全教育培训。认真开展专项检查和隐患排查，做到早预防、早部署。联合消防大队，指导、督促企业结合实际开展应急救援演练、消防演练等活动，提升企业员工应对突发事故的能力，提高企业自身应急协调组织能力和应急管理水平，完善企业应急预案。2014年，县经信（园区）安全生产考核获县级三等奖。

【节能降耗】　建滔积层板和联兴造纸两家公司被列入省千家重点节能降耗企业，万达工业公司、国升造纸公司、华洲木业公司等3家被列入县重点节能降耗企业。其中，建滔积层板公司投入100多万元新上蒸汽余热装置，节省了煤的消耗；联兴造纸公司调整产品生产结构，由生产纸浆转为购进浆板生产，停止了纸浆生产线，并对锅炉进行了更新，减少了煤耗。2014年，建滔积层板公司、联兴造纸公司已顺利通过了市组织的节能目标评审考核。国升公司也更换了现有的锅炉；华洲木业公司引进了德国先进设备，新上年产7万立方米的刨花板生产线；县供电局进行线路改造，推广应用节能变压器和开关设备无油化节电技术；万达工业公司、德宝实业公司等企业推广应用节能照明光管，有效地节约了能源。

【信息产业及无线电管理】　主动协调县信息中心，电信、移动、联通三大运营商，认真做好电子政务、农村信息化工作。配合市无线电管理站，在县域内的高速路口、火车站进行无线电干扰监测，整治“伪基站”、非法广播电台、非法安装使用卫星电视干扰器和其他非法设台行为。县经信（园区）产业信息工作在全市排名第五。完成蜂蜜产业公共服务平台开发及网络平台设备的建设，并于2014年5月通过省级验收。

【党建工作】　开展党的群众路线教育实践活动。召集单位全体党员观看电影《焦裕禄》，学习焦裕禄公仆奉献精神，邀请党校老师，对县经信党委下辖党组织开展集中授课，学习中共十八大和中共十八届三中全会等有关会议精神。召开经信党委下辖党组织全体书记会议，研究解决企业党组织在思想建设、作风建设、制度建设等党建工作方面存在的重点难点问题，如：党员发展指标分配、企业党组织制度建设等，党员评议参与率达98.7%。抓好与各级党支部主要负责人的联系和沟通，如：积极走访华洲木业、赛洁无纺布、万达工业等企业党组织，将上级和局党委的精神和要求及时向各级党支部主要负责人传达。加强党（总）支部的建设、党员队伍的管理和非公经济组织的“提质、扩面”工作。完善党总支班子1个，新组织非公经济组织党支部2个：日本电产（韶关）有限公司党支部（外资企业）、金亿利有限公司党支部（内联企业）。2014年，全县非公经济党组织达21个，批准吸收了星光杰特党支部（港资企业）2名青年工人入党和金兴茧丝绸有限公司党支部（私企）1名一线工人入党，非公经济组织党员队伍达121名。走访约谈企业党组织党员，完成整顿软弱涣散的党支部2个，如：对二轻木器厂支部班子作用不明显，组织生活不健全问题，要求其限期整改；对塑料厂支部组织生活不正常，支部书记缺乏工作热情等问题，对其进行教育整改、提振信心，使各企业党组织得到不同程度转化提升。组织布置各党支部开展各项活动和学习，县经信（园区）制作党建专项宣传栏，加大对县经信（园区）党员干部党风廉政建设等方面的知识教育，帮助梳理正确的人生观和价值观。县经信（园区）党委定期与党员干部开展谈心活动，及时消除党员干部间的思想隔阂，以学习和活动促进党建。加大投入，为企业党组织党建工作提供资金保障。根据各支部活动经费的需求，2014年侧重拨付华洲木业公司支部、星光杰特公司支部、日本电产公司支部、二轻总支部等组织生活经费，用于各企业基层党组织到沈所红围、中岗山、南雄等红色基地接受党的教育。县经信（园区）参与下辖党组织开展的学习和各类活动。

【对口帮扶】 明确一名副局长专职负责对口帮扶各项工作的协调和对接，并选派一名干部脱岗到塘厦始兴对口帮扶指挥部办公室工作，全程参与前期对口帮扶公主机构的组建。协助草拟塘厦始兴全面合作交流框架协议（草案）、塘厦始兴对口帮扶总体方案（草案）、塘厦始兴产业转移工业园合作共建工作方案（草案）、对口帮扶2014年工作计划（草案）等文件资料，参与完善两地对口帮扶工作机制。配合成立韶关塘兴实业投资开发有限公司，提供办公场所，协助其办证办照并使其在2014年3月25日正式成立了。主动参与园区共建合作，加快开展扩园申报和园区更名等工作，在探讨共建园区合作开发中积极建言献策。

【其他工作】 抓好党风廉政建设、计划生育、信访维稳、扶贫“双到”、依法行政、协税护税、行政服务、依法治县、平安始兴创建、网络问政、保密、社保扩面征缴等工作。2014年，县经信（园区）协税护税任务数为1250万元，实际完成1328万元，完成进度106.24%。社保扩面实际完成1503人。县纪委对县经信（园区）的党风廉政建设考核成绩为优秀。（谢晓芹）

附：领导班子成员名单

县委副书记、县工业园区管委会主任：

黄勤昌（—2014.3）

副县长、县工业园区管委会主任：

汤爱亮（2014.4—）

县经信局局长、县工业园区管委会常务副主任：李士杰

县经信局党委书记：邱　敏

县经信局副局长、县工业园区管委会副主任：胡　荣

卢献华

陈韶忠

袁云亮（—2014.11）

吴仲忠（2014.12—）

县经信局党委委员、副主任科员：陈县生

中小企业局

【概况】 始兴县中小企业局前身为始兴县民营经济发展局，成立于2003年4月，正科级行政机关单位，办公地址设在太平镇兴平路211号。2007年3月撤销，同时成立始兴县民营企业发展局，为始兴县经济贸易局副科级内设机构。2008年7月，更名为始兴县中小企业局。2010年，调整为始兴县经济和信息化局直属单位。2009年，迁入县府新行政大楼办公，2013年5月搬至广东始兴工业园区管理委员会办公楼办公。始兴县中小企业局是始兴县中小企业的行政主管部门，主要职责是：贯彻实施国家和省、市有关中小企业的政策、法规，提出促进中小企业发展的政策措施；指导中小企业改革与创新，推进中小企业服务体系建设和担保体系建设；指导创业基地建设；指导中小企业提高自主创新能力，促进产业结构和产品结构优化调整；推动中小企业信用担保行业发展。2014年，内设综合股和中小企业服务中心，机关行政编制3名，工程编1名。年度重点工作是：宣传和贯彻落实国家、省、市和县相关中小企业的政策和法规；指导中小企业改革与创新，提高自主创新能力，促进产业结构优化调整；推进中小企业服务体系和担保体系建设，完善社会化服务体系。

【服务体系建设】 开展加快民营企业发展政策措施的调研工作，协助县政府组织民营企业召开座谈会2次，充分征求企业的建议和意见，县委、县政府于2014年8月20日出台《始兴县关于加快民营经济发展的实施意见》，为加快民营经济发展提供政策支持。开展2014年省级中小企业发展专项资金项目申报、中小企业融资项目参加第十一届中博会论坛活动、助保金贷款重点中小企业认定、中小企业综合服务机构情况调查等工作，促进民营企业持续快速发展。开展个体工商户转为企业工作，全年完成11个个体户转为企业，占任务的110%。实施企业梯队培育计划，开展扶助小微企业专项行动，促进民营企业发展养大。广东始兴县华洲木业有限公司、始兴县旭粤新能源科技有限公司等企业作为上市公司进行培育，广东始兴县华洲木业有限公司已完成股改，准备于2017年上市。广东风阁铝业有限公司、广东泰昊新材料科技有限公司、韶关市骏汇汽车零部件有限公司、广州金亿利文具有限公司等企业作为骨干民营企业进行培育，把方古粮油机械、兴发农机加工、新艺家私厂、林兴木业等13家企业引入民营工业园扶持发展，作为重点培育的小微企业。

个体工商户升级为企业名单（2014年度）

表6

序号	升级后企业类型	升级后企业名称
1	有限责任公司	始兴县天丛苗木有限公司
2	有限责任公司	始兴县康威建材贸易有限公司
3	有限责任公司	始兴县元兴科技有限公司
4	有限责任公司	始兴县隘子华兴林场有限公司
5	有限责任公司	始兴县马市镇隆发贸易有限公司
6	个人独资企业	始兴县九龄宾馆
7	个人独资企业	始兴县石桥头客家风情生态园
8	个人独资企业	始兴县隘子韶新商行
9	有限责任公司	始兴县新鸿业科技有限公司

续表6

序号	升级后企业类型	升级后企业名称
10	有限责任公司	韶关玛聿林业有限公司
11	有限责任公司	始兴县聚鑫广告装饰有限公司

拟进入民营工业园区扶持发展的企业名单

表7

序号	企业名称	主要产品
1	深圳客商	模具
2	方古粮油机械	粮油机械
3	兴发农机加工厂	拖拉机车厢
4	顿岗富艺木制品厂	木制沙滩椅
5	新艺家私厂	木制品加工
6	林兴木业	实木门
7	明盛家具	家具
8	始兴兴隆纸制品厂	纸制品
9	东莞旭元祥纺织品公司	纺织品
10	二师兄饲料	饲料
11	古塘实业有限公司	食品加工
12	始兴味美佳食品厂	食品加工
13	风度废品回收站	再生资源

【企业技术创新】 开展省级技术改造贷款贴息专项资金项目，引导民营企业加强技术创新，增强企业的技术水平和新产品的创新开发能力，促进民营经济、中小企业结构调整和优化升级。围绕全省新一轮技术改造的工作目标和主要任务，结合重点项目督查工作，重点推动始兴县企业加快先进装备制造业发展和新一轮技术改造政策措施，推动激励普惠政策措施加快落地，加快重点项目建设，促进企

业加快技术改造。按照包干挂钩联系、责任到人的原则，明确目标，局长为政策宣讲工作的第一责任人，分管领导为技术改造政策宣讲的直接责任人，局干部职工负责各自挂钩联系企业的技改政策宣讲工作，形成上下齐抓共管的工作格局，推动技改政策宣讲和重点项目建设工作的落实。专门召开一次技改政策宣讲会议，要求所有规上工业企业负责人、有技改意向的企业负责人参会，动员企业开展技术改造项目。根据工业投资和工业技术改造投资完成情况以及年度增长目标要求，制定具体的工作措施，加强对重点项目的检查特别是对纳入市重点工业项目跟踪的韶冶建设项目，加快重点建设项目进度；切实解决技术改造投资项目建设过程中涉及的备案指导服务、融资平台服务、技改用地缺口、投资完成入库指导、省优惠政策兑现等问题和困难，定期报送韶关市重点技术改造投资项目建设进展，确保2015—2017年年均增长25%的目标完成。对辖区规上工业企业技改情况进行再次摸查，重新核实2015—2017年新一轮技改财政扶持项目摸查情况。

【融资担保体系建设】 缓解民营企业融资难的问题，主要从企业、银行和政府三方面着手。银行层面要加大信贷资金的投放力度，建立一套与民营企业的特点相匹配的信贷组织体制和信贷管理机制，扩宽金融服务领域，逐步放松利率管制。加强银政企合作。协调金融机构与企业之间的沟通合作，通过组织金融产品推介会等形式，积极寻求中介担保机构为民营企业融资提供担保服务。落实政策，让民营企业在金融信贷上与国有企业等享有同等待遇。重点是要加强对始兴县中小企业贷款风险补偿基金的管理，切实为中小企业提供融资服务。建立和完善为民间投资服务的金融组织体系，拓宽融资渠道。鼓励个体、私营企业建立互助资金和联保制度，通过企业入股、社会筹集和政府支持建立互助资金，发展以市场机制运作的信用担保机构。支持社会团体、行业协会、企业群体共同出资设立以民营企业信用担保为主要内容的服务机构，为区域内、行业内、群体内的民营企业贷款提供规范有效的担保。（谢晓芹）

附：领导班子成员名单

局　长：胡　荣

副局长：林建光

电力工业

【概况】 1952年，始兴县第一台24千瓦机组发电，县府机关用上了照明电。1956年7月，创立了始兴县发电厂。1960年11月，以原丰电站人员为主成立了电业管理所，隶属于始兴工业局，1971年12月改名为始兴县供电所（股级），隶属于水电局领导。1975年冬，改名为始兴供电公司（股级），先后接管了罗坝、顿岗、沈所、江口、马市、澄江、陆源公社供电所机构及人员，全县的输、变、供用电业务纳入供电公司统一管理。1981年，成立始兴县农村小水电管理站（属正科级单位，下辖供电公司、太源电站）。1982年秋，取消农村小水电管理站，供电公司与太源电站划归水电局管辖。1987年4月，县供电公司由原股级公司升格为副科级公司，同年12月成立了始兴县供电局。直属农委领导。下设置6个股（队）二室及小地电站，并分设25个生产班组、变电站及基层供电所。

广东电网韶关始兴供电局于2007年8月9日正式成立，是隶属广东电网公司直管的供电企业。始兴供电局供电面积覆盖始兴全境，供电总人口24.88万人，供电客户数8.2595万户。2014年，售电量为3.38亿千瓦时。局职能部门为人力资源部、财务部、生产技术部、计划建设部、安全监察部、市场营销部、监察审计部、党群工作部，办公室，工会；二级部门为一所二中心，即输变管理所、电力调度控制中心、物流服务中心。下设8个供电所，即太平、顿岗、沈所、马市、澄江、罗坝、司前、隘子供电所。管辖7个变电站：110千伏司前变电站、35千伏三角塘变电站、35千伏马市变电站、35千伏沿溪变电站、35千伏罗坝变电站、35千伏隘子变电站、35千伏都亨变电站。局在岗员工281人，大专以上学历161人，其中中高级职称的10人，全员平均年龄41岁。

始兴供电局凭借出色的工作业绩获得了地方政

府、上级单位、电力用户的一致好评，先后获得“南方电网公司县级供电企业安全生产先进集体”“始兴县纳税大户”“市直机关绩效考评二等奖”等多项荣誉；先后收到客户送来的“情系老百姓光明进万家”“情系百姓，为民解忧”等多面锦旗；由始兴供电局员工自编自导自演的微电影《父亲》作为广东电网公司唯一入围参赛作品在国资委“中国梦　劳动美　幸福路”微电影展播大赛中荣获最佳人气奖和优秀作品奖2个奖项。

2014年，始兴供电局坚持以南方电网中长期发展战略为统领，把握“稳中求进”总基调，勤奋务实工作，持续深化创先，较好地完成了年度既定任务和目标，推动企业科学发展。

【电力供应】　始兴境内220千伏变电站1座，主变1台，容量180兆伏安；110千伏变电站3座，主变5台，容量为183兆伏安；管辖35千伏变电站6座，主变12台，容量为63兆伏安；管辖110千伏线路3条，长度71.5公里；35千伏线路13条，总长度102.76公里，担负着始兴县10个乡镇的供用电责任。10千伏配网线路1374千米，低压线路总长2174千米。完成春节、“五一”、高考等重要时期保供电工作，成功应对霜冻、雷暴等自然灾害的袭击；推进农网改造工作，累计完成88个台区改造任务，解决了部分农村和偏远山区存在的供电半径长、电压质量低、配电设备残旧和群众反映的热点难点问题。搭设了2.272千米绝缘架空导线，对沙水工业园区内10千伏线路升级改造，实现了园区电网与110千伏顿岗变电站相连接，形成环网供电，大大缓解了园区用电需求增长带来的负荷压力。

【安全生产】　全年实现安全运行365天，实现了杜绝人身死亡事故，杜绝一般及以上设备和电力安全事故，杜绝有责任的一、二、三级事件，确保了电网安全稳定运行及电力有序供应的安全生产目标。坚持PDCA闭环管理，推进安风体系建设。递进式制定年、月、周计划，逐级分解工作任务，逐项落实工作责任，并将跟踪检查、指导及反馈融入过程管控，体系建设水平稳步提升，年内顺利实现安风体系“三钻”目标。围绕“强化红线意识、促进安全发展”主题，开展“安全生产月”活动，全面提升了员工的安全意识。加强承包商管理，按照“五个严禁”加强施工现场安全管控，发现问题立即整改；常态化开展进网作业人员持证检查，杜绝了未持有韶关供电系统核发的作业资格证人员作业现象。

【电网建设】　以“远近结合，适度超前”的思想为指导，开展2014年配网滚动规划和十三五电网规划，开展“一镇一册”镇级电网分析与规划，完成了各镇10千伏线路及配变图等基础运行参数的收集，建立了一套完整的规划基础数据库。积极与政府相关部门沟通协调，妥善推进110千伏和平输变电前期工作。按照基建安全“四步法”、施工现场“5S”管理标准，严把工程质量，打造样板工程，“顿岗供电所新建寨下公变台区工程”荣获广东电网公司“安全、优质、文明”样板工程称号。

【客户服务】　全面推进《始兴供电局2014年客户满意度提升工作方案》，实行客户经理制，为客户提供VIP式的服务感知，针对重要客户建立“一户一册”服务档案，量身定制个性化服务产品。走访艺丰科技、华洲木业等用电大客户，主动上门“把脉”帮助客户进行节能诊断，开出对应节电“药方”，2014年，向全县功率因素低、负载率过低的226户专变用户发放了节电建议书，帮助用户开展节能节电工作，取得良好的社会和经济效益。推广网上营业厅、微信平台等便民渠道，2014年微信客户绑定数达1353户，增设5台自助服务终端，实现24小时营业服务，建立17个便民服务点，网点覆盖除罗坝外全县地区。推进农网改造，解决客户用电困难，立新杆、铺新线，顺利完成马市烟农，隘子石斛种植户用电报装，服务地方特色产业发展。

【党风廉政】　按照“党要管党，从严治党”的工作方针，全面落实“两个责任”，切实履行“一岗双责”，对承担的党风建设和反腐倡廉工作责任实行签字背书。警钟长鸣，全年累计向中层以上干部及关键岗位人员发送廉洁短信500多条次；惩防并举，组织党员干部签订《廉洁承诺书》《党员干部不违规出入私人会所承诺书》《始兴县纪检监察干部廉洁自律承诺书》《落实党风廉政建设责任制承诺书》《廉洁从业专项承诺书》共260多份。完善“检企”协作机制，11月，与县检察院签订《关于加强预防和查办职务犯罪的协作配合协议》，全面强化预防职务犯罪工作。

【综合管理】 持续开展“回头看”工作，巩固并扩大群众路线教育实践活动成果，落实整改和建章立制。打造劳动技能竞赛品牌，以强基础，提质量为着力点，开展“安康杯”劳动技能竞赛活动。为全面丰富员工文化生活，建立了职工书屋，为5个基层供电所建起了乒乓球室，开展羽毛球、毽球、环城跑、微电影拍摄等丰富多彩的文体活动。通过开展“四送”“关爱女工”“温馨家庭工作站”等一系列惠及职工的活动，让员工真正感受到企业“家”的温馨。

（邝文承）

附：领导班子成员名单

局　长：张志良

党委书记：林智刚

纪委书记：梁必生

副局长：夏波涛

　　　　张伟雄

农·林·水·气象·生态

农 业

【概况】 1949年10月成立农林科，1950年1月与建设科合并为农建科，1952年4月改农业科，1958年12月始兴并入南雄时撤销，1960年10月成立始兴县农业局，1962年1月与水利局合并为农水局，1963年1月分设农业局和水电局，1966年5月受“文化大革命”的冲击干扰，不能行使工作职能，1968年8月并入农业系统革委会，1970年3月始兴县农业局撤销，成立始兴县农村工作站，办公地址设在太平镇河南路256号（今县水务局处），1972年1月始兴县农村工作站撤销，恢复始兴县农业局，办公地址由河南路256号迁至河南路10号，1991年办公地址由河南路10号迁至太平镇红旗西路50号。2001年，农业局、农委、乡镇企业局合并组建新的农业局。

始兴县农业局是主管全县农业和农村经济工作，承担农业技术推广运用和农业行政执法的县人民政府工作部门。2014年，内设机构有：办公室、人事股、政策法规股（县渔政大队）、农村经济体制与经营管理股（县农村集体资产管理办公室）、市场与经济信息股、科技教育股、种植业管理股、农产品质量安全监管股、财务与审计股（发展计划股）、农业综合开发股。在职干部职工60人，其中中级职称17人，高级职称3人。

2014年，以加快农业结构调整，优化农业产业布局，不断夯实农业基础，推进农业产业化经营，发展现代农业、特色农业，取得了可喜业绩。2014年全县农业增加值102168万元、农村人均纯收入10359元，分别比2013年增长5%、18.01%。

【种植业】 2014年，全县种植农作物41500公顷，其中粮食作物17833公顷，粮经比例为47:53。粮作方面，2014年全县水稻种植面积14333公顷，玉米1000公顷，薯类1633公顷，黄烟1866公顷，蚕桑1666公顷，蔬菜12333公顷（其中早春辣椒15666公顷），花生3266公顷，大豆1333公顷，其他农作物（含西瓜、马蹄、绿肥等）6466公顷。水果方面，2014年新增杨梅200公顷，柑橘166公顷。

【强农惠农政策】 2014年，水稻种植补贴面积为14133公顷；玉米种植补贴面积为48公顷。7857头能繁母猪参保，共落实补贴资金41.6万元；农机具购置补贴资金发放301.5万元，促进了农民增收。

【农业救灾复产工作】 5月14日，始兴县普降中至大雨，造成全县范围内农作物受洪涝灾害，受灾面积4996公顷，直接经济损失达309.9万元；2014年，全年因灾需补种改种面积1900公顷，已完成补种改种面积1900公顷，其中补种改种粮食1033公顷。县农业局组织精干技术力量投入农业生产第一线，了解灾情，帮助指导恢复生产，对全县农民进行了技术指导、发放技术资料并进行了培训，使农民掌握技术，增强应对自然灾害的能力；同时，购置了一批农药、化肥、种子，发放到农户手中，让农民及时恢复生产，弥补损失。

【农资打假】 加强种子、化肥、农药等农资市场的监管，加大农产品质量安全监管力度，对“三品”认证商品进行了监督检查，加强渔政执法，检查非法炸鱼、电鱼和毒鱼的行为，处理群众投诉。2014年，在始兴县范围内对违法有关法律法规从事经营活动的490间门店或单位进行了综合整治，共查处涉案货物价值8384元，共立案18宗，结案17宗，收取罚没款17535元，检查中未发现销售高毒、高残留农药行为，确保了全县农药使用安全和农产品质量安全。

【农作物病虫害防治】 根据各农事季节，主要开展了粮、油、蔬菜及其他经济作物等病虫害调查和预测预报并及时指导防治。2014年，农作物主要病虫草鼠螺害发生面积约112280公顷次，防治面积140806公顷次，印发《农作物病虫情报》10期，资料达1000多份。

【现代农业园区建设】 2014年，推进太平镇水果园区、车八岭石斛园区建设、澄江江茂源粮油有限公司有机水稻种植园区以及隘子镇祥泰仙草专业合作社建设，抓好澄江镇有机农业基地建设，树立“广东有机农业第一镇”品牌。

【农业综合开发项目建设】 2014年度，始兴县国家农业综合项计划总投资1110.00万元（中央财政资金555.00万元，省级财政资金499.50万元，市级财政资金55.50万元，群众自筹资金111.00万元），100.00%完成投资计划。项目区治理面积633公顷，改造和硬化项目区渠道45.83公里，修建渠系建筑物36座，开挖疏浚渠道19.50公里，改良土壤400公顷，修筑机耕路16.60公里。

【基层农技推广体系项目建设】 2014年，全县选送50名农业技术人员到上级培训部门进行业务培训，作为始兴县的技术指导员，并对全县的350户科技示范户进行了培训，共培训4期，1400多人次。在全县遴选350户种植养殖大户，辐射带动3500农户。确定2个示范基地，其中水稻基地1个设在顿岗镇，面积66公顷；蔬菜1个基地建在城南镇，面积66公顷。

【农业生产田间基础设施建设】 2014年度，高标准基本农田建设项目总投资1367万元，其中工程投资1136.33万元，规划建设规模为573公顷。整个项目分2个项目片区：司前片区投资约360.53万元，建设面积137公顷；顿岗片区约投资1006.49万元，建设面积436公顷。

【农业科技】 2014年，重点推广辣椒、西瓜、花生地膜覆盖栽培、粮食创高产栽培技术、作物配方施肥新技术等。推广农作物新品种方面：水稻推广了金优207、深优9516、宜香3003、Y两优7号等优质高产新组合；花生推广粤油7号、粤油79号、仲恺花1号等新良种，达到了增产增收目的；推广种植的辣椒品种以“线椒”系列品种为主，2014上半年始兴县春种辣椒的良种覆盖率达95%以上，改善了始兴县的辣椒品种结构。

【农产品质量检测】 根据不同的蔬菜等农作物品种、生产季节、病虫发生规律和施药时间有针对性地对我县的菜场、生产基地、农贸市场、超市等的农产品进行取样抽检，2014年共检测样品数为2429个，合格样品数2408个，样品合格率为99.13%。通过对样品数的分类、汇总出检测结果及时向广东省农产品质量安全信息网进行网络传输和对县级相关部门汇报。及时将合格、不合格的蔬菜样品反馈给县主管领导，能及时反映出全县的蔬菜农药残留率的高低，是否合格、安全。确保了全县人民吃上放心蔬菜。

【农产品产业化经营】 2014年，始兴县有省级农业龙头企业3家，市级农业龙头企业在原有9家的基础上新增了12家，县级农业龙头企业22家；农民专业合作社247家，成员总数6985户，总资产13687.34万元，总收入33960.12万元，统一组织销售农产品总值60745.42万元，统一销售农产品总量8.65万吨。培训社员和农民19057人次，社员通过合作社生产经营获得户均纯收入同比增长5868元，带东农户29122户，其中有9家合作社被认定为省级示范社，15家合作社被认定为市级示范社，同时拥有注册商标15个。

【三品认证和品牌创建工作】 2014年，始兴县隘子粉“旺满堂”米粉申报广东省名牌产品，“古塘”腊肉、隘子“旺满堂”清化粉被评为广东省名牌产品，“古塘板鸭”评为省级十大名牌产品，已完成有机产品认证1个，绿色食品认证1个，无公害产品认证1个。

【扶贫开发工作】 2014年，全县申报革命老区建设项目共13个村，已批准11个村。完成了2014年度两不具备村庄搬迁申报工作，申报了16个自然村、513户、1847人，2014年已竣工187户，在建169户，第二批申报8个自然村、234户、949人。完成了98户低收入困难户住房改造。

（肖泽全、吴千丽）

附：领导班子成员名单

局　长：梁志君

副局长：李保平

肖泽全

畜牧兽医水产

【概况】　1960年11月，始兴县设畜牧水产局。1967年3月，因“文化大革命”，畜牧水产局不能正常行使职能。1968年4月，县革委会设畜牧水产领导小组，同年8月，畜牧水产工作由农业系统革委会统管。1972年3月，县革委会恢复畜牧水产局。1984年6月，畜牧水产局改建为畜牧水产总站，分设畜牧站、水产站。2001年，始兴县原畜牧站、水产站撤销，组建成“始兴县畜牧水产技术推广中心”，正科级事业单位，归口农业局管理。2004年，“推广中心”更名为“管理总站”，承担全县畜牧、兽医、水产行政管理职能。2008年，组建县畜牧兽医水产局，撤销原县畜牧水产管理总站，为县农业局下属副科级参照公务员法管理事业单位，局长由农业局副局长兼任。县畜牧兽医水产局内设人秘股、兽医股、畜牧股、水产股（加挂始兴县水产技术推广站牌子）、财会股等5个职能股室，直属机构始兴县动物卫生监督所（正股级加挂始兴县动物疫病预防控制中心牌子），核定事业编制17名（含始兴县动物卫生监督所5名），设局长1名，总畜牧兽医师1名（副科级），副局长2名，核定后勤服务人员数2名，人员经费由县财政核拨。2014年，在职在编人员17人，其中参公事业编制14人，工人3人；下属事业单位始兴县水产良种场，编制10个，人员经费自筹，在职在编人员5人。

【畜牧业发展】　2014年，全县生猪存栏84630头，出栏133647头，比上年同期分别增长3.38%和1.51%；能繁母猪存栏8790头，同比增长4.64%，共有7857头能繁母猪参保；家禽存栏1018180只，出栏2457800只，同比分别增长了4.12%和3.62%；畜产品肉类总产量为14165吨，同比增长2.74%。

【动物防疫】　2014年，全年共发放禽流感疫苗130.5万毫升；猪瘟疫苗20.8万头份；蓝耳病疫苗20.4万头份；口蹄疫39万头份。动物免疫密度达到100%，免疫合格率达到90%以上，超过国家规定标准20个百分点，全县没有发生重大动物疫情。免疫效果监测送检：猪血清112份，鸡血清446份，监测结果均为合格。县兽医实验室，共检测家禽血样400份、生猪200头份。

【动物卫生监督】　落实措施做好病死猪无害化处理监督管理工作，协助环保局对纳入国家“十二五”减排计划的37家规模养殖场进行定期巡查、技术指导、督促检查、建立台账等工作。全县产地检疫率100%，规模场检疫申报率达100%，屠宰场屠宰检疫率100%，对全县通过GSP的10间兽药店监督检查，没有发现销售违禁药物现象。

【水产业发展】　2014年，水产养殖面积为1170公顷，水产品产量为6570吨，其中养殖产量6317吨，捕捞产量253吨，产量与上年对比，增加135吨，增长2.1%。水产品产值6643.9万元，与上年同期对比，增加224.67万元，增长3.5%。

【鱼苗生产】　水产良种场自繁自育了645万尾优质鱼种苗供应市场，其中高背鲫150万尾，丰鲤230万尾，本地黄鲶80万尾，大口胭脂鱼60万尾，鳜鱼5万尾，其他优质鱼苗120万尾。从外地组织了罗非鱼、鲮鱼、胡子鲶、黄颡鱼等品种220万尾供应。2014年，全县鱼苗产量为1.02亿尾，同比减少7.2%；鱼种产量为1192吨，同比减少8.6%。投放鱼种苗930吨，与上年同期对比，增加了20吨，增长2.2%。

（陈礼东）

附：领导班子成员名单

局　长：朱国锋

副局长、总畜牧兽医师：严春鲜

农 机 管 理

【概况】 2002年3月，经县编委批准设置始兴县农业机械技术推广站，为县农业局下属副科级事业单位。2004年6月，经县编委批准更名为：始兴县农业机械管理总站。2008年10月，经省有关部门批准为参照公务员法管理单位。2014年8月，县编委将始兴县农业机械管理总站定为公益一类副科级事业单位，将下属机构农业机械学校、农业机械推广站定为公益二类正股级事业单位。主要职能：制定县农业机械化发展规划、重大技术措施并组织实施；组织农机化的示范推广应用、人员培训、安全生产教育工作；实施拖拉机、联合收割机等农业机械的安全监理、产品质量检验、监督和认证管理等。内设机构：人秘股、业务管理股。下属机构：农机推广站、农机学校。县编委定编人数10人，其中总站在职在编4人，农机推广站在职在编1人，农机学校在职在编2人，缺编3人。设站长1名、副站长1名，正股级3名、副股级2名。

2014年重点工作是：宣传和贯彻党和国家有关发展农业机械化的路线、方针、政策，贯彻落实中央农机购置补贴政策及省、市有关精神及要求，全面推行“自主购机、定额补贴、县级结算、直补到卡（户）”的补贴改革方式，继续增强和扩大农机购置补贴政策实施效应，做好推广先进适用农机新技术工作；与县交警及有关部门联合在全县范围内开展拖拉机道路交通安全专项整治活动，开展农业机械安全生产宣传教育及监督管理工作，努力提高农业机械“三率”（上牌率、检验率、持证率）水平，做好农机安全生产监督管理工作；开展农机培训业务，提高农机培训质量，为农业、农民培养合格优良的农机技术人才。

【农机管理】 2014年，全县农机总动力达到193924千瓦，比上年增长4.28%；全县大小拖拉机拥有量14033台，比上年增长3.57%；机耕作业面积29678公顷，比上年增长0.01%；大小联合收割机327台，比上年增长12.75%；水稻机收面积13221公顷，比上年增长11.69%。

【农机补贴】 2014年，全年实施农机购置补贴资金301.5万元，实施补贴各种农机具757台（套），直接受益农户635户，其中实施补贴联合收割机36台，大中型拖拉机28台。

【监理与培训】 2014年，拖拉机收割机新登记29台，拖拉机年审289台；驾驶员换证108人；培训拖拉机联合收割机驾驶技术人员209人。（刘海春）

附：领导班子成员名单

站　长：曾广和

副站长：李匡霖

生态县建设

【概况】 2014年11月20日，根据省、市部署和《关于调整县农业局（县委农办）有关机构编制事项的通知》精神，始兴县生态办（2002年2月26日成立）并入中共始兴县委农村工作办公室。为整合县农业局（县委农办）有关农村工作综合协调、农村改革、新农村建设指导、扶贫开发、老区建设等职责，由县委农办统一承担。县生态建设工作职责并入县委农办。县委农办仍在县农业局挂牌，业务相对独立运作。县扶贫办（县老区建设办）设在县委农办。调整后，县委农办主要负责全县农村工作的组织领导和统筹协调、决策服务等工作，承担县扶贫开发领导小组日常工作，组织实施和指导开展生态建设。2014年，县生态办内设综合协调股，行政编制6名，其中：主任1名（正科级），副主任2名（副科级，1名兼任贫办主任），正股级领导职数1名，后勤服务人员1名。

2014年，中共始兴县委农村工作办公室（始兴县生态办）贯彻落实中共十八大及十八届三中、四中全会精神，坚持以科学发展观为统领，按照县委、县政府提出的“坚持生态发展，主攻三区建设，打造幸福美丽始兴”发展战略，以推进农村综合改革、扶贫“双到”、生态创建、乡村清洁美工程建设、名镇名村示范村建设和农村环境连片综合整治为抓手，推进生态文明建设和社会主义新农村建设，努力打造广东省生态文明示范县，开创生态文明建设新局面。

【生态创建】 隘子镇成功创建省级生态镇。通过县生态办和隘子镇政府的共同努力，隘子镇省级生态镇顺利通过省考核组现场验收，被命名为广东省生态镇，2014 年全县已有 9 个乡镇创建成为省级生态镇。开展始兴县创建省级生态县相关建设指标的摸底调查，以评估是否符合条件申报省级生态县。摸底调查结果显示，始兴县尚有 3 个约束性指标未达要求，需相关部门继续改善。8 月开始，按照县委、县政府的安排，县生态办是“农村环境连片整治示范片”的业主单位，克服时间紧，任务重的困难，在 9 月初完成了该项目的申报立项和设计招投标工作，为 2015 年按时完成试点项目奠定了基础。

【名镇名村示范村建设】 第二批名镇名村示范村通过市级验收。继第一批成功创建并挂牌的罗坝淋头、深渡水横岭两个“广东名村”后，县生态办及时总结经验，并按照名镇名村示范村建设要求对第二批创建点进行查漏补缺，完善相关设施，包括安装太阳能路灯进行村庄亮化，及兴建人工湿地等；太平镇总甫新村和马市镇丰山新村太阳能微动力生活污水处理站的建成投入使用，作为韶关市第一个采用太阳能动力生活污水处理设施的县，标志着始兴县的农村生活污水处理进入了一个新的阶段。

【乡村“清洁美”工程建设】 2 月份开始，对清洁美工程连续两个月考核不及格的乡镇，将转县委督查室通报批评。按照《始兴县人民政府办公室关于印发始兴县墨江流域水质保护工作实施方案的通知》要求，将沿河两岸镇村垃圾收集点纳入巡查范围，保护好墨江河的生态环境。协助县财政局开展“各乡镇乡村清洁美工程建设费用”调查摸底，深入到各乡镇调研，征求各方意见建议，争取县财政部门加大投入，从根本上保障乡村清洁美工程建设的开展，力促各乡镇将农村生活垃圾管理工作全面延伸到 1100 多个自然村组，提升农村宜居条件。

【生态文化宣传与教育】 采取新的办刊模式，与始兴县作家协会合作，继续出版《始兴生态建设》杂志，提高杂志的质量，强化宣传效果；网上生态宣传平台“始兴县生态建设网”，引导人们增强生态意识，加强生态保护，推动提升公众的生态文明素质，营造生态建设人人有责的社会氛围。围绕生态县建设主题，开展始兴县生态文学及书法大赛等活动，通过文学和书法的形式，拉近人们与生态保护的距离，弘扬生态文明；加强村级生态宣传，在生态村、名镇名村示范村等地方设立生态知识宣传栏，将生态文明深入农村，深入基层。

【参加省级新农村示范片“遴选”工作】 从 9 月中旬始，根据省委农办《关于做好省级新农村示范片建设遴选工作的紧急通知》要求，县生态办全力以赴开展参加“省级新农村示范片”遴选的前期工作，组织选点，争取相关部门配合，收集材料；邀请棕榈园林股份有限公司为始兴县省级新农村示范片编制规划方案，明确分工，认真编写创建省级新农村示范片实施方案；主动与省市相关部门沟通联系，争取上级领导重视和关心。通过参加这次遴选，促进始兴县新农村规划水平再上一个新的台阶。

【扶贫“双到”工作】 开展新一轮扶贫开发“双到”工作，紧密结合始兴实际，重点抓好干部结对帮扶、产业发展扶持、基础设施建设、创新资源整合、农村社会保障制度等工作，全县扶贫开发“双到”工作取得了良好的成效，得到省市部门的肯定，承办了韶关市的扶贫开发工作先进经验推广现场会。2014 年，全县落实帮扶资金 1.6 亿元，完成“两不具备”搬迁户 747 户、农村低收入困难户住房改造 313 户。在 2014 年度考核中取得了全市第一名的优异成绩。 （刘世强）

附：始兴县生态办领导班子成员名单

主　任：周文华（—2014.11）

中共始兴县委农村工作办公室领导班子成员名单（11—12 月）

主　任：周文华

副主任：张献伟（兼扶贫办主任）

　　　　龚广华

林　业

【概况】 1952年4月，中南木材公司北江支公司在始兴设办事处，1953年1月，办事处改称木材采购站。1954年8月，始兴县农业科分设出林业科。1955年11月，改称森林工业支局，1956年7月，“森林工业支局”县辖，改称森林工业局。1958年4月林业科与森林工业局合并为林业局。1958年12月，始兴县并入南雄县，原始兴林业局改为办事处；1960年10月，恢复始兴县建制，县林业局亦随之恢复。1963年1月，始兴县林业局分为森林工业局和林业局两个单位。1968年10月，始兴森林工业局革命委员会与始兴县林业局革命领导小组合并为始兴县林业系统革命委员会。1970年3月，始兴县林业系统革命委员会改称始兴县林业工作站革命委员会。1972年1月，恢复局建制，称始兴县林业森工局。1984年6月，始兴县林业森工局改称为始兴县林业局，搬迁至现兴平路62号办公。2002年2月6日，中共始兴县林业局委员会成立。

始兴县林业局主要职能：贯彻执行国家和省、市有关林业工作的方针政策和法律法规，起草相关的规范性文件和林业发展战略、中长期规划并监督实施，监督管理全县林业及其生态建设，组织、协调、指导和监督全县造林绿化工作、湿地保护工作、陆生野生动植物资源的保护和开发利用、全县森林资源安全工作。承担森林资源保护发展监督管理责任和推进林业改革和维护农民经营林业合法权益的工作。

2014年，林业局内设办公室、人事监察股、计划财务股、林政股、营林股、政策法规股、产业股、森林防火指挥部办公室、调处山林纠纷办公室、绿化委员会办公室等10个职能部门，1个挂牌单位（始兴县森林资源管护大队）。机关行政编制19名。其中：局长1名、副局长3名、正股级领导职数10名。后勤服务人员4名。

2014年，始兴县林业用地172850.4公顷，其中有林地面积155829.3公顷，疏林地209.3公顷，灌木林地4715.5公顷，未成林地7826.2公顷。森林覆盖率76.5%，活立木蓄积量1303.7万立方米，全县林业总产值145700万元。

2014年，始兴县林业局被广东省档案局晋升为省特级档案综合管理单位。始兴县森林防火指挥部办公室被湘粤赣闽边界护林联防委员会第三联防区评为2013—2014年度护林联防工作先进单位，马市林场获得先进集体称号。始兴县林业科学研究所被县妇联评为始兴县巾帼文明岗，朱彦球被评为巾帼建功活动先进工作者。廖振城被县总工会评为始兴县2013年优秀职工之友。

【造林绿化】 2014年，始兴县林业局完成碳汇造林1733公顷，森林抚育1333公顷，乡村绿化美化示范点建设6个村，义务植树12.5万株。

【森林公园建设】 12月，始兴县林业局下发《关于确认隘子镇镇级森林公园的批复》文件，确认隘子镇镇级森林公园。

【生态公益林扩面】 2014年，始兴县完成新增省级生态公益林面积7940公顷，全县生态公益林面积达到60140公顷，占林业用地面积的34.8%。

【森林病虫害防治】 2014年，通过综合采用人工、生物、仿生物、化学防治和营造林措施，防治作业面积共计827公顷，全县林业有害生物有效防治率为100%，无公害防治率为100%。

【资源管护】 2014年，统筹开展林区秩序整治、平安始兴和“平安林区”工作，共查处涉林行政案件292宗，处罚437人次，查没木材2896立方米，挽回经济损失约140万元。侦破11宗涉林刑事案，刑拘7人，取保候审6人，逮捕6人，移送起诉11人。

【森林防火】 2014年，始兴县严格落实森林防火行政首长负责制，执行责任片区挂钩制度，加强宣传和巡逻督查，强化森林防火业务培训，森林火灾受害面积为1.2公顷，森林火灾受害率为0.007‰，没有发生森林火灾人员伤害事故。

【林业宣传】 3月，组织开展全省第三十三届“鸟节”“爱鸟周”宣传活动。4月，为全县10个乡镇的新一届村（居）“两委”全体干部解读封山育林、生态公益林效益补偿等政策及林木采伐、木材运输、森林防火、病虫害防治等法律法规知识。6月，开展“6·5”世界环境日大型宣传咨询活动，现场接受群众咨询并讲解有关林业方面的法律知识，发放《林业生产经营服务十问》《野生动物保护法》《以案说法》等宣传手册共500份。与县电视台联合开设《绿色始兴》专栏节目20期，全面、系统宣传始兴县林业基本情况、当前工作重点、工作动态和森林生态理念。全年林业局（含森林公安分局）累计在县级网站挂发图片新闻62篇，市级网站42篇，省级网站14篇，国家级网站1篇，在市级报刊发表新闻3篇。

【档案管理】 11月，始兴县林业局被广东省档案局晋升为档案综合管理省特级单位。

【机构改革】 9月，始兴县编办下发《关于印发始兴县林业局下属事业单位分类改革方案的通知》文件，明确林业局保留的事业单位有始兴县森林资源管护大队、始兴县林业局林场管理总站、始兴县林业产权交易中心、始兴县林区公路管养站、始兴县生态公益林管理中心、始兴将军栋县级自然保护区管理站、始兴县森林病虫害防治检疫站、韶关市水南木材检查站、始兴县龙斗箺木材检查站、始兴县亚吉山木材检查站、始兴县下窖木材检查站、始兴县林业科学研究所（县林业苗圃场）、始兴县森林资源资产评估中心、始兴县林业资源及产权登记管理中心、始兴县林业局龙斗箺林场、始兴县林业局罗坝林场、始兴县林业局沈所林场、始兴县林业局马市林场、始兴县林业局深渡水林场、始兴县林业局隘子林场、始兴县林业局坪丰林场、始兴县林业局江口林场、始兴县林业局澄江林场和始兴县林业局司前林场等24个单位。转企业或撤销的单位有始兴县林业局顿岗林场、始兴县林业局都亨林场、始兴县林业局附城林场、始兴县林业局围溪林场等4个单位。（李荣生）

附：领导班子成员名单

局　长：林德航

党委书记：廖振城

党委副书记：何志东（兼县绿化委员会办公室主任）

副局长：王瑞波

甘永福（兼森林公安分局局长）

廖　熙（2014.12—）

国营河口林场

【概况】 韶关市国有河口林场创办于1962年，为正科级事业单位，隶属韶关市林业局。林场位于广东省始兴县司前镇清化河畔，场部地理坐标为北纬24°50′51″，东经114°02′22″，海拔高200米，年均温度19℃～22℃，年平均降水量约1600～2000毫米，平均相对湿度80%。林场西临“岭南第一大围”隘子满堂大围，东南与“南岭明珠”车八岭国家级自然保护区相连，北距深渡水瑶乡，省道S244线贯穿南北，距离县城和韶赣高速公路38公里，交通十分便利。总经营面积5374.9公顷，其中：国营部分面积4161.1公顷，联营部分面积1213.8公顷。森林覆盖率92%，蓄积量为46.3万立方米。以承担保护和发展森林资源，发展林业经济，保护生态为宗旨。主要以经营商品林、经济林为主，商品林以松、杉杂为主，生态林以阔叶林为主，是韶关市六大国有林场之一。场区附近有一水库，周长1800余米，水域面积近30000平方米，水库水面宽阔，水质良好。林区森林植被保护较好，生态平衡，常有白腹锦鸡、小灵猫、野猪、果子狸、花面狸、松鼠、野兔等动物出没；还有各种森林菌类、中草药、野菜，其分布广泛，生长繁茂，具有较好的生态旅游发展前景。

林场内设5个股室，分别为办公室、计划财务股、营林生产股、经营管理股和管护股。林场编制总数为62个，至2014年年底，林场共有干部职工145人，其中在职57人，退休88人。

【造林绿化】 2014年，完成造林约118.3公顷，育苗6亩（0.4公顷），完成中幼林抚育面积773.3公顷，完成118.3公顷施肥面积，施肥量50吨，营造生物防火林带 10 公里。经过长期造林绿化和管护，生态得到有效保护。

【资源管护】 2014 年，为抓好森林资源管护工作，坚持 24 小时轮班值勤，加大力度、查处偷、盗伐林木和春笋的行为。对各工区非法采矿和非法侵占林地种植苗木的现象进行了整顿，林场还携手市林业局、市、县林业分局、县国土局、质监局、司前镇政府等多部门对非法采矿点进行了二次清理和整顿。严厉打击林区内非法采矿行为，使非法、违法行为得到有效的遏制，确保了林区安全生产。林场管护股与派出所密切配合，齐心协力，严厉查处非法、违法偷、盗伐林木行为，收缴木材 10 立方米，林区秩序稳定。

【护林防火】 2014 年，林场严格落实“领导是第一责任人，护林队长是直接责任人”的责任制，实行护林员轮班值勤，坚持护林防火特殊期领导 24 小时带班值班制度，加强森林防火巡查，加大野外火源管理力度，排除隐患，杜绝火灾和林木盗伐现象的发生。全年无一例森林火灾，较好地实现了林场管辖林区森林资源的安全与稳定。

【班子建设】 2014 年，林场狠抓班子团结，不断提高班子成员的党风廉政建设水平，使班子在各项工作中具有较高的凝聚力、向心力和号召力，为各项工作协调发展形成合力。2014 年，林场组织党员干部开展党的群众路线教育实践活动，开展民主生活会、党员干部座谈会等，不断规范全场干部职工自身行为，提高单位工作效能。

【民生工程建设】 提高职工福利，给在职人员增加绩效工资为 12%；林场出资邀请韶关市第一人民医院到林场统一为全场干部职工进行了健康体检，关心爱护广大干部职工的身体健康；为确保林场治安安全，在场部安装了治安摄像；为了丰富林场干部职工的业余体育生活，提高干部职工身体素质，增强干部职工团结友谊理念，对场部篮球场进行了翻修改造；认真完成计划生育各项指标，年终给在职人员发放计划生育考核达标奖等。

【社会公益事业】 2014 年，林场继续推进扶贫开发“规划到户、责任到人”工作，制定帮扶规划，给贫困户送上春耕肥料、花生油、大米等慰问品，多渠道增加贫困家庭收入，树立帮扶贫困户脱贫致富的自信心。扶贫开发“双到”工作扎实推进，2014 年投入扶贫资金 87000 元，出资 15620 元用于帮扶司前镇计划生育家庭和为 27 户贫困户购买农村合作医疗保险；出资 12800 元用于赞助司前镇大枧水村篮球场建设。

【建章立制】 2014 年，编制韶关市国有河口林场《经营管理制度》，并通过第五届职工代表大会第一次会议讨论一致通过。林场坚持“安全第一、预防为主、综合治理”的方针，及时排查安全隐患，防止重特大事故的发生。2014 年，新成立了安全生产预防、监督、应急小组对现阶段林场安全生产进行监督和管理工作，全年，林场没有发生安全事故；新成立了森林资源招投标工作领导小组，专门负责木材生产销售招投标工作，做到公开、公平、公正，提高林场经济效益。2014 年度，河口林场在韶关市国有林场管理处评比中被评为“韶关市国有林场优秀林场”。

（赖燕明）

附：领导班子成员名单

场长、书记：张建祥

副场长：李启明、张庆华

刘张家山林场

【概况】 国营刘张家山林场位于始兴县南部，距县城 24 公里，创建于 1956 年，于 1993 年 7 月 8 日经省林业厅批准成立省级刘张家山森林公园。地理坐标为北纬 24°45′23″～24°48′40″，东经 114°08′44″～114°12′08″。最高海拔为天平架 1256 米，最低为场部服务区 230 米，海拔一般在 300～800 米之间。年平均温度 19.7℃，最高温度 39℃，最低温度在 0℃以下；雨量充沛，年平均降雨量 1615 毫米，年平均相对湿度 82%。经营总面积 4332 公顷，其中有林地 4196 公顷，活立木蓄积量 50.2 万立方米，森林覆盖率达 92.8%。2014 年，林场内设机构有办公室、计财股、生产股、工会、多种经营股、检查站、电站（上下嵩电站、羊角潭电站）。有干部职工186人，其中在职干部职工103人，退休干部职工83人。

【生产经营】 2014年，完成造林及林分改造22.6公顷，成活率在95%以上，中幼林抚育236公顷，完成木材生产2575立方米。电站年发电量233.5万度。全年实现生产经营总收入583.9万元。

【林政管理与森林资源管护】 加强林政管理工作，做好森林资源档案台账和数据更新，做到合理采伐，限量采伐；2014年，林场强化林区治安管理，维护林区生态秩序，加强森林资源和生态林管护，对全场3020公顷生态公益林，落实职工管护到地籍小班，签订林木管护合同书。

【森林防火】 成立安全领导小组和森林防火应急队，利用标语、防火警示牌等宣传工具，加强护林防火的宣传及巡查工作，宣传护林防火知识；强化野外用火管理，完善了护林防火值班制度，严厉打击野外用火行为，杜绝山火的发生，保障森林安全。

【扶贫双到工作】 按照上级扶贫工作精神，开展新一轮扶贫开发工作，林场在自身经济困难的情况下，仍投入扶贫资金2.8万元，对扶贫联系困难户进行节日慰问及生产扶持，帮助贫困户发展生产，使困难户收入稳固增长，早日实现脱贫。

【党风廉政建设和精神文明建设】 开展党的群众路线教育实践活动，健全和完善学习制度、工作制度、财务管理制度、用车制度，岗位责任制度，强化约束机制，转变作风、优化环境、加快林场发展。 （吴志雄）

附：领导班子成员名单

场　长：刘义梅（—2014.10）
　　　　廖振城（2014.11—）
副场长：刘远焕
　　　　林　啸

广东车八岭国家级自然保护区

【概况】 广东车八岭国家级自然保护区位于广东省北部始兴县东南部，距始兴县城45公里。

1981年7月14日，始兴县人民政府以《关于建立车八岭—樟栋水自然保护区的批复》建立“始兴县车八岭—樟栋水动植物自然保护区管理所”，为县林业森工局的直属股级单位；1982年7月27日，广东省人民政府同意建立“始兴县车八岭自然保护区”；1988年5月3日，始兴县编制委员会以《关于始兴县车八岭——樟栋水动植物自然保护区定级的通知》将保护区定为副科级单位；1988年5月9日，国务院以《国务院关于公布第二批国家级森林和野生动物类型自然保护区的通知》批准车八岭保护区晋升为国家级自然保护区；1989年3月1日，始兴县编制委员会以《关于车八岭自然保护区定级的通知》将保护区升为正科级单位；1990年9月6日，韶关市编制委员会以《关于车八岭自然保护区升为副处级单位的批复》将保护区升为副处级单位，并更名为“广东车八岭国家级自然保护区管理处”；2002年8月21日，广东省机构编制委员会以《关于车八岭自然保护区机构编制的函》批准成立“广东车八岭国家级自然保护区管理局”，为正处级事业单位，隶属省林业局领导。

保护区管理局的主要职责是：贯彻执行国家有关自然保护区的法律法规和方针政策，拟定自然保护区的总体规划和各项管理制度、统一管理自然保护区，调查自然资源并建立档案、组织环境监测、保护自然保护区内的自然环境和自然资源，组织或协助有关部门开展自然保护区的科学研究工作，进行自然保护的宣传教育。

2005年1月成立首届领导班子，保护区正式归口省林业局（厅）管理，为省林业局（厅）直属正处级事业单位，管理局下设办公室、科研宣教科、保护管理科、资源可持续利用科、樟栋水保护管理站、车八岭保护管理站、企岭下保护管理站。管理局核定事业编制19名，其中局长1名，副局长2名，人员经费由省财政核拨。2010年5月24日，省机构编制委员会办公室粤机编办《关于印发广东省森林公安局（广东省公安厅森林公安局）机构编制方案的通知》核定车八岭派出所为副科级建制，核定政法专项编制6名，其中：所长1名，教导员1名。2011年2月，省机构编制委员会和省森林公安局批复成立了省森林公安局车八岭派出所。2014年，有干部职工43人。

车八岭保护区总面积7545公顷，区划为三个功能区进行管理，其中核心区2512.49公顷、缓冲区2331.41公顷、实验区2701.1公顷，主要保护对象是中亚热带常绿阔叶林及珍稀动植物，是中国森林和野生动物类型自然保护区之一。

经资源本底调查统计共有植物1855种，其中裸子植物15种10属8科，被子植物1488种649属154科，蕨类植物189种76属38科，苔藓植物角苔类1种1属1科，苔类36种24属17科，藓类126种74属31科。共有大型真菌619种，分别隶属于21目63科174属。有珍稀濒危植物20种，其中列入国家Ⅰ级重点保护植物有伯乐树；列入国家Ⅱ级重点保护植物有伞花木、樟树、红椿等9种。野生动物共计有1581种，其中兽类37种31属15科6目，鸟类223种128属42科16目，爬行类50种38属12科2目，两栖类26种20属8科2目，鱼类25种21属13科4目，昆虫1220种772属168科19目；列入国家Ⅰ级重点保护的有华南虎、云豹、豹、黄腹角雉、蟒蛇等5种；列入国家Ⅱ级重点保护动物有穿山甲、小灵猫、斑林狸、水鹿、苏门羚、海南虎斑鳽等45种。被专家教授誉为“物种宝库，南岭明珠”。

【保护区的建设发展】 1995年9月加入中国人与生物圈保护区网络，1998年7月被广东省委宣传部、省环保局评为“广东省环境教育基地”，1999年被国家林业局、国家环保总局、农业部、国土资源部表彰为“全国自然保护区管理先进集体”，2004年，广东省科技厅、省委宣传部、省教育厅、省旅游局、省科协联合发文命名为“广东省青少年科技教育基地”，2005年广东省林业局表彰为“林业系统自然保护区建设管理工作先进集体”，2005年12月被中国生物多样性保护基金会专家委员会评选为“中国生物多样性保护示范基地”，2006年被评选为“广东最美的自然生态乡村”，2007年9月经联合国教科文组织批准加入“世界生物圈保护区”网络。车八岭世界生物圈保护区总面积16110.7公顷，包含车八岭国家级自然保护区和都亨县级自然保护区（8565.7公顷）。2012年6月，广东省林业厅被表彰为“全省林业系统自然保护区建设管理工作先进集体”。

【党建和党风廉政建设】 2014年，车八岭保护区切实加强党建、党风廉政建设与反腐败工作，全体干部职工没有出现违反单位规章制度和违法违纪现象。做好党的群众路线教育实践活动“回头看”：制订“回头看”工作方案，全面检查整改任务落实情况，25项整改任务已全部实施；组织开展以“严明组织纪律，锻造优良作风”为主题的纪律教育学习月活动，抓好党风廉政建设宣传教育，开展读书促廉活动，营造廉政文化氛围；把开好民主生活作为落实党风廉政建设主体责任的重要工作，12月29日召开以“严格党内生活，严守党的纪律，深化作风建设”为主题的党员领导干部民主生活会，会上，领导班子成员以整风精神开展了诚恳的批评和自我批评，达到了预期的目的；加强廉政工作组织领导：强化一把手负总责，落实“一岗双责”，研究、部署党风廉政建设和反腐败工作，做到领导到位、责任到位、工作措施落实到位；强化权力制约和监督检查：严格落实《车八岭保护区管理局开展廉政风险防控工作实施方案》，支持纪检监察工作，坚持重大事项报告制度，执行民主集中制，实行集体决策、民主议事、政务公开，同时，加大对制度执行情况的督促检查工作力度，将党员干部遵章守纪情况作为年终考核的重要依据，全局领导干部没有出现违反中央“八项规定”和广东省委实施办法及有关规定的行为；严格执行《干部任用条例》有关规定：2014年，选拔任用2名正科级部门领导、2名副科级部门领导；建立完善述职述廉和民主测评制度，努力营造自然保护区良好廉政氛围；完善廉政工作运行体系：抓好约谈制度，抓好公车和公务接待管理，出台车八岭保护区《关于加强车辆管理的通知》，杜绝超标准招待和公车私用行为，开展专项整治行动，把中央“八项规定”精神和省委实施办法落到实处。2014年，保护区“三公”经费较去年压缩3.34万元。

【数字化保护区建设】 2014年7月，车八岭保护区数字化监测与管护平台建设（2012）项目通过了专家组评审，完成验收。保护区管理局已编制完成2013年、2014年林业国家级自然保护区补助资金（共计330万元）的实施方案，并报省林业厅审批。

【“一区一法”工作】 2014年8月，始兴县人大第十四届四次会议提出了有关县内保护区实行“一区一法”的建议案，保护区配合相关部门的意见征求工作，及时做好本单位的立法研究。“一区一法”工作迈出了重要的第一步，促进了保护区法律地位的提升。

【江西山林补偿工作】 车八岭保护区区内的江西全南县南迳镇山林及南迳镇在广东省界内的插花山林，因历史遗留原因一直没有签订租用或托管协议，江西山林所属的林主也因没能得到相应的生态补偿而强烈不满，甚至有过激行为，严重威胁到保护区森林资源的安全。保护区一直在为解决这一历史遗留问题而努力，经过不断的沟通与协商，2014年这一工作取得了新进展。保护区管理局与全南县南迳镇政府均成立工作领导小组，就山林补偿问题先后进行了6次协谈，并于12月下旬，与南迳镇政府签订了补偿意向协议。保护区管理局争取到183万元专项资金一揽子解决2014年以前的江西山林补偿问题。

【保护区基础建设项目】 在三期工程方面，除了驻县城联络办事处没有完成外，其他项目均建设完成；在林区道路方面，保护区负责养护的（县道）X346线车八岭保护区段，年内没有发生因养护问题造成的交通安全责任事故，公路路况质量稳定；在自然保护区建设专项资金项目方面，2012年建设项目任务基本完成，其中车八岭自来水项目已于2014年9月完工投入使用，职工食堂和企岭下大门项目正在准备验收工作；在防护林工程中央预算内投资项目方面，完成了2013年52万元（中中央预算内投资42万元，地方配套10万元）的项目任务，其中人工造林1000亩（66.7公顷），封山育林1700亩（113.3公顷）。经检查验收，造林点的造林密度均达到107株/亩，成活率均达到85%以上，达到合格标准。2014年，项目任务总投资128万元（中央预算内投资105万元，地方配套23万元），进入招投标程序，预计项目在2015年5月前完成；在国有资产产权登记工作方面，成立车八岭保护区资产清查小组，已初步完成了申报、登记、入库等程序。

【科研宣教工作】 开展2014年珍稀濒危物种野外救护与人工繁育项目《野生水鹿种群监测及野外巡护》：该项目获省林业厅立项，经费8万元，项目聘请广东省昆虫研究所作为项目合作单位，并做好设备采购、野外调查线路规划、红外相机布设及日常监控和记录等工作，2014年7—12月，红外自动相机共拍摄有效相片2500张、视频500份，记录野生动物物种28种，其中兽类13种、鸟类14种、两栖类1种，国家二级重点保护动物苏门羚、斑灵狸、白鹇等3种，全球濒危物种白鹇山鹧鸪。开展空气负离子水平监测工作：2014年7月，进行了第二次空气负离子外业调查，综合测定得出保护区空气中负离子的含量，夏季负离子浓度平均值为18525个/立方米，冬季为4270个/立方米。申报科研科普项目：包括2014年广东省省级自然保护区建设专项资金项目《广东车八岭国家级自然保护区生态宣传教育径建设》、韶关市科技计划项目《强化广东车八岭国家级保护区科普及示范作用》、2014年省级水资源节约与保护专项资金项目《广东车八岭国家级自然保护区水资源保护与监测》3个项目。围绕保护对象，利用各类资金，有计划编报基础性、本底调查性的资源监测项目和自然科普项目：如报送的2014年国家级自然保护区补助资金180万元实施计划中，100万元将用于珍稀濒危野生动植物资源监测，包括监测样点建设、动物资源专项监测、资源调查、珍稀植物培育等；报送的2013年车八岭保护区禁止开发区生态保护补偿资金441万使用计划中，95万元将用于建设科普宣传生态教育径，建立科普展示区，并逐步规范和逐步更换、更新标桩标牌。

【森林资源管护工作】 抓好社区宣传。深入社区宣传森林法、野生动物保护法、自然保护区条例、《森林防火条例》等自然保护区相关法律法规。全年召开专题资源管护工作会议和森林防火会议4次，召集村民小组长和村民代表座谈会11次，出动宣传车辆100多辆次，全面翻新和增加宣传标语200多条，印发张贴宣传单和通告1000多份。

抓好制度建设与监督。修订《保护管理站管护工作管理规定》，出台《关于加强自然资源管护工作的通知》，制定《防火期领导值班制度》《森林防火应急预案》和《车八岭自然保护区森林防火管理规定》等规章制度，明确职责，规范管理，严格执行保护区自用材与杂竹审批制度，按照《车八岭保护区区内自用材管理规定》，办理村民自用材采伐17宗（杉木29立方米、松木9.5立方米），按照《车八岭保护区区内杂竹管理规定》，办理人工种植的杂竹6宗，区内大门放行77车（拖拉机）。落实《保护站工作人员休假制度》，规范管护人员请假休假制度。

抓好森林防火责任落实。召开2014年度森林防火工作动员大会，签订了分片防火责任书；实行严格的野外火源管理制度，及时发布森林防火期和戒严期通告，加强野外用火管理；年内有计划组织区内3支100多人的扑火应急队开展野外扑火实际作战技能培训，提升森林防火指挥系统组织能力和应急处置能力。

抓好资源巡护工作。实行每月资源管护工作情况通报制度，加大巡护力度。全年各科室、派出所及保护管理站参与日常林政巡护次数达到848人次，做到及时发现问题及时查处，有效维护森林资源安全，实现了连续31年无森林火灾的好成绩。

抓好森林病虫害防治工作。贯彻“预防为主，综合治理”的方针，在日常的巡护检查工作中密切监测森林病虫害动态，至2014年，保护区没有发生过森林病虫害现象。

【林区治安秩序】 构建林区联防护林体系。建立和完善以森林公安派出所为主体的巡查防范体系，以南北两边大门为护林哨卡，实行通行检查；形成以森林公安为指挥中心，加强整体联防、毗邻配合行动的林区治安防范网络。加强与始兴县森林公安分局及各乡镇执法单位、江西全南县分水村、古家营、茅山林场等相关单位的联系，每月至少一次沟通交流，互通信息。4月，联合县森林公安分局在保护区范围内开展打击破坏野生动植物资源违法犯罪的“2014天网行动”，取得良好效果。10月，与江西茅山林场签订了森林防火联防协议，深化双方交流合作。

开展专项治理行动。在省厅“利剑行动”的统一部署下，7月开始，开展了以打击乱垦滥占林地、乱砍滥伐林木、乱收滥运木材、乱捕滥猎野生动物、纵火烧山等涉林违法犯罪为重点的专项行动，同时，在“利剑”行动的基础上，开展非法侵占林地清理排查专项行动。全年组织大规模打击偷放松油行为的专项行动4次，打掉松油1500多公斤；组织查处毁林种果行动3次；共发现乱砍滥伐林木13宗，蓄积量28立方米，其中处理12宗，重点打击了偷盗楠木的行为，处理违法嫌疑人3名；查处无证运输木材1宗；收缴地蜂4窝、野生植物草药20把；处置其他纠纷及违法行为4次；全年没有发生非法占用林地的案件。

建设平安林区。2014年，将创建“平安林区”工作同日常工作紧密结合。成立保护区创建“平安林区”工作领导小组，制定创建“平安林区”工作实施方案，从保护区实际出发，统筹部署，从根本上提高防控能力和管理水平，有序推进创建平安林区各项工作。

【社区发展稳定】 2014年，明确社区工作目标。做好扶贫双到工作：制定2014年帮扶计划和措施，进行结对帮扶；搭线劳务输出：帮助安排村民50多人（其中帮扶对象6人）到“百草园”石斛种植基地务工；保证帮扶资金投入：全年投入帮扶资金20334元，主要用于帮扶家庭购置生产资料、生态村和部分村小组公益事业建设及帮扶家庭节日慰问；做好禁止开发区生态保护补偿资金使用计划中生态村生态补偿项目的前期调研工作，力争早日在生态村进行新能源改造。

【干部队伍建设】 始终把干部教育培训作为重点工程。5月，在保护区举办植物分类与鉴定培训班，提高了保护区科技人员在野生植物标本采集、制作、鉴定的水平和能力；8月，在保护区召开全省自然保护区数字化监测与管护平台建设座谈会，拓宽了保护区工作人员视野；年内选派了保护管理人员参与韶关市保护区、湿地公园建设管理经验交流、省林业厅厅直单位人事工作培训和业务交流，专业技术人员继续教育培训等各类学习；组织派出所民警参加全省森林公安政工业务、信息化建设、信息化技能应用等各类培训，提升派出所民警业务水平，提高保护区队伍整体素质；2014年，按照省林业厅、县林业局的要求，做好专职护林员选聘工作，新招聘4名资源管护人员，确保管护人员队伍稳定。

【筹集资金】 2014年，车八岭保护区争取到2014年中央林业国家级自然保护区补助资金项目180万元，2014年防护林工程中央预算内投资项目128万，禁止开发区生态保护补偿资金441万元，县政府生态公益林管护成效奖励金20万元，应对经济困难和压力。（邓青珊）

附：领导班子成员名单

局　长：张朝明

副局长：吴智宏

　　　　宋相金

广东始兴南山省级自然保护区

【概况】 南山自然保护区于1994年开始筹建，2001年南山被批准建为县级自然保护区，2002年11月经韶关市人民政府批准升格为市级自然保护区，2005年被广东省人民政府批准为省级自然保护区，为副处级单位。2014年，内设综合科、保护管理科、宣教科等三个科室，编制10人，设正副主任各1人。南山省级自然保护区为自然生态类型中的森林生态系统类型的保护区。位于始兴县城的西南面13公里处，属于珠江二级支流——浈江流域。总面积为7113公顷，其中核心区3749.9公顷；缓冲区1769.5公顷；实验区1593.7公顷，是南亚热带向中亚热带过渡的地带，具有丰富的生物多样性，区内有生态公益林面积为7015公顷。保护区以中山地貌为主，平均海拔在500米左右，千米以上的山峰有4座，其中黄坑顶海拔1094米，为保护区最高的山峰。区内有右拔水、左拔水、中拔水、马头水及含秀水等五大水系，其库容量1000多万立方米的花山水库是始兴县最大的水库。

【资源状况】 从2004年初步调查发现，南山保护区共有野生维管束植物179科565属1039种，栽培植物共有40科62属70种，其中列入国家Ⅰ级重要保护植物有3种，国家Ⅱ级重要保护植物有11种，占广东省列入国家保护植物89种的12.36%，苏铁、银杏、半枫荷、金毛狗、榉树、花榈木、福建柏、闽楠、华南椎、蓖子三尖杉、粗齿桫椤等属国家重点保护的珍贵濒危树种；水体有浮游动物43种；脊椎野生动物有215种，隶属33目，83科，168属，其中重要保护动物有21种，列入国家Ⅰ级重要保护动物有2种，国家Ⅱ级重要保护动物有19种，占广东省列入国家保护动物117种的18%。云豹、海南虎斑鳽、黄腹角雉、穿山甲、水鹿、苏门羚、白鹇、虎纹蛙、褐翅鸦鹃等属国家重点保护动物。

【保护区建设】 思想教育。南山保护区作为第二批党的群众路线教育实践活动单位，通过结合南山保护区的实际，把路线教育作为引导思想发展的契机，使广大干部职工认清形势，树立了爱岗敬业风清气尚的良好局面。通过教育活动新建立8项工作制度，并对6项已建的制度进行完善。

森林保护。加强护林工作，做好巡护队伍建设，建立巡护制度，实行分片管理，制止偷猎盗伐等不法行为；每星期至少一次到滩洞巡护；新购置4台GPS用于巡护管理，同时在保护点安装了监控系统；聘用当地村民21名为专、兼职管护人员；与二个村委会签订共同管护协议；制定护林人员职责，开展宣传教育和巡护工作。

矛盾化解。结合保护区工作中存在的热点和不足，对保护区的情况进行了摸排后，把卢某某的上访案件作为这次活动中的典型进行力抓。卢某某声称杂背窝和革麻坑是自家自留山，并要求采伐此地的林木。连续几年上访到各级政府部门，均为上访回复处理，通过以2014年矛盾化解年为契机，联合始兴县多个有关部门，几次经县镇村、村民小组代表和卢某某等各级参与的联席会议，对卢某某的上访作出了合理的案结处理。

保护区交流。南山保护区参与和兄弟单位的交流合作，已成为中国生物圈网络成员，2014 年又申请加入国际自然保护区联盟成员，成为首批国际自然保护区联盟成员单位。（肖家亮）

附：领导班子成员名单

主　任：邱焕运

副主任：黄阶华

水　利

【概况】 中华人民共和国成立初期，始兴县水利工作归县政府建设科分管。1954 年 5 月，始兴县人民政府设立水利科。1958 年 12 月，始兴县并入南雄县，水利工作由南雄县农业水利部水利电力科负责。1960 年 10 月，恢复始兴县建制，并设立始兴县农业水利局，1964 年 1 月更名为始兴县水利水电局。1968 年 8 月，水利工作由县革命委员会生产组分管，并设立始兴县农村工作站。1972 年 3 月，撤销农村工作站，设立始兴县水电局。1984 年 4 月，始兴县水电局更名为始兴县水利电力局。1997 年 4 月，始兴县水利电力局更名为始兴县水利局。2010 年 5 月，始兴县水利局更名为始兴县水务局。

水务局主要职责：负责保障水资源的合理开发利用；负责生活、生产经营和生态环境用水的统筹兼顾和保障；承担水资源保护责任；组织、指导水利设施、县管河道水域及其岸线的管理与保护，指导水利工程建设与运行管理；承担防治水土流失责任，负责建设项目水土保持方案的审批及监管；指导全县农村水利工作，组织协调农田水利基本建设；指导、监督水政监察和水行政执法工作；组织、协调、监督、指挥全县防汛防旱防风防低温雨雪冰冻工作；负责全县水利水电工程移民安置管理工作，协调全县水利水电工程移民后期扶持管理工作等。

2014 年，始兴县水务局设 11 个内设机构：办公室、规划计划股、水资源管理股（县节约用水办公室）、建设与管理股、水保农水股、农电管理股、水政股、财务审计股、人事监察股、防汛防旱防风指挥部办公室、水库移民办公室等。2014 年，始兴县水务局机关行政编制 17 名，其中：局长 1 名，副局长 3 名，正股级领导职数 11 名。后勤服务人员数 2 名。

2014 年，始兴县降雨量 1482.9 毫米，折合年降雨总量 31.91 亿立方米，对比上年减少 8.2%；地表水资源量 18.19 亿立方米，与多年均值比较减少 4.96%；地下水资源量 3.86 亿立方米，与多年均值比较减少 10%。2014 年，始兴县单位面积地表水资源量 84.53 万立方米/平方公里，单位面积地下水资源量 17.94 万立方米/平方公里。全县多年平均降水量 1605.9 毫米，折合年降水总量 34.56 亿立方米；多年平均地表水资源量 19.14 亿立方米；多年平均地下水资源量 4.29 亿立方米。

2014 年，全县总供（用）水量 23820 万立方米，其中生产用水 22520 万立方米，占总用水量的 94.5%；居民生活用水 1170 万立方米，占 4.9%；生态环境用水 130 万立方米，占 0.6%。生产用水中农业灌溉用水 17830 万立方米、林牧渔畜用水 790 万立方米、工业用水 3420 万立方米、城镇公共用水 480 万立方米，分别占生产用水量的 79.2%、3.5%、15.2%、2.1%。2014 年，全县总耗水量为 10610 万立方米，耗水率为 44.5%；全县水资源利用率 13.1%。

【水利工程】 2014 年，始兴县水务局抓好农田水利、中小河流治理、城乡供水等民生水利建设和防汛抗旱、水资源保护、水库移民后期扶持、水政执法等工作。完成 2013 年度省级小型农田水利重点县项目和 2013 年度田间工程建设任务；推进凉口灌区改造工程和清化河（深渡水瑶族乡段）治理工程建设；完成花山水库入库河口生态修复工程及库容测量项目，开展墨江流域水质保护工作。

始兴县清化河上游治理工程列为广东省山区五市（韶关、梅州、清远、河源、云浮）中小河流治理试点项目。全省共九个试点项目，清化河上游治理工程是韶关市唯一的试点。

【省级小农水重点县建设】 始兴县 2013 年度省级小型农田水利重点县建设项目，项目总投资 2035.91 万元，工程布置于沈所镇、顿岗镇和罗坝镇，主要工程为改建（重建）陂头 3 座、改造塘坝

2座、改造灌溉渠道35.18公里。工程于2014年9月开工，12月底完工，改善农田灌溉面积6103亩（407公顷）。

【田间工程】 始兴县2013年度田间工程建设项目布置于顿岗镇、太平镇、沈所镇。工程于2014年10月开工，12月底完工。完成灌溉渠道“三面光”硬化34.86公里、改造配套涵（闸）及机耕桥134宗、改造机耕路3.64公里。工程总投资1457.68万元，改善农田灌溉面积22136亩（1476公顷）。

【灌区改造工程】 始兴县凉口灌区改造工程是列入广东省中型灌区续建配套与节水改造工程规划的项目之一。工程于2013年12月20日开工，进展较为顺利。2014年主要是对凉口灌区丰收陂南、北干渠及其支渠进行改造，截至2014年底，完成渠道清淤、硬化20公里，完成投资2000万元。

【河流治理工程】 始兴县清化河（深渡水瑶族乡段）治理工程于2014年11月中旬动工，截至12月底，完成总工程量的20%，完成投资600万元，计划于2015年9月全面完工；9月29日，韶关市水务局批复《始兴县都安水（管湖段）治理工程初步设计报告》，批准河道清淤疏浚总长7.79公里，堤防建设长5.45公里，建设排水涵20座，核定工程概算总投资为2894.95万元；11月，广东省水利厅将始兴县清化河上游治理工程列为广东省山区五市中小河流治理试点项目，主要是对隘子镇和司前镇辖区内的清化河干流、支流河道进行治理，其中新建堤防0.84公里，护岸工程37.35公里，清淤疏浚28.88公里，概算总投资6575.91万元。工程计划于2015年4月底动工，年底完成主体工程建设任务。12月26日，《广东省韶关市北江水系浈水始兴县河段治理工程可行性研究报告》通过韶关市水务局审查，核准在浈水始兴县马市镇河段新建河堤和护岸12.462公里，核定工程概算总投资为5487.58万元；12月29日，韶关市水务局批复《始兴县都安水（澄江段）治理工程初步设计报告》，建设工程为：河道治理总长10.75公里，河道清淤疏浚长10.75公里，新建堤防长1.06公里，新建护岸长4.61公里，新建穿堤建筑物（涵闸）2座、复建桥梁2座，核定工程概算总投资为2965.55万元。

【农村饮水工程】 2014年，始兴县人大常委会将太平镇代表团在始兴县第十四届人民代表大会第四次会议上提交的《关于解决太平镇斜潭村安全饮水问题的建议》列为重点建议，交由始兴县水务局主办。县水务局结合太平镇斜潭村附近无符合要求的供水水源实际，制定从韶赣高速公路始兴出口大转盘处接驳县城供水管网，经长坑村小组铺设引水主管道至村委会，再铺设分管到各自然村的工程方案。工程于10月动工，12月底完工通水。工程总投资135万元。解决了太平镇斜潭村八个村小组1000多人的饮水安全问题。

【城市供水】 2014年，始兴县供水有限责任公司管网水水质综合合格率为100%，全年安全供水423万立方米；新敷设DN100以上供水管道3699米，实施“一户一表”改造200户，共抢修DN100以上供水管道及维修阀门73次，确保了县城供水安全。

2014年，始兴县供水有限责任公司共投入资金150万元，先后完成永安大道经进士路至北门路供水管道安装工程、白石坪泵房新建1000吨清水池工程、花山水厂一期改造工程、迎宾路至站前路DN300供水管道工程。

10月20日，始兴县人民政府十四届第38次县长办公会议审议通过始兴县供水有限责任公司编制的《县城供水管网改扩建方案》，决定自2015年起分步实施县城供水管网改扩建工程，以解决县城供水水量水压不足问题。

【防汛抗旱】 3月31日上午，始兴县在县城墨江南岸举行始兴县城区防洪预案演练，为做好全县三防工作，提高应对洪水灾害的应急处置能力，加强防洪预案的可操作性打好基础。

受切变线强降雨影响，始兴县自5月15日零时起出现暴雨到大暴雨降水过程，降水主要集中在澄江镇、顿岗镇、太平镇、罗坝镇、城南镇、马市镇和深渡水乡。当天出现较大降雨量是澄江镇四村176毫米、铁寨117毫米，顿岗镇宝溪114毫米，城南镇胆源109毫米。当天全县平均降雨量57.6毫米。5月28日17时至18时，始兴县结龙湾测得一小时雨量为96.5毫米，达到百年一遇。

2014年“5·15”洪灾造成始兴县大部分乡镇出现严重灾情，澄江镇街道受浸1.2米，太平镇沙帽岗村、顿岗镇围下村、城南镇石桥头村低洼地段房屋受浸。全县受灾人口27230人，转移人员1733人。房屋受浸5094间，倒塌民房127间（闲置房102间），农作物受灾面积7.495万亩（4997公顷），鱼塘受浸210亩（14公顷），县道、乡道公路塌方23处，水利设施受损25处。造成直接经济损失6150.00万元，无人员伤亡。灾情发生后，始兴县委、县政府及时组织相关单位人员和受灾乡镇干部职工全力以赴深入第一线开展抗洪抢险，及时转移房屋受浸群众，最大限度地减轻了人民群众的生命财产损失。始兴县水务局向上级争取到150万元水毁工程修复专项资金，及时对重点的水利工程进行修复。

2014年7月—8月，始兴县降雨稀少，造成马市、太平、城南、沈所等乡镇出现旱情，水田缺水面积9564亩（638公顷），旱地缺墒面积175亩（12公顷）。县委、县政府组织水利、农业等部门到旱情比较严重的乡镇指导开展农业生产自救工作，疏通灌溉渠道、堵塞渠道漏洞，并利用抽水机、电灌站抽水抗旱，有效缓解旱情。

【水库移民后期扶持】 2014年，始兴县完成了顿岗镇七北村田心护路工程、沈所镇花山村卢屋文化室附属工程、沈所镇花山村伍屋渠道工程建设；完成始兴县2013年大中型水库移民后期扶持资金（1304人）核对及拨付工作；完成6户大中型水库移民建房验收和资金拨付工作。

【水资源保护】 始兴县花山水库入库河口生态修复工程及库容测量项目是花山水库水资源保护工程主要建设内容之一，于3月底完工，11月完成分部工程和合同工程验收。工程项目总投资95万元。

始兴县墨江流域水质保护工作是始兴县人大常委会确定的始兴县第十四届人民代表大会第四次会议人大代表重点建议。7月，始兴县人民政府办公室印发《始兴县墨江流域水质保护工作实施方案》，提出“一年打基础，二年见成效，三年水质达标”目标。始兴县水务局作为牵头单位，协同有关部门重点抓好城镇生活污水治理、综合整治墨江上游规模化禽畜养殖场、加强生活垃圾的处理、保护森林生态资源、加强企业排污监督管理等工作，取得了初步成效。

【水政宣传与执法】 在第22个“世界水日”、第27个“中国水周”期间，始兴县水务局围绕“加强河湖管理，建设水生态文明”的宣传主题，深入镇村广泛宣传水法律法规。共出动宣传车10辆次、人员50人次，悬挂横额16条，派发宣传资料600份，在县电视台播放宣传口号3条10天次。

始兴县水务局水政监察大队落实巡查制度，严厉打击违法采砂行为。2014年，查处违法采砂案件5宗，没收违法所得2.09万元，处罚款10万元。办案总量和处罚金额全市排名第一。（欧勇军）

附：领导班子成员名单

局　长：张卫明

副局长：卢少英

钟细油

范立生

气　象

【概况】 始兴县气象局，成立于1956年11月，成立时称为始兴县气候服务站，首次建站位于顿岗示范农场（现农科所），工作人员2名。

1959年1月，始兴县气候服务站由顿岗示范农场迁到五里山，并称为始兴公社气象哨；1959年4月，始兴公社气象哨又由五里山迁到县汽车站；1960年2月，由汽车站迁到白石坪；1961年2月，始兴公社气象哨改名为始兴县气象服务站，并由白石坪迁到城郊许塘村；1962年7月，国家进行国民经济调整，撤销了始兴县气象服务站；1964年4月，始兴县气象服务站重新恢复，站址设在城南大井头村旁边，一直至今；1968年1月，根据省气象局的指示，始兴县气象服务站改名为始兴县气象站，1971年9月，马市、顿岗、沈所、司前、罗坝建立了气象哨，城郊瑶村建立了气象组；1979 年 9 月 18 日确定始兴站为农业气象基本站；1981 年 5 月，全省县一级气象部门的机构统称为县气象局，气象局与气象站实行局、站合一，两块牌子一套班子。1990 年 3 月，增设避雷设施检测所（股级），始兴县气象局（站）下设有预报组、测报组及避雷设施检测所 3 个股级单位，实有在编人数 9 人。1993 年 3 月，预报组、测报组合并为业务股，年末实有在编人数 9 人。2002 年 4 月改名为始兴县气象台，2007 年 1 月改名为始兴国家一般气象站。

始兴县气象局主要职责有：负责本行政区域内气象事业发展规划、计划及气象行业建设的组织实施；负责本行政区域内气象设施建设项目的审查；对本行政区域内的气象活动进行指导、监督和行业管理。组织管理本行政区域内气象探测资料的汇总、传输；依法保护气象探测环境。负责本行政区域内的气象监测、预报管理工作，及时提出气象灾害防御措施，并对重大气象灾害作出评估，为本级人民政府组织防御气象灾害提供决策依据；管理本行政区域内公众气象预报、灾害性天气警报以及农业气象预报、城市环境气象预报、火险气象等级预报等专业气象预报的发布。管理本行政区域人工影响天气工作，指导和组织人工影响天气作业；组织管理雷电灾害防御工作，会同有关部门指导对可能遭受袭击的建筑物、构筑物和其他设施安装的雷电灾害防护装置的检测工作。负责向本级人民政府和同级有关部门提出利用、保护气候资源和推广应用气候资源区划等成果的建议；组织对气候资源开发利用项目进行可行性论证。组织开展气象法制宣传教育，负责监督有关气象法规的实施，对违反《中华人民共和国气象法》有关规定的行为依法进行处罚，承担有关行政复议和行政诉讼。统一领导和管理本行政区域内气象部门的计划财务、人事劳动、科研和培训及业务建设等工作；会同县（市）人民政府对县（市）气象机构实施以部门为主的双重管理；协助地方党委和人民政府做好当地气象部门的精神文明建设和思想政治工作。承担上级气象管理主管机构和本级人民政府交办的其他事项。

2014 年，下设办公室、气象业务服务股、防雷设施检测所、突发事件预警信息发布中心等 4 个股室。有干部、职工共 18 人。其中，公务员编制 7 人，国家编制 1 人，地方编制 3 人，自招人员 7 人。

【气候特征】 2014 年主要气候特征：温度较常年偏高 0.9℃，降水量偏少 18.9%，日照时数偏多 20.5%；年平均气温 20.7℃，较历年平均值偏高 0.9℃，其中 2 月、12 月出现负距平，其余 10 个月份出现正距平。年内最高气温 39.2℃，出现在 7 月 22 日；最低气温—2.6℃，出现在 1 月 22 日。年总降水量 1268.6 毫米，较历年平均值偏少 18.9%。日照时数 1831.9 小时，较历年平均值偏多 20.5%。

【气象灾害】 受切变线影响，5 月 15 日，始兴县大部分地区出现暴雨到大暴雨降水过程，降水主要集中在澄江镇、顿岗镇、太平镇、罗坝镇、马市镇、城南镇、沈所镇和深渡水乡。全县大暴雨点有澄江镇 144.4 毫米、顿岗镇 136.8 毫米，罗坝镇 134.8 毫米，马市涝洲水村 133.4 毫米，始兴中学 113.2 毫米等 6 个。本次强降水致使全县大部分乡镇出现了严重灾情，致使澄江镇街道受浸 1.2 米多深，太平镇沙帽岗村、马市镇、顿岗围下村、城南石桥头村低洼地段房屋受浸。全县受灾人口 27230 人，转移人员 1733 人。房屋受浸 5094 间，倒塌民房 127 间（闲置房 102 间），农作物受灾面积 7.495 万亩（4996.7 公顷），鱼塘受浸 210 亩（14 公顷），县道、乡道公路塌方 23 处，水利设施受损 25 处。造成直接经济损失 6150.00 万元，无人员伤亡。

【气候对农作物生长的影响】 水稻：上下造水稻各生长发育阶段的农业气象条件匹配较好，属于正常年景。黄烟：2014 年全县烟草生产受总雨量偏少影响不明显。

【气象服务】 县气象局探索为地方党政领导的服务手段，在服务内容上细化为“公众气象服务”“决策气象服务”“专题气象服务”三个范畴，规范了气象微博在气象服务中的应用，增加重大天气短信特别提醒等服务手段，并向党政领导和有关部门领导提供常规天气预报的短信服务和特别提醒。于 2014 年成立始兴县生态气象服务中心（加挂始兴县防雷减灾管理办公室和始兴县人工影响天气办公室牌子）。

【气象业务现代化建设】 建立本地主要灾害性天气模型，公众天气预报细化到乡镇一级，初步实现了定点、定时、定量，为长时效的“三定”预报打下了基础。于 2014 年成立“县突发事件预警信息发布中心”，实施“平安山区”气象保障工程，建设丹凤山综合气象探测基地。结合始兴实际，提高气象造福社会能力、提高预测预报预警能力、实施“一基地、两中心”重点工程、加强国民气象意识等工作。（朱德钊）

附：领导班子成员名单

局　长：朱深俊

副局长：吴碧红

交 通

交 通 运 输

【概况】 1955年3月，始兴县设立交通科。1962年1月，始兴县设立交通局。1968年3月，成立始兴县交通系统革命委员会，1970年3月撤销，设始兴县交通工作站革命委员会，1972年1月，重设交通局。1979年11月，始兴县革委决定撤销交通局，在县经委设交通科。1981年9月，又重新单设交通局。2010年10月，更名为“始兴县交通运输局”其下属单位“交通局综合执法局”更名为“交通运输局综合行政执法局”。

2014年，内设人秘股、综合运输股、规划基建股、财务股、法规安全股、综合行政执法局及直属单位县交通战备办公室等。人员编制：行政编制9人，在职9人；行政执法专项编制36人；在职32人；工勤编制1人，在职1人。

始兴县境内主要有韶赣高速公路、国道323线、省道343线、省道344线四条横向干线和省道244线一条纵向干线，公路通车里程1500公里，公路密度达到每百平方公里66.50公里，并以此形成“四横一纵”国省干线为主骨架和广大县、乡、农村公路为经络的城乡一体化公路网络。

2014年9月30日，赣韶铁路正式开通运营。该铁路全长179公里，其中经过始兴段境内36公里，途径始兴县的沈所、马市、太平三个乡镇，结束了始兴县“无轨”的历史。赣韶铁路对密切韶关与华中地区的联系，改善始兴居民出行条件，促进粤北老区经济发展，推进粤北交通枢纽战略的实施都具有重要意义。

【交通运输】 2014年，全县具有规模以上道路客货运输经营企业6家。其中，客运企业4家，货运企业1家，驾校1家；有营运车辆722辆，其中客运车辆84辆，出租车30辆，载货车辆608辆；年道路旅客运量15万人。

全县拥有等级客运站2个。其中，二级以上客运站1个，三级客运站1个，通班车乡镇数十个，通建制村数100个，实现了100%的乡镇有站，80%的村有亭的目标。经营客运班线路线17条。平均日发班车75班次，农村客运覆盖了县城至各乡镇以及主要旅游景区、工业开发区。

【运输管理】 2014年，共办理道路普通货物运输经营许可行政审批业务58宗，换证业务39宗，普通货物运输车辆道路运输证年审180宗；道路旅客运输经营许可1宗，新增客运班车线路7条，客运班车线路续期3条，客运班车道路运输证年审50宗，出租汽车道路运输证年审29宗，机动车维修经营许可行政审批业务1宗与换证业务5宗，驾驶员培训受理审核人数达到3177人次。教练员申请报名人数38人次，领取教练员证25张。

【基建规划】 10月11日，（省道）S244线始兴县贤丰至周所段及S343县贤丰至始兴县城段改建工程正式开工建设。该工程全长9.351公里，按一级公路标准建设，总投资9000多万元，计划2016年5月建成通车。X346线罗坝大桥已动工建设，计划2015年9月建成通车。Y318线大井头至杨公岭段公路改建工程，该工程全长3.57公里，预计投资875万元，按三级公路标准设计，6月18日正式动工建设，计划2015年2月建成通车。2014年，已完成通自然村公路硬底化工程32.358公里，完成投资1132.53万元。

【道路养护】 2014年，养护里程1180.004公里，其中县道189.46公里，乡道村道共990.544公里。2014年，新增标线761平方米、警示桩252个、安装f杆、标志牌22付、单立杆12付，安装导向标志6付，对存在缺陷的交通标志进行全面修复22个。刷新路政宣传标语5条、增写墙体宣传标语6条、更换路政宣传牌版面25块、悬挂路政宣传横幅13条、发放路政宣传资料3000余份。

【打非治违】 2014年，共出动执法人员2672人次，车辆962辆次，检查或调查车辆4550辆次，查处违章案件196宗，其中非法营运5宗、不按站点停靠上下旅客20宗、改装2宗、超限超载145宗、公路路域整治11宗、其他13宗。超限超载率4.3%，卸、转货物2964.44吨。

【始兴汽车站】 始兴汽车站是韶关市粤运汽车运输有限公司下属分公司之一，是国有控股企业。经营范围包括县内、县际、市际、省际班车客运，县内、县际、市际、省际包车客运，公交客运，普通货运，停车保管服务，代理人身意外伤害保险等。

【始兴火车站】 赣韶铁路全长179公里，其中经过始兴段境内36公里，途径始兴县的沈所、马市、太平三个乡镇。始兴火车站占地面积378亩（25.2公顷），投资2亿元。2014年，始兴火车站日发旅客500人次，共计14趟客货火车，其中停靠始兴火车站的旅客列车5趟，经过始兴火车站的旅客列车5趟，停靠的货物列车（行包快运）4趟。

站　长：邱继明　副站长：周前志　（陈　珊）

附：领导班子成员名单

局　长：王迁亮（—2014.12）
　　　　胡长江（2014.12—）
副局长：廖奋忠
　　　　吴仲传
　　　　陈　琴
综合行政执法局局长：钟佩南

始兴公路局

【概况】 1956年4月，体制改革和经济建设发展，粤北养路总段改称韶关专署养路段，下设各县养路工区，由此成立始兴县养路工区（公路局前称），股级单位，隶属韶关专署养路段。1959年11月，始兴县养路工区与县交通公路修建科合并。1960年7月，始兴县养路工区与县交通公路修建科分开，隶属韶关专署交通运输局。1961年8月19日，韶关专署交通运输局分别成立韶关公路分局和韶关运输分局；公路分局下设各县公路工区，始兴县公路工区隶属韶关公路分局。1968年10月，始兴县公路工区与县交通邮电工作站合并。1969年11月，始兴公路工区与始兴汽车站合并成立始兴县公路运输革命委员会，下设公路连、运输连和修理连。1971年12月，始兴县公路运输革命委员会撤销，恢复始兴公路工区，同时接管县地方道路站，办公地点仍在始兴县太平镇北门路109号，隶属广东省交通厅公路局韶关分局。1974年3月，始兴县公路工区与地方道路站分开。办公地点仍在始兴县太平镇北门路109号，隶属广东省韶关公路局。1981年3月21日，公路运输系统在本省各县、市公路工区和汽运站一律定为县政府属下科局级单位，始兴公路工区定为县科级单位。1989年4月12日，始兴县公路工区改名为“韶关市公路局始兴分局”。1990年3月19日，始兴县公路分局改名为“始兴县公路局”（正科级）。1992年7月18日，公路局新建办公楼竣工，办公地点从始兴县太平镇北门路109号迁到始兴县太平镇北门路116号。2007年5月，县公路局新建办公大楼，搬迁到太平镇永安大道办公。2009年9月，始兴县公路局更名为“韶关市始兴公路局”。2010年7月，韶关市始兴公路局成立党总支，下设三个支部：局机关支部、养护中心支部、退休支部。

县公路局的主要职能是：贯彻执行《中华人民共和国公路法》《广东省公路条例》等法律、法规，实施上级主管部门的制度、规定。按分级管理原则，负责辖区内国省道公路的全面养护，公路水毁预防和桥梁养护。承担市公路局下达的工程建设任务和文明样板路规划任务。按照管理权限，负责辖区内国道和省道公路、收费公路路政管理。负责辖区内机动车辆路桥通行费年票收费工作。负责辖区内国、省道安全生产的监督管理；承担辖区内国、省道应急抢险工作。管理或协助管理权限内的非经营性收费公路收费站点。负责贯彻落实单位精神文明建设和行风建设各项任务。承办上级主管部门交办的其他事项。

根据部门职能，2014 年，始兴公路局机关内设 7 个办事机构：办公室、生产技术股、人事监察股、路政管理所、收费管理所、财务股、安全生产股。下设马市、凉口、司前三个养护中心。全局在职职工 131 人，退休职工 112 人。公路事业经费按照省养路费地方切块包干资金管理办法，纳入市财政核拨。

2014 年重点工作是养护生产、路政管理、年票收费、安全生产等。

2014 年实现安全生产零事故，被县政府评为 2014 年度安全生产一等奖，授予“安全生产先进单位”；被县委农村工作办公室评为 2014 年度乡村“清洁美”一等奖单位。

2014 年，始兴公路养护总里程 208.165 公里，其中国道（G323 线）37.471 公里；省道（S244 线、S343 线、S344 线）166.006 公里；乡道（Y021 线）4.688 公里。一级公路 6.68 公里，二级公路 63.52 公里，三级公路 90.379 公里，四级公路 30.048 公里，等外公路 17.538 公里，桥梁 1414.27 米/45 座。

【工程建设】 3 月 20 日，始兴县 S244 线 K41 + 288 处马市大桥（四类桥）抢险加固工程实行全封闭施工管理。6 月 2 日，完成马市大桥（四类桥）抢险加固工程。10 月，（省道）S343 线、（省道）S244 线县城至周所 9.5 公里一级公路改造工程开工建设。10 月，完成深渡水路段山体滑坡（S244 线 76k + 900m 路段高危边坡落石）整治任务。11 月 25 日，完成国道 G323 线五里山至东湖坪 7.3 公里一级路路面改造工程设计招投标。12 月，完成（省道）S244 线始兴周所至亚吉山 45.641 公里路面改造工程施工图设计批复。12 月，完成（省道）S244 线陆源至马市段（7.31 公里）路面大修工程竣工验收。12 月，完成（省道）S244 线北山武江坳至陆源石场 22.748 公里路面改造工程设计招标。12 月，完成（省道）S344 线司前下窝至龙斗斜 28.691 公里路面改造工程设计招投标。

【路政管理】 维护路产路权，建设和谐平安公路。路政部门加强路政管理，加大公路巡查力度，整治违章占用、利用公路堆放物品、设置路障、占道经营行为，因地制宜地采用巡查与宣传相结合的管理模式，每月路政巡查不少于 18 天。全年清理各类公路路障 185 立方米/25 处，责令当事人自行拆除临时建筑物 16 平方米/6 间，拆除永久性非公路标志 32 平方米/3 块，违章横幅宣传标语 25 条、清理临时非公路标志 36 平方米/19 块，责令单位（当事人）搬迁违章杆线 5 条，拆除违章横幅宣传标语 21 条，新增简易宣传标牌 16 块、印发宣传资料 600 份，告知综合执法局处理案件 51 宗，责令有关单位、个人清理污染公路路面 7500 平方米/8 宗，清理占用路面施工 28 平方米/6 宗、处理各类简易违章路政案件 11 宗、影响公路通行的案件 4 宗、公路路产赔（补）偿案件 22 宗，结案率为 95% 以上。

【安全生产管理】 贯彻“安全为了生产、生产必须要安全”的指导思想，将安全工作摆在工作首位，提高职工安全防范意识，防范安全生产责任事故的发生，采取定期检查和不定期抽查方式相结合，加强公路巡查和监控、汛期公路安全排查及危险路段安全防护措施，确保汛期过往车辆畅通和行人安全。同时，抓好日常、重大节假日的安全生产管理工作，经常对公路、桥涵、高边坡及事故多发路段进行隐患排查。全年共排查一般隐患 25 宗，整改 25 宗，整改率达 100%；更新增设公路标志牌/示警桩 435 个、更新标线/减速带 4988.8 平方米、完成县专项督办安全隐患整治 12 宗，共投入资金 45.39 万元。

【车辆路桥年票收费管理】 抓好窗口服务工作，加强通行费年票制收费政策的宣传力度，切实把窗口建设的各项举措落到实处，努力建设廉洁、勤政、务实、高效的文明服务窗口。为提高收费率，加强与公安交警部门的沟通、合作，使车辆在办理年审、过户、转出等手续时必须检验其年票费的缴交情况，实现年票收费系统与公安交警车辆年检系统联网监控，并及时完成新车入户和车辆转籍、报废的建档、造册登记等工作，促进年票收费工作稳步开展。

（劳丽华）

附：领导班子成员名单

局　长：黄天佑

副局长：凌礼昌
张富金

始兴汽车站

【概况】 始兴汽车客运站是根据始兴县改造旧城，开发新区，完善功能，提升品位的总体规划而建设的二级 B 类公共型客运站。车站位于国道 323 线（始兴县太平镇永安大道）和韶赣高速公路始兴出口交汇处。从 2009 年 12 月 1 日开工，到 2010 年 12 月 30 日竣工，2011 年 1 月 17 日正式投入使用，2012 年 12 月 25 日通过二级（B 类）站场等级验收。始兴汽车客运站占地面积为 20824. 88 平方米，总建筑面积为 3081. 6 平方米，停车场面积为 6032 平方米，候车室面积 512 平方米，设计旅客年度日发送量为 3000 人次，发车位 16 个，总投资为 2300 万元。始兴汽车站原是广东省韶关市汽运集团有限公司下属分公司，2014 年 9 月被广东粤运交通股份有限公司收购，改为韶关市粤运汽车运输有限公司的下属分公司，是韶关市国资委属下的国有控股企业。经营范围包括县内、县际、市际、省际班车客运，县内、县际、市际、省际包车客运，公交客运，普通货运，停车保管服务，代理人身意外伤害保险等。2014 年，拥有营运客车 46 辆，日发班车 142 班次。2014 年，设立 6 个职能部门分别是：综合办、经营办、车队、财务管理办、治保办、车间。设站长 1 人，副站长 2 人，党支部书记 1 人。有员工 80 人（其中在岗 73 人，不在岗 5 人），退休人员 65 人。在岗人员中，各部门正、副职共 10 人。2007 年至 2014 年连续 8 年被始兴县人民政府授予“守合同重信用企业”；2014 年 3 月被韶关市妇女联合会评为“巾帼文明岗”等荣誉称号。

【生产经营】 2014 年，完成客运量 89 万人次，完成旅客周转量 6309 万人公里。

【安全生产】 2014 年是全国十四个“安全生产年”，始兴汽车站安全生产工作坚持“安全第一、预防为主、综合治理”的方针，全年安全生产态势平稳。

【工会工作】 2014 年，始兴汽车站工会积极开展走访慰问和送温暖活动，全年慰问因病住院的职工 12 人次，看望病故 3 人次。全年为困难职工向集团公司工会申请到帮扶资金 8000 元。

【计划生育工作】 2014 年，始兴汽车站在全站员工队伍和外来流动人口未发生违反计划生育问题。

【扶贫工作】 2014 年扶贫开发“双到”工作根据太平镇河北村实际情况制订扶贫开发工作方案，全年共计帮扶贫困户 30 户，共落实帮扶资金 3 万余元。

（卢明珠）

附：领导班子成员名单

站　长：彭松永
党支部书记：张元江
副站长：陈高文
钟　蓉

邮政·电信

邮　　政

【概况】 1949年9月，始兴县人民政府设邮政局，1956年10月，改建为邮电局。1958年12月，始兴县并入南雄县时撤销，1960年10月恢复。“文化大革命”初期，邮电局实行军管。1969年12月，邮电局分为邮政局革委会和电信局革委会，1972年3月，取消革委会，两局又合并为邮电局。1998年9月，邮政体制改革，始兴县邮电局一分为四：始兴县邮政局、始兴县电信局、移动通信公司始兴分公司、联通通信公司始兴分公司。1998年10月1日，始兴县邮政局正式独立运营。始兴县邮政局位于始兴县太平镇北门路68号，是一家肩负着全县邮政通信建设、运营与管理的现代服务企业，下辖北门路营业所、顿岗、司前、隘子、澄江、罗坝、沈所、石人嶂和马市等9个邮政支局以及1个邮政营业室。邮政局设综合办公室、市场经营部2个职能部门和1个金融局（金融业务部）专业部门，市场经营部下设函件集邮中心和报刊投递电子商务中心2个专业部门。2014年，始兴县邮政局有在职员工111人。

2014年，始兴县邮政局继续开展“为民服务，创先争优”主题实践活动，主动融入地方经济发展，服务“三农”和中小企业，服务百姓生活，不断提高经营、服务、管理水平。邮、银、速“三大板块”紧密协作、共享资源、互为渠道、融合发展，实现社会效益与企业效益同步发展，开创邮政发展新局面。全年实现业务总收入2469.81万元，完成计划的100.69%，同比增幅达10.23%，净增收入229.25万元，其中邮务类累计完成收入405.04万元，完成进度为105.81%%；代理速递物流结算类业务累计完成15.46万元，完成进度为58.34%。代理金融类业务累计完成1988.72万元，完成进度为102.99%，同比增长12.2%。资金案件率控制为零。

【企业发展能力提升】 函件业务：以“计生宣传”“党群路线”“廉政”“教育创强”等方面为切入点，联合社会广告传媒发展邮政户外媒体广告业务，全年实现收入40多万元。集邮业务：通过“文化新春”“一马当先”“文化中秋”“策马扬鞭”活动，成功盘活库存43万多元，活跃了集邮资金运作的命脉。报刊业务：通过进驻校园，以校园报刊亭、社会教辅书刊经销商和学生社团等为渠道，提升邮政在校园报刊市场的服务占有率。邮政媒体业务：重新构思U媒纸媒平台“小城无忧”；组建“集邮信息微信群”“始兴集邮微信公众平台”搭建集邮宣传平台。农资业务：农资业务主要以服务三农为主，通过铺货到点和农资产品推介会等形式加快农资产品服务，并结合种粮大户、果园基地等产业化基地和政府扶贫项目开展农资服务。代理金融业务：全年以季度主题营销活动为主线，以“五进”工程为抓手，开展客户走访、综合宣传，营造浓郁营销氛围，开展各类特色活动，效果突显，先后举办产说会达70多场，收集客户新信息1000多条，强化对代发类项目的跟踪，2014年共新增代发各项工资、征地、青苗等补偿款10多笔，余额1130多万元，有效支撑邮储余额的发展。

【服务质量再上台阶】 重点提升代理金融渠道服务能力：风险内控方面，加大相关专项检查活动，全县案防风险隐患排查能力进一步提升；渠道服务方面，推进增网优网，抓好网点整治工作，司前、澄江支局网点纳入整治计划；布局农村基础金融服务，加大助农取款点布点力度，提升邮政金融服务能力和延伸邮政金融服务触手；设备投放方面，更新增加金融机具一批，包括电脑6台、WIN终端6台、A类点钞机19台、激光打印机3台、存折补登机10台、身份证阅读器2台、清分机1台、金融IC卡读写器13台。重视专业素质能力提升：强化银从考前培训，制定考核管理办法，提升了银从持证率；抓好基层员工的普遍学习、职业化学习，抓好支局长、网点主任、金融从业人员、合规经理的持证学习；开展各岗位练功比赛，提高员工技能水平；为提升服务水平，重点对储汇练功进行强化，举办储汇营业员、投递员技能比赛，提升工作质量，提高金融从业人员的专业服务水平。切实改善服务质量：开展“双岗”履职情况检查；严格执行《通信服务质量监督管理办法》等机制；加强邮件传递时限和规格监管；妥善处理客户投诉，回复率达100%，无发生重大服务质量问题；按照“一级抓一级、层层抓落实”的原则，开展“人民满意”专项服务整治活动，通过自查、抽查、整改及回头看，畅通用户投诉渠道，使服务质量扎实改进；加强监督改善服务，在开展邮政窗口“人民满意”活动的同时，加强对员工营业规范、服务礼仪和业务技能等方面的培训和管理，对服务质量工作进行常态化管理。加强人力资源管控：加强人力资源集中管控，强化人工成本的管理监控，对百元人工成本产出、员工平均薪酬等关键指标进行监控，对各单位工效挂钩办法和员工绩效考核办法进行督导；强化对机构用工的集中管控，严格用工计划管理，重点做好业务外包和非全日制用工的规范管理；稳步推进人才队伍建设，重视深化干部人事制度改革，顺利完成中层管理人员期满选聘，推行劳务工成长积分制，共5多名优秀骨干转为B类合同工。安防设施建设能力得到提升：2014年，全局共投入安防资金约30多万元，对网点消防设施、用电线路、监控设备等进行改造，确保了全年无发生任何安全责任事故。

【企业社会效益提升】 2014年，始兴县邮政局以“关注民生，服务发展”为主题开展各项工作，提高始兴邮政社会效益，融入社会服务建设。全面启动党的群众路线教育实践活动，“转作风、促三型、做表率”，激励党员干部带头艰苦奋斗、弘扬正气。切实执行中央“八项规定”，全面开展整治“庸懒散奢”等不良风气，增强党员的责任感和使命感，更好地为基层服务。始兴邮政人传承“一方有难，八方支援”美德，开展“爱心包裹”活动，开通邮政绿色通道，寄往灾区邮件一律免费，为灾区及其他贫困地区学生献上爱心。

【深化和谐企业建设】 加强党风廉政制度体系建设：全面启动“转作风、促三型、做表率”活动，激励党员干部带头艰苦奋斗、弘扬正气；切实执行中共中央“八项规定”，开展整治“庸懒散奢”不良风气，改进工作作风系列活动；组织学习中共十八大精神，增强党员责任感和使命感，服务基层；工会坚持为员工办实事、办好事，组织慰问先进、病困员工26人次，发放慰问金3.87万元。创新开展职工之家，解决了员工就餐难题：为支局职工小家更换、添置了部分用品用具；坚持创建韶关邮政特色企业文化理念，北门路营业所被授始兴县“青年文明号”“五星级营业窗口”称号；选树典型，培育先进集体和先进个人；开展爱心捐赠活动，得到上级局及县政府肯定。（罗晓玲）

附：领导班子成员名单

党组书记、副局长（主持全面工作）：胡　鹏

党组成员、副局长：廖翼民（—2014.11）

党组成员、副局长：卢志斌（2014.12—）

党组成员、副局长：姚鹏欢

电　信

【概况】 1949年9月，始兴县人民政府设邮政局，1956年10月，改建为邮电局。1958年12月，始兴县并入南雄县时撤销，1960年10月恢复。“文化大革命”初期，邮电局实行军管。1969年12月，邮电局分为邮政局革委会和电信局革委会，1972年3月，取消革委会，两局又合并为邮电局。1998年9月，邮政体制改革，始兴县邮电局一分为四：始兴县邮政局、始兴县电信局、移动通信公司始兴分公司、联通通信公司始兴分公司。1998年10月1日，始兴县邮政局正式独立运营。2000年5月，更名为中国电信股份有限公司始兴分公司（以下简称始兴电信）隶属于中国电信集团公司，是我国特大型国有通信企业，主要经营固定电话、移动通信、

互联网接入及应用等综合信息服务。拥有“我的e家”“天翼”“号码百事通”“互联星空”等知名品牌，具备电信全业务、多产品融合的服务能力和渠道体系。2014年，内设综合部、销售部、客响维护部三个职能部门，下辖政企客户中心及城区、顿岗、马市、罗坝、澄江、都亨、石人嶂、司前、隘子、沈所、江口11个营销服务中心，服务网点遍布全县乡镇，是始兴地区拥有完整的固定网、移动网、基础网、数字网和数据网的综合信息服务提供商。2014年，有员工80人。2014年，始兴分公司全面落实市公司的工作部署，紧紧围绕市分公司的工作思路和经营目标，不断创新，大胆实践，保持了企业和谐稳定和生产经营的正常进行，而且各项综合指标有了一定的提高。

【工程建设】 以“光纤到户”“光纤到楼”等方式为用户提供持续稳定、快速方便的宽带接入服务，成为始兴第一个在技术手段上和商业运营商都具备“光纤到户”能力的电信运营商。

宽带网络建设：始兴电信2014年优化和调整了宽带网络，对宽带网络进行了扩容建设，增加了宽带接入端口。始兴电信响应政府建设光网城市的号召，在县城及支局圩镇范围内推行“光进铜退”工作，推动了网络向扁平化、全光网演进，减少网元数量，对部分高能耗设备退网以实现节能减排。

OLT建设：2014年，在原来的基础上新建城区传输机房、澄江机房、江口机房的GPON设备，同时还规划了始兴深度水瑶族自治乡机房的OLT设备；每个营销中心已经分别有了GPON设备和EPON设备，完善了始兴的传输设备，为打造始兴的光网城市提供了有力的保障。

新建主干光缆及光交箱扩容：2014年，规划新建始兴顿岗至深度水24芯、江口至圩镇至河北村委会、始兴残联培训中心等的主干光缆，并已完工并投入使用。

始兴光交箱扩容：始兴有条件的光交箱扩容已经全部完成，总数扩容达到了11个，确保了始兴的光缆资源充足。

光宽建设：始兴电信充分利用社会资金建设楼盘小区光宽线路，始兴兆荣华庭一期、茶头碰虚拟小区、交通局小区等都是利用三方资金合作建设，在洽谈的项目还有兆荣华庭二期、马市鑫叶花园、江口派出所旁等楼盘；自建光宽提速建设，始兴电信已经完成了城区及8个乡镇的墟镇建设，完成了4100个光端口的建设；政企客户光宽方面的支撑，政企客户一直是始兴分公司业务收入的有力保障之一，也是提升客户对分公司感知度手段，对于政企客户的需求我们做到有求必应，切实做好支撑工作。

【营销管理水平】 始兴电信根据市公司关于划小经营的要求，加强倒三角支撑，全面推进营服中心划小承包经营工作。指导各中心以收入为纲，制定并严格执行营服中心每日、每周、每月管控计划，在网点建设、卖场化改造、营业厅置换及促销等方面予以支撑和指导。2014年，始兴电信新建手机城2个。

始兴电信围绕六大细分市场，加强执行管控，效果明显。针对城镇市场、流动市场、农村市场、行业客户、商业客户及校园客户的不同特点，分别制订了不同的营销策略，并加强执行管控，全面提升各渠道产能。在城镇市场方面围绕光纤平移和营业厅融合提升业务发展。

【用户至上，用心服务】 2014年，始兴电信重点加强装维服务管理，采取回访抽查方式，突出抓好自维工单管控和装移机、修障及时率和履约率。对于以往服务质量较差的部分，进行有针对性地治，装维假回单管控卓有成效，全年人工回访未发现假回单现象。先客户之想而想，先客户之急而急，先客户之需而动，始兴电信要求所有营销人员及装维人员要主动服务，引导需求并满足需求。用心细分市场，精心设计方案，量体裁衣，为客户提供个性化服务。始兴电信还倡导为客户提供全方位服务，前端服务客户，后端服务前端；全员用心，铸就卓越服务品牌。

【建立维系团队，加强存量保持工作】 始兴电信2014年建立了维系团队，对于新入网用户进行及时的回访，询问使用情况，为其答疑解惑；对于老用户进行服务质量调查，及时改进服务质量；针对套餐即将到期用户进行电话提醒。在新入网用户方面，做好入网用户质量分析，做好有效益用户发展质量，提升新入网用户质量；对新入网客户次月有回访，提升客户感知；加强日常客户走访和异常客户关怀；责任到人，做好到期业务续约工作，降低客户流失风险；对离网客户加强挽留，通过坚持做好低余额目标用户及在网一年以上目标客户充值、欠费回收等工作，有效减少客户离网。

【加强和谐企业建设，为企业发展保驾护航】 始兴电信领导班子及工会小组及时探望慰问生病住院员工、组织员工健康体检；为出现特殊困难的职工提供适当帮扶，解决了特殊员工的困难，使员工感到企业的温暖。通过组织员工开展乒乓球、羽毛球、篮球等运动，以及开展“送温暖”“送清凉”等系列活动，丰富员工的业余生活，活跃气氛，激发热情，增强了企业凝聚力。（戴卫红）

附：领导班子成员名单

总经理：薛毅强（—2014.10）

华　东（2014.11—）

副总经理：尹宏生

黄东生

工会主席：尹宏生

中国移动始兴分公司

【概况】 中国移动通信集团广东有限公司始兴分公司（以下简称始兴移动）是中国移动通信集团广东有限公司的分支机构之一，于1999年1月28日正式成立，2014年，公司下设市场部、综合部、网络部三大部门，员工45人，拥有2个区域营销中心和3间营业厅，160多个社会网点，用户数超过13万，网络覆盖率达99.9%，是始兴最早提供移动电话服务和占主导地位的移动通信运营商。2014年，始兴移动坚持“网络为先，客户为本”的服务理念，从市场、网络和管理入手，转变发展思路，坚定不移地“固格局、稳客户、保收入”，为实现企业的转型发展奠定了坚实基础。

【畅享移动前沿服务　推进网络价值提升】 始兴移动通过服务创新、产品创新、细化经营，巩固在移动通信市场的主导地位，保持稳中有升的发展态势。为更加方便客户的业务办理，始兴移动优化并升级各电子渠道的服务功能，将服务网点向农村及偏远地区延伸，实现“10086”客服、网上营业厅、业务代理点三位一体的立体化服务网络。

为打破宽带市场的价格坚冰，在保证现有无线网络领先优势的基础上，始兴移动投巨资铺设有线宽带网络和专网专线网络，根据实际情况对县城住宅小区以及乡镇进行家庭宽带覆盖，构筑网络卓越优势。2014年，已实现县城85%住宅小区接入移动家庭宽带，宽带信号已扩展到五大中心乡镇，并通过话费补贴实现了客户价值提升，移动宽带用户突破4千户，网络优势进一步彰显，客户满意度持续提升。

2014年，中国移动在各大运营商中率先开展4G网络建设并最快时间投入商用，4G网络已覆盖始兴县县城及乡镇区域，让客户率先感受到来自4G的极速体验。

【践行企业社会责任　打造高效和谐企业】 始兴移动秉承“正德厚生、臻于至善”的企业核心价值观，响应政府号召，彰显社会责任形象，传承企业感恩文化。参加县委、县政府举办的“广东扶贫济困日”扶贫捐款活动，贯彻落实扶贫开发“双到”工作，对口帮扶顿岗宝溪村；抽调业务精英，为县两会的召开提供优质服务；举办“3·15”消费者权益日活动，为客户提供优质服务平台；开展“道德讲堂”和学雷锋等志愿者活动，致力建设文明企业，履行企业社会责任。

坚持以整体效能提升为目标，开展管理提升工作，在合法合规的基础上，努力平衡规范和效率，为企业健康发展提供了强有力的支撑。开展“关爱无忧”行动，以“和您在一起·畅想心服务”为主题，持续加强员工关爱。开展“最美移动人”“七色青春·筑梦移动”等活动，有效提升了员工技能，激发了员工工作热情和士气。2014年，始兴移动荣获省市公司荣誉11项，其中2个服务厅获省级“巾帼文明岗”。（何　叶）

附：领导班子成员名单

副总经理（第一负责人）：许继斌

副总经理：黄远锋

城乡建设·环保

住房和城乡建设

【概况】 1949年10月，始兴县人民政府成立建设科，主管全县城乡公共工程建设。1950年1月，建设科与农林科合并为农建科。1956年成立市政建设委员会，1958年8月撤销。1961年6月成立始兴县县城修建委员会，同年10月撤销，归计委管辖。1976年8月成立始兴县基建办公室，1980年1月，基建办改称基建局。1984年4月，基建局与环境保护办公室合并，组建始兴县城乡建设委员会（简称“建委”）。2001年12月，建委改称环保和建设局。2007年1月，环保局从建委分离，改称始兴县建设局。2010年5月，建设局改称始兴县住房和城乡规划建设局（简称住建局）。

1994年4月，成立县城市管理监察大队，副科级，隶属建委；2005年4月，监察大队改称城市管理综合行政执法大队，仍隶属环保和建设局。始兴县房地产管理所1976年7月成立，2006年8月起由环保建设局管理，事业单位。

住建局主要职能是：贯彻执行国家和省、市有关住房和城乡建设工作的方针政策和法律法规，拟定有关住房和城乡建设方面的规范性文件，编制住房和城乡建设发展规划和年度计划，并监督实施；承担推进住房改革与发展和城镇低收入家庭住房保障的责任，指导全县住房制度改革工作，负责县区直管公房管理和棚户区、危旧公房改造工作，负责住房公积金监督管理；承担规范房地产市场秩序、监督管理房地产市场的责任；负责燃气行业的监督管理；承担房屋建筑和市政基础设施工程质量安全监管的责任以及承办县人民政府与市住房和城乡建设局交办的其他事项。

始兴县住房和城乡规划建设局设6个内设机构：人秘股、建筑业监管股、用地规划股、工程规划股、村镇规划股、住房发展与房地产业监管股，外加城市管理综合行政执法大队和房地产管理所。县住房和城乡规划建设局机关行政编制13名，其中局长1名、副局长3名、后勤服务人员数1名。

【创新城市经营理念】 韶关市新型城镇化现场会在始兴县召开，始兴以打造广东生态文明示范县为目标，突出功能分区引领，以“三旧”改造为牵引，完善基础设施配套，推进新型城镇化建设的做法和经验得到了市委、市政府的肯定。启动生态智慧新城项目，由广东浩文投资有限公司筹建，突出以人为本、生态融合的理念，利用生态化、智慧化技术，推动信息化与城市化的高度融合，打造集医院、学校、影剧院、商住中心等一体的生态、环保、功能齐全、具有地方特色的新城。充分吸收社会资金、捆绑项目资金投入城乡建设，其中火车站站前道路项目采取BT模式，管道天然气项目采取自营模式，创新了城市经营模式和融资机制，充分发挥民营资本在探索建立新型城镇化的多元融资格局的作用。

【加快重点项目建设】 全年报建项目21项，报建面积45.7万平方米，工程造价5.3亿元。核发建筑施工许可33宗，竣工验收备案54项，在项目立项上完成了固定资产投资17.22亿元，超过年度任务1.52亿元，实际入库完成9.3亿元，占任务数59.3%，各重点项目有序建设。城市综合体项目完成了地籍调查、拆迁摸底、控制性详细规划方案图及宅基地选址初步方案，优化设计方案，待太平镇安置地征地完成后，与村民签订拆迁协议。天元帝景三、四期，住宅区主体工程施工已完成封顶，进行二次结构浇筑和砌砖工程；万华酒店重新调整方案办理报建手续。金润国际大酒店公寓已经封顶，主楼完成至十五层板面。金润大桥完成了桥面铺设，建设人行道基座。生态湿地保护工程已征地

9.6万平方米，征地青苗基本补偿完毕，湿地公园项目完成了图纸的设计及施工预算，交财政审核，着手控制性详细规划设计，并在网上发布了生态湿地保护工程第一期招标公告。

【规范房地产开发】 有15家房地产开发企业办理了商品房预售许可证，预售面积38.3万平方米，3552套（其中商铺512套、其他97套，住宅2943套）。加大房地产开发项目建设服务力度，加强商品房预售许可管理，切实促进房地产市场平稳健康发展，房地产销售稳步增长，实际销售面积19.46万平方米，同比下降2%；商品房（含商铺）销售数量1646套，同比下降18%，占销售总量的59%，在全市各县市区排名第3位。房地产开发市场税收足额收缴到位，累计完成协税护税任务943.95万元，占全年任务数的97.62%。

【完善路桥管网】 加快推进火车站站前道路、沿江南路、丹凤路西路、规划建设兴隆大桥北段道路，构建了城区“三纵五横”道路网络。推进金润大桥和山水大桥建设，其中金润大桥桥墩预制梁已经全部完成，进入桥面铺设；山水大桥完成招标工作，开始动工建设。推进了墨江大桥北段西侧人行道建设，完成东门北路排污管道铺设，完成莲新路莲北一街道路硬化及排污管道铺设，改善了城区排污管网格局。

【加强配套设施建设】 加快推进金润大酒店、东方大酒店、旭粤太阳能酒店、美景酒店建设，天元万华酒店、联丰商务酒店已经完成规划设计，美景酒店已经竣工验收，建成投入使用后将大大提高旅游接待能力。推进汽车维修和建材专业市场、水果市场、土特产一条街、现代农产品物流交易中心、文具装饰材料城和美食一条街建设，幸福里土特产一条街已经建成营业，打造一批特色鲜明的专业市场，构筑城乡流通新平台。

【城市总体规划修编】 按照建设“山水园林城市”的目标，牢固树立坚持规划先行的理念，全面推进《始兴县城市总体规划》（2013—2030）修编工作，完成了新一轮总体规划修编初步方案，组织召开县四套班子征求意见座谈会和城西新区生态智慧新城规划方案调整座谈会，将总体规划征求意见稿发到各单位和乡镇，公开征求意见，并结合征集的意见优化城市总体规划，筹备召开专家评审。新一轮城市总体规划明确要联合周边城南、沈所、江口镇区一体化发展，打造“太平—城南—沈所—江口”连片的“大始兴”，推动中心城区沿墨江向西北、东向扩展，形成多中心、带状组团式城市。

【科学规划统筹发展】 以城市总体规划修编为契机，完善城乡规划体系，抓好专项规划编制工作，编制完成《始兴县城市景观风貌规划（初步方案）》、《风情街片区整治规划（初步方案）》、启动《始兴县生态控制线规划》编制工作，解决城市景观风貌、历史文脉、生态文明建设等问题，塑造城市亮点、特色和魅力。结合土地利用总体规划，以县城中心区、旧城改造区、近期发展区为重点，编制完成了城东新区、城西新区、城南新区规划初步方案，完成了始兴县城东路东侧地块、中汇农业科技产业园地块、始兴县九龄中学用地等53个项目的控制性详细规划，严格控制好建设用地性质、使用强度等指标，增强规划的严肃性和权威性。做好建设工程用地规划、报建等工作，核发《建设项目选址意见书》6宗、用地规划许可证15宗、用地规划许可证（私房）68宗、建设工程规划许可证（私房）2宗、建设工程规划许可证25宗、建设工程规划许可证（市政）10宗、建设工程规划许可证（临）1宗。

【严抓工程质量安全管理】 高度重视建设工程质量和安全生产监督管理工作，落实安全生产责任机制，强化安全施工检查监督，全面推行安全生产动态管理，切实加强了对工程质量、安全生产和文明施工的管理。对在建工程开展大检查和不定时抽查、巡查工作，累计签发隐患整改通知书91份，扣分通知书登记在网60份（施工企业5份；项目负责人22份；安全员28份；总监理工程师5份），提出工程安全问题或隐患508条，其中要求41个（次）工地进行限期整改，收到整改回复单83份，整改率91.2%，建筑施工质量、安全动态在可控范围内。

【开展城区"六乱"整治】 建立联合管理工作机制，联合太平镇、公路、交通、交警等部门，对江口万达路口流动摊档乱摆乱卖的现象进行整治，制止乱摆乱卖行为130余起，改善了该路段乱摆乱卖行为，开展了城区"六乱"专项整治，对县城及周边市容市貌进行了全面整治，共出动人员200余人次，派发宣传单1300余份，制止不文明行为960多宗，营造城市管理工作良性互动、齐抓共管的氛围。坚持堵疏结合的原则，严厉查处违法违章建筑，联合国土部门，对违法建设从土地违法阶段到违法超层阶段实行多部门联合监管；对城乡接合部的违法建设加强辖区管理，查处违章建筑27宗，立案5宗，结案3宗，违法占地面积2301.77平方米，总建筑面积4893.47平方米。查处乱搭建69宗，查处乱开挖10宗，强制制止违章建筑3宗，总违建面积276.8平方米。

【做好绿化和环境卫生管理】 坚持生态为先，将城市绿化作为加快城市建设、提升城市形象的切入点和突破口。抓好"一街一景""一街一树"绿化工程，完成新中医院门口地段绿化，新建河畔公园，加快沿江南路绿化景观道路建设，切实加强城区绿化的管护工作，建成区绿化覆盖率达46.4%，人均公园绿地面积达13.65平方米。建成10个垃圾中转站、1384个垃圾收集点，完成了"一县一场、一镇一站、一村一点"的建设任务，建立实施"户收集、村集中、镇转运、县处理"的农村生活垃圾收运处理模式，乡镇垃圾无害化处理率58.6%，城市垃圾无害化处理率100%，实现城乡垃圾无害化处理。 （谭庭爵）

附：领导班子成员名单

局长、党委副书记：吴卫东（—2014.9）

党委书记：叶美颜

党委副书记、纪委书记：刘运涛

副局长：魏　平（—2014.9）

阳　斌

李步林

袁云亮（2014.12—）

住房公积金管理

【概况】 1997年，成立始兴县住房公积金管理中心（临时机构），受始兴县房改办领导小组直接领导。2002年，始兴县住房公积金管理中心归属县财政局管理，定级为股级事业单位，核定人员编制6名。2003年3月，市政府根据国务院1999年第262号令《住房公积金管理条例》和《国务院关于进一步加强住房公积金管理的通知》《关于住房公积金管理机构调整工作的实施意见》的要求，结合韶关市实际，制定出台《关于韶关市住房公积金管理机构调整的意见》。保留市住房公积金管理中心，为市政府不以盈利为目的的直属副处级事业单位（委托市财政局代管），各县（市）住房公积金管理机构，改组为经办网点，统称"韶关市住房公积金管理中心××县（市）办事处"，为副科级事业单位（核定始兴县办事处编制4名）。2008年7月，根据市人事局《关于做好第三批事业单位参照公务员法管理工作的通知》，批准韶关市住房公积金管理中心为第三批参照公务员法管理的事业单位。

2010年韶关市住房公积金管理部门"四统一"（统一决策、统一管理、统一制度、统一核算）管理得到完全落实。2010年4月，韶关市机构编制委员会《关于印发韶关市住房公积金管理中心机构编制方案的通知》，重新核定各县（市）人员编制（始兴县定编4人），明确人员经费由财政核拨。同期，韶府办批转市住房公积金管理中心（以下简称市中心）关于《韶关市住房公积金管理存在问题整改实施方案》，同年9月把仍属于各县（市区）的住房公积金办事处人员编制及工资关系统一到市中心。

县住房公积金管理中心主要职能是：编制、执行住房公积金的归集、使用计划；负责记载职工住房公积金的缴存、提取、使用等情况；负责住房公积金的核算；审批住房公积金的提取、使用；负责住房公积金的保值和归还；编制住房公积金归集、使用计划执行情况的报告；承办住房委员会决定的其他事项。

【住房公积金归集】 2014年，全县共归集住房公积金10686万元，同比增加2015万元，增长25%，新增缴存住房公积金单位18个，新增缴存住房公积金职工862人，历年累计归集住房公积金56561万元，归集余额28482万元，缴存职工8617人。

【住房公积金提取】 2014年，全县共办理住房公积金提取15085万元，同比增加8821万元，增长140%。提取包含发放贷款7171万元，退休干部职工公积金本息7914万元（其中购房、还款2052人次，支取金额6079万元，离退休267人，退公积金金额1394万元，其他220人，退公积金金额441万元），历年累计为12201人次提取住房公积金28078万元。

【住房公积金贷款】 2014年，全县共发放住房公积金个人住房贷款7171万元，同比增加2319万元，增长48%，当年存贷比67%。贷款回收1182万元，历年累计放贷笔数1615，累计放贷总额20715万元，期末存量贷款笔数1196，期末贷款余额16298万元。

【住房公积金增值收益】 2014年，全县已实现增值收益9.5万元，业务收入589.5万元，其中存款利息收入4万元，增值收益存款利息收入0.5万元，委托贷款利息收入585万元；业务支出580万元，其中利息支付551万元（其中6月30日结息支付职工利息520万元），委托贷款手续费支出29万元，（因资金上划市中心统一核算，以上增值收益只是其中一部分）。累计提供城市廉租住房补充资金521万元。

【加强风险防范，确保资金安全】 随着全县住房公积金业务的发展和个人购房贷款规模的不断扩大，始兴县住房公积金严格落实“贷前调查、贷中审核、贷后跟踪”制度，采取多项措施防范住房公积金贷款风险，努力控制和降低住房公积金贷款逾期率，确保贷款资金安全。如对借款人提供的各类贷款要件、个人证件和信用报告进行严格的审核把关，防止骗贷住房公积金行为的发生。同时加强对房地产开发商的审核，实地查看房地产开发商的开发项目情况，了解房地产开发商是否取得土地使用等证件，了解房地产开发商的信用、经营等情况。

【提高住房公积金覆盖率】 坚持以宣传促缴、以使用促缴，以服务促缴、以执法促缴的原则，按照“巩固一块、拓展一块、突破一块”的工作要求，以“两个看”（一看自然增加，一看人为增加）为标准，通过细化工作目标、明确工作责任，建立全员参与、任务捆绑、责任追究的全员抓归集体制，采取“扩面、收欠、提比、增基、宣传”五抓举措。不断扩大住房公积金覆盖面。抓“扩面”：采取上门宣传、召开座谈会、举办讲座等方式，2014年，已有万达等8家大型非公企业建缴住房公积金，有5家房企参与到住房公积金建设中。与“五险”缴存单位信息共享等多种途径推进扩面工作，做到“应建尽建，应缴尽缴”。抓“收欠”：采取“政策宣传、上门服务、专人督办、行政执法”的递进式工作程序。抓“提比”：2014年全县行政事业单位比率由10%上升到12%，通过这项调整，涉及100个单位，每月新增缴存金额26.46万元。抓“增基”：2014年全县行政事业单位上调津补贴，每月新增缴存金额13.29万元。抓“宣传”：使宣传工作全员化、责任化、目标化、具体化，以多方位、多渠道、多层次的方式方法。通过开展住房公积金培训班，住房公积金政策街头宣传等活动。在房地产企业、各大商业银行挂横幅、滚动字幕、摆放宣传册等方式宣传公积金政策法规。办事处编辑整理各类规章管理制度和各类文件、公积金优惠政策、业务办理操作流程序下发，增强住房公积金的社会影响力和知晓率。全年发放宣传资料近1万余份。

【规范住房公积金使用】 筑牢资金安全保障线。经会计师事务所审计，全县未出现资金安全风险的隐患，各项风险防控措施健全有效，内部防控机制较为完善。建立使命风险防控体系：坚持实行“初审、复审、终审”三级联审制度；实行“自下而上逐级把关、首受人终身负责”“责任追究制、资金审批制度”。规范贷款、提取流程及标准：在贷款、提取的管理制度、工作流程、管理措施上狠下功夫，进一步夯实基础。加强公积金道德廉政风险防控建设：建立互相制约、互相支撑、互相联系的道德廉政风险防范机制。

【提升管理水平和服务质量】 优化业务操作流程：在加强资金风险防范、确保安全的基础上，压缩审批时间、审批程序，优化操作流程，并在业务服务大厅制作醒目的住房公积金办事流程。提升服务质量水平：全面落实“三服务”（热情微笑服务、文明礼貌用语服务、讲普通话服务），落实一次性告知和电话回复负责制、首问、首受负责制、限时办结负责制等。完善业务服务设施：根据公积金业务发展需要，配备意见箱、休息座椅、饮水机、水杯、中性笔等服务设施，设置业务咨询处、填写台等便民设施，张贴和放置“提取、贷款业务办理指南、业务流程图”等宣传和服务资料，营造整洁美观、秩序良好的服务环境。 （赖蕴华）

附：领导班子成员名单

主　任：魏　英

副主任：龚妃群

房地产管理

【概况】 始兴县房地产管理所于1976年7月正式成立。工作职能是贯彻执行国家、省、市有关房地产管理的方针、政策、法律法规及上级文件精神，负责始兴县房地产交易（包括房地产抵押、转让、租赁）、房屋产权、产籍管理和房地产权属登记；房地产中介服务行业的监督、房产测绘、房地产权属档案的管理；核发房地产权证、房地产他项权证、商品房屋权属证书等商品预售管理工作；白蚁防治和危房改造；全县保障性住房的申报审批工作。2014年，内设办公室、白蚁防治所、交易所、征收室、基建等部门，干部职工共26人。

2014年，贯彻中共十八大精神，以行风评议为契机，以效能建设为动力，坚持“关注民生、服务人民”的工作理念，加大工作力度，圆满完成了各项工作任务。

【保障住房建设】 兴平路222号保障性安居工程（廉租住房工程）A、B栋共48套、棚户区改造安置房工程A、B栋60套、墨江南岸安置房1号楼48套，三项工程及附属工程都已竣工验收。三项工程在建设中都能保质保量，施工中没有出现安全事故。

贯彻落实国务院《关于解决城市低收入家庭住房困难的若干意见》和《关于切实解决城镇低收入家庭住房困难的实施意见》等文件精神，县房地产管理所能够按照政策要求，审核把关，深入走访调查，公示监督，阳光操作，解决符合条件的23户住房困难低收入家庭的住房问题。

【直管公房管理】 坚持以人为本的理念和安全第一的原则，对全县公产房老楼危楼情况进行全面排查工作，并邀请县住建局质检站，设计院的专业人士全面参与，对全县公产房的主体结构、基础、天面、墙体、天棚、天花和装饰等方面进行排查，通过实地勘查，并对每一隐患点进行了修缮打价，确认存在安全隐患的67宗，涉及216户家庭，需修缮资金548万元，并把排查的结果上报上级部门。

公房管理工作中，始终坚持以人为本、安全第一的原则，加大了公房维修资金，全年投入修缮款10多万元，修缮了7处危房。改建了十字前街300多平方米的危房5套。加大公房维修资金投入，组织人力物力，确保了承租户的人身、财产安全及社会稳定。

【白蚁防治】 坚持以防为主，防治结合的方针。并加大政策宣传力度，增强居民和企业的防治意识，改进服务方式。全年完成白蚁灭治18宗，防治15宗，面积183155平方米，控制了白蚁危害。

【房地产权属交易】 借助韶关市房地产信息平台，加强信息化管理，完善房地产交易与权属登记管理系统，并扩大房地产交易与权属登记业务的涵盖面，完善房地产交易与权属登记信息与市联网，电子登记薄的信息丰富、直观、完整、准确，简化办事程序，提高办事效率。

全年完成登记总件数2973件。其中，初始登记75件、转移登记796件、变更登记243件、他项权利登记1831件、注销登记28件。共完成房屋发证3679本。其中，所有权证1130本、共有权证601本、他项权证1948本。

【权产籍管理】 完成房产测绘资质的审定工作，取了测绘资质证书（证书编号：丁测资字 4430383 号）。加强房地产档案数字化建设工作，为实现房地产档案查询利用的高效、快捷，实现房地产档案信息全国联网，根据省市相关工作部署，对全县房地产档案信息进行整理，基本信息录入、图像扫描、影像处理、档案装订、入库、数据上传等工作。

【办事公开】 加强公开化、制度化和规范化的阳光操作，促进各项工作的开展，方便群众、提高效率、让群众了解办事程序和时限、收费标准、及时更新相关业务的法律、法规，并按相关要求及时进行公开、公示，增强工作透明度和依法行政，确保办事公开、依法行政。（刘秋梅）

附：领导班子成员名单

所　长：彭　俐

环　境　保　护

【概况】 始兴县环境保护局前身为始兴县环境保护办公室，成立于 1981 年 10 月 27 日，办公地址设在红旗路 71 号县委县政府大院内。1988 年 11 月 25 日，更名为始兴县环境保护局。1988 年 12 月 2 日，建立县环境监测站。1993 年 6 月 19 日，建立县环保局环境监理所，2003 年 9 月 12 日，更名为始兴县环境监察大队。2010 年 5 月，县环境保护局由原与县建设局合署办公调整为单独设置，为县人民政府工作部门。

主要工作职能是：贯彻执行国家环境保护的方针、政策和法律、法规，拟定始兴县环境保护和环保科技发展的计划与规划，监管大气、水体、土壤、噪声、固体废弃物、有毒化学品以及机动车排放污染物等方面的污染防治工作，组织实施国家、省市各项环境管理制度，负责全县环保行政执法、环评审批和环境监测统计与信息工作，指导协调环保宣传教育活动等工作。

2014 年内设机构有：秘书股、环境综合管理和审批股、环境应急与监察股、污染物排放总量控制股、环境监测站、环境保护宣传教育中心、环境信息中心。行政编制 12 人，事业编制 16 人。

2014 年度重点工作是：以“生态发展、富民强县”为主题，以“促减排、强监管、抓整治、提能力”为重点，以主抓减排和环保惠民为己任，重点抓好主要污染物减排、生态环境保护与监管工作。

【污染物减排】 完成城区减排管网改造工程，正式运行县污水处理厂二期工程，完成工业园区污水处理厂调试运营；完成 37 家规模化畜禽养殖场污染减排任务；县机动车环保检验合格标志发放率和机动车环保定期检测率均达到 90% 以上。

经国家认定，县污水处理厂二期工程和马市镇污水处理厂的 COD（化学需氧量，为衡量水中有机物质含量的指标）减排量分别是 107.53 吨、18.35 吨，氨氮减排量分别是 34.67 吨、2.34 吨。

【环境监测】 全县城市空气质量保持在优良状态，主要河流水质，花山水库饮用水源地水质保持在国家规定的质量标准状态。通过广东省环保厅组织的国家重点生态功能区县域生态环境考核现场核查，2014 年国家重点生态功能区县域生态环境考核分值，考核工作组织管理评价始兴县为“好”，EM 值（生态放大值，EM 值 = 生物体内的浓度 ÷ 水中的浓度）为 94.6，获得国家和省财政转移支付资金 6310 万元。

【环境管理】 2014 年，共办理登记表意见函 6 件，报告表意见函 29 件；办理排污许可证 67 个；环保“三同时”验收 4 个，实现辖区内建设项目环境影响评价执行率为 100%。在生态优美乡镇和生态环境质量考核工作中，隘子镇被评为省级环境优美乡镇。

【环境监察执法】 开展整治违法排污企业、墨江流域水污染综合整治、畜禽养殖污染整治、危险废物专项检查和环境安全隐患检查等环保专项执法行动。共计出动执法人员 470 多人次、检查各类企业 612 家（次），查处违法行为 189 宗，发限期整改通知书 35 件，限期搬迁通知书 3 件，发停止生产通知书12份，停止违法行为通知书2份；处理群众来信来访和社会矛盾化解工作，回复100多宗群众反映的环境诉求，化解市县交办的7宗社会矛盾化解任务。

【自身建设】 开展党的群众路线教育和纪律教育学习月等活动，聚焦“四风”问题进行整改，对环保队伍进行廉政教育和纪律教育。

【水环境质量】 花山水库（出口）、墨江的横岭、瑶村坳、墨江出口等的水质符合国家《地表水环境质量标准》（GB3838—2002）中相应的Ⅰ、Ⅱ、Ⅲ类标准。

【大气监测】 县城大气环境质量保持优良状态，可吸入颗粒物（PM10）日均值0.075毫克/标方、二氧化硫日均值0.043毫克/标方、二氧化氮日均值0.050毫克/标方，符合（GB3095—96）中的二类标准。

【降水质量】 县城降水pH值在pH值在5.86～6.64之间，降水的酸雨频率为0，县城区降水质量良好。

【环境噪声】 县城区域环境噪声平均等效声级为53.6分贝，达到国家《城市区域环境噪声标准》（GB3096—93）中的2类标准，其中暴露在一类标准（51～55分贝）之内的面积占普查面积的38.5%，城区区域环境质量整体水平良好。

附一：始兴县2014年环保状况公报

一、水环境质量

1. 地表水环境质量

县地表水监测点为：江口电站、墨江出口、横岭、瑶村坳，监测项目数均为25项，即水温、pH、溶解氧、高锰酸盐指数、五日生化需氧量、氨氮、总磷、汞、铅、挥发酚、石油类等，监测频次分别为9次、10次、6次、12次。断面水质均达到或优于《地表水环境质量标准》（GB3838—2002）Ⅲ类标准，全部符合功能区划分标准，2014年地表水水质达标率都为100%。

2. 集中式饮用水源地水质

花山水库是县城集中式饮用水水源地，全年每月监测1次，共监测12次，采到12批（次）样品，获得有效数据516个。按有关要求，每季度第1月，监测项目63个，其余月监测项目33个。以《地表水环境质量标准》（GB3838—2002）Ⅲ类标准为评价标准，达标率为100%。

二、县城区环境空气质量

2014年县城区环境空气质量监测采用仪器设备自动采样法，环境空气自动监测站1月1日至3月4日位于县老干部局楼顶，于3月5日搬迁至现环境监测中心楼顶。

县城区环境空气质量监测项目有3个：可吸入颗粒物、二氧化硫、二氧化氮。全年监测天数为363天，优良天数为354天，城市环境空气质量优良率为97.52%。

1. 二氧化硫

2014年，始兴县城空气自动站监测点共取得日平均浓度值（以下简称日均值）363个，日均值范围0.001～0.129mg/m^3，达到日均值（GB3095－1996）二级标准（0.15mg/m^3）；年日平均值（以下简称年均值）为0.020mg/m^3，达到二级标准（0.06mg/m^3）；全年日均值达标率为100%。

2. 二氧化氮

2014年，始兴县城空气自动站监测点共取得日均值363个，日均值范围0.001～0.068mg/m^3，达到日平均值二级标准（0.08mg/m^3）；年均值为0.021mg/m^3，达到二级标准（0.04mg/m^3）；全年日均值达标率为100%。

3. 可吸入颗粒物

2014年，始兴县城空气自动站监测点共取得日均值363个，日均值范围0.001～0.233mg/m^3，其中有9天未达到日均值二级标准（0.15mg/m^3）要求；年均值为0.067mg/m^3，达到二级标准（0.10mg/m^3）；全年日均值达标率为97.52%。

三、降水环境质量

始兴县城区的降水环境质量监测点位于环境监测中心大楼楼顶，每月逢雨必测。2014年共收集降水样品97个，其中酸雨（酸雨标准为pH值≤5.65）样品0个；酸雨频率为0。县城降水pH值在5.86～6.64之间，pH值最低月份出现在2月，全年降水 pH 均值为 6.21，县城区降水质量良好。

四、环境噪声、交通噪声状况

1. 始兴县城区环境噪声

始兴县城区环境噪声监测是在 8.0 平方公里建成区内按 200 米 ×200 米划分网格布点，共设 104 个测点，覆盖 4.16 平方千米，占城区面积的 52.0%。2014 年，县城区域环境噪声监测获得 104 个监测数据，按区域所属功能类别［2 类区：标准为 60dB（A）］统计，2 类区网格数 104 个，超标个数为 0，超标率为 0，等效声级年平均值为 53.6dB（A）达到国家《城市区域环境噪声标准》（GB3096—93）中的 2 类昼间标准［60dB（A）］分贝，城区区域环境质量整体水平良好。

2. 始兴县城区道路交通噪声

始兴县城城市道路交通噪声监测按规范选取城区 8 条城市主、次交通干线布设 8 个测点，监测路段总长 12.60 公里。2014 年，城区道路交通噪声等效声级平均值为 66.3dB（A），未超过标准值［70dB（A）］，超标率为 0，平均车流量 551 辆/小时。

暴露在不同等效声级下的路段分布情况为：等效声级落在 70.1 ~ 75dB（A）的路段长度为 0.0Km；65.1 ~ 70dB（A）的为 12.60Km；60 ~ 65dB（A）的为 0.0Km。以上数据显示，全年道路交通噪声主要暴露在 65.1 ~70dB（A）之间，占监测总路长的 100.0%。

（官建婷）

附二：领导班子成员名单

局　长：张朝东

副局长：朱宝兴

　　　　魏学才

商业·贸易

粮　食

【概况】 1949年9月25日始兴解放，县人民政府设立了财粮科，1950年3月设粮食科，同年8月正式成立县粮食局，统一掌管全县粮食征收、购销和仓储。1955年春成立的油脂公司于1957年并入县粮食局，食油归口县粮食局经营管理。1958年南雄、始兴两县合并，粮食局并入南雄，设始兴中心粮站。1960年恢复始兴县建制，即恢复始兴县粮食局。“文化大革命”期间，1968年，县粮食局命名为粮食系统革命委员会，将县粮食局、附城粮管所、附城粮食加工厂合并为县粮油工作革命委员会。1973年撤销县粮油工作革命委员会，恢复县粮食局。从县粮食局成立至1985年3月，行政上受县人民政府直接领导，业务上受广东省粮食厅垂直管理，实行统一收购、统一销售、统一调拨、统一管理库存。1985年4月至1992年3月，在仍然实行“四统一”的前提下，行政领导和业务管理下放到县。内设机构有：秘书股、人事股、供应股、计统股、财会股、储运股、农村股、基建股、粮油饲料工业公司（加工股）、粮油贸易公司、车队。1992年4月起，实行政企分开。1993年11月，经县政府批准组建始兴县粮食企业总公司，继续保留县粮食局，内设人秘股、财会股、业务股、保管股。1997年6月，按政府机关改革方案，县粮食局改为粮食管理储备局，内设机构不变。人员编制15名。2001年12月，政府机关再次改革，县粮食管理储备局不再保留，合并到新组建的县发展计划局（后改为发展改革局），挂县粮食局牌子。经县长办公会议研究决定，县粮食局仍独立运作，分开办公。县粮食局行政管理职能规定为：贯彻执行国家和省、市粮食工作的各项方针、政策和法规，拟定全县粮食流通体制改革方案并组织实施；负责全县粮食宏观调控的具体工作，保障全县粮食安全和价格稳定；负责对粮食收购、储存环节的粮食质量安全和原粮卫生进行监督管理；组织和落实部队粮油供应、价格结算以及军供站的设施建设、维修和改造等工作；承办县人民政府、省粮食局、省储备粮管理总公司、市粮食局交办的其他事项等。2010年，根据《印发始兴县粮食局主要职责内设机构和人员编制规定的通知》，县粮食局内设机构有人秘股、市场调控股、保管股，行政人员编制6名，后勤服务人员1名。2014年11月，根据县府办《始兴县人民政府办公室关于印发始兴县发展和改革局主要职责内设机构和人员编制规定的通知》，县粮食局在县发展改革局挂牌，保留2个股室：粮食调控股和粮食保管股。

粮食局下属经营管理机构，在政企合一的40多年间，一般随行政区域的设立和粮食合理流向的实际需要而设定。1950—1955年，下属机构有：太平镇粮库、第一粮库（马市）、第二粮库（沈所辖江口）、第三粮库（顿岗）、第四粮库（罗坝辖澄江、都亨）、第五粮库（清化辖隘子），不包括附城粮食加工总厂和罗坝粮食加工厂两间独立核算厂，马市、顿岗、澄江、司前、隘子设有水垄水碓人力粮食加工附属厂。1956年，将粮库改称为粮食行政管理所（简称粮管所）。1976年，从原有附城、沈所、江口、马市、顿岗、罗坝、澄江、司前、隘子9个粮管所，增加陆源、北山、都亨、深渡水、刘张家山5个粮管所。1980—1981年，先后将陆源、北山粮管所合并到马市粮管所，深渡水、刘张家山粮管所合并到顿岗粮管所，都亨粮管所合并到罗坝粮管所，被合并的粮管所对外仍挂粮管所牌子（除陆源外），系统内作报账粮站。1999年3月至2000年4月，先后撤销都亨、深渡水、北山粮站，将土地、房产转让给当地乡政府。2001年12月，撤销江口粮管所，并入沈所粮管所，撤销罗坝、澄江粮管所，并入顿岗粮管所；撤销隘子粮管所，并入司前粮管所；2002 年 3 月至 2004 年 6 月，实施国务院、省政府统一部署的国有粮食企业改革，基层粮管所（厂、站、公司）已全部撤销，退出市场。重新组建始兴县直属粮食储备库，与县粮食购销有限责任公司合并为一套人马两块牌子。由于全县粮食企业原亏损挂账近 2000 万元，按债随资产走的原则，将全县原国有粮食企业资产划归县直属储备库托管。

2014 年 11 月，根据县府办《始兴县人民政府办公室关于印发始兴县发展和改革局主要职责内设机构和人员编制规定的通知》，县粮食局在县发改局挂牌，行政管理职能规定为：贯彻执行国家和省、市粮食工作的各项方针、政策和法规，拟定全县粮食流通体制改革方案并组织实施，研究提出实施现代粮食流通产业发展战略的建议；承担粮食监测预警和应急责任，负责全县粮食宏观调控的具体工作，保障全县粮食安全和价格稳定；拟定全县粮食流通、粮食库存监督检查制度并组织实施，负责对粮食收购、储存环节的粮食质量安全和原粮卫生进行监督管理；组织和落实部队粮油供应、价格结算以及军供站的设施建设、维修和改造等工作；拟定抢险救灾、水库移民、贫困地区缺粮和国家重点建设项目等的粮油供应政策措施，并组织监督实施；组织实施粮食财务会计制度、汇编财务报表，指导、监督粮食系统财会工作，编报粮油统计工作；制订储粮保管技术规范和规章制度，并监督执行，研究提出县级储备粮的规模和总体布局，协同县财政做好粮食风险基金的落实、管理和拨付工作；监督检查代储省、市级地方储备粮的库存、质量与安全。

【粮油储备】 按照省粮食局会同省发改委、省财厅、省农发行广东省分行联合下发的《关于印发广东省 2014 年粮食库存检查工作实施方案的通知》和市粮食局《关于印发韶关市 2014 年粮食库存检查工作实施方案的通知》精神，县粮食局及时成立粮食库存检查领导小组，制订实施方案，开展自查工作，并顺利通过各县交叉检查。从检查结果来看，粮食购销公司各库点都能够按照“预防为主，综合防治”的保粮方针，做好保化基础性工作，真正做到“一符、三专、四落实”管理。承储的 20481 吨稻谷，粮情稳定，没有出现霉变、发热和陈化现象，粮食水分在安全值范围内，粮油宜存率达 100%，“四无”粮仓（无害虫、无变质、无鼠雀、无事故）达 100%，实现了各级储备粮油的安全储存。2014 年，共完成储备粮轮换 7147 吨，其中：县级储备粮轮换 2206 吨。

【粮食安全】 根据 2014 年《韶关市人民政府办公室关于印发〈韶关市粮食安全责任考核办法〉的通知》，在县发改局、财政局、县农业局、县统计局、县工商局、县食品药品监管局、市农发行配合下，全面完成了始兴县基本农田保护面积、粮食储备规模、粮食风险基金规模、粮食总量平衡四项指标考评工作，并做好粮食安全责任届满考核准备工作。

【应急体系建设】 2014 年，县粮食局对粮食应急保障加工、运输、供应网点的应急保障能力进行了考核，并在全县与具备粮食应急保障条件的粮食应急加工网点 2 家，运输网点 2 家，供应网点 10 家签订了协议，授予统一制作的牌匾，做到有设施、有协议、有牌子。同时，在《始兴县粮食应急预案》基础上，制定粮食应急预案操作手册，增强粮食应急预案的可操作性，加强各部门之间的协调配合能力，提高粮食安全抗风险能力，确保粮食应急体系建设落到实处。

【依法管粮】 6 月 18 日上午，县粮食局在县城红旗路步行街口举办了以“放心粮油”为主题的食品安全周宣传活动，10 月 15 日配合县发改局党委在县市民文化休闲广场举行了以纪念“世界粮食日”为主题的专场文艺晚会。通过开展食品安全宣传周活动和“世界粮食日”文艺晚会，增强了始兴县广大人民群众对粮食的认识和粮食法律、法规政策的了解，在全县人民营造了一个“依法收购和守法经营”和“人人爱惜粮食”的良好氛围。从夏粮收购开始，县粮食局组织局执法人员到各乡镇开展粮食收购资格核查专项检查，未发现向农民“打白条”、欺行霸市、强买强卖、压级压价、欠款等违反国家收购价格政策的行为，整个粮食收购市场秩序良好。2014 年，累计发放粮食收购许可证 4 家。

【军粮供应】 县粮食局始终坚持“质量第一，官兵至上”的行为准则，不断创新服务形式，提高军供服务水平，严把“五关”，确保了军粮供应质量，赢得了驻军部队官兵的一致好评。8月，驻始兴“96318”部队领导和司务长将一面印有“心系国防，服务部队”的锦旗送到县军粮供应站，以此表达对县粮食工作的感谢之情。此外，局领导还经常深入部队，与部队官兵进行沟通交流，为促进始兴县军供服务工作更上新台阶做出贡献。

【粮食基础设施建设】 县粮食仓储设施建设项目位于县太平镇瑶村坳原粮食局综合厂，由县代建局代建。项目总仓容5万吨，建筑面积58175平方米，预计总投资7800万元，均由县财政解决。其中由县政府承诺，以县粮食购销有限责任公司名义于12月29日向市农发行贷款5000万元，县财政配套资金2800万元。2014年，该项目已完成征地、三通一平和挡土墙工程，办好了企业基本建设投资项目备案证、项目土地使用意见、建设项目选址意见书、建设用地规划许可证、项目环境影响评估报告书、项目总体修建性规划、勘察报告书。11月4日完成工艺招标工作，土建工程招投标于12月30日挂网公开招标，拟在2015年1月27日开标。

（张熙球）

附：领导班子成员名单

局　长：刘永强（—2014.11）

局　长（兼）：张智光（2014.11—）

副局长：魏桂球

　　　　邓明团

供销合作联社

【概况】 始兴县供销合作联社前身始兴县合作总社1952年2月成立，1954年更名为始兴县供销合作总社。1958年4月，总社曾并入县商业局，但保留县供销社牌子。1975年，商业供销分开，恢复供销社建制，1983年改称为始兴县供销合作联社。县供销联社是全县供销社系统的领导机关，设6股1室。至1987年年底，全县各乡镇分别建立基层供销社12个，县级公司6个，全社有12个批发站，17个收购站，192间门店、仓库，固定资产520万元。主要负责农村农业生产资料、日用消费品组织供应及农副产品的外调外销工作。2001年，供销社企业实施企业改革，整合为9个法人核算单位，全部人员680人实施分流补偿，县供销联社设办公室、人事股、财会股。2009年，县供销合作联社列入县政府参公事业单位编制。2014年，全系统经营总额11351万元，对比上年度增长2%，实现利润10.7万元。社会贡献总额120万元，其中缴纳税、费44万元，支付退休老职工医疗门诊费27.5万元。

【农业生产资料购销】 2014年，供销社各企业有农业生产资料购销经营执照92份，加快构建现代流通体系，打造供销社经营服务新模式，服务始兴农业，与省供销社企业广东天禾农资韶关配送有限公司联合共建始兴县农资现代流通网络体系。开展农化服务用肥用药技术培训56次，参培农民900多人次。重点整合改造提升了始兴县城南供销社东南化肥农药门市部、始兴县马市供销社生产资料门市部等5家农家店，试点标准经营供销社经营品牌。企业与经营门店签订质量安全经营责任书，加强了经营门店检查，实施自查自纠4宗，下架过期农药250瓶，封存退厂55箱，从源头防止假冒伪劣农资商品流入市场。2014年，经营各类化肥、有机肥21038吨，农药511吨，农膜19.7吨。

【农副产品购销】 2014年，县供销社牵头组织农民专业合作社19家。各企业（含专业合作社）按市场需求组织农副产品经营销售1217万元，对比上年度增5%。

【生活资料购销】 供销社生活资料购销从80年代初开始实施承包经营，其中烟花爆竹类各级政府为确保生产经营与人民财产安全，从2006年归口供销社经营，2012年供销社在马市红梨建设标准化储存仓库，按安监部门资质规定相应组建了专营公司组织烟花爆竹经营。2014年，县安监部门按国家部委标准核定烟花爆竹经营户94户纳入民爆管理。县供销社配合安监局、公安局对烟花爆竹经营进行了规范管理，下乡清查123次，改正安全隐患36处，清查无证照经营、假冒伪劣烟花爆竹1400多件，并组织进行了公开销毁。

【废品经营】 2014年，供销社不再接受县经信局委托管理全县废旧物资回收经营户39户，管理权划归经信局。县供销社废旧物资回收公司废旧物资回收经营总额155万元。（杨福清）

附：领导班子成员名单

主　任：郭启均

副主任：曾启勋

烟草专卖

【概况】 广东省始兴县烟草专卖局（始兴县烟草专卖管理局）成立于1987年12月，广东省烟草公司始兴县公司（始兴县烟草公司）成立于1988年1月，隶属韶关市烟草专卖局、广东烟草韶关市有限公司，实行“统一领导、垂直管理、专卖专营”的经营管理体制，为正科级单位。2002年3月改为“广东烟草始兴县烟草有限公司”；2007年12月改为“广东烟草韶关市烟草有限公司始兴县分公司”。主要职能是烟草专卖行政管理和烟草经营（卷烟、烟叶）统一经营管理。2014年，内设综合管理部、专卖监督管理办公室（稽查大队、内部专卖管理监督派驻组）、营销部、烟叶管理部、财务部等5个部门和马市、都塘、澄江、顿岗、附城等5个烟站（点），编制人数140人，实际在职人数132人。

2014年，获得全国“安康杯”竞赛活动优胜班组、始兴县精神文明建设先进单位、始兴县“六五”普法中期先进集体、始兴县先进工会组织等荣誉，员工郭唐华被评为全国烟草行业劳动模范，魏玉嫦被评为始兴县女职工工作先进工作者，李宏勋家庭被评为始兴县文明家庭。

【党的群众路线教育实践活动】 始兴县烟草专卖局以开展党的群众教育实践活动为契机，及时成立活动机构，精心制订工作方案，营造活动氛围，深入基层调查研究，广泛听取群众意见，按时按质完成各环节规定动作，及时上报各类材料。开展集中学习7场次，观看教育片3场次，开展谈心谈话活动14场次，参与活动人数达380多人次；参加“调研式”“体验式”活动30多人次；发放学习书籍82册；发放征求意见表100多份，召开基层群众、零售客户代表、烟农代表座谈会7场次；撰写学习心得26篇，对照检查材料26篇。通过问政于民、问需于民、问计于民，共征集原始意见和建议81条，通过梳理归纳为26条，解决了包括提高职工伙食补贴、增多员工文体活动等在内的18个问题。共查找出26个“四风”方面的具体问题，制定出18项整改措施，充分体现了整风精神，强化思想政治教育。

【专卖管理】 为完善“两烟”市场管理机制，加强市场管理相关政策宣传力度，2014年始兴县烟草专卖局累计出动宣传车296车（次），出动宣传人员1421人（次），发放宣传资料17200余份，接受群众和卷烟零售客户咨询2804人（次）。并开展烟丝、非烟整治专项行动，加强部门联动，协同公安、工商、质监等执法部门，开展“元旦春节卷烟打假专项行动”“打击走私联合行动”及“五一”、国庆、中秋等卷烟打假专项行动。2014年全局共出动专卖执法人员3989人次，检查卷烟经营户19642户次，清理无证户21户，全年平均市场净化率达到98.74%。查处案件75宗，查获涉案卷烟44.113万支，查获涉案烟叶1830公斤，涉案物品货值19.73万元。“11·20”案件中，查获烟叶45126公斤，炒炉一台，切烟机一台，抓获主犯4名（已刑拘）。

【烟叶生产】 2014年，全县种植烟叶2.4万亩（1600公顷），累计收购烟叶3312.3吨，收购均价达到60.6吨，为历史最高。实现烟叶税1766.87万元，全县烟农售烟收入达8031.25万元，加上烟草发放的生产扶持补贴2327.97万元，全县烟农收入突破亿元大关。国家局、省局（公司）检查等级合格率分别为78.8%、85%，国家局、省局（公司）工商交接检查合格率分别为65.5%、61.7%，得到检查组的充分肯定。累计调拨烟叶3317.8吨，全部调拨至广东中烟工业有限责任公司，实现整县全收全调。同时，为继续推进现代烟草农业发展，烟草行业投入资金617.6万元，新建密集烤房120座，维修更换烤房设备32座，购买农机具30台（套），受益烟田达6000亩（400公顷）。

【卷烟营销】 始兴县烟草专卖局将提高营销人员认识、提升服务客户能力作为现代终端建设推进的抓手，多次组织相关知识培训，领导班子成员多次到零售户处开展现场调研。在实现全覆盖的基础上，2014年全县共建成形象店10家、功能店92家，超额完成了现代终端建设任务。为切实加强卷烟规范经营，不断夯实卷烟销售基础工作，大力开展品牌培育工作，重点品牌销量同比明显增长，“双喜”品牌培育成效显现，零售客户终端建设初见成效，总体保持良好的发展态势。全年累计销售卷烟40833.89万支，实现卷烟销售收入21778.01万元，实现单箱销售收入26666.59元/箱，毛利4586.97万元，平均销售单价（含税）达106元/条，卷烟销售任务圆满完成。

【行业示范社建设】 始兴县马市镇浓香黄烟生产综合技术服务专业合作社自创立起各项工作有序开展，共有专业队服务人员257人，为合作社社员提供了涵盖育苗、机耕、植保、烘烤、分级和技术推广承包等6方面的全方位专业化服务。2014年专业化育苗、植保、技术推广承包等服务覆盖率达到100%，机耕覆盖率达88.7%，烘烤覆盖率93%，分级覆盖率达95%，服务工作得到了合作社社员的一致好评。

【人才队伍建设】 全面加强领导班子建设，建立健全党组议事规则，严格落实民主集中制，班子精诚团结。全力抓好做实培训和技能鉴定工作，全年组织培训项目20项，参培人数达1030人次，培训计划执行率100%。组织技能鉴定考试共5批次，23人次，通过率全市排名第一，持证率全市排名靠前，为各项工作任务的完成提供强有力的智力支持。

（陈慕夏）

附：领导班子成员名单

局长、经理：钟俊周

副经理：魏玉嫦

　　　　文国宇

副局长：陈起宏

财税·金融·保险

财　　政

【概况】　1949 年 10 月，始兴县设财粮科，1950 年 3 月，财粮科分设财政科与粮食科。1958 年 7 月，始兴县财政科与税务局合并称财政局。1958 年 12 月，始兴、南雄两县合并，始兴县财政局取消。1960 年，恢复始兴县建制后始兴县财政局随之恢复。始兴县财政局是始兴县政府的综合经济职能管理部门。2014 年，始兴县财政局内设秘书股（法规股）、预算股、国库股、综合规划股、行政政法股、教科文股、企业股、农业股、经济建设股、社会保障股、外经金融股、会计股、统计评价股、监督检查股、人事股、行政事业资产管理股、始兴县政府采购管理办公室和始兴县国库支付中心等 18 个股（室）、中心，下辖太平镇财政所、马市镇财政所、司前镇财政所、沈所镇财政所、罗坝镇财政所、城南镇财政所、顿岗镇财政所、隘子镇财政所、澄江镇财政所、深渡水瑶族乡财政所等 10 个乡镇财政所，在职干部职工 119 人，其中：局长 1 名、副局长 3 名；局机关 87 人，基层财政所 32 人。

2014 年，县财政局获 2013 年度争取上级竞争性项目资金先进单位、2013 年度人大代表建议办理工作先进单位、2012—2013 年度始兴县精神文明建设先进集体称号。

【财政收支情况】　2014 年，全县财政总收入 132486 万元，其中：上级补助收入 85985 万元；上年结余及批复决算补助 10008 万元；调入资金 641 万元；地方公共财政预算收入 35852 万元，完成年度预算的 105.19%，同比增长 18.91%，增幅在全市各县（市、区）排名第二。全县财政总支出 118297 万元，其中：公共财政预算支出 114852 万元，上解支出 2445 万元，地方政府债券还本支出 1000 万元。收支对比年终滚存结余 14189 万元，其中结转下年度支出 13932 万元，实际净结余 257 万元，实现了财政预算收支平衡，略有结余。

【收入征管】　加强税收征管：2014 年，始兴县成立了协税护税领导小组办公室，细化分解协税护税收入任务、落实责任目标，健全协税护税网络和机制，完善了财税部门工作联席会议制度，共享涉税信息，全年各乡镇、各部门共完成协税护税任务 10584 万元，完成 101.82%。加强非税收入征管：财政部门做好行政性收费收入、罚没、专项收入等非税收入的征管工作，确保税收收入应收尽收。

【保障支出】　财政支出有保有压，2014 年，全县用于教育、医疗卫生、社会保障和就业、文化体育和住房保障等 11 类民生支出达 75825 万元，占公共财政预算支出比重为 66.02%。

保障教育投入：支持和改善学校办学条件；安排 870 万元教育附加费用于改善办学条件；落实山区和农村边远地区义务教育学校教师岗位津贴 900 万元；拨付教育创强经费 1130 万元，提升教育创强保障力；投入学前教育经费 130 万元；及时发放家庭苦难学生生活补助 210 万元；及时拨付中等职业学校国家助学金、困难家庭子女帮扶等资金。提升社会保障水平：提高了城乡医疗保险补助资金、城乡养老保险基础养老金、公共卫生补补助标准，落实城乡医疗保险县级资金 1115 万元；落实城乡养老保险县级资金 461 万元；落实最低生活保障补助支出 1191 万元，城镇居民最低生活保障对象 1235 人，农村最低生活保障对象 8768 人，确保了底线民生。加快推进农村建设：统筹各项涉农资金，加大农村基础设施建设，申报支农项目 105 个，申报省级资金 8892 万元，其中，农村公益事业“一事一议”项目 83 个，鼓励各村级组织申报“一事一议”财政奖补资金。拨付支农资金 19256

万元，其中，拨付水利工程基建项目资金4761万元，拨付农业综合开发土地项目资金960万元，拨付高标准基本农田建设资金5100万元，其他扶贫资金1422万元。落实惠农政策，发放好农民种粮补贴1734万元，落实良种补贴317万元。

【财政改革】 预算管理改革：探索全口径预算编制办法，推进地方财政预决算公开，2014年，按照推进预决算公开工作要求，做好财政预决算、部门预决算及“三公”经费预决算公开工作，实现了全县所有预算部门预决算和“三公”经费预决算公开，增强了预算透明度，强化了社会监督。政府采购制度改革：逐步推进政府向社会组织购买公共服务；做好协议采购工作，加强对县政府招标采购中心采购程序的监督管理，2014年，全县政府采购节约资金568.4万元，节约率9.10%。乡镇财政管理体制改革：推进“规范化财政所”建设，确定马市、罗坝、司前、太平镇为规范化财政所建设试点所。完善乡镇财政管理体制，确保乡镇基本财力，加大农村基层组织经费保障力度，提高两委办公经费和补助标准。

【财政监督与管理】 贯彻厉行节约各项规定：压减会议费和“三公”经费，对会议费和“三公”经费实行只减不增，严格公务接待标准，印发《县直党政机关和事业单位会议费费管理办法》和《县直党政机关和事业单位差旅费管理办法》等制度，2014年，始兴县直部门会议费及“三公”经费同比下降21%。开展各项财政资金的监督检查：2014年，财政部门会同审计、监察部门对会议费和“三公”经费进行重点检查；开展2014年省级财政专项资金检查的工作，对始兴县2013年度省级专项资金使用和管理情况进行了自查；组织对全县6个县级财政项目资金开展了绩效评价；开展贯彻执行中央“八项规定”严肃财经纪律和“小金库”专项治理工作；对农业综合开发项目实地检查；把好资金拨付审核关，跟踪问效关，提高财政资金的使用效益。规范财政评审工作：把好工程预决算财务审核关，2014年，完成预算审核项目70项，报审总额24208万元，审减额为1602万元，核减率6.62%。完成结算项目43项，报审总额31562万元，核减额为1326万元，核减率4.20%。加强会计管理工作：组织会计业务培训、从业资格考试及继续教育，加强会计监督，对卫生行业会计信息质量开展了检查。

【干部队伍建设】 加强党风廉政建设：完善了党风、政风、作风工作机制，严明工作纪律，重申公务接待、公车使用等制度，有效节约“三公”经费支出；强化内部控制，规范审批程序，明确经济责任，提高办事效率，保证资金安全，树立文明单位形象。开展党的群众路线教育实践活动。结合纪律教育月活动和财政工作实际，在全局开展了党的群众路线教育实践活动，按照相关规定，广泛征求意见建议，认真对照查摆，针对查摆出的问题，做到即知即改；邀请党校老师和纪委干部进行专题讲座，推进活动有序开展，增强财政干部职工的公仆意识。

（江　汇）

附：领导班子成员名单

局　长：汤爱亮（—2014.4）
　　　　黄月文（2014.4—）
副局长：陈社好
　　　　李宏勇
　　　　孙　庞

国　税

【概况】 1949年11月，始兴县成立税务局。1990年1月4日，以县城为中心经济区域成立始兴县税务局附城分局。4月10日，成立“始兴县税务局工会工作委员会”。1991年12月，增设税务局调研室及发票管理所；撤销附城分局集体企业和国营企业股，成立国营集体企业股。1992年3月25日，成立“始兴县税务局工会女职工委员会”。1993年1月，成立始兴县税务局附城税务所，下辖太平镇税务站、城南税务站、江口税务站、个体税务站和集贸市场税务站。原税务局附城分局更名为始兴县税务局直属分局。下设征收股、管理股、检查股、综合股、涉外税务管理股。1994年，国家实行分税制，在地方设立“国税”与“地税”两个独立的税收征管机构，同年10月28日，“广东省始兴县国家税务局”正式挂牌成立，开始独立运作。始兴县国税局为正科级全职能局。负责增值税、消费税、企业所得税、储蓄存款利息个人所得税和车辆购置税的征收管理工作。2014年，县局设置办公室、政策法规股、收入核算股、纳税服务股、征收管理股、人事教育股、监察室、税源管理一股等8个内设机构，级别为正股级；设置稽查局为直属机构，级别为副科级；设置顿岗税务分局、司前税务分局两个派出机构，级别为副科级；设置信息中心为事业单位，级别为正股级。

2014年，始兴县国税局纳税服务股荣获韶关市“巾帼文明岗”荣誉称号。

【组织收入】 2014年，全局共组织税收收入24135万元，同比增收3547万元，增长17.2%，占市局年度计划的113.84%；县级库收入5662万元，同比增收1116万元，增长24.5%，占年度计划的102.09%。

【税收征管】 把组织税收收入作为中心工作，贯彻省、市局和县委、县政府关于抓好税收收入的要求。通过调查分析、税源监控、纳税评估、税收执法检查、推行执法责任制、健全协税护税工作机制等各种有效手段，整顿和规范税收秩序，切实抓好源头管理，把各项征管工作做细做实，确保国税收入持续、稳定增长。

【税收宣传】 4月是全国第二十三个税收宣传月，始兴县国税局布置落实各项税宣活动：在《始兴年鉴（2014）》上制作一个彩版，宣传国税工作；开展税收咨询日活动，到街头进行税法宣传；在《始兴国税》报开设专版，宣传税法知识；配合上级的税宣活动，推荐模范纳税户、更新税收宣传栏、张贴税收宣传画等；联合广播电视局，播放税宣短片。

【党的群众路线教育实践活动】 通过广泛宣传、强化学习、深入调研、换位体验等方式切实推进开展党的群众路线教育实践活动。活动期间，共收集群众意见215条，总结归纳36条，其中四风问题14条。班子成员在撰写对照检查材料时共查摆出四风方面的问题53条。整改落实阶段，研究出台了回应群众诉求、提高为民服务水平的工作举措，切实帮助基层解决实际问题。领导班子得到整改落实的问题12条，班子成员得到整改落实的问题达51条。

【国税文化】 2014年是国税文化建设的创新发展年。精神文化方面：提炼出始兴国税“谨终如始、笃实力行”的国税精神，完善了国税精神文化体系；物态文化方面：主要是建设完成始兴县国税文化展厅，打造展示始兴国税文化的一个重要平台；行为文化方面：以党的群众路线教育实践活动为契机，着力加强机关作风建设，力促干部爱岗敬业，创先争优，做到知行合一；制度文化方面：做好建章立制工作，编印《始兴县国税局制度汇编》，促进税收管理的科学化、精细化。

【党风廉政】 落实党风廉政建设责任制，践行“带好队，收好税”这“一岗两责”的使命。组织党员干部到市检察院反腐倡廉教育基地参观学习，筑牢拒腐防变的思想道德防线；组织全体干部职工学习《反腐倡廉教育读本（2013）》，到县图书馆读廉政书籍；组织观看反腐倡廉电教片《纵欲之鉴》；县国税局局长为本单位党员干部上一堂专题党课；邀请县检察院预防科林玉姝副科长作题为《强化法制意识，规范执法行为》讲座；在县国税局《党的群众路线教育实践活动简报》出版一期专题简报；在县国税局宣传栏出版纪律教育月专栏。

（刘谷明）

附：领导班子成员名单

局　长：刘文健

副局长：林德兴

刘治革

钟军瑜

张武军

纪检组长：叶剑雄

地　税

【概况】 1949年11月，始兴县成立税务局。1990

年1月4日，以县城为中心经济区域成立始兴县税务局附城分局。4月10日，成立“始兴县税务局工会工作委员会”。1991年12月，增设税务局调研室及发票管理所；撤销附城分局集体企业和国营企业股，成立国营集体企业股。1992年3月25日，成立“始兴县税务局工会女职工委员会”。1993年1月，成立始兴县税务局附城税务所，下辖太平镇税务站、城南税务站、江口税务站、个体税务站和集贸市场税务站。原税务局附城分局更名为始兴县税务局直属分局。下设征收股、管理股、检查股、综合股、涉外税务管理股。1994年，国家实行分税制，在地方分设“国税”和“地税”两个独立的税收征管机构。始兴县地方税务局成立于1994年10月，是韶关市地方税务局领导的正科级直属机构。主要职能是：负责地方各税种、社会保险基金、教育费附加、文化事业建设费和省人民政府规定的其他规费的征收管理工作。内设办公室、税政股、征收管理股、人事教育股、纳税服务股、监察室（与纪检组合署办公）6个职能股室，设稽查局（副科级）为直属行政单位，设城区、马市、顿岗、司前4个税务分局，均为副科级。始兴县地方税务现设局长1名，副局长2名，纪检组长1名，总经济师1名。2014年，始兴县地方税务局共有在职人员91人、离退休人员18人。

【组织收入】 2014年，共组织税费收入52918万元，突破5亿元大关，同比增长12.48%，增收5,875万元。其中，税收收入30091万元，突破3亿元大关，同比增长12.51%，增收3346万元。其中，中央级收入2718万元，同比增收415万元，增长18.04%；省级收入7945万元，同比增收544万元，增长7.35%；县本级收入19428万元，同比增收2387万元，增长14.01%，完成县人大任务的100.40%。共组织规费收入22827万元，同比增收2529万元，增长12.46%。其中，社保费收入20371万元，同比增长13.84%，增收2476万元。

【依法治税】 稽查局对23户房地产企业进行了清缴工作，共清缴入库税费1553万元。其中：销售不动产营业税17.5万元、企业所得税337万元、城建税1万元、土地增值税13万元、房产和土地使用税1.4万元、契税1182万元。加大对重大案件审理力度，完成了1件市地税局下发的专项检查督办案件，共补缴税费及滞纳金203467元。

【税收征管】 开展税源调查，做好工作规划。抽调业务骨干，成立调查组，深入各级纳税户和协税护税单位，开展大规模的税源调查，最终形成税源调查分析报告，并做好税收任务分解，做好全年组织收入规划。

夯实征管基础，强化税源管理。严格执行税务登记制度，加强户籍管理，全面清理漏征漏管户，加强和规范税费征管档案资料管理，建立档案管理督查制度，贯彻落实税收管理员巡查制度，启动责任问责机制，落实责任追究，强化监督考核。

开展“金税三期”上线前准备工作。组织业务骨干进行数据清理等工作；对全局干部职工进行了多次“金三”系统的培训学习；开展了两轮金税三期优化版的实际业务压力测试。

【协税护税】 由县政府牵头，成立始兴县协税护税工作领导小组，设立县协税办，负责收集分析各协税护税单位报送的涉税信息。健全了协税护税网络，提高了税源控管的效能。同时，加强了砖瓦、石场等行业税收管理，通过“以电控税”“以药控税”达到规范税收征收管理和防止税收流失的目的。

【纳税评估】 根据工作需求和司前分局税源情况，将司前分局的征管职能转换为评估职能，邀请了税务专业人士为技术指导顾问，分成了两个工作小组对6户房地产企业的土地增值税、企业所得税进行清算审核工作。9—12月，共清算审核入库税款1520万元。

【专项清理】 配合县政府开展2014年房屋租赁业税收专项清理工作，组织相关业务人员调查研究、做好实施方案、印好表证单书，搞好业务培训、提供政策咨询、做好宣传发动，组织入库等，使清理工作顺利开展。2014年，共入库税款106万元。

【纳税服务】 优化纳税服务，开展税法宣传。开展“便民办税春风行动”，落实《全国县级税务机关纳税服务规范》1.0版，升级改造办税服务厅，在城区分局设立全市地税系统首个预受理服务区，完善7×24自助办税厅，简化办税流程，缩减办税时间，提高办税效率，减轻办税负担开展税法宣传及纳税辅导，开展了以“六个一”为主题的全国第23个税收宣传月活动。

【队伍建设】 加强干部教育培训，组织干部职工参加了省局科级干部任职和知识更新培训班、新录用公务员初任培训班，以及市局会计真账实训培训班、基层分局领导干部岗位能力提升研修班、全市地税系统协税员业务培训班等，提升干部业务能力。优化考核方式，全面上线运用绩效管理平台，对干部职工进行评先评优工作。科学进行人员岗位调整，将年轻干部充实到基层分局，特别是加强了城区分局的征管力量。

【党廉建设】 开展群众路线教育实践活动，紧紧围绕“为民务实清廉”这个主题和“照镜子、正衣冠、洗洗澡、治治病”的总要求，学习贯彻总书记习近平系列重要讲话精神，坚决反对“四风”问题，对查摆出来的问题和群众诉求进行了整改落实。实行“一把手”抓作风建设责任制，建立了政风行风建设长效机制，制订了适合加强基层作风建设的一些管理制度、考核办法。开展纪律教育学习月活动，贯彻落实中央“八项规定”，不定期开展明察暗访，有效改进工作作风、提升服务质量效率、推进政风行风建设。（卢　峥）

附：领导班子成员名单

局　长：刘永龙

副局长：赖伟荣

　　　　官永炉

纪检组长：张文才

总经济师：黄　辉

人行始兴县支行

【概况】 中国人民银行始兴县支行，1950年5月25日成立，行址位于县城水云楼43号，同年迁至五显庙（今墨江南路40号）；1958年12月1日，南雄、始兴两县合并为南雄县，原人行始兴县改设为“人行南雄县支行始兴办事处”；1960年11月1日，南雄、始兴分设两县，撤销人行南雄县支行始兴办事处，恢复人行始兴县支行；1968年9月28日，人行始兴县支行在“文化大革命”期间与县财政、税务、市管会合并为财经系统革命委员会；1970年2月21日，撤销财经系统革命委员会，成立财贸工作站，下设银行革命领导小组；1972年1月，人行始兴县支行与财税小组及市管小组合并，成立财政局；1973年2月20日，财政局与人行始兴县支行分家，恢复人行始兴县支行；1984年4月1日，工行始兴县支行成立，兼办人行业务，实行一套人马两块招牌，两枚公章，两套账目；1986年6月1日，人行始兴县支行重新组建后恢复营业，独立行使中央银行职权，实行垂直管理，行址位于墨江南路50号；1989年11月20日，人行始兴县支行迁至红旗西路5号新大楼办公营业；1993年1月成立国家外汇管理局始兴县支局，由人行始兴县支行行长兼任支局局长，在人行始兴县支行内设外汇管理股；2009年8月18日，根据《中国人民银行韶关市中心支行辖内县（市）支行管理方式与职能调整实施方案》精神，明确县支行职能定位，强化县支行金融服务、金融经济政策宣传与地方信息反馈、金融组织协调三项重点职能。对外继续履行基层人民银行职能，对外牌子保持“中国人民银行始兴县支行”“国家外汇管理局始兴县支局”“中华人民共和国国家金库始兴县支库”等三块牌子，按中心支行下属支行管理。主要行使以下职能：贯彻执行国家有关法律、法规、方针、政策及上级行的有关规定；监督管理金融市场；根据有关规定参与辖区系统性金融风险的防范化解；维护辖区金融稳定；维护辖区支付结算系统的正常运行；负责大额和可疑支付交易报告制度的实施和反洗钱案件的协查；承担辖区外汇管理；经理国库；负责辖区人民币流通管理；统计研究；征信管理；安全保卫；党的建设等职能。

2014年，人行始兴县支行内设机构有办公室、综合业务股、会计国库股和外汇管理股等四个股室；设立了党组、纪检组，支行党支部隶属韶关市中心支行机关党委；设工会委员会。2014年，在职人员20人，其中，行级领导4人、办公室4人、综合业务股3人、会计国库股6人、外汇管理股2人，借调人行韶关市中心支行工作1人。

2014年，人行始兴县支行按照中央经济工作会议和上级行的工作部署，继续贯彻落实稳健的货币政策，加强对辖区金融机构的信贷政策指导，维护金融稳定，推动信用体系建设，使辖内金融稳健运行，各项存款稳定增长，信贷结构继续优化，银行贷款质量提高，促进了当地经济持续较快发展。2014年12月末，全县金融机构人民币各项存款71.9亿元，比年初增加6.89亿元，增长10.59%；各项贷款余额32.61亿元，比年初增加6.08亿元，增长22.93%，存贷比为45.36%，比年初提高4.56个百分点，存贷比在全市排名第四位。全县金融机构不良贷款余额0.34亿元，不良率1.04%，比年初下降0.15个百分点。

2014年，人行始兴县支行荣获韶关市精神文明先进单位，韶关市跨境人民币结算工作先进单位，邹年群被评为广东省中央银行会计核算数据集中系统推广上线工作先进个人，黄明东、严建强荣获2012—2013年度人行韶关市中心支行优秀党员荣誉。

【信贷管理】 1月28日，组织召开了始兴县2014年金融工作座谈会，会议由始兴县人民政府县长杨思远主持，人行始兴县支行行级领导、县财政局、经信局等县直有关单位和国税局、地税局等经济部门以及辖内各金融机构主要负责人共30多人参加了会议。中共始兴县委书记范秀燎、人行韶关市中心支行行长万里滨出席会议并讲话。会议总结了始兴县2013年金融工作，提出了2014年金融工作思路和工作措施；按季组织召开经济金融形势分析会，有针对性地对金融机构“窗口指导”和风险提示，提出加强和改进金融支持地方经济建设的意见；为引导农信社加大涉农贷款的投放力度，2014年，向始兴农村信用社发放支农再贷款4笔，1.3亿元，改善了农村信用社的经营状况，取得良好的社会效应。

【金融安全】 落实重大事项及重要信息报告制度和金融风险监测评估工作。督促辖内金融机构按时报送相关信息，做好情况反馈工作，按月监测地方法人机构风险指标，按时报送金融业风险监测报告，全面掌握辖区金融情况，增强人民银行维护金融稳定和提供金融服务的能力；做好金融风险监测工作。按月对地方法人机构风险情况进行监测；开展法人金融机构稳健性专题调查。对始兴农村信用合作联社、始兴大众村镇银行开展了稳健性专题调查，准确掌握了地方法人金融机构稳健性经营、资本与资产质量和存在的问题、原因，提出整改意见和建议，正确引导地方法人金融机构稳健经营；开展热点问题调查研究，完成上级部署的银行业、证券业、保险业方面的金融稳定专题调研；探索始兴县金融系统社会管理综合治理工作创新机制。成立了始兴县金融社会管理综合治理工作领导小组，8月25日，人行始兴县支行与辖内各金融单位签订社会管理综合治理责任书，为始兴县金融系统社会管理综合治理工作和创建平安金融工作奠定了坚实基础。12月，联合县综治委、县公安局组成考评工作组首次对辖区8家金融机构落实2014年度社会管理综合治理责任制情况进行检查考评。探索开展金融系统视频监控中心建设。至12月末，已完成了人行始兴县支行、农行、建行、邮储银行、农信联社、村镇银行、财产保险公司等11个高清视频监控点的建设，并全部接入人行始兴县支行创建平安金融视频监控平台和始兴县公安局二类监控“110”指挥中心；加强现金管理工作。指导辖内各金融机构加快推进冠字号码查询工作，至12月末，全县具有冠字号码识别功能的柜员机48台，点钞机139台，建立反假货币电子工作站10个。加强防伪反假宣传工作，9月，人行始兴县支行组织辖内金融机构开展“金融知识普及月”活动，全县金融机构共组织9场次宣传活动，将反假等金融知识送进校园、课堂、社区、村镇、学校、工厂，不断普及广大群众的反假知识，提高反假意识。加强反假知识培训。加强对县金融机构现金收付情况检查工作。

【金融服务】 开展金融消费权益保护工作：借助信息网络、专栏载体，开展金融知识普及宣传，在政府信息网“始兴金融”栏目、气象信息显示屏和县法制文化宣传长廊，向社会公众宣传国家金融政策、金融法规、征信、金融消费权益保护知识；搭建宣传展台，开展金融知识普及宣传活动，举办“3·15”国际消费者权益日、“6·14”信用记录关爱日、9月“金融知识宣传普及月”“12·4”全国法制宣传日等系列宣传活动，开展金融知识宣传；发挥金融协会作用，3月，与县消费者协会签订《始兴县消费者委员会始兴县金融消费权益保护中心工作机制对接协议》，双方建立起金融消费纠纷投诉受理、转办、纠纷调解，案例和数据共享、金融消费者教育等方面的合作机制，拓宽了金融消费者的投诉渠道，妥善调解处理金融消费纠纷5起。

推动和引导政府出资1500万元作为“助保贷”“妇女创业贷”、中小微企业贷款风险补偿金，各金融机构结合县域经济发展需求，创新金融服务产品，推出了扶持民营企业和“三农”服务的信贷新产品。至12月末，妇女创业小额贷款：发放125笔，余额625万元，累计支持125名农村妇女创业，累放金额790万元；“卡贷宝”发放922笔，余额11253万元；“助保贷”发放3笔，1300万元；“青年创业贷款”发放17笔，金额49万元。

完善金融基础设施建设。全力推进中央银行会计核算数据集中系统（ACS）于4月28日在始兴县正式成功上线运行，配合做好第二代支付系统推广上线工作。

认真履行经理国库职责。至12月末，人行始兴支库共实现各级预算收入5.18亿元，同比增长8.84%。其中：中央级收入0.65亿元，省级收入0.93亿元，市级收入0.01亿元，地方级3.59亿元。预算支出14.39亿元，办理调拨收入9.30亿元，预算收入退库1.41亿元。保证了地方预算收支的正确执行。

加强对助农取款服务点的管理。2014年，县辖内115个助农取款服务点累计办理取款业务1915笔，金额299460元；累计办理查询业务1113笔。在原来的基础上，丰富助农取款服务点功能，顺利完成4个助农取款服务点改造升级为农村金融综合服务站的工作。

【金融监管】 加强货币政策监测分析，按时报送辖内经济金融形势分析报告、农村金融产品和服务、民间融资、房地产市场和房地产金融等监测分析报告，为货币政策调控提供支持；加强存款准备金日常考核管理，严格执行存款准备金有关管理规定，按季报送辖内存款准备金政策执行报告，切实维护存款准备金制度的有效性；贯彻落实利率政策，加强对金融机构贷款利率和民间借贷利率水平的监测分析和调研；加强再贷款日常管理，维护中央银行债权。贯彻落实《关于鼓励县域法人金融机构将新增存款一定比例用于当地贷款的考核办法（试行）》《农村信用社改革试点专项中央银行票据兑付后续监测考核办法》《广东省农村信用社改革试点专项中央银行票据兑付后续监测考核实施细则》，加强对农村信用社的信贷投放的引导和专项中央银行票据兑付后续监测考核，督促其加强内控管理，切实转换经营机制。

【外汇管理】 做好外资企业货物贸易信贷报告工作。2014年，共办理业务85笔，金额495万美元，促进了企业信贷贸易工作；做好外商投资企业年检工作。完成对58家企业的外汇年检工作；做好跨境人民币结算工作，2014年，办理了跨境人民币结算工作134笔，金额3亿元，超额完成上级行下达的2.74亿元全年任务。 （严建强）

附：领导班子成员名单

行　长：黄明东

副行长：郑湖南

　　　　彭建华

副主任科员：陈厚新

中国农业银行股份有限公司始兴县支行

【概况】 中国农业银行始兴县支行创建于1955年10月，1957年6月撤销，并入人行始兴县支行，1964年再次分设，1965年12月7日，再次撤销，并入人行始兴县支行，1980年1月，第三次分设中国农业银行始兴县支行。1999年1月16日，股份制改革后更名为中国农业银行股份有限公司始兴县支行，2014年50名员工，分设三个内设部门：综合管理部、风险管理部和客户部，有二个营业网点，支行营业部和墨江支行。2014 年，始兴支行推进经营精细化管理，以建设“现代的、领先的、和谐的”始兴农行为指导，拓展“三农”业务空间，增强经营活力，积极抢占先机，加大营销力度，完善内部机制，切实控制经营风险，在激烈的市场竞争中保持了较快的发展势头。

2014 年年末，本外币各项存款余额 114216 万元，比年初净增 618 万元；各项贷款余额 45535 万元，比年初净增 6194 万元，累计收回贷款 5353 万元。

【信贷管理】 以建设“现代的、领先的、和谐的”始兴农行为指导，拓展“三农”信贷业务发展空间，加大信贷投放力度，2014 年，累计发放贷款 11546 万元，主要投向：小额农户贷款、个人住房按揭贷款、机构类贷款、公司类贷款和林权抵押贷款。

【反洗钱工作】 2014 年，农行始兴县支行继续加强反洗钱管理，规范反洗钱操作，切实履行反洗钱义务及职责。制定了反洗钱工作计划，成立了由行长黄宝新担任组长的反洗钱工作领导小组，落实了岗位责任制，层层签订了责任书，在全行范围内广泛开展反洗钱宣传、培训和检查工作，及时处理反洗钱系统提示的相关信息。

【网点建设】 为更好地服务民生金融生活，2014 年新设文化路 24 小时自助银行网点一个，至 2014 年县内自助银行点数为两个。秉着服务“三农”的经营宗旨，2014 年开始在全县推广农村金融服务点工作，年底建成能够使用金融服务点 45 个。

（邓海源）

附：领导班子成员名单

行　长：黄宝新

副行长：蔡楚辉

　　　　聂郁龙

中国建设银行股份有限公司始兴支行

【概况】 中国建设银行股份有限公司始兴支行的前身是中国人民建设银行始兴支行成立于 1954 年 10 月。1996 年 3 月 26 日，中国人民建设银行始兴支行正式更名为中国建设银行始兴支行。作为中国第一批股份制改革试点的国有商业银行，中国建设银行股份有限公司于 2004 年 9 月 17 日正式成立，中国建设银行始兴支行也随即更名为中国建设银行股份有限公司始兴支行。中国建设银行股份有限公司始兴支行隶属中国建设银行股份有限公司韶关市分行，在韶关市分行下属的 30 个营业网点中列为一类网点。一个营业网点和一间 24 小时全自助银行，对外办理居民储蓄存款、外汇业务、信用卡业务、理财业务，以及个人住房抵押贷款等多种业务。经过改革发展，建设银行各项业务快速发展，信贷资产和负债取得了数以十倍的增长，从单一管理财政资金、办理基建拨款监督的银行，发展成为既管财政投资，又经营信贷业务，既办理固定资产投资信贷，又发放配套流动资金贷款，既办理国内金融业务，又办理国际金融业务，以办理中长期信用为主的国家专业银行。2014 年，有编制 22 人。

【经营管理】 2014 年，建行始兴支行面对始兴县经济增速下调、下行压力加大的大环境和年初县政府开会形成决议、全力支持当地法人代表金融机构农村信用联社的经营压力，建行始兴支行积极应对，上下团结一致，奋力拼搏，业务发展不断有新的突破，取得了较好的经营成果。

【市场效益】 2014 年，建行全口径存款余额为 80151 万元，实现营业总收入 2526 万元，累计投放单位贷款 18200 万元，发放个人货款 4937 万元。

【履行社会责任】 建行始兴支行以支持地方经济发展为己任，紧紧围绕县委、县政府提出的：创建国家生态县，争当广东生态发展标兵，建设“韶关生态发展核心区”发展思路开展工作，支持地方经济建设。落实信贷支持项目，支持始兴县的重点项目建设和中小企业的发展。支行通过加快服务渠道建设，致力为广大市民提供快速便捷的服务，全面推行综合网点转型。对营业柜台进行分区，设置大堂经理、产品经理岗，加大客户分流力度，减少客户等候时间，提高服务能力和服务水平。（曾珊蓉）

附：领导班子成员名单

行　长：董高正

副行长：陈超斌

主　管：曾建安

始兴县农村信用合作联社

【概况】　始兴县信用合作社成立于1953年，2006年11月实现了以县为单位统一法人管理模式，正式成立了始兴县农村信用合作联社（以下简称“始兴联社”）。2014年，始兴联社下辖8个信用社、1个营业部、7个信用分社共16个营业网点，遍布始兴县域各个乡镇，是始兴县机构网点最多、辐射面广、资金实力雄厚的金融机构之一。

始兴联社主要办理人民币存款、贷款、各类结算、国库业务、卡业务以及代收代付和票据承兑等业务。各网点已配备ATM、CRS、POS、BST等自助设备，开通了银行卡96138客户服务热线功能，开办了信游E家（网上银行、手机银行）、银行卡网上支付、银行卡自助循环贷、银行卡助农取款、珠江平安IC卡、发行“二代社保卡”等便民业务。

【经营管理】　始兴联社一直秉承“服务三农、支持中小微企业和县域经济发展”的服务宗旨，恪守“手握手的承诺，心贴心的服务”的经营理念，为始兴县域经济发展做出了突出贡献。2014年，各项存款余额27.21亿元，市场占比36.38%；各项贷款余额19.86亿元，市场占比60%；存、贷款市场占比在全县金融机构中均排名第一。

【三农服务】　2014年，始兴联社始终围绕县委、县政府农业结构调整、招商引资战略，把握“三农”需求，提高“三农”服务水平，推广农村党员“红色创业贷款”、银行卡自助循环贷等新的业务品种和服务项目，解决“三农”资金需求，支持特色农业产业及涉农企业建设，促进了始兴县农村经济和县域经济蓬勃发展。2014年，始兴联社农户贷款余额8.7亿元，发放涉农贷款余额17.63亿元，占各项贷款余额的88.78%。

【社会责任】　始兴联社在抓好业务经营工作的同时，履行社会责任。2014年，累计建设助农取款服务点38家，开设金融服务站2家，覆盖县域大部分行政村，改善了农村支付环境；组织干部员工为“广东扶贫济困日”、为白血病患者华小红捐款2次，共募集善款68598元；组织29人无偿献血7500毫升。在扶贫“双到”工作中，累计为帮扶单位提供帮扶资金20多万元，实现脱贫率达100%。加强反洗钱工作，全力打击洗钱犯罪，维护金融秩序稳定。（蔡高华）

附：领导班子成员名单

党委书记、理事长：张寿清

主　任：叶楚绵

副主任：陆海涛

副主任：黄军红（2014.8—）

党委委员、监事长：卢志尚

中国工商银行股份有限公司始兴支行

【概况】　中国工商银行股份有限公司始兴支行前身中国工商银行始兴县支行，成立于1984年1月1日，为深化体制、机制和流程改革，2005年本行成功完成了财务重组、股份公司组建、战略投资者引进，2006年成功在香港和上海证交所同步上市，完成了由国有独资商业银行到国际公众持股公司的历史性转变。同时，建立起科学规范的全面风险管理、资本管理、资产负债管理、资金营运、财务会计等制度体系，构建起独立有效的内控内审体系，深化劳动人事和分配制度改革，为本行转型发展提供了全方位的治理保障。中国工商银行股份有限公司始兴支行隶属于中国工商银行股份有限公司韶关分行，2014年有在编员工17人，1个营业网点和2间24小时自助网点，

【经营管理】　坚持为实体经济提供优质金融服务，始终保持与经济发展脉络、市场客户需求深度对接，坚持银行基本服务职能，合理控制金融杠杆，支持国家战略先导产业、重点建设项目、社会薄弱

领域，全面履行企业公民责任，保持在国内金融领域的基石地位，打造最受尊重的银行。实现本行利益与国家利益、经济利益、社会利益的有机统一。坚持以客户为中心，坚持以创新引领发展，依托体制机制创新，释放经营活力，依托业务产品创新，提升服务质量，依托风险管理创新，确保新常态下风险可控和经营稳健。

【经营效益】 截至2014年12月31日，中国工商银行始兴支行本外币各项存款余额为45190万元，各项贷款余额为27904万元，实现拨备前利润1646万元，不良贷款余额和不良率持续保持双零。

【社会责任】 以建成国际一流金融企业的“工行梦”为目标，以引导员工将社会主义核心价值观和本行“工于至诚，行以致远”的核心价值理念，履行大行的社会责任，提升集团文化的内在感召力，实现本行文化为客户、股东、社会、员工广泛认同，成为最受尊重的银行。 （张朝安）

附：领导班子成员名单

行　长：肖兴祥

副行长：张　昕

　　　　黄　静

中国邮政储蓄银行始兴县支行

【概况】 邮政储蓄原名邮政储金。民国33年（1944年），始兴县邮政局已有储蓄业务。1951年，县邮政局将储金业务移交银行办理。1987年6月，始兴邮政储蓄恢复开办。2007年12月，成立中国邮政储蓄银行始兴县支行。2012年7月，邮政储蓄银行始兴县支行营业部开业。辖区内有10个营业网点遍布各乡镇及城区，具有点多面广的网络优势。2014年有在职员工39人。2014年，始兴县支行围绕全年重点工作，做好业务发展，全面开展、夯实基础管理，防范各类风险，提升服务质量，支持了当地经济建设，树立了邮政储蓄银行良好的社会形象。

【经营情况】 存款余额达16亿元，比上年增加1.24亿元，增幅8.28%；信贷业务：各项贷款余额6918万元，全年发放贷款4000万元。

【履行社会职责】 履行好国有大型银行的社会责任和使命，在县域范围内有10个营业网点，作为始兴县“新农保”代理机构，充分利用点多面广的优势，服务于村民参保及领取待遇；承办代发民政、低保、优抚、计生等政务类资金；加强工业园区企业服务工作，在万达工业区、黄花园布放了离行式ATM机，并做好代发外资企业工资服务工作；利用点多优势办理非税业务，方便客户资金归集、学费缴交、税费缴纳等；加强农村金融服务，在全县各个镇设立助农取款点33个，延伸服务点到最后一公里，有利于村民取款，减少到镇上办理来回奔波的时间、节省了交通费、保障老人家的资金和人身安全。

【内控管理】 2014年，支行各项管理工作得到稳步推进，防控了风险及资金案件的发生。强化合规意识，坚持业务创新、风险先行，组织员工进行警示教育，高度重视信用风险防范，通过开展行业分析、案例剖析，聘请专业人员进行授课培训使合规意识成为日常行为习惯。 （陈方兰）

附：领导班子成员名单

行　长：刘爱国

副行长：刘海忠

人保财险始兴支公司

【概况】 中国人民财产保险股份有限公司始兴支公司前身是中国人民保险公司始兴县支公司，成立于1985年1月；1996年4月，中国人民保险公司始兴县支公司机构重组，分业后以“中保财产保险公司始兴县支公司”名称经营；1999年11月更名为中国人民保险公司始兴县支公司；2003年7月，正式更名为中国人民财产保险股份有限公司始兴支公司；2014年8月，营业大厅搬至县城兴平前街

10 幢一楼。公司主要经营机动车辆保险、企业财产保险、家庭财产保险、农林保险、各种责任保险、人身意外保险及健康险等，险种多达 100 多种，服务覆盖了生产、经营和社会经济生活各领域。公司内设经理室、综合部、理赔分部、业务一部、业务二部和业务三部等，干部职工 19 人。

【业务发展】 人保财险始兴支公司围绕“促发展、提效益、防风险”的工作主基调开展各项工作。2014 年，全年保费收入达 2150 万，同比增长 11.28%，业务保持稳步增长。

车险业务：人保财险有传统营业网点投保、电话车险专线“400－1234567”投保和网上自助投保三种渠道供客户选择，更多样、便捷的投保服务渠道，推动始兴支公司车险业务的发展，2014 年车险保费全年保费 1372 万，同比增长 19.61%。

非车险业务：始兴支公司借助韶关分公司营销政府业务之东风，加强了与政府及有关单位的联系和沟通，2014 年顺利完成了全县政策性水稻、农房、能繁母猪、自然灾害公众责任保险的统保工作，保费收入达 549 万，同比增长 8.72%。学平险、安全生产责任险、火灾公众责任险、建筑工人意外伤害保险等业务在相关单位的支持和配合下也有了明显的增长。

为响应“三农建设”的号召，公司专为农村家庭量身定做了意外险产品——“惠农保”，根据农村实际情况采用“一张保单保全家”的新颖、方便的投保方式，在农村客户中取得了良好反响。

【理赔及客服】 理赔工作：贯彻落实上级公司的工作部署，狠抓理赔服务质量，全面提高理赔服务的速度及质量，针对影响大、范围广的政策性保险，始兴支公司制定特别工作方案，保证政策性保险理赔工作的合规性和时效性。2014 年，始兴支公司共赔付各类保险案件 2385 宗，赔款达 1396.4 万元，分别较去年增长 3.74% 及 42.54%。客户服务：人保财险开通了全国首家 24 小时保险客户服务专线电话“95518”，服务网点遍布全国各地，为广大客户提供了更优质、高效、热情、周到的全方位、全天候的保险服务。（赖国城）

附：领导班子成员名单

总经理：李　平

副经理：谢建新

　　　　张全忠

中国人寿保险股份有限公司始兴县支公司

【概况】 中国人寿保险股份有限公司始兴县支公司由原中国人民保险公司于 1996 年 6 月分业经营成立。公司主要经营；人寿保险；健康、意外伤害保险等各类人身保险业务；国家法律法规允许的或国务院批准的资金运用业务；各类人身保险服务、咨询和代理业务；国家保险监督管理部门批准的其他业务。公司内设总经理室、办公室、客户服务部、个险销售部、中介代理部、团险销售部等，下辖 8 个营业及服务网点，分别为顿岗镇营业部、太平镇营销服务部、沈城镇营销服务部、马市镇营销服务部、罗坝镇营销服务部、澄江镇营销服务部、司前镇营销服务部、隘子镇营销服务部。2014 年，拥有人力 138 人，其中：一线业务骨干及精英 130 人，在职干部、职工 8 人（包括正、副总经理各 1 人、客户服务部经理 1 人、个险部经理 1 人、综合部经理 1 人）。

2014 年，结合实际，深入“转型”，夯实公司各方面的基础。并且紧紧围绕“服务韶关，做大做强，固本强基，科学发展”这一工作主题，结合实际，全面完成上级公司下达的目标任务，销售业绩和效益都创造历史新高，规范管理得到加强，宣传力度加大，公司的社会影响力增强。在业务市场和销售队伍两个方面实现突破性发展，增强公司可持续发展能力。

【业务发展】 2014 年，总保费收入 5974 万元，其中期交首年保费 921 万元、趸交保费 2362 万元、意外险保费 198 万元、短期健康险保费 52 万元、续期保费 2441 万元。全年给付支出 2310 万元，其中满期给付支出 9500 万元、年金给付支出 85 万元、赔款给付支出 231 万元。

【改善服务、加强品牌宣传】 中国人寿保险股份有限公司在全市各县均有客户服务柜面，以及专业高效的“95519”客户服务专线，形成了覆盖全市的服务网络。使中国人寿成为客户身边最近的寿险服务商，是粤北地区寿险企业中规模最大、技术力量最雄厚、服务网络最健全的机构。公司全体柜员团结一致，打造一支具有思考力的团队，提升整体风险把控能力，在服务方面以内、外部客户体验为导向，倡导“用心服务”，开展了各种新颖的客户服务活动，提升了客户对公司的认同度和满意度。同时，向广大市民宣导保险的风险管理、基本常识、公司品牌文化、公司产品与服务等内容，引导广大市民正确认识保险、增强保险意识和树立科学的保险消费观念。向客户发放“国寿鹤卡”，开展与“特约商家活动月”活动，为客户提供更多的附加值服务，丰富了广大客户的物质文化生活，也使得更多的客户对公司品牌文化有了更深刻的认识。通过“95519”客户服务专线、移动“95519”短信服务平台、国寿“1＋N”品牌宣传，做好投诉处理工作，提升客户满意度。组织“微笑服务进社区”大型保险服务咨询活动，向广大市民宣导新保险法实施、风险管理、保险基本常识、公司品牌文化、公司产品与服务内容，引导广大市民正确认识保险、增强保险意识和树立科学的保险消费观念。

【队伍建设】 公司在着力发展业务的同时，不断加强销售队伍建设和诚信经营理念的教育培训。以“诚信我为先”活动和《销售人员行为规范》等系列条款的学习为契机，对销售人员进行营销员行为规范教育，加强从业人员职业道德教育，提高从业人员遵纪守法意识，切实抓好内控合规工作。为提升公司员工的岗位技能，提供培训学习的机会，持续增强公司持续发展能力。 （韩卫东）

附：领导班子成员名单

副总经理；刘志勇（主持全面工作）

总经理助员；陈先禄

旅　游

旅游管理

【概况】　始兴县旅游局于1998年正式成立，为县人民政府直属正科级事业单位。主要职能是贯彻执行国家、省、市有关旅游业的政策、法规，拟订行业管理规章制度，并组织实施；会同有关部门编制旅游业中、长期规划和年度计划，负责旅游统计、信息咨询工作；指导旅游景区景点的规划和建设；做好旅游宣传推介工作；加强对县内各旅游企业的行业管理，负责景区创A和酒店评星工作，组织旅游从业人员的岗位培训工作；承办县人民政府和省、市旅游局交办的各项工作。经县机构编制委员会核定，县旅游局为参公管理的事业单位，2014年内设秘书股，景区项目办公室，核定编制数为6人，其中：领导职数一正二副；县旅游局下设始兴县旅游发展服务中心，为正股级事业单位，核定编制数为3个。

2014年，县旅游局坚持贯彻落实县委、县政府《关于加快旅游景区建设的若干意见》的战略部署，主抓旅游重点项目建设、旅游招商、行业管理、旅游软件设施建设、宣传营销等工作，始兴旅游发展有条不紊，持续增长。2014年，始兴县旅游总收入15.13亿元，同比增长23.29%；旅游人数233.07万人次，同比增长19.74%。

【景区项目办公室】　4月15日，成立始兴县景区建设重点项目办公室，具体负责协调推进全县景区重点项目建设、旅游招商引资服务等工作。办公室设在县旅游局，成员抽调张朝焱（县旅游局）、王明凤（县旅游局）、邵海锋（县旅游局）、陈礼进（罗坝镇政府）、何柳（城南镇政府）等组成。

【杨梅节】　5月31日，始兴县第三届杨梅节活动在江口镇万亩果园基地洪源果园举办。

【甜蜜之旅】　6月14日，韶关市旅游局、始兴县旅游局、始兴县广播电视台联合在扶贫挂钩联系点深渡水瑶族乡坪田村举办“甜蜜之旅”活动，推出了始兴“甜蜜之旅”新线路。

【远东旅行社】　6月25日，韶关市旅游局批准设立始兴县远东旅行社有限公司，许可经营国内旅游业务和入境旅游业务，许可编号L－GD01855。

【星级农家乐】　7月18日，县政府印发《始兴县星级农家乐经营户（点）服务质量等级评审及奖励暂行办法》。从2014年起的三年内（2014—2016年）对星级农家乐经营户（点）进行扶助奖励，每年扶助奖励10家，共30家。星级农家乐评审流程为：各农家乐向所在乡镇提出申报；各乡镇对申报材料进行初审后，上报县旅游局；县旅游局对照《始兴县星级农家乐必备项目检查表》对申报者进行审核，通过审核的申报者列入当年星级农家乐扶助奖励候备名单；由县旅游、国土、公安、安监、质监、卫计、食药、环保、工商、地税、农业、林业、消防等部门组成的始兴县星级农家乐服务质量等级评定委员会，按照《始兴县星级“农家乐”经营户（点）服务质量评分表》进行评审打分，向社会公示评审结果；经评审评分值为680分以上，即被评为星级农家乐。

【穿越铜钟寨】　11月1日，在铜钟寨景区举办第三届穿越铜钟寨活动，吸引了来自周边地区的687名登山爱好者参加。

【最具魅力自驾游目的地】　11月20日，在“第二届中国热点旅游胜地宣传推广盛会”上，鉴于始兴县深厚的历史文化底蕴，丰富而独特的绿色生态旅游资源，良好的自驾游环境，实现了旅游的可持续发展，经专家团综合评审，一致同意授予始兴县“中国最具魅力自驾游目的地”荣誉称号。

【星级酒店】 12 月 22 日，韶关市旅游星级饭店评定委员会同意始兴县聚源酒店、始兴县平湖山庄评为三星级旅游饭店。

【A 级景区】 12 月 22 日，韶关市旅游景区质量等级评定委员会同意始兴县铜钟寨风景区评为国家 AAA 级旅游景区。这是始兴县第一个 AAA 级旅游景区。

【旅游微信】 12 月 31 日，始兴旅游微信公众号正式开通。

（曾　星）

附：领导班子成员名单

局　长：刘丰文

副局长：卢红群

　　　　钟良县

始兴县主要旅游景区（点）

【车八岭国家级自然保护区】 车八岭国家级自然保护区位于始兴县东南部，距县城约 46 公里。东与江西省全南县交界，南连司前镇，西邻刘张家山国有林场，北接罗坝镇都亨片，总面积为 7545 公顷。2008 年，车八岭国家级自然保护区被联合国教科文组织授予“世界人与自然生物圈保护区”荣誉称号。

车八岭国家级自然保护区素有“物种宝库，南岭明珠”之称。该保护区以丰富的野生动、植物资源，独特的自然森林景色闻名于世，是中外科学工作者探索考察的首选之地，也是“广东省环境教育”基地。保护区内因山高谷深，山脊、山坡和沟谷均为不同植被的发育提供了优越的地貌条件，有利于植物生长，也为野生动物的生存创造了良好环境，由此蕴积起丰富的动、植物资源。其中，植物资源种类约有 2000 种，隶属于 925 属，290 科。动物资源种类约有 1505 种，隶属于 969 属，253 种。

保护区在严密保护好其保护对象的基础上，充分利用其自然生态条件，开发出丰富多彩、增长见识、有益身心的旅游项目，内容包括体现物种宝库的自然博物馆、蕨类植物园、兰花园、茶园、果园、梅林及原始森林等参观游览点，是集科学研究、探险健身、娱乐休闲于一体的广东省生态旅游主要景区之一。

【满堂客家大围】 满堂客家大围位于盛唐名相张九龄、抗日名将张发奎的家乡隘子镇，北至始兴县城、西往韶关市区均约 65 公里。素有“岭南第一围”之称，是一处规模宏大、建筑精美的客家围楼建筑群，它集赣南、粤北、粤东四角楼之大成，无论从规模、造型、材料到工艺，都堪称客家四角楼之最，是客家人“聚族而居”的登峰造极之作。也是中国民居建筑中“方围”系列的杰出代表。1996 年 11 月 20 日，国务院正式批准满堂客家大围为全国重点文物保护单位。满堂客家大围系始兴乡绅官乾荣所建，始建于清道光年十三年（1833 年），至咸丰十年（1860 年）建成，历时 28 年，建筑面积近 2 万平方米，共有大小房间 777 间。满堂客家大围具有规模宏大、围中有围、用料讲究、富丽堂皇、坚固安全、松木作地基、冬暖夏凉、厅堂无联无匾等建筑奇观。大围集古朴雄浑的气势和精致高雅的韵味于一体，为研究客家民俗风情及近代建筑的源流和发展提供了宝贵的实物资源。该围风水布局合理，内含“福、禄、寿、喜、财”五福文化，是观赏客家民居，祈愿五福临门的理想场所。

【东湖坪客家民俗文化村】 东湖坪民俗文化村位于始兴县太平镇东湖坪村，坐落在国道 323 线旁，东距始兴县城 3 公里，交通十分便利。该景区占地面积 29 万平方米。它承载着中原文明的千年沉淀，蕴积了丰厚的文化内涵，是寻访客家迁移文化，体验客家俗韵的理想之地。也是 17 集电视连续剧《围屋里的女人》和《战时省委》的拍摄地。2009 年 12 月，东湖坪村被认定为“广东省古村落”，成为广东省第二批 37 个古村落之一。该景区是始兴客家文化、民俗风情的缩影。村内有清朝军机大臣张之洞为之题词的“永成保障”围楼，有占地面积达 1.9 万平方米的大型古建筑民居——九栋十八厅围屋，有气势恢宏、雄浑古朴的曾氏宗祠。此外，还有神秘莫测、暗藏玄机的曾氏银库及藏宝秘图，有类似于“三味书屋”且古色古香的元盛书院。游客在景区内可了解到上至战国下至明清时期的古文化风貌，可观赏到清代婚嫁活动的风趣表演，可品尝到独具特色的客家婚宴，还可看到古代各种生产、生活、婚嫁等用具的展览及操作演示，领略到多姿多彩的独具地方特色的民俗文化风采。特别是曾氏银库东墙刻着一幅充满玄机的藏宝秘图，尽管被无情的岁月在她身上留下了斑驳的痕迹，但这并不影响她对世人的吸引力，每年都有成千上万的游客慕名前来考证，试图破解秘图的天机。

【铜钟寨景区】 铜钟寨景区位于始兴县沈所镇，距离县城9公里，景区面积约45公顷。该景区的核心旅游资源为丹霞地貌的岭与谷地貌。其中景区西侧山岭的形状看形如钟，当地称之为铜钟寨。景区东侧山岭为牛尾寨，山岭与铜钟寨平行，形态与类型相似，崖壁上有悬棺。两岭之间为谷地，是目前已经开发的铜钟寨景区主题部分，名为仙女谷，谷地两侧崖壁的砾岩层中有众多的垂直裂隙发育，大型洞内可见由石灰岩砾石溶解后再淀积的钟乳石地貌，这在砾岩形成的丹霞地貌中比较少见。部分洞口还有古藤、象形石等补充资源。

景区内聚集了女性一生艺术的写照：有女婴混沌无知的天真，有女童情窦未开的向往，有少女怀春岁月的骚动，有少女初婚伊始的惊悸，有中年妇人情怀激荡的张扬，也有老妪残冬黄叶的枯萎……这一个个深浅不同、大小不一的洞穴，昭示着人类的生生不息与岁月沧桑。不仅风情万种，还春情萌动，春意融融，静静地审视，这些洞穴酷似一个个女性阴元，是大自然的鬼斧神工把女性最隐蔽的世界雕刻得如此惟妙惟肖。

景区也曾是抗日战争时期风度大队的驻地，是解放战争时期始兴游击队的据点，硝烟已经散去，战火也已熄灭，只留下两条隐约可见的战壕见证着历史。

12月22日，铜钟寨景区被评为国家AAA级景区。

【深渡水生态景区】 深渡水生态景观区被评为始兴新十景之一，又被称为“瑶乡枫韵”。瑶乡枫韵位于县城之南20公里的深渡水瑶族乡境内，（省道）S244沿线。沿清化河段五十里，山青水蓝、枫红竹翠，民族风情浓郁，人文历史厚重，是一个集奇峰异石、深峡飞瀑、林海古树和丰富物种于一体的天然生态景观区。方圆百里，林茂人稀，区内分布着十多座海拔千米以上的山峰，如将军栋、鸡公山、五指山、笑天龙形、黄巢点兵等，有酷似大文豪鲁迅头像的奇峰“文豪峰”，有惟妙惟肖的独立石“观音坐莲”。区内还保持着未被开采过的原始森林风貌，是现代都市人寻幽览胜、探险猎奇、远离喧嚣、回归自然、倾听古林天籁的理想之地。

深渡水瑶族乡境内的五十里沿途风光，被岭南画派誉为“岭南九寨”“五十里画廊”。“东湖坪—深渡水—满堂围—车八岭”荣膺2008年广东十佳自驾游线路。

【红围、地下交通站】 红围位于始兴县沈所镇沈北村，距县城4公里。交通十分便利，X344线、沈江公路直通景区，并与国道323线相连。红围建于清朝道光年间，距今已有一百八十多年的历史。红围呈长方圆角形，占地面积1008平方米，建筑面积5000平方米。红围以前有5层楼，高约14米，共有厅房96间，围内有水井，围门有三道，外门是包铁皮的门，围墙很厚，是河卵石与石灰砂浆砌成，固若金汤。红围曾经是抗日战争时期（1940年春至1941年春）中国广东省委办公的所在地，广东省委和抗战军民的堡垒和根据地。

地下交通站（原日新小学）现为中共广东省委红围旧址史料陈列室。位于红围西边1.5公里的外营村，也就是现在的八一村。它建于清朝年间，建筑面积300平方米。1935年，中共党员陈培兴利用此庙创办日新小学，招收学生约30人，曾在这里教学的中共党员有李循作、华英、黄德昌等。日新小学是省委在始兴最重要的地下交通站。省委工作人员在学校以教书的省份作掩饰，从事党的地下工作。

在八一村发生了“八一战役”，这是一次国共力量非常悬殊的战斗。共方仅有30多人的地方武装和少量武器与人数多于共方近百倍的国民党正规军激战3昼夜。在这次战争中，全村45户中有14户全家被杀，112人被杀害，120多间房屋被烧毁，

100 多头牛猪被抢去。这就是始兴历史上惨绝人寰的“外营惨案”。为了纪念在惨案中牺牲的革命烈士，始兴县人民政府于 1950 年在外营村修建了革命烈士陵园。将外营村名为“八一村”，并授予“光荣之村”荣誉称号。

【南岭红沙漠景区】 南岭红沙漠景区总面积约 20 平方公里，所在地为始兴县马市镇黄田村、联俄村，距离始兴县城 20 公里，国道 323 线、省道 S244 线、韶赣高速公路、赣韶铁路就在附近，交通十分便利。景区主要是红色盆地，色为紫红，多为裸露丘陵地带，形似沙漠，当地俗称“黄沙坷”，学术名为“南雄红土层”。

南岭红沙漠沟壑纵横，裸露着暗红色的土质层闪耀着迷人的红光，如西游记中的火焰山。放眼望去，山川和原野呈现砖红的颜色，与纵横交错的阡陌农耕交相辉映，起伏的曲线，寂寥的天空，构成了红沙漠壮观的景色。那极具层次的丘陵线条，山川和田野呈现出一片片暗红、紫红、砖红等不同的红色，方圆数百座大大小小的山头及山坡上，野菊花与芒草热烈生长，金色稻浪随风翻滚，绿、白、红、黄交相辉映，绚丽斑斓。观者无不赏心悦目，怡然自得，可以感受媲美大西北的荒凉与豪迈。

教育·科技

教育管理

【概况】 始兴县教育局前身为文教科，1973年改称县教育局。2001年县机构改革，县教育局与科学技术局合并组成县科技教育局。2010年，根据《中共始兴县委、始兴县人民政府关于印发〈始兴县人民政府机构改革方案〉的通知》精神，设立始兴县教育局（挂县科学技术局、县知识产权局、县地震局牌子），为县人民政府工作部门。设8个内设机构，机关行政编制22名。2014年，根据《始兴县人民政府办公室关于印发始兴县教育局主要职责内设机构和人员编制规定的通知》精神，独立设置始兴县教育局，为县人民政府工作部门。将原科学技术局、县知识产权局、县地震局职责划入县经济与信息化局。内设办公室、教育股、德育体育卫生艺术教育股、教育督导室、基建财务股、人事监察股等6个内设机构，机关行政编制20名，后勤服务人员数3名。2014年，共有独立高中1所，完全中学1所，中等职业学校1所，初中（含九年一贯制）11所，中心小学8所，公办幼儿园13所，完小15所，教学点30个，民办幼儿园22所。全县在校生37032人（其中高中4570人、初中7454人、小学14705人、幼儿8461人、中职1842人），在职教师2435人。

2014年，始兴教育工作围绕办好人民满意教育的目标，以国家义务教育均衡发展县创建为契机，致力于探索和创新义务教育均衡发展新模式、新路径和新方法，率先在全市顺利通过国家义务教育均衡发展县验收。以激情文化为引领，以精细化管理为助推，实施“质量提升、队伍强化、校园平安、特色品牌、家校合作”五大工程，逐步实现学校管理精细化、教师成长专业化、学生发展多元化、学校发展特色化的工作目标。

【教育优先发展】 县党政领导高度重视教育工作，教师节期间，县委县政府高规格组织召开全县教育工作会议，表彰了一批高考工作先进单位和一大批优秀教师、优秀教育工作者、优秀班主任。重新修订《始兴县农村义务教育学校教师岗位津贴实施办法》，从2014年1月起，农村义务教育学校教师岗位津贴标准由人均500元/月提高到700元/月；县财政安排50多万元资金为全县2200多名在职教师进行免费体检。

【共建合作】 3月19日上午，始兴县与广东省教育研究院举行签约仪式，地点在广东省教育研究院，合作共建始兴县“广东省教育研究院教育科学发展实验区”。双方将从实施校长、教师、教研队伍培训工程，高中学校教学质量提升策略研究，推进课堂教学改革策略研究及创新管理机制，提高管理效能等四方面加强合作，用广东省教育研究院理论指导在始兴开展实验合作，以达到全面推进教育科学发展，全面提升教育教学质量和办学水平，全面建立基础教育评价体系的共建目标。

【信息化建设】 贯彻国家和省、市教育信息化工作整体部署，推进“三通两平台”建设。2014年，投入627万元新安装167套电子白板，新建和更新8间电脑室，并于2014年年底率先在全市实现“宽带网络校校通”“优质数字教育资源班班通”“教学点数字教育资源”100%全覆盖。

【队伍建设】 以激情文化为引领，出台《关于进一步加强教师学历提升工作的实施意见》，启动农村教师进城培养计划，为30名新招聘教师搭建成长平台；通过选派校长、教师外出跟岗学习，邀请专家举办讲座、组织开展学科竞赛、班主任培训等活动，使队伍素质得到有效提升。评选出70名市县名校长、名教师和学科带头人，促进了教师专业化成长。奖励了一批优秀校长、模范教师和在教科研领域取得优异成绩的个人达400多人次，2014年有19位校长论文获省级奖励，是全市获奖数量较多的县区之一。

各级各类教育

【概况】 2014年，以创建全国义务教育发展基本均衡县为抓手，不断补齐各类教育发展短板，盘活教育存量，扩大资源总量，教育服务保障能力进一步提高。义务教育标准化学校实现100%全覆盖，2014年12月顺利成为韶关市首个通过国家督导验收的义务教育发展基本均衡县。

【学前教育】 以建设乡镇中心幼儿园为重点，鼓励社会力量利用学校布局调整闲置校舍举办幼儿园，组织学前教育师资队伍培训，邀请省市幼教专家来举办学前教育教研活动，全面推进学前教育发展。2014年，全县学前幼儿入园率达95%。

【九年义务教育】 巩固普九成果。继续实行控辍保学“五项制度”，全县小学适龄儿童入学率达到100%，初中阶段学生毛入学率100%，三残儿童入学率达92.19%，“普九”各项指标均达到或高于全省平均水平。

推行素质教育。因地制宜开展写字教育、读书活动、第二课堂和阳光体育大课间活动，营造良好的校园文化氛围。10月，韶关市教育局专门印发《广泛开展大课间活动推进学校特色办学——关于始兴县中小学大课间活动的调研报告》，供全市借鉴、推广。实验小学、沈所中心小学、城南衍屏中心小学三所学校评定为“2014年始兴县大课间体育活动精品学校”。成功举办首届中小学生篮球赛和读书节，选派学生参加国家、省市各类文体竞赛，成绩喜人。2014年，在全市中小学体育运动会上，始兴县取得了由上一届第八名跃升到第五名的好成绩，也为始兴在全市运动会当中夺取第二名的好成绩奠定了坚实基础。

创新德育工作。结合市教育局提出的“厚德弘善·感恩励志”德育创新活动，以中华经典诵读为载体，开展“感恩行动我先行”等活动，促进学生良好日常行为规范养成，各学校文明礼仪蔚然成风。2014年，韶关市培育和践行社会主义核心价值观和中小学校园文化建设2个现场会先后在始兴召开，受到市教育局和兄弟县局的赞赏。

构建和谐平安校园。实施“校园平安”工程，修订完善突发公共事件应急预案，健全和落实学校（园）安全事故应急救援预案，开展各种安全疏散演练，加强消防、防溺水、交通等安全教育活动；落实安全工作责任制，中心小学以上学校均聘请法制和卫生副校长，开展法制讲座和卫生讲座共50多次。组织开展学校及周边环境、校车、食品卫生安全、校舍安全等专项整治并取得较好成效。

教育教学研究。以打造高效课堂为龙头，课堂教学为主阵地，课题研究为载体，加强教研队伍建设，下移服务重心，通过大听课大评课、“开放周”、送教下乡、同课异构、结对帮扶等形式，对全县教师加强教学指导。2014年，共组织专题讲座以及公开课、研讨课、示范课105节。教研课题获省市立项共11项，获市级以上奖励课题共25项。教研课题获市级三等奖4项。

【高中教育】 2014年，始兴县高中阶段学龄人口数为9738人，高中阶段在校学生总数为9348人，高中阶段毛入学率达到96%，超过全市高中阶段毛入学率的平均水平，圆满完成“普高”任务。2014年全县共安排35%的公费招生名额（始兴中学280人，风度中学210人），面向全县各初中学校实行“指标到校”招生。

普通高中教育。以实施教育质量提升工程为抓手，狠抓教学常规管理，推进“20·20”课堂教学模式，打造和谐高效课堂，促进教学质量稳步提升。2014年，始兴高考重点本科上线46人，比市下达始兴重点本科预测目标多出25人，实现翻番完成市重本预测目标；本科上线人数408人，比上年增加4.16%；高职类考生100%上线。始兴中学被评为“韶关市教学质量优质学校”。

中等职业教育。全县多举措、全方位严抓春秋两季招生工作，深化改革，创新模式，中等职业学校发展有了新进展。2014年，争取省竞争性专项资金400万元用于改善县中等职业学校办学条件。市下达始兴县职业类招生任务共计500人，始兴县实际完成职业类招生604人，完成率达120%。同时，中等职业学校继续深化教学改革，注重办学特色，注重培养学生的实操能力和创新精神，加强重点专业建设，开展多种形式的职业教育探索，以改革创新推动职业教育的内涵式发展，努力促进职业教育与产业结合、与企业对接，推动职业教育工作提质量、上水平。12月，中等职业学校在韶关市“中职学生技能竞赛”中喜获佳绩：荣获一等奖3人次，二等奖5人次，三等奖9人次；荣获团体项目二等奖1项，三等奖1项。（王　旭）

附：领导班子成员名单

局　长：钟永红

党委书记：易维英

副局长：黄礼明

何志明（科学技术局副局长）

黄金生（2014.12—）

龙永亮（2014.12—）

始　兴　中　学

【概况】　始兴中学创办于1915年4月，学校占地面积13.86万平方米，建筑面积5.3万平方米。学校有52个教学班，在校学生2600人，专任教师232人，其中：研究生学历21人，特级教师1人，中学高级教师82人，中学一级教师92人，省级以上优秀教师7人。学校内设办公室、德育处、教学科研处、教务处、总务处。

【德育工作】　开展师德活动，举办了廉洁读书活动、“立德树人，立教圆梦”征文活动和“学习宣传贯彻中共十八届四中全会精神”专题报告会；出台《始兴中学师德师风建设方案》和《始兴中学关于培育与践行社会主义核心价值观示范校实施方案》；邀请中国红色演讲家——金雪女士为全校师生作“唤醒爱”专题演讲会。2014年，林安国、徐小万被评为“梁广榕模范校长”，杨素优被评为“梁广榕模范教师”，袁兴平、邱婷被评为“梁广榕先进教师”，陈景元、何忠明、黄奇英等14位教师分别被评为始兴县先进教育工作者、先进班主任和先进教师。

学校大力加强校园文化建设，更新了教学楼、校园草坪、走廊的语录牌，开展“国旗寄语”网上签名活动，组织“少年向上　真善美陪我行”征文比赛，承办韶关市中小学校“弘扬雷锋精神，践行社会主义核心价值观”、韶关市“校园文化建设”等现场会。

学校重视特殊群体学生的教育工作，定期对特殊学生进行家访，国家助学金、贫困学生生活补助等向单亲家庭学生、贫困学生、留守学生倾斜。

【教学工作】　学校加大教学改革力度，借助华南师范大学教授团队和广州市一线名师资源，推出“一课两段”高效课堂教学模式，并在高一、高二年级实施；举办了课改教学竞赛，叶雪飞、陈景东、李春梅、方伟奇四位老师分别获得青年文科组、青年理科组、中年文科组、中年理科组第一名。

多举措抓高考备考工作，2014年高考，各批次上线人数均比上一年大幅增加。重点本科上线人数46人，净增23人，增幅达100%；本科以上人数403人，净增64人，增长8.52%；专科以上968人，上线率为94.44%，增长5.74%；体艺考生有突破，共6人入重点线。

推进素质教育，组织了高一级校歌比赛和七年级国歌比赛，举办2014年体育艺术节和第二届科技文化节，成立电脑制作兴趣小组，组织学生参加各类文体比赛和学科竞赛。在始兴县首届“篮协杯”中学生篮球赛中获女子组第一名，在韶关市第十四届运动会（学校体育组）暨韶关市第十九届中小学生“英东杯”比赛中获女子排球第二名，在韶关市第十九届中小学生“英东杯”艺术竞赛合唱比赛中获二等奖；在2014年全国高中学生化学素质和实验能力竞赛中，华福三等6位学生获一等奖，曾增等4位学生获二等奖，张倍等7位学生获三等奖；在第三十一届全国中学生物理竞赛中，曾志康获韶关市一等奖。

2014年，被评为韶关市“普通高中教学质量优秀学校”、始兴县“教学工作先进单位”等荣誉称号，地理科组评为始兴县“先进教研组”。此外，杜辉、何治强、杨素优、何贵英等4位教师评为新一批市学科带头人，陈景元等10位教师评为县学科带头人。

【后勤工作】 抓好财产管理工作，成立财产管理小组，建立财产报废登记制度，实行有专人负责的财产分类管理制度。学校加强校园建设，扩建万方楼前的道路，砌高足球场西南边的围墙，食堂添置面包房设备。完成节约型公共机构示范单位申报工作，成为韶关市唯一获得第二批国家节约型公共机构示范单位的创建单位。 （袁兴平）

附：领导班子成员名单

校　长：徐友忠

副校长：谢义平（—2014.10）

陈景元

林安国（2014.10—）

钟　杰

朱德银（—2014.10）

风　度　中　学

【概况】 风度中学创办于1992年，校园占地面积9.45万平方米，建筑面积3.5万平方米。有教学班42个，在校生2135人。学校内设办公室、德育处、教学科研处、教务处、总务处。专任教师186人。其中：研究生学历11人，本科学历149人，中学高级教师76人。

风度中学是广东省绿色学校、广东省一级学校、广东省军民共建先进单位、广东省教学水平优秀学校、广东省交通安全文明示范学校、韶关市首批中小学生行为规范示范学校、韶关市教育教研先进单位、韶关市德育、禁毒、心理健康教育示范学校。

【德育工作】 创新德育管理机制，提高学生综合素质。加强德育队伍建设，促成集体育人合力，加强德育规范管理，重视安全教育工作，紧扣《纲要》开展活动，注重提升德育实效，优化校园德育环境，努力创建文明学校。2014年，白梅被评为“梁广榕先进校长”；钟井林、朱建华获“梁广榕先进教师”荣誉称号；胡细嫦被评为始兴县优秀教育工作者。

风度中学承办了始兴县首届中小学读书节启动仪式。

【教学工作】 坚决落实“以人为本”的教育思想，推进特色教育，建立健全竞争机制、考核机制、奖惩机制。强化教学精细化管理，提升教学质量：严抓教学常规管理，保障教学严谨有序，推行课堂教学改革，切实提高教学质量，大力推进教研教改，促进教师专业成长。

重视高考备考工作，体现强有力的加工能力。2014年，高考参考人数501人，第二批A线2人上线；第二批B线4人上线；第三批A线28人上线，上线率5.59%；3B以上上线人数250人，上线率49.90%。

成功举办了第三届校园文化艺术节和第九届校运会。

学校、教师合计有259人次获县级以上奖励或荣誉。学校被授予始兴县教学先进单位，被授予普通高中教师职务培训“优秀班级”称号，被授予韶关市“校讯通”杯教师多媒体教育软件大赛最佳组织奖，被评为始兴县教育系统信息宣传先进单位，数学组被评为始兴县优秀教研组。陈吟松老师评为韶关市学科带头人；涂为勋、卢周古等十三位教师评为县中小学学科带头人；卢周古被评为“始兴县基础教育系统名教师”；刘萍获县中学语文青年教师片段教学比赛获一等奖；何茂优获县中小学教改优秀课例中学历史学科一等奖；孔繁菊荣获始兴县班主任专业能力大赛初中组第一名和初中组综合一等奖。学生的独唱《玛依拉变奏曲》荣获2014年“英东杯”选拔赛中学组一等奖。

【后勤工作】 加强后勤管理工作，做好透明招投标，履行政府采购程序，做好财务的日清月结工作。加强财产管理工作。强化后勤服务职能，提升后勤管理水平。争取上级资金支持，合理规划校园建设，改善办学条件，做好后勤服务工作，完善各类制度，推进节约型单位建设，加强食品安全管理工作，切实抓好食堂和宿舍管理水平。（卢欠华）

附：领导班子成员名单

校　长：邓忠彪

副校长：李子星

林安国（—2014.10）

谢义平（2014.10—）

赖春明（—2014.10）

徐　萍（—2014.10）

白　梅（2014.10—）

墨　江　中　学

【概况】 墨江中学创办于1959年。2013年，县城初中学校经布局调整后，墨江中学是始兴县城最大一所初级中学。墨江中学是广东省一级学校、广东省义务教育规范化学校、广东省校本培训示范学校、广东省体育特色学校、全国百佳书香校园、全国特色学校创建科研单位等。校园占地面积37690平方米，建筑面积39000多平方米，教学班46个在校学生2259人。内设办公室、德育处、教导处、总务处等4个处室。专任教师156人，其中高级教师63人。

2014年，是学校教育改革之年，学校秉承“以人为本，科学发展”的办学理念，弘扬“艰苦奋斗，追求卓越”的墨中人精神，以激情教育为主题，精细化管理为抓手，推行县教育局“五大工程”，提升办学质量和管理水平，全面实施素质教育，实现学校特色发展。

【坚持激情教育理念】 学校坚持激情教育理念，通过打造激情文化，营造激情环境，构建激情课堂，最大限度发挥教师的潜能，充分调动和激发学生的积极性和高涨的热情，使广大师生理想远大，精神焕发，激情飞扬，斗志昂扬，实现激情学习，激情工作和激情人生。

【推行两项改革】 推行“班级文化建设”改革。学校从物质文化、制度文化和精神文化三个层面丰富班级文化建设内涵，创设“时时受教育，处处受感染”的育人环境，建设班规、班约、班训和班级目标等制度文化，开展班级宣誓、校星评比，风采展示活动，形成人人争取进步的精神文化，用激励的精神文化引领学生成长。

推行“导学案”教学改革。开展基于“导学案”的高效课堂改革，通过小组合作探究，关注“导”与“学”，培养学生的创新精神和实践能力，提升教学质量。

【贯穿三个活动】 开展以师德教育为重点的专题活动。开展“党的群众路线教育实践活动”“廉政文化进校园活动”“民主评议政风行风活动”“三难问题专项整治活动”“师德师风建设活动”“纪律学习月教育活动”“立德树人、立教圆梦征文活动”“教师职业道德考核活动”“社会主义核心价值观践行活动”“《第56号教室的奇迹》读书活动”“干部廉政风险防控活动”“工会慰问退休、病休教职工活动”等。

开展以德育主题为重点的特色活动。开展“张九龄少年故事演讲活动”“第15届校园文化艺术节活动”“校园之星月表彰活动”“扶贫济困日活动”“成长心连心活动”“少先队建队退队活动”“我的青春我做主教育活动”“社会主义核心价值观践行活动”“第11届故事大王我友善·我圆梦讲演活动”“文明礼貌月教育活动”“第19届冬季爱心日捐款活动”“新团员培训活动”“厚德弘善，感恩励志为主题的中学生露营活动”“南京大屠杀死难者国家公祭日教育活动”等。举办感恩、励志、法制、禁毒、安全、修身、国防、环保、防火防电防溺水等知识讲座和主题班会，增强学生法制、安全意识和自我保护意识。

开展学科组建设活动。开展“推门听课”“课堂比武”活动；推进“名师建设”和“外派内请”工程，促进教师专业化发展。

【形成四个抓手】 抓德育促养成。抓礼仪、卫生、仪表、两操、安全、考勤和读书教育，促习惯养成；抓家校合作，建优秀家校实验基地；抓心理健康辅导，助学生健康快乐成长。

抓教学求发展。细化常规，保证质量；建设团队，助推发展；用好功能场馆，提高效益。

抓安全创平安。抓好卫生防疫、安全教育和管理，强化值日，警民共建平安校园。

抓后勤提服务。规范经费使用，实现阳光校务，规范食堂和宿舍管理，严把食品卫生关，严抓公物管理和维修，为教育教学服务。

【立足一个特色】 开展第二课堂、大课间、写字教育和读书活动，学校田径、篮球、足球、健美操、音乐舞蹈项目优势明显，特色鲜明，成绩突出，多次代表市、县参加各种比赛，屡创佳绩。

【荣誉与成绩】 学校先后被评为广东省义务教育规范化学校、广东省中小学校校本培训优秀示范学校、广东省体育特色学校、广东省示范性食堂，韶关市2014年高考优质生源贡献学校。韶关市体育传统项目学校，始兴县教学工作先进单位，始兴县先进体育教研组，始兴县五四红旗团委，全国百佳书香校园、全国特色学校创建科研单位，全国教育科学“十二五”规划教育部规划课题先进实验学校，全国优秀家长学校。

学科竞赛和中考、期末统测：学生参加各类竞赛获奖106人次，学校获始兴县“圆梦始兴”朗诵比赛二等奖；韶关市第十四届运动会初中组篮球男子第六名，女子第三名，足球男子第三名，初中组健美操团体总分第一名；2014年，广东省大中小学生健美操锦标赛有氧轻器械健美操第三名，三人竞技健美操第九名。2014年，升中考试学校优秀率、平均分和高分人数均居全县前茅，其中陈文欣同学以总分694分获全市第九名。在期末统测中，考生占全县1/3的情况下，各项数据排列均在全县前三名。

教师荣誉：赖香莲被评为韶关市基础教育名教师，吴国清被评为韶关市优秀教师；还有22位教师获得县级先进教师、优秀班主任、优秀教育工作者、梁广榕模范教师和学科带头人等称号。教师参加班主任大赛、基本功竞赛、论文评比和辅导学生竞赛等有136人次获得各项奖励。

学校基础设施建设成绩斐然。学校争取社会爱心人士赞助和上级资金，改造标准生物实验室和学生食堂，铺设塑胶环形跑道。 （谢文建）

附：领导班子成员名单

校　长：黄志荣

副校长：赖春明

朱德银

徐　萍

县中等职业学校

【概况】 县中等职业学校的前身是：1983年，成立始兴县农林技术学校，学校校址在顿岗镇贤丰村大成塘原省气象局701站，开设农学、畜牧2个专业，招生108人；1986年，更名为始兴县职业中学；1995年，改为始兴县职业高级中学；1996年，被评为市级重点职业高级中学；1999年，升格为省级重点职业高级中学，并列为现代农业示范学校；2001年，改为始兴县中等职业学校。2002年，由顿岗贤丰701所在地搬迁至城郊中学，并与风度中学技工部合并，形成三校合一的一所新学校。

始兴县中等职业学校是省级职业教育实训中心、省中等职业技术学校课程改革试点学校、全国通用专业技术等级证书考证培训点和考点，韶关市创业培训基地、就业再就业培训基地，粤北唯一的江门幼儿师范学校分校、始兴县农村劳动力培训基地、韶关市第一批也是始兴县唯一具有培训特种作业人员资格的单位。学校占地面积6.5万平方米，建筑面积3.7万平方米。2014年，内设有办公室、总务处、教务处、德育处、招生就业处等五个处室；开设有电子商务、电气技术运用、电子技术应用、数控技术应用、汽车运用与维修、计算机应用、农村土地纠纷调解、学前教育等专业；全校教职工118人，教学班36个，在校生1463人。

【教育教学】 学校以“培养综合技能型的现代人才”为办学理念，致力于培养理论基础扎实、动手能力强、协作精神好的技能型人才。坚持以练促教，以练促学的教学模式，实行“双证毕业制度”，突出对学生专业技能和动手操作能力的培养。在教育教学中注重养成教育，培养学生良好的学习习惯和生活习惯，充分发挥团委、学生会、班主任、班干等的作用，加强值日制度和课堂巡查，不断完善学校管理制度和奖惩制度，使学校教风、学风浓厚，深受群众的好评。学校切实抓好各项工作，开展一系列文体活动，并形成长效机制，构建有职教特色的和谐校园，使每一位学生从“需要工作的人”变成“工作需要的人”。学校的育人环境不断优化，办学效益逐年上升。

【招生就业】 学校多举措，全方位严抓春、秋两季招生工作，深化改革，创新模式，县中等职业学校发展有了新的进展，2014 年市下达始兴县职业类招生任务共计 500 人，实际完成职业类招生 663 人。学校探索办学模式改革和人才培养模式改革。学校已在珠江三角洲地区有了完善的企业人才信息交流网络，与比亚迪、新美亚、格兰仕、爱普生等多家外资企业签订了订单式培养协议书，走联合办学之路，加强实践性教学环节和职业技能训练，增强职业教育的适应性、实用性和灵活性，真正实现职业教育就是就业教育。

作为始兴县农村劳动力转移培训基地，学校注重增强职业教育为“三农”服务的能力，为当地经济的发展服务。承担相关部门的技能培训任务，与县民营企业局、安监局、劳动局等单位联合举办社会培训，每年培训农民工上千人，充分发挥了实训中心和劳动力转移培训基地的辐射作用，为始兴县经济的发展培养了大批专业技术人才。（朱德雄）

附：领导班子成员名单

校　长：苏锦城

副校长：徐　彦

肖春华

徐小万（兼九龄中学校长）

科　学　技　术

【概况】 始兴县科学技术委员会成立于 1958 年，1998 年始兴县科委改名为始兴县科学技术局。2001 年县机构改革，科学技术局与教育局合并组成科技教育局。2010 年，根据《印发始兴县教育局（县科学技术局）主要职责内收机构和人员编制规定的通知》，设立始兴县教育局（挂县科学技术局、县知识产权局、县地震局牌子），为县人民政府工作部门。2014 年，根据《始兴县人民政府办公室关于印发始兴县教育局主要职责内设机构和人员编制规定的通知》，独立设置始兴县教育局，为县人民政府工作部门。将原科学技术局、县知识产权局、县地震局职责划入县经济与信息化局。主管科普宣传、科技管理、防震减灾和知识产权工作。

2014 年，县科学技术局结合单位实际，深入调查研究，组织协调各有关单位和科技人员，做好省、市科技计划项目申报，组织市县级科技成果的申报项目，抓好 LED 照明产品推广应用和知识产权保护工作。

【科技计划项目】 县科技局立足于始兴县科技工作的实际，在科技计划项目方面，科技部门深入各乡镇、个企事业单位开展调研，做好摸底调查、项目储备，建立申报平台，确定重点项目，指导项目单位申报，认真审核申报材料，并组织上报，2014 年共申报项目 3 个，其中省级 2 个［《始兴县天玉农业开发有限公司的始兴县优势特色蔬菜新品种（系）的选育项目》、始兴县风度中学的《始兴人县风度中学校园科技科普活动项目》］，市级 1 个（始兴县盛丰生态农业科技有限公司的《芥兰新品种引进及优质安全生产技术示范推广项目》）。

【科技成果】 2014 年始兴县获得四项市科技进步奖三等奖，获奖单位和项目名称分别为：韶关盛怡文具有限公司（始兴）《神十任务书写笔的研制》、广东省始兴县质量技术监督局《始兴县蚕桑标准化生产技术的研究与应用》、广东烟草韶关市有限公司始兴县分公司《马市镇现代烟草农业基础和技术体系建设》、始兴县罗坝镇人民政府《城镇化技术集成应用》。

【召开科学技术进步奖励大会】 2014 年 1 月 16 日召开了始兴县科学技术进步奖励和专利资助大会，大会表彰了“神十任务书写笔的研制”等 9 项县级科技成果，资助了2011—2012年获得授权的218项国家专利。

【LED推广】 自2012年成立始兴县LED照明产品推广应用工作领导小组起，县科技局深入各单位宣传节能减排改造应用LED照明产品。至2014年年底，已推广使用LED照明产品4945盏，其中改造路灯1993盏，新安装路灯157盏，改造室内灯1103盏，新安装室内灯1692盏。

【知识产权保护】 3月7日，始兴县重新修订了《始兴县专利申请资助办法》。2014年，完成专利申请96件，其中发明专利申请4件、实用新型专利申请57件、外观设计专利申请35件。

【防震减灾】 11月，始兴县太平镇城东居民委员会怡园小区获得广东省地震安全示范社区称号，12月获得国家地震安全示范社区称号。 （巫玉伟）

附：领导班子成员名单

局　长：钟永红

党委书记：易维英

副局长：黄礼明

　　　　何志明

　　　　黄金生（2014.12—）

　　　　龙永亮（2014.12—）

文　化

图书文化·文物保护

【概况】 1949年10月，县人民政府设文教科主管文化教育工作。1964年8月更名为文化局。1967年3月受“文化大革命”冲击，职权被终止。1973年5月恢复文化局。2005年，由县文化局、广播电视局、新闻出版行政管理部门合并设立始兴县文化广电新闻出版局，加挂始兴县版权局牌子，为县政府工作部门。主要职责是加强对文化、广播电视、新闻出版、版权等方面工作的管理。机关行政编制10名，行政执法专项编制5名。其中：局长1名、副局长3名，县文化市场综合执法队1名（由副局长兼任）、后勤服务人员1名。新办公大楼在2012年底竣工，面积7200平方米，地址在永安大道中79号，于2013年8月正式启用。始兴县文化广电新闻出版局内设机构有：文化市场综合执法队（副科级）、人秘股、文化股、新闻传媒股（县文化市场管理领导小组办公室）。2010年10月，将文化市场综合执法队（副科级）列入局直属机构。下属单位有图书馆、文化馆、博物馆。

始兴图书馆成立于1979年，属于公益性的事业单位，编制6人，原位于始兴县太平镇公教路85号，1988年7月1日新馆建成启用，该馆共有四层，采用中西壁形式设计，建筑面积2000平方米，成为20世纪80年代县内最具特色的建筑物。2010年被文化部评为“三级公共图书馆”。现新馆坐落于丹凤山麓下永安大道中79号，2013年8月正式启用，大楼建筑为5层客家围屋式方形结构，建筑面积3700平方米总投资850万元。内设有外借室、地方文献室、省流动分馆、报刊阅览室、自带书库室、全国文化信息资源共享工程县级分中心、少儿外借室、盲人阅览室等；馆内业务范围主要包括收集整理地方文献资料、图书文献借阅、信息文化传播、精神文明建设展示等；馆外活动主要有世界读书日宣传、送书下乡、流动点图书漂流以及农村图书室辅导和建设。馆内藏书10万余册，数字资源约2TB。

始兴县文化馆前身是始兴县民众教育馆建于1938年，馆址设在县城关帝庙内。1953年，更名为人民文化馆。1964年，馆址从关帝庙迁至县城公教路。1973年更名为始兴县文化馆。1981年，迁至县城文化路，全馆面积1600平方米，人员编制18名。为响应建设文化强省的号召，以满足新形势人民群众不断增长的文化需求，始兴县政府根据具体情况，在2010年拆除了旧馆。新馆大楼建筑面积3500平方米。并于2013年8月投入使用，总投资750万，客家围屋式方形结构共三层。其中，一层设有音乐合唱排练厅、老年活动室、舞蹈排练室、值班室、器械室、男女服装室；二层设有办公室、群众文化辅导室、书法培训室、美术辅导室；三层设有影视厅、放映室、钢琴培训室、摄影辅导室、休息区等。

始兴县博物馆于1984年7月设立，原馆址建在县城中心坝。人员编制6名。1985年10月竣工启用，使用面积1000平方米，设展览室3间400平方米；仓库及文物修复、接待、办公室和宿舍等共600平方米，展品有出土历史文物、恐龙蛋化石和其他生物化石，有以嫁娶习俗等民俗文物。分古生物、历史文物和民俗3个馆。2007年因馆址改造，现办公地点为太平镇振兴路6号。拟在2015年3月新博物馆正式启用，展厅、库房正在设计之中，大楼建筑面积2500平方米，地址国道323线永安大道旁。至2014年，始兴县出土文物、古生物化石有所增加，现有馆藏文物5006件，其中二级23件，三级182件。有各级文物保护单位47处，其中国家级2处、省级5处、县级40处。

【依法治理工作】 文化市场执法队始终把网吧市场管理作为文化市场管理的一项重要工作来抓，针对目前网吧管理存在的问题，建立了长效监督管理机制，坚持“管而不死，治而不乱”的方针，加强对网吧的日常巡查，重点整治学校周边环境的网吧、书店，对违法接纳未成年人的“网吧”和向未成年人出售游戏卡的售卖点，进行严厉查处，绝不姑息。同时，加大对歌舞娱乐场所的检查、监督力度，对所有娱乐场所进行“地毯式”检查，督促娱乐场所依法经营，做好安全生产工作，确保社会治安的稳定，营造健康繁荣有序的文化市场环境。开展“扫黄打非”工作加强出版物市场检查，全面查堵一切政治性有害出版物和淫秽出版物，努力净化文化市场，促进始兴县文化市场的健康发展。2014年，始兴县文化市场综合执法队出动检查文化市场经营单位104家次，出动检查154人次，查处违规经营网吧3家，行政处罚案件3宗，查缴非法出版物437本，音像制品468张。

【开展文化惠民工程】 *以文化休闲广场为载体，开展群众文化活动* 2014年，配合县委、县政府，组织和策划“开心广场，百姓舞台”广场一系列文化活动。参与广场演出的城南镇党委，司前镇党委，发改局党委等10多个单位选送的文艺节目，形式多样，内容丰富，具有浓浓的地方特色，赢得了广大市民喜爱。基本形成了政府塔台、百姓参与、每月有演的良好态势。全年广场演出28场次，观众达8万多人次。

文艺创作丰富 2014年，选送的小品《选女婿》，小戏《计生帮扶》，小品《老汉售粮》；音乐类《枇杷飘香迎客来》《始兴山歌比蜜甜》《日子越过越逍遥》《渔姑》等7件作品参加市作品评选，7件作品全部入选。2014年是文艺创作件数最多、类型最多、质量最高的一年。

群众文化艺术辅导有新突破 以往群众文化艺术辅导仅局限于对乡镇、社区、学校、等单位进行文化艺术辅导，2014年扩展到部队、广场、企业等范围进行辅导，辅导范围逐渐扩大，涉及各方面不同阶层的人员。2014年，共举办舞蹈、书法培训班24期，培训人数5000多人次。

开展“送戏、送书、送电影”下乡活动 为了让老百姓在自己的家门口就能看到戏、看到书、看到电影，自始至终把文化“三下乡”放在工作的首位：协助县司法局、卫计局、学校、部队等单位，以小品、小戏、歌舞、曲艺等形式，为各社区、企业、乡镇送戏下乡20多场次，观众达6000多人次，县文广新局还排演了一台民间喜闻乐见的文艺节目，下乡到各乡镇专门为低保户、特困群众、留守儿童进行文艺表演，深受农村百姓喜爱；充分利用流动书香车和图书漂流活动，为全县10个乡镇送书下乡5000册，图书漂流2000册，接纳读书者1000多人次，全县读书型社会逐步形成；落实“2131”农村电影放映工程，开展送电影下乡活动，按照每月每个行政村放映一场电影的工作要求，精选一批弘扬主旋律的电影，组织放映队深入到全县广大农村，按时、按量、按质完成1356场电影放映任务，受益观众达10万多人次。县文广新局开展的“送戏、送书、送电影”下乡活动，丰富了农民群众的文化生活。

【图书服务质量有提升】 紧紧围绕省文化厅关于开展2014年“粤读越精彩”全民阅读活动这个主题，开展全民读书活动，从培养全民阅读兴趣入手，着重阅读质量以提高全民文化素质，为始兴县精神文明建设发挥了积极的作用。

进一步完善馆内建设，开辟少儿室亲子阅览室、九龄故事会小小故事家活动评比，增设“读者互动栏”，开展“想书活动”，始兴县图书馆“微信平台”拓宽了服务的空间，虚实相济拉近了读者的距离。馆内新装饰了精美的图文画板，宣传始兴人文精神，使图书馆新馆变得更加的优美，受到读者的喜爱。

充分利用“4·23”世界读书日、五月图书宣传月、“中国梦—梦想始兴”读书征文大赛、第四届廉洁读书月等一系列的读书活动。2014年，发放宣传资料5000份，新书展示1000册，征文516篇，新购图书5000余册，单位捐书200多册，办理借书证累计3423张，图书外借27800册次，进馆流通人次达116550人次，增加了2个单位的图书流动点，有2000多名干部职工参加了阅读活动，活动达到了预期目的。

【开展好形式多样的双拥活动】 县各文化场馆免费对军人实行优抚政策。军人优先借阅各种图书，电子阅览室优先阅览。7 月 30 日，在中国人民解放军建军 87 周年到来之际，为了丰富部队官兵的业余文化生活，密切军民关系，开展“送文化进军营”系列活动，活动内容丰富，由二炮部队官兵与文广新局联合为大家送上一场精彩的文艺演出。县图书馆向部队赠送了政治、军事、法律、文化艺术、实用科技知识等各类图书 300 余册，价值 6000 余元。县文广新局积极与部队开展军地共建活动，至 2014 年，派出文艺专业人员到部队进行文艺辅导 12 期，辅导人员 500 多人次，丰富军民的文化生活。

【文物保护工作稳步推进】 文物普查进展顺利 根据省、市文物部门的工作要求始兴县第一次全国可移动文物普查工作进展顺利，2014 年已经完成文物登记、录入、上传 300 件。10 月中旬，省专家组对县文广新局第一次全国可移动文物普查工作的进展情况进行了检查，得到了专家组的充分肯定。

开展围楼认养和维修工作 始兴有围楼 249 座，为更好地保护、利用、开发其中有价值的围楼，始兴县下发《关于印发始兴县围楼维修工作方案》，2014 年，有 6 个乡镇上报了维修方案。认养围楼已完成了廖屋围楼修缮工程，乐胜桃源围楼也正在修缮阶段。三栋屋围楼、燕翼围三座正在编制维修方案。围楼认养和维修工作正逐步推进。

文物保护工作不断推进 完成崇益堂、罗围城堡建筑遗址、贵庐、八家宗祠、东湖坪民居、汇川别墅、石下村民居、沈所塔等省保单位的保护规划编制、修缮设计方案编制工作，并上报了省文物局审批。完成长围村围屋保护规划、修缮、消防、技防、防雷和满堂围消防、技防、防雷等国家重点文物保护专项补助资金的立项工作，并获国家文物局的批准。同时，长围村围屋修缮保护技术方案的编制，已上报国家文物局审批，其消防安全工程已经列入了全国百项文物消防安全试点工程。2014 年，满堂围（上围）维修工作也获得专家组的肯定并通过了验收。（张志盛、邓华浩、钟　旭、杨　英）

附：领导班子成员名单

局　长：段　琪

党组书记：徐志文

副局长：钟碧优（兼文化市场执法队队长）

麦才华

梁富林（—2014. 11）

吴　慧（2014. 12—）

广　播　电　视

【概况】 始兴县广播电视台沿革为：1950 年 5 月，建立始兴县收音站。1956 年 3 月，更名为始兴县广播站，1958 年春，始兴县与南雄县合并改称南雄县广播站始兴放大站。1960 年，始兴南雄分为两县，始兴放大站复称为始兴县广播站。1983 年 3 月，更改为始兴县广播电视局。2005 年 4 月 30 日，根据上级的设置改为始兴县广播电视台，为正科级事业单位。

主要职能是认真贯彻执行党的路线、方针和政策，按照党和政府的宣传工作方针，把握正确舆论导向，充分发挥党和政府的喉舌作用，围绕县委、县政府的中心开展新闻宣传；负责制订并组织实施广播电视台事业和产业的发展规划，促进广播电视台事业和产业发展，努力加快信息化步伐，推动信息产业进程；贯彻落实广播电视行业法规，按照上级规定要求，抓好内部管理。确保事业、宣传、产业经营等工作规范有序进行；负责广播电视安全播出和设备设施的安全防范工作，经有关部门授权，行使对破坏广播电视设施和有违反广播电视管理规定行为进行稽查；负责广播电视节目的制作、播出，新闻技术和科研成果的应用及广播电视覆盖和网络的建设等工作；按照上级的有关规定，完整转播和传输中央、省、市广播电视节目；按照中央、省、市广播电视部门关于收编乡镇广播电视站的精神，整合乡镇广播电视网络，管理、指导乡镇广播电视站的广播电视事业工作；承办县委、县政府和省、市广电部门交办的其他任务和批准的相关业务。

2014 年内设机构为：办公室（人事监察室、财务室）、网络中心（含县城网络部，沈所、马市、顿岗、澄江、罗坝、司前、隘子广播电视站等 7 个基层站）、新闻中心（含新闻部、广告部）。人员编制 68 名，实有人员 67 人，其中台长 1 名，副台长

3名，副科级干部1名，职员62名。2005—2013年连续9年被省集团评为先进单位。

【网络建设】 至2014年12月，全县广电光纤线路达635公里，电缆755公里，开通光节点211个，用户3.5万户，有线电视网络覆盖了全县10个乡镇，实现了村村通广播电视，全县农村自然村广电覆盖率达95.57%。

落实政策 继续抓好边远山区有线电视入户工作，在边远山区有线数字电视覆盖工程点上新增用户51户；有线电视扫盲工作，新开通5个村小组的信号发展用户35户；落实困难群体优惠政策，2014年对全县五保户，低保户、军警残等群体减免13万元；投入158万元对相关线路下地和拆迁，对涉及用户免费拆迁、搬迁。

网络改造升级 县城网络双向改造升级工作，投入250万元完成了2014年的重点工作，用户轻松上网；搭建双向高清互动数字电视平台，自筹资金100万元，9月开通了双向高清互动数字电视业务。

转播中央、省市节目 对中央、省、市广电部门要求必传节目完整转播。提高了中央、省市广播电视节目在农村的覆盖率，确保党和政府的声音传到千家万户。

安全播出 按照“全覆盖、零容忍、严执法、重实效”的总要求，通过制定工作实施方案和完善应急预案，落实“一岗位双责”，签订责任书，规范作业，规范施工，各工程有申请备案，户外工作佩戴安全帽，上杆系安全带，持证驾驶合格车辆上下班和外出工作。2014年，全台没有发生安全生产事故。

【新闻宣传】 2014年，完成本台用稿2354条；市台用稿1075条（其中电视台418条，电台541条，民生116条），各县市区用稿量电台排名第二，电视排名第二；县市连线359条，第一新闻36条；省电台用稿32条，省电视台用稿17条；《绿色始兴》21期，《法在身边》11期，《教育视窗》48期，计生之家28期。有11篇稿件在各类评比中获奖，其中，国家级奖励3篇（其中一等1条、二等1条、三等1条），市级奖励8篇（二等奖4条、三等奖4条）。

正面宣传 开设“村居换届选举”“群众路线教育实践活动”等子栏目，“始兴新闻”栏目深得百姓喜爱，做到了政府和群众沟通的有效桥梁。

公益责任 与部门合作，开办《绿色始兴》《法在身边》《计生之家》等专栏。为农民提供技术服务：在春耕农耕的种养节气，介绍水果和农作物的播种、防寒、田间管理等。公益宣传：结合县委、县政府的中心工作制作了许多浅显易懂，贴近群众生活、农耕时令的公益广告。开设电视台微信公众号，打造新的对外宣传平台，更好更快更全面更直观地介绍全县经济社会建设取得的新成就，以及民俗民情风景风光等。

绩效考核 执行量化考核制度，每月对记者完成工作量进行打分，对前后三名奖罚，养成了主动寻找新闻线索的习惯。

【队伍建设】 解决问题 解决职工切实利益：2月参照标准对职工的津补贴和公积金作了调整，12月为9名中级工调资。改善工作环境：为一线解决了伸缩楼梯、办公室安装空调、添置摄像机、更换空调等。举办活动：举办趣味运动会、参加墨江杯篮球赛、重阳登山活动。加强人员培训：安排人员到上级广电部门学习24人（次），自办培训班9期，220人（次）参加学习。

检查管理 开展督办：成立督办领导小组，不定期开展工作纪律、卫生情况、节能降耗等检查，每季度对各部门工作进行检查并召开经济分析会议。建章立制，按制度办事：如完善了车辆和司机管理制度，卫生制度、采购程序、规范材料进出仓程序等。

工作作风 牢记宗旨，为用户排忧解难：如春节期间出现故障，工作人员放弃与家人吃年夜饭、团聚的机会，恢复信号，得到了用户的认可和县领导的表扬。

（聂郁华）

附：领导班子成员名单

台　长：何春伶

副台长：陈运明

　　　　饶志刚

　　　　廖向荣

档　案

【概况】 1956年8月，中共始兴县委办公室下设“档案室”，定编1人。1958年12月，“档案室”随始兴县与南雄合并而并入南雄县档案馆。1960年10月，恢复始兴县建制，档案馆成立，属文化事业机构，仍属县委办公室管理；1965年档案馆管理人员增至2名。1982年月1月成立档案科，实行科、馆合一，一套人马，两块牌子，有管理人员3名。1984年11月，档案科更名为档案局。始兴县档案局馆原隶属于始兴县委办，1997年11月划归县人民政府管辖，是县政府负责全县档案事业行政管理和档案保管利用工作的正科级单位。始兴县档案局的主要职能是：贯彻执行党和国家关于档案工作的方针政策和法律法规，拟订始兴县档案工作规划、计划和档案管理的规章、制度，并组织实施。对全县机关、团体、企业、事业单位的档案工作及各类档案室工作实行监督、检查、指导与协调；开展档案业务咨询服务。开展档案宣传，组织档案法的贯彻实施和执法监督工作，会同有关部门对违反档案法的案件依法进行查处。组织、协调档案专业教育和档案业务培训工作，提高始兴县档案工作人员的业务水平。集中统一管理各类档案资料，保守党和国家机密，维护档案的完整和安全，对县档案馆所保存的档案严格按规定整理和保管。负责县直机关及有关单位档案资料接收、征集工作；对馆藏的各类档案资料进行科学管理，做好档案的整理、保管、鉴定、编研工作，负责档案史料编辑、陈列、展览工作以及档案的现代化管理工作；编制档案资料专题目录、检索工具。开发档案信息资源，依法公布、开放、利用档案，开展现行文件阅览服务工作，提供利用已公开的非涉密性的现行文件，拓宽档案的服务职能，为社会各方面档案利用提供服务。承办县人民政府和上级档案部门交办的其他事项。

2014年，县档案局下设三个股室，分别为人秘股、业务指导股、档案管理股。局馆在职人员共6名，其中本科学历2人，大专学历4人；在职领导干部共2人。设工勤人员1名。

始兴县档案馆于1994年被评定为省二级目标管理达标单位；于2011年被评定为省一级档案馆达标单位；2013年成功创建全国社会主义新农村建设档案工作示范县。

【重要活动】 5月26日，韶关市委副书记陈向新及市人大常委会副主任、市依法治市办主任张平一行莅临始兴参观县档案馆。副书记陈向新等人先后参观了图片展览室、陈列室及阅档室，通过图片、实物档案仔细了解了始兴经济社会的发展情况，当听到始兴县档案局领导汇报：以档案为佐证，成功化解民事纠纷1000多宗，得到时任常务副省长肖志恒表扬时，陈向新立即询问相关情况，并对始兴近年来档案工作取得的显著成绩表示认可。

7月9日，广东省依法治省办巡视员黄慧彪一行来到始兴县档案馆指导工作，先后参观了图片展览室、陈列室及阅档室，通过图片、实物档案仔细了解了始兴经济社会的发展情况，对始兴充分利用档案真实性和权威性解决信访问题和纠纷事件，为基层群众化解了大量矛盾的成效表示赞赏。始兴县档案局秉承“为党管档、为国守史、为民服务”宗旨，利用档案为凭证，按法治框架解决基层矛盾取得了显著效果。开展新农村建设档案工作起，共接待查档群众4000多人次，提供各类档案4200余卷次，为当地的经济社会发展提供支持。

8月8日下午，为宣传报道始兴县利用档案为凭证，按法治框架解决基层矛盾取得的成就，广东电视台、南方日报、羊城晚报等媒体到县档案馆采访。县档案局局长李子生向来访的媒体介绍了始兴利用档案解决民间纠纷，维护社会稳定所做的努力及成效。群众感叹“不能光跑信访办，事先要去查档案”，记者采访了始兴的一位上访老户，多次上访要求解决山林权属问题未果，后来通过查找档案顺利解决问题。

8月25日，始兴县档案局顺利召开党的群众路线教育实践活动专题民主生活会。始兴县档案局开展党的群众路线教育实践活动进入“查摆问题、开展批评”环节，通过加强学习教育、广泛征求意见建议、开展交心谈心和认真撰写对照检查材料等途径，局领导干部深入剖析自己在遵守党的政治纪律和贯彻落实中央“八项规定”以及“四风”方面存在的问题，达到了学习教育的效果。同时开展了批评和自我批评，达到了中央“照镜子、正衣冠、洗洗澡、治治病”的总要求。

始兴县开展全国社会主义新农村建设档案工作示范县“回头看”活动，取得了明显效果。加强督查督办：为迎接国家、省有关部门的复检，推动新农村建设档案工作，使档案为“三农”工作提供更加高效优质的服务打下了坚实的基础，印发《关于进一步完善全国社会主义新农村建设档案工作示范县工作的通知》，对此项工作做了具体部署。10月21—23日，为督查督办此项工作，由县档案局牵头，与县民政局、县农业局组成联合检查组，对始兴县各乡镇的档案工作（含新农村建设档案工件制度完善情况等）进行“回头看”检查，促进了基层档案工作发展。将镇、村级档案工作列入乡镇主体功能分区绩效考核，具体要求镇政府、村居委会抓好档案的收集、整理、利用等工作，从多方面增强基层干部的档案意识和责任，激活了工作的主动性，促进了新农村建设档案工作的继续深入发展。加强档案业务指导工作：除了正常履行监督指导业务外，对镇、村档案员通过电话或上门的业务咨询进行热情解答，对于口头解答不了的则去现场进行指导，较好提高了农村基层档案工作人员的业务素质，保障了村级档案规范化管理。6月11日，举办全县档案业务培训班，各乡镇档案工作分管领导、档案员，部分村干部，县直及省市垂直管理有关单位档案员等200多人参加了培训，较好提高了基层档案员的业务水平。

继续完善各村（居）委会档案工作的软、硬件建设，加强各种门类和载体的档案资料（如党群、行政、计生、民兵、林改、新农保、新农村合作医疗、两委换届、土地开发、农业生产、水利、基本建设、设备仪器、信访维稳、财务管理等与群众切身利益密切相关的材料）收集齐全，集中统一管理。利用档案资料编写村情村史，开展档案信息服务，维护村集体和村民权益。2014年，全县127个村（居）已广泛开展了此项工作，并取得一定的成绩，有3个村已经出版了村史；有35个村已经写出了初稿；正在编写的有80多个村。创新思路，要求建立各种特色农产品、农业专业户、各界名人等档案。县档案馆收集了始兴籍中国著名童话作家饶远的相关作品40册等。

【档案接收】　为丰富馆藏，充分挖掘档案价值，使始兴县档案局真正成为全县档案利用的中心基地，继续贯彻县府办2004年《关于做好档案移交工作的通知》和2014年县档案局《关于移交到期档案进馆的通知》，做好档案接收的落实工作，主动与有关部门联系协调，收集在各单位保存10年以上各类档案，并派工作人员到各单位宣传工作。全年共接收各单位各类档案2940卷进馆，馆藏资料103册，丰富了馆藏。

【保管利用】　抓好档案馆档案的开发利用工作。2014年，继续抓好档案馆检索工具的完善工作，档案目录输入工作全面完成，使档案馆档案管理朝着现代化方向发展。档案利用率提高：全年共接待来馆查阅档案1261人次，提供档案1089卷，其中提供最多的是退伍军人档案，为落实党中央关于提高退伍军人待遇政策提供翔实可靠的依据；其次是婚姻档案，为解决民事纠纷起到了较大的作用。抓现行文件服务中心工作：在做好档案接收工作的同时，继续做好相关文件资料的收集整理工作，接收现行文件1146份，2014年现行文件利用达186人次。

（陈　文）

附：领导班子成员名单

局（馆）长：李子生

副局（馆）长：曾正奎

党史、地方志

【概况】　中共始兴县委党史办公室于1984年6月成立，1990年11月更名为县委党史研究室。始兴县县志编纂委员会办公室于1985年9月成立，1997年7月第一版《始兴县志》出版后，县志办公室人员因调离、退休等原因变为有机构无人员的部门。1998年1月，县志办公室与县档案局合署办公。2006年9月，县志办公室从县档案局分离出来，独立设置，为正科级事业单位，定编6人，其中设主任1人，副主任2人，职员3人。2007年1月，县志办公室与县委党史研究室合署办公，定编6人，其中县志办公室3人，党史研究室3人，设主任1人，副主任2人，职员3人。对外称“史志办”，归口县委和县人民政府管理。2009年2月，县机构编制委员会对县史志办公室进行“三定”（定任务、定内设机构、定人员编制）后，核定县史志办公室事业编制5名，其中设主任1名，副主任2名，职员2名。内设机构为秘书股和年鉴方志股。史志办主要职能是：负责中共始兴县历史的研究，组织编写、出版和开发利用党的历史；依法行使地方志和地方综合年鉴的组织编纂、管理、开发利用工作。2014年7月，增设党史研究股，编制5人，设主任1人，副主任2人。内设机构领导职数3名。2014年主要工作是：开展党的群众路线教育实践活动；撰写《始兴年鉴（2014）》、出版《始兴县人民政府工作报告文献汇编》，进一步加强地方志、信息化工作，完善始兴县地情网；重新编辑出版《中国共产党始兴县历史》（第二卷），启动申报苏区县、革命老区县工作，切实做好扶贫开发工作，开展全县性的村史编修工作等。

【开展党的群众路线教育实践活动】 落实县委教育实践活动领导小组的各项工作部署，在县委第7督导组的指导下，始终坚持边学边查边改、立说立行，完成了各个环节的工作任务。领导班子党员干部写好读书笔记有30篇。组织观看了《四风之害》和《焦裕禄》等警示教育影片，并写好了心得体会3篇。办公室对查找出的问题梳理并制订“两方案一计划”，开展懒散等不良风气专项整治工作。解决史志办懒散等突出问题，建立整治工作长效机制并达到了预期目标。完善有关管理制度，转变了工作作风；加强了管理，提高了反对“四风”、整治“四风”的自觉性。

【开展纪律教育学习月活动】 抓好纪律教育月活动工作，并迅速行动，突出重点，注重实效。办公室完善制定《史志办党风廉政建设工作制度》《史志办领导班子转变工作作风，密切联系群众制度》《始兴县史志办财务管理制度》等管理制度。加强班子成员密切联系群众工作；加强对单位财务的监督管理；贯彻落实中央“八项规定”；形成积极向上的良好氛围，促进始兴县史志工作健康向上发展。

【公开出版《始兴年鉴（2014）》】 在编纂《始兴年鉴（2014）》过程中结合本地特色和部门实际，合理调整年鉴篇目，审核编纂文字资料和图片资料，于2014年10月首次通过方志出版社公开出版，全书约59万字。同时，组织编写《广东年鉴（2014）》和《韶关年鉴（2014）》始兴县部分的组稿材料，为广大读者了解始兴提供可靠的咨询资料。

【整理编辑出版《始兴县人民政府工作报告文献汇编》】 广泛搜集始兴县1950—2013年的政府工作报告，并对原稿进行整理与编辑，2014年9月，《始兴县人民政府工作报告文献汇编（1950—2013）》正式出版发行，该汇编共收录始兴县人民政府工作报告文献共47篇，约70万字。

【指导村史编修工作】 协助村史指导小组深入各乡镇指导村史编修工作；及时做好信息报道，汇编《村史编修工作简报》，以加强村史编修工作的宣传，推动村史编修工作的全面开展。截至12月，全县有35个村基本完成村史修编。

【地情网建设】 完善地情网建设，充实始兴县地情网内容。始兴县地情网截至12月，有史志动态、始兴概览（其中10个乡镇概况）、始兴党史、走进始兴、影音视频、理论研究、村史村志、政务记事、地方文献等9个栏目，始兴方志、始兴年鉴、乡镇概况、信息公开等10多个分目已经发布上网。访问数上升至11万多人次。

【重新编辑出版《中国共产党始兴县历史（第二卷）》】 按照省市的指示，重新编辑出版《中国共产党始兴县历史（第二卷）》，组织党史专家对《中国共产党始兴历史（第二卷）》初稿进行修改和完善，充实了内容，已通过广东省委党史研究室审核。

【革命历史资源征集研究挖掘保护工作】 制定《始兴县关于加强革命历史资源征集研究挖掘保护工作实施方案》，成立始兴县革命历史资源征集研究挖掘保护工作领导小组和党史研究小组，并明确了具体目标与任务；党史研究小组深入10个乡镇走访有关村落广泛征集散存在民间的革命历史文物与资料（含回忆录、口述历史资料），考证并组织人员编写《始兴县革命史迹通览》《始兴县红色经典》《中国共产党始兴历史（第一卷）》。

【申苏资料搜集工作】 8月，按照县委、县政府要求，开展苏区申报资料收集工作，先后到省、市、县档案馆、全南史志办等地查找有关始兴县革命历史的资料。11月中旬，又根据《始兴县申报认定原中央苏区县与扶贫攻坚工作实施方案》关于申苏资料搜集及工作要求，组织县文广新局、县档案局前往江西大余、龙南、定南、崇义、中山图书馆、韶关市图书馆、博物馆等周边苏区县搜集有关始兴的革命历史资料。另外，加大宣传力度，利用政府信息网平台向社会公众征集革命史料和文物。做好《关于始兴县属中央苏区县的考证资料》《始兴县属革命老区县》等专题材料撰写的准备工作。

【切实做好扶贫开发工作】 2014年，县史志办领导和驻村干部深入贫困户家中，了解贫困户生产生活情况，先后投入2000元，用于贫困户春耕生产购买化肥和节日慰问，为贫困户解决一点实际问题；在经费困难的情况下，投入1.5万元资金支持镇村“两委”设施建设和计划生育工作，其中文化广场设施建设3000元；支持完善社区便民服务设施建设拨给7000元；支持镇村计划生育工作经费5000元。此外，争取县领导支持，拨给驻点帮扶村扶贫资金1万元。 （邓汝良）

附：领导班子成员名单

主　任：单小红

副主任：陈永亮

　　　　陈安贵

卫生·体育

卫生管理

【概况】 1949年9月，始兴解放，人民政府接管了始兴县卫生院，同时设立“始兴县人民政府卫生院”。1954年4月，“始兴县人民政府卫生科”成立。1960年10月，设立“始兴县卫生局”。1968年“文化大革命”期间，成立“始兴县卫生系统革命委员会”，卫生局被取消。1973年，恢复“始兴县卫生局”。

1963年11月，成立始兴县计划生育办公室，在县政府办公室挂牌办公，属始兴县人民政府工作部门。1966年5月，因受“文化大革命”的冲击和干扰，不能行使工作职能。1968年3月，革委会成立政工组，计划生育办公室自行撤销。1969年11月，恢复始兴县计划生育办公室。1984年6月，始兴县计划生育办公室改称为始兴县计划生育委员会。1997年5月，始兴县计划生育委员会改称为始兴县计划生育局。2005年1月，始兴县计划生育局改称为始兴县人口和计划生育局。

2014年3月，根据《始兴县人民政府办公室关于印发始兴县卫生和计划生育局主要职责内设机构和人员编制规定的通知》精神，县卫生局和县计生局合并为始兴县卫生和计划生育局，为县人民政府工作部门。

县卫计局内设10个股室：秘书股、人事监察股、规划财务股、医政股、疾病预防控制股、政策法规股、计生家庭发展和妇幼健康股、信息统计与考核评价股、流动人口服务管理股、科技宣教股。县爱国卫生运动委员会办公室挂靠县卫生和计划生育局。县卫生和计划生育局机关行政编制26名（含爱卫办3名）。

2014年3月，始兴县计划生育工作被省政府给予“黄牌警告”。县卫计局以打好“计生翻身仗”，继续深化医药卫生体制改革为重点，深化城乡协调发展，推进镇村卫生服务一体化工作，促进基本公共卫生服务均等化，提高正确处理重大疫情和突发公共卫生事件的应急处理能力，构建和谐医患关系。2013年10月至2014年9月，全县户籍人口出生3667人，政策生育率为90.13%，政策外多孩率为1.64%，出生人口性别比为106.24。常住人口出生率为12.61‰，人口自然增长率为6.18‰，均完成省、市下达给始兴县的人口计划指标。

【一票否决】 坚持人口计生“一票否决”制，共审核76个单位，审核1045人次，否决7个单位，否决21人。

【利益导向】 全年财政投入计划生育经费3000万元，其中计生家庭奖励543.8万元，人均计生事业经费投入达33元以上。全面兑现“三奖一扶”政策，638人领取城镇独生子女父母计生奖励金；757人享受到农村部分计生家庭奖励；6036人领取了60元/人/月的农村计生“节育奖”；34人享受到了计生家庭特别扶助金。2014年仅计划生育奖励金增加财政投入255.2万元。

【妇幼保健】 每月开展“三进三送”活动，做好计划生育进工厂、进村居、进家庭，为育龄群众送知识、送健康、送服务。做好药具管理工作，按照要求配备好人员和设立免费发放网点。累计发放计生宣传小册4000多份，免费发放避孕药具16000只，接受咨询6000余人次，义诊2000人次，查环查孕查病约300人次。

全年全县共排查出免费孕前优生健康检查目标人群1222人，完成检查1391人，检查率达113.8%；对282位风险人群采取了可靠的干预措施，随访受检已生育家庭100%，有效降低了地中海贫血等缺陷婴儿的出生率。

全年共组织了两次病残儿、手术并发症鉴定工作，一共对全县17名儿童进行了病残儿鉴定，1名手术并发症进行鉴定，上半年10名申请对象，鉴定通过了9名；下半年8名申请对象，初审通过了6名。

【打击“两非”】 设立联合执法领导小组和联合执法队，全面负责协调、组织、督查全县打击和查处“两非”日常工作。建立打击“两非”有奖举报制度、住院分娩出生实名登记和信息通报制度，完善了B超使用管理制度。2014年全县共查处“两非”案例2宗，查处孕情消失案件情2宗，依法取消生育资格2对，行政处罚7人，经济处罚2人，处罚金额3.59万元。

【依法行政】 加强社会抚养费征收工作，依托法院非诉案件的强制执行，带动了全县社会抚养费的征收和节育措施的落实。征收社会抚养费627宗，征收金额为2704.78万元，其中法院依法强制执行违法生育案件30宗，征收金额达69.4万元，带动落实长效节育手术363例，有效遏制和打击了政策外生育现象。严厉打击“假离婚真超生”行为，由公、检、法、卫计部门和乡镇紧密配合，查处“假离婚真超生”案件8宗。

【卫生监督】 加强卫生监督工作，严把卫生许可质量，规范许可行为。通过网上审批公共场所卫生许可97间，受理办结医疗机构执业许可证132间，其中医疗机构执业登记注册2间；医疗机构变更登记12间；医疗机构校验登记118间，办理医生执业注册51份，母婴保健技术新办11间，放射诊疗许可7间。

抓好公共场所卫生监督执法工作。对全县187家公共场所进行日常监督，其中住宿业35家；美容美发业118家；文化娱乐场所10家；沐浴场所19家；商场5家；日常监督中书写490份现场检查笔录，下达监督意见书98份，全年公共场所未发生卫生传染不良公共事件。下达了38份现场笔录及12份监督意见书，对12家超范围及疗效宣传单位限期整改，并复查督促落实。对未办理公共场所卫生许可擅自经营及限期不整改的2家公共场所进行了处罚。

开展了放射诊疗工作、村卫生站、口腔诊疗消毒隔离、非法行医、学校卫生等专项监督检查。2014年，卫生行政处罚共立案8宗，处罚了8宗，其中非法行医的3宗，使用非卫生技术人员的2宗，超范围开展诊疗活动的1宗，公共场所经营2宗，均已结案。

【计生宣传】 打好始兴县“打计生翻身仗”工作，开展计生宣传，投入150万元实施“十个一”大宣传工程，打造一条人口计生文化长廊，打造一条计生宣传街，办好一个“计生之家”电视专栏，开设一条计生宣传“直通车”媒介，搭建一道靓丽的公交车流动宣传风景线，办好一个计生工作专刊，建好一支计生宣传员队伍，开展一次计生模范家庭评选活动，办好一台计生宣传文艺演出，编印一批计生宣传手册，营造计划生育打翻身仗的良好氛围。

【医疗质量管理】 2014年，始兴县卫计局对所有医防单位实行目标责任制考核，加强医院各项管理工作。同时，每季度或不定期对医疗机构进行业务检查，督促各医疗机构不断完善和严格执行各项规章制度，规范医疗服务行为，为人民群众创造良好的就医环境。

全县各级各类医疗，重点是二级以上公立医院在2014年，继续开展了以“服务好、质量好、医德好、群众满意”为目标的“三好一满意”活动。在巩固前两年活动成果的基础上步细化工作措施，完善工作制度，突出提升医疗服务水平，大力改进医疗服务质量。

2014年继续开展抗菌药物临床应用专项整治活动，加强医疗机构抗菌药物临床应用管理，促进抗菌药物合理使用，保证医疗质量和医疗安全，合理控制医疗费用。

【医疗队伍】 2014年，全县医疗机构有卫生人员938人，其中乡村医生99人，执业（助理）医师260人，注册护士349人，药师（士）42人。

【无偿献血】

2014 年始兴县无偿献血情况统计表

表 8

献血任务人（次）	献血人（次）	献血量（毫升）	农民献血人（次）	街头献血人（次）
1630	2122	424400	791	656.5

【疾病防控】 全年无甲类传染病报告，乙丙类传染病共报告 990 例，其中乙类报告 390 例，丙类 600 例，法定报告传染病中无死亡病例报告。

各初筛实验室共报告各类 HIV 检测报告 8054 人次，其中术前检测 1789 人、受血前检测 255 人、性病门诊 538 人、其他就诊者 897 人、婚前检查 2997 人（检出阳性人数 3 人）、孕产期检查 1547 人、VCT21 人（检出阳性人数 1 人）、其他 10 人。

2014 年，共上报 125 例发热病人，完成了全年任务数的 96.15%。11 月 11 日，始兴县高分（96 分）通过省专家组的疟疾评估验收，未发现疟疾病例。

加强登革热诊疗水平，做好后门诊发热检测，发现可以病例及时上报，把疫情控制在最低水平，全年出现 1 例登革热输入性病例。

2014 年计划免疫基础接种率

表 9

四苗基础按种率（%）					甲肝基础	乙脑基础
卡介苗	糖丸	百白破	麻疹	四苗全程		
99.63	95.22	97.06	96.32	91.91	99.03	98.16

【居民建档】 2014 年度，全县共新增居民健康体检建档 12397 份，累计建立居民健康电子档案 179344 份，电子建档率达 101.49%。共为 14626 名高血压和 3537 名糖尿病患者建立健康档案和建档随访管理；累计完成 65 岁及以上老年人健康指导、健康体检建档 21189 人，管理率为 100.0%，累计完成老年人体检 17903 人，体检率为 84.5%。

【平价医疗服务】 县妇幼保健院被定为平价医院，县人民医院、县中医院门诊的中医科、内科、儿科等 6 个诊室被设置为平价诊室，所有乡镇卫生院均实施平价药包。

【药品零差率销售】 2014 年，实行药品零差率销售，基本药物使用比例达到 50% 以上，基本药物销售额达 50% 以上。基层医疗机构（乡镇卫生院、卫生站）基本药物使用比例达 100%，所有基本药物通过药品第三方电子交易平台交易，基本药物的实施取得了一定成效。以县级公立医院为例：医疗总收入与上年同比增加 10.40%，其中医疗收入与上年同比增加 21.87%，药品收入与上年同比减少 11.43%，药品占比与上年同比减少 6.81%。

（孔燕珠）

附：领导班子成员名单

局长、党委副书记：何武强

党委书记：刘德忠

党委副书记、纪委书记：李海英

副局长：雷雨锦

曾宜和

吴菊芳

爱 国 卫 生

【概况】 始兴县爱国卫生运动委员会办公室 1953 年成立，是始兴县人民政府常设的行政机构，是执行县级政府爱国卫生工作的行政职能管理部门，主要负责组织和规划本县的爱国卫生工作；宣传、贯彻有关爱国卫生的法律、法规；指导、协调、督促各部门、各单位履行所承担的爱国卫生职责和任务，对社会卫生状况进行监督、检查和评比；组织在全县范围内开展病媒生物防制工作；在农村开展改厕的项目实施、卫生村（镇）创建等业务指导和检查督促工作；组织、动员人民群众参与卫生活动和全民健康教育活动及完成县委、县政府交办的其他有关爱国卫生工作。办公地点在县卫计局办公大楼，定编人数 4 人。2014 年，在职人员 4 人，其中办公室主任 1 人，科员 2 人，工勤人员 1 人。

【爱国卫生宣传教育】 以“爱卫月”“世界厕所日”“登革热”专项防治宣传活动为契机，利用网络、电视等新闻媒体和通过健康教育宣传栏、横幅、海报、宣传册及广告牌等形式在全县范围内开展除害防病知识宣传。在4月“爱卫月”和夏秋季防治“登革热”期间，共印制宣传资料及宣传画册等5万份，分发到全县各乡镇、企事业单位、学校、社区居民，县广播电视台在爱卫月和防治“登革热”期间开设卫生知识宣传栏目，宣传防病除害、卫生防疫知识，引导群众养成健康文明的生活习惯，全县形成了“爱国卫生人人参与，健康生活人人享有”的良好风气，2014年夏秋广东省暴发的有史以来最为严重的“登革热”疫情在始兴县得到了有效预防。

【农村环境卫生监测】 2014年，广东省南方医科大学抽取罗坝、马市、城南、顿岗、澄江5个乡镇的10所学校、20个村委会、100户家庭进行农村厕所与粪便无害化状况，垃圾、污水处置情况，土壤寄生虫和重金属污染情况，农民卫生防病知识情况，农村中小学校的环境卫生情况以及登革热防控、蚊媒滋生地的调查取样和监测，采集送省检的土壤标本20份、农作物标本20份，入户问卷调查100户，蚊媒生物监测数据100份，取得了始兴县农村环境卫生健康危害因素水平及动态变化的真实数据，为制订政策措施和客观评价农村环境卫生状况提供依据和支持。

【病媒生物防制】 始兴县爱卫办消毒杀虫队坚持以环境治理为主、药物消杀为辅的综合防治原则；县城城区各单位和特殊行业每年1—3月与始兴县消毒杀虫队签订除“四害”有偿服务协议。4—11月，由消毒杀虫队定时开展除“四害”服务工作。

【创建卫生村】 2014年，始兴县成功创建2个省级卫生村和2个市级卫生村。省级卫生村：沈所镇沈南村委杨柳水村，司前镇黄沙村委岭下新村；市级卫生村：马市镇塘阁村委黄泥土村，太平镇总甫村委总甫新村。

【农村改厕】 2014年，全县完成农村改厕1000户，卫生厕所普及率达97.29%，无害化卫生厕所普及率达86.9%。 （聂欠芍）

附：领导班子成员名单

主　任：蒋晓燕

卫生监督与执法

【概况】 始兴县卫生监督所于2002年8月9日挂牌成立，是经县编委批准，参照公务员管理副科级事业单位，办公地点设在县城红旗路2号（原防疫站门诊大楼），占地面积150平方米，办公室用房建筑面积450平方米，产权属县疾病预防控制中心。县卫生监督所主要负责组织实施卫生行政部门制定的卫生监督计划，依照法律、法规行使预防性和经常性卫生监督工作；受卫生局委托，承担对职业卫生、放射卫生、环境卫生、学校卫生、医疗卫生机构及采供血机构及临床用血安全的监督管理，负责公共场所卫生、生活饮用水和传染病防治的监督管理。受理卫生行政许可和执业许可的申请；承担对卫生行政处罚案件的调查取证，提出处罚建议、执行处罚决定；参与对突发公共卫生事故、医疗事故、重大疫情和突发卫生事件的调查处理。内设办公室、监督股、宣教股、稽查股和受理发证股等股室。核定编制20名，核定后勤服务人员数1名。2014年，在职人员12人，其中所长1人，副所长2人。

【宣传卫生法律法规】 为了让群众更多地了解卫生法律法规，营造卫生监督氛围，我所充分利用电视、网站、报纸、宣传栏、设咨询点等多种形式，大力开展卫生法律法规宣传。进一步加大了“饮用水宣传周”的专项宣传活动，以“科学认识饮用水，健康惠及千万家”为主题大力开展宣传。2014年向市卫监所、县政府网、县卫计局网站等媒体共投稿刊登21次，出动车辆3次，发放饮用水宣传铁牌133份、宣传资料3000多份，接受咨询400余人次。通过宣传，使广大群众更多地了解卫生法律知识，更好地配合我们的监督执法工作，起到了良好的社会效果。

【卫生许可】 按照行政许可法，依法开展卫生行政许可，严把行政审批关，简化审批程序，缩短办事时间，提高办事效率。2014年继续开展“阳光审批”，同时为进一步方便群众办事，印制了一系列的行政许可办事指南，并在相关网站上传行政许可申请书等资料，方便管理相对人下载，全部卫生行政许可都统一到行政服务中心窗口实行一站式办理，提高了办事效率。严格把好证件的审核关、发放关，实现了各类卫生许可的规范化和程序化，2014年通过网上审批公共场所卫生许可97间，受理办结医疗机构执业许可证132间，其中医疗机构执业登记注册2间；医疗机构变更登记12间；医疗机构校验登记118间，办理医生执业注册51份，母婴保健技术新办11间，放射诊疗许可7间。

【公共场所卫生监督执法】 按照《公共场所管理实施细则》规定及市卫生监督所的工作计划要求，2014年对全县187家公共场所进行日常监督，其中住宿业35家；美容美发业118家；文化娱乐场所10家；沐浴场所19家；商场5家；日常监督中书写490份现场检查笔录，下达监督意见书98份，全年公共场所未发生卫生传染不良公共事件。

围绕群众关心和社会关注热点，为了预防和遏制美容院、沐浴场所超范围开展医疗及疗效宣传，4月10日至8月10日开展对美容、沐浴场所专项整治工作，通过宣传讲解自查自纠、现场检查、整改落实三个阶段对全县11家美容院、15家沐浴场所进行检查。下达38份现场笔录及12份监督意见书，对12家超范围及疗效宣传单位限期整改，并复查督促落实。

对乡镇协管员反映的12家乡镇新开理发家及在日常监督发现10家公共场所已督促其办证合法经营。严把卫生许可证现场审核关，对现场审核不达标的一定要整改完善才给予发证。对未办理公共场所卫生许可擅自经营及限期不整改的2家公共场所进行了处罚。

【生活饮用水监督检查】 加大对市政水厂日常卫生监督力度，经检查，二间供水单位管理规范，建立健全各类卫生管理制度，制定了水污染突发公共卫生事件应急预案，落实了水源防护措施，未发生水源突发污染事故，并开展了以“饮水安全你我参与，健康保障人人共享”为主题的饮用水卫生宣传周活动，取得了良好的效果。

【餐饮具集中消毒单位专项监督检查】 根据卫生部办公厅关于开展餐饮具集中消毒单位专项监督检查通知要求，对辖区内具有工商营业执照的餐饮具集中消毒单位进行了专项监督检查。检查餐饮具集中消毒单位1家，重点检查消毒单位的选址、布局、生产用水、设备、出厂检验、产品包装和销售记录等内容。检查总体情况较好，但也存在一些问题，如：有个别从业人员上岗时未穿戴工作衣帽等。针对存在问题，监督人员当场出具卫生监督意见，要求立即整改。

【放射诊疗工作专项监督检查】 根据2014年《关于印发韶关市卫生监督所放射诊疗专项整治工作实施方案的通知》的精神，严把放射卫生许可准入关，加强放射卫生监督，解决始兴县部分医疗机构放射防护措施及管理制度不完善、放射工作场所和放射诊疗设备检测率偏低等问题，提高全县放射诊疗许可持证率。2014年，始兴县已取得放射诊疗许可证的医疗机构有13家；未取得放射诊疗许可证的医疗机构有1家，并已对其放射工作场所、设备提出了整改及维护意见。

【加强村卫生站专项监督检查】 根据韶关市卫生和计划生育局《关于开展对村卫生站合法经营检查的通知》精神，2014年开展专项监督检查行动，共计检查村卫生站127家，检查率100%。通过检查：未发现有村卫生站医疗机构执业许可证未定期校验的；未发现有村卫生站超出核准登记的诊疗科目范围开展诊疗活动的；未发现有村卫生站未经批准开展非医学需要的胎儿性别鉴定及选择性别的人工终止妊娠手术的；未发现有村卫生站非法采血行为。

【口腔诊疗消毒隔离专项监督检查】 根据韶关市《关于印发韶关市医疗机构口腔诊疗消毒隔离专项监督检查工作方案的通知》的要求，开展对相关口腔诊疗服务机构的专项卫生监督检查。始兴县共有各类医疗机构口腔科9家，检查9家，监督覆盖率

100%，其中口腔个体诊所3家，综合医院口腔科4家，卫生院口腔科2家。大部分口腔诊疗服务机构基本上能做好消毒隔离管理工作和口腔诊疗场所、口腔诊疗器械的清洗及消毒，有专人或兼职人员对器械消毒进行管理，工作人员在操作时都能配备个人防护用品，接诊病人能达到“一人一用一消毒或灭菌”的要求。对存在问题均下达了卫生监督意见书，并限期整改。

【打击非法行医专项整治行动】 打击非法行医是县卫生监督所常抓不懈的一项工作，把它纳入工作日程，采取发现一宗，查处一宗，并定期组织开展了严厉打击“黑诊所”、超诊疗科目及医疗技术行为和聘用非卫生技术人员从事诊疗活动的专项整治行动。上半年通过主动摸查线索，共立案3宗，其中打击“黑诊所”2间，聘用非卫生技术人员从事诊疗活动1宗。

【医疗废物集中处置和污水处理专项检查】 在医疗机构医疗废物的处置中，县级4间（县人民医院、中医院、妇幼保健院、城郊医院）医疗机构做得较好，能与韶关波丽医疗废物处理有限公司签订合同进行集中处置。医疗废物能进行分类收集，按规定进行包装，储存。有医疗废物管理制度、防护、登记。乡镇卫生院、个体诊所和卫生站的医疗废物一般都自行处置，处置的方法是焚烧和深埋。始兴县有2间医疗机构污水进行集中处置，其中1间按要求处置后标准排放，而另1间未进行集中处置直接排放。

【对学校卫生监督，为创建“平安校园”提供卫生保障】 2014年，对全县25家中小学校进行卫生监督检查，主要对学校教学环境、学校传染病防治、学校饮用水及学校医疗机构和保健室卫生管理工作落实情况的监督。充分得用快速检测设备，现场同时抽取了8间学校进行生活饮用水余氯测定及学生教室一间，对课桌椅、黑板、教室采光、教室照明情况进行快速检测。共书写50份现场检查笔录，下达6份监督意见书。

11月11—12日，由县卫生监督所牵头，联合卫生、公安等10个部门开展中小学校园及周边治安综合治理工作，对学校生活饮用水、传染病防控、学习环境卫生等方面进行现场检查指导，对存在的问题现场出示监督意见书并限期整改；严把在学校周边开设公共场所的审批，在中小学校园200米内未发现经营歌舞厅、电子游戏厅及洗浴场所。

【医疗机构执业许可证的校验及更换】 按照《医疗机构校验管理办法（试行）》的要求，对全县医疗机构进行了校验及换证，校验工作以农村卫生站、乡镇卫生院、个体诊所（民营医院、厂矿医院、校医室）、县直属医疗机构等医疗机构实际校验日期进行。通过校验，对医疗机构的基本条件和执业状况进行全面检查和审核，实施有效的医疗机构再次准入管理，清理不符合条件的医疗机构，保证医疗安全。

【乡镇卫生监督协管服务】 为继续贯彻落实2011年《卫生部关于做好卫生监督协管服务工作的指导意见》的精神，加快推进全县卫生监督协管工作全面规范发展，2014年举办了为期一天的乡镇卫生监督协管员培训班，全县13个乡镇28名卫生监督协管员参加了此次培训。并于5月初开展了全县卫生监督协管工作专项督导检查，重点检查“一户一档”、区域档案建立及卫生监督巡查情况，并通过开展督导，现场指导协管员如何开展好卫生监督协管工。2014年，各乡镇报送巡查结果26条，针对报送情况通过逐一分解到相关业务股室，及时开展卫生监督检查，并将检查落实情况反馈回各乡镇。通过开展卫生监督协管工作，夯实了卫生监督工作基础，增强了工作力度，切实保障基层人民群众健康。

【行政处罚案件】 按照卫生法律法规开展各项工作，严格做到依法行政，文明执法。在监督执法过程中，坚持监督与指导相结合，处罚与教育相结合的原则，对那些屡教不改，轻视法律的行为，坚决予以行政处罚。2014年，行政处罚共立案8宗，处罚了8宗，其中非法行医的3宗，使用非卫生技术人员的2宗，超范围开展诊疗活动的1宗，公共场所经营2宗，现均已结案。共出动执法人员600多人次，车辆140多台次。在处理每宗案件中，都严格按照法律程序办事，做到处理每宗案件时，事实清楚，证据确凿，程序合法。在处理较大的案件，及时向上级有关部门报告，决不感情用事，从始至终坚持依法行政，文明执法。

【卫生法律法规知识培训】 按照2014年年初工作计划，3月26日召开了全县卫生监督协管员培训班、8月19日召开了全县乡村医生培训班，分别针对卫生监督协管工作方式方法和卫生法律法规等重点知识进行了明确的讲解，并在发证窗口对所有办理公共场所卫生许可证的管理对象进行了相关卫生法律法规知识培训。通过培训与学习，全县卫生监督协管员、乡村医生及管理对象对卫生法律法规有了更深层次的了解，促进了卫生监督执法、执业人员与从业人员操作的规范化、合法化，使全县卫生监督事业发展有了提高。

【投诉举报处理工作】 县卫生监督所对外公布了投诉举报电话“3316383”，建立了投诉举报工作制度，设立了投诉举报信箱，对所有投诉举报进行登记，做到事事有回音，件件有答复，并在规定时间内处理后根据结果给予答复。2014年，处理投诉举报4宗。（刘万林）

附：领导班子成员名单

所　长：王俊芳

副所长：朱定均

　　　　林丽英

县直医疗卫生机构

【县人民医院】 概况　民国23年（1934年），始兴设立县首家公办卫生院“县立平民医院”，负责县内医疗、预防及卫生行政事务。民国29年（1940年）9月1日按省政府奉颁县各级卫生组织大纲及实施计划将“平安医院”改为“始兴县卫生院”址设“石上庙”。始兴县卫生院属省第一卫生区署管辖，为丙级卫生院。1949年，县人民政府接管后更名为“始兴县人民政府卫生院”；1958年12月，始兴、南雄两县合并，始兴县人民医院改名为“南雄县人民医院”，院址迁至县政府旁，成为两县之中心医院。1960年10月，两县分开，复名“始兴县人民医院”。

始兴县人民医院位于公园前路75号。是一所集医疗、科研、教学、预防保健为一体的二级甲等综合医院，是始兴县“120”急救中心。医院建筑面积23000平方米，业务用房17320平方米。开放病床300张。设有科室30个，其中临床科室有20个，行政后勤科室8个。主要设备有：螺旋CT、DR机、C臂机、电子胃肠镜、高清电子腹腔镜、输尿管电切镜、膀胱镜、体外碎石机、德国进口血液透析机、彩色B超、心电图机、动态心电图、多功能心电监护仪、德国进口呼吸机、麻醉呼吸机、激光治疗仪、综合牙科治疗仪、母婴胎儿监护仪、宫腔镜、电子阴道镜、全自动生化分析仪、电解质分析仪、自动血球分析仪、血气分析仪、血滤机、产后康复治疗仪等先进的医疗设备。

医院下设办公室、医务科、护理部、财务科、总务科、设备科、医保办、病案室、防保科、医院感染管理科、人事科、供应室、急诊科、传染科、皮肤科、小儿内科、新生儿科、五官科、口腔科、内一科、内二科、内三科、中医科、妇产科、外一科、外二科、麻醉科、手术室、ICU、心电B超室、CT室、胃镜室、体检科、检验中心、中医康复中心、放射科、血透室等30多个科室。2014年副高职称39人；中级职称70人；其他职称241人；人员编制260人，全院职工350人。

人才培养　2014年，选派18名医务人员分别到广州市第一人民医院及粤北人民医院进修。

主要业绩　2014年，门诊病人183035人次，同比上年增长19%；急诊病人29476人次。住院病人14393人次，平均住院日为6.31日，病床使用率87.14%。病房危重病人抢救成功率83.9%。入院诊断与出院诊断符合率99.99%，手术前后诊断符合率100%。无菌手术切口甲级愈合率≥100%，甲级病案率100%（无丙级病案）。2014年，全年业务收入8828万元。（肖庆想）

附：领导班子成员名单

院　长：周志堂

副院长：汤宏良

林俊华

刘　波（—2014.12）

傅永红（2014.12—）

工会主席：王超然

【县中医院】　概况　始兴县中医院成立于1988年，其前身是始兴县工人卫生院，原院址在始兴县太平镇兴平路66号，县中医院占地2300多平方米，建筑面积2000多平方米。

2011年，始兴县政府划地30亩（2公顷），新建始兴县中医院。2013年11月新建成的县中医院位于始兴县太平镇兴安路001号。首期建成住院综合楼、门急诊楼、供应室楼以及配套设施等。已建成并投入使用的首期建设，其建筑面积约1万平方米，设置病床160张，投入资金约3000万元。医院科室设置、人员配备和设备、设施、每床建筑面积均符合二级中医医院基本标准。医院环境不断优化，功能不断完善，中医专科特色更加突出，综合实力不断增强，医德医风良好，已成为广大群众就医的新亮点。随着社会的发展和始兴人民的健康需求的扩大，还预留了二期建设康复、中医特色专科等的发展空间。

始兴县中医院是一所集医疗、教学、科研、康复、预防保健为一体的综合性二级中医医院。主要职能：贯彻落实党的各项卫生路线、方针、政策；为人民群众提供医疗、预防保健、康复服务；为始兴县基层卫生院培训医务人员并提供技术帮助；为始兴县重大公共卫生突发事件提供救治、诊疗服务；为始兴县大型突发性灾害事故救援工作；完成各级党委政府及卫生行政主管部门下达的其他各项任务。

2014年，县中医院内设办公室、医务科、护理部、总务科、财务科、病案室、内科、外科、骨伤科、妇科、门急诊科、针灸科、肛肠痔疮科、碎石中心、药剂科、检验科、影像医学科、超声心电科、胃镜室、手术室、供应室等20多个科室。现有职工133人，卫生技术人员112人，高级职称11人。2014年，门诊病人4万多人次，住院病人3600多人次，业务收入2035万元。

医院拥有层流手术室及手术配套设备、CR－X线成像系统、彩色B超、数字化超声诊断仪、电子胃镜、全自动生化分析仪、血球计数仪、电解质分析仪等先进的大中型医疗设备。

2014年，县中医院按照二级甲等中医医院的建设标准和要求，医院基础设施和科室配置建设完善，就医环境大为改观。医院以二级甲等中医医院评审工作为抓手，坚持以中医为主的办院方向，加强人才与学科建设，大力弘扬中医药文化，提升医院核心竞争力，努力把医院建设成为中医特色浓厚、学科优势明显、专科特色鲜明的现代化二级甲等中医医院。

4月4日，香港医学专家潘德邻一行前往始兴县中医院进行医学交流和讲学。

5月，联丰纤维制品（始兴）有限公司向始兴县中医院捐赠空调35台，价值人民币12.8万元。

医院管理　2014年，县中医院根据国家《中医药事业发展“十二五”规划》及广东省《加快中医药事业发展五年行动计划（2011—2015）》工作要求，医院加强整体规划，启动中医医院等级评审工作，并以此为契机，发挥中医药特色优势，努力提高临床疗效；坚持科学民主决策，重大决策广泛征询意见，实行院务办公会议制度。坚持依法执业。全面突出中医药特色，发挥和提升临床疗效。加强院务、党务公开。开展党的群众路线教育实践活动，坚持医院廉政建设，落实便民惠民措施。坚持厉行节约，全面实行成本核算，改进服务流程、方便病人就医、落实便民措施、杜绝不合理收费、规范内部管理、加强行风建设等工作，全院职工团结一心，真抓实干，奋力拼搏，使医院在各方面取得了较好的发展。

中医重点特色专科　在建立健全基础科室、完善医疗服务功能的同时，坚持中医办院特色。有市级中医重点特色专科2个，分别为骨伤科、针灸科，其中骨伤科床位44张，针灸科床位28张。重点专科分别制定了发挥本专科中医药特色优势的诊疗方案，门诊量及出院人数呈逐年增长的趋势。继承和发扬中医传统正骨手法配合自制伤科膏剂、洗剂、酒剂多种疗法，使创伤骨折病人能因病施治，较大范围地满足患者的治疗需求，创出治疗特色和优势，同时充分运用现代医疗技术，扩展骨伤患者治疗的广度和深度。开展各种各样钢板，髓内针内固定术、髓核摘除术，全髋置换术，椎弓根针棒内固定术组合或骨外固定术等骨科手术。2014 年，开展中医诊疗技术项目 66 种，各科室采用非药物中医诊疗技术对病人进行治疗。

设备购置　2014 年，共投入资金 51.78 万元加强设备设施建设。其中：1 月，投资 4.7 万元购置病床一批；2 月，投资 4.5 万元购置压力蒸汽灭菌器；7 月投资 3.6 万元购置中医体质辨识仪，投资 15 万元，购置自动压力蒸汽灭菌器；11 月，投资 6.8 万元购置除颤仪，投资 1.78 万元购置心电监护仪；12 月投资 7.6 万元购置全自动洗衣机，投资 7.8 万元，购置心电图机。

人才引进和培养　县中医院在 2014 年引进了一批临床医技类本科生及护理专业人才，尤其是骨伤科和针灸科的人才引进和培养，充分发挥中医院的潜力和重点特色专科效应（县中医院的小针刀，针灸推拿、中药穴位外敷等均形成浓厚的中医治疗特色）。为了以更优质的医护水平服务人民群众，医院多次组织医护人员参加国家级及省、市级中医药继续教育，已选送 15 名骨干医师前往省市级三甲医院进修学习，及时更新掌握专科技术。中医学习西医临床知识、医师岗位学习、中西医结合等相关学习，以更好的传承中医精神和可持续发展医院的医疗事业。医师进修学习回院后院部根据专科发展需要，投入专项资金添置专科设备，为专科的发展和人才的脱颖而出创造条件。此外，医院重视名老中医的学术经验继承，加强专科学术继承人培养工作，三位市县名中医与 3 名医疗骨干结成师徒，以名师带徒，致力传承中医药精髓，全面继承名中医的学术思想并应用于临床工作。

中医文化建设　县中医院新门诊楼和住院楼在环境布局、设计装饰等方面融入中医文化理念，烘托中医文化氛围。2014 年，制定《始兴县中医院中医药文化建设实施方案》，推进医院文化建设，从环境形象、员工行为规范、服务意识等方面提升医院文化氛围。构建了以办院宗旨、院徽、院训及发展战略为主体的核心价值观体系，体现“德”“精”“仁”“济”的核心文化内涵。汇编了《员工手册》，加深职工对核心价值观念的理解，使医院精神、职业道德融进员工心灵，表现于日常诊疗行为中。中医药服务领域进一步拓展，中医治未病工作全面展开，推广使用中医药理念、技术、方法和手段，采取多种形式对群众进行中医药防治疾病知识等治未病理念的宣传教育，开展“冬病夏治三伏贴”“冬病冬治三九贴”“穴位减肥”“中药涂搽”等一些疗效确切、群众认可的特色中医操作项目。采取面向社区、农村等基层百姓开展中医药文化知识普及、义诊咨询、健康讲座、科普资料发放等活动。推进中医药信息宣传工作，将双向转诊、健康教育、远程培训等工作通过信息宣传得到有效拓展和提升。（兰诗伟）

附：领导班子成员名单

院　长：曾秋荣

党支部书记、副院长：王小扬

副院长：刘　波

工会主席：兰诗伟

【县疾病预防控制中心】　始兴县疾病预防控制中心、卫生检验中心于 2002 年 8 月 9 日成立，是始兴县疾病控制、预防保健、公共卫生事业管理的专门机构。疾控中心办公大楼位于始兴县墨江大桥北路 66 号，新大楼于 2004 年 12 月 13 日奠基，2005 年 12 月 26 日投入使用，占地面积 580 平方米，建筑面积 2643.62 平方米。县疾控中心负责始兴县急性传染病、慢性非传染性疾病的流行病学调查监测和预防控制；免疫规划和预防用生物制品管理；实施艾滋病预防控制计划；承担对全县寄生虫病、地方病、病媒生物疾病防治和控制，负责消毒杀虫及相关的技术服务；承担健康相关产品卫生、环境卫生、学校卫生监测、检验和县卫生行政部门及有关单位委托的检验工作任务；负责食品、公共场所、职业病等行业各类从业人员的健康检查。中心拥有一批先进的检验设备，有进口气相色谱仪、原子吸收分光光度计、原子荧光分光光度计、全自动生化分析仪等检验仪器，能满足突发公共卫生事件以及疾病控制有关项目的检验检测。

中心下设党务办、行政后勤与健康教育科、财务科、预防接种科、疾病预防控制与免疫规划科、公共卫生体检与慢非传疾病管理科、公共卫生监测、精神病防治科、结控科、检验科、计生办、司机室等 12 个科室。疾控中心现有干部职工 32 人，其中高级职称 1 人，中级职称 11 人。

2014年是“十二五”规划实施最为关键的一年，县疾控中心贯彻落实“预防为主”的工作方针，完善疾病预防控制体系，认真履行防病工作职能，落实重大疾病防控措施，切实加强党组织建设和队伍建设。2014年，中心各项工作任务艰巨，由于农村合作医疗保险不再将二类疫苗接种纳入门诊报销范围，导致二类疫苗接种推广局限性加大，但经过全体干部职工的共同努力，免疫规划、疾病预防控制、职业卫生监测等工作有条不紊地开展。

重点传染病防治　全县17个传染病监测点未发现霍乱、鼠疫、高致病性禽流感等甲类及按甲类管理的传染病。乙丙类传染病共报告990例，法定报告传染病中1例艾滋病死亡病例报告。其中乙类报告390例，丙类600例。

计划免疫　基础免疫接种率（2012.6—2013.10出生儿童）：常住户卡介苗99.78%（4608/4618）、糖丸98.40%（4544/4618）、百白破97.62%（4508/4618）、麻疹疫苗96.93%（4476/4618）、四苗全程94.43%（4361/4618）、乙脑疫苗100%（4618/4618）、甲肝疫苗99.03%（614/620）、流脑A群第一针97.40%（4498/4618）、流脑A群第二针96.69%（4465/4618）；流动儿童的接种率分别是卡介苗99.63%（271/272）、糖丸95.22%（259/272）、百白破97.06%（264/272）、麻疹疫苗96.32%（262/272）、四苗全程91.91%（250/272）、乙脑疫苗98.16%（276/272）、流脑A群第一针95.59%（260/272）、流脑A群第二针93.01%（253/272）。

加强免疫接种率：本地儿童18月龄百白破三联97.86%（1645/1681）、麻腮风96.31%（1619/1681）、24月龄乙脑97.31%（2790/2867）；3周岁流脑98.29%（2524/2568）；4周岁糖丸98.54%（2356/2391）；6周岁白破二联99.26%（1606/1618）、流脑96.72%（1565/1618）。流动儿童18月龄百白破三联95.05%（96/101）、麻腮风93.07%（94/101）、24月龄乙脑92.64%（151/163）；3周岁流脑94.92%（168/177）；4周岁糖丸98.47%（129/131）；6周岁白破二联100%（69/69）、流脑97.10%（67/69）。

儿童建卡及时性方面：常住儿童建卡人数低于去年同期为90.82%（2295/2527）、乙肝首针24小时内及时接种率本地93.03%（2135/2295）、流动接种率为90.76%（108/119）。

疫苗相关疾病监测（AFP、麻疹以及新生儿破伤风），常规免疫接种率监测，预防接种副反应监测等工作全县共15个监测点，监测覆盖率为100%，均按省市各项指标要求进行。2014年累计报告AEFI病例20例，其中8例为异常反应，12例为一般反应，48小时报告率100%，48小时调查率100%，3天内上传个案调查表100%；2例麻疹排除病例，发现1例AFP监测病例（结果阴性），未发现新破监测病例。

艾滋病防控工作　截至2014年10月止，本地医疗机构报告HIV/AIDS病例1例，由韶关市级医院报告2例住址为始兴县的病例。HIV/AIDS随访共27人次，随访率>60%，其中死亡病例1例，存活20人，包括AIDS9人，HIV11人，接受抗病毒治疗的有9人，做CD4检测的有13人，共19人次，随访管理的病例配偶情况没有变化。各初筛实验室共报告各类HIV检测报告8054人次，其中术前检测1789人、受血前检测255人、性病门诊538人、其他就诊者897人、婚前检查2997人（检出阳性人数3人）、孕产期检查1547人、VCT21人（检出阳性人数1人）、其他10人。

寄生虫防控　2014年，共上报125例发热病人，完成了全年任务数的96.15%。11月11日，始兴县高分（96分）通过省专家组的疟疾评估验收。本地未发现疟疾病例。

死因登记报告　根据报告地区和录入时间统计，全县15家医疗单位通过“死因登记报告信息系统”报告死亡个案895例。县级医疗单位报告报告率为100%（3/3），3个医疗单位共报了197例，占22.01%；乡镇卫生院报告率为100%（12/12），乡镇卫生院共报告了698例，占77.99%。

培训　2014年，共参加上级培训10人次，培训下级防保人员70多人次，培训内容涉及消除疟疾监测及考核培训、急性传染病防控培训、AEFI监测与数据分析培训，脊灰、麻疹监测与应急处置培训；网络直报信息系统功能完善培训、H7N9禽流感防控知识培训等。

公共场所监测、重性精神病防治　生活饮用水卫生：全县监测了集中式供水厂2间（花山水厂、马市水厂），水质监测52份水样，学校、托幼机构及其他委托检验生活饮用水监测 161份水样。2014年，顿岗、马市等8个乡镇共39个点作为广东省农村饮水水质监测点，对上述监测点的枯、丰水期水质情况进行了监测，共监测水样78份。全年水质监测总项目数为2899，合格数为2821，合格率为97.31%。公共场所监测：全县共监测公共场所96间，监测项次678项，合格616项，合格率90.86%。食品风险监测：按市、县有关文件精神对全县食品进行了风险监测，共监测食品44份，合格41项，合格率93.18%。医疗、托幼机构预防性消毒效果监测：2014年对全县65间次医疗机构的消毒质量进行了监测，监测项次598项，合格561项，合格率93.81%。对全县17间托幼机构的消毒质量进行监测，监测项次272项，合格232项，合格率85.29%。碘盐监测：按《2014年中央补助广东省地方病防治项目实施方案》要求，在我县5个乡镇抽样检测碘盐300份，合格数300份，合格率100.0%，水碘8份，合格8份，合格率100.0%。重性精神疾病管理：2014年全县共检出重性精神疾病患者1498人；患者检出率7.28‰（1498/205553），已完成市下达的6‰的目标任务；在库重性精神疾病患者管理1498人，体检1498人，患者管理率96.77%；规范管理重性精神病患者1428人，患者访视5712人次，规范管理率95.32%（1428/1498）；重性精神病患者稳定人数1411人，稳定率94.19%（1411/1498）；重性精神病患者轻度滋事人数0人，检出患者轻度滋事率为0.00%；重性精神病患者肇事肇祸人数6人，检出患者肇事肇祸率为0.42%（6/1411）。

公共卫生体检　从业人员体检：县城1566人次，乡镇474人次，共2040人次，其中餐饮类894人次，药品类219人次，公共场所类53人次，食品类等874人次。职业病防治：根据《中华人民共和国职业病防治法》，为健全和完善始兴县厂矿职工的职业病档案工作，对县辖区内的部分厂矿企业进行了职业健康监护体检工作，共完成6280人次，其中岗前体检3401人次，主要体检厂方为日本电产、骏汇汽车配件有限公司，永捷电子有限公司、盛怡制笔厂、旭粤厂、万达工业有限公司、永光实业有限公司、联丰厂、石人嶂厂矿等；在岗期间体检2879人次，主要为万达工业有限公司、永光实业有限公司、永捷电子有限公司、仁化智能木业有限公司、建滔基层板有限公司，主要接触的危害因素有粉尘（167人次）、噪声（246人次）、化学类（苯系物）（518人次）、高温（23人次）。司机体检（考证、换证等）：3207人次。其他体检：1093人次。

检验工作　食品安全检测42份，共140多项次；餐饮具消毒效果检测11家，80多份；水质检测206份，共6000多项次；碘盐检测288份；公共场所检测96户，共480多项次；医疗机构消杀检测81家，320多项次；医疗器械消毒效果监测10次；从业人员体检1562人次；工人体检3891人次；学生体检5400人次；居民建档健康检查1600多人次；HIV抗体检测150人次；肝功生化、“两对半”检测1067多人次；机关事业单位干部职工体检450人次；教师资格体检200多人次；室内空气监测2家；工厂监测5家；结核杆菌痰涂片463人次。

居民健康档案与慢非传疾病管理　城乡居民健康档案管理服务：2014年度全县共新增居民健康体检建档12397份，累计建立居民健康电子档案179344份，电子建档率达101.49%。

高血压患者健康管理服务：全县已建立35岁及以上人群首诊测压制度。2014年，新增高血压患者管理788人，累计管理高血压患者14626人，管理率为77.9%；随访38017人次，规范管理高血压患者10648人，规范管理率为72.8%，高血压患者血压控制达标人数7751人，血压达标控制率为72.8%。

糖尿病患者管理服务：2014年，新增管理258人，累计管理糖尿病患者3537人，管理率为94.22%；随访9985人次，规范管理糖尿病患者2661人，规范管理率为78.20%，糖尿病患者血糖控制达标人数2340人，血糖达标控制率为68.7%。

老年人健康管理服务：2014年，新增管理1256人，累计完成65岁及以上老年人健康指导、健康体检建档21189人，管理率为100.0%，累计完成老年人体检17903人，体检率为84.5%。

结控工作　对全县10个乡镇卫生院和2个县直属医疗单位进行督导26次，共督导94人次，深入51个自然村，督导访视现症肺结核病人93人，发现存在问题及时提出改进意见，随后反馈书面督导报告，有效落实病人的治疗管理。

全县网络报告可疑病人416例，其中到位394例。全县检查可疑肺结核病人488人，共发现登记活动性肺结核96人，其中初次涂阳（新发）64人，复治涂阳1人，初次涂阴31人（涂阴任务数49例）。分别完成年度任务的98.46%、25%和63.26%。新发涂阳任务完成较好，但初次涂阴病人较少。痰检阴转率、治愈率均达到项目手册要求。结合实际情况，加大了管治病人的督导力度，指定一名专职督导员，负责对管治病人的督导访视，与卫生院防疫员、村医落实实际化疗情况，对偏远、交通不便的病人，培训其家属作自愿督导员，并加强电话联系，提高病人的规则治疗率。

健康教育　加强健康教育宣传阵地建设，在中心办公大楼一楼和县城人流量多的地方共设置3块健康教育宣传栏，每个季度定期更换宣传栏内容，主要宣传吸烟有害健康、预防性病艾滋病、计划免疫知识、常见慢性病防治、饮食卫生及根据季节变化的疾病防治知识等。

全面开展控烟健康教育工作。对中心各科室创建工作落实情况进行了不定期专项督查，努力巩固2011年经市控烟协会专家考核评估被评为“韶关市无烟单位”的创建成果。继续围绕以“省级无烟单位”创建活动为重点，做好公共场所和公众控烟健康教育工作。

推进重点人群、重点疾病和突发公共卫生事件的健康教育工作。2014年，开展“三八妇女节赠健康送知识活动企业宣传活动”、“12320”卫生热线主题宣传日、“3·24”结核病宣传日、“4·25”计划免疫宣传日、“4月全国职业病防治法宣传周”、“4·26”疟疾宣传日、“5·15”碘缺乏病宣传日、“5·31”世界无烟日、“6月艾滋病防制健康教育宣传活动”、“9月健康知识进万家宣传活动”、“9·1”全民健康生活方式日、“9·20”全国爱牙日、“10·8”全国高血压日、“10·10”世界精神卫生日、“10·29”世界卒中日、“11月登革热防控知识专题宣传活动”、“11·14”联合国糖尿病日等宣传活动共17次，发放艾滋病、结核病、流感、职业病、控烟、碘缺乏病、疟疾、预防接种、登革热、手足口病、高血压、糖尿病、呼吸道及肠道传染病预防知识等宣传画、手册、宣传单10000余份，接受群众咨询6750余人次，悬挂横幅16条；发放到各乡镇医防单位宣传画200余张、各种宣传折页500多份、宣传教育光碟30张，并有发放记录；出版基本公共卫生服务健康教育宣传栏4期，内容涉及结核病、手足口病、流感、计划免疫、疟疾、登革热、全民健康生活方式、高血压、糖尿病、控烟、精神病、艾滋病、脑卒中等防治知识。

开展形式多样的健康教育知识讲座，深入学校开展以流感、手足口病、流行性腮腺炎、肠道传染病、疟疾、登革热、艾滋病为主的传染病防控知识讲座，2014年共举办健康教育知识讲座活动4次。学校是传染病的集散场所，学生又是易感人群，为了提高学生对传染病预防的了解和认识，4月，中心通过精心组织，分别到县城的实验小学、东郊小学开展健康教育知识讲座，9月分别到始兴中学、顿岗中学开展健康教育知识讲座，重点讲解常见的流行性感冒、手足口病、流行性腮腺炎、肠道传染病、疟疾、艾滋病、登革热等预防知识，4所学校累计500多名师生参与了系列讲座。

大事记　1月16日，在中心召开始兴县2013年度疾控慢病工作总结会议；中心被县卫生局评为始兴县卫生系统2013年度绩效考评优秀单位。

3月6日，在中心召开春季急性传染病防控工作会议暨中国免疫规划信息管理系统培训班以及举办始兴县消除疟疾监测及考核评估培训班，各乡镇卫生院预防接种门诊医务人员及疟疾防控人员参加了会议。

5月7日，中心缪丽娟评为“2013—2014年度始兴县优秀护士”。

6月，中心被始兴县精神文明建设委员会评为“2012—2013年度始兴县文明单位”。

10月30日，中心篮球队荣获“2014年始兴县农信墨江杯篮球赛机关组道德风尚奖”。

11月11日，始兴县经省消除疟疾考核评估专家组的考评，以96分的高分通过消除疟疾考核评估验收。

11月28日，中心召开消除疟疾工作总结大会及埃博拉疫情处置培训会议，各乡镇卫生院主管业务副院长及防保组长参加了会议。

12月19日，县慢病站被市卫计局评为“2014年度结核病防治规划工作先进单位”“2014年度重性精神疾病管治工作先进单位”。（谭建端）

附：领导班子成员名单

主任、书记：谢伦庚

副主任、纪检委员：沈彩平

副主任、宣传委员：聂琼葵

副主任、慢病站站长：张振阳

始兴县健康教育所所长、组织委员：高　伟

工会主席：邓月娇

【县妇幼保健院】　始兴县妇幼保健院创建于1964年，是一所集医疗、保健、预防、计划生育技术指导、教学和科研工作一体的一级甲等妇幼保健院。县妇幼保健院是县级公立医院改革试点医院之一，是始兴县的平价医院。县妇幼保健院位于始兴县太平镇红旗西路43号，占地1704平方米，业务用房面积3103.43平方米，是全县妇女儿童的保健服务中心，承担全县妇女病的普查普治及婚检工作，并为政府提供妇女儿童卫生信息。现有在职职工57人，卫生专业技术人员54人，中级以上职称人员17人。

医院分为保健、临床两大部分，下设办公室（含人事、后勤、设备）、医务办、护理部、财务科、供应室、急诊室、内儿科、妇产科、保健科、医技科、检验科、药剂科等12个科，编制病床共80张。拥有彩超、黑白B超、阴道镜、生化分析仪、薄层细胞制片仪、酶标仪、生物安全柜、洗板机、多功能胎心监护仪，超声多普勒胎音诊断仪、心电监护仪、心电图、盆腔理疗仪、妇科治疗仪，听力筛查仪、微量元素测定仪、血球计数仪、黄疸测定仪、尿十一项分析仪、血红蛋白计数仪、电热恒温培养箱、婴儿培养箱、新生儿抢救台、新生儿黄疸治疗仪、双波长半导体激光治疗机等设备，可开展多项妇科及产科手术。

基本公共卫生服务妇幼项目　2014年，新增儿童保健登记数3241人，新生儿访视2382人，1岁内体检7164人次，1～2岁体检6512人次，3～7岁体检8251人次；孕产妇建档2337人，产后访视2376人次，产后42天随访2282人次。

妇幼重大公共卫生服务项目　2014年，农村妇女增补叶酸的服用目标人群发放1976人次。县妇幼保健院自筹资金到沈所镇、城南镇新村、迈达厂等地对246名妇女进行了“两癌”免费筛查，查出妇女常见病患病总人数139人，其中：子宫肌瘤患病人数42人，妇女健康状况不容乐观。

妇幼保健　婚前孕前保健：自2013年11月底“三位一体”婚孕检中心成立后，始兴县婚孕检率较前有大幅度提升，达75%，对全县地贫防控工作起到了一定的促进作用，有利提高人口素质，减少出生缺陷。2014年结婚登记人数4768人，婚前医学检查人数3601人次，婚检率75.52%。检出影响婚育的疾病总人数117人，其中指定传染病12人，严重遗传病人数2人，生殖系统人数5人，内科系统病人数98人。完成孕前优生家庭档案806份，检查1389人次，检出疾病排位前五位分别是地贫初筛阳性174例，肝功能异常161例，乙肝二对半异常134例，尿常规异常120例，G6PD缺乏49例。对所有进行婚孕前医学检查的人员均进行了有关婚姻保健知识、孕前保健知识、优生优育指导。

孕产妇保健：2014年，全县住院分娩率达100%；新法接生率达100%；孕产妇系统管理率达91.22%；全县无孕产妇死亡。

新生儿疾病筛查工作：县人民医院、县妇幼保健院、城郊医院等开展助产技术服务的单位已经开展这项工作，新生儿疾病筛查2618例，新生儿疾病筛查率96.96%。检出疾病人数119例，其中G6PD缺乏症119例，甲低0例、苯丙酮尿症0例。

新生儿听力筛查工作：县人民医院、县妇幼保健院、太平镇卫生院开展新生儿听力筛查，全年辖区内出生活产2700人，新生儿听力筛查2100例，听力筛查率77.78%。

儿童保健：始兴县全年7岁以下儿童保健管理率达93.92%；3岁以下儿童系统管理率达91.35%；0～6个月纯母乳喂养率达77.94%；体弱儿管理率达0.72%。5岁以下儿童死亡率为9.37‰；婴儿死亡率为3.90‰。新生儿破伤风发生率为0。

托幼机构管理情况：县妇幼保健院承担保健指导工作，4月对全县21家城乡两级托幼机构进行了卫生保健业务指导。全年新生入园体检992人次、托幼机构幼师体检 187 人；9～11 月对县城集体儿童体检 2925 人次，开展了新项目视力筛查。全县各乡镇卫生院皆对辖区托幼机构进行了集体儿童体检工作。

2014 年，全年门诊 42325 人次，住院 2234 人次；接受并通过了市“爱婴医院”复审。

2014 年 5 月 13 日，省卫计委主任陈元胜到该院进行医改工作调研。（陈贞斐）

附：领导班子成员名单

院　长：张　琦

党支部书记：陈贞斐

副院长：张献群

体　育　管　理

【概况】　始兴县体育局原名始兴县体育运动委员会，成立于 1956 年 3 月 1 日，简称“始兴县体委”，是始兴县人民政府赋予行政管理职能的直属正科级单位。1958 年 12 月，始兴并入南雄县，撤销始兴县体委；1960 年 10 月恢复始兴县建制，体委重新组建。1967 年 1 月，体委实行军管。1972 年初成立始兴县革命委员会体委办公室，1997 年改称始兴县体育发展中心，2006 年 10 月，始兴县体育发展中心更名始兴县体育局。2011 年 12 月，体育局搬迁至县城体育路 108 号新体育中心办公，原体育中心（包括篮球馆、田径场、游泳池、门球场、3 个室外篮球场）于 2007 年 4 月拆除。

体育局是参照公务员管理的正科级事业单位，主要职能是依据体育法，统一领导和管理全县体育工作，对全县群众体育、竞技体育、体育训练、体育社团、体育场馆设施、体育科研以及体育比赛活动和综合性体育盛会进行策划、统筹、组织、安排、指导和协调。县体育局内设人事秘书股、群众体育股、训练竞赛股、体育场馆管理股等 4 个职能股，还有 2 个下属事业单位：青少年业余体校和体育场馆器材设备中心。2014 年有干部职工 17 人，其中参照公务员管理人员有 6 人，事业人员 3 人，聘用合同制工人 7 人。

2014 年体育局认真贯彻落实《全民健身条例》和《全民健身计划》，推动各级各类基层群众体育组织建设，不断提高体育健身设施数量、质量和服务管理能力，不断扩大参与各类健身活动的人数，完成县委、县政府和上级体育主管部门交办的各项工作。

群　众　体　育

【概况】　群众体育是体育的主要组成部分，是体育的基本环节之一，是指以社会全体成员为对象，以增强体质、丰富余暇生活、调节社会情感为目的，形式多样的体育运动。2014 年开展了各种形式的群体活动，受到了城乡居民的普遍欢迎。

【开展群体活动】　2014 年，充分利用节假日开展丰富多彩的群体活动，受到广大群众的欢迎。2014 年春节期间，开展丰富多彩的迎新春体育活动，设有中国象棋赛、乒乓球赛、老年门球赛等比赛项目，有众多城乡居民参与；5 月 31 日，在韶关举行的“龙舟赛”，始兴县共有两支队伍参加，其中一支参赛队获得第二名；6 月 26 日，联合举办首届“篮协杯”中学生篮球赛，全县 24 支男女中学生队参赛；8 月 8 日，组织开展全民健身日环城跑活动，全县机关、乡镇及企事业单位的 22 个方队参加全长约 6 公里环城跑活动；10 月 10 日，承办始兴县第八届“墨江杯”篮球赛，全县 34 支篮球队参加了机关、乡镇、企业三个组别的比赛。

【体育场地普查工作】　根据第六次全国体育场地普查工作的要求，2 月初，始兴县成立了普查领导小组，制定《始兴县第六次体育场地普查实施方案》，举办场地普查培训会，正式启动始兴县第六次体育场地登记工作。2 月 1 日—3 月 15 日，由县政府牵头，体育局等部门组成的普查小组，对全县涉及体育场地的单位进行实地普查。至 4 月 10 日，全面完成了全县体育场地普查工作。

【国民体质监测任务】　抓好国民体质监测工作，5 月，专门开辟场地，投入 8 万多元，在会议室内铺设了塑胶地板和安装资料柜，分类摆设了十几件检测设备，针对不同年龄阶段人群，共进行约 20 项的体能检测。7 月，县体育局到马市圩镇和万达公司免费为群众进行体质监测，及时抓好各年龄阶段居民的体质监测，至 8 月 31 日在全市率先完成 2014 年省市下达的不同年龄阶段（20 ~ 69 岁）1000 人体质监测任务。

加强城乡体育场馆和健身场所的管理和安全运营，确保运动健身的安全进行。

竞技体育

【概况】 竞技体育是体育的重要组成部分，指为了战胜对手，取得优异运动成绩，最大限度地发挥和提高个人、集体在体格、体能、心理及运动能力等方面的潜力所进行的科学的、系统的训练和竞赛。始兴县的竞技体育在 2014 年韶关市第十四届运动会上取得了好成绩。

【开展业余训练】 完善《始兴县青少年业余体校管理方案》制度、竞技体育既业余体校各项规章制度，强化组织领导，以制度管人、管练。训练工作有序进行，各教练员精心组织各专项训练，利用学生的课余时间进行早上一小时、下午两小时的训练模式，不断加强和提高运动员的素质、爆发力、心肺功能、身体协调等一系列的练习，强化了学生的运动水平，为始兴县竞技体育事业打下扎实的基础。市运会比赛成绩显著：在 2014 年韶关市市运会上，始兴体育代表团共夺得团体总分 4577 分，金牌 92 块，以较大的优势荣获团体总分第二名，实现了始兴体育事业历史性的突破，摘掉了始兴竞技体育发展滞后的帽子。

体育产业

【概况】 体育产业作为国民经济的一个部门，具有与其他产业相同的共性，既注重市场效益、讲求经济效益，又具有不同于其他产业部门的特性。始兴县的体育产业主要是开展体育彩票销售的发展、监管工作。

2014 年，县体育局继续围绕增加体育彩票销售量这个目标，以新体育馆场地优势宣传体育彩票、服务彩民、增加网点为切入点开展工作。体育产业不断繁荣，体育活动和体育消费正在改变人们的生活方式和生活质量，成为越来越多的人生活中不可或缺的内容，体育正朝着社会化、产业化的方向发展。全年完成体育彩票销售量 1650 万元。

（林省棠）

附：领导班子成员名单

局　长：夏　昶（—2014. 9）
　　　　杨　锐（2014. 12—）
副局长：卢凤群（2014. 9—2014. 12 主持工作）
　　　　陈智祥（—2014. 12）
　　　　林祥得（2014. 12—）

社 会 生 活

民 政

【概况】 始兴县民政局前身为始兴县民政科，1949年9月始兴县人民政府成立之时同时成立。1958年12月始兴县并入南雄县，始兴县民政科撤销。1960年10月15日，始兴从南雄县分出，恢复始兴县建制，设立始兴县民政局。1968年3月，始兴县革命委员会设立民事组，县民政局自行撤销。1972年1月，县革命委员会恢复设立民政局。1988年7月，县民政局办公地点搬迁至太平镇兴平路北一巷1号。2001年12月，县民政局办公地点搬迁至太平镇兴平路118号。

主要职能是：贯彻执行国家、省、市有关民政工作的方针政策和法律法规，草拟规范性文件和民政事业发展规划，并组织实施和监督检查。负责军队退役士兵、复员干部和军队移交地方管理的离退休干部、退休士官、军队无军籍退休退职职工、伤残军人的接收安置及服务管理工作，负责烈士审核、褒扬工作，组织和指导拥军优属工作。负责组织、协调城乡救灾工作，管理、分配救灾款物并监督使用，组织、指导救灾捐赠。负责实施城乡居民最低生活保障、医疗救助、临时救助、流浪乞讨及生活无着人员救助工作，健全城乡社会救助体系。负责全县乡（镇）以上行政区域的设立、撤销、调整、更名、界线变更以及政府驻地迁移的审核报批工作，负责县际行政区域边界勘定和管理；承担边界争议的调处事务；负责地名命名、更名、销名审核工作，规范地名标志设置和管理工作。提出加强和改进城乡基层政权建设的建议，推动基层民主政治建设，指导实施城乡基层群众自治组织建设和城乡社区建设，指导城乡社区服务体系建设。负责社会福利机构的监督管理工作，促进慈善事业发展，组织指导社会捐助工作，指导老年人、孤儿、弃婴（童）、五保户和残疾人等特殊群体权益保障工作。负责推进婚俗和殡葬改革，负责收养登记管理工作，指导婚姻、殡葬、收养、救助服务机构管理工作。负责依法对社会团体、基金会、民办非企业单位的登记管理和监察工作；负责县级异地商会的登记、管理工作。会同有关部门按规定拟订社会工作发展规划、政策和职业规范，推进社会工作人才队伍建设和相关志愿者队伍建设。承办县人民政府和省、市民政部门交办的其他事项。

始兴县民政局内设5个股室：人秘股、优抚安置股（县双拥工作领导小组办公室）、救灾救助股、基层政权和社区建设股、社会福利和社会事务股。机关行政编制10名，在职12人（含工勤2人）。其中：局长1名、副局长3名。挂牌单位：始兴县老龄工作委员会办公室，编制3名，在职3人。直属股级事业单位：始兴县婚姻登记处，编制2名，在职3人；始兴县社会捐助接收站，编制4名，在职3人；始兴县社会组织登记管理中心，编制2名，在职2人；始兴县殡葬管理所，编制3名，在职2人。下属副科级事业单位：始兴县殡葬管理执法大队，编制7名，在职8人。下属股级事业单位：始兴县社会福利院（光荣院），编制5名，在职5人。

2014年，全县辖9镇1乡，14个居委会，113个村委会，146个居民小组，1353个村民小组。

2014年9月23日，澄江敬老院被国家民政部评为“全国农村五保供养工作先进单位”。

【五保供养】 4月16日，县民政局、县财政局印发《关于调整提高我县农村五保城镇三无人员供养标准的通知》，将农村五保、城镇三无人员供养标准提高到493元/人·月，调整提高后的农村五保供养标准达到了始兴县上年度农村人均纯收入的60%。

【最低生活保障】 5月4日，县人民政府印发《关于提高我县城乡（居）村民最低生活保障标准的通知》，将城市低保保障标准由280元提高到480元，月人均补助水平由244元提高到333元；农村低保保障标准由185元提高到250元，月人均补助水平达到148元。

【医疗救助】 5月4日，县人民政府印发《关于提高农村五保户、城镇三无人员、城乡低保对象医疗救助标准的通知》，决定6月1日起提高始兴县城乡困难群众医疗救助标准。5月5日，县民政局、财政局、卫生局联合印发《关于开展城乡医疗救助一站式结算服务工作的通知》，启动困难群众医疗救助“一站式”结算服务。

【救灾】 5月15日，始兴县澄江镇、太平镇等地区遭受严重洪涝灾害，全县受灾人口18554人，紧急转移安置1407人，倒塌房屋13户32间，严重损毁房屋16户44间，农作物受灾面积2096.59公顷，直接经济损失8266.24万元。灾情发生后，县委、县政府、县民政局赶赴灾区，协助当地党委政府做好受灾人员的转移安置工作，并及时发放救灾应急物资保障受灾群众基本生活。

【调研】 7月9日，省民政厅刘洪厅长亲临始兴调研。市政府办有关负责人和市民政局局长龙勇文、副局长胡建文，县领导范秀燎、何晓域等人陪同，刘洪一行考察了顿岗镇镇政府“一门式”社会救助服务窗口和顿岗镇围下村的“暖心行动”及城南镇敬老院，并走访了低保户和五保困难家庭。

【服务窗口】 7月，各乡镇设立了统一的社会救助综合服务窗口，县民政局、各乡镇通过购买服务形式聘用了13名服务人员。

【广东扶贫济困日】 6月30日，始兴县2014年“广东扶贫济困日”活动启动。共接收捐赠资金71.22万元，争取市定向捐赠资金47.18万元，市非定向捐赠资金25万元，以上款项全部划拨至县扶贫办账户，由县扶贫办统筹用于始兴县扶贫开发工作。

【丹凤山烈士陵园】 3月28日，始兴县丹凤山烈士陵园修建工程通过验收。工程于2月动工，包括烈士碑整体表面翻新、字体刷新填明、新建宣传栏、新建大理石石碑（8个直立式斜面石碑，1个书本式石碑）、绿化陵园周围的花草树木等。12月中旬，始兴县丹凤山烈士陵园附属工程改造动工，工程包括新建混凝土挡土墙、混凝土护栏、不锈钢架宣传栏、石桌石凳，绿化平整陵园周围地面等工程。

【双拥创建】 9月3日，县委、县政府成立始兴县创建第十届“广东省双拥模范县”工作领导小组，领导小组办公室设在县财政局，肖欣任办公室主任。

【八一烈士陵园】 11月初，始兴县八一村散葬烈士陵园建设工程动工，工程包括大理石围墙、陵园范围内绿化、维修原有烈士墓、新建休闲亭等。

【柑梓园烈士纪念碑】 12月18日，始兴县柑梓园烈士纪念碑改造工程竣工。工程于11月14日动工，包括陵园内铺设混凝土楼梯、护坡建设、面贴大理石、绿化柏树、铺设混凝土路面等。

【换届选举】 3月12日，始兴县113个行政村、14个社区全面完成了第六届村“两委”、第五届社区“两委”换届选举工作。换届选举工作从2013年12月4日正式启动，共选出新一届农村、社区“两委”成员487人。105个村、13个社区实现书记、主任“一肩挑”，“两委”交叉任职人数为340人，选出妇女干部146人，全部村（居）委会选出妇女干部，女干部同时担任书记、主任的有7人。

【树葬区】 3月30日，罗坝镇田心村何古昌公益性骨灰树葬区全面建设完成并投入使用。该树葬区占地面积0.33公顷，共300穴墓位，总投资16万元。

【地名普查】 8月8日，县人民政府成立始兴县第二次全国地名普查工作领导小组，领导小组办公室设在县民政局，聂楠任办公室主任。此项工作从

2014年7月1日开始，至2018年6月30日结束。

【银龄安康行动】 11月21日，始兴县召开“银龄安康行动”启动会，由政府出资为始兴县籍60岁以上的五保、低保、重点优抚对象和80岁以上的老年人每人购买一份“老年意外伤害综合保险”，以上人员共计7558人，占始兴县60周岁以上老年人数的24.5%。

【界线联检】 11月30日，完成南雄至始兴界线联检工作。界线全长85.31公里，共有10颗界桩（含“仁南始”三方交会点界桩一颗）。勘界工作完成后，签订《南雄市人民政府与始兴县人民政府联合勘定行政区域界线协议书》。

【孝亲敬老之星】 12月10日，始兴县老龄办推荐上报的职业中学教师饶莉梅荣获全国老龄办、民政部、教育部、国家新闻出版广电总局、共青团中央、全国妇联和中国关心下一代工作会七部门联合授予的“全国孝亲敬老之星”称号。（曾　生）

附：领导班子成员名单

局长、党组成员：肖　欣

副局长、党组成员：饶建文

聂　楠

邓世安

党组成员：张宇育

人事·劳动·社会保障

【概况】 中华人民共和国成立后至1957年，县政府设有人事科。1958年，人事科并入组织部。1968年，成立始兴县革命委员会，人事科被撤销。1980年，恢复人事科。1982年，改称为县人事局。

县劳动局成立于1961年8月。1968年2月，成立始兴县革命委员会，县劳动局被撤销。1974年10月，恢复县劳动局。2001年11月，成立县劳动和社会保障局。2010年5月，组建县人力资源和社会保障局，将原县人事局、原县劳动和社会保障局的职责整合划入县人力资源和社会保障局。

始兴县人力资源和社会保障局是县政府职能部门，内设人秘股、社会保障股、就业促进股、职业能力建设股、专业技术人员管理股、事业单位人事管理股、退休人员社会化管理服务股、工资福利股、劳动关系股、工伤保险股、公务员办公室等11个股室。下设人才工作管理办公室、劳动监察大队、劳动人事争议仲裁院、就业服务管理局、职业技能鉴定指导中心等6个事业单位。机关行政编制18名，工勤编制2名。

始兴县人力资源和社会保障局坚持以“民生为本，人才优先”为工作主线，履行部门职责，围绕劳动就业、职业培训、人事人才、社会保障、维权维稳等重点开展工作，在推进人力资源和社会保障各项工作中取得了显著的成绩。

【大事记】 1月6日，始兴县被省人民政府城乡居民基本养老保险试点工作领导小组评为“全省第二批城乡居保工作示范县区”。2014年，始兴县城乡居民社会养老保险参保人数达到90494人，完成市下达任务的102.1%，基金征收867万元，覆盖城乡一体化的养老保险体系初步建成。

1月6日下午，省人社厅副厅长谢树兴一行到始兴县督查调研农民工工资支付情况。根据省、市统一安排部署，始兴县于元旦春节期间开展了农民工工资支付专项检查，共检查用人单位28家，涉及劳动者3177人；发现建筑施工企业拖欠民工工资3起，经劳动部门责令整改，追发农民工工资达160.7万元；责令企业支付劳动者经济补偿3.7万元，受理补缴社保的投诉案件2起，涉及企业2家次，全部依法处理，有力地保障了劳动者的合法权益。

6月22日上午，始兴县“广东省2014年粤东西北地区乡镇事业单位专项公开招聘考试”笔试在始兴中学考点举行。始兴县首次组织实施事业单位全省统一公开招聘活动，共招聘事业单位工作人员39名。

【人事人才】 人才统计　根据始兴县《2014年事业单位工作人员统计报表》统计显示：全县事业单位工作人员3725人，其中专业技术人员3094人［具有高、中级专业技术职称（职务）的人员有

2203 人；不具有高、中级专业技术职称（职务）的大学本科及以上学历人员有 309 人]。

根据始兴县《2014 年公有经济企业经营管理人才、专业技术人才统计报表》统计显示：全县公有经济企业经营管理人才、专业技术人员有 37 人，其中具有专业技术资格 25 人［具有高、中级专业技术职称（职务）的人员有 14 人；不具有高、中级专业技术职称（职务）的大学本科及以上学历人员有 2 人]。

始兴［具有高、中级专业技术职称（职务）的人员和不具有高、中级专业技术职称（职务）的大学本科及以上学历人员共有 2549 人。按始兴县 25 万人计算，每百万人口中科学家与工程师人数为 10196 人。

人才服务　开展人事代理业务，共办理人事代理业务 94 人，人事档案管理业务 46 人。做好高校毕业生服务工作，接收高校毕业生报到人数 348 人。抓好“三支一扶”高校毕业生服务工作，新接收 9 名“三支一扶”高校毕业生到乡镇基层服务，为始兴县 25 名“三支一扶”在岗大学生补缴社会保险，为 2012 年到始兴县服务的 12 名服务期满“三支一扶”大学生进行了考核。做好大学生村干部公开招聘工作。协助县委组织部组织 2 次大学生村干部招聘活动，共招聘大学生村干部 115 人，基本实现了“一村配备一名大学生村干部”的目标。

干部管理　严格管理，做好公务员（含参公单位工作人员）日常管理工作，办理 40 名公务员的转任调任手续，为 58 名新录用公务员试用期满后办理了转正定级，完成全县机关事业单位共 5452 人的年度考核工作。做好全县公务员招考工作，根据省市统一工作部署，严格按照法定程序，招录 44 名公务员（含参公人员、公安系统人员；不含党群系统）。

专业技术人员管理　按照有关要求对已评定职称的 131 人办理了聘任手续，并做好专业技术职务聘任呈报表的造册、归档工作。做好始兴县 2014 年职称评审工作，共审核 13 份高级评审材料，送审 21 份中级评审材料，办理 37 名初级认定。

事业单位公开招聘　根据省人社厅的统一安排部署，始兴县首次实施了粤东西北（始兴）事业单位工作人员公开招聘工作，规范事业单位公开招聘工作人员程序。全年共招聘事业单位工作人员 43 人，引进人才 37 人。

干部教育培训　2014 年，组织全县公务员开展《新时期公务员职业道德建设》培训，培训公务员 1327 人。组织全县专业技术人员开展“新型城镇化发展与实践”公需科目培训，参训专业技术人员 3316 人。

工资福利　按照国家和省市县有关政策和规定，抓好全县机关事业单位人员工资福利日常管理工作。2014 年，按时准确核定全县 5452 名机关事业单位人员的工资统发数据，办理全县机关事业单位人员级别工资正常晋升 5426 人次，办理全县统发离退休人员增加离退休费用 1648 人。

规范津贴补贴　开展规范津贴补贴工作调研，制定印发《关于进一步规范始兴县机关事业单位人员津贴补贴和工作性奖励的通知》。做好日常性工资福利管理，保障机关事业单位工作人员的工资福利落到实处。

军转干部管理　做好自主择业军转干部养老保险、医疗保障、维稳解困等工作。2014 年，全县企业军转干部养老保险参保率达到 100%、100% 的企业军转干部纳入了医保范围；为 25 名企业军转干部发放解困补助；全年未发生企业军转干部到京到省上访和越级上访事件。

【就业与培训】　以就业再就业工作为重心，以就业服务制度化、专业化、社会化为标准，坚持以政策扩就业，以培训推就业，以创业带就业，以服务促就业，以维权保就业，圆满完成上级下达的各项就业再就业工作目标，全县就业局势保持持续稳定，促进全县经济的发展。2014 年，全县累计实现城镇新增就业岗位 2504 人，城镇登记失业率控制在 2.31% 以内。

落实就业政策　县人社局把小额担保贷款工作作为促进就业工作的重要环节，严把小额担保贷款政策审核关，鼓励、扶持自主创业，以创业带动就业。2014 年，始兴县实际发放小额担保贷款 16 笔共计 145 万元，小额担保贷款贴息累计 89 人次共 62389.28 元。

农村劳动力转移就业　加大“双转移”工作力度，免费为农民工提供就业登记、政策咨询、职业指导、职业技能培训、职业介绍、创业培训、劳动保障维权、小额担保贷款等“一站式”的就业服务。2014年，农村劳动力就地就近转移就业4117人。

就业困难人员就业　开展就业援助工作，帮助困难群体实现再就业。2014年，城镇下岗失业人员再就业1903人，就业困难人员就业103人。

职业技能培训　完善培训机制，创新合作方式，加大培训力度，提高劳动者职业技能。2014年，开展技能培训455人。

服务企业用工　以服务企业用工为切入点，定期召开服务企业招工联席会议，加大宣传力度，优化用工环境，保障员工权益。2014年，共举办招聘会36场（次），入场企业100多家，达成就业意向4000多人，协助企业招工2600多人。

完善公共就业服务体系　全面完成乡镇基层服务平台建设。按照省、市有关要求，整合资源、积极协调，推进平台建设。至2013年8月底，全部完成10个乡镇服务平台的建设任务并投入使用，改善了乡镇人力资源和社会保障服务所的办公条件和服务能力。

组建就业服务管理局　根据《关于印发〈始兴县人力资源和社会保障局所属事业单位分类改革方案〉的通知》精神，整合始兴县劳动就业服务管理中心、始兴县职业介绍服务中心、始兴县人力资源办公室组建始兴县就业服务管理局，为正股级公益一类事业单位，负责统筹协调全县就业管理和公共就业服务，事业编制9名，其中局长1名，副局长2名。

【社会保障】　县人社局是社会保障行政主管部门，承担社会保障的行政管理职能，统筹建立覆盖城乡的社会保障体系，负责组织和协调城乡社会保险及其补充保险政策的实施。局机关内设社会保障股，承担社会保险具体工作；设立工伤保险股，负责工伤保险政策宣传、工伤认定等工作。2014年，社会养老保险扩面征缴取得良好成绩，城乡居民社会养老保险和城乡居民基本医疗保险实现全覆盖，基本建立了覆盖城乡的社保体系。

社会保险扩面征缴　始兴县开展社会保险扩面征缴专项行动、社会保险法专项执法检查等行动，继续扩大社会保险覆盖面。2014年，全县城镇职工基本养老保险参保人数达到37108人，完成市下达参保任务的101.7%；城镇职工基本养老保险基金征集总收入13892万元，完成市下达征收目标任务的106.86%；城镇职工基本医疗保险参保人数17850人，基金征收4392万元；失业保险参保人数16838人，基金征收379万元；工伤保险参保人数19802人，基金征收421万元；生育保险参保人数7265人，基金征收94万元，超额完成市下达始兴县的目标任务。

城乡居民社会养老保险　继续加大工作力度，强化工作措施，全县城乡居民养老保险参保缴费水平稳步提高。2014年，城乡居民社会养老保险参保人数90494人，基金征收867万元，超额完成市下达始兴县的目标任务。

城乡居民基本医疗保险　按照市政府统一部署，统筹安排、精心组织，通过召开动员大会，下达工作任务，落实工作责任，开展业务培训等措施，确保始兴县城乡居民基本医疗保险工作的顺利启动。2014年，始兴县城乡居民基本医疗保险参保人数202009人，完成市下达始兴县任务的100.75%。

工伤认定　坚持“即时受理、及时取证、依法审核、准确认定”的原则，开展工伤案件认定工作。2014年，共受理工伤认定申请111宗，其中认定工伤106宗，不予认定5宗。

社保信息公开　县人社局开通了官方博客，开展了专项宣传，通过博客、网站、宣传栏、社保信息终端等方式，将社保办理、社会保障卡发放和运用、社保待遇水平、参保单位社保费缴纳、经办服务场所情况等信息如实向全社会进行公开。

村居两委干部参保　2014年，县人社局会同有关部门，开展了“村居两委干部参加城镇职工基本养老保险”专项调研，形成调研报告。根据调研结果，县政府制定《始兴县村居两委干部参加企业职工基本养老保险实施方案》，为全县483名村居两委干部解决了社保问题。

【劳动关系】　2014年，县人社局紧紧围绕构建和谐劳动关系目标，以维护劳动者合法权益和社会稳定为重点，全面落实劳动保障监察各项工作任务，为促进始兴县劳动关系和谐稳定做出了贡献。

普法宣传 以农民工作为普法重点群体，以努力提高农民工整体素质为出发点，围绕农民工开展普法宣传，开展送法进社区、进企业活动，将劳动法、劳动合同法、社会保险法等涉及农民工权益保护、技能培训、劳动就业、社会保障等方面的法规政策送到农民工手中，全面提升农民工的法律素质和维护自我权益的意识。2014 年，共组织各类普法宣传活动 10 余次，发放宣传资料 4000 余份。

劳动执法检查 开展专项检查，维护劳动者合法权益：2014 年，开展清理整顿人力资源市场秩序、新劳动合同法法律法规宣传检查、职业卫生联合检查、农民工工资支付专项行动等一系列专项行动，清查纠正企业违法行为，切实维护职工合法权益，全年共检查用人单位 314 户。组织实施劳动保障年审，通过年审规范企业用工行为：审查企业 478 家，涉及职工 33217 人，通过年检鉴定劳动合同书 3800 多份，企业劳动合同签订率达 95% 以上，已建立工会的企业合同签订率达 85% 以上。加大对建设领域欠薪打击力度：完善建设领域拖欠农民工工资工作机制，规范对建设领域施工企业的管理力度，2014 年，全县开展农民工工资支付专项检查，共检查用人单位 314 户，受理举报投诉案件 114 宗，解决 114 宗，解决率为 100%，为 354 名劳动者追发工资待遇 259. 14 万元。

劳动信访 县人社局完善网络问政工作机制，设立信访举报投诉电话，建立信访窗口，做好群众来信来访和市民声热线的答复工作，保障群众的信访权利。2014 年，受理民声热线 2 宗，网络问政案件 10 宗，信访件 16 宗，全部及时办理，群众来信来访办结率达到 100%。

劳动人事争议仲裁 严格依法处理劳动争议案件，维护劳资双方合法权益。全年共受理劳动争议立案案件 57 宗，涉及劳动者 79 人，涉案标的 63 万元；法定审限期内结案 55 宗（2 起未结案件是因案件已中止，案件中止事由未解除），法定期限内结案率 100%。

【自身能力建设】 始兴县人力资源和社会保障局围绕中心工作，全面加强自身建设，建设学习型、服务型、廉洁型机关，提升人力资源和社会保障工作水平，努力促进始兴县人力资源和社会保障事业发展。

依法行政 推进机构职能转变，认真开展网上办事大厅建设，将一些办事事项经由网上办事大厅办理，方便了群众、提高了效率。加强执法队伍建设，开展监察员业务培训和仲裁员业务培训，对执法人员实施持证上岗，完善劳动保障执法工作机制，依法行政能力有了提高。

党风廉政建设 高度重视党风廉政建设，始终把加强党风廉政建设纳入重要工作日程，强化党员干部防腐倡廉教育，提高全局党员干部的廉政意识。落实党风廉政建设责任制，切实加强组织领导，落实“一岗双责”，细化分解党风廉政建设责任分工，落实党风廉政建设工作要点，加强监督检查，推进工作开展。

党的群众路线教育实践活动 按照县委的统一部署，开展党的群众路线教育实践活动，加强学习教育，广泛征求群众意见，查找个人在“四风”方面存在的突出问题，深刻进行自我剖析，并召开了专题民主生活会开展批评与自我批评。认真制定整改措施，突出建章立制，建立健全改进作风的长效机制。通过这次活动，全体党员干部受到了深刻的思想教育，牢固树立了群众意识和群众观念，纠正了“四风”，机关和党员干部的作风有了大的改进。

（刘宏灿）

附：领导班子成员名单

县政府党组成员、县人社局局长：聂金明

县人社局副局长：陈国华

田道章

刘细娟

民族宗教

【概况】 始兴县人民政府民族宗教事务局前身是始兴县民族事务科，隶属县人民政府办公室。1997 年 1 月，改称民族与宗教事务局，挂靠人民政府办公室。2001 年 12 月，不再保留民族与宗教事务局，其职能并入县政府办公室，挂民族与宗教事务局牌子。2010 年 10 月，改为始兴县民族宗教事务局，为县人民政府工作部门，与县委统一战线工作部合署办公。

始兴县是多民族聚居地区，除汉族外，主要有瑶族、畲族以及侗族、满族、蒙古族等13个民族。2014年，境内农村实有少数民族2289户，人口8682人，占全县总人口的3.47%。占农业人口的4.54%。辖区少数民族人口主要分布在10个乡镇，19个行政村，68个自然村以及车八岭自然保护区、石人嶂矿等地。其中，深渡水瑶族乡是全省七个民族建制乡之一。

始兴县有佛教、道教、基督教、天主教各1处宗教活动场所。2014年，全县有宗教教职人员10人（其中僧3人、乾道2人、传道5人），教徒1310人（其中佛教450人、道教380人、基督教430人、天主教50人）。

民族宗教事务局是政府民族和宗教事务工作的管理部门。负责贯彻执行有关民族、宗教工作的方针政策和法律法规，促进民族政策在经济发展和社会事业有关领域的实施。协调民族、宗教关系，保障少数民族和宗教界的合法权益，维护民族、宗教领域的和谐稳定。组织指导民族、宗教政策和法律法规的宣传教育工作。协调涉及民族因素的重大庆典活动，依法履行宗教事务管理职责，依法保护公民宗教信仰自由和正常的宗教活动。依法管理民族、宗教方面的涉外事务。指导乡镇（社区）民族、宗教事务工作。承办县委、县政府和省、市民族宗教事务部门交办的其他事项。2014年内设秘书股、业务股；行政编制2人，在职4人。

2014年工作重点是：加大民族事务管理力度，努力推进少数民族地区经济发展；做好依法管理宗教事务，引导宗教界加大服务社会力度等各项事务管理工作；按规划完成好扶贫开发“规划到户、责任到人”工作的各项任务；做好自身廉政建设、综合治理、计划生育、来信来访、机要保密等一系列工作。

【民族事务】 少数民族聚居村基本情况和少数民族地区基础设施建设基本情况调研。5月，县民宗局争取公安、工商局等部门和各乡镇的支持，对全县进行了全面调查，充实完善了少数民族基本情况资料，并建立了台账。完成《广东省少数民族聚居村基本情况统计表》《韶关市散居少数民族基础设施建设基本情况调查表》和《外来少数民族务工经商登记表》的统计和报送工作。

“民族团结进步示范村”和“少数民族特色村”建设。6月，开展民族团结进步创建活动，县民宗局对马市镇涝洲水村和深渡水乡长梅村开展“民族团结进步示范村”和“少数民族特色村”建设。

12月24日，省委、省政府在广州召开全省民族工作会议暨第六次民族团结进步表彰大会，深渡水瑶族乡人民政府和沈所镇党委书记朱惠芳分别被授予民族团结进步先进集体和先进个人称号。

少数民族发展资金项目的落实。8月，完成《深渡水瑶族乡养蜂基地建设》《深渡水瑶族乡两不具备村庄饮水工程》《顿岗镇七北村乌泥塘至七北小学村道建设》等5个少数民族发展资金项目的申报工作。加强同财政、农业、水务、交通等部门联系，争取各个部门对少数民族地区的大力支持。

民族团结宣传教育活动月。9月，采取多种形式和途径开展民族团结宣传教育和创建活动。对马市镇涝洲水村和深渡水乡长梅村创建“民族团结进步示范村”和“少数民族特色村”的工作进展情况进行了跟踪。

少数民族学生中、高考加分和少数民族大学生资助优惠政策。3月，完成全县少数民族聚居区少数民族聚居区32名少数民族和44名汉族共76名应届高考学生加分的资料收集、审核和上报等工作。4月，完成落实全县56名少数民族学生初中升高中的加分审核工作。10月，县民宗局与县教育局配合，审核通过2014年度少数民族大学生资助资格66人。完成全县少数民族聚居区少数民族大学生资助的资料收集、身份审核、资料上报等工作。

【宗教事务】 开展“和谐寺观教堂”创建活动。完善宗教活动场所规章制度建设，提高各宗教场所自身管理水平，推动宗教活动场所管理科学化、规范化进程。

宗教政策和宗教法规的宣传。6月，组织各宗教场所负责人参加了市民宗局组织的宗教培训班；9月，组织各宗教场所教职人员参加了市民宗局组织的宗教法律法规测试，促使宗教场所和广大信众依法从事宗教活动。

推进宗教活动场所参与和谐社会建设。6月，组织全县各宗教场所开展“6·30”“广东扶贫济困日”募捐活动，2014年宗教场所共募捐善款4015元。12月31日，到始兴的东莞市虎门镇大宁工业园区弘域服装有限公司的危小姐一行五人，由玄妙观主持吴道长引见，捐赠了一批服装给始兴县山区学生，共捐赠大、中、小规格优质运动服1000多套，其中逸夫小学320套、深渡水民族学校180套，隘子中心小学500套。

教职人员资格认定和登记备案。全县县属的四个宗教场所中在职教职人员13人，其中符合认定条件教职人员共有9人，已取得上级认定的宗教教职人员有2人。13人已完成相关的登记备案和上报工作。

宗教场所财务监督管理工作。各宗教场所的机构代码、银行账户等基础工作均已得到完备，组织、制度、机制的建立、健全和管理趋向规范。其中基督教福音堂和道教玄妙观的财务监督管理工作较为规范，财务制度和工作管理较完善。

宗教教职人员纳入社会保障工作。按照省、市相关要求，将县属的四个宗教场所在职的13名教职人员纳入《始兴县宗教场所教职人员社保工作台账》。

推进宗教场所基础建设。协助完成佛教上奉禅寺二、三期建设用地的征地工作；协调上奉禅寺大雄宝殿、地藏殿的建设工作，推进上奉寺的建设进度；完善了道教玄妙观的基础建设。（陈　卫）

附：领导班子成员名单

局　长：邓扬柱

副局长：李惠兰

关心下一代工作委员会

【概况】 2000年8月，成立始兴县关心下一代工作委员会（简称“关工委”）。2014年，县关工委坚持把关心下一代工作作为永恒主题，引领青少年开展“老少共筑中国梦”、培育和践行社会主义核心价值观，弘扬民族精神，主动协助县教育局做好“家庭、社会、学校”三教结合，发挥“五老”人员作用，关心青少年健康成长。

【培育和践行社会主义核心价值观】 在深入学习贯彻落实中共十八大精神和习近平总书记系列讲话精神中，根据中关工委《关于学习宣传贯彻（关于培育和践行社会主义核心价值观的意见）的通知》精神，2014年，县关工委与县教育局联合下《关于深入开展“弘扬雷锋精神，践行社会主义核心价值观”活动的通知》，组织动员全县中小学校开展此项活动。

【现场会议】 3月18日，市文明办、市关工委、市教育局联合在始兴中学召开全市中小学开展“弘扬雷锋精神　践行社会主义核心价值观”活动经验交流会。

【讲座教育】 学习传统文化，弘扬民族精神。为使青少年健康成长，从小养成忠孝家风，践行《弟子规》从我做起。6月中旬至月底，县委宣传部，县委党校、县教育局和县关工委在始兴中学、墨江中学、风度中学、中等职业学校、实验小学等组织开展新说《弟子规》传播正能量的活动。邓国祥在始兴中学大成殿作了题为《大家都学弟子规》的讲座。

【老少圆梦】 根据省、市关工委《关于开展“大手牵小手”共筑“中国梦”宣传教育实践活动的意见》的精神，2014年，县关工委与教育局关工委联合下发《关于开展“大手牵小手”共筑“中国梦”实施意见》，并下发到全县各级关工委和县直属学校、乡镇中小学校，组织全县广大中小学师生、“五老”人员紧紧围绕“山河壮丽、文化绚丽、生活靓丽、心灵美丽”为主题的书画创作活动。10月中旬经市关工委和市教育局关工委组织书法和绘画专家评审，全县有18幅书画获奖，其中，一等奖4幅、二等奖4幅、三等奖6幅、优秀奖4幅。

【创全国优秀家长学校】 根据省粤教关工委2012年《关于在广东省中小学开展“全国优秀家长学校实验基地”创建试点工作的通知》精神，县关工委协助教育局开展“全国优秀家长学校实验基地”工作，经过为期三年的努力，11 月 16—17 日经市文明办、市关工委、市教育局专家组对墨江中学、实验小学和顿岗中心小学检查验收，三所学校通过广东省全国优秀家长学校的验收，成为“全国优秀家长学校”。

【组织建设】 11 月底，全县乡镇、村（居）根据县委组织部《关于做好村（居）换届后关工委班子调整充实的通知》精神，各乡镇、村（居）对关工委班子进行了调整充实。（陈汉祥）

附：领导班子成员名单

县委副书记、关工委主任：黄勤昌

名誉主任：赖书耀

常务副主任：邓国祥

副主任：朱武兵

谢彩娇

重 点 企 业

韶关梅子窝矿业有限责任公司

【概况】 2002年“石人嶂钨矿”关闭破产，2006年11月8日，韶关石人嶂矿业有限责任公司梅子窝分公司分离出来，成立“韶关梅子窝矿业有限责任公司”，属省属国有控股企业，隶属于广晟有色金属股份有限公司。公司有员工341人，其中生产员工263人，后勤管理78人。2014年，设有采矿、选矿两个分公司，机关设综合、财务审计、生产技术、安全环保、贸易、机械技术、保安七个部门。2014年，韶关梅子窝矿业有限责任公司围绕2014年的生产经营目标，认真贯彻落实年度工作会议精神，全面落实“四项”责任制工作，由于2014年产品销售价格低，产量又比上年度减少58.75吨，最终导致2014年只实现营业总收入3216万元，净利润3.8万元；2014年，公司上缴国家税费606万元（应缴税费547万元）。

【安全生产】 2014年，矿业公司安全生产工作良好，安环形势运行平稳，顺利实现安全环保目标。杜绝了重伤以上人员事故和设备重大事故，环保指标达标，连续六年保持了矿业公司无重伤以上人员事故和重大设备事故。广晟有色金属股份有限公司授予矿业公司“安全生产先进单位”。

【生产经营】 2014年，钨精矿平均税后销售价8.86万元/吨，同比上年度减少1.66万元/吨；当年产量同比上年度减少58.75吨；2014年经营总收入比上年度减少1182万元；净利润比上年度减少216万元。2014年是公司成立以来经营结果最差的一年。为稳定员工队伍，员工平均收入与2013年度相比略有增加。

【党风廉政建设】 2014年，公司坚持一手抓生产经营工作，一手抓党风廉政建设，促进了矿业公司各项工作的健康发展。领导班子和领导干部始终把党风廉政建设工作放在首位，列入重要议事日程，把深入学习，加强教育，严格管理，强化监督和加强队伍建设作为加强党风廉政建设的头等大事来抓。党员、干部没发生违纪的行为。2014年度，矿业公司领导班子被广晟有色金属股份有限公司评为“五好班子”。

【工会工作】 2014年，工会组织女员工到始兴县妇幼保健院进行体检；安排广东省五一劳动奖章获得者黄岳龙到惠州疗养；节假日组织员工开展各种文体活动；为困难员工向县总工会申请到金秋助学金、困难补助金共计30500元；矿业公司工会向困难员工和工伤员工、患重病员工发放慰问金13800元。2014年，梅子窝工会被始兴县总工会评为“先进工会组织”，被广东省总工会授予“模范职工之家”。

（雷胜利）

附：领导班子成员名单

执行董事、总经理、党委书记：褚燕生

副总经理、纪委书记：曾繁荣

副总经理：张华忠

赵凤生（2014.11—）

韶关石人嶂矿业有限责任公司

【概况】 韶关石人嶂矿业有限责任公司（以下简称矿业公司）的前身是石人嶂钨矿。石人嶂钨矿1953年成立，是从事井下采掘原矿到选矿生产钨精矿的采选联合企业。2002年8月，石人嶂钨矿因资源枯竭，启动关闭破产程序。2002年12月，矿业公司承购石人嶂钨矿关闭破产有效资产，改制重组为韶关石人嶂矿业有限责任公司，隶属广东广晟有色金属集团有限公司。2009年1月，广东广晟有色金属集团有限公司将石人嶂矿业公司国有资产部分注入上市的广晟有色金属股份有限公司，成为广晟有色金属股份有限公司控股子公司。从事钨矿开采、附属产品的选料加工、销售和机械加工的中型国有控股矿山企业。矿业公司目前保留一个采矿坑口、一个日处理合格矿石375吨选矿厂的建制，年计划生产钨精矿350吨。

2014年，设有财务部、综合部、安全环保部、生产技术部、贸易部5个职能部室及采矿、选矿2个分公司。有员工302人。

【生产经营】 2014年，石人嶂矿业公司为配合上级公司非公开发行工作，自主停产10个月，实行安全整改。10月28日恢复生产后，继续按照“夯实基础，规范管理，稳中求进，争创效益”经营理念，围绕“回报股东，惠及员工，实业报国，奉献社会”经营宗旨，抓住有限的时间，落实措施，共生产钨精矿66吨，实现营业收入792万元，工业总产值558万元。

【改革发展】 全年基本处于停产整改，主要是：抓好员工安全文化和职业技能培训，强化全员安全意识和技术素质；修订完善各项规章制度，符合生产实际，具有可操作性；开展现场安全整改，按规范做好井下“三线”、巷道及采场作业面整改工作，为今后安全发展奠定坚实基础；按照国家安监总局规定要求，淘汰了落后工艺和设备，促进企业安全发展；改造废水治理工艺，结合石人嶂尾矿库闭库和现废水治理工艺成本偏高的实际情况，矿业公司委托中南大学重金属污染防治中心对废水治理站进行技术改造，对尾矿库渗透废水、矿坑涌水和选矿废水进行了为期20天的治理试验，实验效果良好；加快落实闭库治理工程进度，原石人嶂钨矿关闭破产时遗留的三个尾矿库已于10月全部完成竣工验收；石人嶂尾矿库闭库工作，经过多方努力，完成了闭库前安全评价、测量、设计、审查、批复、招标等繁重复杂的工作，于11月正式开始现场施工。

【科技创新】 改造各中段溜井放矿漏斗，由原自然溜矿法改为机械振动漏斗放矿，通过技术措施改造，减轻劳动强度，增加安全系数。增设选矿分公司废石倒矿设施，由原人力倒矿改为电动倒矿，创造安全作业环境，确保作业人员和机械设备安全。改进采场漏斗设计，增加切割深度，确保放矿畅通。改造井下通风系统工作，组织人力物力彻底排查现场，封堵废旧窿洞，并请专家进行会诊，进一步完善井下通风系统。

【精神文明建设】 开展党的群众路线教育实践活动回头看工作，在开展党的群众路线教育实践活动基础上，学习十八大精神和习近平系列讲话精神，通过加强学习理论知识，进一步剖析查摆问题，提高认识，增强党性意识、服务意识和责任意识。停产期间加强政治思想工作，鼓励员工献计献策，共同渡过难关。在上级的支持和矿业公司全体努力下，保持了员工队伍稳定和矿区的和谐安定。加强护矿工作，停产期间，矿区形势相对复杂，各种不稳定因素一触即发，矿业公司增加护矿人员，加强生产区域巡逻，保证矿业公司利益不受侵害；强化门卫检查制度，促进物资和矿产资源不外流；加强与县国土、公安等部门的合作，打击外围非法采矿，保持了矿区的平安稳定。加强与周边村民沟通，在矿业公司因停产而陷入极其困难的情况下，仍尽最大能力开展帮扶，营造和谐共处氛围。

（刘晓军）

附：领导班子成员名单

执行董事、总经理、党委副书记：梁仁建

党委书记：温李水

党委副书记、纪委书记、工会主席：周作标

副总经理：何运兵

刘宁生

钟　文

外资企业简介

【万达工业（始兴）有限公司】 成立于2001年，隶属于香港美昌集团，投资总额3500万美元，注册资本1700万美元。公司现有职员工4000多人，用地面积25万多平方米，绿化面积达40%，拥有现代化花园式厂房11幢，职工宿舍8幢，建筑面积合计13万多平方米。公司主要按照真车的内外观设计和体积大小，缩小比例生产合金模型车，拥有Maisto（美驰图）、Bburago（比美高）、Muscle Machines及Polistil等品牌，是业界少数拥有多个知名品牌的国际企业。其中，Maisto（美驰图）获得“2009—2011年广东省重点培育和发展的出口名牌”称誉；2010年，公司荣获韶关首家广东省出口工业产品分类管理“一类企业”称号；2012年度，被评为“中国质量诚信企业”；2013年，荣获国家质检总局颁发的商品“出口免验”证书，成为韶关市首家获得“出口商品免验”的企业，同时也是全国第一家获得这一荣誉的港资企业。2014年，荣获中华人民共和国海关A类企业和“中国质量诚信企业”荣誉称号，并被评为始兴县“诚信守法示范企业先进单位”。公司产品以出口为主，销售市场覆盖全球140多个国家及地区。（贺　美）

总经理：颜志鸿
厂　长：黎国六
副厂长：邓悦庚
　　　　肖　峰

【日本电产（韶关）有限公司】 日本电产（韶关）有限公司成立于2010年9月，属中外合资企业，公司总投资1250万美元，注册资本500万美元，现有员工1500人。公司主要生产开发大容量光磁盘驱动器及其部件（超精密马达）、新型电子元器件（新型机电元件、小型超精密无刷马达）、高性能风机马达及其零部件。产品内外销售。

公司2014年累计投入约1500万元进行技术升级改造。实施“机器代人”工程，实现了生产设备的自动化、智能化，大幅度提高了企业的生产效益。生产总值由2013年的5.2亿元，提升至2014年的6.3亿元，同比增长21.15%；纳税总额由2013年的2711万元提升至2014年的3802万元，同比增长40.2%，增额为1091万元。为始兴地区生产总值、工业增加值和财税收入等做出了贡献。

（刘　燕）

总经理：松井丰
副总经理：重盛和也

【建滔积层板（韶关）有限公司】 香港建滔化工集团于2002年在始兴县设立建滔积层板（韶关）有限公司。总投资为5.5亿元，主要生产电子行业所需的基础材料—纸基覆铜面板及电木板。公司拥有4条覆铜面板生产线，主要设备全部从日本、美国引进，自动化程度高。年产量可达1200万张，按1.2平方/张的产值可达6亿元，2014年有员工200多人，是全球最大的覆铜面板生产基地之一。公司拥有国际先进的技术和设备，加之丰富的管理经验，质量稳定、客户信赖，产品内销各知名电路板厂，外销东南亚、美国、加拿大、英国、法国、西班牙等国家，终端客户包括索尼、三星、高信、荣信、康佳、飞利浦、长虹、夏普、LG、TCL、HP等。2014年，公司营业收入5.16亿元，纳税1021万元。

（李广兴）

总经理：吴多军
副总经理：黄丽元

乡 镇 概 况

太 平 镇

【概况】 位于始兴县城中北部，东与顿岗镇相连，南与城南镇隔江相望，北接马市镇，西与仁化接壤，地处墨江河下游，浈江河纵贯其中，水力资源丰富。韶赣铁路及韶赣高速、国道323线、省道244线贯穿全境，交通十分便利。是始兴县城所在地，全县政治、经济、文化中心，是省中心镇。1961年称城镇公社，1966年改称为红旗镇，1974年又称太平镇。1989年1月城郊乡并入太平镇。全镇总面积283.3平方公里，山林面积22130公顷，耕地面积1358.62公顷。森林覆盖率达72.3%。2001年12月原北山乡撤并太平镇，2005年2月原江口镇撤并太平镇。该镇辖18个村委会、6个居委会，总户数21344户，总人口6.5万人。

太平镇人民政府内设党政办公室、农业办公室、城乡建设办公室、计划生育办公室、经济发展办公室、社会事务办公室、生态办公室、信访与维护社会稳定办公室等八个办公室。2014年，有行政编50个，在编人数43人；事业编30个，在编人数22个；工勤编3个，在编人数3人。镇党委辖1个党总支，35个党支部。

太平镇先后获得“国家环境优美乡镇”“广东省文明镇”“广东省生态示范镇”“广东省卫生镇”“全国模范人民调解委员会”“全国文明村镇”等荣誉。

太平镇气候温和，雨水充足，水果成为支柱产业，适宜种植水稻、枇杷、杨梅、早春辣椒、蚕桑、毛竹、黄烟。全镇水果面积达2666.7公顷，其中枇杷800公顷，杨梅1000公顷。全镇旅游资源丰富，有“广东省古村落”东湖坪民俗文化村、罗围汉代城堡遗址等人文景观，有北山毛竹长廊等自然景观及杨梅山庄等10多家可供生态休闲旅游的生态农庄。

【农村经济】 2014年，全镇生产总值279600万元，比上年同期增长10.8%，其中农业生产总值40800万元，同比增长5.5%，工业总产值158900万元，同比增长17.7%，第三产业产值79900万元，同比增长11%；农村人均收入10297元，增长16%；农业增加值增长5.02%。

【特色农业】 全镇除水果种植外，还种植石斛、金银花中草药，“八两红”茶叶，北山蜂蜜等现代产业。农业龙头企业和合作组织加快发展，新增农民专业合作社3个，县级农业龙头企业1个，县级农民专业合作社示范社1个，县级家庭农场星级示范点1个。

【扶贫工作】 贯彻落实中共十八大和《始兴县新一轮扶贫开发“规划到户、责任到人”工作实施方案》精神，落实帮扶资金1612.84万元。帮扶解决了江口、浈江、斜潭等3个重点帮扶村的集体收入良性增长问题。完成总甫、江口、斜潭、水南4个村8个小组280户“两不具备”村庄搬迁工程。完成43户农村低收入困难住房改造。

【林政管理】 贯彻执行新一轮绿化广东大行动，完成造林更新、幼林抚育440公顷。推进韶赣高速太平段10多公里的生态景观林带造林建设。新增一批专业打火设备。聘请村级护林员，实行网格化管理，划片包面积进行巡查，打击滥伐盗伐木材等违法行为10多宗。全年未发生重大森林火灾，山火发生率比同期下降了53%。

【基础设施】 切实加大支农扶农力度，争取上级资金，完善农业基础设施建设，全面完成当年度高标准基本农田建设，完成公路硬底化9.8公里，水圳疏通及硬化4.75公里。筹资100多万元，完成了斜潭自来水总管道5公里建设安装工程。加大农村文化设施建设，斜潭村文化室已建成投入使用；浈江村综合办公大楼已完成建设；启动生态智慧新城规划。

【生态建设】 继续推进乡村清洁美工程，着重抓好总甫幸福宜居村庄建设，已建成298户、入住220户，完成主街道及支街道道路硬化，完成环保节能灯安装、绿化广场、自来水厂、太阳能污水处理站建设及三期土地平整工作。总甫村被评为2014年度“韶关市卫生村”。东湖坪名村创建通过市级验收。乡镇垃圾中转站、自然村垃圾池已建设完成并投入运营使用。2014年，太平镇怡园小区被授予国家地震安全示范社区、广东省地震安全示范社区称号。

【项目建设】 太平镇继续推动项目建设，完成征地面积186.7公顷，迁坟400多座；韶冶环保搬迁项目正式落户并已完成征地工作，有色金属深加工配套园区前期工作已启动；推进了屠宰场、站前路南段、气象站项目的复工、开工工作；推动了110千伏绿色和平输变电站、总部经济大楼等项目的青苗清点及补偿工作的开展；赣韶铁路始兴段顺利通车，S343线改建工程已开工建设。

【民生保障】 城乡居民的社会保障体系日益健全，富余劳动力转移培训力度加大，全年农村转移就业人数达3810人次。社会保险实现城乡并轨和全覆盖，1.2万人参加城乡养老保险。为8683人报销医疗费用900多万元。提升社会保障水平，切实解决了特困、低保家庭生产生活困难，全镇做到应保尽保。

【教育情况】 初级中学1所，在校学生约680人；完全小学2所，教学点1个，在校学生约746人；幼儿园10所，在园幼儿约2900人。

【民主法制建设】 开展依法治镇工作，与县法院联手在镇综治办设立“法官工作室”，提高依法执政水平，坚持依法行政，构建文明法治服务型政府。全面完成组账镇管，全镇210个小组账户归镇管代。规范了村组“三资”交易。完成观茶、武岗、新屋场、奇心、东升、城北等6个民主示范村的申报工作。斜潭、东升被评为2014年县级先进“民主法治示范村（社区）”。

【公共服务】 发挥城中社区、东湖坪村等8个民间文艺宣传队作用，举办了多场文艺表演，丰富了群众文化娱乐生活。加强档案工作，及时归档整理，全镇24个村居档案工作均做到“六有”，有完善的编研资料。深化殡葬改革，实现火葬区遗体火化率100%的管理目标。抓好人武工作，超额完成夏秋季征兵任务。全面开展村史编修工作，总甫、武岗、瑶村等村基本完成村史修编工作。2014年，东湖坪村被评为广东省首批传统村落。

【计生工作】 狠抓计生基础工作，打好计生翻身仗，顺利通过省、市、县等各级验收。2013年10月至2014年9月期间，全镇出生778人，其中政策内出生693人，政策生育率89.07%，政策外多孩率1.8%，落实计划生育手术1051例，结扎308例，放环628例，补救措施115例，征收社会抚养费6498018元。

【平安建设】 以“平安建设”为抓手，落实干部驻村组、包案责任制，化解了包含S343线乌石征地款分配后续问题、城北莲一“三旧”拆迁安置问题等4宗“社会矛盾化解年”重点案件，各类民事矛盾纠纷200多宗，成功调处率达98%。

【政府建设】 开展党的群众路线教育实践活动，整改13项“四风”问题。落实政府系统党风廉政建设责任制，严格执行中央“八项规定”和“六项禁令”。自觉接受人民代表大会的依法监督和人民代表的民主监督，切实转变工作作风，及时办理人大议案，加强整改意见落实，推进为人民服务的“实事工程”。

【各村（居）委会简介】 瑶村　位于太平镇东面，距离镇政府4.5公里，下辖心田、张屋、上徐、下徐、上邓、下邓、祠堂、老大厅、新大厅、上夏、下夏、富村湾等12个村民小组。2014年，家庭总户数515户，人口总数2020人，支部党员66人。耕地面积90.8公顷，林地面积134公顷，农副产业出售有大米、花生油、腊鸭、西瓜、西红柿、辣椒、马铃薯等产品。年人均收入10494元。

纱帽岗村 地处镇政府东面（省道S324线，东莞石龙产业转移园旁边），距离镇政府6公里，下辖碰塘水、陈屋、朱屋、细罗屋、大罗屋、李屋、零屋等7个村民小组。2014年，总户数390户，总人口1375人。全村土地面积约1平方公里，其中山林面积340公顷，耕地面积80公顷，村风淳朴，以种粮、西瓜、花生、辣椒为主要经济作物。年人均收入10346元。

乌石村 位于镇政府东北部，西南边与白石坪村、东南边与纱帽岗村、瑶村连接，东北边与斜潭村相邻，村委会距离镇政府3公里，下辖一组、二组、三组、四组、五组、六组、七组、八组、九组等9个村民小组。2014年，全村总户数478户，总人口1775人。山林面积666公顷，耕地面积70公顷。农村经济发展迅速，形成了以杨梅和黄烟种植为特色的经济发展亮点，其中杨梅种植达233公顷，黄烟种植达20公顷。年人均收入10159元。

白石坪村 地处镇政府东北部，距离镇政府2公里，下辖李屋、彭屋、白石坪、沈屋、多俸塘、下乌石、高椅坑、黄屋、茶头椪等9个村民小组。2014年，总户数569户，总人口2160人。山林面积200公顷，耕地面积100公顷。村民以种植花生、反季节蔬菜为主。年人均收入10423元。

斜潭村 位于镇政府东北部，距离镇政府4公里，在S323线旁，与马市镇交界。2014年，全村总户数337户，总人口1300人。下辖塘下、罗屋、何屋、街上、周屋、长坑、肖屋、阙屋、寮背坑、车头坪等10个村民小组。山林面积600公顷，耕地面积100公顷，主要经济作物有西瓜、香瓜、蔬菜、果树等。年人均收入10627元。

浈江村 地处镇政府北面，距离镇政府8公里，县道（始奇公路）X345线贯穿其中，是抗日革命老区。2014年，全村共有村民1350人，总户数330户。下辖大坝、石下坝、朱屋、天子地、神江、唐一、唐二、唐三、大塘、张屋、新门、中门、上门、饶屋等14个村民小组。山林面积1260公顷，耕地总面积112.7公顷。年人均收入9487元。

新屋场村 地处镇政府北面，距离镇政府11公里，是革命老区，始奇公路X345贯穿其中。2014年，下辖宝丰、田尾山、曲地、腊梨排、长坑、海田、向阳、新屋、马荠塘、李花坪、西毛坝等11个自然村。总户数218户，总人口839人，中共党员25名。耕地面积56公顷，山林面积3067公顷。主要生产经营的农、林产品有杉、松、杂木、毛竹、松脂、竹笋等；种植的有柑果、杨梅、李子、枇杷、水稻、花生、西瓜、辣子等；养殖的有猪、鸡、鸭、鱼等。年人均收入9257元。

狮石下村 位于镇政府西面，距离镇政府约3公里。东临县城，南靠墨江河。全村面积约9平方公里，下辖老一、老二、大坝、塔一、宪一、宪二、中坝、兴一、兴二、塔二、培公门等11个村小组。总户数608户，总人口2182人。全村耕地面积51公顷，山林面积240公顷，村民主要以耕种水稻、花生、蔬菜、水果为主要经济作物。年人均收入10390元。

东湖坪村 地处镇政府西面5公里，国道323线两侧，分上窑背、下窑背、上村、下村和九江坑5个自然村10个村民小组。2014年，全村共有435户，1750人。其中耕地面积66公顷，山林面积370公顷。村民主要靠种植水稻、花生、辣椒和蚕桑来发展经济。农户的主要经济收入以外出务工为主。村内旅游景点有东湖坪曾代宗祠、围楼、九栋十八厅、石泉古寺遗址等古建筑。年人均收入10320元。

罗围村 位于镇政府西面6公里，处于浈江与墨江交汇处，面积1.5平方公里，下辖坝俚、上村、下村等3个村民小组。2014年，全村有137户，总人口575人，中共党员28人。山林面积280公顷，耕地面积37公顷。以种植蚕桑、早春辣椒、花生、水稻为主，也盛产杨梅。村民主要经济收入以外出务工为主。年人均收入10188元。

江口村 位于镇政府西面，距离镇政府8公里，国道323线和浈江河贯通全村，交通便利。2014年，下辖小江坝、竹元顶、上街、中街、下街、朱公岭、高基岭、云尧村等8个村民小组。总户数352户，总人口1348人，中共党员52名。自然资源丰富，其中耕地面积70多公顷，山林面积

1000公顷，水果面积7公顷，丛生竹基地13公顷，蔬菜基地20公顷。主要种植蔬菜、花生、水稻为主。年人均纯收入10039元。

河北村　地处镇政府西北面，距离镇政府8公里，东以浈江村委会，南以江口村、江口万达隔河相望。北以上台村、西以水口村、江口桥连接，接通国道323线。下辖老围、下门、宝地、石塘、渡口、新屋、珠饶、林屋、饶屋、新园、上澄地、下澄地、上江口、下江口、瑶厂、赖屋、冯屋、大水坝、上半陂、下半陂等20个村民小组。2014年有总户数452户，总人口1759人。山林面积3040公顷，耕地面积134.9公顷。主要农产品为水稻、花生，以勒竹、杨梅为主要经济作物。矿产资源丰富有白瓷土、稀土矿、花岗岩等。旅游景点有古代烽火台、古围屋等。年人均收入10227元。

水南村　位于镇政府西面，距离镇政府13公里，浈江河贯穿全村。2014年，下辖塘背、过坪、陈屋、榕树下、古坑、大石街、新屋、竹园、何屋、大屋家、对门、坎头、东西、新屋家、苦竹等15个村民小组。全村总户数402户，总人口1610人，党员50人。山林面积2533公顷，耕地面积178公顷。农产品有枇杷、竹、杨梅、柑橘等经济作物。年人均收入9784元。

总甫村　位于镇政府西面，距离镇政府16公里，与水南村相邻，毗邻仁化县周田镇谭屋村，属山丘型地区，是革命老区。下辖大坪、营下、龙占、花园龙、龙营、流洞、大屋家、新村、岩下、长江岭、长江圩、塘头下、张屋、新屋等14个村小组。428户，村人口数1753人，党员人数73人，预备党员2人，村“两委”干部4人，计生专干1人，大学生村干部1人。全村面积20平方公里，耕地面积158.7公顷，其中水田120公顷，旱地38.7公顷，林地1866.7公顷，人均山林土地面积1.08公顷。农村经济收入主要来源于农业和劳务输出。村集体经济主要收入是温泉项目土地租金和扶贫电站、韶赣高速股份分红，每年集体经济收入4万多元。年人均收入10286元。

上台村　位于镇政府西北面，距离镇政府约20公里，下辖书柜岭、上村、一组、二组、高石太等5个村民小组，2014年共有119户，总人口424人。全村山林总面积为1608公顷，耕地总面积为52公顷，其中有效灌溉面积为31公顷。县道795线贯穿其中。主要经济作物有水稻、花生、大豆等，气候适宜毛竹生长，仅竹山面积就达1000多公顷，盛产冬笋。年人均收入10552元。

观茶村　位于镇政府北面，距县城32公里。下辖黄沙、旱仲、莫屋、牛尾仲、何屋、邓屋、下村、花盘等8个村民小组。2014年共186户，总人口823人。全村山林面积1907公顷，水稻面积70公顷，竹林167公顷，耕地面积77公顷。全村以种植水稻、竹、木为主要经济作物。年人均收入5800元。

武岗村　位于镇政府以北40公里。2014年，下辖杨梅仲、卷坳、石围、大坑、杨屋、上武岗、上九坪、中洞、川龙夫、欧屋、安境、楠木洞等12个村民小组。有农户280户，人口1057人。山林总面积3489公顷，耕地面积51公顷。村民主要以毛竹、水稻、花生、黄豆为主要经济作物。70%的劳动力外出务工。年人均收入10437元。

奇心村　坐落在镇政府以北26公里，下辖武岗岭、新屋场、门前岭、石街头、泥槛、里什地等6个自然村小组。2014年，全村，共167户，总人口701人，党员32人。占地面积2.6平方公里，山林面积2113公顷，耕地面积34公顷。经济作物以毛竹为主。山上有自然生长的茶叶、罗汉果和一些贵重药材等。年人均收入10380元。

城郊居委会　位于镇政府东面，于2005年1月撤村改居，社区下辖10个村民小组，10个居民小区，2014年，3505户，总人口7851人，其中农业人口1858人，居民人口5993人。下设一支部、二支部党员88人，；社区耕地面积3公顷，山林面积367公顷，社区居委会设有妇联、民兵营、综治信访等委员会。社区内还设立了“农家书屋、健身娱乐室”等。年人均收入11454元。

东升居委会　位于镇政府东面，距离镇政府约1.5公里。由原石俚坝、教场下两个行政村撤村合并组成。2014年，辖区内有7个居民小组，总人口269人，849户，耕地面积（包括坝土面积）25公顷。村聚落在石俚坝和缓坡地，呈块状分布。居民家庭经济收入以务工和种植蔬菜为主。村内有生态园酒店一间。年人均收入10356元。

城西居委会　位于镇政府西面，墨江桥北路（兴平后街13栋102），社区面积0.58平方公里，2014年社区共有6369多人，总户数共2255户，全村辖区有市、县直属单位18个，民营企业3个。城西社区党支部于2002年12月29日成立，2003年9月经上级批准成立城西社区党总支，下设4个党支部，共有党员147人。社区内有两委干部5人，计生专干3人。社区城乡结合，其中丹凤山公园给市民提供了一个健身、休闲的好场所。

城东居委会　成立于2002年，位于镇政府南面，东临城郊居委会，南临城中居委会，西临城北居委会，北临S323线，2014年社区有2702户，总人口8344人。其中农业户数170户，388人，非农户数2532户，7956人。辖区内面积1.3平方公里。

城北居委会　于2003年3月成立。位于镇政府西面，辖区总面积1.5平方公里。2014年，有居民3590户，人口9217人（其中农业户口的1579人，484户）。山林面积333公顷，耕地面积15公顷。辖区内有学校1间，医院1所，单位20多个。

城中居委会　于2002年9月成立，位于镇政府南面，东与城东社区居委会相连，南与城南镇隔江相望，北接城北社区居委会。全社区总面积约0.7平方公里，辖区内19个居民小组，10个单位。全社区非农业人口7379人，总户数2620户。

（罗　俊）

附：领导班子成员名单

镇党委书记、人大主席：陈尚福

党委副书记、镇长：罗祥山

党委副书记：卢三忠

党委委员、纪委书记：杨　坚

党委组织委员：王县生

党委宣传委员：朱银菊

党委委员、人大副主席：张石燕

党委委员、副镇长：张群周（—2014.11）

李柏阳（2014.11—）

党委委员、武装部长：陈培文

党委委员、综治中心专职副主任：陈新阶

党委委员：陈昌文（—2014.11）

卢宝林（2014.11—）

副镇长：邓术能

副镇长：赵熇晴（—2014.11）

何庆红（2014.11—）

马　市　镇

【概况】　马市镇是广东省10个首批宜居城镇创建指导点之一。位于始兴县县城的东北部，距县城12公里，（国道）G323线、浈江河、（省道）S244线、韶赣高速公路和韶赣铁路贯穿其中。1949年9月，始兴县城解放后，成立了马市一区人民政府，1953年9月改称马市一区公所，1955年7月改为马市区公所，1956年3月改为马市乡人民政府，1958年6月改为马市乡人民委员会，1958年9月改为马市上游人民公社。1958年12月始兴县并入南雄县，改称为马市人民公社管理委员会（隶属南雄县），1959年4月，马市人民公社管理委员会与南雄县主田公社合并为古市公社（隶属南雄县），1960年10月恢复始兴县建置，9月恢复成立马市人民公社管理委员会（隶属南雄县）。1968年2月成立始兴县革命委员会，3月成立马市人民公社革命委员会。1977年9月，北山分划出马市。1983年11月撤销人民公社建制，成立马市区公所。1986年12月撤销区建制，成立马市镇人民政府，下辖22个村委会。2005年3月马市镇将民丰村并入高水村，猪洞迳村、群立村并入陆源村。行政区域面积277.24平方公里，2014年马市镇人民政府设7个综合性办公室：党政办公室、经济发展办公室、规划建设办公室、农业办公室、社会事务办公室、计划生育办公室、维护稳定及社会治安综合治理办公室。行政编制47人，在编39人，事业编制25人，在编24人。下辖18个行政村、1个居委会，共256个村民小组，总户数11321户，总人口38820人，其中农业人口37325人，城镇人口1495人，流动人口8759人，镇区建成总面积2.4平方公里。全镇耕地2764.1公顷，人均耕地1.07亩（0.07公顷）。山林面积14200公顷，木材储积量78.7万立方米，森林覆盖率为57%，属宜烟、宜林的丘陵地带。

境内风景秀丽，文化底蕴深厚，三国以来的建制历史造就了小城镇的三大名胜，东有凉伞岩，西有恐龙遗址，北有圣公殿。主要矿产资源有铀矿、花岗岩、钾长石等。主要特产有黄烟、花生、柑橘、黄豆、红傅氏沙田柚、西瓜、辣椒等。

2014 年立足走“一道一边一区”新型城镇化总体发展战略，抓好经济发展、城镇建设、民生改善、生态和谐和作风建设，构建生态、人文、和谐、魅力的新马市，推进全镇经济社会的全面可持续发展。

【经济稳步增长】 2014 年，全镇国民生产总值达 42964.3 万元，同比增长 7.8%；其中工业产值 3896.8 万元，农业产值 32041 万元，第三产业产值 7026.5 万元。财政总收入 3873 万元，同比增 7%；农民人均纯收入达 10385 元，同比增长 16%；超额完成协税护税任务。

【农业发展】 马市镇土壤以红、黄、紫色为主，磷钾含量高，呈碱性，土地松散，透性好，地处亚热带，气候温和，雨水充足，适宜种植烟草，水稻、花生、豆类等经济作物，坚持“上造种烟，下造制种又产优质稻，山上发展小庄园”发展道路。继续建立健全“公司 + 基地 + 农户”的现代农业生产模式。黄烟产业稳步推进：2014 年，投入 2794.48 万元完成第二期 7008 亩（467.2 公顷）基本烟田土地整理项目，实现当年整理，当年见效，全年共种植黄烟 1.966 万亩（1310.7 公顷），收购烟叶 2713.3 吨，均价 12.15 元/斤，总产值 6600 多万元，烟叶税收超千万元；巩固制种产业：加强与各方的沟通协调，做好群众思想工作，协助代制商签订制种合同确认书、兑付种子保纯金，为 2015 年稳定制种产业的发展打下的基础；引进高附加值农作物“美香黏”水稻：已打造了柴塘、都塘、社区、黄田、坜坪、侯陂等 6 个“美香黏”水稻种植基地，种植面积达 8700 亩（580 公顷），产值 1600 多万元。同时，鼓励农民种植沙田柚等优质水果，推广扶持猪洞迳茶、俄井茶和黄田萝卜等优质农副产品。

【旅游业】 2014 年，以“对接韶关大旅游格局”的旅游发展战略为契机，推动“南岭红沙漠”景区开发建设，强化旅游资源宣传推介，保障工作经费投入，推动征（租）地拆迁工作，及时完成了首期土地租地、拆迁工作与租地测绘工作，保障了项目用地。

【林业、生态建设】 加强封山育林及森林防火工作，落实封山育林责任制，强化队伍建设和林政管理，并加大灭火设备资金投入，在全镇开展了“三集中”活动，严控野外用火，森林防火被动局面得到根本扭转；完成乡镇三防防汛体系建设并投入运行；按时完成上级下达的 12 间畜禽养殖场污染减排任务；乡村“清洁美”工作通过以奖代补的形式在全镇全面铺开，逐步建立起垃圾无害化处理网络。

【新农村建设】 建立和健全“政府主导、群众主体、社会力量广泛参与”的多元化投入新农村建设长效机制。涝洲水丰山组新农村已全部完成两层主体工程及外墙装饰建设，活动场所及休闲场所部分已完成绿化，66 套房屋已分配到户；都塘陈二组新农村建设项目进展顺利，有 19 户农户完成一层以上建设；下汤示范村建设全面通过验收。

【城镇建设】 投资 500 多万元新建的生活污水处理厂已投入试运行；投入资金新建一间市政公厕；协助完成了马市大桥的维修加固；协助解决了马市自来水扩管问题；对墟镇道路网络系统进行全面升级改造；开展美化、绿化、亮化工程，优化了市政宜居置业环境；协助抓好马市供销社“三旧”改造项目，首期 144 套住宅已完成楼体主体封顶，楼体外墙装修完毕；乡镇第一条商业步行街建设已初具规模；老林业站地块、新市场“三旧”改造项目正稳步推进中。此外，强化墟镇管理，加强环卫队伍建设，加大镇容镇貌整治力度，严格落实墟镇内的门前三包责任制，镇容镇貌明显改善，人居环境进一步优化。

【农田水利建设】 11 月开工建设规模为 278.38 公顷，总投资为 653.62 万元，涉及赤谷、陆源、陂田三个村整修灌排斗渠 3342.67 米、农渠 14703.91 米工程，已完成工程项目的 95%。

【社会事业】 计生服务 采取有效措施，加大计划生育工作经费的投入，做好计生各项工作，顺利通过省、市、县计生工作考评，打了场漂亮的计生“翻身仗”。2013 年 10 月至 2014 年 9 月，全镇出生 626 人，其中政策内 570 人，政策生育率 91.05%，政策外多孩率 1.76%，落实计划生育手术 884 例，其中结扎 258 例（纯二女扎 18 例）、放环 551 例、补救措施 75 例，征收社会抚养费 101 宗，征收金额为 325.14 万元。

社会保障 推进社会保障工作，落实“五保户”52 人，兑现“五保”资金 30.6 万元；落实农村低保 593 户，兑现农村低保金 239.7 万元；落实医疗救助金 17 万元；发放民政救灾物款价值总计 5.3 万元；全面完成城乡居民基本养老保险、城乡居民基本医疗保险任务数，全年共处理城乡居民基本医疗保险报销单共 400 多份。人民武装、科教文卫、妇女儿童、残联、扶贫双到、殡葬改革等工作也取得新进展。

安全生产 始终坚持把安全生产工作作为各项工作的重中之重来抓。全年共出动执法人员 200 多人次，查处企业 2 家，无照经营企业 5 家，有效地净化了安全环境。同时，安监站多次联合工商所、公安派出所对辖区内石油、燃气、造纸、矿业等 5 家重点企业、9 家烟花爆竹零售店、联俄渡船和 6 艘沙场船以及中小学、医院等人员密集地方进行拉网式的隐患排查监督整改工作。全年未发生安全生产事故。

综治信访 深入排查化解矛盾纠纷，共排查矛盾纠纷 36 次，排查出矛盾纠纷 56 宗，受理群众来访案件 64 宗，成功调处 61 宗；受理信访案件 19 宗，办结 18 宗。水稻制种合同纠纷已得到基本化解，“5·15”特大洪灾农作物受损赔偿纠纷已参与协调解决一部分，剩余部分已引导群众走法律途径，全镇社会总体形势稳定。全镇办理其他案件 5 件，查处违纪 5 人，给予党纪处分 5 人。查处“三资”案件 2 宗，追回村小组集体财产 12.08 万元。

【组织建设】 开展党的群众路线教育实践活动为契机，深入贯彻落实党风廉政建设责任制，全面部署廉政风险防控工作；加强廉政文化建设，打造了廉政文化走廊和廉政文化公园；规范村小组“三资”管理，实现小组账目镇管数量 247 个。严格执行中央八项规定，切实加强机关作风建设，努力树好政府自身形象；进一步健全和完善了各项工作制度，政务公开、村务公开常态化、规范化，政府工作更加公开、透明。

【学校情况】 2014 年，有初级中学 1 所，在校学生 980 人；小学 7 所，在校学生 1709 人；公办幼儿园 1 所。在园儿童 168 人。

【各村（居）委会简介】 远迳村 位于马市镇东南面，距离镇政府 10 公里。东与南雄市古市镇交界，南与澄江镇交界，赣韶铁路横穿其中。全村总面积 26.38 平方公里，耕地面积 2784 亩（185.6 公顷），林地面积 36500 亩（2433.3 公顷）。下辖庙背坑、郭屋、刘屋、林屋、酒铺、大坪、围脚下、榕树下、禾场岭、老屋家、曾屋、黄竹塘、谭爷地、杨陂迳、梧桐坪等 15 个村民小组，583 户，2117 人。经济作物主要以黄烟、杂交水稻制种、花生为主。2014 年，黄烟种植面积为 1550 亩（103.3 公顷），上缴烟叶 286.3 吨。村经济总收入为 2543.5 万元，其中农业总收入达 1944.3 万元，人均年收入为 10464 元。有灌塘和凉伞岩两个小（2）型水库，建有凉伞岩和龙潭电站。有自然旅游景点——凉伞岩、凉伞寨、穿龙岩、天然仙人石拱桥、龙潭风光及明朝尚书谭大初墓遗址。

堂阁村 位于马市镇东北面，距离镇政府 7 公里。东、北与南雄市古市镇交界，（国道）G323 线、韶赣铁路、韶赣高速公路贯穿其中，浈江河从北面流过。全村总面积 9.02 平方公里，耕地面积 3700 亩（246.7 公顷），林地面积 3180 亩（212 公顷）。下辖一组、二组、三组、四组、五组、六组、七组、八小组、八大组、九组、十组、十一组、十二组、十三组、十四组、十五组、十六组等 17 个村民小组，977 户，3377 人。以种植黄烟、水稻、花生等经济作物为主，2014 年，种植黄烟 2055 亩（137 公顷），收购烟叶 379.9 吨。村经济总收入为 4064.8 万元，其中农业收入 2228.2 万元，人均年收入为 10468 元。2014 年 2 月荣获 2012—2013 年度韶关市文明村、4 月荣获 2011—2013 年度全市先进党支部。

都塘村　位于马市镇东北面，距离镇政府6公里。西与浈江河交界，国道323线、韶赣铁路、韶赣高速贯穿其境。全村总面积8.43平方公里，耕地面积3636亩（242.4公顷），林地面积2552亩（168.3公顷）。下辖林黄、陈一、陈二、肖谢、坳背、石子岭、肖屋、邓屋、对门岭、大村、古录排、围井、围角、东映、新映、邓塘坑等16个村民小组，900户，总人口3366人。以种植黄烟、水稻、花生等作物为主，其中黄烟是主要经济支柱。2014年，种植黄烟2055亩（137公顷），烟叶收购284.7吨。农村经济总收入为4269.7万元，其中农业收入为2393.6万元，人均年收入为10466元。

柴塘村　位于马市镇北面，距离圩镇2公里。国道323线、韶赣高速公路、韶赣铁路穿过境内。全村总面积6.79平方公里，耕地面积2909亩（193.9公顷），林地547亩（36.5公顷）。下辖邹一、邹二、岭下、上背、茶园、老李、榕树下、告岭、陈屋、赖屋、沈屋、围背、罗屋、邓屋、梁屋、新李、瓦子岗、井水窝等18个村民小组，总户数879户，共有人口3132人。经济作物以黄烟、水稻、花生、果树为主。2014年种植黄烟1140亩（76公顷），烟叶收购238.5吨。2014年，农村经济总收入为3217.7万元，农业收入1936.2万元，人均年收入为10360元。

陂田村　位于镇政府东面1.5公里处，澄江与浈江的交汇口。全村总面积2.01平方公里，耕地面积1408亩（93.9公顷），林地110亩（7.3公顷）。下辖步前、中间门、兴围、围上、禾场岭、老屋、上背、卢屋、刘屋等9个村民小组，总户数421户，总人口1522人。主要经济作物以种植黄烟、水稻、花生等为主。2014年，黄烟种植面积490亩（32.7公顷），收购烟叶68.7吨。2014年，农村经济总收入1739.1万元，农业收入为920.8万元，人均年收入为10356元。

安水村　位于马市圩镇东南1公里，东与红梨村交界，西、南与高水村交界，北与陂田村交界。韶赣高速、韶赣铁路贯穿其境。全村总面积5.13平方公里，其中耕地面积1806亩（120.4公顷），林地面积4200亩（280公顷）。下辖蜡树园、上门、朱屋、松子岭、田心、郭屋、上花、下花、新屋墩、井水万等10个村民小组，513户，1864人。经济作物以种植黄烟、杂交水稻制种、花生、黄豆为主。黄烟种植面积为1070亩（71.3公顷），收购169吨。2014年，农村经济总收入为2044.8万元，其中农业收入为1432.9万元，人均年收入为10361万元。

红梨村　位于马市圩镇东南面，距离镇政府4公里。国道323线、韶赣铁路、澄江河贯穿其中。全村总面积为9.45平方公里，耕地面积1691亩（112.7公顷），林地面积3400亩（226.7公顷）。下辖蛇谷寨、管湖、大安坪、岭背、李屋、何屋、刘屋、卢屋、邓屋、石咀、石子头等11个村民小组，户数410户，1570人。2014年，黄烟种植面积1300亩（86.7公顷），上缴烟叶186.9吨。2014年，农村经济总收入为1861.6万元，其中农业收入为1099.5万元，人均年收入为10356元。红梨村的红傅氏沙田柚已获得有机产品认证。

涝洲水村　地处马市镇南面，距离镇政府8公里。是马市镇唯一的少数民族（畲族）杂散村。全村总面积30.62平方公里，有耕地面积1701亩（113.4公顷），山林面积47400亩（3160公顷）。下辖李屋、卢屋、新屋、大龙、丰山、店俚、雷屋、雷三、坪山、山口、台头、新桥等12个村民小组，共有516户，1840人，其中少数民族500人。主要种植黄烟、杂交水稻制种、花生、果树等。2014年，黄烟种植面积为1530亩（102公顷），收购烟叶197吨。农村经济总收入为2695.5万元，其中农业收入为1471万元，年人均纯收入为10362元。

高水村　位于马市镇东南面，距离镇政府1公里。韶赣铁路、韶赣高速、国道323线贯穿其境。全村总面积28.09平方公里，耕地面积2932亩（195.3公顷），山林面积40500亩（2700公顷）。下辖上门、青一、青二、青三、白营、营星、江上、易屋、红星、上关、下关、围脚下、下石、新屋、钟屋、江尾下、坑尾、上湖、中湖、寨背、铜锣弯、上村、下村、老虎板等24个村民小组，923户，3043人。主要种植黄烟、杂交水稻制种、花生等。2014年，黄烟种植面积520亩（34.7公顷），收购烟叶66吨。农村经济总收入为2937.2万元，农业收入为1934.2万元，人均年收入为10363元。

联俄村　位于马市镇西北面，距离镇政府8公里，浈江河旁。全村总面积 14.92 平方公里，耕地面积 2600 亩（173.3 公顷），林地面积 11000 亩（733.3 公顷）。下辖有 10 个自然村，下辖下门、上新、冯下、冯上、蔡屋、中间门、陈屋、老赖屋、新寨、胡屋、和平、暗塘、张一、张二、傅屋，上俄新屋、上俄老屋等 17 个村民小组，546 户，1875 人。主要以种植黄烟、杂交水稻制种、花生、西瓜、辣椒为主。2014 年，黄烟种植面积 1140 亩（76 公顷），收购烟叶 178 吨。农村经济总收入为 2299.2 元，农业收入为 1591.1 元，人均年收入为 10358 元。

黄田村　地处马市圩镇西面 10.76 公里处。全村总面积 16 平方公里，耕地面积 3614 亩（240.9 公顷），林地面积 12446 亩（829.7 公顷）。主要种植黄烟、杂交水稻制种、水稻、花生、萝卜等作物。下辖老屋场、坳头、坝俚、钟村、刘一、刘二、刘三、新邓、老邓、谢屋、井水坵、黄屋、钟屋、张屋排、老华、新华、下易屋等 17 个村民小组，690 户，2527 人。2014 年，黄烟种植面积为 2340 亩（156 公顷），上缴烟叶 302 吨。2014 年，农村经济总收入为 2903.5 万元，农业收入为 2094.4 万元，人均年收入为 10359 元。有禾尚岩、潺坑塘、赖船寨、建设中的南岭红沙漠景区等旅游景点。

陆源村　位于马市镇北部，距离镇政府 5 公里，北与太平镇奇心村交界。全村总面积 33.13 平方公里，耕地面积 3060 亩（204 公顷），林地面积 38267 亩（1884.5 公顷）。省道 244 线贯穿其境。下辖井一、井二、竹窝、四组、何屋、牛岗坪、石阶、老大门、下大门、旱塘、新塘坪、钟屋、张屋、卢屋、水牛坑、曾洞、盘长应、白水寨、黄洞、瑶头等 20 个村民小组，737 户，2616 人。村民主要经济来源是种植黄烟、水稻、花生、毛竹等作物种植。2014 年，黄烟种植面积 910 亩（60.7 公顷），上缴烟叶 183.8 吨。2014 年，农村经济总收入为 2735.8 万元，农业收入为 1728.9 万元，人均年收入 10352 元。

赤谷村　位于马市镇浈江河北面，距离镇政府 1.8 公里。东临浈江河，南与马市社区交界。省道 244 线贯穿其境。全村总面积 7.70 平方公里，耕地面积 2465 亩（164.3 公顷），林地 8100 亩（540 公顷）。下辖叶屋、赖屋、上门、下门、李屋、曾屋、圳头、张屋、围上、九子石、长坪、大河坪、企鸡坪、大坪、坪石水等 15 个村民小组，570 户，总人口 2035 人。经济收入以种植黄烟、杂交水稻制种、花生为主。2014 年，黄烟种植面积 970 亩（64.7 公顷），上缴烟叶 175 吨。2014 年，农村经济总收入为 2352.2 万元，农业收入为 1518.2 万元，人均年收入为 10345 元。

坜坪村　位于马市镇浈江河北面，距离镇政府 7 公里，紧邻浈江河。全村总面积 4.2 平方公里，耕地面积 1930 亩（128.7 公顷），山林面积 7029 亩（468.6 公顷）。下辖上门、下门、院背、花屋、姜坑、丘屋、刘屋、郭屋、坪下、围足下、王屋等 11 个村民小组，383 户，1449 人。经济作物以黄烟、水稻、花生等为主。2014 年，黄烟种植面积 970 亩（64.7 公顷），收购烟叶 111.5 吨。2014 年，农村经济总收入为 1582.5 万元，农业收入为 961.1 万元，人均年收入为 10359 元。

侯陂村　位于马市镇北面，距墟镇 6 公里。全村总面积 21 平方公里，耕地面积 2800 亩（186.7 公顷），林地面积 8000 亩（533.3 公顷）。下辖下汤、上汤、田心、庙万、黄岸、上邓、新厅、老厅、下邓、流一、流二、大一、大二等 13 个村民小组，667 户，2261 人。黄烟、杂交水稻制种是该村的主要经济支柱。2014 年，黄烟种植面积为 1400 亩（93.3 公顷），上缴烟叶 258.5 吨，农村经济总收入为 2681.8 万元，农业收入为 1849.2 万元，人均年收入为 10359 元。

文路村　位于马市镇北面，距离镇政府 15 公里。东、北与南雄交界，是解放战争时期游击队的根据地。全村总面积 13.46 平方公里，耕地面积 673 亩（44.9 公顷），林地面积 21240 亩（141.6 公顷）。下辖岭排、洞底、中洞、下洞等 4 个村民小组，195 户，697 人。农业综合水利设施建设完善，有小型水电站 4 座，山塘水库 2 座。农村经济以发展林业为主，有丰富的竹木、松脂资源和水力资源。2014 年，农村经济总收入为 668.8 万元，农业收入为 153 万元，人均年收入为 10316 元。有圣公殿、古石拱桥、梯田等旅游景点。

溪丰村　位于马市镇西北面，距圩镇 13 公里。全村总面积 12 平方公里，耕地面积 479 亩（31.9

公顷），山林面积 22000 亩（1466.7 公顷）。下辖锡塘、叶屋、钟屋、宋屋、竹山下、横坑、蛤蟆石、木坪水等 8 个村民小组，136 户，502 人。主要种植水稻、花生、果树等经济作物。有丰富的山林资源，以发展毛竹为主。2014 年农村经济总收入 664.1 万元，农业收入为 250.1 万元，人均年收入为 10288 元。

岭头村　位于镇政府北面，距离镇政府 13 公里。是马市镇最边远的村，海拔约 650 米。全村总面积 12.66 平方公里，耕地面积为 889 亩（59.3 公顷），林地面积 38890 亩（2592.7 公顷）。下辖甲下、上彭、下彭、岭头、西坑、里洞、河坪、呈洞、杨梅坑、靠头、乐园等 11 个村民小组，216 户，总人口 813 人。主要种植水稻、毛竹等作物，毛竹种植面积达 1 万亩（666.7 公顷）。2014 年农村经济总收入为 861.2 万元，农业收入为 356.7 万元，人均年收入为 10323 元。

社区居委会　居委会区域面积 1.92 平方公里，其中城镇面积 0.93 平方公里。韶赣高速、国道 323 线、省道 244 线贯穿其境。下辖上街、下街、市口、塘头、新街、圳一、圳二、新船等 8 个村民小组，1059 户，2214 人，耕地面积 384 亩（25.6 公顷），林地面积 780 亩（52 公顷）。因人多田少，大部分劳动力输出务工，农业以种植黄烟、杂交水稻制种为主，2014 年黄烟种植面积 220 亩（14.7 公顷），收购烟叶 23.2 吨。2014 年农村经济总收入为 841.3 万元，农业收入为 459.4 万元，人均收入为 10574 元。

（谭洁萍）

附：领导班子成员名单

党委书记、人大主席：钟万年（—2014.4）
张相高（2014.4—）
党委副书记、镇长：钟茂柱
党委副书记：李文斌
纪委书记：朱建福
组织委员：李德周
宣传委员：陈如香
人大副主席：陈尚根（—2014.5）
肖　卫（2015.1—）
党委委员、副镇长：陈北光
党委委员、武装部长：刘道城
党委委员：饶伟强
杨生明
副镇长：徐贵德
曾秀群

沈所镇

【概况】　沈所镇地处始兴县城西南部 3 公里处，东与城南镇相邻，南与深渡水瑶族乡接壤，西与仁化周田镇相连，北与太平镇相邻。韶赣高速、韶赣铁路、深湘高速（在建）贯通境内，沈江公路与国道 323 线、县道 344 线相衔接，形成了便利的交通网络。花山水库南北灌区环绕全镇，地势南高北低，属丘陵地区，素有“始兴粮仓”之称。1949 年前属二约乡，1949 年 10 月属二区人民政府，1953 年改称二区公所，1956 年 3 月改为沈所乡，1958 年 6 月改称沈所乡人民委员会，9 月后属卫星公社，同年冬始兴、南雄两县合并后属始兴公社，1960 年冬始兴、南雄分县后成立沈所人民公社，1983 年改为沈所区公所，1987 年改为沈所乡人民政府，1993 年改为沈所镇人民政府。2014 年，辖区总面积 168 平方公里，有耕地面积 1160 公顷，山林面积 12913 公顷，森林覆盖率 76.9%。下辖沈南村、沈北村、八一村、群丰村、兴仁村、黄所村、石下村、石内村、瑶族村、南方村、花山村共 11 个行政村委会，1 个社区居委会，168 个村民小组 6555 户，总人口 19677 人。以汉族为主，瑶族主要分布在瑶族村。镇内有中学 1 所，在校学生 499 人，中心小学 1 所（设教学点 2 个），在校学生 747 人，中心幼儿园 1 所，入园儿童 295 人。

2014 年，镇政府内设党政办公室、经济发展办公室、农业办公室、计划生育办公室、维护稳定及社会治安综合治理办公室、农业技术推广站、文化站、计划生育服务所、劳动保障事务所、畜牧兽医水产站、林业站、敬老院、水利管理所等。行政编制 32 人，在职 31 人；事业编制 20 人，在职 15 人；工勤编制 2 人，在职 2 人，后勤 1 人。坐落在沈所镇西部的南山省级自然保护区总面积 7113.3 公顷，动植物资源丰富。沈所镇是始兴县最大的水库——花山水库的所在地。花山水库库容量有 1000 多万立方米，从1996年起就开始对整个始兴县进行供水，担负着县城及其邻近地区10多万居民的生活用水，水质达到国家规定的饮用水水源标准。同时还担负着666.7公顷农业的灌溉用水。

沈所镇以黄烟、蚕桑、水稻制种三大产业为主，兼种花生、辣椒、西瓜、豆类、生姜、水果等经济作物。传统工艺特产有草席、扁担、竹笠等。

2014年，全镇工农业生产总值25500万元，同比增长9%，其中第一、二、三产业分别为16900万元、5200万元、3400万元，农村人均纯收入6500元。

【旅游景点】 镇内有风景秀丽的花山平湖和南山省级自然保护区、新农村的典范瑶族省级生态文明村、带有自然奇色的铜钟寨、阿公岩，抗日时期1940年春至1941年春广东省委机关办公旧址（红围）和联络交通站（日新小学）、震惊省内外的外营惨案、抗日时期红军医院所在地、明洪武年间（1368—1402）建的古墟、古代香火兴盛的观爷庙、地母庙、歇马庙（遗址）及古村落等旅游资源形成一个有规模的旅游组合。

2012年1月，沈所镇石下村被广东省文学艺术界联合会，广东省民间文艺家协会授予“广东古村落”称号。2012年3月，沈所镇被住建部、国家旅游局授予“国家特色景观旅游名镇”称号；12月，沈所镇被环境保护部授予“国家级生态乡镇”称号。2014年，镇内铜钟寨景区成功申报为国家AAA级旅游景区，建成始兴县星级农家乐河塘生态农庄。旅游产品加工基地投入使用，协调旅游、卫生、公安等有关部门，配合山水旅游开发公司举办了2014年第三届“穿越铜钟寨”徒步登山大赛。客园生态旅游项目、生态智慧新城项目均启动前期工作。2014年，接待游客人数20万人次，旅游经济收入1500万元。

【基层组织建设】 整风整纪　严格贯彻落实八项规定，严控“三公”经费，整治“庸懒散奢”，营造风清气正的工作氛围；做好瑶族薄弱村整治工作，加大法制宣传力度，配合相关部门严肃处理村内涉枪、涉赌人员，纠正村内不正之风，维护了村级组织的稳定。

教育实践活动　召开民主生活会，党委、政府整理出各类问题20多条；广泛搜集群众意见，根据实际情况投入资金30多万元，安装兴隆桥头到中心小学路段节能路灯35盏、挂壁路灯11盏，保障群众夜间出行安全。

村（居）“两委”班子换届选举　依法依规选出42名村（居）“两委”干部，其中书记、主任一肩挑达100%，两委交叉任职达94%。

【经济发展】 农村经济稳步发展，黄所、石内新建烤烟房群60间并全部投入使用。沈南金谷香米成功获得食品生产许可（QS安全认证）。南方生姜已申请注册商标。2014年，黄烟种植面积共1500亩（100公顷），收购烟叶200吨，烟叶收购均价达6.94元/公斤，比上年每斤的价格增加16.84%，黄烟总产值达600万元，烟叶收入成为农村经济发展的主导产业。种植蚕桑360亩（24公顷），收购蚕茧50吨。

【基础设施建设】 公路交通　2014年，硬化群丰村黄土岭和狐狸坑两自然村道1.65公里道路；硬化石内村上石到丰积小组村道，拓宽上石路基，改善村内交通条件；争取上级资金完成村道平整工程3.59公里。

水利设施　石下、群丰、兴仁等村高标准农田水利设施35.7千米，全市高标建设现场会在群丰村召开；完成“重点县建设”和“田间林网”两个工程项目建设，建设水渠共45.8千米，陂头2座。

村容村貌　花山水库水资源保护工程整村搬迁工作，第一期工程33套房屋已按时间要求完成主体工程建设。涉及墟镇、群丰村、沈南村等的管网改造工程于12月竣工并交付使用，惠及3400多群众。瑶族村新农村建设工作，按照广东省示范村建设标准，在村内建设6个垃圾收集点、3个污水处理池、卫生户厕普及率达92%。村内设全国文化信息资源共享工程公共电子阅览室。投入50多万元在沈北村建设特色文化站，新建了数字阅览室、文化活动广场和舞台。

【社会各项事业】 农村医疗　受理城乡居民返回结算报销196件，办结196件，办结率100%；受理新生儿参保缴费45人次；城乡医保参保缴费15625人次，申报特殊人群1399人次，办理新生儿参保缴费7人次。

输送子弟兵 2014年，共有10名男性青年和1名女性青年体检合格，经过精挑细选最终为部队输送了6名合格男兵及1名合格女兵。

社会保障 2014年，共889人纳入城乡最低生活保障对象，无子女、无劳动能力、无经济来源的28个人全部纳入五保对象，并领取生活费。加强敬老院的管理，改善五保老人生活条件。

计划生育 全镇出生人口249人，政策生育率为89.16%，出生人口性别比109.24；落实“四术”297例，其中上环144例，结扎112例（其中纯女扎9例），补救措施41例。

安全生产 开展“安全生产月”活动。严抓安全生产监管，严把消防安全关。围绕“平安始兴”创建工作要求，做好“平安沈所”、平安村（居）的创建工作。7月中旬，全面启动北灌区主干渠清淤工程，该灌区灌溉面积2000多亩（133.3公顷），为解决农民灌溉用水问题。

综治信访 共有219位村、组干部参加法律知识考试，平均分97.25分。全镇各级调委会共排查调处各类矛盾纠纷396件，调处成功390件，调处成功率达98.5%，其中，镇调委会调处纠纷44宗（含立案卷宗9宗，口头调解35宗）。

【大事记】 1月28日，总投资3亿元客园生态旅游项目正式签约。

2月26日，组织村（社区）“两委”开展培训活动。

3月5日，仁化县委书记刘锋带领仁化县农业考察组到沈所镇石下村，参观学习油菜花种植示范基地建设。

3月11日，总投资20亿元的阿公岩营业基地项目正式签约。

3月13日，举办党的群众路线教育实践活动专题讲座。

3月19日，沈所镇第三届人民代表大会第四次会议顺利召开。

3月26日，韶关学院曾峥教授一行到沈所镇石下油菜基地进行考察，县政协主席赖根、县委副书记黄勤昌陪同考察。

4月17日，始兴县瑶族村蓄饮水工程建设工作协调会议顺利召开。

5月9日，召开计划生育工作专题推进会议。

6月24日，花山水库水之源保护整村搬迁工程顺利开工建设。

7月11日，开展世界人口日宣传活动。

7月15日，全面启动北灌区主干渠清淤工程。

7月23日，赣韶铁路开始送电。

7月24日，组织全镇农村财务管理人员、会计代理人员和报账员开展村小组“三资”管理专项业务培训。

7月28日，在县文化休闲广场举行“美丽沈所”专题晚会暨“开心广场 百姓舞台”文化演出活动。

8月29日，韶关市安监局、市编办、县安监局、县编办四个帮扶单位干部职工联合开展对沈所镇石内村贫困户“中秋”扶贫慰问活动。

9月15日，“大爱有声，放飞音乐梦想，经典1077爱心公益音乐行”爱心助学与公益支教活动在沈所镇中心小学举行。

9月22日，举办《习近平总书记系列重要讲话读本》专题宣传宣读活动。

11月通过中国气象局的综合评定被认定为“标准化气象灾害防御乡镇”，成为广东省此次通过认定的10个标准化气象灾害防御乡镇之一。

11月25日，粤北律师事务所一行3人深入村居开展法律服务进家门活动。

12月3日，开展普法宣传活动。

12月19日，召开中共十八届四中全会精神宣讲报告会。

2014年10月24日，沈所镇被中国气象局认定为“标准化气象灾害防御乡镇”；12月24日，沈所镇沈南村杨柳水组被广东省爱国运动卫生委员会认定为“广东省卫生村”；12月22日，沈所镇党委书记朱慧芳被广东省人民政府评为“广东省民族团结模范个人”。

【各村（居）委会简介】 **瑶族村** 瑶族移民新村前身为花山乡合水瑶族村。2001年，为了南山保护区的持续发展、县城饮用水的清洁，村民更好地发展生产生活，启动了整村移民搬迁，2004年开始组建瑶族新村，至2007年已经顺利搬迁出98%村民。搬迁后的瑶族村位于镇政府南部5.5公里处，行政村下辖一组、二组、三组3个村民小组，共242户1160人。全村耕地面积300多亩（20公顷），山林面积49000多亩（3266.7公顷）。农业以种粮为主，兼种香菇、灵芝等。瑶族村从2005年起至2009年先后被省、市评为“省级文明村”“省级卫生村”“省级生态村”“市级巾帼示范村”“基层先进组织”等。

沈南村　地处镇政府西面，始花公路3公里处。下辖土陂、杨柳水、水湖、伍栋屋、新屋、沈屋、刘屋、老屋、胡屋、米街、炭街、锅头街、沙田、岭头、圩肚、朱子桥等16个村民小组，总农户680户、人口2680人，党员80人。居民中有何、邱、王、凌、邓、罗、陈、李、梁、钟、张、付、赖、魏、沈、刘、胡、麦共17个姓氏。山林面积3002亩（200.1公顷），耕地2075亩（138.3公顷），人均耕地0.8亩（0.05公顷）。农业以种粮为主，兼种辣椒、花生、蔬菜等作物。全村外出务工700多人，农户主要经济收入以外出务工为主。

沈北村　地处镇政府西面，位于始花公路4公里处。东邻沈南村，西接八一，北与东湖坪交界，南边是沈所圩。下辖日田、陈屋、上围、郭屋、张屋、河下、孔屋、何屋、岭脚、水角、何西、冯屋、司马、李一、李二、新屋家等16个村民小组，总农户426户，人口1680人，党员62人。居民中有孔、邓、陈、何、李、冯、郭、张、庚、麦等13个姓氏。耕地总面积1240亩（82.7公顷），有山林5400亩（360公顷），多以松树、杉树、杂树为主、人均耕地0.7亩（0.05公顷）。农业以种水稻为主，兼种豆类、花生、柑果等作物。全村外出务工467多人，农户主要经济收入以外出务工为主。

八一村　八一村原名外营村，在明朝洪武年间从福建上杭迁居都景，后再迁居现在的八一。地处沈所镇政府西北面，距始兴县城6公里。是震惊省内外的外营惨案、抗日时期红军医院所在地，也是始兴县抗日战争、解放战争时期游击队的主要根据地之一。全村分上营和下营两片区（村组比较集中），下辖一组、二组、三组、四组、五组等5个村民小组，共207户686人。居民中有陈、谢、曾、邓、何五姓。全村区域面积5.4平方公里，有耕地面积529亩（35.3公顷），林地6000多亩（400公顷）。农业支柱产业是水稻、蚕桑等。

花山村　地处沈所镇政府西南面，距离始兴县城15公里。因花山村周围群山围绕，地形似朵莲花，山上生长很多映山红，故名花山村。1953年3月花山大队改为花山乡人民政府，1982年撤乡设花山村委会。2001年，花山乡政府并入沈所镇政府。下辖里坑、卢屋、伍屋、新罗屋、老罗屋、郑伍。邱屋、邱陈、黄坑新屋、黄坑老屋、黄坑大龙、大坪大房、大坪前一、大坪前二等15个村民小组，共492户，总人口1562人。有耕地面积870亩（58公顷），山林面积36432亩（2428.8公顷）。农业支柱产业主要以水稻、花生为主，经济作物以蚕桑为主，蚕桑面积325亩（21.7公顷）。

2005年，村境内的南山自然保护区被省政府批准为省级自然保护区。村内的花山水库风景优美，素有“花山平湖”之美誉，为始兴县十景之一，负责为整个始兴县城供水。花山平湖酒店是集旅业、饮食、娱乐、会议于一体的星级酒店。

石下村　位于始兴县沈所镇政府南部，距镇政府1.5公里。村委会下辖新屋、老屋、细井、东边、老大一、老大二、进一、进二、坪钟、坪李、新富、老富、檐下、何屋、向东、白一、白二、细白、石一、石二、饭何、饭李、刘屋、邓屋、铜一、铜二、铜三、侔公、吕麦、大围、围溪刘屋、岭下、田心、曾屋、徐屋、谭屋、罗坑等37个村民小组，有农户723户，总人口3290人，党员128人。居民姓氏中有李、何、邓、刘、赖、钟、谢、曾、徐、谭等10个姓氏，其中李是大姓，人口约1600人。耕地总面积3900亩（260公顷），山林面积2万亩（1333.3公顷），人均耕地1.0亩（0.07公顷）。农民以种粮为主，兼种辣椒、花生、蔬菜、黄烟等作物。全村外出务工1000多人，农户主要经济收入以外出务工所得为主。现全村五保户9户、10人，低保84户、126人。

石内村　位于沈所镇政府的南面，距离始兴县城5公里，四周环山，地势四周高中间低，呈盆地状，属中亚热带气候，因处鹅公嘴（又名玉屏山）之内，故名石内村。石内村下辖曾屋、魏屋、夏屋、谢屋、凌屋、丰积、大坪、上石等8个村民小组，其中曾屋、魏屋、夏屋、谢屋、凌屋统称为石背。共 245 户 974 人。有邱、钟、陆、曾、魏、夏、谢、凌等 8 个姓氏。有耕地面积 1200 亩（80 公顷），山林面积 2300 亩（153.3 公顷）。农业生产主要种植黄烟、香瓜、水稻、辣椒、花生等为主，全村外出务工 100 多人，农户主要经济收入以外出务工为主，2014 年，人均收入 5000 元，村集体年收入为 8 万元。

群丰村　地处沈所镇政府西北面，距离始兴县城6公里。群丰村委会于2005年1月由原群胜村委会和独丰村委会合并而成。下辖圣光、麦屋、冯屋、上谢、下谢、邓东、邓西、刘屋、新屋、赖屋、河下、围下、二房、四房、六房、八房、谭屋、曾屋、饶屋、郭屋等 20 个村民小组，共 537 户，总人口 1865 人。有耕地面积 1695 亩（113 公顷），山林面积 4923 亩（328.2 公顷）。农业支柱产业以种植优质水稻、蔬菜、发展苗圃育苗基地为主。村内有 5 座古围屋，分布在圣光组、上谢组、饶屋组、曾屋组、河下组。村内有一棵千年古榕树，树直径达3米，覆盖面积达8亩（0.53 公顷）。2012 年群丰村被评为“始兴县”民主法治示范村。

兴仁村　地处沈所镇政府西面，县道始花线 8 公里处。下辖一组、二组、三组、四组、五组、上增光、下增光、贵子岺、冯屋龙、上什、下什等 13 个村民小组，共 265 户，总人口 983 人。全村耕地面积 87.5 公顷，山林面积 2426 公顷。1993 年，该村被中共始兴县委授予“解放战争游击根据地”称号。全村形成了上造种植黄烟、辣椒、花生、西瓜等作物，下造种植优质水稻的农业格局。

黄所村　地处沈所镇政府西南面，位于始花公路8公里处，是属于始兴的五营五所中的其中一所。下辖钟屋、梁屋、潘屋、吴一、吴二、黄屋、老屋、何屋、邱屋、卢屋、大岭下、矮岗头、九莲塘、刘一、刘二、刘屋坝、李屋坝、中间岭等 18 个村民小组，共 562 户，总人口 2196 人。居民姓氏中有钟、梁、潘、冯、吴、黄、何、王、卢、刘、李等 11 个姓氏。有耕地总面积 2214 亩（147.6 公顷），山林 14881 亩（992.1 公顷），多以松树、杉树为主杂树为辅、人均耕地 0.7 亩（0.05 公顷）。农业以种水稻为主，兼种豆类、花生、柑果等作物。境内有“阿公岩”“歇马庙”等旅游景点。

南方村　地处沈所镇政府西南面。下辖河坑、茶片、侧凤、澄五、澄六、上门、下门、增坑、杰井、上一、上二、李屋、黄屋等 13 个村民小组，共422 户，总人口 1377 人。居民中有谢、钟、熊、伍、王、杨、李、黄、卢等 9 个姓氏。耕地总面积 1120 亩（91.8 公顷），山林 38000 多亩（2533.3 公顷），多以松树、杉树为主竹、杂树为辅、人均耕地0.81 亩（0.05 公顷）。农业以种水稻为主，兼种豆类、花生、柑果、香菇、生姜等作物。

社区居委会　沈所镇社区居民委员会于 2002 年 9 月成立。下辖 4 个居民小组（分为中学、政府、中心小学、花山水库）。居委会办公地址设在镇政府计生办办证厅旁（原计生办证厅三间房），2012 年 10 月镇政府规划建设需要，将沈所镇社区居委办公室搬迁至镇政府原食堂二楼办公，社区居民委员会现共有干部 4 人（含干部兼任计划生育专职 1 人）。常住人口 699 人，其中农业人口 23 人，非农业居民 676 人。居民经济收入主要以经商为主。

（龙传文）

附：领导班子成员名单

党委书记、人大主席：朱慧芳

党委副书记、镇长：苏　斌

党委副书记：冯华斌（—2014.11）

　　　　张朝焱（2014.12—）

党委委员、副镇长：何海优

党委委员、纪委书记：魏才优（—2014.11）

　　　　李扬柱（2014.12—）

党委组织委员：李扬柱（—2014.11）

　　　　林强华（2014.12—）

党委宣传委员：林发发（—2014.11）

　　　　张正华（2014.12—）

人大副主席：李扬柱（—2014.11）

　　　　张正华（2014.12—）

党委委员、妇联主席：黄一秋

党委委员、武装部长：李振南

副镇长：沈顺优

副镇长：曾晓华

派出所所长：饶龙翔

城 南 镇

【概况】 位于始兴县南部，在县城墨江河之南，故名城南。镇总面积53平方公里，有耕地1157.6公顷，林地2484公顷。全镇中部和东、西、北部一马平川，地势平整，土壤肥沃；属亚热带季风气候，全年光照充足、雨量充沛。交通便利，（县道）X344线贯穿全镇，东西两翼与（省道）S244线、（国道）G323线相连向外延伸。全镇以农业生产为主，农业生产发达。境内资源丰富，森林资源有樟、枫、楠、酸枣、毛竹、木等；经济林有油茶、油桐、柑橘、茶叶、杨梅、青梅、沙梨、李子、火龙果等；矿产资源主要有铁、石墨、煤炭等。

城南镇在民国时期属三约乡；1949—1951年，属三区人民政府；1952—1955年，属城关区；1956年，撤区并乡后含新村乡、罗所乡；1958年，属卫生人民公社；1958年12月，始兴与南雄并县，1959年3月，归属始兴人民公社；1960年10月，恢复始兴县时，归属城郊人民公社；1961年8月，城郊人民公社以墨江河为界分出城南人民公社；1984年，改为城南区公所；1986年12月，改为城南乡人民政府；1993年改为城南镇人民政府。

2014年，镇政府内设党政办公室、农业经济发展办公室、计划生育办公室、规划建设办公室、社会事务办公室、综治信访维稳办公室等。行政编制32人，在职32人；事业编制21人，在职15人；工勤编制3人，在职2人。全镇辖有10个村委会、1个社区居委会，总户数4437户，总人口20367人，居住人口主要为汉、瑶两族，以汉族居多，瑶族主要分布于胆源村。全镇初级中学1所，在校学生388人；小学有2所，在校学生517人；幼儿园1所，在园儿童260人。

【经济发展】 2014年，全镇工农业总产值实现22928万元。其中农业总产值17793万元，工业总产值5135万元，农村人均收入10449元，同比分别增长6.1%、6.0%、16.0%。

【农业发展】 2014年，城南镇充分发挥蔬菜专业镇及区位优势，重点发展蔬菜、黄烟、蚕桑、柑果四大特色农业产业，全面推广“公司+基地+农户”的订单农业模式，扩大蔬菜种植规模，带动农产品的加工业，增强龙头企业和种养与农户的关联度，引进新品、良种，推进“农业生产标准化、养殖规模化”发展进程，农业发展取得明显成效。全镇辣椒种植面积9500亩（633.3公顷），产值1733万元；种植其他蔬菜8500多亩（566.7公顷），产值1769万元；西瓜种植1500多亩（100公顷），产值3375万元；种植黄烟500多亩（33.3公顷），产值380多万元；畜禽水产养殖产值535万元。11月，城南镇重点培育的品牌企业——始兴县古塘实业开发有限公司的“古塘板鸭”产品荣获“广东十大名鸭”荣誉称号。石伟茹种植的2000多亩优质水稻被国家评为种粮大户荣誉称号。

【基础设施建设】 2014年，完成全社会固定资产投资20000万元。其中，投资30万硬化杨公岭新农村主干道路1.2公里；投资25万硬化皇沙村王屋组主干道路1公里；投资1120万元硬化胆源片、皇沙片共5.2公里农田灌溉水圳；投入30万建成2000平方米的农民体育健身广场；筹资25万元建成城南镇综治信访接待大厅；投入15万元，率先在全县建立第一个乡镇文化站公共电子阅览室，打造“规模最大、功能最全、服务最优”的镇级综合文化站。

【城镇建设】 城区建设主要抓好金润大桥、金润酒店、河南“三旧”改造、沿江南路、生态智慧新城、生态湿地公园、县林业局及其周边征地工作和武深高速设计、勘探、进场施工等重点项目工程的配合工作，及时做好项目租地、青苗清点清除工作。完成生态湿地公园征地任务9.6万多平方米及相应的青苗清点清除工作；基本建成宽42米的沿江南路景观路，完成路灯安装和滨江公园绿化工作；全面完成江景苑一期1.5万多平方米的征地任务，首期工程可交付使用；生态智慧新城一期已完成征地任务7.7万多平方米；金润大桥已全面完成征地任务2.6万多平方米，主体工程已完成；山水名城顺利进入二期建设，山水大桥顺利开工。

新农村建设主要推进周前村街上组岭南新民居风貌示范名村工程，已建成36户主体工程，街道、下水道已基本建成；罗所村六组新农村建设规划内的48户已全部完工并入住；河南八组新农村建设已建成40多户多层房屋；实施的新村老屋、新村街上、胆源何屋等新农村建设点已动工兴建。

【生态建设】 环境优化主要是推进乡村“清洁美”工程，完善镇内公共卫生环境基础设施建设，集中整治农村环境“脏、乱、差”问题，抓好畜禽养殖专项整治工作，营造良好的宜居宜业环境。2014年，规划并完成了新村龙口新村及罗所小公园两个自然村的绿化工作，种植绿化树苗350株。

林业发展主要是严厉打击乱砍滥伐林木的违法行为，实行限额采伐制度，严抓砍伐、运输竹木各个环节的管理，做好营林工作，广种林木，大力生产竹木，壮大林下经济发展。依托俊山林业有限公司，以新村为中心辐射至周边，发展了金银花等中草药种植产业；依托胆源林场带动发展林业经济和竹木加工业，逐渐培育特色林业经济产业。2014年，完成五片迹地更新21.2公顷，幼林抚育126公顷，发展林下经济作物—山楂400多亩（26.7公顷）。

【人口计生】 2014年，全镇出生人数314人，出生率14.21‰，政策生育率为89.17%。4月，被市政府评为“2013年度人口与计划生育目标管理责任制考核达标”单位。

【教育文化】 城南镇加大对教育事业的投入力度，继续抓好学前教育、防流控辍、高中招生及校园周边治安秩序维护工作，各项指标均控制在省、市、县规定范围内。2014年度，全镇小学适龄儿童入学率、初中阶段入学率均为100%；小学辍学率为0，中学辍学率为0.94%；完成高中招生指标任务数163人，超额完成任务；在“初升高”考试中，城南中学取得了所有科目成绩排全县第一，综合总分平均分也名列全县第一的好成绩。同时，发放54000元作为奖学奖教金激励广大教职工的积极性，并多方筹集资金建成了罗所镇明小学塑胶跑道。

【平安建设】 综治信访维稳：始终把维护社会政治稳定作为首要任务，围绕“打造和谐综治，建设平安城南”的总体目标，以巩固“平安城南”建设和综治基层基础建设为载体，全面推进综治维稳各项工作的落实，为全镇政治稳定、社会安定和经济建设创造了良好的社会环境。结合《广东省信访条例》巡回宣传活动，开展信访案件大排查大调解活动，实行“镇、村”两级干部联合防控，执行零报告制度、领导包案制度，对重点案件实行“五个一”制度，对重点人员实行24小时跟踪。2014年，全镇共接待来访群众27批（次）75人（次），完成上级交办及其他部门转来信访案件28宗；组织矛盾纠纷排查22次，排查矛盾纠纷8宗，调处矛盾纠纷8宗，成功调处率100%，全年无群体性信访案件发生。安全生产：以“安全生产年”活动为载体，全面落实安全生产工作。通过“全国安全生产月”活动、安全生产大检查和“八打八治”打非治违专项行动等活动，加大宣传，突出重点，强化监管，隐患整改，狠抓打非治违。构建安全生产责任网络体系，与各村（居）、企业及学校等单位签订安全生产责任书，层层落实责任，确保了全镇无重大安全生产事故发生。

【改善民生】 社会保障：完善救助体系，扩大新型农村社会养老保险和城乡居民医疗保险覆盖面，及时调整低保、五保、抚恤对象，落实各项救助、救济工作。2014年，完成城乡居民基本养老保险目标任务7897人，完成率101.33%。完成城乡居民医疗保险人数18793人，参保覆盖率103.83%，完成目标任务数位居全县第二。374户家庭享受低保，27户家庭享受了五保，发放各类救灾救助款项220.83余万元。其中：发放低保户、五保户生活费补助194.53万元；兑付大病求助120825元，合疗报销1081632元，发放各类残疾人补助资金41020元，发放各类救灾大米12900斤。扶贫“双到”：为帮助困难家庭快速脱贫致富，开展“助农春耕，下乡送肥”“节前慰问”等一系列扶贫活动，推进了“双到”工作。开展党员互助金捐款活动，共筹3260元帮助困难党员；发起四川鲁甸地震灾区人民捐款活动，筹得善款1095元；举行“扶贫济困日”捐款仪式，筹集扶贫善款6054元。

【党的群众路线教育实践活动】 加强党员队伍管理，健全党建工作机制，贯彻中央“八项规定”，践行党的群众路线教育实践活动。2014年，全镇干部严格按照“照镜子、正衣冠、洗洗澡、治治病”的总要求，通过召开座谈会、走访调研、自我剖析等方式，认真查找干部在“四风”方面存在的问题和不足，制定整改措施方案。全体干部经过8次以上的深刻剖析和对照检查，较好的克服了各自存在的不足，工作作风实现较大转变，牢固树立“为民、务实、清廉”的公仆形象。

【大事记】 1月5—8日，城南镇村（居）“两委”举行换届选举。1月7日，第五届城南社区居民委员会“两委”换届选举顺利完成。1月8日，第六届村民委员会“两委”换届完成。

2月14日，城南镇召开第十四届人民代表大会第四次会议。

3月3日，城南镇召开党的群众路线教育实践活动动员部署会议。县长杨思远、县人大常委会副主任肖强运、县委第二督导组参加会议。

3月28日，原镇党委书记、人大主席张相高调离城南镇。

4月2日，副市长兰茵、市文广新局局长何正平一行到城南镇杨公岭新塘下村调研“村村通”卫星电视工程建设。县文广新局局长段琪陪同调研。

4月4日，省残联副理事长柯沫夫、市残联理事长冯伟星一行参加城南镇残疾人专职委员座谈会，并深入城南镇残疾人就业培训基地——胆源种养基地进行走访调研。县残联理事长赖香山、副理事长刘芳兰陪同调研。

5月9日，市社会组织管理局局长黄远周一行到城南镇杨公岭村开展党的群众路线教育实践活动调研。县组织部副部长张福兴陪同调研。

7月9日，省民政厅厅长刘洪、市政府副秘书长梁祖超一行深入城南镇开展敬老院建设管理、低保、五保困难家庭救助等情况及社会救助服务窗口进行调研。县委书记范秀燎、副县长何晓域陪同调研。

9月4日，原镇党委委员、纪委书记易红梅调离城南镇。

9月29日，市综治办副主任肖建鸿率市平安办一行到城南镇开展县、镇、村三级综治信访维稳中心（工作站）改为社会服务管理中心（工作站）工作情况进行专项调研。

10月17日，新任镇党委书记夏昶报到任职。

10月21日，城南镇召开党的群众路线教育实践活动总结大会。

10月30日，广东省财政厅委托广东省三胜管理顾问有限公司组成评价小组到城南镇，对镇人力资源和社会保障服务所平台建设专项资金的使用绩效进行了现场评价。

12月8日，原镇党委副书记曾广和调离城南镇，新任党委副书记罗丽华报到任职。

12月19日，新任纪委书记谭桂玉报到任职。

12月25日，省妇联副主席许红一行深入城南镇进行基层妇女发展工作调研。县委常委、组织部部长卢建成等相关部门负责人陪同调研。

【各村（居）委会简介】 周前村 位于城南政府东南面，距离镇政府8公里。下辖街上、湖芳、瑶前、何屋、林屋、赖屋等6个村民小组。总户数490户，总人口1848人，其中党员43人。有耕地83.6公顷，山林300公顷。村民以种植水稻、花生、蚕桑、辣椒为主。村中心现存古戏台一座，戏台前有古榕树数株，村北有明代古塔（七层）一座。2014年，人均纯收入约10218元。

皇沙村 位于城南镇政府的东面，距离镇政府7公里。下辖陈屋、张屋、聂屋、聂新屋、果村、前一、前栋、后栋、上门、下门、王屋、山园背等12个村民小组。共491户，1677人，其中中共党员54人。有耕地77.7公顷，山林277.6公顷。2014年人均收入10130元，全村以种养植业为主，有张、徐、聂、陈、王五种姓氏。

东南村 位于城南镇政府的东南面，距离镇政府6公里。总面积2.1平方公里，是革命老区之一。下辖上门、下门、钟屋、何屋、老屋、新屋、宝营、溜碰等8个村民小组。共281户、人口1230人。有耕地157.7公顷，山林92公顷。集体经济项目有水库、山塘，村民主要以水稻、花生、辣椒、蚕桑为主，2014年人均收入为10105元。2014年，被始兴县评为“民主法治示范村创建活动先进单位”。

东一村 位于镇政府的东南面，距镇政府4公里。下辖良坝、水村、枧头三个自然村，水村、枧头、三（1）、三（2）、四组、五组等6个村民小组。共308户，1151人，其中中共党员48人。有耕地54.5公顷，山林20公顷。2014年人均收入10263元。村集体收入主要以蔬菜、蚕桑、水稻为主。

新村村　位于镇政府的东面，距离镇政府4公里。下辖红星、新屋、仓义、仓背、井纯、老屋、上屋、街上、南塘等9个村民小组。共644户，2455人，中共党员90人。有耕地220.6公顷，山林371公顷。有鱼塘、榨油厂、碾米加工厂，林场等村级企业，2014年人均收入10645元。2014年，被评为“2013年广东省‘平安家庭’创建活动示范村”和“始兴县文明村（龙口新村）”。

石桥头村　位于镇政府的东面，距离镇政府3公里。下辖一组、二组、三组等3个村民小组。共165户，635人，中共党员45人。有耕地41.13公顷。集体经济项目有：县门店、闲屋房出租、沙石坝、电站等。2014年，村民人均收入10298元。

胆源村　位于镇政府的最南端，距离镇政府7公里。辖区总面积有2.8平方公里。下辖西何、朱屋、王屋、胡屋、李屋、卢屋、东何、钟屋、肖屋、瑶民、杨屋等11个村民小组。共255户，1045人，中共党员42人。有耕地43.3公顷，山林1073.7公顷。2014年，人均纯收入10562元。集体经济项目有林地发包、鱼塘发包、房屋发包。

杨公岭村　位于镇政府的南面，处于南蛇岭裙脚，距离镇政府2公里。辖区总面积9.2平方公里。下辖南塘、上厅、新厅、东街、大街、刘屋、下村、沙坪、新塘等9个村民小组。共530户，2189人，中共党员73人。有耕地258.8公顷，山林160公顷。2014年，人均纯收入10631元，村集体经济收入5万余元。2014年，被市委组织部评为“2011—2013年全市先进党支部”。

河南村　位于镇政府的南面，距离镇政府1公里。下辖中门、上门、下门、上林、下林、河口、河边、谢屋、谭屋、吴屋等10个村民小组。共658户，2444人，中共党员58人。有耕地107.87公顷。2014年，人均纯收入10589元。

罗所村　位于镇政府的西面，距镇政府1公里。下辖三组、四组、五组、六组、七组、八组、九组、十组、十一组、十二组、十三组、十四组、十五组等13个村民小组。共615户，2352人，81名党员。有耕地102.8公顷，山林10公顷。2014年，人均纯收入10612元。村民主要以农业、工副业、私营企业、建筑、劳务输出等为主。2014年，荣获“韶关市龙舟赛”第三名。

社区居委会　地处镇政府，下辖上营、下营等2个居民小组，2个村小组。总户数1669户，其中农业149户；总人口1669人，其中，农业人口149人，中共党员82人。有耕地9.5公顷。2013年，人均收入10528元。

（陈娟娟）

附：领导班子成员名单

党委书记、人大主席：张相高（—2014.3）
　　　　　　　　　　夏　昶（2014.10—）
党委副书记、镇长：张国华
党委副书记：曾广和（—2014.12）
　　　　　　罗丽华（2014.12—）
党委委员、纪委书记：易红梅（—2014.9）
　　　　　　　　　　谭桂玉（2014.12—）
党委委员、副镇长：朱丽珍
党委组织委员、人大副主席：朱祖厚（—2014.9）
党委宣传委员、人大副主席：何华昌（2014.9—）
党委委员、武装部长：傅国培
党委委员：李贤发
副镇长：谢文禄
　　　　沈卫东

顿岗镇

【概况】　顿岗镇位于始兴县城东南方，距县城10公里，是广东省272个中心镇之一，镇区是始兴县重要交通枢纽，S244线、X343线、X346线、X344线贯穿其中，连接马市、澄江、罗坝、深渡水、城南、太平镇等6个乡镇。顿岗镇历史悠久，早在三国时期就是中原进入南粤的必经之地，是主要的水陆码头和陆路驿站，因原地形顿子坰，并建有顿子岗，“顿岗”之名由此而来。始兴县于1949年9月15日解放，旋即成立四区人民政府（辖区主要为今顿岗镇），10月，改为三区人民政府。1953年1月，顿岗区并入城关区。1956年3月撤区并乡，顿岗域内设周所乡（部分）、千家营乡、总村乡、顿岗乡；1958年6月上述4乡合并为顿岗乡。1958年9月，顿岗属红旗公社（包括顿岗、澄江、罗坝、深渡水）。1958年12月始兴县并入南雄县，1959年3月，顿岗属始兴公社，1960年5月，恢复设顿岗公社。1960年10月，恢复始兴县建制。1977年8月，深渡水公社从顿岗分出，1983年11月撤销人民公社建制，成立顿岗区公所，1986年12月撤销区建制，成立顿岗镇人民政府。2014年，内设党政办公室、农业办公室、经济发展办公室、纪检办公室、计划生育办公室、综治维稳和社会事务办公室。行政编制35名，在编人员29名，其中党政领导班子11名。全镇总面积91平方公里，有耕地1278.62公顷，山林5302公顷。2014年，下辖11个行政村委会和1个社区居委会，175个村民小组，总户数7313户，总人口25695人。土地资源丰富，主要种植优质水稻及花生、马蹄、黄烟、蚕桑、柑果等经济作物，素有“粤北粮仓”之称。村（居）民以汉族为主，少数畲族村（居）民。全镇初级中学1所，在校学生895人；小学1所，教学点6个，在校学生1612人；幼儿园4所，在园人数895人。

2014年，顿岗镇农村经济总收入38100万元，同比增长5.9%，其中农业生产总值18814万元，工业和建筑业生产总值11570万元，第三产业生产总值3102万元，其他收入总值4614万元。农村人均纯收入10464元，同比增长16%。农村人均收入10464元。

【农业】 农业以稳定粮食生产为基础，巩固黄烟、蚕桑等支柱产业，2014年水稻种植4000亩（266.7公顷），黄烟1450亩（96.7公顷），蚕桑507.3亩（33.8公顷），蔬菜7000亩（466.7公顷），辣椒3000亩（200公顷），花生6150亩（410公顷），西瓜1200亩（80公顷），果树3500亩（233.3公顷），完成蚕茧收购73.26吨，黄烟进站266.7吨。成立农民专业合作组织24个，龙头企业1个。

【企业】 2014年，镇级企业厂场有100个，从业人员371人，耕地面积7.32公顷，经济项目主要有鱼苗场、农场、机砖厂、房屋、鱼塘、土地出租。

【基础设施建设】 投入1500万元在河南片和大村村推进高标准基本农田建设工程；投入800万元改造凉口灌渠20多公里，对3座中小型水库进行加固；完成C102线彭塘水至美珠石等共7条2.51公里村道硬底化建设。

【城镇化建设】 顿岗林业站、粮所片“三旧”改造项目已全面完成粮仓、厂房及房屋的拆迁工作，已开挖地基兴建楼房；老市场片“三旧”改造项目已完成土地征收、房屋征收拆迁和地质探钻工作并已开工建设；农科所“三旧”改造已完成地质调查、地面附着物评估工作，已在编制项目方案。占地250亩（16.7公顷）的四星级三鑫酒店及70套产权式别墅进行前期土地调规、设计、立项。

【新农村建设】 贤丰岭一新农村及罗坪新农村的主体建设工程已基本完成，石坪墟上组新农村建设已建成37套，已完成主街道硬化、排污管网建设。

【服务园区】 已全面完成园区二期征地1414.5亩（94.3公顷）；龙凤组整村搬迁工作，已经进入实质性建设阶段；中汇农业科技生态园项目已全面完成征地229.5亩（15.3公顷）。

【便民体系】 投入180多万元资金，建立高标准的便民服务中心，在各村建立了便民服务站，推行“一条龙”“一站式”服务，两级便民服务体系日趋完善。2014年，共为群众办理各类事项27662项，受理咨询7968人次。

【档案管理】 坚持“抓好农村档案工作，服务社会主义新农村建设”的指导思想，通过探索和实践，顿岗镇全面规范了新农村建设档案，2013年9月份顺利通过了国家创建全国社会主义新农村建设档案工作示范县档案检查组的验收检查，并晋升为档案综合管理省特级单位。2014年档案室共有档案7095卷（件），编有《全宗指南》《组织沿革》《大事记》《顿岗镇档案制度汇编》《顿岗镇发文汇编》等编研材料。

【综治信访】 开展“平安顿岗”创建活动，率先在全县乡镇建起了社会治安高清视频监控系统。

2014 年，共处理上级信访案件 22 件，结案 22 件，镇综治信访维稳中心受理群众上访案件 58 件。创新干部驻村制度，排查化解信访案件，2014 年群众到镇上访案件比 2013 年同期下降 1.7%。

【社会保障】 推进城乡居民医疗保险事业发展，2014 年度城乡居民医疗保险参保缴费金额达到 124.640 万元，参保人数 22105 人，完成率达到 98.68%。全镇城乡居民社会养老保险参保率达到了 100.49%，续缴费率达到 91.45%。新一轮扶贫开发“双到”工作开局良好，三个省定重点贫困村共投入各项扶持资金 289.75 万元，2014 年完成农村低收入住房困难户住房改建 38 户。

【党的群众路线教育实践活动】 开展党的群众路线教育实践活动，顿岗镇党委按照“照镜子、正衣冠、洗洗澡、治治病”的总要求，紧密围绕“为民、务实、清廉”的活动主题，紧密聚焦“四风”突出问题，紧密联系工作实际，以“六个强化为抓手”，突出顿岗镇“产城融合，新型城镇化示范镇”建设，扎实完成学习教育、听取意见，查摆问题、开展批评，整改落实、建章立制三个环节的工作任务，强化组织领导，精心安排部署；强化学习教育，筑牢思想基础；强化查摆问题力度，找准找实突出问题；强化思想认识，务实开好专题民主生活会和专题组织生活会；强化问题导向，注重整改落实；强化制度建设，建立长效机制，把群众观点和群众路线贯穿于工作中。通过教育实践活动的开展，广大党员干部树立正确的价值观和执政观，全心全意为人民服务的使命感和责任感进一步增强，树立担当精神；坚定改进工作作风的“决心”；激发敢于动真碰硬的“勇气”、弘扬了一心为公的“正气”。通过制度建设的长效机制，一方面把作风建设、队伍建设、能力建设等内容纳入制度轨道，以行得通、指导力强、能长期管用的制度将活动成果和成功经验固化下来。另一方面推动了制度“废、改、立”工作的经常化长效化，确保宗旨意识得到全面、持续地体现。

【大事记】 1 月 14 日，顿岗镇各村“两委”选举全面顺利完成，实现书记、主任一肩挑和“两委”交叉任职两个 100%。

3 月 7 日，顿岗镇组织召开顿岗镇第十三届人民代表大会第四次会议，54 名镇代表出席会议，16 人列席人员。大会选举吕胜涛为新一任镇人大副主席。

5 月 8 日，市委组织部副部长钟曦到顿岗镇就基层党建工作和教育实践活动开展情况进行调研。

5 月 15 日，顿岗镇境内遭受特大暴雨灾害。

5 月 19 日，清远市档案局到顿岗镇考察学习新农村建设档案工作。

6 月 17 日，省人大常委选联工委副主任李茂停到顿岗调研人大工作。

6 月 25 日，副县长何晓域主持召开中汇产业项目协调会，县住建局、林业局、水务局、长线局、顿岗镇政府、中汇产业等单位主要领导参会，会议形成各单位责任分工和各事项完成时限。

7 月 9 日，广东省民政厅厅长刘洪到顿岗调研民政工作。

8 月 7 日，召开党政班子党的群众路线专题民主生活会，市第三督导组到会督导。

11 月 7 日，市委组织部部长肖怀跃到顿岗镇调研“三农”问题。

11 月 13 日，市委常委、常务副市长陈波到顿岗中汇农业科技生态园、开心农场调研。同日，市委常委、市政法委书记张志才到顿岗检查室、法庭、便民服务中心、派出所、周所调研平安创建工作。

11 月 20 日，县委书记范秀燎到顿岗宝溪、总村、寨头调研扶贫开发“双到”工作。

11 月 28 日，韶关市行政服务中心领导到顿岗镇便民服务中心视察工作。

12 月 24 日，全市综治创平现场会在顿岗镇召开。

【各村（居）委会简介】 贤丰村 村民委员会地址位于镇政府西北方，距离镇政府 2.5 公里。2014 年，有村干部 6 人，下辖冠一、冠二、丰一、丰二、岭一、岭二、岭三、田一、田二、田三、田四、田五、下菓、龙凤、美珠等 15 个村民小组。村民 784 户，2810 人。有耕地面积 140 公顷，有山林面积 189.6 公顷，农民人均年收入 9661 元。村、组集体经济项目主要有鱼塘、机动田的出租，林业、参股电站。

七北村　村委会地址位于镇政府东北方，距离镇政府1.7公里。2014年，有村干部6人，下辖斗一、斗二、斗三、斗四、坪一、坪二、团一、团二、团三、团四、团新、团老、新一、新二、佛一、佛二、佛田、佛下、吉新、吉老、田心、大坪、兴湖、长坑、龙江、老屋、竹头下、竹子坝、东南岭等29个村民小组。村民914户，3684人。有耕地面积199.5公顷，有山林面积2729.6公顷，农民人均年收入11091元。村、组集体经济项目主要有土地、鱼塘出租、林业、参股电站。

大村村　村委会位于镇政府东南方，距离政府5公里。2014年，有村干部4人，下辖新一、新二、新三、水一、水二、横塅、垇上、塘肚、塘下、何屋、白围、象头、结龙等13个村民小组。村民471户，1650人。有耕地面积94公顷，有山林面积896.3公顷，农民人均年收入10891元。村、组集体经济项目主要有林业、房屋、土地、鱼塘出租。

围下村　村委会地于镇政府东北方，距离镇政府1公里。2014年，有村干部4人，下辖上大门、下大门、老大门、八字大门、大屋家、东下门、祠堂门、罗坪、官厅、围俚、七房、八房、新屋、肖屋、河唇、元背、江尾等17个村民小组。村民530户，1934人。有耕地面积84.4公顷，有山林面积126.9公顷，农民人均年收入10039元。村、组集体经济项目主要有土地、鱼塘出租、林业、参股电站。

石坪村　村委会位于镇政府南方，距离镇政府0.5公里。2014年，有村干部4人，下辖东一、东二、石坪、上门、下门、大房、兴福、北街、墟上等9个村民小组。村民553户，1796人，有耕地面积61.9公顷，无山林，农民人均年收入10936元。村、组集体经济项目主要有房屋、土地、鱼塘出租、参股电站。

寨头村　村委会地址位于镇政府西北方，距离镇政府2.5公里。2014年，有村干部4人，下辖新屋、徐屋、张屋、聂屋、李屋、梁屋、钟屋、塘背、庙下等9个村民小组。村民363户，1366人。有耕地面积60.9公顷，山林93公顷，农民人均年收入11762元。集体经济项目主要有瓦厂、油厂、碾米厂、土地出租，参股电站。

总村村　村委会地址位于镇政府西北方，距离镇政府3.5公里。2014年，有村干部4人，下辖下一、下二、黄一、黄二、大街、田心、大伙、上围、五一、上间、郭屋、沈屋、新屋等13个村民小组。村民596户，2074人。有耕地面积87.9公顷，无山林，农民人均年收入10153元，集体经济项目主要有果园、碾米厂、机动田出租、参股电站。

周所村　村委员会地址位于镇政府的西方，距离镇政府2.5公里。2014年，有村干部5人，下辖墙背、二房、码头、三村、大房、围背、官厅、石坪、后元、朱屋、大街、东街、梁屋、吴屋、三满、大伙、田心、前街、上街、沙洲陂、选陂、下寨等23个村民小组。村民783户，3031人。有耕地面积166公顷，山林287公顷，农民人均年收入10534元。集体经济项目主要有土地、鱼塘出租，茶场、林业、参股电站。

高留村　村委会地址位于镇政府东南方，距离镇政府1.5公里。2014年，有村干部4人，下辖深水龙、谭屋、东角龙、罗屋、新屋、老屋家、呈田、田心、沙埂、老曾屋、林屋、河下等12个村民小组。村民有630户，2230人。有耕地面积135.3公顷，山林191.7公顷，农民人均年收入10658元。集体经济项目主要有房屋土地、鱼塘出租，茶场、林业、参股电站。

千净村　村委会地址位于镇政府东南方，距离镇政府2.8公里。2014年，有村干部4人，下辖井一、井二、新三、桥背、井三、大屋家、新一、新二、新四、大房、三房、谭屋、坎一、坎二、中陈、上谢、下谢、上新、下一、下二、新叁、大围等22个村民小组。村民有595户，2339人。有耕地面积117.2公顷，山林174.2公顷，农民人均年收入9528元。集体经济项目主要有土地、鱼塘、房屋出租、碾米厂、油厂、砖厂、公益林、参股电站。

宝溪村　村委会位于镇政府南方，距离镇政府5公里。2014年，有村干部4人，共有田心、上张、上新、坎上、坑背、朱屋、坎下、罗屋、上屋、围下、老屋、下新、下张等13个村民小组。

村民有456户，1884人。有耕地面积124.2公顷，山林613.5公顷，农民人均年收入10446元。集体经济项目主要有土地、鱼塘、碾米厂、油厂出租、林业、参股电站。

社区居委会　居委会在镇政府院内办公，2014年，有干部4人，有居民小组8个，638户，898人，无耕地、无山林、未办各种集体性企事业，只是居民各户经商办业或外出务工取得收入。

（李莉优）

附：领导班子成员名单

党委书记、人大主席：何武强（—2014.3）
谭晓健（2014.3—）
党委副书记、镇长：刘春明
党委副书记、综治信访维稳中心主任：王优亮
党委委员、副镇长：游忠生
党委委员、纪委书记：卢爱民
党委组织委员、人大副主席：吕胜涛
党委宣传委员：吴　慧（—2014.12）
黄新军（2014.12—）
党委委员、武装部长：邓明乾（—2014.5）
党委委员、综治信访维稳中心专职副主任：黄祥龙
副镇长：黄新军（—2014.12）
副镇长、妇联主席：黄兰英
副镇长：张群周（2014.12—）

深渡水瑶族乡

【概况】　深渡水瑶族乡地处始兴县中部地区，距始兴县城20公里，东与刘张家山林场相接，南与司前镇毗邻，西与曲江区交界，北与顿岗镇、沈所镇接壤，境内南高北低，发源于县境南部山区的墨江（清化河）自南向北贯穿全乡，（省道）S244线依傍墨江横贯全乡中部。大部分自然村分布于沿河两侧。因靠河边曾建有咸宁阁墟，来往的人都必经一渡口，且渡口水深数丈，故名深渡水。

深渡水瑶族乡在清朝咸丰年后属守望乡。1949年，属三区。1956年，属良口乡。1958年，属红旗人民公社（包括深渡水、顿岗、澄江、罗坝），12月始兴县并入南雄县，归属始兴人民公社。1960年，改为顿岗人民公社。1977年9月，从顿岗人民公社分出，成立深渡水人民公社。1984年，改为深渡水区。1987年1月15日改为深渡水乡，同年12月14日经省人民政府批复同意深渡水乡改为深渡水瑶族乡。2014年全乡总面积190.4平方公里，山林面积15000公顷，耕地面积300公顷。

2014年乡政府内设党政办公室、农业办公室、生态发展办公室、计划生育办公室、社会事务办公室、规划建设办公室等。行政编制23人，在编22人；事业编制16人，在编9人；工勤编制2人，在职1人。全乡辖横岭、深渡水、长梅、坪田4个村委会，46个村民小组，1628户，总人口5546人，其中瑶族1499人，畲族516人，是始兴县少数民族比较集中的地方。全乡有小学1所，在校学生121人，幼儿园1所，在园人数50人。乡内主要矿产资源有钨、稀土等；种植业以水稻为主；土特产有瑶乡土鸡、蜂蜜、杨梅、西瓜、柑橘、竹鼠、野生灵芝、香菇、木耳、竹笋等。

2014年，全乡农村经济总收入7403万元，同比增长6.8%；完成农村固定资产投资4500万元，农民人均纯收入9452元，同比增长16%。

2014年，深渡水瑶族乡围绕“打民族牌，走生态路”发展战略，以构建“富裕瑶乡、平安瑶乡、魅力瑶乡”为目标，以旅游开发为主线，突出县重点项目建设配合工作、基础设施工作、新农村建设工作、生态建设工作等重点工作，做好重点项目跟踪，抓好信访维稳工作，推进新农保工作，切实保障和改善民生，促进经济和社会各项事业加快发展。

【农业】　深渡水瑶族乡以“农业增收、农民致富”为出发点，调整农业产业结构，发展特色经济，发展蜜蜂养殖、林下经济等新兴产业，优化农业产业结构。蜂蜜养殖业取得新突破：在坪田村成立养蜂专业合作社，引进广东君强市场服务有限公司，收购包销蜂蜜，形成“公司+合作社+基地+农户”的模式，发展养蜂户180多户3280箱。带动横岭、深渡水、长梅等村养蜂农户，养蜂数量明显增多，全乡养蜂达4500多箱，年生产蜂蜜达5.5万公斤，年产值可达418万元以上。林下经济发展壮大：全乡已组建覆盖瑶乡土鸡、养蜂、杨梅、西

瓜、柑橘、竹鼠等林下特色种养业在内的6个专业合作社，为农民增收及特色农业的发展奠定了坚实的基础。

【林业】 深渡水瑶族乡是一个典型的山多田少的林区乡镇，是全县森林资源保护最好的乡镇之一。2014年，深渡水瑶族乡狠抓林业秩序整顿，确保生态旅游可持续发展。加强护林队伍建设：充实人员，加大护林力度，保持森林覆盖率和负离子含量全县最高的优势。生态公益林扩面取得新突破：全乡在7333公顷省级生态公益林的基础上，完成省级生态公益林改造419.3公顷，占任务126%，超额完成了任务。狠抓封山育林和林区秩序监管：严格林木砍伐审批制度，加大护林防火巡查、宣传、执法力度，确保森林资源安全。

【生态旅游】 坚持以旅游开发为各项工作主线，紧紧围绕“打民族牌，走生态路”发展战略，打好“绿色生态”和“民族文化”两张牌，生态旅游稳步推进。

推动荔竹坝樱花谷景区开发，打造生态旅游景区景点。樱花谷景区作为市县重点项目工程之一，深渡水瑶族乡始终将其作为一项重点工作来抓。根据县统计局数据，此项目2014年计划投资3500万元，1—11月，完成投资17500万元，完成率500%。已修建进山道路3千米、登山步道及栈道3.6千米、河堤4.5千米、栈道吊桥8座、景观凉亭6座、花架长廊60米、龙门大桥1座等。种植樱花苗木约25000株。涉农工作也在逐个解决。

打造生态森林公园。投入近100万打造樟树林和米椎王生态森林公园，已完成凉亭、步道、厕所等基础设施建设，预计2015年5月底该项目将可竣工并投入使用。

打造星级农家乐示范点，推动休闲生态旅游发展。示范点长梅“瑶佬古”农家乐已建成营业。农家乐严格按照市级农家乐标准，完善了住宿、餐厅、厨房、厕所、绿化、道路硬化等基础设施。经过县级评估，达到了星级农家乐标准。

【基础设施建设】 基础设施不断完善，改善乡村人居环境。天菊大桥于5月竣工通车，解决了900多人生产生活困难问题。同时，硬化1.8公里乡村道路，解决了天菊片区800多群众的行路难问题。

【社会各项事业】 人口计生 制定计生层级动态管理责任制，深化计划生育优质服务，抓好药品药具管理和流动人口清理清查专项整治。2014年，全乡出生84人，政策内生育率89.28%，自然增长率17.93‰。全乡共计落实计划生育手术112例，完成上环70例，结扎28例，补救措施14例，长效措施落实率84.91%。

文教卫生 加强综合文化站和乡村文化阵地建设，为全乡4个村的农家书屋增添了新书籍，提高农家书屋管理人员的管理水平，丰富农民知识。开展文化建设活动，顺利进行自我评估及完善的工作。加大教学扶贫力度，净化了教学环境。

社会保障 继续巩固全覆盖式新型农村合作医疗和城镇居民医疗保险，全面及时调整五保、低保、抚恤对象，落实救济粮和御寒棉被等救灾物资的发放工作。2014年，全乡参加城乡医保的农民共5004人，参加城乡居民养老保险的农民共2134人，对农村低保124户发放保障金57.6万元。

扶贫“双到” 各村全面落实定点帮户对象、帮户责任人，制定帮扶措施，通过就业、产业、智力等多途径的扶贫，帮助贫困户解决生活生产中的实际问题。2014年，全乡落实各类扶贫资金1165万元，其中横岭村落实资金374.10万元，坪田村落实资金789.44万元，长梅村落实资金8540元，深渡水村落实资金近6000多元。通过帮扶两个省级贫困村入股水电站，横岭村以40万元入股扶贫电站，坪田村以30万元入股。两个村委会集体经济年收入各突破五万元。

【社会治安综合治理】 围绕建设平安瑶乡的木匾，以巩固综治基层基础建设为载体，推进综治维稳工作的落实。完善和健全领导包案制度，化解各类矛盾。2014年，全乡共排查调处各项矛盾纠纷46起（含信访性质），调处成功45起（含口头调解），成功率达97%，受理信访事项4宗，办结、答复4宗。2014年，全乡未发生群体性械斗、群体性上访事件。

【安全生产】 落实安全生产责任制，构建安全生产责任网络体系，通过标语、横幅、道路交通和消防安全教育培训等提高群众安全生产意识，突出抓好电站、木材加工企业、西气东输隧道安全整治，禁止违章操作，防止安全生产重特大事故发生。实行不定期安全生产隐患排查、定期回访，查看整改落实制度，避免了各类安全事故的发生。

【基层组织建设】 开展党的群众路线教育实践活动，抓好班子和基层组织建设。在村“两委”换届选举中，调优配强“两委”班子，且达到“两个100%”。以“党的建设促进经济建设”为指引，推行“支部＋合作社＋农户”党建促发展模式。以村党支部为核心，在省级贫困村坪田村成立了养蜂合作社，在合作社成立党支部，发展天然养蜂产业。开展党的群众路线教育实践活动，抓干部作风建设，打造务实高效政府。整治“庸懒散奢”现象，推行了夜校学习制度，利用干部住夜期间开展“讲、学、帮、评”活动，提升党员干部的创造性和能动性党员干部的作风形成了新常态。

【大事记】 1月22日，深渡水瑶族乡胜利召开第十一届人民代表大会第三次会议。大会以无记名投票方式选举邱焕雄为新一任乡人大主席。县人大常委会副主任陈庚来，县委组织部副部长黄德斌等领导应邀出席了大会。

3月12日，深渡水乡召开党的群众路线教育实践活动动员部署会，全面启动党的群众路线教育实践活动。县人大常委会副主任陈庚来，县政协副主席邓炳光及县委第三督导组到会指导，全体党员领导干部、村居及下属单位负责人共50多人参加了动员会。

3月13日，副县长刘胜春到深渡水瑶族乡调研指导人口与计划生育工作，县计生局局长李桃清、县政府办副主任孔祥奎及乡党委书记、乡长等同志陪同调研。

4月29日，县委书记、县人大常委会主任范秀燎率县农业局、县扶贫办有关负责人到深渡水瑶族乡调研扶贫开发工作。先后深入深渡水瑶族乡坪田养蜂专业村、坪田养蜂合作社及坪田养蜂培训基地开展调研。在调研过程中，范秀燎仔细询问了蜂蜜养殖的相关技术问题及存在困难，对坪田村充分利用新一轮扶贫开发活动契机，结合地方实际，发展养蜂产业的做法给予充分肯定，对该村聚集有技术、有干劲的村民成立养蜂合作社的做法高度赞赏。

6月5日，韶关市委常委、宣传部部长许红到市级重点项目深渡水瑶族乡荔竹坝樱花谷景区调研建设进展情况，县委副书记黄勤昌、县委常委、宣传部长夏娟等领导陪同调研。

6月14日，始兴深渡水瑶族乡“甜蜜之旅”启动仪式在坪田村养蜂基地盛大举行。

7月4日，副市长兰茵率领市民宗局、县计生、县扶贫办等部门负责人到深渡水瑶族乡，对计生、扶贫“双到”等工作进行调研。

10月24日，省妇联主席阎静萍到深渡水乡坪田村开展“妇女之家”调研工作。市妇联主席邢丽、县委常委卢建成、县妇联主席戴月玲等领导陪同调研。

11月5日，深渡水乡结合建设“平安瑶乡”的总体要求，开展了“平安林区”创建活动。

12月4日，深渡水乡组织乡综治办、司法所、安监站、国土所、派出所、计生办、妇联等相关站所，在深渡水村委会门口开展了以“弘扬宪法精神，建设法治瑶乡”为主题的“12·4”宪法宣传日活动。

【各村（居）委会简介】 横岭村　位于深渡水瑶族乡北部，村委会距离乡政府大约5公里，离始兴县城15公里，下辖良塘、天塘、邱屋、吴屋、谭屋、下横、赖屋、下村、锅口、凉口、下万、马子石、黄龙一、黄龙二、黄龙三、石角林、上横一、上横二、川龙背等19个村民小组。2014年，全村640户，2105人。全村耕地面积88.87公顷，山林面积2800公顷，集体经济以农业生产为主，主要有水稻、水果、辣椒、蚕桑，特色支柱产业瑶乡土鸡。

深渡水村　位于瑶乡中南部，（省道）S244的两侧贯穿全村，交通便利。全村总面积3333公顷，下辖相一、相二、相三、相四、冷水迳、禾一、禾二、禾三、禾四等9个村民小组，2014年，全村308户，1036人，其中少数民族232人，占总人的

22%。深渡水村以农业经济为主，常用耕地面积58公顷，农业产业主要有水稻、花生、蔬菜、蚕桑、水果等；小水电建设具有一定规模，建有深渡水、禾花塘发电站，装机容量5000千瓦。

长梅村　位于深渡水瑶族乡中部，是深渡水瑶族乡唯一的少数民族建制村，长梅村委会距离乡政府大约1公里，下辖长梅一组（瑶民厂）、长梅二组（捐坑）、长梅三组（长梅）、长梅四组（山下）、长梅五组（园洞）、长梅六组（滩洞）等6个村民小组。2014年，全村401户，1499人。长梅村集体经济主要以林业、特色林产品、小水电站、农业为主。村森林资源丰富以原始森林和天然次生林为主，山林面积6852公顷，耕地面积39.4公顷，村内盛产天然蜂蜜、野生灵芝、香菇、木耳、竹笋、柑橘等土特产。

村辖区内建有长梅股份发电站、黄水河发电站、长梅一级发电站、杉木坑发电站、大水坑一级发电站、大水坑二级发电站、滩湖斜发电站等7座水电站，装机容量8000千瓦。

坪田村　位于深渡水瑶族乡南部，距离乡政府6公里，南与司前镇相邻，西南与隘子镇相邻，北接横岭村，下辖坪一、坪二、坪三、坪四、坪五、坪六、坪七、黄泥田、荔竹坝、东西坑、梧桐窝、老屋场等12个村民小组。2014年，全村279户，906人。坪田村山多田少、水资源丰富，经济收入以种养业为主，主要有稻谷、玉米、花生、蔬菜、西瓜、竹鼠养殖、蜜蜂养殖等，村内水电站2座，装机容量8000千瓦。（王　苗）

附：领导班子成员名单

党委书记、人大主席：邱焕雄

党委副书记、乡长：邓伟华

党委副书记：吴仲忠（—2014.12）

卢富强（2014.12—）

党委委员、组织委员、人大副主席：

卢富强（—2014.12）

党委委员、纪委书记：朱祖兵

党委委员、组织委员：罗文婷（2014.12—）

党委委员、宣传委员：余新年

党委委员、武装部长：罗程雄

党委委员、副乡长：李柏阳（—2014.12）

邓国龙（2014.12—）

党委委员：何运南

副乡长：邓明锋

副乡长：胡艳琴（2014.12—）

罗坝镇

【概况】　位于始兴县东南部地区，距县城18公里，属革命老区，东与澄江镇毗邻，南与司前镇接壤，西与深渡水瑶族乡交界，北与顿岗镇交接。建制于宋朝熙宁年间（约1068年），始称溯源俚，因每三年发一次大洪水，河水上涨急流潆回，有溯水还原之说，故称之为溯源。民国29年实施新县制，因其地貌形似“箩筐”的小盆地，故命名为罗坝。

1949年9月为罗坝区工委，土改开始后，恢复成立中共四区（罗坝）委员会，1958年为罗坝人民公社，1983年改称罗坝区人民政府，1986年12月改为罗坝镇人民政府。2001年刘张家山乡并入罗坝镇，2005年都亨乡并入罗坝镇。

罗坝镇行政区域总面积316平方公里，耕地面积846.7公顷，下辖淋头、上岗、燎原、角田、东二、瑶民、河渡、上营、田心、大水、和平、桃源12个村委会和1个居委会，146个村民小组，总户数：4929户，总人口21900人，其中非农业人口1030人，农业人口20870人。党委1个，党支部19个，党员798名（含预备党员）。除畲族600多人和瑶民村瑶族500多人外，大多数为汉族。

罗坝镇人民政府内设机构主要有：党政（人大）办公室、农业经济发展办公室、村镇规划建设办公室、生态发展办公室、蚕桑生产办公室、综治信访维稳办公室、社会事务办公室。2014年，行政编制人数：39人，在职人员28人；事业编制人数：23人，在职人员15人；工程编制4人，在职人员1人。

罗坝镇人民政府主要职能有：（1）认真贯彻、执行党的路线、方针、政策、法律、法规和上级党委、政府的指示、决定、决议。执行本级人民代表大会的决议，在本职权范围内发布命令、决定。完成上级下达的各项经济指标和工作任务。（2）负责研究制定、执行全镇经济建设和社会发展规划、政策、编制、预算、人事劳动、财政、统计、乡镇企业管理、劳务管理和信访维稳等工作。（3）认真负责全镇的市政规划、科学技术工作、农业综合开发工作、农村经济工作、水利工作和林业工作。（4）领导全镇做好的民政、扶贫、民族、宗教、老龄和残疾人等方面工作。（5）认真做好全镇的计划生育、文体广播电视、国土资源、司法行政、依法行政、城乡建设管理等工作。（6）协同相关部门搞好教育、卫生保健、劳动安全、公安、工商、电信、环境保护、交通安全等方面的工作。领导和协助管理好省、市、县驻本镇机关和企事业单位的工作。（7）负责保护全镇国有财产、劳动群众集体所有财产和公民私人所有的合法财产、维护社会秩序、保障公民人身权利，民主权利和其他权利。（8）完成好上级各级政府交办的其他各项工作，服务于人民群众。

【自然环境】 罗坝地处中亚热带季风气候区，全年热量充足，冷暖交替明显，春季低温阴雨寡照，夏季炎热高温多雨，秋季昼暖夜凉爽，冬季寒冷干燥多霜雨稀。罗坝镇林业用地面积约1.87万公顷，活立木蓄积量100多万立方米，森林覆盖率达78.97%，是始兴县森林资源保护最好的乡镇之一。罗坝水资源丰富，发源于县境东南部山区的罗坝河从东南向西北贯穿全镇中部。利用地势、落差和丰富的森林资源等优势，罗坝镇引进资金，发展小水电，同时以发展生态林业带动小水电产业，形成了“以林蓄水，以水发电，以电养林”的良性循环格局，推进林业产业化发展，实现林业可持续发展。罗坝矿产、地热资源丰富，蕴藏着大量的铅、锌、钨、钼和温泉资源，主要分布在角田、上岗、上营、田心等村。

【经济状况】 调整和优化农业产业结构，发展特色经济。紧紧围绕“山上抓竹木、山坡抓水果、山下抓蚕桑”的总体发展思路，实施“科技兴桑”战略：通过加强桑园管理，新技术的推广应用，蚕农的技术培训等措施克服天气带来的不良影响。2014年，全镇共收购蚕茧493吨，总产值达1700多万元。发展柑果产业：通过加强水果产业的经营管理，发展高产优质品种，建成1060公顷柑橘种植基地，成立了水果专业合作社，促进柑果产业的规模化发展。挖掘开发竹木资源：建成4200公顷毛竹基地，抓好竹木资源的开发利用，提高竹木附加值，提高林业经济效益。注重推进农业龙头企业发展：始兴县车八岭茶叶有限公司完成茶苗种植1000多亩（66.7公顷），并获得了由北京中安质量认证中心颁发的有机转换认证证书。

罗坝镇投资政策优惠，投资环境良好。利用刘张家山温泉、车八岭自然保护区旅游资源带动效应，推动休闲农家乐发展；深挖蚕桑资源，开发蚕桑茶、桑葚酒、蚕沙枕、蚕桑食用菌等旅游产品，带动香菇、木耳、嶂下姜等土特产销售，延伸旅游产业链，促进了第三产业的发展，带动了农村经济的增长。

2014年，全镇完成农业生产总值21453.35万元，同比增长5.1%；工业生产总值8153万元；人均纯收入10364元，同比增长16%；固定资产投资实现8100万元。

【行政效能建设】 罗坝镇坚持依法治镇和民主决策，主动接受人大和群众监督，认真办理人大议案和建议，回复率达100%。“六五”普法深入开展，行政复议、行政应诉、行政执法监督工作继续加强。深化农村“三资”清理监管，源头预防和治理腐败工作不断加强。开展机关效能建设，推进政务公开和村务公开，政风行风建设得到有效加强，行政服务水平和执行力提高。稳步推进农村综合改革，深化简政强镇事权改革，政府公共服务能力得到增强。

【廉政建设】 坚持党要管党、从严治党的方针，旗帜鲜明、毫不动摇地抓好反腐败各项工作。严格遵守《党员领导干部廉洁从政若干规定》，不折不扣地落实党中央“八项规定”“六项禁令”，充分发挥党委反腐倡廉工作的主体责任，按照“一岗双责”认真落实党风廉政建设责任制。建立健全各项监督机制和诫勉谈话制度，加强干部队伍政治思想和工作作风建设。深入开展了以“严明组织纪律、锻造优良作风”为主题的纪律教育活动，推进镇纪委工作规范化建设，为经济社会建设保驾护航。

【群众路线教育实践活动】 按照“照镜子、正衣冠、洗洗澡、治治病”的总要求，紧密围绕“为民务实清廉”的主要内容，聚焦“四风”突出问题，统一思想，联系工作实际，开展了党的群众路线教育实践活动。开展集中学习讨论25次，开展体验式学习56次，开展理论专题讲座、先进事迹报告会和观看电教片共18次。征求意见和建议148条。查摆出了班子存在的“四风”方面问题96个，已经整改84个，正在整改12个。拓展“民情日记”活动，创建“网络版民情日记”，共收到群众反映的问题有48条，为群众办好事、办实事解决了43条。

【社会事业】 扶贫开发“双到”工作成效明显，2014年，罗坝镇共投入514.9万元帮助贫困户发展生产和改善基础设施建设。切实抓好城乡居民社会养老保险和城乡居民医疗保险工作的宣传及办理工作，做到了早策划，早动员，早落实，两项工作较好地完成县下达工作任务。及时发放低保、五保、大病救助资金及各种惠农补贴。坚持教育优先发展，镇政府加大投入，推进学校奖教奖学及学校基础设施建设，推进校园绿化和文化建设工作，提高设施设备的使用效益和优质教育资源的共享程度。罗坝镇现有初级中学一间，既罗坝中学，在校学生有315人；有小学两所，分别是罗坝中心小学，在校学生539人，完小都亨小学，在校学生158人。有教学点一个，是刘张家山小学，在校学生7人；有幼儿园2所，罗坝中心幼儿园，在园儿童280个，都亨幼儿园，在园儿童103人。罗坝卫生院新大楼医疗设备不断完善，带动和促进了罗坝镇医疗水平和服务水平跨上一个新的台阶。公共文化设施不断完善，所有行政村建立了文化室和农家书屋，淋头村、上岗村等3个村建成电子阅览室。投入20多万元在田心村建成全市首个乡镇生态性公墓树葬区。推进“清洁美”工程建设，完善农村生活垃圾收运处置体系，农村“脏、乱、差”现象较大改善。

【社会综合治理】 推进“平安罗坝”工程建设。加强对平安创建工作的统筹协调、综合指导，落实责任单位，全面有序推进平安村、平安校园、平安企业、平安家庭等系列基层平安创建活动。开展“民情日记”和“分片管理、组团服务”活动，实行领导包案制度、信息报告制度，定期开展领导干部“大接访”等活动，全面排查矛盾纠纷，将各类矛盾纠纷解决在基层，消灭在萌芽状态。2014年，罗坝镇已化解重大陈年信访积案3件。创新矛盾排查调处机制，排查出矛盾纠纷127宗，调解127宗，调解率达到100%；已调解成功124宗，调解成功率达97.6%。严格实行镇村两级共同帮教，多部门联合帮教的形式，切实加强对刑释解教人员安置帮教工作，已逐步实现了规范化管理。加强校园管理，认真开展校园青少年预防犯罪活动，继续巩固了青少年犯罪率为“零”的成果。加强禁毒宣传工作，推进禁毒斗争。

【城镇建设】 推进城镇化建设，“三旧”改造项目“阳光城市花园”的5栋商住楼已封顶，有住房70多套，门店28间。总造价1480万元的新罗坝大桥在2014年9月动工建设，已完成大桥桥墩建设。罗坝大桥建成后，道路将绕开圩镇，有效缓解圩镇的交通压力，拉大市政框架。做好罗坝水库的前期工作，与水务局等部门完成了项目建议书的定稿及水资源认证。推进罗坝新农贸市场的招商引资工作，完成了新农贸市场规划和40亩（2.7公顷）的征地。

【蚕桑产业】 罗坝镇在蚕桑产业发展中不断更新观念，强化市场意识和服务意识，实施“科技兴桑”战略，走“公司+支部+基地+农户”的生产经营模式，发展蚕桑特色产业，促进农业增效、农民增收，全镇蚕桑产业发展迅速。2011年，被中国科协、财政部授予“2011年全国蚕桑科普惠农兴村先进单位”荣誉称号。

罗坝镇引导蚕农利用现有的蚕房设施等条件，多方筹措资金兴办蚕桑科普教育农家乐。在罗坝淋头村建有面积70平方米的蚕桑文化展示馆，全方位塑造并打响罗坝蚕桑文化品牌。

【计划生育工作】 强化计划生育层级动态管理责任制的落实，坚决执行“一票否决权”和“一证否办”制度。坚持每月定期召开党政班子会议研究解决实际问题，真正做到党政一把手亲自抓、负总责，推进免费孕前优生健康检查全覆盖，推进依法行政，治理出生人口性别比偏高，确保稳定低生育水平、提高人口素质。集中力量清理“四术”库存，按月下达任务目标。2014 年，共落实“四术”427 例。建立“依法管理、村民自治、优质服务、政策推动、综合治理”的人口计划生育工作新机制。

【名胜旅游】 罗坝镇旅游资源丰富，主要的风景名胜分布在刘张家山国家森林公园、下迳万亩阔叶林场、都亨石笋和古围楼以及燎原长围、和平白围和石头城等。每年元宵节连续三天的传统火龙表演吸引大量周边游客。罗坝镇以车八岭旅游开发为契机，引进资金，发展刘张家山林场、下迳万亩阔叶林场原始森林及都亨石笋峡谷名胜风景旅游；冬天刘家山温泉温暖游。同时，罗坝镇把乡村旅游和新农村建设结合起来，因势利导，主动作为，发展生态旅游，结合长围申报国宝契机，引导群众发展乡村旅游，使之成为生态旅游的新亮点。

【各村（居）委会简介】 和平村　位于镇政府最东部的一个村，距镇政府 19 公里。全村总面积 38 平方公里，其中山林面积 1200 多公顷，耕地面积 79.46 公顷。下辖墟上、吴屋、瑶背、华屋、廖下、廖上、下坑、田山、铁燎坑、横一、横二、新屋、河背、林屋、李屋、白围、坳背、大连坝、大岭头桃子龙、车斗背、细岭头、白石头等 23 个村民小组，户数 601 户，总人口 2629 人。人均年纯收入 9315 元。

境内有许多飞流瀑布在山间，东有“围楼精品”之称的内二白围、大岭头爆水龙，西有“天下第一泥砖围屋”——都亨廖屋古石城、南有内二凹背人工石、狮子石、乌梅山读书岩，北有九姑尖等名胜古迹。

和平水力资源丰富，引进资金，发展小水电站，同时以发展生态林业带动小水电产业，形成了“以林蓄水，以水发电，以电养林”的良性循环格局，推进林业产业化发展，建成甲坑、石灰坑等中、小型水电站 4 座。特色农业有脐橙、椪柑、冰糖橘以及竹编艺术等。

大水村　位于镇政府东部 18 公里处，是原都亨乡政府所在地。罗都公路（县道）X346 线穿越全村中部。下辖蓝一、蓝二、上坪、官坪、油珠坪、何屋、李屋、新李、塘头下、大围、横甫街、新老屋、三洲田、龙口围、庄都坑、上塅、下塅、松树坑等 18 个村民小组，户数 660 户，总人口 2854 人。山林面积 5227 公顷，耕地面积 79.2 公顷。居民以汉族为主，杂居有畲族和瑶族。村民一向以竹木、柑果为业：家庭副业以饲养生猪、种桑养蚕为多。村里主要土特产有北菇、木耳、野生灵芝、笋干、柑橘等。年人均纯收入 11101 元。

村域内有丰富的水资源，兴建了石笋、兰屋、龙口围、亚了坑一级、亚了坑二级等 11 座大、中型水电站。旅游资源有黄竹坑村旁矗立着一株 44 米多高，315 年树龄，属广东省内最高最大最老的三人合抱不了的“杉树王”。

桃源村　桃源村是罗坝镇最偏远的山区村，属革命老区，距镇政府 27 公里。下辖上屋、下屋、墨坑等 3 个村民小组，总户数 103 户，人口 433 人，居民以汉族为主，杂居畲族，有林地面积 1413 公顷，耕地面积 18.53 公顷，是典型的山多田少的山区村。

桃源村前小溪两岸长有大量山桃，枝叶交错，连成近公里，春季桃花盛开，不亚陶渊明笔下《桃花源记》中“芳草鲜美，落英缤纷”之美景，故称“桃花源”，后改称“桃源”。始兴有“有村必有围，无围不成村”之说。在桃源村的村头、村尾也各有一座结构独特的泥砖围楼，墙壁上布满射口和瞭望口，守护着整个村庄。在抗战和解放战争时期，这里一度成了游击队的根据地，许多村民还参加了游击队，在战争年代做出了很大贡献。解放后，这里人才辈出，先祖品德情趣与家传书香文气并没有遗失。村民发展自身的优势产业，主要经营毛竹、木材、香菇、木耳、笋干、野生灵芝、茶油等。年人均纯收入 10022 元。

瑶民村　位于镇政府东南部，与始兴著名景点之一——都亨石笋毗邻，距镇政府 8 公里，是本镇唯一的一个瑶民村。村域面积 200 公顷，其中耕地面积 1.6 公顷，山林面积 1872.7 公顷。下辖刘组、一组、二组、三组、四组、五组、六组等 6 个村民小组，178 户人家，总人口 640 人。村民主要经营竹木，兼以养殖芒鼠、放养蜜蜂和种植香菇等。大小安坑水资源也很丰富，兴建大小安一级、大小安二级水电站 2 座。还有独具特色的民族节日活动，如长鼓舞、开唱节等。年人均纯收入 9066 元。

东二村　位于镇政府东南部 5 公里处，在瑶民村与角田村之间，罗都公路 S346 线贯穿全境。下辖小台、水一、水二、小安、兴和、岭一、王田迳、岭二、六湖等 9 个村民小组，363 户人家，总人口 1471 人，山林面积 2999.4 公顷，耕地面积 40.66 公顷，是一个山多田少的山区村。村民除经营竹木外，主要是种桑养蚕，搞活村集体经济，成为山区蚕桑生产的示范村。年人均纯收入 10488 元。

角田村　角田村与镇政府相邻，罗都公路（县道）X346 线穿越全境，交通非常便利。下辖曾屋、圩背、谢屋、杨屋、贺坪、朱屋、老围、赖屋、寨下、南蛇坑、瑶前排、李屋、小铁寨等 13 个村民小组，有 506 户人家，总人口 1987 人。山林面积 1933 公顷，耕地面积 102.33 公顷，蚕桑面积 50 公顷。村民以种桑养蚕为主导产业，大部分农户安装了闭路电视、远程电话和宽带网络。境内矿产资源丰富，蕴藏着大量的钨、钼等矿。域内有特色的民俗文化，丰富多彩的民间活动，如每年春节期间的火龙晚会等。年人均纯收入 10167 元。

燎原村　位于镇政府北边 1 公里处。下辖新王屋、徐屋、汤屋、何屋、田上、田下、温屋、万俚、鸡公、陈屋、上围、长围、兴德、下塘、老厅、龙凤、锅厂、白马等 18 个村民小组，户数 668 户，总人口 2860 多人。有山林面积 1337 公顷，耕地面积 136.8 公顷，种植蚕桑 90 多公顷。村民主要以蚕桑为特色产业，蚕桑产业已成为农村经济的重要组成部分。本村仍保存有 20 多座围楼，其中最具代表性的是“国保”长围围楼，兴建于清朝咸丰五年的长围围楼，左右阔 52 米，前后深 92.2 米，青砖瓦木结构，建筑用料及设计均独具特色，对研究客家民建筑具有很高的价值。村内一直蕴存着自己独特的民俗文化，每年春节、元宵节期间都会在街头举行舞火龙、舞纸马、蚌壳灯舞等丰富多彩的民间文艺活动，深受群众喜爱。年人均纯收入 9930 元。

淋头村　位于镇政府西北部，距离镇政府 2 公里。县道 X346 线由西到东穿村而过，东接镇内（县道）X344 线（凉罗线），主要村道街道全部水泥硬底。下辖肖屋、新屋、涂里、桅杆、竹头下、围足下、上厅、草坪、下厅、新大厅、东富村、早禾岭、老屋、孔坝等 14 个村民小组，有 380 户，总人数 1616 人。有山林面积 930 多公顷，耕地面积 78 公顷，蚕桑面积 60 多公顷，以养蚕种稻为主导产业的生态示范村。许多户村民住上了别墅式的新楼房，用上了沼气和太阳能，安装了闭路电视和程控电话等。兴建小学教学楼、村文化室、村委会办公楼，街道全部绿化美化，建成淋头生态文明自然新村。年人均纯收入 10988 元。

上岗村　位于镇政府西面 1 公里处。与镇政府和角田村隔河相望，村与村公路水泥硬底化，县道 X344 线（凉罗线）由西到东穿村而过，东接镇内（县道）X346 线。下辖嶂下、下迳、岭下、大树下、新围、中堂、榕树下、老大厅、大园、背坪、沙路下、张仙塘、黄丰堂、吴屋、陈屋、廖屋、横岭下等 17 个村民小组，有 540 户人家，总人数 2150 人。有林地面积 2530 多公顷，耕地面积 106.73 公顷，蚕桑面积 100 多公顷，以种蚕养桑为主，柑果竹木为辅的生态村，也是始兴县第一个种桑养蚕的专业村。村内蕴藏着丰富的矿产资源，主要有钨、锡、钼等矿。有特色的民俗文化，每年春节期间都有舞火龙或舞布龙等习俗。年人均纯收入 11569 元。

河渡村　河渡村位于镇政府西面 6 公里处。（县道）X344 线（凉罗线）由西到东贯穿全村。下辖龙尾、忠村、罗竹坝、红旗、赖屋等 5 个村民小组，有 187 户人家，总人数 748 人。有山林面积 640 多公顷，耕地面积 62.18 公顷，村民主要以种桑养蚕为主，兼种花生、薯类、豆类等农作物。有特色的民间风俗文化，每年正月初一都到坳头祭拜牛头大王，场面热烈。年人均纯收入 9670 元。

上营村　位于镇政府西南边 7 公里处。（县道）X344 线（凉罗线）由西到东贯穿全村。

下辖刘屋、一组、二组、下何屋、排上、罗屋、下嵩、钟屋等 8 个村民小组。解放战争时期，是革命游击根据地。有 338 户，1313 人。山林面积 1369.3 公顷，耕地面积 74.83 公顷，村民主要以种桑养蚕为主，兼种花生、薯类、豆类等旱粮作物。村内矿产、地热资源丰富，蕴藏着大量的钨、钼和温泉资源。温泉水温高，泉眼流水旺，温度达 85

摄氏度，可脱猪毛。已建成的秀峰休闲农庄，占地面积2.4万平方米，以“农家乐、生态休闲”为主，餐饮、娱乐、温泉配套设施完善，是休闲度假的理想去处，也是国内外游客、团队训练、自驾游、婚庆、剧组外景的理想选择地。土特产香菇、野生灵芝、竹笋、油炸花生饼等。年人均纯收入10152元。

田心村　地处镇政府的西北边8公里处。（县道）X344线（凉罗线）由西到东贯穿全村。下辖画眉岭、兴福、店背、山下、田一、田二、热一、热二、乌石下、廖屋、冷水坑、河山下等12个村民小组，是革命老区。总户数405户，1638人。村民以种桑养蚕为主，兼种花生、薯类等农作物。山林面积46.15公顷，耕地面积87公顷。温泉资源丰富，有温泉9处，其水温达85摄氏度。建有康泰温泉休闲中心，集保健、养生为一体，饮食、桑拿、美容等配套设施齐全，是休闲、度假、吸氧、踏青的理想之处。年人均纯收入10398元。

（王永忠）

附：领导班子成员名单

党委书记、人大主席：钟俊锋
党委副书记、镇长：何祺琦
党委副书记：郭胜全
党委委员、纪检书记：曾远昕
党委委员、组织委员、人大副主席：
　　林永亮（—2014.11）
党委委员、组织委员：刘新嫦（2014.12—）
党委委员、宣传委员：陈志文（—2014.11）
　　卢彦斯（2014.12—）
党委委员、副镇长：李祥均
党委委员、武装部长：钟县球（—2014.11）
　　陈志文（2014.12—）
党委委员、综治办专职副主任：王浩然
副镇长：卢道顺
副镇长：卢志祥

澄　江　镇

【概况】　位于始兴县城以东32公里，东与江西省全南县交界，南与本县罗坝镇接壤，西与顿岗镇相连，北与本省南雄市毗邻，（省道）S343线贯穿其中。因澄江河源于东南部雪峰山和东部山水，两江夹流汇合经澄江盆地，河水清澈见底，故称澄江。澄江镇建制于明朝万历三十三年（公元1605年）；1949年前属跃溪乡；1953年属三区人民政府；1955年7月属罗坝区公所；1956年3月改澄江乡；1958年6月改为澄江人民委员会，12月始兴县并入南雄县，属始兴公社罗坝管理区；1960年1月改为澄江林业人民公社，10月改为澄江人民公社；1983年11月改为澄江区公所；1987年2月改为澄江镇人民政府。2014年，辖区总面积219平方公里，其中农业耕地面积890公顷，山林面积23933公顷，森林覆盖率达85%，盛产杉木和苗竹，是始兴县林业重点乡镇之一。下辖1个社区居委会，7个村委会，116个村民小组，总户数4511户，总人口15686人。全镇有澄江学校（九年一贯制）1所，在校学生863人，中心幼儿园1所，在园人数268人。2014年，全镇农业生产总值19500万元，农村人均纯收入10177元。

2014年，镇政府内设党政办公室、农业办公室、计划生育办公室、经济发展办公室、维护稳定及社会保障综合治理办公室、农业技术推广站、文化站、计划生育服务所、劳动保障事务所、畜牧兽医水产站、林业站等。行政编制33人，在职28人。

镇内物产丰富，有稀土矿、钨矿、铅矿、锌矿和瓷土矿等矿产资源。特产有澄江娘酒、野生灵芝、香菇、冬笋、柑橘、油茶等名优产品。境内风景优美，有人间仙景南石岩、花山温泉和方洞天主教堂等旅游景点。

2014年，澄江镇坚持以科学发展观统领全局，以“有机立镇，生态富民”为战略，以打造“有机农业示范镇”为目标，做好2014年村（居）“两委”换届，打好计生翻身仗，开展好党的群众路线教育实践活动等中心工作，全镇经济社会呈现良好发展势头。

【农村经济】　烟、桑、果等传统产业得到发展，全镇收购烟叶100吨，收购蚕茧33吨，种植优质稻4000多亩（266.7公顷），种植水果达1.3万多亩（866.7公顷），2014年新增暖田油茶、暖田蚕桑、铁寨庆丰牧业等4个专业合作社、3家家庭农场，全镇专业合作社达到17个，实现农村经济总收入达到19500万元，增长6%，农村人均收入10177元，增长16%。

【有机农业】 实施“一镇一品”产业发展战略，全年实现总产值1800多万元，带动农户680多户，解决农村富余劳动力1000多人，实现农民人均增收856元。建成一个有机农业标准示范园，示范园被定为“广东省农业科学院蔬菜研究所科技转化基地”，通过“供港澳蔬菜生产基地备案”，取得“国家菜果茶标准化创建项目”立项，兴办了有机蔬菜、有机水稻、有机油茶和有机黑山羊四个种养基地，有机种植面积达4000亩（266.7公顷），完成《始兴县澄江镇2014—2019年有机农业发展规划》的编制，引进始兴县江茂源粮油有限公司、深圳客商落户澄江，种植有机水稻、养殖有机黑山羊。

【墟镇建设】 完成澄江镇自来水厂建设，4月底全面运行供水；澄江镇首个“三旧”改造项目“澄江花园”第一期工程按期完工，11月底开盘售楼；争取100万中央专项资金，实施“澄江镇墟镇排洪渠修复工程”。

【基础设施】 争取上级环保专项资金200多万元，在人口相对密集的暖田村田心组、潭坑村河贤围组、澄江村墟内外组，实施农村环境综合整治项目，完成排污沟渠、生活污水集中处理池建设，通过集中收集处理农村生活污水，有效改善农村环境。争取县农业、国土、水利等部门高标准农田建设项目和水利基础设施建设项目，共投入资金790多万元，先后在暖田、澄江、潭坑、铁寨等村完成水圳“三面光”硬化23878米，修整机耕道5640米，改善了农业生产条件。完成澄江到暖田、潭坑马岗到蛇神、中坑到谢麻坑路段共1.5公里道路硬化。

【党建工作】 完成2014年村（居）“两委”换届选举工作，全镇8个村（居）的书记主任“一肩挑”“两委”交叉比例分别达100%、92.5%。推进“两新组织”党支部建设，分别在13个“两新组织”建立党支部。加强党员的管理，严把党员“入口”，畅通不合格党员“出口”，2014年发展党员9名，处理不合格党员5名。

【党的群众路线教育实践活动】 深入开展党的群众路线教育实践活动，严格落实中央“八项规定”和“六项禁令”，深入基层，深入群众，切实解决群众关心的热点、难点问题。持之以恒反对“四风”，加大力度整治“庸懒散奢”，提高执行力和行政效率，打造服务型阳光政府。实行镇干部住夜制度，杜绝“走读”现象，开展“夜访”联系服务群众活动、基层大接访活动，2014年共为群众解决实际困难12宗，联合各部门协调解决重难点问题1宗。

【综治信访】 抓好信访维稳工作，开展“社会矛盾化解年”和平安创建活动，2014年化解县交办的信访积案2宗，完成率为100%；全年共接待来访群众59人，化解纠纷17宗，进京到省到市实现零上访。

【“5·15”抗洪抢险】 5月15日凌晨1时，澄江镇遭遇了50年一遇的特大暴雨，山洪暴发造成全镇三个村庄严重受浸，房屋倒塌66间（其中全倒户18间），受灾人口达3160人，受浸农作物4529亩（301.9公顷）。灾情发生后，及时启动防洪救灾应急预案，当晚紧急安全转移群众335人，没有发生人员伤亡事故；细致做好全倒户的安置；及时开展灾后复产工作。灾后及时恢复了正常的生产生活秩序，没有发生群体性越级上访事件。

【社会事业】 打好计生翻身仗。把计划生育工作作为政治任务来抓，全镇共落实“四术”392例，人口自然增长率为7.01‰。落实各项惠民政策，累计投入自筹资金50多万元用于各项民生事业，全镇城乡居民基本养老保险完成率达101.5%，合作医疗参保率达100.4%；发放种粮直补129.6万元，公益林款58.82万元。开展村史编修工作，《方洞村史》成为全县第一本编修印刷的村史，并加印用作全县村史编修的范本。

【澄江娘酒】 澄江娘酒是粤北山区著名特产之一，以精湛的传统工艺，采取优质糯米和泉水经过固体发酵而成，其口感纯正，香气浓郁，鲜美醇厚。澄江杉树下黄酒厂在秉承传统工艺的基础上，攻克系列技术难题，采用竹筒罐装娘酒，使其甘醇清甜，风味独特。酒厂已经获得 QS 质量安全认证，并创立了澄江娘酒“竹润”品牌。

【旅游景点】 人间仙景南石岩　素有人间仙景之美的南石岩，坐落在始兴县城以东 34 公里处澄江境内，省道 S343 线贯穿其中。南石岩方圆占地面积约为 3.5 平方公里，四处崎岖险要，其间常年云雾缭绕，且有美妙的民间传说，景观主要有小武当山、仙人洞、九台十八厅、石笋参天、雄狮坐山、仙人美女下棋等。

花山温泉　位于在澄江镇以东 3.5 公里处，距南石岩 2.5 公里，温泉清色、高温、无味，红腊石堆积交错，泉水喷涌而出，地表水温高达 82 摄氏度，主泉口实测流量为 432 立方米/天，泉点附近分布有 4 个自然村，人口达 1380 多人，是一个温泉开发和度假休闲的好地方。

方洞天主教　地处澄江镇方洞村内，距离墟镇 15 公里，该教堂始建于清朝康熙年间，教堂简陋，为砖瓦木结构，同治元年重建，“文化大革命”期间受损，1987 年修复，是香港天主教会的集散地之一，每月逢最后一个星期六均有香港天主教徒前往拜会。

【各村（居）委会简介】 潭坑村　位于澄江镇东南部，与江西省全南县龙源坝镇交界，距离镇中心 5 公里，（省道）S343 线穿境而过。2003 年原下窖村并入潭坑村，属革命老区。下辖上村、下村、上段、下黄、大王洞、小王洞、元坝、天宝围、月一、月二、包屋场、田心、石门楼、交车、朱屋、老屋、苏屋、龟湖、河一、河二、河贤围、河背、祠堂下、高坑、深塘、鹅干下、塘头、新围、新屋、坳背等 30 个村民小组。共 850 户，3354 人。耕地面积 2992 亩（199.5 公顷），山林面积 76616 亩（5107.7 公顷）。经济作物主要有水稻、黄烟、蚕桑、柑果等。农民人均收入 10161 元。

澄江村　位于澄江墟镇，辖区内有（省道）S343 线通往县城。下辖上围、河背、内外围、老屋、坝下、张屋、杉排、祠一、祠二、祠三、祠四、钟屋、新屋、曾屋、蜡树下、谢屋、新庄、雷一、雷二、雷三、雷四、瑶前、墟内、墟外等 24 个村民小组。共 726 户，2690 人。耕地面积 2082 亩（138.8 公顷），山林面积 61471 亩（4098 公顷）。经济作物主要有水稻、黄烟、蚕桑、花生、蔬菜等。农民人均收入 10171 元。

方洞村　位于澄江镇南部，距离镇中心 15 公里，地处雪峰山脉，最高海拔达 1114 米。下辖中心、岭南、瑶东等 3 个村民小组。共 150 户，996 人。耕地面积 652 亩（43.5 公顷），山林面积 16358 亩。村民以经营竹木为主，兼营香菇、松脂等；经济作物主要有“单季”水稻、豆类等。农民人均收入 10198 元。2014 年，荣获“广东省卫生村”荣誉称号。

铁寨村　位于澄江镇南部，距离镇中心 6 公里。属革命老区，解放战争时期，是游击队根据地之一。下辖上坪、下坪、下村、大围、邓屋、刘屋、老屋、屋场、新屋、碗场等 10 个村民小组。共 458 户，1751 人。耕地面积 1272 亩（84.8 公顷），山林面积 40310 亩（2687 公顷）。村民经营农林两业，农业以种植水稻、黄烟、蚕桑、玉米、豆类等经济作物为主；林业则以营林为主，兼营竹木加工、松脂、香菇等。农民人均收入 10246 元。2014 年发展有机黑山羊养殖，成立“澄江镇庆丰牧业专业合作社”，带动村民养羊致富。

暖田村　位于澄江镇东部，距离镇中心 2 公里，为始兴县最大的村委会，是少数民族村之一，少数民族主要有畲族。下辖中内、丰熟岗、水塘、外一、外二、外三、甘一、甘二、甘三、田一、田二、龙陂、朱屋、江下、花山、祠堂下、香木岭、晓内、晓外、桥头围、李屋、谢屋、窝俚、俄子丘、暖一、暖二、暖三、下围等 28 个村民小组。共 974 户，3821 人。耕地面积 3466 亩（231 公顷），山林面积 87002 亩（5800 公顷）。村民经营农林两业，农业以种植水稻、黄烟、蚕桑、瓜果、花生等经济作物为主；林业则以营林为主，兼营香菇、竹笋等。农民人均收入 10131 元。2014 年，推广种植有机蔬菜，建立了“澄江镇有机农业标准示范园”。辖区内有人间仙景南石岩、花山温泉等旅游胜地。

四村村　位于澄江镇北部，距离镇中心 5 公里。下辖下洞、大塘肚、小油草、唐屋、郭屋、塘坑、谭屋、樟坑水等 8 个村民小组。共 264 户，706 人。耕地面积 898 亩（59.9 公顷），山林面积 23083 亩（1538.9 公顷）。四村村地处海拔 450 多米，属高寒山区。农业以种植“单季”水稻为主，兼种黄烟、豆类、药材等经济作物；林业以营杉林为主，兼营香菇、竹笋等。农民人均收入 10382 元。2014 年，发展有机水稻种植，并取得试种成功。

善亨村　位于澄江镇西南部，距离镇中心 4 公里，（省道）S343 线贯通其中。下辖上庄、上洋洞、下洋洞、江下、张屋、陂田岗、坳下、高浑头、黄屋、鹅公陂、碓头洞、廖屋、谭屋等 13 个村民小组。共 579 户，2368 人。耕地面积 1999 亩（133.3 公顷），山林面积 87002 亩（5800 公顷），村民经营农林两业，农业以种植水稻、黄烟、蚕桑、柑果、花生等经济作物为主，以洋洞柑橘著名；林业以营杉林为主，兼营香菇、木耳、松脂等。农民人均收入 10131 元。

居委会　位于澄江墟镇中心，交通便利，基础设施完备，是全镇商贸、文化中心。共有 510 户，778 人，其中农业人口 10 户，29 人。墟镇居民以经商为生，以经营饮食、杂货店为主，兼营缝衣、修补等行业，辖区内有学校、卫生院、邮政、超市、商贸市场、澄江成人文化技术示范学校和“三旧改造”项目澄江花园等场所。居民人均收入 10236 元。　（吴桂娇）

附：领导班子成员名单

镇党委书记、人大主席：谭晓健（—2014.3）
书　记：沈小明（2014.10—）
副书记：沈小明（—2014.10）
　　　　陈春银（2014.10—）
　　　　朱国锋（—2014.12）
　　　　华文贵（2014.12—）
委　员：康　军
　　　　吴瑞军
　　　　张国平（—2014.12）
　　　　吴大超（2014.12—）
　　　　李子鹏
　　　　李振清
　　　　温长勤
人大副主席：吴瑞军
镇　长：沈小明（—2014.10）
副镇长：李子鹏
　　　　邓文海
纪委书记：康　军

司　前　镇

【概况】　司前镇，位于始兴县城南部，距县城 45 公里，东与江西全南县相邻，南与翁源县交界，西与隘子镇接壤，北与深渡水乡相连，（省道）S244 线贯穿其中。司前镇历史悠久，明代朝廷在司前设清化巡检司，地处巡检司前面，故称司前。清朝咸丰年间（公元 1851—1861 年）司前系清化，辖 60 个自然村。民国 30 年（1941）司前分为司前乡、月武乡。民国 35 年（1946）合为司前乡。中华人民共和国成立后，司前属五区（清化区），1955 年更名为司前乡，1961 年改为司前人民公社，1983 年改为司前区公所，1987 年改为司前镇人民政府。全镇总面积 252.9 平方公里，林地面积 20800 公顷，耕地面积 1354.67 公顷，是典型的“九山半水半分田”的粤北山区乡镇。镇行政区辖河口、刘屋、李屋、温下、月武、黄沙、甘太、江草、车八岭等 9 个村委会 75 个村民小组，1 个居委会，总户数 3464 户，总人口 14478 人，其中农业人口 14058 人，有汉族、瑶族、畲族三个民族。全镇有九年一贯制学校 1 所，教学点 3 个，在校学生 1092 人，幼儿园 1 所，在园人数 293 人。内设 7 个综合办公室：党政办公室（人大办公室）、经济发展办公室、规划建设办公室、农业办公室、计划生育办公室、社会事务办公室、维护稳定及社会治安综合治理办公室。7 个镇属事业单位：农业技术推广站、文化站、计划生育服务所（计生服务队）、劳动保障事务所、畜牧兽医水产站、林业站、敬老院。2014 年，司前镇行政编制 38 名，在编人员 30 名，事业编制 22 名，在编人员 14 名，后勤服务人数 4 人。

【自然环境】 司前属于亚热带季风型气候，夏季高温多雨，冬季寒冷干燥，多年平均降水量为1328～1798毫米，平均温度19.6℃。全年无霜期平均290天，最长335天，最短240天，平均有霜日15天，初霜日出现在农历的11月中旬，总霜日在2月下旬。

【主要资源】 司前镇林业用地面积20800公顷，其中生态公益林面积2866.67公顷，森林覆盖率76.7%，活立木蓄积量132万立方米，是始兴县森林资源保护最好的乡镇之一。

地热资源主要有分布在李屋、温下、黄沙、甘太等村的5处温泉，温度达70℃～80℃，日流量3500立方米。

矿产资源主要有钨、铀、铜、铅锌、钾长石、绿柱石、萤石、云母、瓷土等。

旅游资源丰富，境内有书堂瀑布、古村落、瑶族风情等风景区，生态环境优美。

特色食品丰富，柑橘、西瓜、杨梅等生态水果优质可口，甜玉米、苦瓜、青瓜、冬瓜等绿色食品倍受青睐，铁皮石斛、仿原生态灵芝、林木育苗、养蜂等林下产业发展迅猛。

【经济发展情况】 2014年，实现生产总值21012万元，增长6.48%，农村经济总收入13637万元，增长4.73%，完成固定资产投资6000万元。农村人均纯收入10070元，增长16%。

【林下产业】 2014年，全镇共种植水果5260亩（351公顷），石斛种植360亩（24公顷），林木育苗面积达到1200亩（80公顷）。发展养蜂36户。初次示范引进江西省恒顺生物科技发展有限公司种植仿原生态灵芝150亩（10公顷），引进东莞市恒富农产品有限公司发展仙草种植300亩（20公顷），扶持建立河口、黄沙两个仿原生态灵芝种植示范基地，及江草、车八岭两个加多宝原料种植基地，年产值达9000万元。全镇全年完成农业总产值16200万元，同比增长6%；农业增加值8100万元，同比增长5%。

【休闲旅游】 司前镇旅游业重点打响“生态休闲旅游”和“温泉度假旅游”品牌。外出招商洽谈项目2次，邀请客商5批次60多人次到司前参观考察温泉、古建筑、农家乐等特色旅游资源。司前镇星级“农家乐”项目——石斛山庄，已完成授牌。

【重点工程】 高标准完成了墟镇李屋新村52户第一层主体工程建设；完成了墟镇自来水工程管网建设并投入使用，为四千余村民解决了安全饮水问题；完成了司前村委会地块“三旧”改造项目的规划设计和房屋征收拆迁工作；全力协助和配合完成了武深高速公路前期钻探和勘测工作；引导、规划建成了休闲式的农家乐12家。

【生态林业】 司前镇林业重点发展优质苗木和商品林生产基地，做到管严生态林，搞活商品林。2014年，完成迹地更新5174亩（344.9公顷），占任务的100%；完成义务植树1.5万株，占任务的125%；完成碳汇造林1973.5亩（131.6公顷）。成立苗木专业合作社，全镇培育育苗基地面积1200亩（80公顷），每亩年产值约1.5万元，全镇苗木生产经营年产值达1800多万元。

【计划生育】 2013年10月至2014年9月，全镇出生人口283人，政策生育率为90.81%，出生人口性别比为111.19，扭转了计生工作被动局面。

【信访维稳】 强化矛盾排查和调处，2014年调处纠纷260宗，调处成功256宗，成功率98%；处理上级交办信访件6件，结案6件，全年未发生越级到省进京上访，维护了社会的稳定。严厉整治赌博恶习，捣毁赌博窝点3个，刑拘1人，逮捕1人，行政拘留32人，摘掉了被列为整治单位的落后帽子；捣毁了月武贵洞1处非法开采稀土矿点，打击了非法采矿行为。

【社会保障】 发动群众参加城乡居民医疗保险和新型农村社会养老保险，2014年13823人参加了城乡居民医疗保险，目标任务完成率102.39%；6813人参加了城乡居民养老保险，目标任务完成率101.61%。

【宜居司前】 争取上级资金62万元，用于生活垃圾填埋场工程建设，已完成主体工程建设。推进墟镇美化、亮化、绿化工程建设，在原有路灯基础上，维护和安装了路灯 8 盏，在街道两旁新种植 120 株景观树。

【新农村建设】 多方筹集资金，推进李屋新村、月武桃村坝新村建设。创建并通过验收黄沙岭下和河口大枧水两个村的省级示范村建设。

【作风建设】 积极开展群众路线教育实践活动，认真查摆和整顿“四风”方面的突出问题，通过健全完善 12 项制度，认真治理“庸懒散奢”，规范公务接待、公车使用等公务行为，有效控制单位行政成本，行政运行成本和办公费用同比下降 16%。深化农村综合改革，完善便民服务中心建设，建成 10 个村（居）便民服务站，方便群众办事。通过一系列制度的建立和完善，形成党的作风建设长效机制，使干部作风得到明显转变，干群关系得到明显改善，老百姓对政府的信任感得到明显提升。

【大事记】 3 月 14 日 司前镇召开深入开展党的群众路线教育实践活动动员部署会议。

3 月 28 日 司前镇党委书记、人大主席陈颂明调任县计生督查队；原马市镇党委书记、人大主席钟万年调任司前镇党委书记。

4 月 1 日 县委书记、县人大主席范秀燎到司前调研计生工作。

4 月 2 日，县委常委、人武部部长黄良勇到司前镇党代表室接访党员群众代表。

4 月 11 日，县委常委、人武部部长黄良勇与县挂钩联系司前单位到司前召开计生工作专题会议。

5 月 7 日 县卫计局与计生第一督查组到司前督查计生工作开展情况。

5 月 9 日 政协副主席蔡军到司前镇视察工作。

9 月 3 日 市委常委、组织部部长肖怀跃深入司前调研基层党建工作，县委书记、县人大常委会主任范秀燎，县委常委、组织部部长卢建成陪同参与调研。

11 月 27 日 黄沙岭下和河口大枧水顺利创建省级示范村。

12 月 8 日 司前镇组织委员邓国龙调往深渡水瑶族乡任党委委员。

12 月 9 日 司前镇党委副书记廖熙调往县林业局任副局长；司前镇武装部部长吴大超调往澄江镇任武装部部长；司前镇副镇长林祥得调往县体育局任副局长；原体育局副局长陈智祥到司前镇任党委副书记；原罗坝镇组织委员林永亮调往司前镇任组织委员。

12 月 10 日 县委副书记黄勤昌到司前镇视察计生工作。

12 月 15 日 司前镇黄沙岭下村获“广东省卫生村”“韶关市卫生村”称号。

12 月 23 日 原马市镇党政办主任王建明调往司前镇任武装部部长。

【各村（居）委会简介】 河口村 位于司前镇北面，距镇政府所在地 5 公里，辖区面积 3733.33 公顷，耕地面积 73.33 公顷、山林面积 3533.33 公顷。2014 年下辖榜坑、下加增、中村、蓝屋角、河口、樟树湾、大枧水、江屋、许屋、盘坑、学堂前等 11 个村民小组。总户数 290 户 1363 人，劳动力 798 人，党员人数 49 人。低保人数 48 人，残疾人数 16 人，五保人数 6 人。适合种植丛生竹、三华李、柑橘、药材、水稻、灵芝、仙草等农作物。已实现水、电、路、电视、电话五通。

村集体收入 12.90 万元，主要来源于林场扶贫款、电站。村民主要经济来源于林业生产经营、林下产业种植、外出务工，2014 年河口村经济总收入 1629 万元，农民人均纯收入 10227 元。

刘屋村 位于司前镇中部，距镇政府所在地 1 公里，辖区面积 753.33 公顷，耕地面积 26.67 公顷、山林面积 593.33 公顷。2014 年，下辖四组、上街、下街、上斗、下斗、上围、下围等 7 个村民小组。总户数 158 户 815 人，劳动力 480 人，党员人数 34 人。低保人数 33 人，残疾人数 12 人，五保人数 2 人。适合种植毛竹、花生、玉米、西瓜、桃、李等农作物和生猪规模化养殖。已实现通水、电、路、电视、电话五通。

村集体收入 25.50 万元，主要来源电站资源费、门店出租等。村民主要经济来源农作物、林业、养殖业，2014 年刘屋村经济总收入 955 万元，农民人均纯收入 10196 元。

李屋村 位于司前街东部，距镇政府所在地 0.5

公里，辖区面积646.67公顷，其中耕地面积20公顷、山林面积618公顷。2014年，下辖一组、二组、三组等3个村民小组。总户数165户845人，劳动力493人，党员人数33人。低保人数49人，残疾人数7人，五保人数3人。适合种植水稻、果树等农作物。已实现通水、电、路、电视、电话五通。

村集体收入57.86万元，主要来源于林业生产和经营、温泉经营等。村民主要经济来源水稻、果树、玉米等农作物种植，2014年李屋村经济总收入783万元，农民人均纯收入10213元。

温下村　位于司前镇东南面，距镇政府所在地2公里，辖区面积1973.33公顷，耕地面积93.33公顷、山林面积1866.67公顷。2014年，下辖沙河、老围、上屋、下窝、欠下、内洞、梅子坪等7个村民小组。总户数324户1827人，劳动力1075人，党员人数48人。低保人数32人，残疾人数17人，五保人数2人。适合果树、育苗、林木等林下产业种植和生猪规模化养殖。已实现通水、电、路、电视、电话五通。

村集体收入74.35万元，主要来源于林场资源费、电站资源费等。村民主要经济来源于运输、育苗、果树、林木经营，2014年温下村经济总收入1928万元，农民人均纯收入11024元。

月武村　位于司前镇东南面，往隘子方向，距镇政府所在地8公里，辖区面积2800公顷，其中耕地面积140公顷、山林面积2600公顷。2014年，下辖田一、田二、下田、吴屋、上斜、老影、肖湖、上围、中心、枫下、杨屋、许屋、贵洞等13个村民小组。总户数576户2836人，劳动力1662人，党员人数78人。低保人数80人，残疾人数34人，五保人数3人。适合柑橘、玉米、香芋、蔬菜等农作物种植和生猪养殖。已实现通水、电、路、电视、电话五通。

村集体收入14.57万元，主要来源于山林资源费、扶贫、电站资源费等。村民主要经济来源于林业、种植业、外出务工，2014年月武村经济总收入2352万元，农民人均纯收入10071元。

黄沙村　位于司前镇东南面，距镇政府所在地4.5公里，辖区面积1946.67公顷，耕地面积106.67公顷、山林面积1800公顷。2014年，下辖黄沙街、细温、硼石、乌石岗、岭下、河唇、河背、茅舍、排子、石背、山下、外石山、内石山等13个村民小组。总户数551户2405人，劳动力1399人，党员户71人。低保户102人，残疾人数25人，五保户2人。适合水稻、玉米、灵芝等农作物种植和生猪养殖。已实现通水、电、路、电视、电话五通。

村集体收入19.95万元，主要来源于林业收入。村民主要经济来源于农业、林业、运输，2014年黄沙村经济总收入1703万元，农民人均纯收入10112元。

甘太村　位于司前镇东南面，距镇政府所在地7公里，辖区面积3293.33公顷，耕地面积80公顷、山林面积3193.33公顷。2014年，下辖石曹下、下排、上排、船肚、田心、竹山下、大黄屋、麻地坑、合水口等9个村民小组。总户数324户1670人，劳动力1399人，党员人数53人。低保人数39人，残疾人数10人。适合果树、蔬菜等农作物种植。已实现通水、电、路、电视、电话五通。

村集体收入41.95万元，主要来源于木材资源和管理费、小水电管理费。村民主要经济来源于水稻、玉米等种植和山林作业等，2014年甘太村经济总收入1722万元，农民人均纯收入10042元。

江草村　位于司前镇东部，距镇政府所在地8公里，辖区面积1693.33公顷，耕地面积86.67公顷、山林面积1573.33公顷。2014年，下辖下江草、湾塘角、坑口、坑尾、游黄等5个村民小组。总户数193户967人，劳动力568人，党员人数38人。低保人数51人，残疾人数19人，五保人数1人。适合柑橘、仙草等农作物种植和生猪养殖。已实现通水、电、路、电视、电话五通。

村集体收入17.40万元，主要来源于林业。村民主要经济来源于种养业、农业，2014年江草村经济总收入1241万元，农民人均纯收入10210元。

车八岭村　位于广东车八岭自然保护区，距镇政府所在地14公里，辖区面积5373.33公顷，耕地面积53.33公顷、山林面积5240公顷。2014年，下辖企岭下一组、企岭下二组、坪岗坝、车八岭组、细坝一、细坝二、仙人洞等7个村民小组。总户数203户1100人，劳动力595人，党员人数24人。低保人数40人，残疾人数14人。适合水稻、冬瓜、柑果、石斛等农作物种植和生猪养殖。已实现通水、电、路、电视、电话五通。

村集体收入14.77万元，主要来源于水力发电销售、扶贫、电站分红等。村民主要经济来源于冬瓜、柑果等种植和外出务工，2014年车八岭村经济总收入1324万元，农民人均纯收入9045元。

社区居委会　位于司前镇中部，距镇政府所在地0.5公里，辖区面积30公顷。2014年下辖居民一组、居民二组、居民三组等3个居民小组。总户数326户650人，劳动力372人，党员人数20人。低保人数17人，残疾人数16人。

居委会集体收入11.92万元，村民主要经济来源于房屋出租、商业经营和外出务工。　（张　宇）

附：领导班子成员名单

党委书记：陈颂明（—2014.3）
　　　　　钟万年（2014.3—）
党委副书记：郑树生
　　　　　　廖　熙（—2014.12）
　　　　　　陈智祥（2014.12—）
党委委员、纪委书记：熊元良
党委组织委员：邓国龙（—2014.12）
　　　　　　　林永亮（2014.12—）
党委宣传委员：李桂霖
党委委员、武装部长：吴大超（—2014.12）
　　　　　　　　　　王建明（2014.12—）
党委委员：戴碧华
　　　　　杨应华
人大主席：陈颂明
人大副主席：邓国龙
镇　长：郑树生
副镇长：戴碧华
　　　　李进才
　　　　林祥得（—2014.12）
　　　　李信优（2014.12—）

隘　子　镇

【概况】　始兴县隘子镇位于始兴县南部，距韶关市67公里，距始兴县65公里，东靠司前镇，南与翁源县毗邻，西与曲江区接壤，北与深渡水交界。下辖13个村委会、1个社区居委会，有6207户，总人口20882人，其中农业人口19953人。全镇以汉族为主，1个瑶族村。辖区总面积323.28平方公里，林地面积为30062公顷，耕地面积为745公顷，是典型的“九山半水半分田”山区镇。

1949年前属隘子乡人民政府，1949年隘子乡人民政府归清化区管辖，1958年10月隘子人民公社成立，归始兴人民公社管辖，1983年改为隘子人民政府，1993年改为隘子镇人民政府。2014年内设机构党政办公室、经济发展办公室、农业办公室、计划生育办公室、维护稳定及社会治安综合治理办公室等。行政编制35人，在职31人；事业编制26人，在职11人。全镇有初级中学1所，在校学生377人；小学1所，教学点9个，在校学生1002人；幼儿园3所，在园儿童1000多人。

2014年1月获“广东省教育强镇”称号；12月被广东省环境保护厅命名为“2014年度广东省生态乡镇（街道）”。

【经济发展】　2014年，全镇生产总值29286万元，其中工业总产值2590万元，农业总产值16641万元，第三产业总产值10055万元，农民人均年收入9811元。

【旅游开发】　全镇旅游资源丰富，岭南第一——大围——满堂客家大围、唐朝宰相故里——张九龄故居、抗日名将——张发奎将军故居、世界最大陨石坑——龙斗斜陨石坑自然奇观、通利古桥、井下和风度温泉等，可形成一个大旅游组合。满堂客家大围于2008年9月28日以全新的面貌走进了旅游市场，2014年，共接待游客382000人次。满堂客家大围被评为“2008年度韶关市特色旅游休闲好去处”和“广东省十佳旅游线路”；2011年，被广东（韶关）国际旅游文化节组委会评为“最美旅游景点区”。

【林业产业】　抓好林业改革工作，以全省林权改革在始兴县试点为契机，深化林业经营管理体制的改革，理顺林业经营管理体制，建设生态林业，鼓励兴办非公有制林场，鼓励和落实山林承包经营，抓好林地使用权和林木使用权的流转。全镇林场总数达22个，承包山林面积达2万多公顷，迹地更新面积达到3500亩（233.3公顷）。做好山林纠纷调解工作，严厉打击乱砍滥伐，杜绝森林火灾，维护林区秩序，使林业生产以及和谐稳定不受人为因素干扰，为打造生态旅游镇打下基础。主要矿产资源有：石英石、绿柱石、钾长石、钨、铜、瓷土、铁等。

【农业产业】 坚持走传统农业和现代农业相结合的路子，巩固稳定发展好米粉、田菇等传统农业。2014年旺满堂清化米粉、田菇、仙草等专业合作社已达到28家，其中，以旺满堂米粉厂为基地，以传统民间手工艺为基础，清化粉生产年产量突破250万公斤，旺满堂清化粉在第十一届中国国际农博会荣获金奖，并被评为广东省名牌产品，“旺满堂清化米粉”被认定为全县唯一的广东省著名商标。扩大田菇栽培规模，面积突破300亩（20公顷），年产量达225万公斤；成功引进东莞恒富农产品公司，成立了始兴县祥泰仙草专业合作社，采取“公司+基地+农户”模式，以隘子为基地，辐射带动周边乡镇发展仙草种植600亩（40公顷）。这一现代农业项目已成为隘子镇群众增收致富的一项主导产业。主要特产有：旺满堂清化米粉、田菇、仙草、灵芝、香菇、笋干、木耳等。

【基础建设】 道路交通方面：打通和建设隘子镇内环路，结束了到满堂围必经隘子街唯一通道的困境，实现了历史性的突破，缓解了隘子墟镇交通压力。农田水利方面：协助完成近8000亩（533.3公顷）的高标准农田建设，提高全镇农业综合生产能力。生态环境方面：完成联丰村和湖湾村环境综合整治工程；新建的垃圾填埋场投入使用；成功创建“省级生态镇”。城乡基础方面：在墟镇重要地段安装了视频监控系统，LED路灯27盏；分三期完成河边街全民健身路径建设项目，同时，推进了集全民健身广场、文化广场、农家乐于一体的森林公园建设。

【计划生育】 做好计划生育工作，2014年，全镇出生人口368人，政策内出生339人，政策生育率92.12%。落实“四术”524例（其中二女扎19例）。8月13日，隘子镇代表全县顺利通过省计生“飞行”半年检查。

【社会事业】 开展“爱国、守法、诚信、知礼”现代公民教育活动，提高公民素质，营造良好人文环境。推进“先进文化进农村”活动，扶持具有地方特色的文艺表演队伍发展，丰富群众精神文化生活。成功举办“美丽隘子　和谐家园”文艺晚会。继续巩固和深化“教育创强”成果，隘子中学在乡镇中学率先铺设了塑胶跑道，教育教学水平不断提高，素质教育扎实推进。推广农村新型合作医疗制度和城镇医保工作，开展全国“爱国卫生月”活动，增强人民群众的卫生观念。兴建镇敬老院厨房和食堂，为老人们安心养老提供保障。推进信访维稳工作，全年未出现一宗越级进京、到省、市上访的情况，实现“零越级上访”。

【党的群众路线教育实践活动】 3月13日，召开党的群众路线教育实践活动动员大会，活动中，召开专题座谈会2次，向十余个单位部门及14个党支部发出征求意见函110份，收到各种意见和建议20多条，镇党政班子征求意见21条（其中“四风”问题14条，关系群众利益问题4条，联系服务群众“最后一公里”问题3条），班子成员征求意见105条，镇党政主要领导与班子成员谈心18人次，班子成员与各办公室主要负责人谈心66人次，班子成员之间谈心98人次，专题民主生活会提出批评意见130条等。教育活动的开展，使全镇党员干部作风明显转变，突出问题得到解决，干群关系得到改善，制度建设得到健全，各方面取得较大的成果。

【各村（居）委会简介】 五一村　位于隘子镇的东面，东靠司前镇，南与沙桥村毗邻，西面、北面与湖湾村接壤，距镇政府所在地0.5公里。林地面积1094.73公顷、耕地面积71.53公顷。行政区域内有7个自然村，13个村民小组：大鱼坑、隘子、坳内、坳外、田心、坝尾、上围、旱田围、罗白岭、沙子粉、坎头围、正头街、背夫坪。2014年，总户数657户，农业人口2287人，党员人数44人，低保户32户，五保户6户。适合种植田菇、水稻、花生。已实现通水、电、路、电视、电话五通。

村民主要经济来源农业、林业、运输，2014年，五一村经济总收入3003.5万元，农民人均纯收入9810元。村集体收入33.55万元，主要来源林业收入。

沙桥村　位于隘子镇的南面，东靠五一村，南面、西面与联丰村毗邻，距镇政府所在地2公里。林地面积2935.26公顷、耕地面积58.53公顷。行政区域内有5个自然村，9个村民小组：一组、二组、三组、四组、五组、六组、七组、八组、九组。2014年，总户数465户，农业人口1725人，党员人数49人，低保户31户，五保户3户。农村经济以农业、林业为主。森林、水力资源丰富。已实现通水、电、路、电视、电话五通。

村民主要经济来源农业、林业、电站，2014年，沙桥村经济总收入2529.4万元，农民人均纯收入9813元。村集体收入14.63万元，主要来源电站、林业。

满堂村　位于隘子镇的南面，东、北靠沙桥村，南面、西面与石井村毗邻，距镇政府所在地2.5公里。林地面积832.66公顷、耕地面积62.53公顷。行政区域内有11个村民小组：大围、白田、坎下屋、铺下街、石围、围背、新屋夸、细心屋、马口圳、尾围、泥洋背。2014年，总户数422户，农业人口1450人，党员人数32人，低保户21户，五保户2户。农村经济以农业、林业为主。森林、水力和旅游资源丰富。旅游资源有全国重点文物保护的满堂客家大围，吸引着大批港澳和内地慕名而来的游客。已实现通水、电、路、电视、电话五通。

村民主要经济来源农业、林业、大围股份，2014年，满堂村经济总收入2116.7万元，农民人均纯收入9812元。村集体收入6.91万元，主要来源大围旅游利润分红。

石井村　位于隘子镇的南部，东靠满堂村，南与坪丰村毗邻，西与翁源县接壤，北与建国村交界，距镇政府所在地6公里。林地面积3214.4公顷、耕地面积50.13公顷。行政区域内有8个自然村，9个村民小组：蜡树园、老屋、围子、白一、白二、李屋、俄头丘、乌泥塘。2014年，总户数449户，农业人口1527人，党员人数41人，低保户41户，五保户3户。农村经济以农业、林业为主。森林、水力资源丰富。已实现通水、电、路、电话四通。

村民主要经济来源农业、林业、电站，2014年，石井村经济总收入2112万元，农民人均纯收入9811元。村集体收入14.59万元，主要来源电站、林业。

坪丰村　位于隘子镇的南部，东、南靠翁源县，西与石井村接壤，北与沙桥村交界，距镇政府所在地10公里。林地面积1961.26公顷、耕地面积25.66公顷。行政区域内有青楼、上屋、田坎下、排子、石坪等5个村民小组。2014年，总户数184户，农业人口648人，党员人数25人，低保户16户，五保户1户。农村经济以农业、林业为主。森林、水力资源丰富。已实现通水、电、路、电话四通。

村民主要经济来源农业、林业、电站，2014年，坪丰村经济总收入1390.2万元，农民人均纯收入9807元。村集体收入17.83万元，主要来源电站。

湖湾村　位于隘子镇的中部，东靠五一村，南与满堂村毗邻，西与井下村接壤，北与联丰村交界，距镇政府所在地3公里。是张九龄宗祠所在地。林地面积946.06公顷、耕地面积60.93公顷。行政区域内有8个村民小组：张屋、湖湾围、魏屋、下段、上段、新曾屋、老曾屋、石头塘。2014年，总户数421户，农业人口1617人，党员人数37人，低保户17户，无五保户。农村经济以农业、林业为主。森林、水力资源丰富。已实现通水、电、路、电视、电话五通。

2014年8月，湖湾村党支部被中共韶关市委组织部评为“2011—2013年度全市先进党支部”。

村民主要经济来源农业、林业、电站，2014年，湖湾村经济总收入2128万元，农民人均纯收入9814元。村集体收入11.94万元，主要来源电站、林业。

井下村　位于隘子镇的西面，东靠湖湾村，南与建国村毗邻，西与瑶族村接壤，北与联丰村交界，距镇政府所在地3.8公里。林地面积1888.4公顷、耕地面积69.53公顷。行政区域内有一组、二组、三组、四组、五组、六组、七组、八组等8个村民小组。2014 年总户数 478 户，农业人口 1638 人，党员人数 36 人，低保户 30 户，五保户 4 户。农村经济以农业、林业为主。森林、水力和温泉资源丰富。已实现通水、电、路、电视、电话五通。

村民主要经济来源农业、林业、电站、温泉，2014 年，井下村经济总收入 2605 万元，农民人均纯收入 9812 元。村集体收入 11.29 万元，主要来源电站、林业。

建国村　位于隘子镇的西面，东靠湖湾村，南与石井村毗邻，西与翁源县接壤，北与井下村交界，距镇政府所在地 7.2 公里。林地面积 1679.73 公顷、耕地面积 68.66 公顷。行政区域内有 7 个村民小组：下白石下、上白石下、游屋、麻地湾、坪头墩、高墩围、月光围。2014 年，总户数 474 户，农业人口 1850 人，党员人数 39 人，低保户 30 户，五保户 4 户。农村经济以农业、林业为主。森林、水力资源丰富。已实现通水、电、路、电视、电话五通。

村民主要经济来源农业、林业、电站，2014 年，建国村经济总收入 2737.8 万元，农民人均纯收入 9813 元。村集体收入 12.68 万元，主要来源电站、林业。

联丰村　位于隘子镇的北面，东靠司前镇，南与湖湾村毗邻，西与井下村接壤，北与五星村交界，距镇政府所在地 2 公里。林地面积 3009.06 公顷、耕地面积 67.2 公顷。行政区域内有 12 个自然村，10 个村民小组：河口、引下、坳背、新围、老屋、隔口、卢屋、高段、十组、中心桃。2014 年，总户数 612 户，农业人口 2123 人，党员人数 46 人，低保户 33 户，五保户 5 户。农村经济以农业、林业为主。森林、水力和矿产资源丰富。矿产资源有石英石、绿柱石、钾长石等。已实现通水、电、路、电视、电话五通。

村民主要经济来源农业、林业、电站，2014 年，联丰村经济总收入 2708.4 万元，农民人均纯收入 9811 元。村集体收入 14.49 万元，主要来源电站、林业。

风度村　位于隘子镇的东北面，东靠司前镇，南与联丰村毗邻，西与五星村接壤，北与冷洞村交界，距镇政府所在地 5 公里。林地面积 3179.46 公顷、耕地面积 64.2 公顷。行政区域内有 7 个自然村，9 个村民小组：严屋一组、严屋二组、良下三组、彩岭四组、彩岭五组、彩岭六组、彩岭七组、彩岭八组、樟背九组。2014 年，总户数 463 户，农业人口 1741 人，党员人数 47 人，低保户 24 户，五保户 6 户。农村经济以农业、林业为主。森林、水力和旅游资源丰富。旅游资源有抗日名将张发奎的故居、竹溪温泉、张发奎家簇墓群，吸引着大批港澳和内地慕名而来的游客。已实现通水、电、路、电视、电话五通。

村民主要经济来源农业、林业、电站，2014 年，风度村经济总收入 2528.3 万元，农民人均纯收入 9811 元。村集体收入 9.2 万元，主要来源电站、林业。

五星村　位于隘子镇的北面，东靠风度村，南与联丰村毗邻，西与联丰村接壤，北与冷洞村交界，距镇政府所在地 7 公里。林地面积 2241.33 公顷、耕地面积 55 公顷。行政区域内有 5 个自然村，10 个村民小组：一组、二组、三组、四组、禾坪下、坑尾、元强、六组、七组、八组。2014 年，总户数 489 户，农业人口 1720 人，党员人数 48 人，低保户 22 户，五保户 5 户。农村经济以农业、林业为主。森林、水力和矿产资源丰富。矿产资源有钨、铜、瓷土等。已实现通水、电、路、电视、电话五通。

村民主要经济来源农业、林业、电站，2014 年，五星村经济总收入 2162 万元，农民人均纯收入 9089 元。村集体收入 15.45 万元，主要来源电站、林业。

冷洞村　冷洞村是隘子镇最边远的一个村，距镇政府驻地有 23 公里，海拔较高，具有独特的高山气候。该村位于隘子镇的北面，东靠司前镇，南与风度村毗邻，西与曲江区接壤，北与深渡水乡交界。林地面积 3733.13 公顷、耕地面积 36.2 公顷。行政区域内有 3 个自然村，5 个村民小组：一组、二组、三组、羊角山、椒子斜。2014 年，总户数 164 户，农业人口 610 人，党员人数 28 人，低保户 14 户，五保户 1 户。农村经济以农业、林业为主。森林、水力和矿产资源丰富。矿产资源有铁、铜、瓷土等。独特的高山气候适宜发展反季节蔬菜。已实现通水、电、路、电话四通。

村民主要经济来源农业、林业、电站，2014

年，冷洞村经济总收入1722.6万元，农民人均纯收入9812元。村集体收入13.69万元，主要来源电站、林业。

瑶族村　地理位置较分散，村委会位于圩镇，村面积东由上斜至大鱼坑，西由何屋山至坪山，北至龙斗斜，距镇政府所在地0.8公里。林地面积3173.66公顷、耕地面积32.4公顷。行政区域内有5个村民小组：龙斗斜、何屋水、大鱼坑、上斜、坪山。2014年，总户数227户，农业人口828人，党员人数23人，低保户13户，无五保户。农村经济以农业、林业为主。森林、水力资源丰富。其境内有龙斗斜林场。已实现通水、电、路、电视、电话五通。

村民主要经济来源农业、林业、电站，2014年，瑶族村经济总收入1541.6万元，农民人均纯收入9807元。村集体收入5.14万元，主要来源电站、林业。

社区居委会　位于隘子镇墟镇，办公地点在政府大院内，区域内包括老居民、镇政府和隘子中学等18个机关单位，5个村民小组：一组、二组、三组、四组、五组。2014年，总户数702户，常住人口943人，其中农业人口189人，党员人数28人，低保户10户，无五保户。居民以工商经营收入为主。已实现通水、电、路、电视、电话五通。

村民主要经济来源房屋出租、商业经营和外出务工，村集体收入4.5万元，农民人均纯收入9811元。

（华　芳）

附：领导班子成员名单

党委书记、人大主席：聂金鑫
副书记、镇长：唐代勇
副书记：杜国宾
党委委员、纪委书记：卢细宏
党委委员、常务副镇长：张定保
党委委员、组织委员、人大副主席：曾　俊
党委委员、宣传委员：钟祥海
党委委员、武装部部长：杨正确
党委委员、综治办专职副主任：刘兴伟
副镇长：李伟中
　　　　陈尚学

统 计 资 料

2014 年始兴县城镇居民可支配收入情况

【概况】 城镇居民可支配收入是指居民能够自由支配的收入。即从居民家庭总收入中扣除了缴纳给国家的各项税费，扣除了缴纳的各项社会保险，比如医疗保险、养老保险、失业保险等余下的收入。

城镇居民家庭消费性支出指被调查的城镇居民家庭用于日常生活的全部支出，包括购买商品支出和文化生活、服务等非商品性支出。不包括罚没、丢失款和缴纳的各种税款（如个人所得税、牌照税、房产税等），也不包括个体劳动者生产经营过程中发生的各项费用。

【城镇居民收入状况】 2014 年，始兴县城镇居民可支配收入为 18125.3 元，与上年对比增长 9.6%。

（肖学兰）

2014 年始兴县农村居民可支配收入情况

【概况】 农村居民可支配收入是指农村住户获得的经过初次分配与再分配后的收入。可支配收入可用于住户的最终消费、非义务必支出以及储蓄。

农村居民家庭生活消费支出指农村常住居民家庭用于日常生活的全部开支，是反映和研究农民家庭实际生活消费水平高低的重要指标。

【农民收入持续增长】 城乡居民收入差距缩小。2014 年，始兴县发展现代特色高效农业、农产品精深加工业，广辟农民增收渠道，加大农村劳动力的培训转移力度，促进农民就业创业，增加农民非农收入，继续推进扶贫开发工作，提高农村低收入人群收入。2014 年，第一产业从业人员 58889 人，比上年减少 451 人，农民外出务工人数增多，农村居民家庭生产经营性收入稳步增长，农村居民收入持续增长。2014 年，全县农村居民可支配收入 10763.8 元，比上年同期增长 10.6%。城乡收入比从 2013 年的 1.72 下降到 1.68，下降 0.04，城乡居民收入差距不断缩小。

（肖学兰）

2014 年始兴县国民经济和社会发展统计公报

2014 年，面对宏观经济下行压力加大的严峻形势，在县委、县政府的坚强领导下，全县上下牢牢把握稳中求进、好中求快、改革创新的总基调，扎实做好稳增长、调结构、促改革各项工作，全县经济保持了平稳发展态势。

一、综合

国民经济持续稳定增长，据初步核算，全县全年实现生产总值（GDP）699036 万元，按可比价格计算（下同），同比增长 11.3%。其中：第一产业完成增加值 161321 万元，同比增长 4.4%；第二产业完成增加值 254952 万元，同比增长 16.3%；第三产业完成增加值 282763 万元，同比增长 10.1%。人均生产总值 3.08 万元，同比增长 9.7%。

结构调整取得新进展。三次产业的比重由上年的 26.0∶42.0∶32.0 调整为 23.08∶36.47∶40.45。

经济社会发展中存在的矛盾和问题主要是：县域经济总量较小，基础设施不够完善制约我县实现跨越式发展，推动经济发展的后劲不足；农业基础较为薄弱，科技含量低，产出小，效益较低；工业结构层次较低，受国际金融危机冲击较大，特别是国有和民营经济的类型企业，全年生产很多都出现不同程度的下降；现代服务业发展相对滞后，转变发展方式的任务艰巨；科技自主创新能力有待提高等。

二、农林牧渔业

农业保持平稳发展，农业生产条件进一步得到改善，产业化程度逐步提高。全年实现农业总产值257896.31万元，同比增长4.2%。其中种植业总产值174985.79万元，增长4.4%；全年实现林业产值25549.24万元，同比增长7.3%；牧业产值46730.65万元，增长2%；渔业产值700525万元，增长5.3%，服务业产值3625.37万元，增长6%。全年农作物总播种面积448147亩（29876.5公顷），比上年增加7674亩（511.6公顷），增长7.74%。其中：粮食作物播种面积213390亩（14226公顷），减少0.03%。

主要农产品产量表

表10　　　　单位：吨

农产品名称	2014年	比上年增长%
粮食	88719	—
其中：稻谷	79485	3.89
蔬菜	231072	5.81
大豆	2020	2.59
花生	11014	4.51
烟叶	4619	-4.74
水果	61882	6.43
蚕茧	4416	4.59
西瓜	26259	5.08
茶叶	286	-10.62
肉类	13014	1.36
其中：猪肉	9682	3.92
水产品	6570	2.1

农业生产条件继续改善。农用肥施用量（按折纯量计算）8921吨，增长4.9%；全年农村用电量达5966万度，增长8.8%。

三、工业和建筑业

工业经济实现平稳较快增长，经济效益保持较好水平。全县实现工业增加值235719万元，同比增长17.9%，其中：规模以上工业企业完成增加值203052万元，同比增长19.8%，规模以下工业企业完成增加值32667万元，同比增长6.7%。规模以上工业产销率达97.0%。

工业经济效益有所提高。全县规模以上工业企业2014年实现主营业务收入70.3亿元，同比增长19.0%，利润总额2.8亿元，同比增长39.0%；应交增值税2.5亿元，同比增长47.5%，完成工业增加值203052万元，同比增长19.8%；增加值率为27.7%，同比减少1.5个百分点。

规模以上工业主要产品产量表

表11

产品名称	计量单位	2014年	同比增长%
服装	万件	383	-19.9
生丝	吨	117	-20.4
玩具	万元	111513	8.2
机制纸	吨	5229	-7.1
印制电路板	平方米	14430574	-2.0
刨花板	立方米	254787	-21.2
大米	吨	12298	14.4
钨精矿折含量	吨	456.6	-35.2

建筑业发展较快。全县三级以上资质的独立核算建筑企业4个，全年完成建筑业增加值42269万元，同比增长12.9%。

四、固定资产投资

固定资产投资规模不断扩大。全年完成固定资产投资571675万元，比上年增长22.5%，其中：城镇完成投资571675万元，同比增长27.2%。在总计中：第一产业完成投资3202万元，同比下降92.6%，第二产业完成投资310274万元，同比增长49.1%，第三产业完成投资235726万元，同比下降0.9%；工业和基础设施完成投资344060万元，同比增长33.4%，快于全县投资的增长速度。

五、交通、邮电和旅游

交通运输稳步发展，年末公路通车里程1426.182公里，镇通村公路硬化里程28.696公里。

邮电通讯、信息传输业保持较快发展，通信能力明显增强，基础设施建设日趋完善。全县邮政业务总量56671万元，年末移动电话用户17.53万户，比上年增长3.19%；年末宽带用户9万户，比上年增长7.00%。

旅游、休闲事业取得明显成效。全县名胜风景区4个，星级饭店6家，星级饭店客房316间，全年接待旅游人数233.07万人次，比上年增长19.74%。旅游经营收入151289.7万元，比上年增长23.29%。

六、贸易、外经

消费品市场供应充足，价格基本稳定，居民消费旺盛，各种大型商场、超市、连锁店发展较快。全年完成社会消费品零售总额145128万元，比上年同期增长12.2%，其中：批发零售贸易业实现零售额131910万元，增长12.3%；住宿和餐饮业实现零售额13218万元，增长11.1%。

招商引资工作面临挑战，对外贸易实现平稳增长。全年实际引进资金30685美元，其中：实际利用外资1149万美元，同比增长3.6%，内联引进资金28955万美元，同比增长21.4%；据韶关海关统计，始兴县全年实现外贸出口总额14859万美元。

七、财政、金融

始兴县实施积极的财政政策，努力促进财政增收，全县全年财政总收入72684万元，比上年增长8.1%，地方一般预算收入35852万元，比上年增长18.91%，其中：税收收入25090万元，比上年增长16.22%，非税收入10762万元，比上年增长25.68%；财政一般预算支出114852万元，比上年增长10.11%，其中一般公共服务支出32587万元，教育支出21071万元，社会保障和就业支出17476万元，医疗卫生支出12547万元，环境保护支出1862万元，同比分别增长9.95%、14.28%、-3.55%、5.7%和17.25%。

金融业不断强化和完善服务功能，继续加大对市场的货币放贷能力，年末金融机构存款余额723476万元，比上年增长10.31%，其中蓄存款余额551641万元，比上年增长11.66%；年末金融机构贷款余额326104万元，比上年增长22.93%，其中短期贷款28044万元，比上年增长3.4%。

八、文教、卫生和体育

科技队伍稳定，教育事业取得新的进展。全县共有幼儿园35所，接受幼儿教育的人数8461人；小学46所，其中完小15所，在校生14705人，小学适龄儿童入学率为100%；普通中学13所，在校生12024人，初中升学率99.6%，初中阶段入学率为99.83%；普通高级中学2所，职业高级中学1所，高中升学率68.82%；2014年考入国内高等院校1046人，其中：本科362人，专科662人。年末教职工总数3023人，其中：教师2437人。

文化事业全面发展，基础设施建设迈出新步伐。全县放映1356场次，电影观众达20.34万人次；公共图书馆1个，公共图书馆藏书总量106千册。

卫生事业稳步发展，医疗保健水平不断提高。年末全县有医院、卫生院19所，其中医院6个，床位701张；卫生技术人员938人，其中主治医师51人；卫生防疫人员47人，全县5岁以下儿童死亡率0.109‰，产妇住院分娩比例达到100%；新型农村合作医疗工作取得较好成绩，参加农村新型合作医疗人数200784人。

九、气候、生态资源和环境保护

始兴县2014年全年降雨量1268毫米，同比下降6.5%；年度最高气温39.2℃，比上年上升了0.4℃，最低温度-2.6℃，比上年下降1.5℃。年平均气温20.7℃。

全县年末森林资源总面积259.3万亩（17.29万公顷），生态林面积90.21万亩（6.01万公顷）；年末活立木总蓄量1312.5万立方米，比上年增长5%，砍伐量6.89万立方米，当年造林面积1733公顷；森林覆盖率76.5%，比上年增长0.68%。

生态建设和环境保护取得新进展。全县设有环境监测站1个，自然保护区5个，污水处理厂1座，自然保护区面积25282公顷，完成环境污染治理投资额1833万元，比上年下降58.45%，城镇生活污水处理率79.6%，比上年同期上升了2.8个百分点，工业二氧化硫去除量72吨，比上年同期下降了23.4个百分点。

十、人口、就业、社会保障与人民生活

控制人口增长取得积极成效。2014 年，全县年末户籍总人口为 251296 人，比上年增长了 0.6%。年内出生人口 3020 人，出生率为 14.19‰，死亡人口 1556 人，死亡率为 6.02‰，人口自然增长率为 6.18‰；在户籍人口中，按性别分：女性 124930 人，占 49.71%，男性 126366 人，占 50.29%，按地域分，乡村人口 203906 人，占总人口的 81.14%，非农业人口 47390 人，占 18.86%。

促进就业再创佳绩。2014 年，全县从业人员 109879 人，比上年同期增加 66 人，一、二、三产业从业人员分别是 58889 人、25201 人和 25789 人，城镇登记失业人员 768 人，比上年下降了 6.46%。

社会保障和救助水平稳步提升。全县参加城镇基本养老保险参保人数 37108 人，参加城镇基本医疗保险人数 17850 人，参加失业保险人数 16838 人，分别比上年增长 6.8%、5.78%、和 0.92%；全年养老保险基金收缴额 13892 万元，比去年同期增长 21.83%，社保金收缴率达 100%。年末拥有敬老院 9 个，各种社会福利收养性单位床位 50 个，敬老院供养人数 136 个；全年城镇居民最低生活保障 852 人，农村居民最低生活保障 8768 人。

城乡居民生活水平进一步提高。全县全年农民人均纯收入达 10763.8 元，比上年增长 10.6%。全县在岗职工工资总额 86571 万元，在岗职工人均年工资 38362 元。

注：1. 本公报公布数据为年快报数

2. 地区生产总值、增加值、产值绝对数按三经普当年价计算，增长速度按可比价计算。

3. 从 2011 年起，规模以上工业统计口径由 500 万元调整为 2000 万元及以上；固定资产投资项目统计起点由计划总投资 50 万元提高到 500 万元。

（李丽桥）

始兴县国民经济主要指标

表 12

指　　标	计量单位	2013 年	2014 年	2014 年比 2013 年增长 ± %
一、人口、资源				
年末户籍总人口	万人	24.9783	25.1296	0.6
农业人口	万人	20.2563	20.3906	0.66
非农业人口	万人	4.722	4.739	0.36
人口自然增长率	‰	7.73	6.18	-0.155
年末常住人口	万人	20.98	21.11	—
森林覆盖率	%	75.98	76.5	—
二、国民经济综合核算				
生产总值	万元	626910	699036	11.3
第一产业	万元	150169	161321	4.4
第二产业	万元	226033	254952	16.3
#工业增加值	万元	190978	212683	17.3
建筑业增加值	万元	35055	42269	10.9
第三产业	万元	250708	282763	10.7
人均生产总值（当年价计）	元	28080	30800	9.7
三大产业结构	—	—	—	—
第一产业	%	23.95	23.08	—
第二产业	%	36.06	36.47	—
第三产业	%	39.99	40.45	—
三、贸易、外经				
消费品零售总额	万元	129356	145128	12.2
外贸进出口总额	万美元	15427	14859	1—8 月数
#外贸出口	万美元	15427	14859	1—8 月数
实际利用外资	万美元	1109	1149	3.6

续表 12

指　　标	计量单位	2013 年	2014 年	2014 年比 2013 年增长±%
四、财政、金融				
地方财政一般预算收入	万元	30151	35852	18.9
税收收入	万元	21588	25090	16.22
地方财政一般预算支出	万元	104308	114852	10.1
教育支出	万元	18438	21071	14.28
金融机构各项存款余额（本外币）	万元	650114	718968	10.6
城乡居民储蓄存款	万元	494015	552247	11.8
金融机构各项贷款余额（本外币）	万元	265274	326104	22.9
五、人民生活				
农民人均纯收入	元	9857	10764	10.6
城乡居民人均收入	元	12574	14247	10.3
六、教育、文化、卫生				
普通中学在校学生	人	12649	12024	-4.94
小学在校学生	人	14898	14705	-1.3
适龄儿童入学率	%	93.19	95	1.81
小学毕业升学率	%	100	100	—
初中毕业升学率	%	92.38	99.6	7.22
拥有医院床位	张	680	701	3
拥有卫生技术人员	人	919	938	2.07

（李丽桥）

2014年始兴县人民政府规范性文件目录

表13

序号	文　件　名	发文号	发文时间
1	《始兴县土地储备管理暂行办法》	始府〔2014〕9号	2014.3.26
2	《始兴县清理处置闲置土地和低效用地实施方案》	始府办〔2014〕31号	2014.3.27

始兴县文物保护单位一览表

表 14

文　物　名　称	公布（批准）机关	公布（批准）年月	备　注
罗坝城堡建筑遗址	广东省人民政府	1989. 6	第三批
始兴学宫	始兴县人民政府	1990. 7	第一批
清凉寺塔	始兴县人民政府	1990. 7	第一批
沈所塔	始兴县人民政府	1990. 7	第一批
中镇村遗址	始兴县人民政府	1990. 7	—
狗公岭遗址	始兴县人民政府	1990. 7	—
桂山书院	始兴县人民政府	1990. 7	—
始兴广州会馆	始兴县人民政府	1990. 7	—
通利桥	始兴县人民政府	1990. 7	—
水田坝围楼	始兴县人民政府	1990. 7	—
始兴文昌阁	始兴县人民政府	1990. 7	—
满堂围	国务院	1996. 12	第四批
石下村民居	始兴县人民政府	2004	—
东湖坪民居	始兴县人民政府	2004. 11	—
马市戏台	始兴县人民政府	2004. 11	—
邓氏宗祠	始兴县人民政府	2009	—
八一小学旧址	始兴县人民政府	2009	—
石头塘张氏宗祠	始兴县人民政府	2009. 11	—
红围省委机关旧址	广东省人民政府	2010. 5	第六批
寨头村遗址	始兴县人民政府	2010. 11	—
白石坪遗址	始兴县人民政府	2010. 11	—
倒流水窑址	始兴县人民政府	2010. 11	—
竹苞松茂围楼	始兴县人民政府	2010. 11	—

续表 14

文　物　名　称	公布（批准）机关	公布（批准）年月	备　注
八家宗祠	始兴县人民政府	2010. 1	—
三栋屋村围楼	始兴县人民政府	2010. 11	—
联丰泥拱桥	始兴县人民政府	2010. 11	
湖湾绍芬围	始兴县人民政府	2010. 11	—
栋护晴岚围楼	始兴县人民政府	2010. 11	—
汇川别墅	始兴县人民政府	2010. 11	—
下彭村围楼	始兴县人民政府	2010. 11	—
飞阁积祥围	始兴县人民政府	2010. 11	—
长围村围屋	国务院	2011	第七批
始兴县崇益堂	广东省人民政府	2012. 10	第七批
始兴县贵庐（张发奎故居）	广东省人民政府	2012. 10	第七批
始兴县红梨渡槽	广东省人民政府	2012. 10	第七批
温氏道理公墓	始兴县人民政府	2012. 12	—
上围桥	始兴县人民政府	2012. 12	—
贺坪村围楼	始兴县人民政府	2012. 12	—
黄沙鸡公桥	始兴县人民政府	2012. 12	—
万古观光围楼	始兴县人民政府	2012. 12	—
忠厚传家围楼	始兴县人民政府	2012. 12	—
保障峙储围楼	始兴县人民政府	2012. 12	

始兴县爱国主义教育基地一览表（截至2014年）

表15

基地名称	公布或批准机关	公布或批准时间	备注
始兴县博物馆	中共韶关市委、韶关市人民政府	1995.5	—
外营革命纪念碑、被毁围楼遗址和“八一村”	中共始兴县委、始兴县人民政府	2000	—
中共广东省委旧址始兴红围	中共韶关市委、韶关市人民政府	2010.4	—
中共广东省委旧址始兴红围	中共始兴县委、始兴县人民政府	2010.5	—

始兴县主要旅游景区、景点一览表

表16

编码	单位名称	地址	电话号码	传真号码	负责人	A级	A级评定
1	始兴县满堂客家大围	始兴县隘子镇满堂村	3206999	3206999	钟祥海	—	—
2	始兴县东湖坪客家民俗文化村	始兴县太平镇东湖坪村	3162688	3327800	黄永福	—	—
3	始兴县车八岭生态旅游有限公司	始兴县都亨樟栋水	3462114	3462418	张朝明	—	—
4	始兴县铜钟寨景区	始兴县沈所镇	3311820	—	沈东阳	AAA	—
5	深渡水生态景观区	始兴县深渡水瑶族乡	3262136	3262993	胡艳琴	—	—
6	南岭红沙漠	始兴县马市镇黄田村	3332028	—	张越强	—	—

始兴县主要旅行社一览表

表17

编码	单位名称	地址	总经理	电话号码	传真号码	邮编	现许可证编号
1	始兴县客家风情旅游有限公司	始兴县城红旗路60号	黄全胜	3333211	3333211	512500	L-GD00335
2	始兴县远东旅行社有限公司	始兴县太平镇振兴路105号	陈雪飞	3327000	—	512500	L-GD01855
3	韶关兴旅旅行社有限公司	始兴县顿岗镇围下村长里埂脚下办公室自编01号	陈建章	3247338	—	512500	L-GD02072
4	韶之旅旅行社有限公司始兴营业部	始兴县太平镇红旗路23号	黄志锦	3338831	—	512500	L-GD01096

始兴县主要宾馆、酒店、农庄一览表

表 18

序号	单位名称	星级	法人	单位所在地（地址）	邮编	电话号码	传真号码	地区
1	远东酒店	3	何祝东	韶关市始兴县兴平路 1 号	512500	3339301	3339301	始兴
2	九龄宾馆	3	何祝东	始兴县红旗路 128 号	512500	3324888	3324333	始兴
3	顺丰楼酒店	3	温为军	始兴县司前镇大街 1 号	512500	3288288	3288388	始兴
4	煌宫假日酒店	3	黄燕华	始兴县太平镇迎宾大道北 6 号	512500	3132222	3136333	始兴
5	平湖山庄	3	官锦雄	始兴县花山水库	512500	3412328	3412322	始兴
6	聚源酒店	3	张祥斌	始兴县太平镇红旗路 178 号	512500	3931333	3930233	始兴
7	石斛山庄	—	冯其林	司前镇刘屋村井边（s244 旁）	512500	13727528133	—	始兴
8	清化生态农庄	—	官见雄	隘子镇林业站旁	512500	13302347568	—	始兴
9	广源休闲农庄	—	曾茂华	顿岗镇农业科学研究所内 A 区	512500	13509864561	—	始兴
10	河塘生态庄园	—	李步超	沈所镇原三八茶场	512500	18807512008	—	始兴
11	成德家庭农场	—	赵丽群	太平镇河北村大水坝对面狐狸岭	512500	15917031808	—	始兴
12	火龙果农家乐	—	卢　华	城南镇胆源村	512500	13727579977	—	始兴
13	瑶佬古农场	—	邓韶清	深渡水乡长梅村长梅四组	512500	13827931441	—	始兴
14	开心农场	—	张月华	顿岗镇围下村	512500	3247338	—	始兴

索 引

主题索引

说 明

一、本索引以主题词首字汉语拼音字母顺序排列，同语拼音字条目首字按笔画排序编排。

二、索引条目后的数字表示本书的页码。

三、本卷年鉴的文献、专载、特载、大事记、人物、附录和统计资料等内容未作索引。

A

B

H

J

K

L

R

S

T

W

X

Y

表格索引

彩页索引